Chambres d'Hôtes Prestige
et
Gîtes de Charme

France's finest B & B and Gites

Gästezimmer und Ferienwohnungen
für gehobene Ansprüche

Chambres d'Hôtes Prestige et Gîtes de Charme

France's finest B & B and Gîtes

Gästezimmer und Ferienwohnungen für gehobene Ansprüche

Dans ce guide, les Gîtes de France sont heureux de vous proposer une sélection de chambres d'hôtes (ou bed and breakfast à la française) présentant le plus de charme, ainsi que quelques gîtes ruraux de grand confort. À travers ces étapes de qualité, découvrez une nouvelle façon de voyager en goûtant la tradition de l'hospitalité française.

In this guide, Gîtes de France is pleased to offer you a selection of the most charming bed and breakfast accommodation à la française and the most comfortable self-catering gîtes. This high-quality accommodation will enable you to discover a whole new way of travelling and give you a taste of traditional French hospitality.

Gîtes de France freut sich, Ihnen eine Auswahl aus Chambres d'Hôtes (oder französisches Bed & Breakfast) mit sehr viel Charme sowie einige Gîtes Ruraux mit allem Komfort anbieten zu können. Dadurch können Sie eine neue Art von Reisen entdecken und die französische Gastfreundschaft genießen.

**MAISON DES GÎTES DE FRANCE
ET DU TOURISME VERT**

59, rue Saint-Lazare - 75439 PARIS CEDEX 09
Tél. : 01 49 70 75 75 - Fax : 01 42 81 28 53

Métro : Trinité

Ouvert du lundi au samedi de 10 h à 18 h 30

3615 GÎTES DE FRANCE (1,29 F/mn)

Édité par Gîtes de France Services
59, rue Saint-Lazare - 75439 PARIS CEDEX 09
Tél. : 01 49 70 75 75

Directrice édition : Clotilde MALLARD
Responsable fabrication et rédaction : Marie-France MICHON
Avec la collaboration de : Dominique BOILEAU
Traduction anglaise : Jonathan TUSZINSKY
Traduction allemande : Barbara STRAUSS-GATON

Publicité : Mathieu HEUDE

Conception de la couverture : AVIS DE TEMPÊTE

ILLUSTRATIONS

1re de couverture : (haut) © La Photothèque SDP/AGE – (bas) © GÎTES DE FRANCE
4e de couverture : © GÎTES DE FRANCE – © P.-Y. LEMEUR (Manche)
pages intérieures : © GÎTES DE FRANCE – © O. BARGELINNI
© HATAKEYAMA – © P.-Y. LEMEUR – © J. RINDER

N° ISBN : 2-907071-87-4

SOMMAIRE

La Chambre d'Hôtes

Des particuliers ont aménagé leur maison (mas, manoir, château...) afin de vous y accueillir en amis et de vous faire découvrir leur région. Chacune est à l'image de ses propriétaires, avec un mobilier rustique, d'époque ou contemporain, la décoration est personnalisée, les loisirs et les services proposés variés. Votre séjour sera l'occasion d'aller à la rencontre d'histoires ancestrales, d'aventures humaines et de styles de vie différents. Dans un environnement calme, une atmosphère feutrée, raffinée ou conviviale selon le cas, vous pourrez y être reçus pour une ou plusieurs nuits.

Bed & Breakfast Accommodation

Bed & Breakfast accommodation is set in privately-owned French homes (farms, manor houses or châteaux) and run by families, who will welcome you as old friends and be only too pleased to help you get to know their region. Each property reflects the owner's taste and personality. They may be decorated with period, contemporary or rustic country-style furniture. The services and leisure activities available are also very varied.

Your stay could well be an opportunity to get to know the history of an interesting French family, make new friends or become acquainted with extremely different lifestyles. You can choose to stay for one or several nights in a warm, peaceful atmosphere, which can be relaxing and friendly, or refined and sophisticated, depending on your hosts and their lifestyle.

Das Gästezimmer

Privatleute stellen Ihnen ihr Haus (Landhaus, Herrenhaus, Schloß...) zur Verfügung um Sie dort als Freunde aufzunehmen und Sie mit der Umgebung bekannt zu machen. Jeder Wohnsitz entspricht ganz dem Geschmack seines Besitzers und ist entweder mit ländlichen Möbeln, im antiken oder modernen Stil ausgestattet. Die Dekoration wird von der persönlichen Note des Gastgebers bestimmt: es werden zahlreiche Freizeitbeschäftigungen und Dienste angeboten. Ihr Aufenthalt kann zur geschichtlichen Ahnenforschung, zu abenteuerlichen Begegnungen und zum Kennenlernen neuer, anderer Lebensarten und -weisen werden. In einer ruhigen Umgebung, einer schmeichelnden Atmosphäre, schick oder einfach, leuteselig, je nach Wunsch, können Sie für eine oder mehrere Nächte aufgenommen werden.

Le petit déjeuner

Toujours inclus dans le prix de la nuitée, un petit déjeuner de qualité sera pour vous l'occasion d'apprécier les différentes spécialités locales. Selon les cas et l'inspiration de la maîtresse de maison, vous dégusterez les confitures maison, le pain de campagne frais, mais aussi les viennoiseries ou les pâtisseries maison, les fromages et les laitages ou la charcuterie régionale.

Afin de promouvoir cet « art » du petit déjeuner, nous vous invitons à sélectionner vos meilleures adresses de petits déjeuners à l'aide d'une fiche que vous trouverez p. 9. Vos réponses nous permettront de récompenser le MEILLEUR PETIT DEJEUNER 98 et un tirage au sort vous offrira la possibilité de gagner un week-end en chambres d'hôtes pour 2 personnes.

Breakfast

Breakfast is always included in the price of an overnight stay. It will give you the chance to taste the various local specialities. Depending on your hosts culinary inspiration, there will be a choice of home-made jams, fresh farmhouse bread, Viennese or home-baked cakes, cheese and dairy products or local charcuterie.

Das Frühstück

Stets im Übernachtungspreis inbegriffen wird das Frühstück für Sie die Möglichkeit sein, die verschiedenen örtlichen Spezialitäten zu kosten. Von der Gastgeberin abhängig können Sie hausgemachte Marmeladen, selbstgebackenes frisches Brot oder Gebäck, aber auch Käse und Milchprodukte oder regionale Wurstwaren probieren.

GUIDE 1998

Fiche à retourner avant le 31 décembre 1998 à

FÉDÉRATION NATIONALE DES GÎTES DE FRANCE
59, rue Saint-Lazare - 75009 PARIS CEDEX 09

- Veuillez citer 1 à 3 chambres d'hôtes figurant dans ce guide, où vous avez particulièrement apprécié le petit déjeuner.
- Vos réponses nous aideront à promouvoir le petit déjeuner en chambres d'hôtes et vous permettront peut-être de gagner un week-end en chambres d'hôtes Gîtes de France.

Nom du client ....
Adresse ....
Code postal .... Ville ....
Nationalité .... Tél. (facultatif) ....
Profession ....
Signature .... Date 1998
(Jour - Mois)

Nom du département .... Numéro ....
Nom du propriétaire ....
Localité .... Code postal ....

Nom du département .... Numéro ....
Nom du propriétaire ....
Localité .... Code postal ....

Nom du département .... Numéro ....
Nom du propriétaire ....
Localité .... Code postal ....

La Table d'Hôtes

Certaines maîtresses de maison vous offriront la possibilité de prendre votre repas à leur table d'hôtes. Cette formule très souple (simple repas, 1/2 pension ou pension) vous permettra de partager, selon les cas, un repas familial ou gastronomique.

En l'absence de table d'hôtes, les propriétaires sauront aussi vous conseiller les meilleures adresses à proximité pour découvrir la cuisine traditionnelle et régionale.

The " Table d'Hôtes "

Certain hosts offer the possibility of sharing their - often gourmet - meals with the family. The table d'hôtes is a very flexible arrangement whereby you can opt for one meal only, or half- or full-board. If your hosts do not provide a table d'hôtes, they will be able to recommend the addresses of the best local inns and restaurants where you can taste regional or traditional French cooking.

Die Gästetafel

Mancher Gastgeber wird Ihnen die Möglichkeit anbieten, an der häuslichen Tafel mitzuessen. Diese sehr anpassungsfähige Lösung (einfaches Mahl, Halbpension oder Vollpension) wird Ihnen Gelegenheit geben, je nach Geschmack, ein häusliches oder gastronomisches Mahl einzunehmen. Sollte keine Gästetafel angeboten werden, geben Ihnen Ihre Gastgeber gerne die besten in der Nähe liegenden Adressen, die Ihnen erlauben werden, die reiche traditionnelle und regionale Küche kennenzulernen.

Le Gîte Rural

Pour ceux qui souhaitent louer une maison indépendante et se retrouver en famille ou entre amis, pour un week-end, une ou plusieurs semaines, plusieurs gîtes leur sont proposés. Entourés d'un jardin, les gîtes se composent d'une ou plusieurs chambres, avec salon, salle à manger, cuisine et sanitaires. Pour le confort de leur séjour, ils trouveront téléviseur couleur, téléphone en service restreint, machine à laver le linge et la vaisselle, etc.

Self-catering gîtes

Several gîtes cater to visitors seeking a self-contained house where they can stay with the whole family or among friends. Self-catering gîtes usually have a garden, several bedrooms, a sitting room, a dining room,a kitchen and a bathroom. Other creature comforts can include a colour television, a telephone (restricted dialling), a washing machine and dishwasher, etc.

Der « Gîte Rural », Wohnen auf dem Land

Denjenigen, die ein freistehendes Haus zu mieten suchen, um sich im Familienkreise oder mit Freunden, für ein Wochenende, für eine oder mehrere Wochen treffen, stehen eine Reihe von Unterkünften zur Verfügung. Von einem Garten umgeben, bestehen die Unterkünfte aus einem oder mehreren Schlafzimmern, Wohnzimmer, Eßzimmer, Küche und sanitären Einrichtungen. Um Ihnen Ihren Aufenthalt so angenehm wie möglich zu gestalten, verfügen Sie über einen Farbfernseher, Telefon - mit begrenzter Kapazität -, Wasch, Geschirrspülmaschinen usw.

MASSIF CENTRAL
CÉZALLIER
L'Auvergne infinie
BILLOM
La savante auvergnate
Aveyronnais

PAYS du NORD
Parc de l'Avesnois
COURTRAI
Capitale du Texas belge

PAYS de BRETAGNE
Grand phare
Le siècle des lumières
MORLAIX
La belle artisane

Tous les 2 mois
chez votre
marchand
de journaux

BOURGOGNE
Les fruits du terroir
ARCHÉOLOGIE
La Bourgogne vue du ciel

PAYS de NORMANDIE
Le Tréport
La mer nourricière
GASTRONOMIE
Les saveurs du Bocage

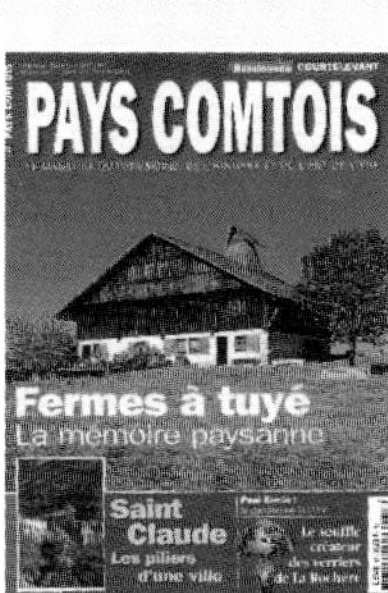

PAYS COMTOIS
Fermes à tuyé
La mémoire paysanne
Saint Claude

TERRE PROVENÇALE
Impétueuse Camargue
LES AMÉRICAINS
Les folles années du cap d'Antibes

FREEWAY
GROUPE DE PRESSE

Comment utiliser le guide :

Les chambres d'hôtes et les gîtes ruraux sont classés en deux parties différentes et par ordre alphabétique de départements (voir index p. 383).

- *Chaque adresse comporte un numéro en haut à droite, que vous retrouverez sur les cartes.*

écusson jaune  *pour les chambres d'hôtes*

écusson vert  *pour les gîtes ruraux*

- *Les langues étrangères parlées par les propriétaires sont signalées par des drapeaux*
- *Le pictogramme signifie que les animaux sont refusés.*
- ***SR** : Service Réservation – **CM** : Carte Michelin.*
- CV *Chèques vacances acceptés.*
- *Les tarifs sont généralement indiqués pour 2 personnes (nuit et petit déjeuner) en chambre d'hôtes, renseignez-vous pour les personnes supplémentaires ou les prix enfants.*

En gîtes ruraux, il s'agit du prix-semaine (du samedi après-midi 16 heures au samedi matin 10 heures) ou week-end, les charges en supplément seront mentionnées dans le contrat.

- *Le numéro de carte Gîtes de France en haut du descriptif vous permettra de vous reporter aux cartes situées en début de guide.*

Carte France Télécom. – *Ce pictogramme indique que, muni d'une carte France Télécom, vous avez la possibilité de téléphoner où vous le désirez depuis la chambre d'hôtes ou le gîte (qui est abonné au service Téléséjour ou dispose d'une ligne en service restreint). Il peut aussi indiquer l'existence sur place d'un point-phone ou d'une cabine téléphonique.*

How to use this guide:

- The bed and breakfast accommodation and self-catering gîtes appear in two separate parts of the guide and are classified within their département (administrative area) in alphabetical order.
- A number appears in the top right-hand corner of each entry.

Yellow shield 1 for bed and breakfast

Green shield 

for self-catering gîtes

- The foreign languages spoken by your hosts are indicated by national flags.
- The following pictogram indicates that pets are not allowed.
- Bed and breakfast rates are generally given for 2 people (per night, breakfast included). Ask for prices for other adults or children.

Self-catering gîtes indicate a weekly rate with additional costs stipulated in the contract.

- The Gîtes de France map number at the top of the description refers to the maps situated in the front of the guide.
- CM, pli... means Michelin map, fold...

Gebrauchsanweisung des Führers :

- Die Gästezimmer und die Wohnungen auf dem Land sind in zwei verschiedene Teile aufgeteilt und in der alphabetischen Reihenfolge der Departements (sh. Inhaltsverzeichnis vor den Landkarten).
- Jede Adresse ist oben rechts mit einer Nummer versehen, die Sie auf den Karten wiederfinden.

Gelbes Schild 

für die Gästezimmer

Grünes Schild 

für die Landzimmer

- Die von Ihren Gastgebern gesprochenen Fremdsprachen werden durch eine Flagge gekennzeichnet.
- Das Piktogramm bedeutet Haustiere sind nicht zugelassen.

Die Preise werden generell für 2 Personen angegeben (Übernachtung mit Frühstück) in Gästezimmern. Preise für mehrere Personen oder spezielle Preise für Kinder sind bitte nachzufragen. Bei Landwohnungen handelt es sich um Wochenpreise; die Zusatzkosten werden im Vertrag angegeben.

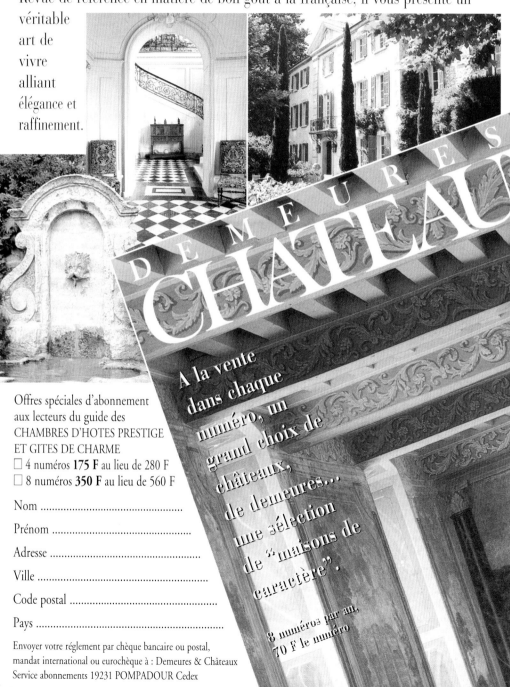

Comment réserver ?

Dans chaque descriptif de ce guide, vous trouverez les coordonnées des propriétaires ou du service réservation afin de les contacter par téléphone, par fax ou par courrier.

• Pour les chambres d'hôtes :

Les chambres d'hôtes se louent pour une ou plusieurs nuits. Il est toujours préférable de réserver à l'avance car certains propriétaires proposent un nombre restreint de chambres. Pour les longs séjours, demandez à ce qu'un contrat soit établi avec mention de l'acompte à verser et des conditions d'annulation.

• Pour les gîtes ruraux :

Le gîte rural se louant le week-end (en hors saison uniquement) ou à la semaine, il est indispensable de réserver longtemps à l'avance. Un contrat de location vous sera envoyé, précisant les modalités de paiement.

How to book

Each description in the guide includes the telephone number of the owner or the reservation service so that you can either telephone in advance or apply in writing.

• Bed and Breakfast Accommodation:

Bed and breakfast rooms can be booked for one or several nights. It is always best to book in advance as certain owners only have a few rooms available. For long stays, ask for a contract which will stipulate the deposit to be paid in advance.

• Self-catering gîtes:

Self-catering gîtes are rented for the weekend (during off-peak seasons only), or for a week at a time. Booking in advance is essential. You will receive a contract stipulating the terms and conditions of payment.

Wie reservieren Sie Ihr Zimmer?

In jeder in diesem Führer befindlichen Beschreibung finden Sie die Adresse des Besitzers oder des Reservierungsdienstes, an den Sie sich per Telefon oder per Post wenden können.

• Gästezimmer :

Die Gästezimmer werden für eine oder mehrere Nächte gebucht. Es ist auf jeden Fall immer vorteilhafter, rechtzeitig zu reservieren, da die Gastgeber zum Teil nur wenige Zimmer vermieten. Bei längeren Aufenthalten wird empfohlen, einen Vertrag mit Angabe des Anzahlungsbetrages anzufordern.

• Wohnungen auf dem Land :

Wohnungen auf dem Land werden fürs Wochenende (nur außerhalb der Saison) oder für eine ganze Woche vermietet. Es ist unbedingt erforderlich, lange im voraus zu reservieren. Ein Mietvertrag wird Ihnen mit den Zahlungsbedingungen zugeschickt.

Quelques conseils

N'oubliez jamais que vous allez séjourner chez des particuliers qui vous ouvrent leur maison.

- *Aussi, si vous prévoyez un retard par rapport à l'heure d'arrivée annoncée, prévenez les maîtres de maison.*
- *Pensez à toujours leur signaler la présence d'animaux familiers.*
- *Demandez au propriétaire de vous indiquer le meilleur itinéraire selon l'endroit d'où vous venez.*
- *La table d'hôtes n'est pas un restaurant. De nombreuses maîtresses de maison proposent ce service sur réservation préalable. Indiquez donc si vous souhaitez prendre des repas à cette occasion.*
- *De nombreuses activités (piscine, tennis, billard, équitation...) sont disponibles sur place; certains propriétaires proposent en outre des activités supplémentaires, accompagnées ou non, renseignez-vous auprès d'eux.*

Some useful tips

Never forget that you are staying in someone else's home.

Don't forget to warn your hosts if you are going to arrive later than the expected time.

- *Always warn your hosts if you intend to bring any pets with you.*
- *The table d'hôtes is not a restaurant. Numerous hosts offer this service subject to advance bookings only, so do say if you intend to take meals on the premises.*
- *Numerous activities (swimming, tennis, billiards, horse-riding, etc.) are available on the premises. Certain holiday homes offer leisure activities, and your hosts will often accompany you if you so wish. Ask them for detailed information.*

Einige Ratschläge

Bitte vergessen Sie nie, daß Sie bei Privatleuten aufgenommen werden, die Ihnen ihr Haus zur Verfügung stellen.

- *Sollten Sie am Anreisetag mit Verspätung rechnen müssen, benachrichtigen Sie bitte den Gastgeber.*
- *Denken Sie immer daran anzugeben, wenn Sie Haustiere mitbringen möchten.*
- *Die Gästetafel ist kein Restaurant. Viele Gastgeber bieten Ihnen diese Dienstleistung nur auf vorherige Reservierung hin an. Teilen Sie bitte bereits vorzeitig mit wenn Sie diesen Dienst in Anspruch nehmen wollen.*
- *Zahlreiche Freizeitbeschäftigungen (Schwimmen, Tennis, Billard, Reiten...) werden an Ort und Stelle angeboten; zusätzliche Angebote können Sie bei den Gastgebern erfragen.*

Glossaire - Glossary - Inhalt

The French entries for each gîte include details on the number of rooms, opening dates, bathroom facilities, services and leisures activities on the premises and locally. The glossary will help you understand the most important information.

Bei jeder Adresse werden Ihnen in der französichen Beschreibung Angaben gemacht über die Anzahl der Zimmer, die Öffnungfszeiten, die sanitären Einrichtungen, die Speisegelegenheiten, die verschiedenen Dienstleistungen oder Freizeitbeschäftigungsmöglichkeiten.

Cartes bancaires acceptées/Credit cards accepted/Kreditkarten werden angenommen.
Chambre/Bedroom/Zimmer
Charges non comprises/Not including charges/Zusatzleistungen nicht inbegriffen
Chauffage/ Heating/Heizung
Cheminée/Fireplace/Kamin
Cuisine - coin cuisine/Kitchen - Kitche area/Küche -Küchenecke
Étangs - lacs/Ponds - Lakes/Weiher - Seen
Fermé/Closed/Geschlossen
Gîte - Gîte rural/Gîte - Self-Catering gîte/Unterkunft
Jardin/Garden/Garten
Lave-linge/Washing machine/Washmachine
Lave-vaisselle/Dishwasher/Geschirrspülmachine
Linge de maison fourni/Household linen provided/Tisch-bettwäsche gestellt
Ouvert toute l'année - Ouvert du... au.../Open all year round - open from...to.../Ganzjährig geöffnet - geöffnet vom...bis...
Parc/Park/Park
Petit déjeuner/Breakfast/Frühstück
Piscine/Swimming pool/Schwimmbad
Restaurant-auberge/Restaurant-inn/Restaurant-gäststätte
Salle à manger/Dining room/Eßzimmer
Salle d'eau - douche/Shower room/Dusche
Salle de bains/Bathroom/Badezimmer
Salon/Lounge/Wohnzimmer
Sanitaires privés - privatifs/Private bathroom/Eigene private sanitäre Einrichtungen
Suite/Suite/Suite
Sur place/On the premises, locally/Am ort
Sur réservation/Booking required/Auf Reservierung hin
Table d'hôtes/Meals with owners/Gätetafel
Terrasse/Terrace/Terrasse
Vélos - loc. de vélos/Bikes - bike rental/Fahrräder - werleih von Rädern
VTT/Mountain bikes/MTB
WC privés - privatifs/Private WC/Eigene private Toiletten

GRAND CONCOURS FIDÉLITÉ 1998

POUR GAGNER...

3 WEEK-ENDS EN CHAMBRES D'HÔTES PRESTIGE
150 GUIDES CHAMBRES ET TABLES D'HÔTES 1999
ET 100 GUIDES CHAMBRES D'HÔTES PRESTIGE ET GÎTES DE CHARME 1999

COMMENT PARTICIPER ?

Il vous suffit de séjourner 10 nuits ou plus (hors juillet et août) en chambres d'hôtes Gîtes de France. Pour participer, **renvoyez avant le 31 décembre 1998,** le coupon ci-dessous ainsi que les copies des factures de vos séjours à :

MAISON DES GITES DE FRANCE ET DU TOURISME VERT
59, rue Saint-Lazare - 75439 PARIS CEDEX 09

Fin décembre 1998 : tirage au sort parmi tous les participants pour les week-ends en chambres d'hôtes Prestige. Un guide Chambres et Tables d'Hôtes 1999 pour les 150 premières réponses et un guide Chambres d'Hôtes Prestige et Gîtes de Charme 1999 pour les 100 réponses suivantes.

✂- -

Grand concours FIDÉLITÉ 1998

Guide Chambres d'Hôtes Prestige et Gîtes de Charme 1998

à renvoyer à

MAISON DES GITES DE FRANCE ET DU TOURISME VERT
59, rue Saint-Lazare - 75439 PARIS CEDEX 09

Mme, M. ....

Adresse : ....

....

Code postal : .... Ville : .... Tél. : ....

CARTE GÉNÉRALE

LÉGENDE KEY - *ZEICHENERKLÄRUNG*

1 — Chambres d'Hôtes de Prestige
Bed and Breakfast
Gästezimmer

2 — Gîtes ruraux de Prestige
Self-catering Gîtes
Unterkunft auf dem land

AMIENS ○ — Préfecture
Prefecture
Präfektur

Abbeville ● — Sous-Préfecture
Sub-Prefecture
Unterpräfektur

Autoroute
Motorway
Autobahn

Échangeur complet
Interchange
Autobahneinfarht und -ausfarht

Demi-échangeur
Half interchange
Autobahneinfarht oder -ausfarht

Voie rapide à chaussée séparée
Dual carriageway
Schnellstraße mit getrennten Fahrbahnen

Axe important à grande circulation
Main trunk road
Hauptvekehrsstraße

Axe important
Major trunk road
Wichtige Verkehrsstraße

Route
Road
Straße

Limite de département
Department boundary
Departementsgrenze

Frontière
Border
Staatsgrenze

Étranger
Foreign country
Ausland

Fleuve ou rivière
River
Fluß

Lac
Lake
See

Forêt ou bois
Forest or wood
Wald oder Forst

Aéroport ou aérodrome
Airport or aerodrome
Flughafen oder Flugfeld

Conformément à la jurisprudence constante «Toulouse, 14.01.1887», les erreurs ou omissions involontaires qui auraient pu subsister dans les cartes et le guide malgré les soins et les contrôles des équipes de rédaction et d'éxécution ne sauraient engager la responsabilité des Gîtes de France ou d'Infograph.

In accordance with the legislation in force (and in particular with the precedent referred to as «Toulouse 14.1.1887»), any unintentional errors or omissions which may appear in the maps and guide book, despite the efforts and checks made by the editorial and production staff, shall in no way incur the liability of Gîtes de France or Infograph.

Der standhaften Rechtswissenschaft «Toulouse, 14.01.1887» entsprechend, könnte für die noch unabsichtlichen Fehler oder Auslassungen, die in den Landkarten oder Reiseführern weiterbestehen trotz der bemühungen und der Nachprüfungen in der Ausarbeitung und Durchführung von den Mitarbeitern, die Verantwortung von Les Gîtes de France oder Infograph nicht übernommen werden.

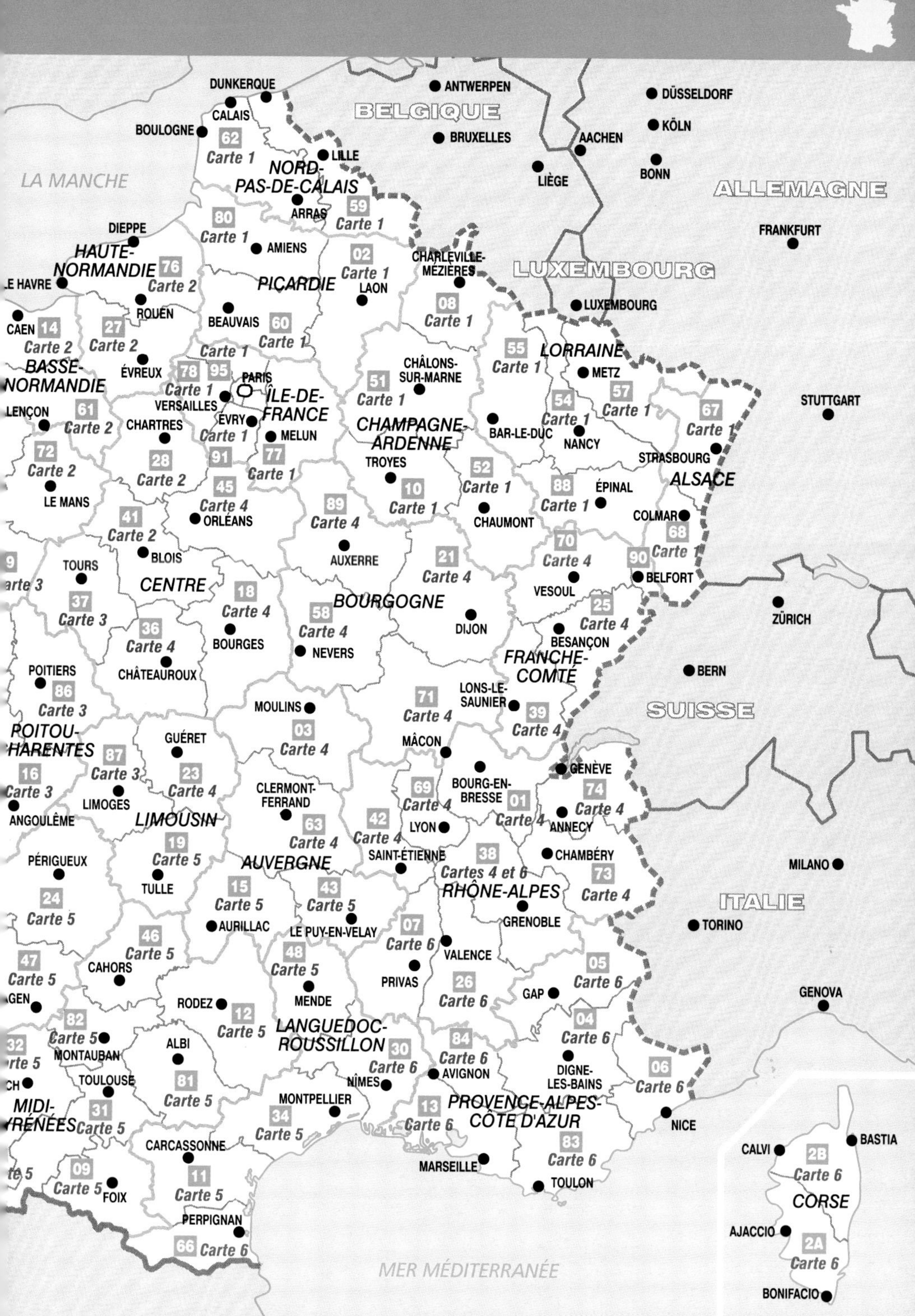

LA MANCHE
BELGIQUE
ALLEMAGNE
LUXEMBOURG
SUISSE
ITALIE
MER MÉDITERRANÉE
DUNKERQUE
CALAIS
BOULOGNE
ANTWERPEN
BRUXELLES
DÜSSELDORF
KÖLN
AACHEN
BONN
LIÈGE
LILLE
NORD-PAS-DE-CALAIS
62 Carte 1
59 Carte 1
ARRAS
FRANKFURT
DIEPPE
HAUTE-NORMANDIE
LE HAVRE
76 Carte 2
80 Carte 1
AMIENS
PICARDIE
02 Carte 1
LAON
CHARLEVILLE-MÉZIÈRES
08 Carte 1
ROUEN
BEAUVAIS
60 Carte 1
LUXEMBOURG
CAEN
14 Carte 2
27 Carte 2
BASSE-NORMANDIE
ÉVREUX
Carte 1
78 Carte 1
95
PARIS
ÎLE-DE-FRANCE
VERSAILLES
ÉVRY
91 Carte 1
MELUN
77 Carte 1
CHÂLONS-SUR-MARNE
51 Carte 1
55 Carte 1
LORRAINE
METZ
57 Carte 1
54 Carte 1
NANCY
BAR-LE-DUC
CHAMPAGNE-ARDENNE
67 Carte 1
STUTTGART
STRASBOURG
ALSACE
ALENÇON
61 Carte 2
CHARTRES
28 Carte 2
72 Carte 2
LE MANS
45 Carte 4
ORLÉANS
TROYES
10 Carte 1
52 Carte 1
CHAUMONT
88 Carte 1
ÉPINAL
COLMAR
68 Carte 1
41 Carte 2
BLOIS
89 Carte 4
AUXERRE
21 Carte 4
70 Carte 4
VESOUL
90
BELFORT
TOURS
CENTRE
37 Carte 3
18 Carte 4
BOURGES
36 Carte 4
CHÂTEAUROUX
58 Carte 4
NEVERS
BOURGOGNE
DIJON
25 Carte 4
BESANÇON
FRANCHE-COMTÉ
ZÜRICH
BERN
POITIERS
86 Carte 3
POITOU-CHARENTES
87 Carte 3
16 Carte 3
ANGOULÊME
LIMOGES
GUÉRET
23 Carte 4
MOULINS
03 Carte 4
71 Carte 4
LONS-LE-SAUNIER
39 Carte 4
MÂCON
BOURG-EN-BRESSE
01 Carte 4
GENÈVE
74 Carte 4
ANNECY
CLERMONT-FERRAND
63 Carte 4
69 Carte 4
LYON
42 Carte 4
LIMOUSIN
PÉRIGUEUX
24 Carte 5
19 Carte 5
TULLE
AUVERGNE
SAINT-ÉTIENNE
38 Cartes 4 et 6
RHÔNE-ALPES
CHAMBÉRY
73 Carte 4
MILANO
GRENOBLE
TORINO
15 Carte 5
AURILLAC
43 Carte 5
LE PUY-EN-VELAY
07 Carte 6
VALENCE
46 Carte 5
CAHORS
47 Carte 5
AGEN
48 Carte 5
MENDE
PRIVAS
26 Carte 6
GAP
05 Carte 6
GENOVA
RODEZ
12 Carte 5
82 Carte 5
MONTAUBAN
ALBI
81 Carte 5
LANGUEDOC-ROUSSILLON
30 Carte 6
84 Carte 6
AVIGNON
04 Carte 6
DIGNE-LES-BAINS
06 Carte 6
NICE
TOULOUSE
31 Carte 5
MIDI-PYRÉNÉES
NÎMES
MONTPELLIER
34 Carte 5
13 Carte 6
PROVENCE-ALPES-CÔTE D'AZUR
83 Carte 6
MARSEILLE
TOULON
CARCASSONNE
11 Carte 5
09 Carte 5
FOIX
PERPIGNAN
66 Carte 6
CALVI
BASTIA
2B Carte 6
CORSE
AJACCIO
2A Carte 6
BONIFACIO

CARTE I

Tunnel sous La Manche
PAS DE CALAIS
CAP GRIS NEZ
MANCHE
BELGIQUE
Dunkerque
Calais
Boulogne-sur-Mer
Saint-Omer
NORD-PAS-DE-CALAIS
LILLE
Béthune
Montreuil
62 PAS-DE-CALAIS
Lens
Douai
Valenciennes
ARRAS
59 NORD
Maubeuge
Cambrai
Avesnes-sur-Helpe
Abbeville
80 SOMME
Péronne
AMIENS
Saint-Quentin
Vervins
CHARLEVILLE-MÉZIÈRES
02 AISNE
PICARDIE
Montdidier
08 ARDENNES
Noyon
LAON
Rethel
60 OISE
BEAUVAIS
Compiègne
Vouziers
Clermont
Soissons
Les Andelys
Reims
Senlis
95 VAL D'OISE
PONTOISE
Mantes-la-Jolie
Château-Thierry
Épernay
CHÂLONS-SUR-MARNE
51 MARNE
Meaux
NANTERRE
BOBIGNY
PARIS
VERSAILLES
Dreux
Vitry-le-François
ÎLE-DE-FRANCE
ÉVRY
Rambouillet
78 YVELINES
77 SEINE-ET-MARNE
Provins
MELUN
CHARTRES
91 ESSONNE
Nogent-sur-Seine
10 AUBE
Étampes
Fontainebleau
CHAMPAGNE-ARDENNE
TROYES
Bar-sur-Aube
Sens
28 EURE-ET-LOIR
Pithiviers
Châteaudun
45 LOIRET

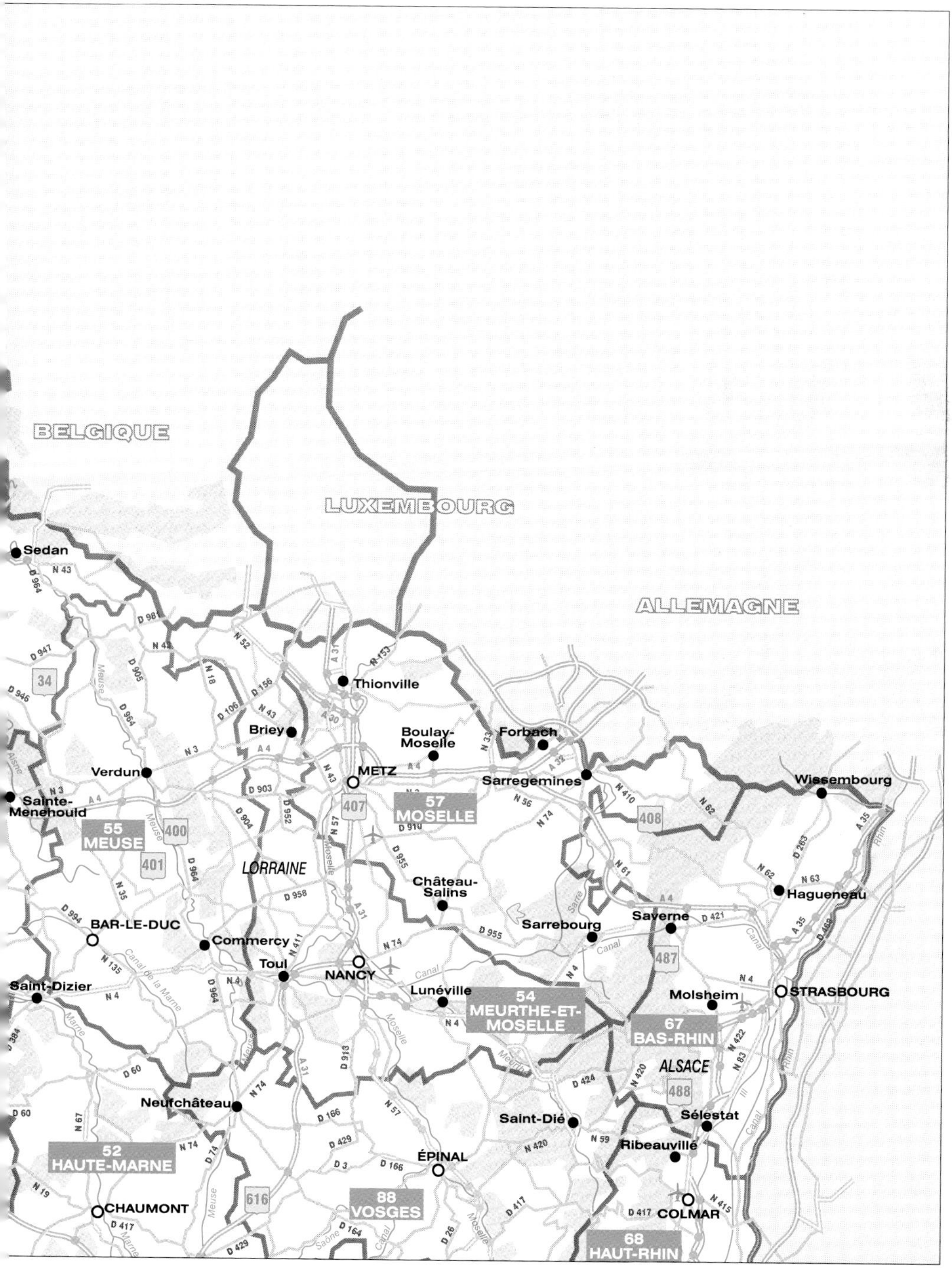

Nord - Est

BELGIQUE
LUXEMBOURG
ALLEMAGNE
Sedan
Thionville
Briey
Boulay-Moselle
Forbach
Verdun
METZ
Sarregemines
Wissembourg
Sainte-Menehould
57 MOSELLE
55 MEUSE
LORRAINE
Château-Salins
Hagueneau
BAR-LE-DUC
Commercy
Sarrebourg
Saverne
Toul
NANCY
Saint-Dizier
Lunéville
54 MEURTHE-ET-MOSELLE
Molsheim
STRASBOURG
67 BAS-RHIN
ALSACE
Neufchâteau
Saint-Dié
Sélestat
52 HAUTE-MARNE
ÉPINAL
Ribeauvillé
CHAUMONT
88 VOSGES
COLMAR
68 HAUT-RHIN

CARTE 2

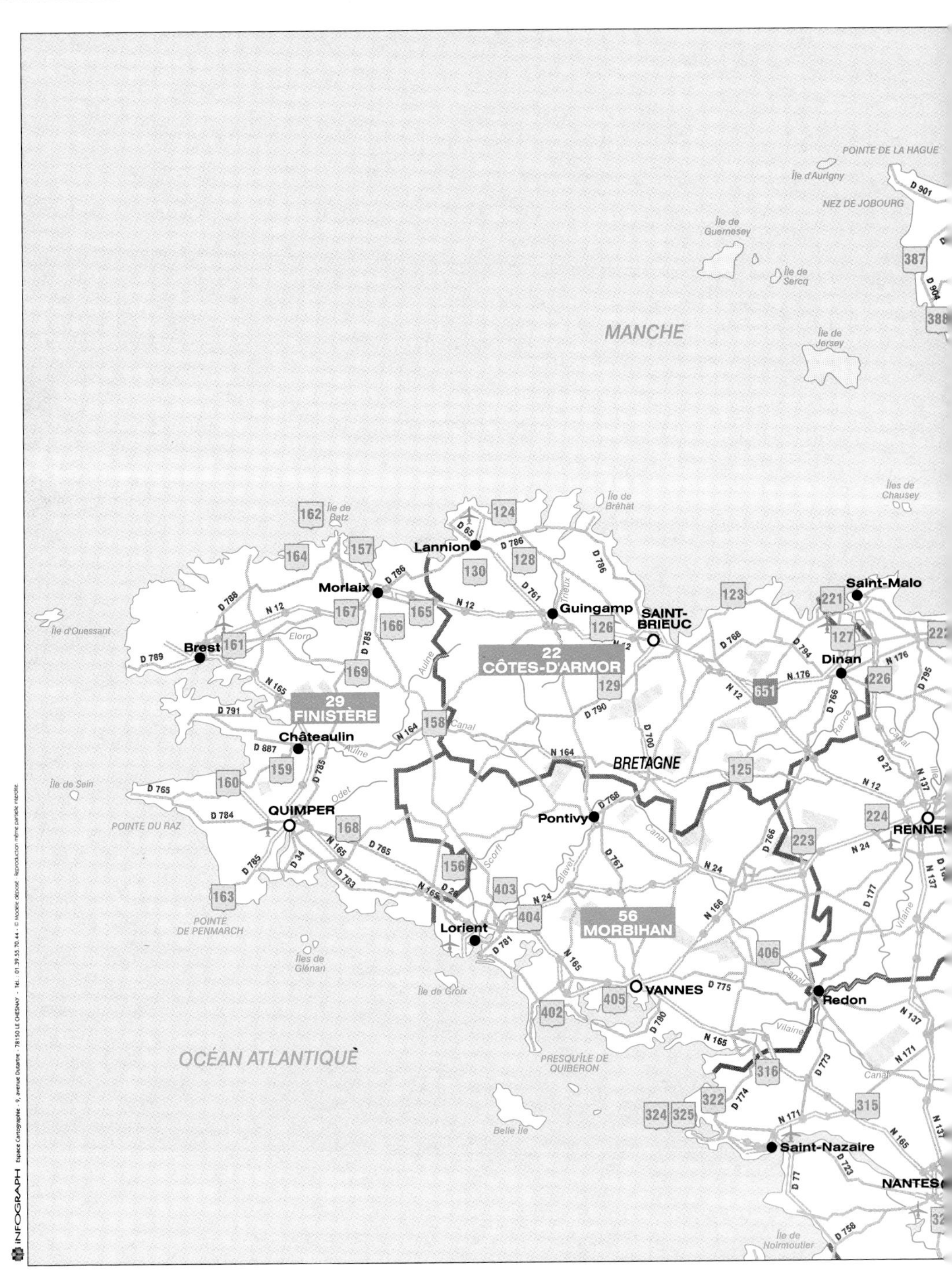

POINTE DE LA HAGUE
Île d'Aurigny
NEZ DE JOBOURG
D 901
Île de Guernesey
Île de Sercq
387
D 904
388
MANCHE
Île de Jersey
Îles de Chausey
Île de Bréhat
162
Île de Batz
124
D 65
Lannion
157
164
D 786
128
130
D 786
Morlaix
D 786
D 761
Trieux
Guingamp
Saint-Malo
123
221
D 788
N 12
N 12
167
165
166
SAINT-BRIEUC
126
127
Île d'Ouessant
Elorn
D 768
D 794
222
Brest
161
D 785
22
CÔTES-D'ARMOR
Dinan
N 176
D 789
Aulne
N 176
226
D 795
169
N 165
129
N 12
651
D 766
29
FINISTÈRE
D 790
D 791
N 164
158
Canal
D 700
Rance
Canal
Châteaulin
D 887
Aulne
N 164
BRETAGNE
125
D 27
159
D 785
Île de Sein
160
N 12
N 137
D 765
Odet
D 768
224
D 784
QUIMPER
Pontivy
RENNES
POINTE DU RAZ
168
Canal
D 766
223
N 24
N 165
D 765
D 767
D 785
D 34
156
Scorff
Blavet
N 24
N 137
D 783
N 165
D 26
403
D 177
N 24
163
404
N 166
56
MORBIHAN
Vilaine
POINTE DE PENMARCH
Lorient
D 781
406
N 165
Îles de Glénan
Canal
VANNES
D 775
Redon
Île de Groix
405
402
D 780
N 137
Vilaine
N 165
N 171
OCÉAN ATLANTIQUE
PRESQU'ÎLE DE QUIBERON
316
D 773
Canal
D 774
322
315
324
325
N 171
N 165
Belle Île
N 137
Saint-Nazaire
D 723
D 77
NANTES
Île de Noirmoutier
D 758

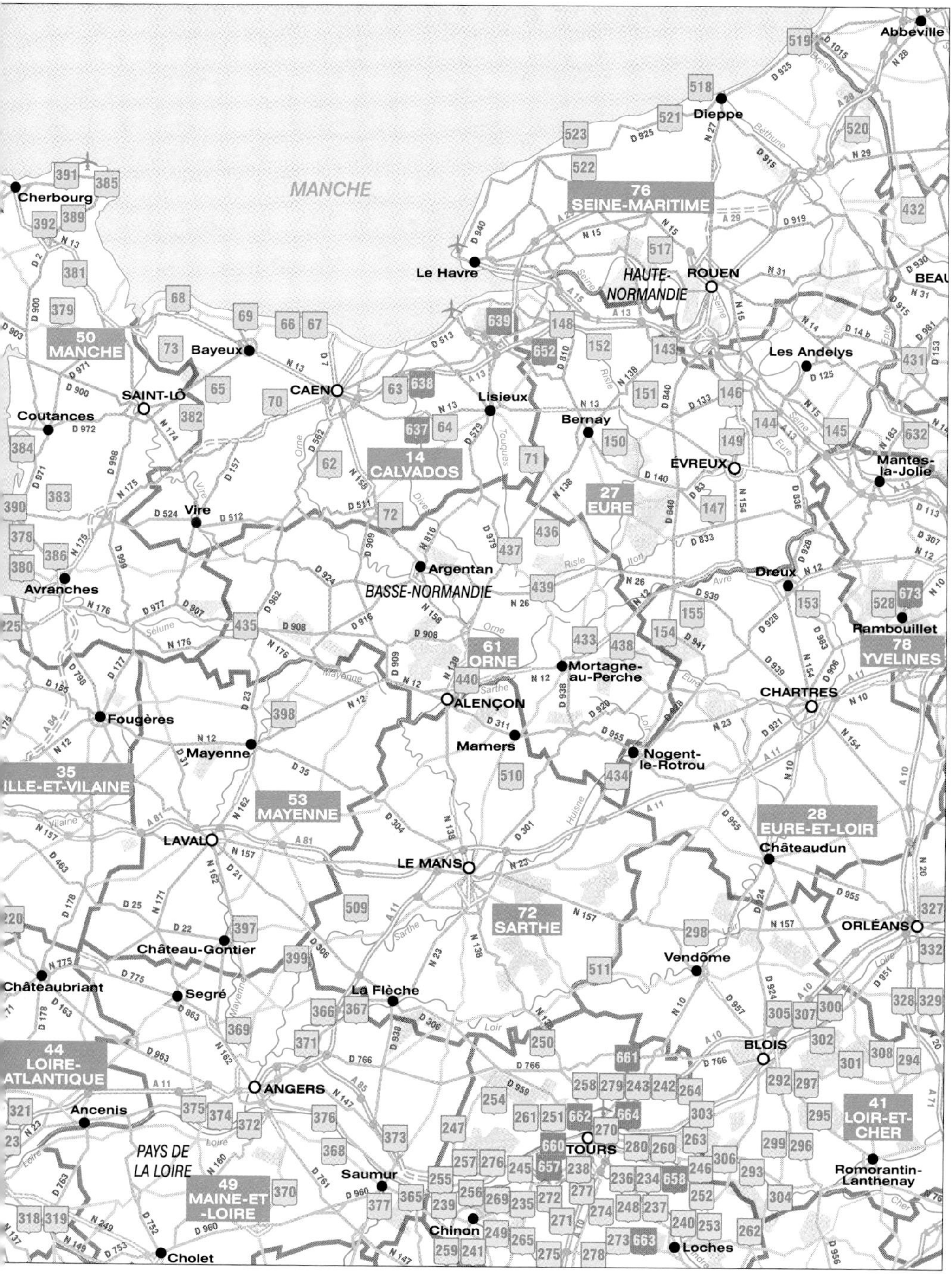

MANCHE
Cherbourg
Coutances
SAINT-LÔ
Bayeux
CAEN
Le Havre
Dieppe
Abbeville
ROUEN
HAUTE-NORMANDIE
Les Andelys
Lisieux
Bernay
ÉVREUX
Mantes-la-Jolie
Vire
Avranches
Argentan
BASSE-NORMANDIE
Dreux
Rambouillet
Mortagne-au-Perche
ALENÇON
Mamers
Nogent-le-Rotrou
CHARTRES
Fougères
Mayenne
LAVAL
LE MANS
Châteaudun
ORLÉANS
Château-Gontier
Vendôme
Châteaubriant
Segré
La Flèche
BLOIS
ANGERS
Ancenis
PAYS DE LA LOIRE
Saumur
TOURS
Chinon
Loches
Romorantin-Lanthenay
Cholet

50 MANCHE
76 SEINE-MARITIME
14 CALVADOS
27 EURE
61 ORNE
78 YVELINES
35 ILLE-ET-VILAINE
53 MAYENNE
28 EURE-ET-LOIR
72 SARTHE
44 LOIRE-ATLANTIQUE
49 MAINE-ET-LOIRE
41 LOIR-ET-CHER

CARTE 3

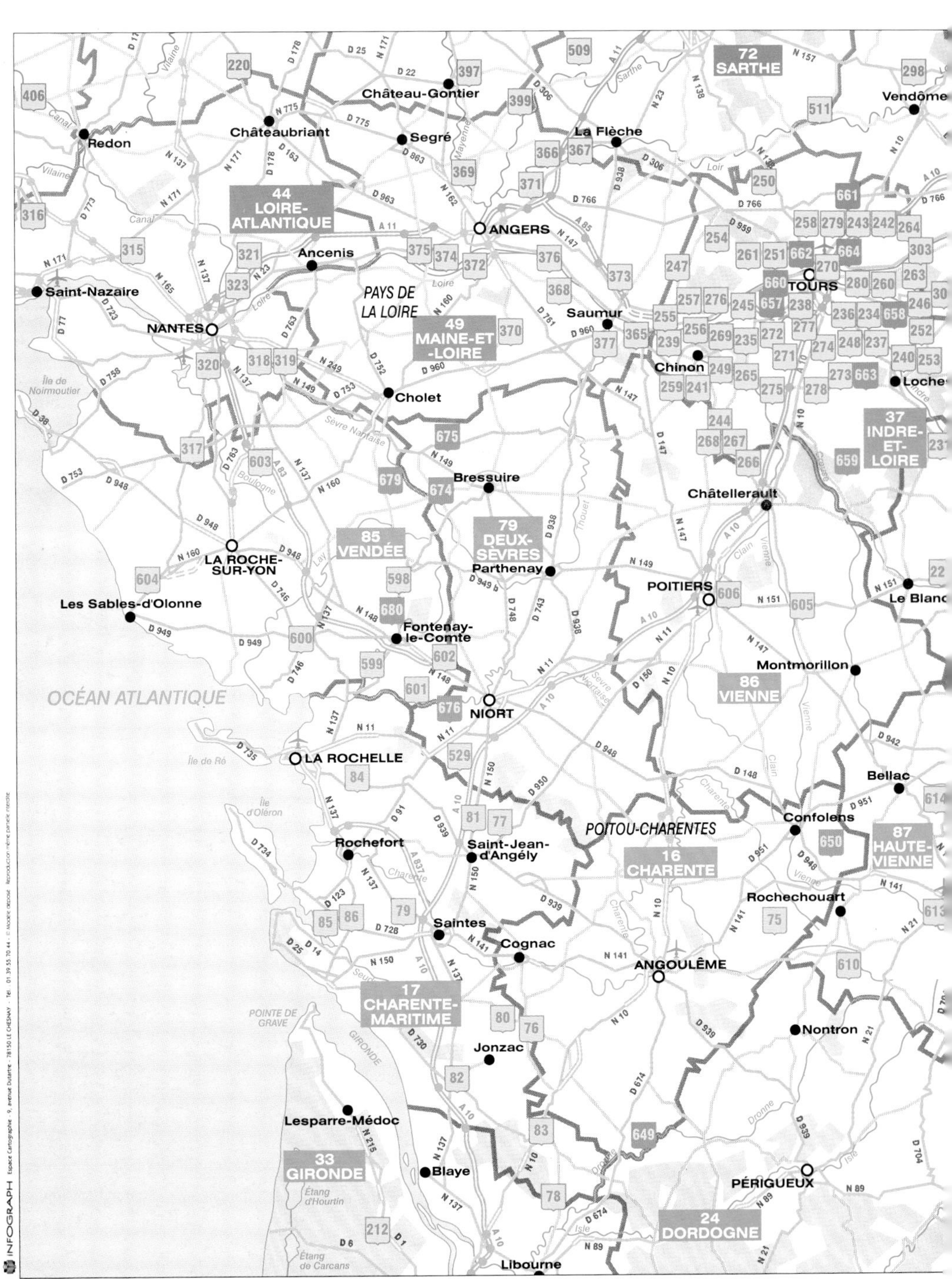

Redon
Châteaubriant
Château-Gontier
Segré
La Flèche
Vendôme
44 LOIRE-ATLANTIQUE
72 SARTHE
ANGERS
Ancenis
Saint-Nazaire
NANTES
PAYS DE LA LOIRE
49 MAINE-ET-LOIRE
Saumur
Chinon
TOURS
Loches
Cholet
37 INDRE-ET-LOIRE
Île de Noirmoutier
Bressuire
Châtellerault
85 VENDÉE
79 DEUX-SÈVRES
LA ROCHE-SUR-YON
Parthenay
POITIERS
Le Blanc
Les Sables-d'Olonne
Fontenay-le-Comte
Montmorillon
86 VIENNE
OCÉAN ATLANTIQUE
NIORT
Île de Ré
LA ROCHELLE
Île d'Oléron
Bellac
Confolens
POITOU-CHARENTES
Rochefort
Saint-Jean-d'Angély
16 CHARENTE
87 HAUTE-VIENNE
Rochechouart
Saintes
Cognac
ANGOULÊME
POINTE DE GRAVE
17 CHARENTE-MARITIME
GIRONDE
Nontron
Jonzac
Lesparre-Médoc
33 GIRONDE
Blaye
PÉRIGUEUX
Étang d'Hourtin
24 DORDOGNE
Étang de Carcans
Libourne
INFOGRAPH Espace Cartographie - 9, avenue Dutartre - 78150 LE CHESNAY - Tél. 01 39 55 70 44

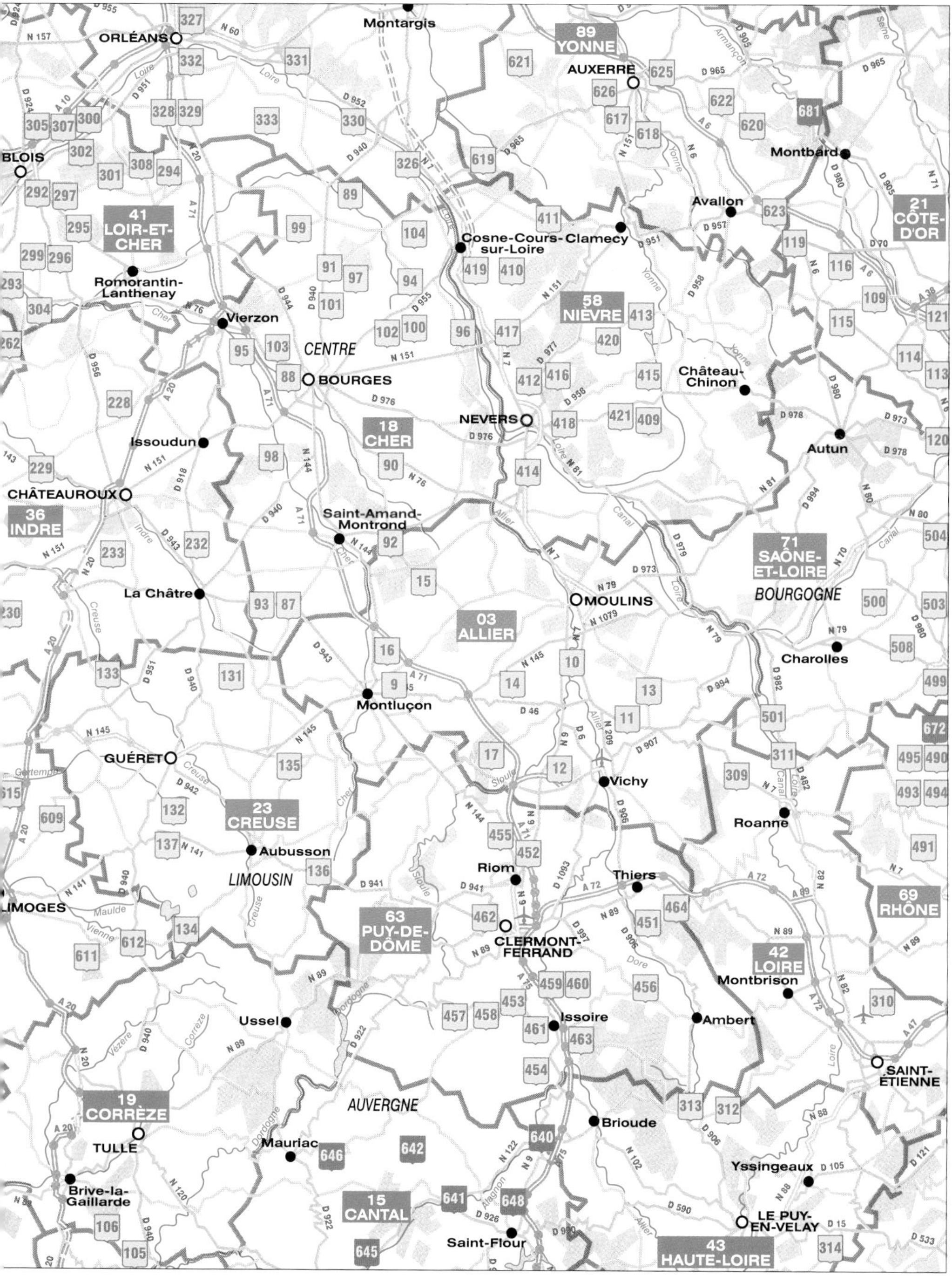

Centre - Ouest

89 YONNE
21 CÔTE-D'OR
41 LOIR-ET-CHER
58 NIÈVRE
18 CHER
36 INDRE
71 SAÔNE-ET-LOIRE
03 ALLIER
23 CREUSE
63 PUY-DE-DÔME
69 RHÔNE
42 LOIRE
19 CORRÈZE
15 CANTAL
43 HAUTE-LOIRE

CENTRE
BOURGOGNE
LIMOUSIN
AUVERGNE

Montargis
ORLÉANS
AUXERRE
BLOIS
Montbard
Avallon
Cosne-Cours-sur-Loire
Clamecy
Romorantin-Lanthenay
Vierzon
BOURGES
Château-Chinon
NEVERS
Autun
Issoudun
CHÂTEAUROUX
Saint-Amand-Montrond
MOULINS
La Châtre
Charolles
Montluçon
GUÉRET
Vichy
Roanne
Aubusson
Riom
Thiers
LIMOGES
CLERMONT-FERRAND
Montbrison
Ussel
Issoire
Ambert
SAINT-ÉTIENNE
Brioude
TULLE
Mauriac
Yssingeaux
Brive-la-Gaillarde
LE PUY-EN-VELAY
Saint-Flour

CARTE 4

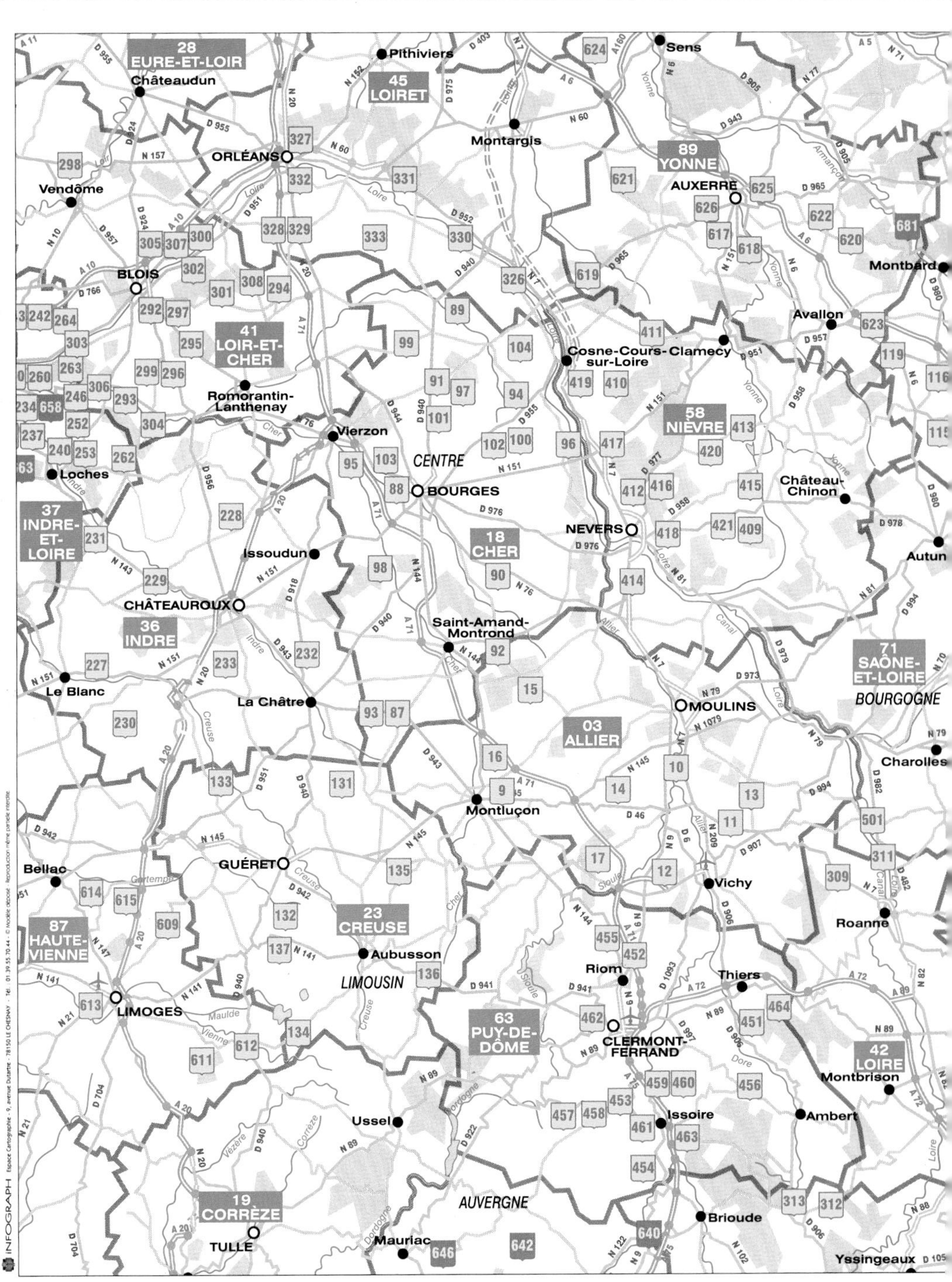

28
EURE-ET-LOIR
Châteaudun
Pithiviers
45
LOIRET
Sens
Montargis
ORLÉANS
89
YONNE
AUXERRE
Vendôme
BLOIS
Montbard
Avallon
41
LOIR-ET-CHER
Cosne-Cours-sur-Loire
Clamecy
Romorantin-Lanthenay
Vierzon
58
NIÈVRE
Loches
CENTRE
BOURGES
Château-Chinon
37
INDRE-ET-LOIRE
NEVERS
18
CHER
Autun
Issoudun
CHÂTEAUROUX
36
INDRE
Saint-Amand-Montrond
71
SAÔNE-ET-LOIRE
Le Blanc
La Châtre
MOULINS
BOURGOGNE
03
ALLIER
Charolles
Montluçon
Bellac
GUÉRET
Vichy
87
HAUTE-VIENNE
23
CREUSE
Roanne
Aubusson
Riom
Thiers
LIMOUSIN
LIMOGES
63
PUY-DE-DÔME
CLERMONT-FERRAND
42
LOIRE
Montbrison
Ussel
Issoire
Ambert
AUVERGNE
19
CORRÈZE
Brioude
TULLE
Mauriac
Yssingeaux
INFOGRAPH Espace Cartographie - 9, avenue Dutartre - 78150 LE CHESNAY - Tél. : 01 39 55 70 44 - © Modèle déposé - Reproduction même partielle interdite

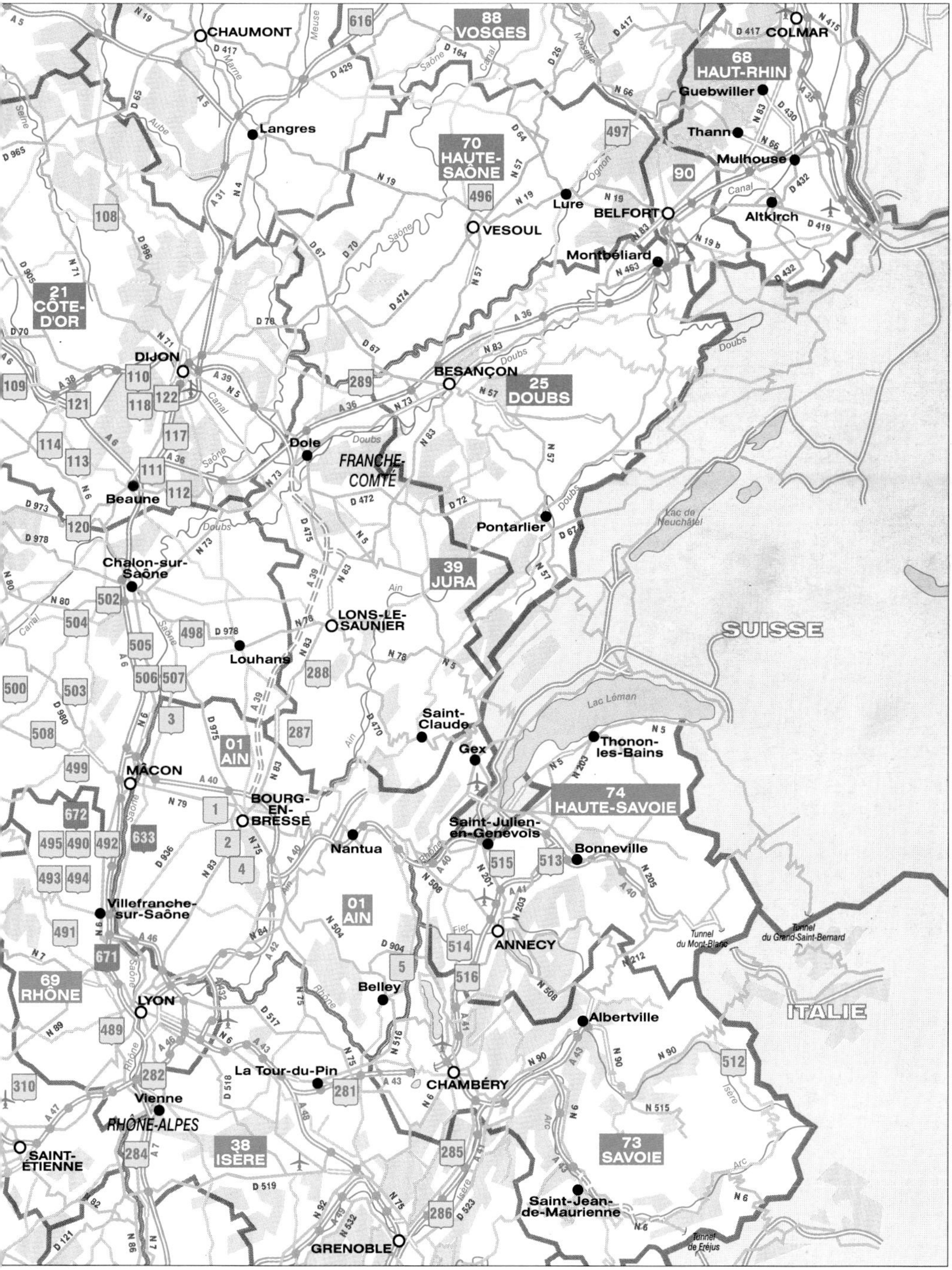

Centre - Est

CHAUMONT
616
88 VOSGES
COLMAR
68 HAUT-RHIN
Guebwiller
Langres
Thann
497
70 HAUTE-SAÔNE
Mulhouse
90
Lure
BELFORT
Altkirch
496
VESOUL
108
Montbéliard
21 CÔTE-D'OR
DIJON
110
109
121
118
122
289
BESANÇON
25 DOUBS
117
114
113
Dole
FRANCHE-COMTÉ
111
Beaune
112
120
Pontarlier
Lac de Neuchâtel
Chalon-sur-Saône
39 JURA
502
504
498
LONS-LE-SAUNIER
Louhans
505
SUISSE
288
506
507
500
503
3
Lac Léman
508
Saint-Claude
287
01 AIN
Thonon-les-Bains
Gex
499
MÂCON
672
BOURG-EN-BRESSE
1
74 HAUTE-SAVOIE
633
Saint-Julien-en-Genevois
495
490
492
2
Nantua
Bonneville
515
513
493
494
4
Villefranche-sur-Saône
01 AIN
491
ANNECY
Tunnel du Mont-Blanc
Tunnel du Grand-Saint-Bernard
671
514
5
69 RHÔNE
516
ITALIE
Belley
LYON
Albertville
489
La Tour-du-Pin
CHAMBÉRY
512
282
281
310
Vienne
RHÔNE-ALPES
SAINT-ÉTIENNE
284
38 ISÈRE
285
73 SAVOIE
Saint-Jean-de-Maurienne
286
GRENOBLE
Tunnel de Fréjus

CARTE 5

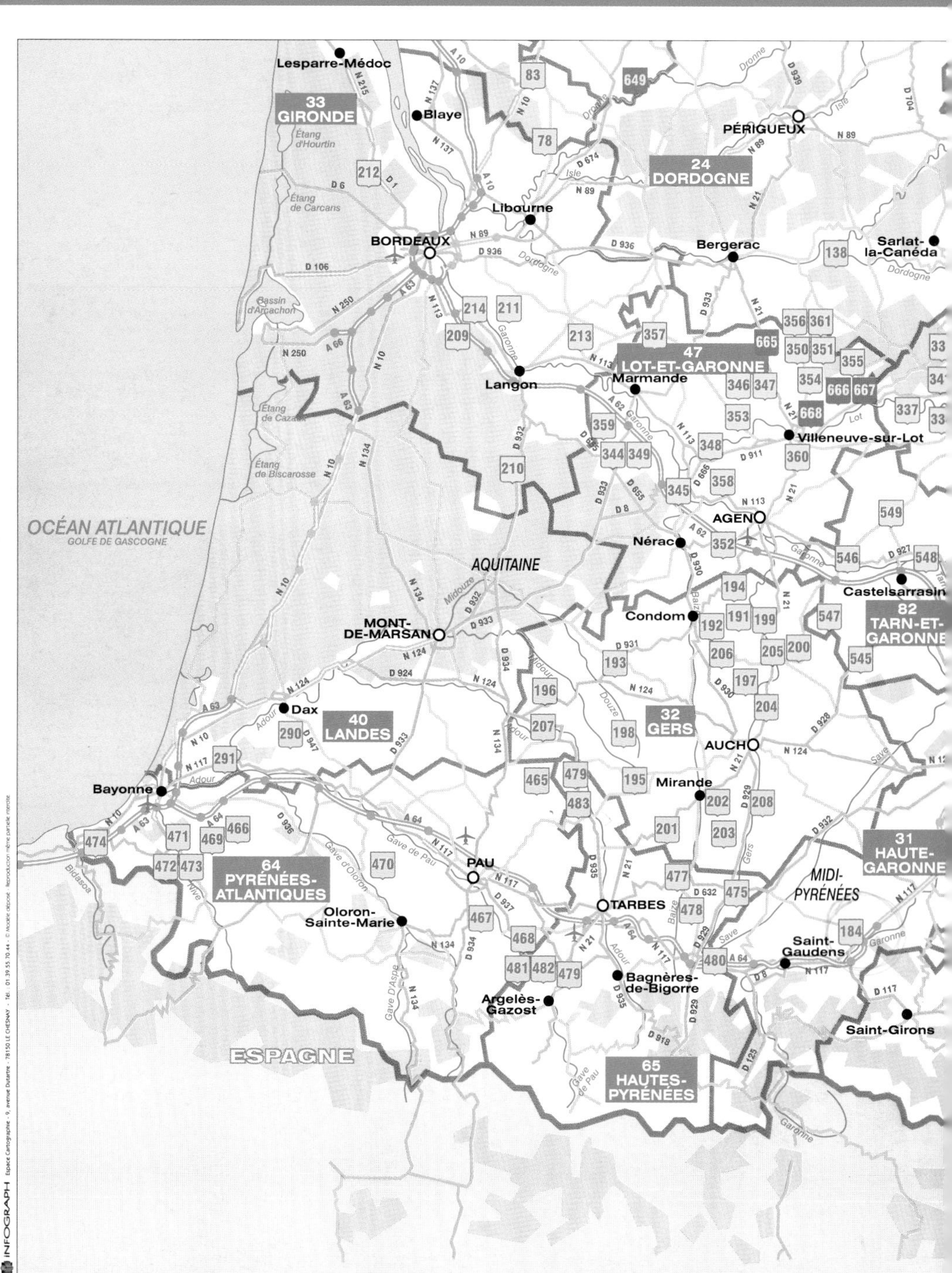

Lesparre-Médoc
33 GIRONDE
Étang d'Hourtin
Blaye
Étang de Carcans
Libourne
BORDEAUX
Bassin d'Arcachon
Étang de Cazaux
Étang de Biscarosse
Langon
Marmande
PÉRIGUEUX
24 DORDOGNE
Bergerac
Sarlat-la-Canéda
47 LOT-ET-GARONNE
Villeneuve-sur-Lot
AGEN
Nérac
OCÉAN ATLANTIQUE
GOLFE DE GASCOGNE
AQUITAINE
MONT-DE-MARSAN
Castelsarrasin
82 TARN-ET-GARONNE
Condom
Dax
40 LANDES
32 GERS
AUCH
Bayonne
Mirande
PAU
64 PYRÉNÉES-ATLANTIQUES
Oloron-Sainte-Marie
TARBES
MIDI-PYRÉNÉES
31 HAUTE-GARONNE
Saint-Gaudens
Bagnères-de-Bigorre
Argelès-Gazost
Saint-Girons
ESPAGNE
65 HAUTES-PYRÉNÉES

Sud-Ouest

19 CORRÈZE
AUVERGNE
TULLE
Brive-la-Gaillarde
Mauriac
646
642
640
Brioude
313
312
Yssingeaux
15 CANTAL
641
648
LE PUY-EN-VELAY
106
105
Saint-Flour
43 HAUTE-LOIRE
314
645
AURILLAC
74
644
643
647
31
07 ARDÈCHE
PRIVAS
343
Gourdon
336
50
32
340
46 LOT
Figeac
669
342
338
339
47
48
51
MENDE
Largentière
363
28
CAHORS
52
48 LOZÈRE
177
654
30
29
Villefranche-de-Rouergue
RODEZ
Florac
174
677
678
362
173
550
364
178
181
636
12 AVEYRON
49
30 GARD
176
551
533
Millau
179
Alès
MONTAUBAN
541
170
536
543
Le Vigan
183
180
534
ALBI
171
LANGUEDOC-ROUSSILLON
182
172
542
NÎMES
544
81 TARN
216
187
656
219
538
537
Lodève
217
188
TOULOUSE
532
Castres
MONTPELLIER
34 HÉRAULT
218
189
186
535
539
540
Étang de Vaccarès
Étang de Vic
Étang de Thau
Muret
190
634
655
215
Béziers
41
185
44
46
CARCASSONNE
Narbonne
Pamiers
43
635
MER MÉDITERRANÉE
GOLFE DU LION
36
37
45
Limoux
11 AUDE
Étang de Bages et de Sigean
35
FOIX
42
09 ARIÈGE
Étang de Leucate
484
486
PERPIGNAN
Prades
485
ANDORRE
66 PYRÉNÉES-ORIENTALES
Céret
ESPAGNE

CARTE 6

19 CORRÈZE
AUVERGNE
TULLE
Brive-la-Gaillarde
Mauriac
Brioude
Yssingeaux
LE PUY-EN-VELAY
43 HAUTE-LOIRE
15 CANTAL
Saint-Flour
AURILLAC
07 ARDÈCH
PRIVA
Gourdon
46 LOT
Figeac
CAHORS
Villefranche-de-Rouergue
RODEZ
MENDE
48 LOZÈRE
Florac
Largentière
Alès
30 GARD
12 AVEYRON
Millau
Le Vigan
MONTAUBAN
ALBI
LANGUEDOC-ROUSSILLON
NÎMES
81 TARN
Lodève
MONTPELLIER
TOULOUSE
Castres
34 HÉRAULT
Muret
Béziers
CARCASSONNE
Narbonne
Pamiers
Limoux
11 AUDE
FOIX
MER MÉDITERRANÉE
GOLFE DU LION
Étang de Bages et de Sigean
Étang de Leucate
09 ARIÈGE
PERPIGNAN
Prades
66 PYRÉNÉES-ORIENTALES
Céret
ANDORRE
ESPAGNE
INFOGRAPH

Sud-Est

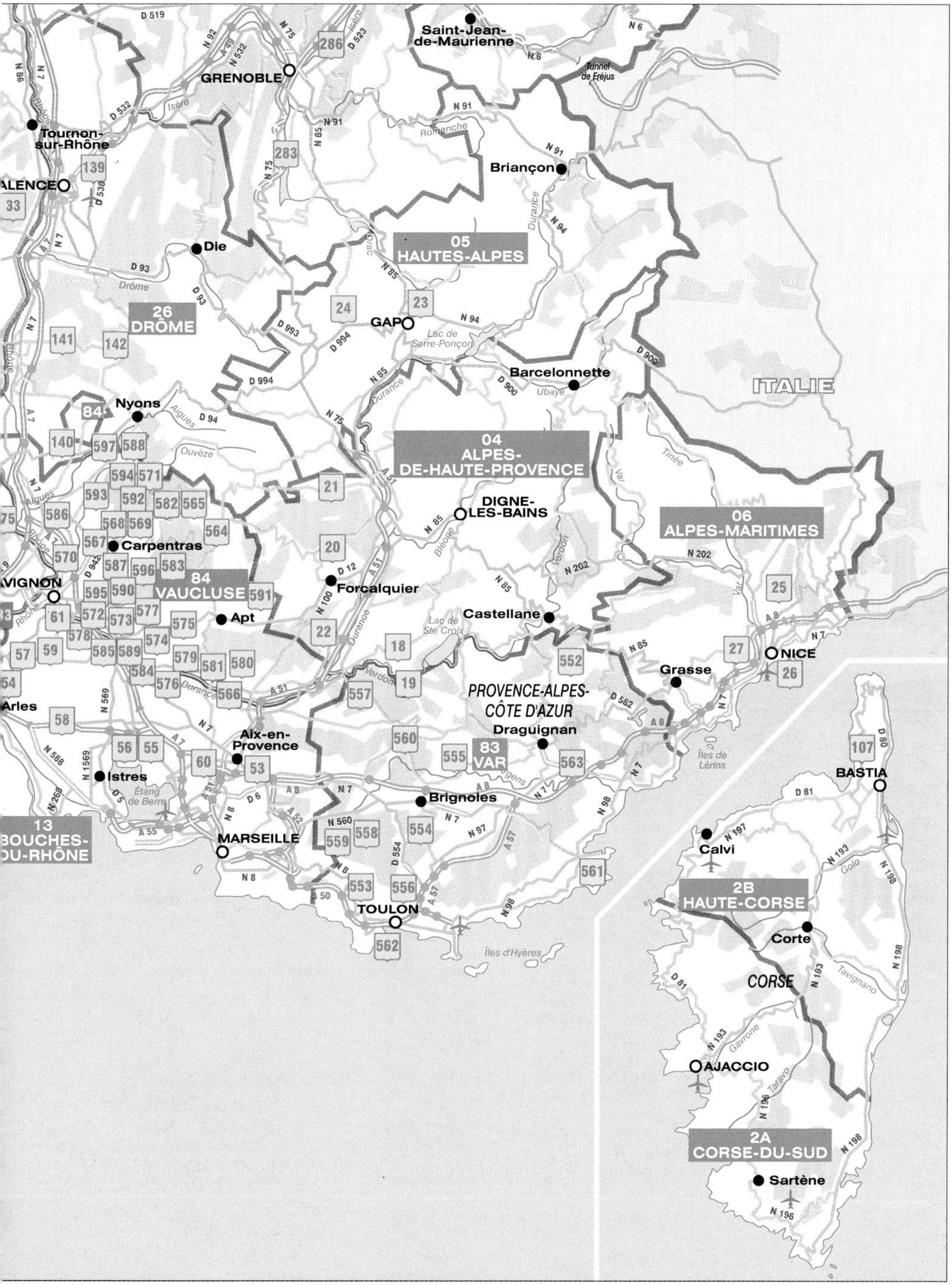

Saint-Jean-de-Maurienne
Tunnel de Fréjus
GRENOBLE
Tournon-sur-Rhône
VALENCE
Briançon
Die
05 HAUTES-ALPES
26 DRÔME
GAP
Lac de Serre-Ponçon
Barcelonnette
ITALIE
Nyons
04 ALPES-DE-HAUTE-PROVENCE
DIGNE-LES-BAINS
06 ALPES-MARITIMES
Carpentras
AVIGNON
84 VAUCLUSE
Forcalquier
Apt
Castellane
Lac de Ste Croix
NICE
Grasse
Arles
PROVENCE-ALPES-CÔTE D'AZUR
Draguignan
Aix-en-Provence
83 VAR
Îles de Lérins
Istres
Étang de Berre
Brignoles
BASTIA
13 BOUCHES-DU-RHÔNE
MARSEILLE
Calvi
2B HAUTE-CORSE
TOULON
Îles d'Hyères
Corte
CORSE
AJACCIO
2A CORSE-DU-SUD
Sartène

This restored Bresse farmhouse, set in parkland, boasts 4 harmoniously decorated bedrooms. Romanesque art enthusiast Jean-Louis will be pleased to help you discover the region's many churches.
Roads of Bresse and Dombes to discover this many faceted region. Numerous Romanesque churches. Bresse golf course 10 km.
☆ *How to get there:* On A40 for 10 km, Bourg-Nord exit. Between Bourg-en-Bresse and Mâcon, between Moncet and Vandeins. Michelin map 74, fold 2.

Jean-Louis et Eliane GAYET
LES VIGNES
01310 MONTCET
Tél. : 04.74.24.23.13

Carte 4

★ 4 chambres avec sanitaires privés. Ouvert toute l'année. Table d'hôtes : tartes aux légumes, tartes aux fruits, repas végétarien... Billard, bibliothèque. Piscine, plan d'eau avec barque, terrain de jeux, vélos sur place. Esperanto parlé. ★ *Route de la Bresse et de la Dombes pour découvrir une région aux multiples facettes. Nombreuses églises romanes. Golf de la Bresse à 10 km.* ★

Dans cette ferme bressane restaurée située dans un parc, 4 chambres harmonieusement décorées vous attendent. Jean-Louis, passionné d'art roman se fera un plaisir de vous accompagner à la découverte des nombreuses églises de la région.

★ Accès : A40 10 km sortie Bourg-nord. Entre Bourg-en-Bresse et Macon, entre Moncet et Vandeins. CM 74, pli 2.

★ Prix/Price : 250 F 1 Pers - 290 F 2 Pers - 340 F 3 Pers - 90 F P. sup - 90 F Repas

This magnificent 19th century château is set in 10 acres of grounds. The bedrooms are on the 1st floor in one of the wings. Winter garden. A grand piano and billiard table are available for guests' use. Peace and quiet guaranteed.
Brou historical site at Bourg-en-Bresse 12 km (church, monastery and museum). Dombes ponds and lakes to discover the region's flora and fauna. La Bresse 18-hole golf course in the vicinity.
☆ *How to get there:* On A40, 1 hour from Geneva, Bourg-Sud exit. On A6, 4 hours from Paris, Mâcon-Nord exit. 45 km from Lyon on RN83. Bourg-en-Bresse TGV high-speed train station. Michelin map 74, fold 2.

Geneviève GUIDO-ALHERITIERE
CHATEAU DE MARMONT
01960 SAINT-ANDRE-SUR-VIEUX-JONC
Tél. : 04.74.52.79.74

Carte 4

★ 2 chambres : l'une avec salle d'eau privée, l'autre avec salle de bains privée. Ouvert toute l'année, l'hiver sur réservation. Copieux petit-déjeuner : jus de fruits frais, confitures maison, cake, fromages fermiers... Restaurant à Condeissiat (3 km) ou à Vonnas (12 km). ★ *Site de Brou à Bourg-en-Bresse 12 km (église, monastère et musée). Etangs de la Dombes pour découvrir la faume et la flore de la région. Golf de la Bresse sur place (18 trous).* ★

Magnifique château du XIXe siècle entouré d'un parc de 4 ha. Les chambres sont aménagées au 1er étage d'une aile du château. Jardin d'hiver. Un piano à queue et un billard sont à votre disposition. Calme et repos assurés.

★ Accès : A40, 1 h de Genève sortie Bourg-sud. A6, 4 h de Paris sortie Macon-nord. 45 km de Lyon par la RN83. Gare TGV Bourg-en-Bresse. CM 74, pli 2.

★ Prix/Price : 400 F 1 Pers - 500 F 2 Pers

SAINT-BENIGNE
PETITES-VARENNES

3

Christine TREAL
PETITES VARENNES
01190 SAINT-BENIGNE
Tél. : 03.85.30.31.98 - *Fax : 03.85.30.32.38*

Carte 4

Eighteenth-century house with orangery and outbuildings. The residence's bedrooms offer a refined, harmonious setting and exude considerable charm. Your hostess Christine, a chamber music enthusiast, organises small concerts during spring. The orangery boasts a heated indoor pool for guests' use (from May to October).
Bresse region: Bressan farms with Gothic fireplaces. Romanesque churches. River port at Pont de Vaux 2.5 km. Mâconnais vineyards.
☆ *How to get there: A40 Feillens-Pont de Vaux. Take D2 between Pont de Vaux and Saint-Trivier de Courtes. At Saint-Bénigne, take the 1st road on the right by the church.*

★ 1 chambre et 2 suites avec téléphone et sanitaires privés. Ouvert toute l'année. Parc, jardin, cour. Piscine intérieure chauffée. Petit restaurant dans le village. ★ *La Bresse : fermes bressanes avec cheminée sarrazines. Eglises romanes. Port fluvial à Pont-de-Vaux 2,5 km. Vignobles du maconnais.* ★
Ancienne maison du XVIIIe avec orangerie et dépendances. Les chambres de cette demeure au cadre raffiné sont harmonieuses et pleine de charme. Christine, passionnée de musique de chambre, organise au printemps des petits concerts. Dans l'orangerie une piscine intérieure chauffée est à votre disposition (de mai à octobre).
★ Accès : A40 Feillens-Pont de Vaux. Prendre la D2 entre Pont de Vaux et Saint-Trivier de Courtes. A Saint-Bénigne, prendre 1re route à droite vers l'église.

☆ Prix/Price : 320 F 1 Pers - 400 F 2 Pers - 500 F 3 Pers

SERVAS
LE NID-A-BIBI

4

Elsie BIBUS
LE NID A BIBI
LALLEYRIAT
01960 SERVAS
Tél. : 04.74.21.11.47 - *Fax : 04.74.21.02.83*

Carte 4

The magic of « Le Nid à Bibi » lies in its charm. This welcoming residence, originally a Bresse farmhouse, has been tastefully renovated and offers pretty bedrooms, each with its own individual style. Your hostess Elsie has your comfort at heart and will ensure that your stay is a memorable one. Leisure amenities include two tennis courts, an indoor pool and a sauna.
Numerous places of interest, including Brou monastery and church, Cluny and Ambronay abbeys, medieval city of Pérouges. Gastronomy. Horse-riding 3 km. Golf 8 km.
☆ *How to get there: Between Bourg-en-Bresse and Lent (D22) and follow signs for « Le Nid à Bibi ».*

★ 5 chambres avec sanitaires privés dont 1 avec bains à remous. Ouvert toute l'année sur réservation. Copieux petit-déjeuner : fruits, œufs, charcuterie, fromage... Piscine, espace musculation, sauna, p-pong, salle de réunion. Cour, jardin, vélos. CB sauf Diner's Club. ★ *Nombreux sites dont l'église et le monastère de Brou, abbayes de Cluny et Ambronay, cité médiévale de Pérouges. Découverte de la gastronomie. Equitation 3 km. Golf 8 km.* ★
La magie du « Nid à Bibi », c'est le charme des lieux. Cette ancienne ferme bressane rénovée avec goût, est une demeure chaleureuse avec de jolies chambres personnalisées. Elsie, soucieuse du confort de ses hôtes vous comblera d'attentions. Pour votre détente : 2 tennis, piscine intérieure, ou sauna. Une adresse pleine de charme.
★ Accès : Entre Bourg-en-Bresse et Lent (D22) puis fléchage « Le Nid à Bibi ».

☆ Prix/Price : 580 F 1 Pers - 550/ 750 F 2 Pers - 870 F 3 Pers - 150 F Repas

TALISSIEU
DOMAINE-DE-CHATEAU-FROID

Magnificent 17th century château set in 26-acre grounds with rare tree species. You will enjoy the outstanding views, space and great comfort. Large, beautiful rooms with pastel colours, period furniture, bath and shower. Circular jacuzzi in the bridal suite. 2 circular rooms in the towers. Lounges with handsome French-style ceilings. Swimming pool. Bugey vineyards. Grand Colombier mountain and GR9 hiking path. Le Bourget lake 15 km. Annecy and Chambéry 50 km. Geneva 60 km.
☆ How to get there: A40, Bellegarde exit, then D992 to Culoz and D904 to Talissieu.

Gilbert PESENTI
DOMAINE DE CHATEAU FROID
01510 TALISSIEU
Tél. : 04.79.87.39.99 - Fax : 04.79.87.45.69

Carte 4

★ 4 chambres et 2 suites, toutes avec téléphone direct, bains et wc privés. Ouvert de mars à décembre. Copieux petit-déjeuner : jus de fruit, confitures maison, pâtisseries, laitage, œufs, céréales... Table d'hôtes et plusieurs restaurants à proximité. Billard, piscine et tennis sur place. ★ *Route et vignobles du Bugey. Montagne du Grand Colombier et GR9. Lac du Bourget à 15 km. Annecy et Chambèry à 50 km. Genève à 60 km.* ★

Superbe château du XVIIe ouvrant sur un parc de 12 ha., doté d'arbres rares. Outre les suites, situées dans les tours du château, qui disposent de chambres rondes, les jeunes mariés apprécieront la chambre « nuptiale » la plus vaste, avec son bain bouillonant. Dans les salons, beaux plafonds à la française.

★ Accès : De la A40, sortie Bellegarde, puis D992 jusqu'à Culoz et D904 jusqu'à Talissieu.

☆ Prix/Price : 550 F 1 Pers - 600/ 800 F 2 Pers - 700/ 800 F 3 Pers - 100 F P. sup - 150 F Repas

L'EPINE-AUX-BOIS
LES PATRUS

6

Marc and Mary Ann are always pleased to see you at Les Patrus, a 17th and 18th century former farmhouse, set right in the heart of the peaceful Brie Champenoise countryside. Dining room with its original fireplace, and lounge-cum-library with TV and piano for guests' use. Meals served outdoors in the summer months.
17 acres of parkland for walks, pond, bikes, fishing. Tours of Champagne estates and tasting, Provins, Vaux-le-Vicomte and Disneyland Paris 40 min. Roissy-Charles de Gaulle Airport 1 hr.
☆ How to get there: One hour from Paris, between La Ferté-sous-Jouarre and Montmirail. Take the D933 to La Haute Epine and the D863 (500 m). Michelin map 56, fold 14.

Marc et Mary Ann ROYOL
LES PATRUS
02540 L'EPINE AUX BOIS
Tél. : 03.23.69.85.85 - Fax : 03.23.69.98.49

Carte 1

★ 2 ch. doubles, 1 ch. triple, 2 suites 4 pers., toutes avec sanitaires privés et téléphone. Ouvert toute l'année. Table d'hôtes (vin compris) : sauté d'agneau, pot au feu, coq au vin. Salons. Carte bleue acceptée. ★ *Parc de 7 ha., étang, vélos. Route du Champagne, Provins, Vaux le Vicomte. Eurodisney 40 mn. Aéroport de Roissy à 1 h.* ★

Les Patrus, ancienne ferme des XVIIe et XVIIIe siècles, est située en Brie Champenoise. Marc et Mary-Ann Royol vous accueilleront au calme et vous guideront pour profiter des joies de la campagne. A votre disposition : salle à manger avec cheminée d'origine, salons/bibliothèque avec TV et piano. Repas servis à l'extérieur l'été.

★ Accès : A 1 h de Paris, entre la Ferté-sous-Jouarre et Montmirail D.933 La Haute Epine, prendre D.863 (500 m). CM 56, pli 14.

☆ Prix/Price : 300/ 450 F 2 Pers - 120 F P. sup - 130/ 150 F Repas

VIC-SUR-AISNE
DOMAINE-DES-JEANNE

7

Domaine des Jeanne, built in the 17th century, was the property of the Duc de Gaête, finance minister under Napoleon I. Guests will enjoy the warmth of the fire or a stroll through the 5-acre grounds, which run down to the banks of the Aisne river.
The châteaux of Vic-sur-Aisne, Compiègne, Pierrefonds, Blérancourt, Coucy-le-Château. Longpont and Soissons abbeys. L'Ailette outdoor sports centre and 18-hole golf course 38 km. Roissy-Charles de Gaulle Airport 1 hr.
☆ *How to get there:* 16 km from Soissons and 22 km from Compiègne on RN 31. Michelin map 56, fold 3.

Jean et Anne MARTNER
DOMAINE DES JEANNE
RUE DUBARLE
02290 VIC-SUR-AISNE
Tél. : 03.23.55.57.33 - Fax : 03.23.55.57.33

 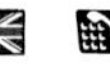

Carte 1

★ 5 ch. toutes avec salle d'eau et wc. Ouvert toute l'année. Table d'hôtes le soir et sur réservation. Possibilité 1/2 pens. pour plus de 3 jours. Carte bancaire acceptée. Pêche, piscine, tennis et ping-pong dans la propriété. Animaux admis sur demande. Garderie enfants possible. ★ *Châteaux de Vic-sur-Aisne, Compiègne, Pierrefonds, Coucy-le-Château, Abbaye de Longpont, de Soissons. Base de loisirs de l'Ailette et golf 18 trous 38 km. Aéroport de Roissy 1 h.* ★ ***Construit au XVIIe siècle, le domaine de Jeanne fût propriété du Duc de Gaête, ministre des finances de Napoléon Ier. Aujourd'hui, vous découvrirez le manoir autour d'un feu de cheminée ou en descendant les allées du parc (2 ha.) vers les rives de l'Aisne.***
★ Accès : A 16 km de Soissons et 22 km de Compiègne sur RN 31. CM 56, pli 3.

☆ Prix/Price : 340 F 1 Pers - 370 F 2 Pers - 470 F 3 Pers - 90 F P. sup - 95 F Repas

VILLERS-AGRON
FERME-DU-CHATEAU

8

This 13th century manor house is set on the Champagne-Picardy border. Enjoy the charm and quiet of the verdant park overlooking the golf course. Farmer Xavier Ferry and his wife Christine will be delighted to help you discover their region. Warm welcome guaranteed.
Champagne country: Epernay and Reims. 18-hole golf course near the village (Tel. 03.23.71.62.08). Chemin des Dames to visit cemeteries and museums. Disneyland Paris 40 min. on motorway. Roissy-Charles de Gaulle Airport 100 km.
☆ *How to get there:* A4, Dormans exit 21 - RD980, then turn 1st right 3 times. D2, 15 km from Fère-en-Tardenois for Reims. 25 km west of Reims on RD980, 25 km N.E. of Epernay on RD1 & RD23. Michelin map 56, fold 15.

Xavier et Christine FERRY
FERME DU CHATEAU
02130 VILLERS AGRON
Tél. : 03.23.71.60.67 - Fax : 03.23.69.36.54

Carte 1

★ 3 ch. avec salle d'eau et wc privés, 1 ch. avec salle de bains et wc privés. Ouvert toute l'année. Table d'hôtes sur réservation : flûte de champagne, entrée, plat, fromage, déssert, vin, café, tisane. Restaurants le long de la vallée de la Marne. Tennis, golf et vélos sur place. ★ *Route du champagne jusqu'à Epernay ou Reims. Golf 18 trous autour du village (03.23.71.62.08.). Chemin des Dames. Eurodisney à 40 mn par l'autoroute. Aéroport de Roissy à 100 km.* ★ ***En limite de 2 régions, la Champagne et la Picardie, vous trouverez dans ce manoir du XIIIe siècle le calme et le charme d'un parc verdoyant donnant sur le parcours de golf. Xavier, agriculteur, et Christine vous accueilleront chaleureusement pour vous présenter leur région. 2 ch. 3 épis NN et 2 ch. 4 épis NN.***
★ Accès : A4 sortie Dormans n°21 - RD980, puis 3 fois 1re route à droite. Sur D2 à 15 km de Fère en Tardenois direction de Reims. CM 56, pli 15.

☆ Prix/Price : 320/ 410 F 1 Pers - 350/ 410 F 2 Pers - 135 F P. sup - 165 F Repas

CHAMBLET
CHATEAU-DU-PLAIX

9

Hosts Mr and Mme de Montaignac extend a warm welcome at the Château du Plaix, which has been in the family for 300 years. A quiet, restful break is guaranteed in the refined comfort of the bedrooms, all with fourposter beds and period furniture. Enjoy the family atmosphere and share your hosts' love of the Bourbonnais region.
L'Espinasse, Dreuille and Tronçais forests. Numerous Romanesque churches. Noirlac abbey. Golf course, swimming pool 8 km, tennis court 2 km.
☆ *How to get there:* N145 from Montluçon for Moulins. Turn right after 8 km and follow signs, before Chamblet. A71, Montluçon exit 10, for Commentry/Chamblet. At Chamblet, head for Montluçon and follow signs 1 km.

Yves et Jacqueline
de MONTAIGNAC DE CHAUVANCE
CHATEAU DU PLAIX
03170 CHAMBLET
Tél. : 04.70.07.80.56

Carte 4

★ 1 suite de 2 ch. (4 pers.), bains, douche et wc privés et 1 ch. 2 pers., salle d'eau et wc privés. Ouvert toute l'année (de novembre à début mai sur résa.). Copieux petit déjeuner : jus d'orange, gâteaux et confitures maison. Restaurants à 8 km. Parc boisé de 4 ha. ★ *Forêts de l'Espinasse, Dreuille, Tronçais. Nombreuses églises romanes. Abbaye de Noirlac. Golf, piscine 8 km, tennis à 2 km.* ★

M. et Mme de Montaignac vous accueilleront en amis au château du Plaix, propriété familiale depuis 300 ans. Séjour calme et reposant, chambres raffinées et confortables, toutes avec ciels de lits et meubles anciens. Ambiance familiale où vos hôtes vous feront découvrir leur passion pour leur riche région du Bourbonnais.

★ Accès : N145 de Montluçon dir.Moulins à 8 km à dr. et fléchage avant Chamblet. De l'A71 sortie 10 Montluçon dir.Commentry-Chamblet. A Chamblet dir.Montluçon et fléchage à 1 km.

☆ Prix/Price : 450 F 1 Pers - 500 F 2 Pers - 780 F 3 Pers - 120 F P. sup

Allier

LE FERTE-HAUTERIVE
DEMEURE-D'HAUTERIVE

10

This handsome « Sologne Bourbonnaise »-style residence family mansion, built in 1850, stands in extensive walled grounds with pavilions and ponds. The soft-coloured bedrooms are very comfortable and inviting. Handsome period furniture and elegant lounge. The year-round painting exhibitions will charm art lovers. Delightful.
Close to the Allier river. Bird sanctuary. Tennis, golf and canoeing.
☆ *How to get there:* RN7 2 km. RN9 2 km. RCEA 10 km. North of Saint-Pourçain 12 km. South of Moulins 20 km.

Jérôme et Annick LEFEBVRE
DEMEURE D'HAUTERIVE
03340 LE FERTE-HAUTERIVE
Tél. : 04.70.43.04.85 - Fax : 04.70.43.00.62

Carte 4

★ 5 chambres : 2 ch. 2 pers., 2 ch. 3 pers. et 1 suite 4 pers., toutes avec bains et wc. Ouvert toute l'année. Petit déjeuner : confitures maison, sablés, viennoiseries... Table d'hôtes : terrines de gibier. Billard français. Parc 3 ha. (sécurité absolue pour les enfants). Vélos, p-pong, badminton. ★ *Proximité de l'Allier. Réserve ornithologique. Tennis, golf et canoë-kayak.* ★

Dans un vaste parc clos de murs, avec kiosques et bassins, belle demeure de maître 1850, de style sologne bourbonnaise. Les chambres aux couleurs douces sont très confortables et chaleureuses. Beaux meubles anciens et très beau salon de style. Pour les amateurs, des peintures sont exposées en permanence. Une très belle adresse.

★ Accès : RN7 2 km. RN9 2 km. RCEA 10 km. Nord de Saint-Pourçain 12 km. Sud de Moulins 20 km.

☆ Prix/Price : 300 F 1 Pers - 400 F 2 Pers - 500 F 3 Pers - 90/ 120 F Repas

SAINT-GERAND LE PUY
LES PAYRATONS

Christiane POULET
LES PAYRATONS
03150 SAINT-GERAND LE PUY
Tél. : 04.70.99.82.44

Carte 4

This attractive 18th century family mansion has been fully restored and decorated in the style of the period (Louis XVI, Directoire and Empire furniture). What better way to relax after a delicious breakfast, served with refinement, than a stroll in the grounds.
Tennis, fishing and lake 1 km. Swimming pool 8 km. Riding 12 km. Golf course 20 km. Vichy 20 km. Bourbonnais mountains (skiing) 30 km. Tours of Besbre valley châteaux.
☆ *How to get there: Head for Lapalisse, following signs from the N7 until 1 km outside Saint-Gérand Le Puy.*

★ 4 chambres et 1 suite, toutes avec sanitaires privés. Ouvert toute l'année. Petit déjeuner à base de jus d'orange, pain, croissants, patisserie et confitures maison. Table d'hôtes : soupe aux choux, paté aux pommes de terre, potée. Cartes bancaires acceptées. ★ *Tennis, pêche et étang à 1 km. Piscine à 8 km. Equitation à 12 km. Golf à 20 km. Vichy à 20 km. Montagne bourbonnaise (ski) à 30 km. Visite des châteaux de la vallée de la Besbre.* ★
Belle maison bourgeoise de la fin XVIIIe, entièrement restaurée et décorée en ancien (meubles Louis XVI, Directoire, Empire). Vous apprécierez les petits déjeuners savoureux et servis avec raffinement ainsi que les moments de détente dans le parc.
★ Accès : En direction de la Palisse, suivre le fléchage à partir de la N.7 à 1 km avant la commune de Saint-Gérand le Puy.

☆ Prix/Price : 250/ 350 F 1 Pers - 280/ 500 F 2 Pers - 480 F 3 Pers - 100 F Repas

SAULZET
CHATEAU-DE-BEAUVERGER

Gisele SUSINI-D'ARINCHI
CHATEAU DE BEAUVERGER
03800 SAULZET
Tél. : 04.70.90.13.82 - Fax : 04.70.90.13.82

Carte 4

Château de Beauverger is a privately-owned listed building, dating back to the 13th century. The bedrooms are beautifully decorated with shimmering colours and appointed with extremely fine period furniture (Empire, early Napoleon III and Directoire). An ideal spot for a relaxing break in an authentic, refined setting.
Sioule gorges. Châteaux of interest in the vicinity. Golf course, racecourse, opera house and thermal spa at Vichy 17 km. Tennis court and swimming pool in Gannat 3.5 km.
☆ *How to get there: A71 motorway, exit 12 (Gannat), then RN9 for Moulins and Saulzet (1.5 km).*

★ 3 chambres avec bains ou douche et wc, et 1 suite de 2 ch. avec bains et wc. Ouvert du 1/5 au 11/11. Petit déjeuner : viennoiseries, pain de campagne, confitures maison, fruits... TV et tél. sur demande. Parc de 3,5 ha. Restaurants à Gannat 3,5 km, Charroux 8,5 km et Vichy 17 km. ★ *Gorges de la Sioule. Visites de châteaux à proximité. Golf, hippodrome, opéra et station thermale à Vichy (17 km). Tennis et piscine à Gannat (3,5 km).* ★
Le château de Beauverger, est un château privé, classé monument historique (ISMH) dont les origines remontent au XIIIe siècle. Les chambres aux couleurs chatoyantes sont fabuleusement décorées avec un très beau mobilier d'époque (Empire, Haute époque, Napoléon III et Directoire). Pour un séjour calme et authentique dans un confort raffiné.
★ Accès : Autoroute A71 sortie n°12 (Gannat), puis RN9 direction Moulins puis Saulzet (1,5 km).

☆ Prix/Price : 650/ 750 F 2 Pers - 850 F 3 Pers

SERVILLY
LAPRUGNE

13

Elisabeth COTTON
LES VIEUX CHENES
03120 SERVILLY
Tél. : 04.70.99.07.53 - Fax : 04.70.99.34.71

Carte 4

Access to this imposing house full of character is through a tree and flower-lined driveway and a French-style garden. The spacious bedrooms are sober and appointed with a blend of period and contemporary furniture. You will appreciate the peace and quiet. Relax in the sauna and shaded grounds.
Besbre valley, Lapalisse château. Vichy 25 km. Golf course.
☆ *How to get there: 4.5 km from the N7, by Saint-Gérand-le-Puy.*

★ 5 ch. et 1 suite, toutes avec bains et wc privés. Ouvert toute l'année. Petit déjeuner : pâtisserie maison, viennoiseries, yaourt, jus de fruits. Table d'hôtes : coq au vin, tarte au citron, gâteau au chocolat. Sauna, salle d'activités, VTT. ★ *Vallée de la Besbre, château de Lapalisse. Vichy 25 km. Golf.* ★
Grande maison à laquelle on accède par une allée bordée d'arbres et un jardin à la française. Les chambres sont spacieuses et confortables, avec un mélange de meubles anciens et contemporains. Pour votre détente, un sauna et un parc ombragé.
★ Accès : A 4,5 km de la N7, au niveau de Saint-Gérand-le-Puy.

☆ Prix/Price : 250 F 1 Pers - 300/ 350 F 2 Pers - 350/ 380 F 3 Pers - 90 F P. sup - 90/ 150 F Repas

LE THEIL
CHATEAU-DU-MAX

14

Dominique MAZET
CHATEAU DU MAX
03240 LE THEIL
Tél. : 04.70.42.35.23 - Fax : 04.70.42.34.90

Carte 4

This magnificent 13th and 15th century castle, surrounded by a moat, is set on a vast estate with parkland and gardens. The two bedrooms, located in the outbuildings, offer outstanding decoration and appointments, with canopied or fourposter beds and matching fabrics, period furniture and paintings. An enchanting spot.
Fishing on the premises. Tennis 3 km. Riding, canoeing and golf 15 km.
☆ *How to get there: RN9 for 5 km. D46 1 km. A71 14 km. Michelin map 69, fold 13.*

★ 2 chambres dont 1 de 2 pièces avec salle d'eau, wc et TV (poss. lits suppl.) et 1 avec bains et wc. Ouvert toute l'année. Copieux petit déjeuner : jus d'orange frais, brioche, toast, miel... Table d'hôtes à base de produits frais selon les saisons. TV. Parc, bois. Pêche dans les douves du château. ★ *Pêche sur place. Tennis 3 km. Equitation, canoë-kayak et golf 15 km.* ★
Ce magnifique château des XIIIe et XVe siècles, entouré de douves, est situé sur une vaste propriété avec parc et jardin. Aménagées dans les dépendances, les 2 chambres qui vous sont réservées sont superbement décorées (lit à baldaquin ou ciel de lit avec de jolis tissus assortis, meubles anciens, tableaux...) et vous séduiront par leur charme.
★ Accès : RN9 à 5 km. D46 1 km. A71 14 km. CM 69, pli 13.

☆ Prix/Price : 300/ 350 F 1 Pers - 400/ 450 F 2 Pers - 500 F 3 Pers - 150 F Repas

Catherine BARROIT
MANOIR DE GOZINIERE
03350 THENEUILLE
Tél. : 04.70.67.50.27 - Fax : 04.70.67.50.27

Carte 4

In Tronçais country, this 17th and 19th century manor house is set in extensive wooded grounds. Four bedrooms (no smoking) with stylish period furniture, wood panelling, rugs and French ceilings. Short courses and theme breaks can be arranged. Exhibitions.
Tronçais and Civrais forests (25,000 acres) with 5 lakes for fishing, swimming and watersports. Hiking, riding or mountain biking. Hunting. Mushrooms. Places of historical interest.
☆ *How to get there: A71, Montluçon exit for Cosne d'Allier, Cérilly then Théneuille. On N144, Tronçais forest for Moulins D953 between Cérilly and Théneuille.*

★ 4 chambres avec sanitaires privés. Ouvert toute l'année. Table d'hôtes : cuisine fine avec les produits du jardin. Cour intérieure, jardin et parc de 5 ha. Vélos. Accueil de chevaux. ★ *Forêts de Tronçais et Civrais (10500 ha.) avec 5 étangs pour pêche, baignade et sports nautiques. Randonnées pédestres, équestres ou VTT. Chasse. Champignons. Sites historiques.* ★
En pays de Tronçais, manoir des XVIIe et XIXe siècles entouré d'un vaste parc arboré. 4 chambres (non fumeurs) de style avec mobilier d'époque, boiseries, tapis, plafonds à la française. Accueil de stages, séjours à thèmes. Expositions.
★ Accès : A71 sortie Montluçon suivre Cosne d'Allier, Cérilly puis Théneuille. Par N144 forêt Tronçais vers Moulins D953 entre Cérilly et Théneuille.

☆ Prix/Price : 200/ 350 F 1 Pers - 240/ 390 F 2 Pers - 390/ 490 F 3 Pers - 100 F P. sup - 120 F Repas

Allier

VERNEIX
CHATEAU-DE-FRAGNE

16

Martine DE MONTAIGNAC
CHATEAU DE FRAGNE
03190 VERNEIX
Tél. : 04.70.07.88.10 - Fax : 04.70.07.83.73

Carte 4

Eighteenth-century Château de Fragne is set in superb grounds on a farming estate. Guest rooms are comfortable and enhanced with period furniture and fabric hangings. The atmosphere is warm and peaceful. Dinner is served in the dining room or on the terrace, weather permitting.
Bourbonnais regional music festival at Hérisson, George Sand's house. Espinasse forest 5 km. Golf course 15 km.
☆ *How to get there: A71 for 2 km. Montluçon to Verneix. Michelin map 69, fold 12.*

★ 4 chambres et 1 suite, toutes avec bains et wc privés. Téléphone. Ouvert du 1er mai au 1er octobre. Table d'hôtes : canard, pâté de pommes de terre. Restaurants à 1 et 10 km. Vaste terrasse et parc de 20 ha. ★ *Festival de musique en Bourbonnais à Hérisson, maison de George Sand. Forêt de l'Espinasse à 5 km. Golf à 15 km.* ★
Le château de Fragne du XVIIIe siècle est situé dans un très beau parc, sur une exploitation agricole. Les chambres sont confortables, agrémentées de meubles anciens et tendues de tissu. L'atmosphère est calme et chaleureuse. Les dîners peuvent être servis soit sur la terrasse, soit dans la salle à manger, au gré des saisons.
★ Accès : A71 à 2 km, sortie Montluçon direction Verneix. CM 69, pli 12.

☆ Prix/Price : 450 F 1 Pers - 600 F 2 Pers - 650 F 3 Pers - 300 F Repas

VICQ
MANOIR-DE-LA-MOTHE

17

Michel et Lu VAN MERRIS
MANOIR DE LA MOTHE
03450 VICQ
Tél. : 04.70.58.51.90 - Fax : 04.70.58.52.02

Carte 4

This old 15th century manor house is surrounded by a moat, and set in 13 acres of grounds beside a church. Your Belgian hosts, Mr and Mme Van Merris, both history and architecture enthusiasts, provide a warm welcome. The bedrooms are decorated with attractive fabrics. Reduced rates for children.
Tennis, riding and canoeing on the river Sioule 3 km.
☆ *How to get there: 7 km from Vichy exit on A71, via Ebreuil.*

★ 5 ch., toutes avec sanitaires privés. ★ *Ouvert de mars à novembre, autres sur résa. Table d'hôtes : produits du potager et verger. Restaurants 100 m et 3 km. Billard, sauna avec suppl. Piscine privée. Vélos, étang, barques sur place. Animaux admis sous réserve. Prix enfants.* ★ *Tennis, équitation et kayak sur la Sioule 3 km.* ★
Vieux manoir du XVe siècle tout entouré de douves, situé dans un parc de 5,5 ha., à côté de l'église. M. et Mme Van Merris (belges), passionnés d'histoire et d'architecture, vous recevront chaleureusement. Les chambres sont décorées avec de jolis tissus.
★ Accès : A 7 km de la sortie Vichy sur l'A71, en passant par Ebreuil.

☆ Prix/Price : 440/ 515 F 1 Pers - 525/ 600 F 2 Pers - 625/ 700 F 3 Pers - 100 F P. sup - 150 F Repas

ALLEMAGNE-EN-PROVENCE
LE CHATEAU

18

Doris HIMMEL
LE CHATEAU
04500 ALLEMAGNE-EN-PROVENCE
Tél. : 04.92.77.46.78 - Fax : 04.92.77.73.84

Carte 6

This magnificent listed 18th century château was originally a fort. It has five towers, a crenellated keep, battlements and griffins, and looks out onto 10 acres of shaded parkland, with a swimming pool and a miniature golf course, where you can relax or take a quiet stroll. Refined decor and handsome period furniture.
Verdon lakes and gorges. Valensole plateau. Gréoux-les-Bains thermal spa. Swimming, water sports, fishing.
☆ *How to get there: At Manosque, N96 for Gréoux-les-Bains - Allemagne-en-Provence. On the village square.*

★ 3 chambres avec bains et wc privés. Ouvert toute l'année sauf du 20/12 au 10/01. Parc de 4 ha. avec piscine et mini-golf privés. ★ *Gorges et lacs du Verdon. Plateau de Valensole. Thermes de Gréoux-les-Bains. Baignade, sports nautiques, pêche...* ★
Proche des sites du Verdon, ce superbe château, qui est à l'origine un fort du XVIIIe est classé Monument Historique. Avec ses 5 tours, son donjon crenelé, ses créneaux et griffons, il domine un parc ombragé de 4 ha. avec piscine et mini-golf, où vous pourrez vous détendre ou flaner en toute quiétude. Décoration raffinée et beau mobilier d'époque.
★ Accès : N96 a Manosque dir. Gréoux-les-Bains - Allemagne-en-Provence. Sur la place du village.

☆ Prix/Price : 500/ 900 F 2 Pers

ESPARRON-DE-VERDON
CHATEAU-D'ESPARRON

Bernard DE CASTELLANE
CHATEAU D'ESPARRON
04800 ESPARRON-DE-VERDON
Tél. : 04.92.77.12 05

Carte 6

★ 5 suites avec cheminée et sanitaires privés. Ouvert de Pâques à la Toussaint. Petit déjeuner provençal et anglo-saxon. Téléphone à disposition. Cour, jardin. Cartes bancaires acceptées. ★ *Lac d'Esparron. Gorges du Verdon. Sports nautiques, baignade, pêche, randonnées et équitation à proximité.* ★

Le majestueux château d'Esparron est entré dans la famille au XVe siècle. Il a su conserver, grâce à l'heureuse juxtaposition de 3 grandes époques architecturales, Moyen Age, Renaissance et XVIIIe siècle, un charme authentique. A l'ombre de ses platanes, il domine un lac au cœur du Parc Naturel du Verdon. Superbe mobilier provençal d'époque.

★ Accès : N96 à Manosque dir. Gréoux-les-Bains. A mi-chemin entre Gréoux et St-Martin-de-Bromes prendre D82 : Esparron-de-Verdon à 13 km. Traverser le village en dir. de Riez, sur la droite.

Majestic Château d'Esparron has been in the De Castellane family since the 15th century. The residence, which spans three major periods of architecture (medieval, Renaissance and 18th century) has preserved its original character and charm. In the shade of plane trees, it overlooks a lake in the heart of the Verdon natural park. Superb Provençal period furniture.

Esparron lake. Verdon gorges. Water sports, bathing, fishing, hiking and riding nearby.

☆ How to get there: At Manosque, N96 for Gréoux-les-Bains. Halfway between Gréoux and St-Martin-de-Bromes, take D82: Esparron-de-Verdon 13 km on. Drive through the village and head for Riez, on the right.

★ Prix/Price : 700/1200 F 2 Pers - 150 F P. sup

MONTLAUX
LE MOULIN-D'ANAIS

Pierre et Daniele DESCUBE
LE MOULIN D'ANAIS
04230 MONTLAUX
Tél. : 04.92.77.07.28 - Fax : 04.92.77.07.28

Carte 6

★ 5 chambres avec bains et wc privés. Ouvert toute l'année. Copieux petit déjeuner à base de miel, confiture, patisseries maison... (petit déjeuner anglo-saxon sur demande). Table d'hôtes : spécialités provençales. Possibilité stages de cuisine. Parc. ★ *Route de la lavande. Montagne de Lure. Pays de Giono. Piscine et tennis 5 km. Plan d'eau et vol à voile 25 km. Pêche à 6 km. Randonnées sur place. Golf 10 km.* ★

Au pied de la montagne de Lure, agréable moulin rénové blotti parmi les champs de lavande face au vieux village de Montlaux. Vous apprécierez le calme des lieux au bord du Lauzon et le charme du parc à l'ombre des platanes centenaires. 5 chambres au confort chaleureux vous sont réservées. Une étape indispensable en Provence pour découvrir le pays de Giono.

★ Accès : N96 à Peyruis dir. Cruis, tourner à gauche dir. Montlaux. Traverser le village sur la route de Sigonce sur la droite.

Attractive, renovated mill nestled in lavender fields across from the old village of Montlaux, at the foot of the Lure mountain. Enjoy the peace and quiet of the Lauzon riverside setting and the charm of the grounds, in the shade of century-old plane trees. Five cosy bedrooms await your arrival. An essential stopping place in Provence for discovering Giono country.

Lavender country. Lure mountain. The setting of many of Jean Giono's novels. Swimming pool and tennis court 5 km. Lake and windsurfing 25 km. Fishing 6 km. Hiking locally.

☆ How to get there: N96 to Peyruis in the direction of Cruis. Turn left for Montlaux. Drive through the village on the Sigonce road, on the right-hand side.

★ Prix/Price : 220 F 1 Pers - 280 F 2 Pers - 360 F 3 Pers - 80/90 F Repas - 300 F 1/2 pension

NOYERS-SUR-JABRON
LE JAS-DE-LA-CAROLINE

21

Henri et Monique MOREL
LE JAS DE LA CAROLINE
04200 NOYERS-SUR-JABRON
Tél. : 04.92.62.03.48

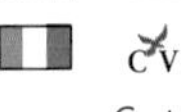

Carte 6

This 16th century former sheepfold with typical stone walls lies in a natural setting. The three bedrooms, each decorated in a different style, are fresh and comfortable. This unspoilt haven of greenery, where peace and quiet prevail, is ideal for enjoying a relaxing, restful break. A timeless spot. Sisteron country. Lure mountain. Méouge and Jabron gorges. Activities include fishing, bathing and hiking.
☆ How to get there: N96 for Sisteron, at Les Bons Enfants take the D946: Noyers-sur-Jabron 10 km. Drive through the village and head for Vieux Noyers-sur-Jabron, on the right.

★ 3 chambres dont 1 suite avec TV, téléphone, réfrigérateur (avec boissons) et sanitaires privés. Ouvert toute l'année. Petit déjeuner : jus de fruits du terroir, fromage blanc, pains variés... Table d'hôtes : daube, agneau au miel et aux amandes... Jardin. ★ *Pays de Sisteron. Montagne de Lure. Gorges de la Méouge et du Jabron. Pêche, baignade, randonnée...* ★ ***Dans un environnement naturel, cette ancienne bergerie du XVIe siècle aux typiques murs de pierre, vous propose 3 chambres de style différent, fraiches et confortables. Repos et détente absolus dans ce havre de verdure où vous apprécierez le calme et le silence d'un site préservé. Une étape hors du temps.***
★ Accès : N96 dir. Sisteron, aux Bons Enfants prendre la D946 : Noyers-sur-Jabron à 10 km. Traverser le village en dir. du Vieux Noyers-sur-Jabron, sur la droite.

★ Prix/Price : 200 F 1 Pers - 280 F 2 Pers - 100 F P. sup - 100 F Repas

SAINT-MARTIN-LES-EAUX
DOMAINE-D'AUROUZE

22

Jacques et Viviane NOEL-SCHREIBER
DOMAINE D'AUROUZE
04300 SAINT-MARTIN LES EAUX
Tél. : 04.92.87.66.51 - Fax : 04.92.87.56.35

Carte 6

This superb 17th century house offers 3 prestigious bedrooms in the heart of the Lubéron. Hosts Jacques and Viviane provide a hospitable welcome at their residence, which boasts handsome interior decoration.
Medieval villages, archaeological sites, Romanesque abbeys, châteaux, Verdon gorges. River, fishing, riding, sailing, canoeing, hiking, golf, tennis. Manosque & railway station 10 km. Avignon 75 km.
☆ How to get there: Halfway between Manosque and Forcalquier, 3 km from Dauphin. 800 m after Notre-Dame-d'Ubages chapel. Michelin map 81, fold 15.

★ 3 ch. avec bains, wc et TV couleur. Ouvert de Pâques à mi-octobre. Salle à manger de caractère. Piscine (système de nage à contre courant), équipement fitness, pétanque, volley, p-pong, VTT en option. Terrasse avec vue panoramique sur Forcalquier, chaîne des Alpes. 1/2 pens. pour 2 pers. ★ *Villages médiévaux, sites archéologiques, abbayes romanes, châteaux, gorges du Verdon. Activités : golf, équitation, voile, tennis. Manosque 10 km (SNCF). Avignon 75 km.* ★
Au cœur du Luberon, 3 chambres de grand standing dans une bastide du XVIIe siècle. Vous y serez accueillis par Jacques et Viviane dans une demeure avec une belle décoration intérieure. Aéroport de Marseille 70 km.
★ Accès : A mi-chemin entre Manosque et Forcalquier, à 3 km de Dauphin. A 800 m après la chapelle de N.D d'Ubages. CM 81, pli 15.

★ Prix/Price : 400 F 1 Pers - 500 F 2 Pers - 250 F P. sup - 85 F Repas - 650 F 1/2 pension

GAP
LE PARLEMENT

Anne et Bruno DROUILLARD
QUARTIER DE CHARANCE
ROUTE DU LAC
05000 GAP
Tél. : 04.92.53.94.20 - Fax : 04.92.53.94.20

Carte 6

This attractive 18th century residence is set in terraced grounds with a swimming pool, close to the Château de Charance and lake. Five comfortable bedrooms await your arrival. Your host Bruno is a mountain guide and will be pleased to accompany enthusiasts on mountain bike, climbing, canyoning and cross-country skiing excursions. Swimming pool.
Charance lake and château. Riding 1.5 km. Fishing 3 km. Tennis court and indoor pool in Gap 5 km. Cross-country skiing, bathing 14 km. On-piste skiing 17 km. 18-hole golf course 15 km.
☆ *How to get there: RN85 (Gap Sud) D291 for Veynes-Valence (Gap Ouest). At the roundabout, head for Château de Charance to the left of the chapel. Turn left 700m after the chapel.*

★ 5 chambres de 2 à 4 pers. avec entrée indépendante et sanitaires privés (4 avec s. d'eau et 1 avec balcon et s.d.b.). Ouvert toute l'année. Salon, billard, sauna. Parc, salon de jardin, espace enfants. Piscine. ★ *Lac et château de Charance. Equitation 1,5 km. Pêche 3 km. Piscine couverte, tennis à Gap 5 km. Ski de fond, baignade 14 km. Ski de piste 17 km. Golf 18 trous 15 km.* ★

A proximité du château et du lac de Charance, dans une jolie demeure du XVIIIe entourée d'un parc en terrasses avec piscine, 5 chambres confortables vous attendent. Pour les amateurs, Bruno guide de haute montagne se fera un plaisir de vous accompagner pour des sorties VTT, escalade, canyonning, ski de randonnée.

★ Accès : RN85 (Gap sud) D291 dir. Veynes-Valence (Gap ouest). Au rond point dir. Château de Charance à gauche de la chapelle. 700 m après la chapelle, tourner à gauche.

★ Prix/Price : 310/ 450 F 1 Pers - 310/ 450 F 2 Pers - 410/ 550 F 3 Pers - 50 F P. sup - 90/ 110 F Repas

MONTMAUR
CHATEAU-DE-MONTMAUR

Raymond et Elise LAURENS
CHATEAU DE MONTMAUR
05400 MONTMAUR
Tél. : 04.92.58.11.42

Carte 6

Raymond and Elise Laurens, your hosts at Château de Montmaur, will be delighted to share their passion for this medieval fortress with Renaissance decoration. The suites situated in the oldest wing of the building are very comfortable. Mountain hiking. Swimming pool 5 km. Cross-country skiing 10 km. Riding and hang-gliding nearby. Locally: cultural events and tennis. Golf course 25 km.
☆ *How to get there: At Veynes, take the D994 for Gap. After 3 km, turn left to Montmaur (2 km). Michelin map 77, fold 15.*

★ 3 suites, toutes avec douches et wc particuliers. Ouvert toute l'année. Restaurants à 5 km. Salon de repos, piano, télévision, bibliothèque. Parc et parking. ★ *Randonnées en montagne. Piscine à 5 km, ski de fond à 10 km. Equitation et deltaplane à proximité. Sur place : animation culturelle et tennis. Golf à 25 km.* ★

Lors de votre séjour au château de Montmaur, vous pourrez partager la passion de vos hôtes pour l'âme de cette forteresse médiévale aux décors Renaissance. Les suites sont aménagées confortablement dans l'aile la plus ancienne.

★ Accès : A Veynes, prendre la D 994 vers Gap ; à 3 km, tourner à gauche pour gagner Montmaur (2 km). CM 77, pli 15.

★ Prix/Price : 450 F 2 Pers - 550 F 3 Pers

CONTES
DOMAINE-DE-CASTELLAR

Francine VELUT-MOGAVERO
DOMAINE DE CASTELLAR
ROUTE DE BERRE - LES ALPES
06390 CONTES
Tél. : 04.93.91.83.51

Carte 6

Just 20 km from Nice, you will come across the « doll's house with green shutters », in a peaceful, verdant setting. You will be enchanted by the pre-1940s English style and the view of the hills. You will delight in the landscaped garden's bouquet of fragrances and savour the charm of breakfasts served under the kiwi arbour.
Nice, Cannes, Monaco, Mercantour park.
☆ *How to get there: A8, Nice-Est exit, take the D2204 and drive 8 km. Then D15 for Contes. Motorway interchange 15 minutes.*

★ 1 chambre double avec sanitaires privés. Ouvert du 15 février au 10 octobre. Jardin paysager de 2000 m². Pièce d'eau avec cascade. Solarium. Restaurants à Contes. Maison non fumeur. ★ *Nice, Cannes, Monaco, Parc du Mercantour.* ★
A 20 km de Nice, « la maison de poupées aux volets verts » vous assure le calme, dans un cadre de verdure, à 450 m d'alt. Le style anglais rétro et la vue sur les collines invitent à la rêverie. Vous apprécierez les senteurs du jardin paysager de 2000 m² et goûterez le charme des petits déjeuners servis sous la tonnelle de kiwis.
★ Accès : A8 sortie Nice-est, prendre la D2204 sur 8 km, puis la D15 vers Contes. Echangeur autoroute 15 mn.

☆ Prix/Price : 350 F 1 Pers - 350 F 2 Pers

NICE
LE CASTEL-ENCHANTE

26

Jacqueline OLIVIER
LE CASTEL ENCHANTE
61 ROUTE DE ST PIERRE DE FERIC
06000 NICE
Tél. : 04.93.97.02.08 - Fax : 04.92.15.07.87

Carte 6

This pretty Italian-style turn-of-the century house is only a few minutes from the town centre and the sea. It boasts a sheltered terrace and extensive grounds (5000 m²), ablaze with flowers. Guest rooms are spacious, bright and comfortable. An ideal place to relax, within easy access of the amenities provided by Nice.
Full range of activities in and around Nice: sea, beach, swimming pool, sailing, tennis within a 1.6 km radius. Museum, parks, carnival, hiking and riding.
☆ *How to get there: Five minutes from the centre of Nice. From Place St-Philippe, take Avenue Estienne d'Orves, level crossing. Hairpin bed, then small rise. Second house with cement driveway.*

★ 2 chambres doubles et 2 chambres communiquantes pour 2 ou 4 pers. avec salles de bains privées et TV (Canal +) dont une avec terrasse particulière. Ouvert toute l'année. Petit déjeuner buffet trés copieux. Restaurants en ville. ★ *Toutes les activités disponibles à Nice et à proximité : mer, plage, piscine, voile, tennis, le tout à 1,6 km. Musée, parcs attractifs, carnaval, randonnées pédestres et équestres.* ★
A quelques minutes du centre ville et du bord de mer, vous arriverez dans une jolie propriété de pur style italien du début du siècle, avec terrasse ombragée et parc (5000 m²) très fleuri. Les chambres sont spacieuses, gaies et confortables. Une adresse détente à proximité de tous les services.
★ Accès : Pl. St-Philippe, prendre av. Estiennes d'Orves, passage à niveau. Virage, petit chemin montant dans la colline. 2e maison avec rampe en ciment pour l'accès.

☆ Prix/Price : 500 F 2 Pers - 170 F P. sup

SAINT-PAUL-DE-VENCE
LE MAS-DES-SERRES

27

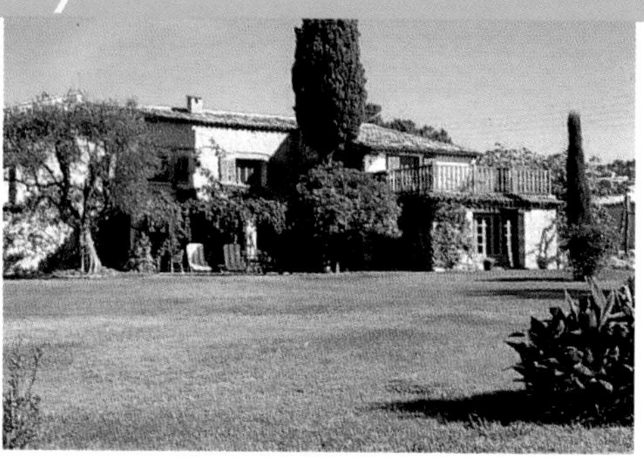

Jacques MAUBE
LE MAS DES SERRES
2000 ROUTE DES SERRES
06570 SAINT-PAUL-DE-VENCE
Tél. : 04.93.32.81.10 - Fax : 04.93.32.85.43

Carte 6

A warm welcome is guaranteed in this « mas » or stone house set in the heart of the Provençal countryside. The 5 comfortable bedrooms are decorated in their own individual styles and furnished with taste. Enjoy the pleasant garden (4,800 m²) with swimming pool or take a stroll in the surrounding area (Maeght Foundation, arts and crafts galleries).
Tennis court 300 m. Riding 5 km. 2 golf courses 10 km.
☆ *How to get there: A8, Cagnes-sur-Mer exit. Head for Saint-Paul on D2, then Route des Serres.*

★ 5 chambres avec jardin, TV, téléphone et sanitaires privés. Ouvert du 1/04 au 31/10. Nombreux restaurants à proximité. Ping-pong, babyfoot, TV et mini-bar dans la pièce commune. Piscine privée. Petit déjeuner à la Française. Lit bébé : 60 F. ★ *Tennis à 300 m, équitation à 5 km, 2 golfs à 10 km.* ★
Au cœur de la campagne provençale, vous serez accueillis dans 5 chambres confortables et personnalisées, meublées avec goût. Agréable jardin (4800 m²) avec piscine, et nombreuses balades à proximité (fondation Maeght, galeries d'artisanat d'art, etc...).
★ Accès : A8 sortie Cagnes-sur-Mer, direction Saint-Paul par D2, puis route des Serres.

☆ Prix/Price : 500 F 1 Pers - 600 F 2 Pers - 150 F P. sup

BEAUMONT
LA ROCHE

28

Henri ROUVIERE
LA PETITE COUR VERTE - LA ROCHE
07110 BEAUMONT
Tél. : 04.75.39.58.88 - Fax : 04.75.39.43.00

Carte 6

This magnificent 16th century country house is nestled in the Beaume valley, amidst chestnut trees. An ideal natural setting for enjoying a quiet, leisurely break, far from the madding crowd yet close to all destinations. Comfortable bedrooms and attractive arch-ceilinged lounge which opens out onto a terrace and garden. Genuine hospitality in a charming setting.
Cevennes area of the Ardèche: rivers, valleys and villages. Nearby: Pont d'Arc valley, Ardèche gorges. Bathing, fishing, walking, riding, canoeing and biking.
☆ *How to get there: From north, Loriol exit. From south, Montélimar Sud exit for Aubenas & Alès. At Joyeuse, dir. Valgorge. Drive past 2 Aygues. After Le Guzi, bridge on left. House is 3 km on. Michelin map 80, fold 8.*

★ 6 ch. avec sanitaires privés. Ouvert de mars à décembre. Petit déjeuner : yaourts, fromages, confitures maison (15 à 20 !)... Table d'hôtes : gigot en croûte d'herbe, poulet à l'ail, gâteau 3 chocolats, sorbets. Bar, salon, biblio. Sauna, salle de gym. Piscine couv. chauffée. Jardin, loc. VTT. ★ *Ardèche cévenole : rivières, vallées, villages... A proximité : vallon Pont d'Arc, gorges de l'Ardèche. Baignade, pêche, balades, équitation, canoë, VTT.* ★
Superbe bastide du XVIe siècle, nichée dans la vallée de la Beaume, au milieu des chataîgniers. Tout un espace naturel s'offre à vous, loin des foules et près de tout où vous goûterez en toute tranquillité mille plaisirs. Confort des chambres et agréable salon voûté qui ouvre sur la terrasse et le jardin. Un accueil authentique dans une maison de charme.
★ Accès : Du nord, sortie Loriol. Du sud, sortie Montélimar sud dir. Aubenas puis dir. Alès. A Joyeuse, dir. Valgorge. Passer les 2 Aygues. Après le Guzi, pont à gauche. La maison est à 3 km. CM 80, pli 8.

☆ Prix/Price : 270/ 360 F 2 Pers - 130 F P. sup - 100 F Repas

BESSAS
LE CHATEAU

29

In the lower Ardèche region, this renovated 10th century castle is close to the Pont d'Arc bridge and the Cèze valley. The vast bedrooms feature handsome period furniture and are decorated in the colours of Provence. Relax on attractive sunny or shaded terraces. Swimming pool with soothing massage jets.
Variety of regional museums, caves, natural wells. Prehistoric centre. 1/2 hr from Uzès, Alès, Aubenas and 1 hr from Nîmes, Orange, Avignon. On the Cévennes border, choice of hikes.
☆ *How to get there:* A7 motorway, Bollène exit, then head for Pont Saint-Esprit, Barjac and Bessas.

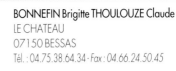

BONNEFIN Brigitte THOULOUZE Claude
LE CHATEAU
07150 BESSAS
Tél. : 04.75.38.64.34 - Fax : 04.66.24.50.45

Carte 6

★ 4 chambres avec sanitaires privés. Ouvert toute l'année. Copieux petit déjeuner : fruits, céréales, fromage blanc, pains, viennoiseries, confitures maison... Salon, bibliothèque régionale, jeux, minibar... 2 terrasses, cour. VTT, ping-pong. Restaurants à proximité. CB acceptées. ★ *Nombreux musées régionaux, grottes, avens. Centre préhistorique. A 1/2 h d'Uzès, Alès, Aubenas et à 1 h de Nîmes, Orange, Avignon. A la porte des Cévennes, nombreuses randonnées.* ★

En basse-Ardèche, ce château du Xe siècle, rénové, est à proximité du pont d'Arc et de la vallée de la Cèze. Les chambres avec un beau mobilier ancien sont vastes et la décoration aux couleurs de la Provence. Pour vous détendre, belles terrasses ensoleillées ou ombragées, piscine avec hydromassage.

★ Accès : Autoroute A7, sortie Bolléne, puis dir. Pont Saint-Esprit, Barjac et Bessas.

☆ Prix/Price : 220 F 1 Pers - 280 F 2 Pers - 380 F 3 Pers - 100 F P. sup

SAINT-MONTAN
LA PACHA

30

This typical 18th century Ardéchois-style farmhouse is situated near the village. Peace, quiet and rest are guaranteed at this residence which offers an attractive garden, 7.5-acre grounds and a swimming pool. The bedrooms are welcoming and boast matching painted furniture and decor. Fine view of the surrounding countryside.
Ardèche gorges and caves 15 km. Riding 10 km. Hikes, mountain bikes, motorbikes, tennis 3 km. Guided tours of the medieval village.
☆ *How to get there:* A7, Montélimar-Sud exit, head for Malataverne, Chateauneuf-sur-Rhône, Viviers (RN86) on the way to Nîmes, 5 km from Saint-Montan.

Chantal COORNAERT
LA PACHA
ROUTE DE VIVIERS
07220 SAINT-MONTAN
Tél. : 04.75.52.57.41 - Fax : 04.75.49.70.64

Carte 6

★ 3 chambres avec sanitaires privés. Ouvert d'avril à novembre. Salle commune avec cheminée, jeux de société. Cour, jardin, parc de 3 ha. Piscine privée, ping-pong. Restaurant ardéchois à 2 km. ★ *Gorges de l'Ardèche et grottes à 20 km. Equitation 10 km. VTT, randonnée, moto, tennis 3 km. Visite guidée du village médiéval.* ★

Ferme typique ardéchoise du XVIIIe siècle, située près du village. Un beau jardin, un parc de 3 ha. et une piscine vous assureront calme et repos. Les chambres qui vous reçoivent sont chaleureuses et leur mobilier peint, en harmonie avec la couleur de la chambre. Belle vue sur la campagne environnante.

★ Accès : A7 sortie Montélimar-sud, dir. Malataverne, Chateauneuf-sur-Rhône, Viviers (RN86) dir. Nîmes à 5 km de Saint-Montan.

☆ Prix/Price : 280 F 1 Pers - 300/ 320 F 2 Pers - 380 F 3 Pers - 80 F P. sup

SAINT-PIERREVILLE
LE MOULINAGE-CHABRIOL

Eighteenth-century Le Moulinage, now fully restored, still exudes the sobriety of its silk mill origins. The residence is a perfect balance of visible beams, arched ceilings, period furniture and contemporary design. You will love this haven of peace, bordering a river in a shaded, verdant setting, which is a paradise for birds.
Museums in the vicinity. Concerts, festivals and exhibitions. Sources of the Loire, waterfalls. Mount Gerbier-de-Jonc, Mount Mezenc, caves. Tennis, rock climbing, cross-country skiing, canoeing, riding. (E-mail: edelang@infonie.fr)
☆ *How to get there:* A7, Loriol exit. Head for La Voulte, St-Laurent-du-Pape. D120 to St-Sauveur. D102 (15 km) to Chabriol and down on left. Michelin map 76, fold 19.

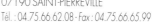

Edouard et Lize DE LANG
LE MOULINAGE CHABRIOL
CHABRIOL BAS
07190 SAINT-PIERREVILLE
Tél. : 04.75.66.62.08 - Fax : 04.75.66.65.99

Carte 6

★ 6 ch. avec sanitaires privés. Ouv. tte l'année. Grand salon avec chem. Coin-cuisine à dispo. Exposition permanente de photos (1870-1930) sur l'industrie de la soie, l'architecture d'usines, la vie des fileuses... Rivière, baignade, lac, pêche et randonnées sur place. ★ *Musées à prox. Concerts, festivals, expositions. Sources de la Loire, cascades. Mt-Gerbier-de-Jonc, Mt-Mezenc, grottes. Tennis, escalade, ski de fond, canoë, équitation. (E-mail: edelang@infonie.fr).* ★
Le moulinage restauré respire toujours la sobriété propre à cette ancienne filature à soie du XVIIIe siècle. Il y règne un équilibre superbe entre les belles pierres apparentes, les plafonds voûtés, les meubles anciens et l'aménagement contemporain. Situé au bord d'une rivière, vous apprécierez ce havre de paix, vert et ombragé, paradis des oiseaux.
★ Accès : A7 sortie Loriol. Dir. la Voulte, St-Laurent-du-Pape. D120 jusqu'à St-Sauveur. Prendre D102 (15 km) jusqu'à Chabriol et descendre à gauche. CM 76, pli 19.

★ Prix/Price : 280/ 330 F 2 Pers

VALS-LES-BAINS
DOMAINE-DE-COMBELLE

Combelle is a family mansion built in the 19th century by silk merchants close to the silk mills. It is surrounded by 5 acres of grounds, with fountains, ornamental ponds and hundred-year old trees. The spacious bedrooms are decorated with 19th century objects and furniture.
At Vals-les-Bains: casino, cinema, theatre, exhibitions, discotheques, Olympic swimming pool, tennis courts, miniature golf.
☆ *How to get there:* As you leave Val-les-Bains, head for Antraigues (D578). After 1.5 km, take the private bridge on your left. Michelin map 76, fold 19.

Caroline MOCQUET et Christian REALE
DOMAINE DE COMBELLE
ASPERJOC
07600 VALS LES BAINS
Tél. : 04.75.37.62.77

Carte 6

★ 4 chambres, toutes avec sanitaires privés. Fermé du 15/11 au 28/02 sauf réservation. Restaurants à 1,5 et 6 km. Billard sur place. Parc de 2 ha. Réduction pour séjours et hors-saison. Animal admis avec suppl. de 35 F. ★ *A Vals les Bains : casino, cinéma, théatre, expositions, discothèques, piscine olympique, tennis, golf miniature.* ★
Combelle est une de ces maisons de maître que les « Soyeux » érigèrent au voisinage des filatures au XIXe siècle, ceinte d'un parc de 2 ha, avec jet d'eau, bains, fontaine et arbres centenaires. Les chambres sont spacieuses et décorées avec des objets et meubles XIXe.
★ Accès : A la sortie de Vals les Bains, prendre dir. Antraigues (D 578). A 1,5 km sur la gauche, prendre le pont privé. CM 76, pli 19.

★ Prix/Price : 320/ 420 F 1 Pers - 360/ 460 F 2 Pers - 80 F P. sup

VERNOUX-EN-VIVARAIS
FERME-DE-PREMAURE

Jean-Claude GONZALEZ
FERME DE PREMAURE
ROUTE DE LAMASTRE
07240 VERNOUX-EN-VIVARAIS
Tél. : 04.75.58.16.61 - Fax : 04.75.58.16.61

C^V
Carte 6

Set right in the heart of the countryside, this handsome fully-restored residence made of local stone was originally a farmhouse, built in 1820. The owners provide a warm welcome and the chance to discover regional specialities at the table d'hôtes. Relax on the pleasant sunblessed, flower-filled terrace. An ideal stop for nature lovers.
Sports trail, nature trails. At Vernoux 8 km: tennis courts, swimming pool, lake, miniature golf, open-air theatre, programme of events. Small steam train at Lamastre 8 km.
☆ *How to get there: From Lyon, Valence-Nord exit, then head for St-Peray (D533). From the south, Loriol exit, then La Voulte, St-Laurent du Pape-Vernoux. At Vernoux, head for Lamastre (D2) 8 km on.*

★ 6 ch. dont 1 suite, toutes avec sanitaires complets et privés. Ouvert toute l'année. Table d'hôtes : braisé d'agneau aux 2 olives, vacherin ardéchois... TV à dispo. Jardin-terrasse, terrain de boules, prés (11 ha.). Animaux admis sur demande. Chevaux et piscine sur la propriété. ★ *Circuit sportif, circuits botaniques. A Vernoux 8 km : courts de tennis, piscine, lac, mini-golf, théâtre de verdure, programme d'animations. Petit train à vapeur à Lamastre 8 km.* ★
En pleine nature, cette belle demeure en pierre de la région est une ancienne ferme construite en 1820, entièrement restaurée. Vous apprécierez l'accueil chaleureux des propriétaires et découvrirez à la table d'hôtes les spécialités de la région. Agréable terrasse ensoleillée et fleurie. Une étape pour les amoureux de la nature.
★ Accès : De Lyon, sortie Valence-nord, puis dir. St-Peray (D533). Du sud, sortie Loriol, puis La Voulte, St-Laurent du Pape-Vernoux. A Vernoux dir. Lamastre (D2) à 8 km.

☆ Prix/Price : 275 F 1 Pers - 310 F 2 Pers - 415 F 3 Pers - 105 F P. sup - 95 F Repas - 250 F 1/2 pension

BAYONVILLE
LANDREVILLE

34

Jacques et Véronique DE MEIXMORON
CHATEAU DE LANDREVILLE
08240 BAYONVILLE
Tél. : 03.24.30.04.39 - Fax : 03.24.30.04.39

Carte 1

Château de Landreville, on the edge of the Ardennes Forest, has been in Mr and Mme de Meixmoron's family since it was built in the 12th century. Additions were made in the 16th century. You will enjoy getting to know the surrounding area and the history of the region at a leisurely pace.
Tourism in the Argonne region. Reims and Champagne-making, cathedral. Mouzon abbey-church. Rimbaud Museum. Beer Museum 1 km.
☆ *How to get there: N47 between Vouziers and Stenay (Luxembourg road), signposted from Buzancy. Michelin map 56, fold 9.*

★ 4 chambres doubles avec sanitaires privatifs. Les 4 chambres sont dans le château et 2 comportent une cheminée Renaissance. Ouvert d'avril à novembre. Gratuité pour enfants jusqu'à 4 ans. 10% de réduction à partir de 4 nuits. ★ *Découverte de l'Argonne, Reims et le champagne, cathédrale, l'Abbatiale de Mouzon, le musée Rimbaud, le musée de la bière.* ★
Au bord de la forêt des Ardennes, M. et Mme de Meixmoron vous accueilleront dans leur château de Landreville (XII et XVIe siècles) qui a été habité par leur famille depuis sa fondation. C'est en toute tranquillité que vous découvrirez les alentours et l'histoire de la région.
★ Accès : N 47 entre Vouziers et Stenay (route du Luxembourg), route fléchée à partir de Buzancy. CM 56, pli 9.

☆ Prix/Price : 380 F 1 Pers - 470 F 2 Pers - 100 F P. sup

LA BASTIDE-DE-SEROU

Claude BENOIT
FITTES
09240 LA BASTIDE DE SEROU
Tél. : 05.61.64.51.71 ou 06.80.65.92.01

Carte 5

This very attractive 17th century château is set in a vast park, ideal for quiet strolls in the shade of hundred-year old trees, and looks out onto a small country village. There is an 18-hole golf course nearby. A peaceful stay is guaranteed. Swimming pool, tennis court 1 km. Golf course at Unjat, and « Centre National du Merens » 3 km. Caves 10 km.
☆ *How to get there: On the D117, La Bastide-de-Serou exit (direction Saint-Girons). Take 1st path on left, then 2nd on right.*

★ 3 chambres avec antichambre et sanitaires privés dont 1 suite. Ouvert toute l'année. Table d'hôtes sur réservation. Bibliothèque et pièce TV. Parc. Jeux pour enfants. Restaurants à la Bastide de Serou 1 km. 390 F/suite. ★ *Piscine, tennis 1 km. Golf d'Unjat et Centre National du Merens 3 km. Grottes 10 km.* ★
Ce très beau château du XVIIe siècle est situé dans un vaste parc où vous pourrez flaner en toute quiétude, à l'ombre des arbres centenaires. Il domine un petit village campagnard, à proximité d'un golf 18 trous. Calme assuré.
★ Accès : Sur la D.117 à la sortie de la Bastide de Serou (dir. St-Girons) prendre 1er chemin à gauche, puis 2e chemin à droite.

★ Prix/Price : 240 F 1 Pers - 290 F 2 Pers - 350 F 3 Pers - 120 F Repas

LOUBENS
CHATEAU-DE-LOUBENS

Michel-Pierre LELONG
CHATEAU DE LOUBENS
09120 LOUBENS
Tél. : 05.61.05.38.41 - Fax : 05.61.05.30.61

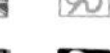

Carte 5

Splendid 15th century château set on a quiet 15-acre property, facing the Plantaurel mountain range. The three bedrooms are spacious and comfortably appointed. You will appreciate the peace and quiet and the carefully prepared table d'hôtes meals.
Floodlit tennis court, children's adventure playground 300 m. Lake 10 km, 18-hole golf course 15 km. Grottes de Niaux (caves), Mas d'Azil, Lombrives, Bedeilhac. Cathar castles.
☆ *How to get there: On the N20 Toulouse-Foix, turn off at Varilhes and take the D11 to Loubens. The château is 200 m after the village.*

★ 3 ch. avec bains et wc privés (+ ch. d'appoint). Ouvert toute l'année. Copieux petit déjeuner : pâtisserie, œufs, jambon, fromages... Table d'hôtes : écrevisses sauce amoureuse, poulet au vinaigre, rognons à la moutarde, tourte ariégeoise, foie et canard gras... Parc. ★ *Tennis éclairé et parc jeux enfants 300 m. Lac 10 km, golf 18 trous 15 km. Grottes de Niaux, mas d'Azil, Lombrives, Bedeilhac. Châteaux cathares.* ★
Beau château du XVe siècle sur une propriété de 6 ha., face à la chaine du Plantaurel, au calme. Les 3 chambres sont très vastes et meublées confortablement. Vous apprécierez le calme et la cuisine soignée à la table d'hôtes.
★ Accès : Sur la N20 Toulouse-Foix, sortir à Varilhes et prendre la D11 jusqu'à Loubens. Le château est à 200 m après le village.

★ Prix/Price : 300 F 1 Pers - 350 F 2 Pers - 100 F P. sup - 150 F Repas

VARILHES
LAS RIVES

37

Jean et Hélène BAUDEIGNE
LAS RIVES
09120 VARILHES
Tél. : 05.61.60.73.42 - Fax : 05.61.60.78.76

Carte 5

This beautiful 19th century family mansion set in 5 acres of attractive grounds boasts a private swimming pool and tennis court. Each of the four bedrooms has its own particular period style and furniture. The perfect place for a relaxing break. Pets allowed in kennels only.
Cathar castles, prehistoric caves, Romanesque churches. Fishing, riding and hiking nearby.
☆ *How to get there: On the N20, head for « Varilhes ». Enter village, then turn left for Rieux de Pelleport and follow signposts. Michelin map 86, fold 4.*

★ 4 chambres, toutes avec sanitaires privés et téléphone. Ouvert toute l'année. 3 restaurants à 1,5 km. Piscine et tennis privés. Boxes pour chevaux. Parc. Animaux admis uniquement au chenil. ★ *Châteaux cathares, grottes préhistoriques, églises romanes. Pêche, équitation et randonnées à proximité.* ★
Belle maison de maître du XIXe située dans un agréable parc de 2 ha, dotée d'une piscine et de tennis privés. Les chambres sont personnalisées et meublées en ancien. Une adresse parfaite pour un séjour détente.
★ Accès : A partir de la N20, prendre « Varilhes ». Rentrer dans le village puis à gauche direction Rieux de Pelleport et suivre le fléchage. CM 86, pli 4.

★ Prix/Price : 230 F 1 Pers - 300 F 2 Pers - 350 F 3 Pers - 50 F P. sup

ESTISSAC
MOULIN-D'EGUEBAUDE

38

Edouard-Jean et Chantal MESLEY
DOMAINE DU MOULIN D'EGUEBAUDE
10190 ESTISSAC
Tél. : 03.25.40.42.18 - Fax : 03.25.40.40.92

Carte 1

This attractive Champenois mill is set in a blaze of foliage and flowers, on a riverbank. The residence boasts timber framing and 5 tastefully decorated bedrooms (no smoking). Savour the delicious table d'hôtes meals made with local produce, crowned by trout and salmon dishes. A delight for angling enthusiasts.
Paisy-Cosdon lake. Walks in the forest. Tennis in the village. Bathing, swimming pool, lake 7 km. Troyes 22 km.
☆ *How to get there: Estissac is 20 km west of Troyes. When you get to Estissac, turn left at the Café de la Gare, then first right and straight on for 800 m.*

★ 5 chambres avec TV et sanitaires privés. Ouvert toute l'année. Salon, TV. Sauna. Parc animalier de 2 ha. avec rivière (pêche à la truite). Jeux pour enfants. Point-phone. ★ *Lac de Paisy Cosdon. Randonnées en forêt. Tennis au village. Baignade, piscine, plan d'eau 7 km. Troyes 22 km.* ★
Dans un superbe cadre de verdure et de fleurs, au bord d'une rivière, ce joli moulin champenois, à pans de bois vous propose 5 chambres (non fumeurs) aménagées avec goût. Vous pourrez déguster à la succulente table d'hôtes les produits du terroir (spécialités : truites et saumons). Une adresse qui ravira les amateurs de pêche.
★ Accès : Estissac est à 20 km à l'ouest de Troyes. Dans Estissac, devant le café de la gare, prendre à gauche puis 1re à droite et tout droit sur 800 m.

★ Prix/Price : 250/ 310 F 1 Pers - 300/ 350 F 2 Pers - 420 F 3 Pers - 98 F Repas

NOGENT-SUR-SEINE

Anita FARGUES
PENICHE QUIETUDE
RUE DE L'ILE NOIRE
10400 NOGENT-SUR-SEINE
Tél. : 03.25.39.80.14 - Fax : 03.25.39.80.14

Carte 1

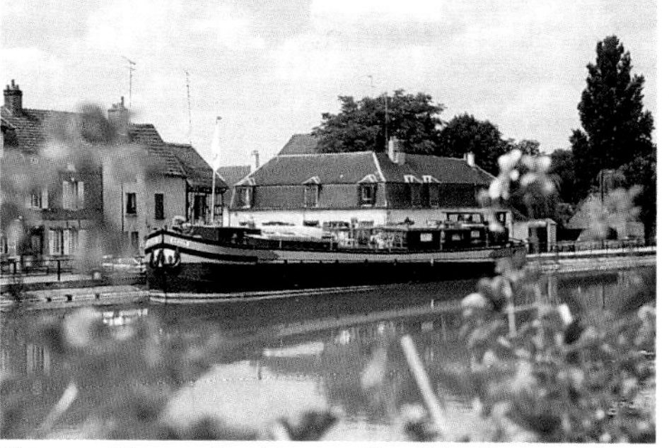

This superbly appointed barge offers 5 bedrooms with maritime-style wood panelling and Louis-Philippe furniture. Handsome interior decoration with contemporary figurative paintings. A highly original place to stay.
Château de la Motte Tilly, Provins. Hiking. Towpath. Fishing. Nogent museum and mill.
☆ How to get there: N19. Nogent-sur-Seine centre. Opposite the windmills. Michelin map 61, fold 17.

★ 5 ch. avec douche et wc privés. Table d'hôtes : cakes aux olives, quiche lorraine, amandine aux poires, fondant au chocolat... Piano, bibliothèque, cheminée, chaîne hi-fi. VTT, canoë, navigation (week-end Nogent) juillet, août, septembre : canal de Bourgogne. Terrasse fleurie. ★ *Château de la Motte Tilly, Provins. Randonnées pédestres. Chemin de halage. Pêche. Musée et moulin de Nogent.* ★

Sur une péniche superbement aménagée, 5 chambres avec boiserie-marine et mobilier Louis Philippe vous sont réservées. Belle décoration intérieure avec peinture contemporaine figurative. Etape originale au fil de l'eau...

★ Accès : N19. Nogent-sur-Seine centre. Face aux grands moulins. CM 61, pli 17.

★ Prix/Price : 250/ 350 F 1 Pers - 300/ 400 F 2 Pers - 400 F 3 Pers - 100/ 150 F Repas

PLANCY-L'ABBAYE

Patricia MISWALD
1 PLACE DU MARECHAL FOCH
10380 PLANCY-L'ABBAYE
Tél. : 03.25.37.44.71

Carte 1

Handsome 18th century residence on a vast estate set out along the banks of the Aube. Anglers will enjoy fishing on the property, while others might prefer to relax in the French formal garden. The meticulously decorated bedrooms are appointed with elegant furniture. Your hostess provides a warm, discreet welcome.
Troyes 40 km. Reims 80 km.
☆ How to get there: Paris-Méry-sur-Seine. D7 for Fere-Champenoise.

★ 3 chambres 2 pers. avec sanitaires privés. Ouvert toute l'année. Petit déjeuner à base de viennoiseries, pains, confitures... Jardin. Rivière et pêche sur la propriété. ★ *Troyes 40 km. Reims 80 km.* ★

Belle demeure du XVIIIe siècle sur une vaste propriété au bord de l'Aube. Pour votre détente, un agréable jardin à la française et pour les amateurs, possibilité de pêche sur la propriété. Chambres avec mobilier de style et décoration soignée. Vous apprécierez la gentillesse discrète de la maîtresse de maison et l'accueil chaleureux qu'elle vous réservera.

★ Accès : Paris-Méry-sur-Seine. D7 en direction de Fere-Champenoise.

★ Prix/Price : 200 F 1 Pers - 250 F 2 Pers - 350 F 3 Pers - 50 F P. sup

Aude

ARAGON
LE CHATEAU-D'ARAGON

41

Aimé et Laetitia OURLIAC
LE CHATEAU D'ARAGON
11600 ARAGON
Tél. : 04.68.77.19.62 ou 06.11.35.62.23

Carte 5

This magnificent, listed 12th century medieval castle stands atop a tiny, peaceful village, between vines and scrubland. The residence, now superbly restored, offers splendid interiors and refined decoration. Admire the breathtaking view of the valley from the indoor garden while enjoying Laëtitia's delicious specialities.
Medieval city of Carcassonne 12 km. Cathar castles at Lastours 15 km. Lakes 15 km. Numerous abbeys. Beaches 45 km. Tennis court and mountain bike club locally. Botanic discovery trails.
☆ *How to get there:* From Carcassonne RN113 for Toulouse, then D203 for Pennautier. At Pennautier, head for Aragon and drive up to the top of the village, next to the church.

★ 4 chambres avec sanitaires privés. Ouvert du 1/3 au 15/10. Table d'hôtes : spécialités régionales. Salle commune avec salon et cheminée. Bibliothèque, TV. Jardin d'intérieur en pelouse et terrasse. Accueil stages d'entreprises en hors-saison. ★ *Cité médiévale de Carcassonne (12 km). Châteaux cathares de Lastours (15 km). Lacs (15 km). Nombreuses abbayes. Plages (45 km). Tennis et club de VTT sur place. Sentiers botaniques.* ★

Au sommet d'un petit village paisible, haut perché entre vigne et garrigue, magnifique château médiéval du XIIe siècle (classé Monument Historique) parfaitement restauré. Superbe aménagement intérieur et décoration raffinée. Du jardin intérieur, vous pourrez goûter les délicieuses spécialités de Laëtitia et admirer la vue splendide qui s'offre à vous sur la vallée.

★ Accès : De Carcassonne RN113 dir. Toulouse, puis D203 dir. Pennautier. A Pennautier prendre Aragon et monter au sommet du village à côté de l'église.

★ Prix/Price : 220/ 320 F 2 Pers - 80 F P. sup - 100 F Repas

Aude

BOUISSE
DOMAINE-DES-GOUDIS

42

Michel et Michele DELATTRE
DOMAINE DES GOUDIS
11190 BOUISSE
Tél. : 04.68.70.02.76 - Fax : 04.68.70.00.74

Carte 5

This handsome fully restored 18th century farmhouse with visible stonework is set in superb grounds in the heart of Cathar country, facing the Pyrenees. The bedrooms exude warmth and comfort and are appointed with rustic and contemporary furniture. Relax in the terraced gardens or take a dip in the pool.
Cathar castles, visits to local places of interest, walks, climbing.
☆ *How to get there:* Carcassonne-Couiza on D118, then Arques on D613. At Arques, turn left for D54, then D70 for Bouisse. The property is signposted on right (6 km from Arques).

★ 6 chambres avec sanitaires privés + téléphone direct (5 avec douche et 1 avec bains). Ouvert 01/4 au 02/1. Table d'hôtes : daubes, cassoulet, confits, tartes maison... Bibliothèque. Sauna. Baby-foot, ping-pong, jeux d'echec géant. Parcs d'élevage boisés. CB acceptées. ★ *Châteaux cathares, visites de sites touristiques, promenades, escalade.* ★

Au cœur du pays cathare, face aux Pyrénées, belle ferme du XVIIIe siècle toute en pierres apparentes et complètement restaurée. Elle est située sur un beau domaine. Les chambres au mobilier rustique ou contemporain sont chaleureuses et confortables. Jardins en terrasses et piscine.

★ Accès : Carcassonne-Couiza par D118 puis Arques par D613. A Arques, tourner à gauche par D54 puis D70 vers Bouisse. Le domaine est signalé sur la droite (6 km d'Arques)

★ Prix/Price : 400 F 1 Pers - 450 F 2 Pers - 570 F 3 Pers - 99/ 129 F Repas

CAZILHAC-PALAJA
FERME-DE-LA-SAUZETTE

Christopher et Diana GIBSON
FERME DE LA SAUZETTE
CAZILHAC
11570 PALAJA
Tél. : 04.68.79.81.32 - Fax : 04.68.79.65.99

Carte 5

La Sauzette is an old stone farmhouse with its original beams and tiling, set on a 7.5-acre property in the heart of the countryside. The decor is warm and welcoming, and boasts fine local furniture. Enjoy regional specialities and delicious cheeses at the table d'hôtes. Attractive flower garden with terrace and patio.
Superb bike rides or hikes in the surrounding area. Carcassonne 5 km. Cathar castles. La Cavayère lake. Fontfroide abbey, Lagrasse, Saint-Hilaire. Medieval villages. 18-hole golf course 5 km.
☆ How to get there: From Carcassonne via Cazilhac, head for Villefloure. La Sauzette is 2 km from the village.

★ 5 ch. (4 avec douche et 1 avec bains). Fermé 15 jours en février et 15 jours en novembre. Table d'hôtes (à partir de 130 F) : gigot d'agneau au genièvre, lapin de garrigue au romarin, clafoutis... Salle à manger, salon (cheminée, piano) à dispo. P-pong, VTT, boules. Prix 1/2 pens. pour 2 pers. ★ *Superbes randonnées alentours, à pied ou en vélo. Carcassonne 5 km. Châteaux cathares. Lac de la Cavayère. Abbaye de Fontfroide, Lagrasse, Saint-Hilaire. Villages médiévaux. Golf (18 trous) 5 km.* ★

En pleine nature, sur un domaine de 3 ha., la Sauzette est une vieille maison de ferme en pierre avec charpente et tuiles d'origine. Décor chaleureux avec de beaux meubles anciens du pays. A la table d'hôtes vous goûterez les spécialités de la région et les délicieux fromages. Joli jardin fleuri avec terrasse et patio.

★ Accès : De Carcassonne en passant par Cazilhac, direction Villefloure. La Sauzette se situe à 2 km du village.

☆ Prix/Price : 285/ 330 F 1 Pers - 325/ 370 F 2 Pers - 440 F 3 Pers - 100 F P. sup - 130 F Repas - 585/ 630 F 1/2 pension

PENNAUTIER
DOMAINE-DE-LIET

Isabelle DE STOOP
CHATEAU DE LIET
11610 PENNAUTIER
Tél. : 04.68.71.55.24 - Fax : 04.68.47.05.22

Carte 5

Château de Liet is set on a winegrowing estate, in 136 acres of fields, woods and vineyards exuding rare essences. Children will be enchanted by the hares, peacocks, pheasants and other animal species. The prestigious bedrooms are decorated with refinement. Some have balconies overlooking the park. The table d'hôtes and on-site activities make this an ideal place to stay.
Carcassonne 5 km. Cathar castles, Grotte de Limousis (cave). Lakes and riding 20 km.
☆ How to get there: A61, Carcassonne-Ouest exit, direction N113 for Toulouse, then D203 for Pennautier and Aragon-Brousse for 3 km. Follow signs.

★ 3 ch. et 3 suites, toutes avec salle d'eau et wc privés. Ouvert toute l'année. Petit déjeuner copieux : gâteau, confiture, œufs... Table d'hôtes : magret de canard aux fruits, caille aux grelots de muscat. Piscine, VTT, tir à l'arc, ping-pong sur place. Parc. ★ *Carcassonne à 5 km. Châteaux cathares, grotte de Limousis. Lacs et promenades équestres à 20 km.* ★

Sur un domaine viticole, le château de Liet vous offre 55 ha. de champs, bois, vignobles. Au détour d'une allée, vous admirerez des essences rares et vos enfants se réjouiront de rencontrer paons, faisans, lièvres... Les chambres de prestige sont décorées avec raffinement et certaines disposent d'un balcon ouvrant sur le parc.

★ Accès : De la A61, sortie Carcassonne-ouest, direction N113 vers Toulouse, puis D203 vers Pennautier et direction Aragon-Brousse sur 3 km puis fléchage.

☆ Prix/Price : 250/ 330 F 2 Pers - 330/ 410 F 3 Pers - 140 F Repas

PEYREFITTE-DU-RAZES
DOMAINE-DE-COUCHET

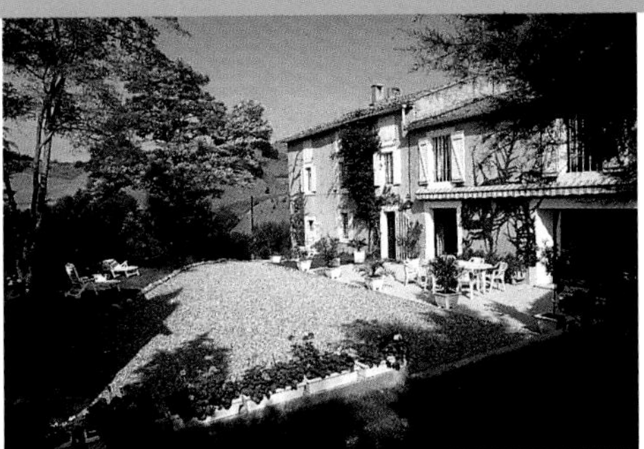

J.Pierre et M.Claire ROPERS
DOMAINE DE COUCHET
11230 PEYREFITTE DU RAZES
Tél. : 04.68.69.55.06

Carte 5

Jean-Pierre and Marie-Claire Ropers are your hosts at this fully renovated 18th century residence, set in the heart of the countryside. You will savour the copious breakfasts and delicious table d'hôtes meals served by your hostess (vegetarian meals available on request). In good weather, enjoy the 13 acres of grounds, which are a beauty to behold. Children's games.
Cathar castles, medieval towns of Foix and Mirepoix. Carcassonne. Prehistoric sites and caves. Within a 50 km radius: swimming pool, tennis, riding, windsurfing, canoeing, golf, skiing, etc.
☆ *How to get there:* From Carcassonne, go to Limoux, then head for Mirepoix (D620 and D626). At Peyrefitte-du-Razes (19 km), follow signs. Michelin map 86, fold 6.

★ 3 ch. avec douche et wc, radio et TV et 1 ch. enfant (2 lits superposés). Ouvert de Pâques au 1/11 (sur résa. pour 3 nuits minimum hors-sais.). Table d'hôtes : lapin à la moutarde, escalope de saumon au citron, tarte Tatin, mousse au chocolat, etc... Menu végétarien sur demande. ★ *Châteaux cathares, villes médiévales de Foix et Mirepoix. Carcassonne. Grottes et sites préhistoriques. A moins de 50 km : piscine, tennis, équitation, kayak, golf, ski...* ★

M. et Mme Ropers vous accueilleront dans leur vieille demeure du XVIIIe siècle entièrement rénovée, située en pleine campagne. Vous apprécierez le copieux petit déjeuner ainsi que les savoureuses recettes de la maîtresse de maison à la table d'hôtes. Beau parc de 5 ha. aux beaux jours. Jeux pour enfants.

★ Accès : De Carcassonne, gagner Limoux, puis direction Mirepoix (D620 et D626) et à Peyrefitte-du-Razes (19 km) suivre le fléchage. CM 86, pli 6.

☆ Prix/Price : 300 F 1 Pers - 320 F 2 Pers - 380 F 3 Pers - 110 F Repas

PUICHERIC
CHATEAU-DE-SAINT-AUNAY

Jean-Pierre et Simone BERGE
CHATEAU DE SAINT-AUNAY
11700 PUICHERIC
Tél. : 04.68.43.72.20 ou 04.68.43.71.03
Fax : 04.68.43.76.72

Carte 5

Château de Saint-Aunay was built at the turn of the century in the heart of the Minerve region, in a bosky bower. The residence is surrounded by vines cultivated by owners Simone and Jean-Pierre Berge, who guarantee a warm welcome. Guests will appreciate the peace and quiet and savour the wines and regional specialities served at the table d'hôtes.
Cathar sites (Carcassonne, Minerve, Peyreperthuse). Giant Cabrespine abyss. Hiking on the Montagne Noire. Fishing, canoeing and windsurfing on the Canal du Midi. Golf course 25 km.
☆ *How to get there:* From Carcassonne, take the N113 to Trèbes and the D610 to the entrance to Puicheric, then the Rieux-Minervois road. Michelin map 83, fold 12.

★ 6 chambres avec douche et wc privés. Ouvert du 15/04 au 15/10. Table d'hôtes (apéritif, vin et café compris) : cassoulet, magret cuit aux sarments de vignes, légumes du jardin. Piscine et billard sur place. Ping-pong, jeux pour enfants. Location de VTT. ★ *Sites cathares (Carcassonne, Minerve, Peyreperthuse), gouffre géant de Cabrespine, randonnées en Montagne Noire. Pêche, canoë, planche à voile dans le Canal du Midi. Golf à 25 km.* ★

Au cœur du Minervois, après avoir traversé les vignobles, vous apercevrez le château de Saint-Aunay dans un écrin de verdure. La demeure date du début du siècle et vous serez accueillis en toute simplicité par les propriétaires, viticulteurs du domaine. Vous apprécierez le calme, et goûterez la cuisine régionale et les vins.

★ Accès : De Carcassonne, prendre la N 113 jusqu'à Trèbes, puis D 610 jusqu'à l'entrée de Puicheric, puis route de Rieux-Minervois. CM 83, pli 12.

☆ Prix/Price : 250/ 280 F 2 Pers - 90 F P. sup - 140 F Repas - 250 F 1/2 pension

AMBEYRAC
CHATEAU-DE-CAMBOULAN

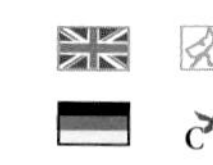

Michel et Nadine PRAYSSAC
CHATEAU DE CAMBOULAN
12260 AMBEYRAC
Tél. : 05.65.81.54.61 - Fax : 05.65.81.54.61

Carte 5

Camboulan is a small village with old stone houses, nestled in the Lot valley. The 13th century château and its extensive terrace overlook the valley. The monumental rooms include a lounge with an imposing fireplace and a bedroom with a canopied fourposter bed. The residence is appointed with handsome furniture and ornaments, including a superb rocking horse.
Saut de la Mounine falls 5 km. Cajarc 12 km. Foissac prehistoric caves 14 km. Villeneuve (15 km) and Villefranche-de-Rouergue (25 km) fortifications. Tennis, paragliding 4km. Lake, water-skiing 12 km. Canoeing 18 km.
☆ How to get there: *D86 (along the Lot) between Cajarc (Lot) and Capdenac (Aveyron). At Ambeyrac (east of Cajarc), take the D127 for Saujac. Drive 1 km, Camboulan is on the right. Michelin map 79, fold 10.*

★ 3 chambres avec TV dont 2 avec bains et 1 avec salle d'eau et wc privés. Ouvert du 30/04 au 31/10. Terrasse aménagée. Piscine. Jardin, ping-pong, VTT, pétanque, randonnées pédestres, pêche. Restaurants à 7 et 10 km. ★ *Saut de la Mounine 5 km. Cajarc 12 km. Grottes préhistoriques de Foissac 14 km. Bastides de Villeneuve (15 km) et Villefranche-de-Rouergue (25 km). Tennis, parapente 4 km. Plan d'eau, ski nautique 12 km. Canoë-kayak 18 km.* ★

Camboulan est un petit village de la vallée du Lot aux maisons de vieilles pierres. Le château (XIIIe siècle) et la grande terrasse dominent la vallée. Les pièces sont monumentales : le séjour avec son immense cheminée, la belle chambre avec lit à baldaquin... De beaux meubles et objets, notamment un superbe cheval à bascule décorent chaleureusement cette demeure.

★ Accès : D86 (longe le Lot) entre Cajarc (Lot) et Capdenac (Aveyron). A Ambeyrac (est de Cajarc) prendre D127 dir. Saujac. Faire 1 km, Camboulan est à droite. CM 79, pli 10.

★ Prix/Price : 300/ 350 F 1 Pers - 350/ 600 F 2 Pers - 450/ 650 F 3 Pers

ASPRIERES
LE MAS-DE-CLAMOUZE

48

Serge et Christiane MAUREL
LE MAS DE CLAMOUZE
12700 ASPRIERES
Tél. : 05.65.63.89.89

Carte 5

Le Mas de Clamouze is a stone house with a dovecote, which stands in woodland just outside the village of Asprières. Relax in the attractive lounge, where meals are also served, or enjoy the terrace with garden furniture.
Lot & Celé valleys, Foissac caves. Figeac, Rocamadour, Conques, Villefranche-de-Rouergue (old walled town, collegiate church, charterhouse, etc.). canoeing and rowing on the Lot.
☆ How to get there: *From Capdenac railway station, D594 for Montbazens, 8 km to Asprières. At village entrance, take D40 (right) for Salles Courbatiers/Villefranche. Michelin map 79, fold 10.*

★ 2 ch. et 3 suites dans un bâtiment indépendant, avec douche/wc et 1 suite dans la maison avec douche/wc. Ouvert de mai à fin septembre. Table d'hôtes (vin compris). Restaurants à 1 km. Piscine, attelage, VTT, ping-pong et tennis sur place. 240 F/1/2 pens./pers. en ch. double. ★ *Vallées du Lot et du Celé. Grottes de Foissac, Figeac, Rocamadour, Conques, Villefranche-de-Rouergue (vieille bastide, collégiale, chartreuse...). Canotage et aviron sur le Lot.* ★

Le Mas de Clamouze, situé à l'écart du village, abrite sa bâtisse de pierres et son pigeonnier dans un espace calme et boisé. Vous pourrez vous détendre dans un beau salon dans lequel vous prendrez également vos repas. Agréable terrasse, salon de jardin.

★ Accès : De Capdenac-gare D 594 vers Montbazens, 8 km après : Asprières. A l'entrée du village, à droite D 40 vers Salles Courbatiers/Villefranche. CM 79, pli 10.

★ Prix/Price : 210 F 1 Pers - 300 F 2 Pers - 390 F 3 Pers - 90 F P. sup - 90 F Repas

COMPEYRE
QUIERS

Jean et Veronique LOMBARD-PRAT-MARTY
QUIERS
12520 COMPEYRE
Tél. : 05.65.59.85.10 - Fax : 05.65.59.80.99

Carte 5

This pretty stone farmhouse is set on a mountain side, overlooked by the Causses cliffs. The site offers a panoramic view of the Levezou heights and the Château des Cabrières, once the home of 19th century opera singer Emma Calvé. Discover the atmosphere and feel of the place in the beautiful Tarn gorges region.
Tarn and Jonte gorges. Montpellier-le-Vieux (rockies), Roquefort (wine cellars). Aven-Armand caves. Sports activities: rafting, canoeing, potholing, hang-gliding, paraglidiing, mountain biking, riding.
☆ *How to get there: On N9 (from Millau for Clermont Ferrand), drive 500 m past Aguessac and turn right for Compeyre (D547). Head for village. Quiers is signposted from Compeyre. Michelin map 80, fold 14.*

★ 6 ch. avec sanitaires privés et tél. dont 1 suite 5 pers. avec mezzanine. Ouvert du 1/04 au 15/11. Table d'hôtes sur réservation (pas de table d'hôtes le lundi) : salade rustique, gatis, cotelettes de brebis au genièvre, sorbets... Restaurants 3 et 6 km. Tarif dégressif en 1/2 pens. ★ *Gorges du Tarn et de la Jonte. Montpellier-le-Vieux (chaos rocheux). Roquefort (caves). Grottes de l'Aven-Armand. Rafting, canoë, spéléo., parapente, delta-plane, VTT, équitation.* ★
Cette jolie ferme en pierres est aggripée à une montagne et dominée par les falaises des Causses. Vaste panorama des monts du Levezou avec le château des Cabrières ayant appartenu à Emma Calvé, cantatrice du siècle dernier. Un lieu et une ambiance à découvrir dans cette belle région.
★ Accès : N9 (Millau/Clermont-Ferrand), faire 500 m après Aguessac et prendre à droite Compeyre (D547). Monter vers le village, Quiers est fléché à partir de Compeyre. CM 80, pli 14.

★ Prix/Price : 270 F 2 Pers - 330 F 3 Pers - 60 F P. sup - 75/ 100 F Repas

LACROIX-BARREZ
VILHEROLS

50

Catherine LAURENS
VILHEROLS
12600 LACROIX BARREZ
Tél. : 05.65.66.08.24 - Fax : 05.65.66.19.98

Carte 5

Attractive traditional basalt stone house dating back to the 17th and 19th centuries. The old buildings have been restored, preserving their original character. Period furniture. The bedrooms are warmly-decorated and comfortable and each has its own separate entrance. One bedroom has access for the disabled.
Weirs, barriers and Truyère valley. Mur de Barrez, once the fiefdom of the Princes of Monaco. Lot valley. Plateau de l'Aubrac. Brommat fitness centre 5 km.
☆ *How to get there: From Mur de Barrez, take the D904 for Entraygues and drive 4.5 km, then turn left for Vilherols. The hamlet is 700 m on. Michelin map 76, fold 12.*

★ 4 chambres dont 1 familiale, toutes avec sanitaires privés et téléphone Téléséjour. Ouvert du 1/1 au 30/8. Petit déjeuner : lait de la ferme, confitures maison, jus de fruits... Restaurants à Mur-de-Barrez (6 km) ou à Lacroix Barrez (3 km). Vélos sur place. Visite de l'exploitation. ★ *Grands barrages et vallée de la Truyère. Mur de Barrez, ancien fief des princes de Monaco. Vallée du Lot, plateau de l'Aubrac. Centre de remise en forme de Brommat à 5 km.* ★
Belle maison traditionnelle en pierre basaltique, des XVIIe et XIXe siècles. Les bâtiments anciens ont été restaurés en respectant leur caractère. Mobilier ancien. Les chambres qui ont chacune un accès indépendant, sont chaleureuses et très confortables. Chambre avec terrasse, coin-cuisine accessible aux personnes handicapées.
★ Accès : De Mur de Barrez prendre la D904 vers Entraygues, faire environ 4,5 km puis à gauche dir. Vilherols, le hameau est à 700 m. CM 76, pli 12.

★ Prix/Price : 210/ 300 F 1 Pers - 260/ 350 F 2 Pers - 350/ 440 F 3 Pers - 90 F P. sup

RODELLE
DOMAINE-DE-LA-GOUDALIE

Jean-Paul et Monique MOUYSSET
DOMAINE DE LA GOUDALIE
12340 RODELLE
Tél. : 05.65.46.90.00 - Fax : 05.65.46.90.00

Carte 5

You will appreciate this large 19th century family mansion and its outbuildings. The Causse plateau setting is peaceful and ideal for walks in the woods. There is also a swimming pool for your enjoyment.
Causse Comtal (limestone plateau): hiking. Rodez: cathedral, museum. Conques (Romanesque church and religious treasures). Lot valley and Plateau de l'Aubrac.
☆ *How to get there: From Rodez, D988 for Espalion/St-Flour. At Sébazac, D904 for Muret-le-Château, and D68 for Bezonnes Rodelle. Then D68 for Rodelle, and left for Lanhac/La Goudalie, 1 km on.*

★ 4 chambres avec salle d'eau et wc privés : 3 chambres 2 pers. et 1 chambre familiale. Ouvert du 1er avril au 15 novembre. Petit déjeuner avec pâtisseries de pays. Cour, jardin et parc de 1,5 ha. Piscine. Restaurant à 3 km. Réduction pour séjour. Point-phone. ★ *Causse Comtal : randonnées. Rodez : cathédrale, musées. Conques : église romane et trésor religieux. Vallée du Lot et plateau de l'Aubrac.* ★
Vous apprécierez cette grande maison de maître du XIXe siècle et ses dépendances, l'environnement calme des Causses et les promenades dans les bois et pour l'agrément de tous : la piscine.
★ Accès : De Rodez D988 Espalion/St-Flour. A Sébazac D904 vers Muret-le-Château puis D68 vers Bezonnes Rodelle. Puis D68 vers Rodelle. A gauche vers Lanhac 1 km après.

★ Prix/Price : 260 F 1 Pers - 310 F 2 Pers - 360 F 3 Pers

SAINT-REMY
MAS-DE-JOUAS

Pierre et Isabelle SALVAGE
MAS DE JOUAS
12200 SAINT-REMY
Tél. : 05.65.81.64.72 - Fax : 05.65.81.50.70

Carte 5

Close to Villefranche-de-Rouergue, the old Royal Bastide (fortified town), we come across Mas de Jouas. This typical Provençal farmhouse exudes the peace and quiet of the countryside. The bedrooms, situated in a converted limestone barn, overlook the swimming pool and a waterfall with woods and fields in the background.
Aveyron gorges, Célé valley (Lot), Villefranche-de-Rouergue (old fortified town, collegiate church, charterhouse). Conques and Cordes 40 km. Free tennis court 1 km.
☆ *How to get there: D922, at Villefranche-de-Rouergue, head for Villeneuve-Figeac. Drive 7 km, then right (after Saint-Rémy) to Mas de Jouas. Michelin map 79, fold 10.*

★ 6 ch. dans bâtiment annexe, toutes avec bains, wc et TV. Ouvert du 1/05 au 30/09. Petit déjeuner à base de pain, viennoiserie, jus de fruits, céréales, œufs/bacon. Restaurant 5 km. Cuisine à dispo. Tél. Téléséjour 05.65.81.50.73. Piscine, ping-pong, jeux enfants. Taxe de séjour. ★ *Les Gorges de l'Aveyron, la Vallée du Célé (Lot), Villefranche de Rouergue (vieille bastide, collégiale, chartreuse). Conques et Cordes à 40 km. Tennis gratuit à 1 km.* ★
Tous près de Villefranche de Rouergue, vieille Bastide Royale, on déniche le Mas de Jouas : une impression de bout du monde... et la sereine quiétude de la campagne. Au dessous des chambres aménagées dans une ancienne grange en pierres des causses, la piscine et la cascade dominent un large panorama de bois et de champs.
★ Accès : Sur la D 922, à Villefranche de Rouergue, direction Villeneuve-Figeac. Faire 7 km et à droite (après Saint-Remy) Jouas. CM 79, pli 10.

★ Prix/Price : 280 F 1 Pers - 380 F 2 Pers - 470 F 3 Pers - 90 F P. sup

53

This extremely attractive farmhouse, surrounded by a pretty garden in 2.5 acres of pinewood, has been tastefully restored in the Provençal style. The luxurious suite with handsome furniture and antiques exudes exquisite charm. The setting affords a breathtaking view of the Sainte-Victoire mountain. Enjoy rest and relaxation by the pool.
Picasso's château at Vauvenargues. Sainte-Victoire mountain. Aix-en-Provence 4 km.
☆ *How to get there:* From Aix-en-Provence, take the D10 for Vauvenargues. 4 km on, turn left into Chemin de l'Ermitage. The farm is 100 m further on. Michelin map 84, folds 3/4.

Geneviève MELIN
LA FERME. CH. DE L'ERMITAGE
SAINT-MARC-JAUMEGARDE
13100 AIX-EN-PROVENCE
Tél. : 04.42.24.92.97 - Fax : 04.42.24.92.79

Carte 6

★ 1 suite de 2 ch. avec sanitaires privés. Ouvert toute l'année. Copieux petit déjeuner : pains et toasts, fruits de saison, fromages, œufs frais... TV, vidéo, bibliothèque et documentation touristique à disposition. Parc d'1 ha. Piscine, ping-pong, vélos, jeux de boules. ★ *Château de Picasso à Vauvenargues. Montagne Sainte-Victoire. Aix-en-Provence 4 km.* ★
Sur une pinède d'1 ha. très belle ferme ancienne restaurée avec goût dans le style provençal entourée d'un beau jardin. La suite d'un grand confort avec de beaux meubles et objets anciens a un charme délicieux. Superbe vue sur la montagne Sainte-Victoire. Repos et détente auprès de la piscine.
★ Accès : D'Aix-en-Provence prendre la D10 vers Vauvenargues. A 4 km prendre à gauche le chemin de l'Ermitage. La ferme est à 100 m plus loin. CM 84, pli 3/4.

☆ Prix/Price : 400 F 1 Pers - 450 F 2 Pers - 500 F 3 Pers

54

Attractive Provençal « mas » or house, right in the heart of writer Alphonse Daudet's (Lettres à Mon Moulin) legendary village. The residence boasts vast bedrooms appointed with 17th and 18th century furniture. Small flower garden.
Writer Alphonse Daudet's mill, Camargue, Baux de Provence, Arles, Saint-Rémy de Provence, Tarascon, etc.
☆ *How to get there:* 9 km from Arles on the D17.

Edith et J-Marie RICARD-DAMIDOT
107 AVENUE FREDERIC MISTRAL
13990 FONTVIEILLE
Tél. : 04.90.54.72.67 - Fax : 04.90.54.64.43

Carte 6

★ 1 suite 3 pers. et 1 chambre 2 pers. avec salles de bains et wc privés. Ouvert de Pâques à la Toussaint. Copieux petit déjeuner. Grand salon pour réception des hôtes avec TV et chaîne hi-fi. Jardin clos. Restaurants dans le village. ★ *Moulin d'Alphonse Daudet, la Camargue, les Baux de Provence, Arles, Saint-Rémy de Provence, Tarascon...* ★
Beau mas provençal au cœur du village légendaire d'Alphonse Daudet. Les chambres qui vous accueillent sont vastes et décorées de meubles anciens d'époque XVIIe et XVIIIe. Petit jardin fleuri.
★ Accès : D'Arles à 9 km par la D17.

☆ Prix/Price : 450 F 1 Pers - 500 F 2 Pers - 555 F 3 Pers

GRANS
DOMAINE-DU-BOIS-VERT

55

Jean-Pierre et Véronique RICHARD
DOMAINE-DU-BOIS-VERT
QUARTIER MONTAUBAN
13450 GRANS
Tél. : 04.90.55.82.98 - Fax : 04.90.55.82.98

Carte 6

Handsome traditional residence between Crau and Alpilles, with swimming pool, set in pine and oak-lined grounds. The ground-floor bedrooms exude the flavours and colours of Provence. Each has its own separate entrance. A haven of peace, ideal for getting to know Provence and its traditions. Free food hamper with local produce for stays lasting 4 nights and over.
Arles, Baux de Provence, Lubéron (Gordes), Aix-en-Provence. Golf, tennis, riding and hiking.
☆ *How to get there:* Motorway, Salon-Sud exit, for Marseille. At Lançon de Provence, turn right on D19 for Grans. After 5 km, turn right and follow signs.

★ 3 chambres avec sanitaires privés (réfrigérateur commun aux 3 chambres). Ouvert toute l'année. Copieux petit déjeuner : jus de fruits, fruits, viennoiseries, œufs... Ping-pong. Parc de 1 ha., piscine, abri voitures. Restaurants à 1 km. ★ *Arles, les Baux de Provence, le Luberon (Gordes), Aix en Provence. Golf, tennis, équitation et randonnées.* ★

Entre Crau et Alpilles, belle demeure traditionnelle avec piscine située dans un parc de chênes et de pins. Ambiance provençale pour les chambres toutes différentes et en rez-de-chaussée avec entrée indépendante. Un havre de paix pour découvrir la Provence de Frédéric Mistral et ses traditions. A partir de 4 nuits, un panier produits du terroir offert.

★ Accès : Autoroute sortie Salon-sud, dir. Marseille. A Lançon de Provence, tourner à droite par la D19 dir. Grans, 5 km, prendre à droite et suivre le fléchage.

★ Prix/Price : 250 F 1 Pers - 280/ 320 F 2 Pers - 420 F 3 Pers

GRANS
CHATEAU-DE-COULOUBRIERS

56

J-Pierre et Evelyne GONIN
CHATEAU DE COULOUBRIERS
13450 GRANS
Tél. : 04.90.42.27.29 - Fax : 04.90.42.27.29

Carte 6

This 18th century château was built for Aix nobles, on a quiet 100-acre estate with pinewoods, olive groves and truffle fields at the foot of the Alpilles. The bedrooms all have their own individual style and combine the charm of period furniture with outstanding comfort and refinement. Relax with a game of tennis, a dip in one of two pools or try the fitness trail.
Salon-de-Provence 7 km. Aix-en-Provence, Arles, Baux-de-Provence 20 km. Nîmes, Avignon, Marseille 50 km. Golf course, riding centre and lake 1 km.
☆ *How to get there:* A54 motorway, exit 13, and D19 for Grans. 2 km on, drive under the 2 bridges and take the first road on the right-hand side. Michelin map 84, folds 1/2.

★ 2 chambres et 1 suite de 2 ch. (1150 F 3/4 pers.) avec sanitaires privés. Ouvert du 1/05 au 30/09. Petit déjeuner : pains variés, céréales, confitures maison, jus de fruits... Billard français. Parc 40 ha. 2 piscines, tennis, VTT, croquet, boules, p-pong. Restaurants à Grans 3 km et Salon 7 km. ★ *Salon-de-Provence 7 km. Aix-en-Provence, Arles, les Baux 20 km. Nîmes, Avignon, Marseille 50 km. Golf, centre équestre et plan d'eau 1 km.* ★

Au pied des Alpilles, dans le calme absolu d'un domaine de 40 ha. agrémenté de pinèdes, d'oliveraies et de truffières, se dresse cet ancien château de la noblesse aixoise, édifié au XVIIIe siècle. Toutes les chambres sont personnalisées et allient le charme d'un mobilier ancien à un grand confort raffiné. Pour votre détente : tennis, parcours de santé et 2 piscines.

★ Accès : Autoroute A54 sortie n°13, puis D19 vers Grans. A 2 km, passer sous les 2 ponts et prendre la 1re route à droite. CM 84, pli 1/2.

★ Prix/Price : 550 F 1 Pers - 700 F 2 Pers - 850 F 3 Pers

SAINT-ETIENNE-DU-GRES
AUX DEUX-SOEURS

Carolyn WOOD
AUX DEUX SOEURS
VIEUX CHEMIN D'ARLES
13103 SAINT-ETIENNE-DU-GRES
Tél. : 04.90.49.10.18 - Fax : 04.90.49.10.30

C V

Carte 6

Superb 25-acre estate, nestled in the heart of the Alpilles, along the GR6 hiking trail. The property is a set of 18th century buildings, which include a Florentine-style private mansion. The bedrooms are decorated and furbished with great refinement and taste. Enjoy the farniente life by strolling through the grounds or unwind by the pool and on the private terraces.
Saint-Rémy-de-Provence, Baux-de-Provence. GR6 posted hiking trail. Golf course and horse-riding 5 km.
☆ *How to get there: At St-Rémy, take the D99 for Tarascon, then the D27 for Baux-de-Provence. « Vieux Chemin d'Arles » for St-Etienne-du-Grès. 3 km on, on the left. Michelin map 83, fold 10.*

★ 1 suite de 2 ch. avec TV, magnétoscope, tél. et sanitaires privés. Ouvert toute l'année. Table d'hôtes : soupe aux amandes, ragoût de poissons au jus de safran... Bibliothèque, chaîne hi-fi. Piscine, badminton, vélos, p-pong, boules, randonnées. 2 gîtes sur place. Visa et Mastercard. ★ *Saint-Rémy-de-Provence, les Baux-de-Provence... Randonnées GR6. Golf et équitation à 5 km.* ★

Niché au cœur des Alpilles, superbe domaine de 11 ha. situé sur le parcours du GR6. La propriété comporte plusieurs bâtisses du XVIIIe siècle dont la maison de maître dans un style florentin. Chambres aménagées et décorées avec beaucoup de goût. Moments de détente et de farniente entre le parc qui invite à la promenade, la piscine et les terrasses privées.

★ Accès : A St-Rémy, prendre la D99 vers Tarascon, puis D27 vers les Baux. Vieux chemin d'Arles vers St-Etienne-du-Grès. 3 km à gauche. CM 83, pli 10.

★ Prix/Price : 350 F 1 Pers - 400/ 600 F 2 Pers - 550/ 650 F 3 Pers - 150 F Repas

SAINT-MARTIN-DE-CRAU
CHATEAU-DE-VERGIERES

Jean et Marie-Andrée PINCEDE
CHATEAU DE VERGIERES
13310 SAINT-MARTIN DE CRAU
Tél. : 04.90.47.05.25 - Fax : 04.90.47.38.30

Carte 6

This sober and elegant 18th century residence is completely isolated in the heart of the vast Plaine de la Crau. It is surrounded by meadows and hundred-year old trees. The residence boasts handsome furniture filled with memories, and comfortable bedrooms. A pleasant stay is guaranteed.
Château de Vergières estate (865 acres) borders Réserve de la Crau, Europe's last desert steppe, and bird reserve. Arles, Nîmes, Avignon, St-Rémy. 18-hole golf course 15 km.
☆ *How to get there: From Arles or Salon-de-Provence, Saint-Martin de Crau ZI exit (11) for Fos-sur-Mer. Bypass La Dynamite village and turn left into the small Vergières road. The château is 4 km on.*

★ 5 ch. avec sanitaires privés. Ouvert toute l'année (hiver sur résa.). Table d'hôtes sur résa. : apéritif, plats provençaux, vin, café et liqueurs. Cartes Visa, Master Card, Amex, Eurocard acceptées. Billard, piano. Vélos sur place. Parc de 10 ha. Parcours ornithologique. Point-phone. ★ *Domaine de 350 ha. (label Panda du WWF) limitrophe de la réserve de la Crau steppe désertique d'Europe et site ornithologique . Arles, Nîmes, Avignon, St-Rémy. Golf 18 trous 10 km.* ★

Sobre et élégante demeure du XVIIIe siècle isolée au cœur de l'immense plaine de la Crau. Elle est entourée d'arbres centenaires et de prairies. Son très beau mobilier chargé de souvenirs, ses chambres confortables feront de votre séjour une étape très agréable. Vous pourrez profiter de la piscine sur la propriété.

★ Accès : D'Arles ou de Salon de Provence : sortir à St. Martin de Crau ZI n°11 dir. Fos/Mer. Contourner La Dynamite, puis à gauche petite route de Vergières. Faire 4 km.

★ Prix/Price : 800 F 1 Pers - 850 F 2 Pers - 310 F Repas

SAINT-REMY-DE-PROVENCE
MAS-DE-LA-TOUR

Christian et Ingrid BLASER
MAS DE LA TOUR
CHEMIN DE BIGAU
13210 SAINT-REMY DE PROVENCE
Tél. : 04.90.92.61.00 - Fax : 04.90.92.61.00

Carte 6

This beautiful Pont du Gard stone house, close to the centre of Saint-Rémy, offers complete peace and quiet. Each bedroom has its own style and is furnished with antiques and collector's items, and decorated with Provençal and Tuscan fabrics. All have direct access to the spacious garden (3,500 m²). A haven of peace and quiet for guests without children.
2 golf courses, tennis court, hiking in the Alpilles, riding. Cultural activities: painting, pottery, archaeology, classical music and jazz.
☆ *How to get there: A7 motorway, Cavaillon exit, for Saint-Rémy-de-Provence. Just before the village, path on left-hand side. The house is on the right.*

★ 2 ch. avec sanitaires privés et TV. Ouvert de Pâques à octobre. Petit déjeuner copieux : pains, confitures maison, fromages, jus de fruits, fruits biologiques. Cuisine d'été pour pique-nique. Abri couvert et clos pour voitures. Piscine. Restaurants à St-Rémy (5 mn à pied). ★ *2 golfs, tennis, randonnées dans les Alpilles, équitation. Activités culturelles : peinture, poterie, archéologie, musique classique, jazz...* ★ ***Dans un calme absolu, belle maison en pierres de Pont du Gard, près du centre de St-Rémy. Les chambres sont personnalisées, meublées avec des antiquités et pièces de collections et décorées avec des tissus provençaux et toscans. Chacune a un accès sur le vaste jardin de 3500 m². Un havre de paix pour voyageurs sans enfants.***
★ Accès : Autoroute A7, sortie Cavaillon, dir. Saint-Rémy de Provence. Juste avant le village, chemin à gauche, la maison est à droite.

☆ Prix/Price : 600 F 1 Pers - 650 F 2 Pers

VENTABREN
DOMAINE-VAL-LOURDES

Alain et Muriel LESAGE
DOMAINE VAL LOURDES
13122 VENTABREN
Tél. : 04.42.28.75.15 - Fax : 04.42.28.92.91

Carte 6

This superb 18th century family mansion is set in magnificently shaded grounds with ornamental lake, fountain and pine forest. The two vast bedrooms are tastefully decorated. Attractive blend of colours and matching fabrics.
Aix-en-Provence 15 km. Set Club: outdoor leisure centre with tennis court, riding, golf course.
☆ *How to get there: 12 km north of Aix-en-Provence, on the way to Salon-de-Provence.*

★ 2 chambres avec TV, salle d'eau et wc privés. Ouvert du 1/04 au 30/10. Copieux petit déjeuner : viennoiseries, confiture et yaourts maison, jus d'orange frais, pains divers... Parc d'1,3 ha., bassins d'agrément et vélos. Restaurants à Ventabren et Aix-en-Provence. ★ *Aix-en-Provence 15 km. Set club : complexe de loisirs avec tennis, équitation, golf.* ★ ***Superbe maison de maître du XVIIIe située dans un magnifique parc ombragé avec bassin, fontaine et pinède. Les deux chambres qui vous sont réservées sont vastes et décorées avec goût. Belle harmonie des couleurs et jolis tissus coordonnés.***
★ Accès : A 12 km au nord d'Aix-en-Provence, en dir. de Salon-de-Provence.

☆ Prix/Price : 350 F 1 Pers - 400 F 2 Pers - 500 F 3 Pers

VERQUIERES
MAS-DE-CASTELLAN

This « mas » full of character stands at the end of a plane tree-lined driveway and boasts a delightful garden, swimming pool and winter garden. The bedrooms have their own individual styles and are appointed with period Provençal furniture. A pleasant spot between Alpilles and Lubéron. Golf course, horse-riding and hiking nearby. Saint-Rémy-de-Provence 8 km.
☆ How to get there: On motorway, Avignon-Sud exit. Verquières on the N7.

☆ Prix/Price : 400 F 2 Pers

René PINET
MAS DE CASTELLAN
ANCIEN CHEMIN DE SAINT-REMY
13670 VERQUIERES
Tél. : 04.90.95.08.22 - Fax : 04.90.95.44.23

Carte 6

★ 4 chambres avec sanitaires privés. Ouvert toute l'année. Restaurants à 8 km. Piscine privée. Parc. 360 F/2 pers. à partir de 4 nuits. ★ *Golf, équitation et randonnées à proximité. Saint-Rémy-de-Provence à 8 km.* ★

Au fond d'une allée de platanes, mas de caractère avec un jardin plein de fraîcheur, une piscine et un jardin d'hiver. Les chambres sont personnalisées et meublées en provençal ancien. Un lieu agréable entre Alpilles et Luberon.

★ Accès : De l'autoroute, sortie Avignon-sud. Verquières par la N7.

BRETTEVILLE-SUR-LAIZE
CHATEAU-DES-RIFFETS

62

This recently restored château steeped in history dates back to the time of William the Conqueror. Today, the residence, set in 37 acres of listed woodland, is the ideal place for a peaceful break. The rooms are very comfortable and tastefully decorated. The table d'hôtes will delight even the most demanding of gourmets.
15 km from Caen. Forest and tennis courts at Bretteville-sur-Laize. Two 9-hole golf courses 7 km. Sea 30 km.
☆ How to get there: From Caen, take the N158 for Falaise. Drive 12 km, take the D23 to Bretteville/Laize. At the entrance to Bretteville, follow signs.

☆ Prix/Price : 500 F 2 Pers - 220 F Repas

Alain et Anne-Marie CANTEL
CHATEAU DES RIFFETS
14680 BRETTEVILLE SUR LAIZE
Tél. : 02.31.23.53.21 - Fax : 02.31.23.75.14

Carte 2

★ 2 chambres et 2 suites, toutes avec bains et wc. Ouvert toute l'année. Restaurants à 500 m et 3 km. Piscine sur place. Ecuries dans les communs. 50 F/ enfants jusqu'à 13 ans. ★ *A 15 km de Caen. Forêt et tennis à Bretteville sur Laize. Golf (2 x 9 trous) à 7 km. Mer à 30 km.* ★

Restauré récemment, ce château à l'histoire mouvementée trouve ses origines à l'époque de Guillaume le Conquérant. Situé au cœur d'un parc boisé et classé de 15 ha, il offre un séjour en toute quiétude. Les chambres, de grand confort, sont meublées avec goût et la table d'hôtes ravira les gourmets.

★ Accès : De Caen, N 158 vers Falaise. Faire 12 km, puis D 23 à droite (dir. Bretteville/Laize). A l'entrée de Bretteville, suivre le fléchage.

BURES-SUR-DIVES
MANOIR-DES-TOURPES

63

This 17th and 18th century manor stands on the site of a number of stormy events during William the Conqueror's time. Marie-Catherine and Michael will serve you a real English tea in the private lounge or in the shade of their pretty garden through which a river flows.
Marais de la Dives marshes. Sea 10 km. Right in the heart of the Pays d'Auge, famous for its stud farms, manor houses and cottages with timber framing. Cabourg and romantic beach 15 km.
☆ How to get there: From Paris, A13, exit 29b « Troarn-Dozule ». At Troarn, head for Bures-sur-Dives and follow signs.

☆ Prix/Price : 250 F 1 Pers - 280 F 2 Pers

Michael LANDON-CASSADY
MANOIR DES TOURPES
14670 BURES SUR DIVES
Tél. : 02.31.23.63.47 - Fax : 02.31.23.86.10

Carte 2

★ 3 chambres avec douche et wc chacune. Salon avec bibliothèque et cheminée à la disposition des hôtes. Ouvert toute l'année. Copieux petit déjeuner. Restaurant à 2 km. Rivière et pêche sur place. Parking. ★ *Marais de la Dives. Mer à 10 km. En plein cœur du pays d'Auge, célèbre pour ses haras, ses manoirs à pans de bois et ses chaumières. Cabourg et sa plage romantique à 15 km.* ★
Ce manoir construit aux XVIIe et XVIIIe siècles fut le site d'épisodes mouvementés au temps de Guillaume le Conquérant. Marie-Catherine et Michael vous serviront un thé très « british » dans le salon particulier ou à l'ombre de leur joli jardin traversé par la rivière.
★ Accès : De Paris sur A13, sortie n°29b « Troarn-Dozulé ». A Troarn, dir. Bures-sur-Dives et suivre le fléchage à Bures.

CAMBREMER
MANOIR-DE-CANTEPIE

64

Handsome 17th century Auge manor house in an exceptional setting, surrounded by hundred-year old trees. The bedrooms are spacious, bright and decorated with refinement. Beautiful period furniture with wood panelling, frescoes and coffered ceilings. Enjoy a quiet, restful break in this charming, special place.
Lisieux 10 km: skating rink, swimming pool. Hiking paths locally. Château de Crèvecœur 3 km. Sea, sailing 25 km. Riding 6 km. Tennis court 1 km. Architectural heritage.
☆ How to get there: From Lisieux, RN13 for Caen, turn off at La Boissière. Take D50. Drive 4 km until you come to the « Cadran », property on left.

Arnaud et Christine GHERRAK
MANOIR DE CANTEPIE
14340 CAMBREMER
Tél. : 02.31.62.87.27

Carte 2

★ 2 chambres avec sanitaires privés. Ouvert toute l'année. Parc fleuri avec arbres centenaires, salon de jardin. Restaurants à Cambremer (1 km) et la Bruyère (500 m). ★ *Lisieux (10 km) : patinoire, piscine. Sentiers de randonnées sur place. Château de Crèvecœur 3 km. Mer, voile 25 km. Equitation 6 km. Tennis 1 km. Patrimoine architectural.* ★
Beau manoir augeron du XVIIe siècle situé dans un cadre exceptionnel et entouré d'arbres centenaires. Les chambres sont vastes, claires et décorées avec raffinement. Très beau mobilier d'époque avec boiseries, fresques et plafonds à caissons. Vous ferez en ce lieu privilégié une étape pleine de charme en toute quiétude.
★ Accès : De Lisieux, RN13 dir. Caen que l'on quitte à la Boissière. Prendre D50. Faire 4 km pour arriver au « cadran », propriété sur la gauche, face au cadran.

☆ Prix/Price : 200 F 1 Pers - 250/ 280 F 2 Pers - 350 F 3 Pers

CAUMONT-L'EVENTE

65

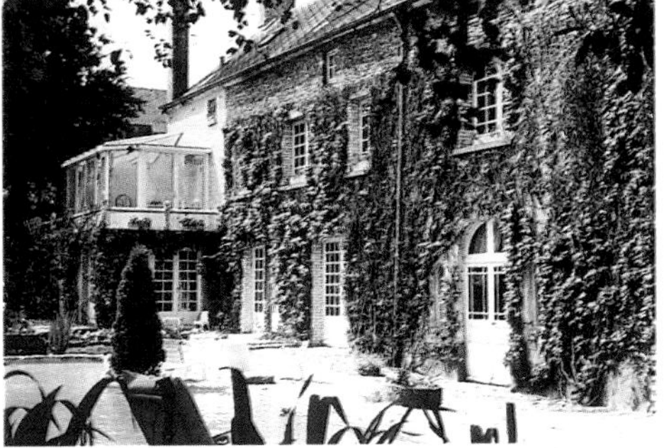

M. BOULLOT Claude et Jean-Paul
19 RUE THIERS
14240 CAUMONT L'EVENTE
Tél. : 02.31.77.47.85

Carte 2

You will be enraptured by this 17th century typical Norman copse residence, which was originally a post house. The interior decoration exudes warmth and the bedrooms are comfortable. Enjoy the hearty breakfasts and delicious regional specialities prepared by your hostess.
Footpaths at Caumont. Swing golf 2.5 km. Leisure centre 8 km. Forest 12 km. Bungee jumping centre 19 km.
☆ *How to get there: 23km south of Bayeux. At Caumont, turn right for Balleroy. The house is 300 m up on the right.*

★ 3 ch. et 1 suite avec sanitaires privés. Ouvert toute l'année. Table d'hôtes sur réservation : terrine de légumes, poulet vallée d'Auge, confit de porc aux groseilles et aux pommes... Salon avec TV. Piscine chauffée, mini-golf, tennis de table, équitation. ★ *Sentier pédestre à Caumont. Swing-golf à 2,5 km. Centre de loisirs à 8 km. Forêt à 12 km. Centre de saut à l'élastique à 19 km.* ★

Typique du bocage normand, cet ancien relais XVIIe siècle, en schiste ardoisier vous enchantera. La décoration intérieure est chaleureuse et les chambres confortables. Vous savourerez le copieux petit déjeuner mais aussi les délicieuses spécialités du terroir normand que vous préparera la maîtresse de maison.

★ Accès : A 23 km au sud de Bayeux. A Caumont prendre à droite dir. Balleroy. La maison est à 300 m à droite.

☆ Prix/Price : 270 F 1 Pers - 320 F 2 Pers - 390 F 3 Pers - 140 F Repas

Calvados

CREPON

66

Anne-Marie POISSON
ROUTE D'ARROMANCHES
14480 CREPON
Tél. : 02.31.22.21.27 - Fax : 02.31.22.88.80

Carte 2

This 18th century manor surrounded by wooded grounds, close to the Second World War landing beaches, is a haven for those seeking a quiet and restful break. The owner is an antique dealer who will take great pleasure in helping you discover her region's treasures. Television available on request.
Sea, tennis 4 km. Riding, sailing school 5 km. Swimming pool 7 km. 27-hole golf course 12 km. Second World War landing beaches. Bayeux 12 km.
☆ *How to get there: At Creuilly, head for Asnelles-Crépon (D22 then D65). In Crépon, the manor house is at the village exit, left heading for the sea (Chambres d'Hôtes/antiques signs).*

★ 2 chambres avec douche et wc privés, 1 suite pour 3 pers. (2 chambres) avec salle de bains. Ouvert toute l'année. Copieux petit déjeuner : viennoiseries, laitages, céréales... Restaurants à 500 m. CB bancaires acceptées (sauf Amex). TV sur demande. ★ *Mer, tennis à 4 km. Equitation et école de voile à 5 km. Piscine à 7 km. Golf à 27 trous à 12 km. Plages du Débarquement. Bayeux à 12 km.* ★

Entouré d'un parc arboré, ce manoir du XVIIIe siècle, à proximité des Plages du Débarquement, ravira les amateurs de calme. La propriétaire, antiquaire, aura à cœur de vous faire découvrir les richesses de sa région.

★ Accès : A Creully, dir. Asnelles-Crépon D22 puis D65. A Crépon, manoir à la sortie du village, à gauche en dir. de la mer (fléchage chambres d'hôtes/antiquités).

☆ Prix/Price : 330 F 1 Pers - 400 F 2 Pers - 500 F 3 Pers

CREPON
LE HARAS-DE-CREPON

Pascale LANDEAU
LE HARAS DE CREPON
14480 CREPON
Tél. : 02.31.21.37.37 - Fax : 02.31.21.12.12

Carte 2

This 16th century family manor is situated close to the Second World War landing beaches. Your hostess Pascale Landeau will be delighted to share her love of horses with you. The bedrooms are quiet and offer outstanding comfort. They are tastefully decorated and are named after winning horses at the Paris-Vincennes racecourse, bred on the property.
Normandy landing beaches 5 km. Sea, sailing, swimming pool, riding and tennis 5 min. Golf course 15 km.
☆ *How to get there: Caen-Cherbourg motorway (RN13), exit D158B. At the stop sign, head for Creuilly then St-Gabriel-Brécy and Arromanches. At Villiers, drive past the church and carry on for 2 km.*

★ 4 ch. dont 2 communicantes, toutes avec sanitaires privés. Ouvert toute l'année. Table d'hôtes : produits du terroir et spécialités. Salle de détente/piano. Parc, cour, salons de jardin. Prêt vélo, accueil cavaliers (boxes, herbages pour chevaux). Restaurants à Crépon 100 m. CB acceptées. ★ *Plages du Débarquement 5 km. Mer, voile, piscine, équitation et tennis 5 mn. Golf 15 km.* ★

Près des plages du débarquement, Mme Landeau vous accueille au manoir familial du XVIe siècle, et saura vous faire partager sa passion de l'élevage du cheval. Les chambres, très calmes, confortables et décorées avec goût portent d'ailleurs le nom de chevaux de l'élevage, gagnants a Paris-Vincennes.

★ Accès : Sur l'axe Caen-Cherbourg, sortie D158B. Au stop, dir. Creully puis St-Gabriel-Brécy et Arromanches. A Villiers, passer devant l'église et faire 2 km.

☆ Prix/Price : 330/ 430 F 1 Pers - 390/ 490 F 2 Pers - 625 F 3 Pers - 150 F Repas

GEFOSSE FONTENAY
L'HERMEREL

Francois et Agnès LEMARIE
L'HERMEREL
14230 GEFOSSE-FONTENAY
Tél. : 02.31.22.64.12 - Fax : 02.31.22.64.12

Carte 2

Manoir de l'Hermerel stands proudly among the Normandy pastures. In this haven of peace, François and Agnès will be delighted to welcome you to their 15th and 18th century residence. Enjoy full breakfasts served by the monumental fireplace in the dining room, or relax in the lounge set in the 15th century chapel.
5 km from Grandcamp-Maisy: seaside walks along the GR261 path. Sea fishing. Sailing school. Miniature golf, tennis, horse-riding. Golf course 18 km. Second World War landing beaches. Marais park.
☆ *How to get there: At Osmanville (N13), turn right onto the D514 for Grandcamp-Maisy, then left onto the D199. Follow signs to L'Hermerel.*

★ 4 chambres dont 2 familiales, toutes avec douche et wc privés. Salon aménagé dans la petite chapelle du XVe pour la détente. Ouvert toute l'année. Possibilité de pique-nique au manoir. Restaurant à 5 km. Parking. ★ *A 5 km de Grandcamp-Maisy : promenades et pêche en mer, école de voile, sentier du littoral GR 261, mini-golf, tennis, équitation. Golf 18 km. Plages débarquement. Parc des Marais.* ★

Le manoir de l'Hermerel se dresse fièrement au milieu des paturages normands. Dans ce havre de paix, François et Agnès Lemarié ont le plaisir de vous recevoir dans leur demeure des XVe et XVIIe siècles. Un copieux petit déjeuner vous sera servi devant la cheminée monumentale de la salle à manger.

★ Accès : A Osmanville (sur N 13), prendre à droite la D 514 vers Grandcamp-Maisy, puis à gauche D 199. Fléchage l'Hermerel.

☆ Prix/Price : 190/ 230 F 1 Pers - 220/ 280 F 2 Pers - 280/ 350 F 3 Pers

MANVIEUX
LES JARDINS

69

Gilberte MARTRAGNY
LES JARDINS
14117 MANVIEUX
Tél. : 02.31.21.95.17 - Fax : 02.31.21.95.17

Carte 2

Gilberte Martragny is your hostess at this 18th century residence, originally a farmhouse, which has been handed down from her great grandmother. The setting is both refined and cosy. The bedrooms are spacious, with beams, and full of charm. Hearty breakfasts are served in the library.
Arromanches 3 km. Coastal path (GR 261) at Manvieux. Sea and sailing school 3 km. Indoor/outdoor pool, riding, 27-hole golf course 8 km. Normandy landing beaches.
☆ *How to get there: On the D514 between Port-Bessin and Arromanches, follow signs for « Les Jardins » in the vicinity of Manvieux.*

★ 2 chambres avec salle de bains et wc chacune. Ouvert toute l'année. Petit déjeuner copieux. Restaurants à 2 km. Possibilité de lingerie. Ping-pong et tennis gratuits sur place. Parking. Gîte rural 4 épis NN à la même adresse. ★ *Arromanches 3 km. Sentier du littoral (GR261) dans Manvieux. Mer et école de voile 3 km. Piscine couverte/plein-air, équitation, golf 27 trous 8 km. Plages du débarquement.* ★

Gilberte vous accueillera dans cette ancienne ferme du XVIIIe qui a appartenu à son arrière grand-mère. Le cadre est raffiné et douillet, les chambres spacieuses avec poutres, sont pleines de charme. Un copieux petit déjeuner vous sera servi dans la bibliothèque.

★ Accès : Sur D.514 entre Port-Bessin et Arromanches, suivre le flêchage « Les Jardins » aux alentours de Manvieux.

★ Prix/Price : 330/ 380 F 2 Pers

MONTS-EN-BESSIN
LA VARINIERE - LA VALLEE

70

David et Philippa EDNEY
LA VARINIERE
LA VALLEE
14310 MONTS EN BESSIN
Tél. : 02.31.77.44.73 - Fax : 02.31.77.11.72

Carte 2

Philippa and David are your hosts at their stately late 19th century residence. You will appreciate the quiet and comfort of the bedrooms, with their harmonious decoration of fabrics and paper.
Riding 4 km. Tennis court, indoor swimming pool 6 km. Swing golf, lake 15 km. Sea 30 km.
☆ *How to get there: From Caen, take the N175 for Rennes/Mont-Saint-Michel. Turn off at Villers-Bocage and turn right onto the D6 for Bayeux. After 4.5 km, turn right and follow signs.*

★ 4 ch. et 1 suite avec salles d'eau et wc privés. Ouvert toute l'année. Salon avec cheminée. Possibilité de pique-nique. Réfrigérateur et congélateur à la disposition des hôtes. Salon de jardin. Restaurant 4 km. ★ *Equitation à 4 km. Tennis, piscine couverte à 6 km. Swing-golf, plan d'eau à 15 km. Mer à 30 km.* ★

Philippa et David vous accueillent dans leur grande demeure bourgeoise de la fin du XIXe siècle. Vous apprécierez le calme et le confort des chambres dont la décoration harmonise tissus et papier.

★ Accès : De Caen N175 vers Rennes/Mont-St-Michel. Sortie Villers-Bocage et à droite D6 dir. Bayeux sur 4,5 km, puis prendre à droite et suivre le fléchage.

★ Prix/Price : 190 F 1 Pers - 280 F 2 Pers - 350 F 3 Pers

ORBEC

71

Annick et Christian DUBOIS
14 RUE DE GEOLE
14290 ORBEC
Tél. : 02.31.32.57.22 - Fax : 02.31.32.55.58

Carte 2

Christian and Annick offer a warm welcome at their handsome recently restored 16th and 17th century manor house. The interior decoration is superb and the bedrooms offer refined comfort and warmth. Pays d'Auge country enthusiasts Christian and Annick will be happy to advise you on the best visits and walks off the beaten track.
Tennis court 500 m. Hiking paths (Posted trails, GR26, tour of the Pays d'Auge) and riding 1 km. River fishing 2 km.
☆ *How to get there:* In Orbec high street, close to the hospice chapel.

★ 4 ch. 2 pers. et 1 suite 4 pers. avec TV et sanitaires privés. Ouvert toute l'année. Copieux petit déjeuner : jus de fruits, fruits, viennoiseries, céréales, yaourts. Salon avec cheminée, billard et ping-pong dans une cave voûtée. VTT à disposition. Cour, parking. Restaurants à Orbec. ★ *Tennis 500 m. Sentiers de randonnée (GR Tour du Pays d'Auge et GR 26) et équitation 1 km. Pêche en rivière 2 km.* ★
Christian et Annick vous ouvrent les portes de leur beau manoir des XVIe et XVIIe, récemment restauré. L'aménagement intérieur est superbe et les chambres au décor raffiné sont chaleureuses et très confortables. Amoureux du pays d'Auge, Christian et Annick vous conseilleront visites et promenades hors des sentiers battus.
★ Accès : Dans la rue principale d'Orbec, près de la chapelle de l'hospice.

☆ Prix/Price : 310 F 1 Pers - 370 F 2 Pers - 525 F 3 Pers

PERTHEVILLE-NERS
LE CHENE-SEC

72

Michel PLASSAIS
LE CHENE SEC
14700 PERTHEVILLE NERS
Tél. : 02.31.90.17.55

Carte 2

Michel Plassais' 15th century farm lies near Falaise, William the Conqueror's birthplace. This time-honoured family mansion offers extremely spacious rooms and a very pretty pleasure garden. Warm welcome guaranteed.
Footpaths at Pertheville-Ners and in the surrounding forest. Fishing in small lake 3 km away. Tennis, swimming pool, riding and rock-climbing 7 km.
☆ *How to get there:* From Falaise, take the D63 for Trun. After Fresne-la-Mère, turn right for Pertheville-Ners and follow signs on the right as you enter the village.

★ 3 chambres, toutes avec douche et wc privés. Ouvert toute l'année. Restaurant à 8 km. Parking. ★ *Sentiers pédestres à Pertheville-Ners et aux alentours en forêt. Pêche en étang à 3 km. Tennis, piscine, équitation, varappe à 7 km.* ★
Non loin de Falaise, berceau de Guillaume le Conquérant, Michel vous accueille dans sa ferme du XVe siècle. Les chambres sont très spacieuses et cette ancienne maison de maître dispose d'un joli jardin d'agrément.
★ Accès : A Falaise, D 63 dir. Trun. Après Fresne la Mère, à droite dir. Pertheville-Ners. Suivre le fléchage à droite à l'entrée du village.

☆ Prix/Price : 160 F 1 Pers - 220 F 2 Pers - 280 F 3 Pers

VOUILLY
LE CHATEAU

73

James et Marie-José HAMEL
LE CHATEAU
14230 VOUILLY
Tél. : 02.31.22.08.59 - Fax : 02.31.22.90.58

Carte 2

James and Marie-José Hamel are your hosts at this 18th century château encircled by moats. The bedrooms are spacious and comfortable and boast superb views of the grounds. Guests can fish in the private lake.
Sea, tennis courts 8 km. Boat trips, sailing school, GR261 coastal path. Miniature golf 12 km. Forest 15 km. Second World War landing beaches. Fishing at Vouilly (lake). « Les Marais » regional park.
☆ *How to get there: Take D5 from Molay-Littry. As you enter Vouilly, turn right (D113). The château is at the end of a long driveway on the right.*

★ 4 chambres et 1 suite, toutes avec bains et wc. Ouvert de mars à novembre. Ferme-auberge à 4 km et restaurants à 8 et 10 km. Possibilité de pique-nique. Parking. Etang privé. Cartes bancaires acceptées. ★ *Mer, tennis 8 km. Promenades en mer, école de voile, sentier littoral GR261. Mini-golf 12 km. Forêt 15 km. Plages débarquement. Pêche en étang à Vouilly. Parc régional des Marais.* ★
James et Marie-José Hamel vous accueilleront dans leur château du XVIIIe siècle entouré de douves. Les chambres spacieuses et confortables, offrent une belle vue sur le parc qui invite à la détente. Un étang privé permet la pratique de la pêche.
★ Accès : D 5 en venant de Molay-Littry. A l'entrée de Vouilly, prendre à droite (D 113). Le château se trouve au bout d'une grande allée à droite.

☆ Prix/Price : 260/ 290 F 1 Pers - 300/ 330 F 2 Pers - 410 F 3 Pers

SAINT-ETIENNE-DE-CARLAT
CAIZAC

74

Jacky BALLEUX
CAIZAC
15130 SAINT-ETIENNE-DE-CARLAT
Tél. : 04.71.62.42.37

Carte 5

In the countryside, right in the heart of the Cantal mountains, is where you will find this handsome and charming 19th century Auvergne residence. Stone walls, visible beams and a warm atmosphere with attractive rustic furniture. An ideal place for a peaceful, friendly break in an authentic setting.
Altitude 800 m. Châteaux, churches and mountains of the Cantal. Riding, golf course 6 km. Swimming pool, tennis court 12 km. Hiking, cross-country skiing 15 km. Super-Lioran 30 km.
☆ *How to get there: 15 km southeast of Aurillac D920 for Rodez. At Arpajon/Cère D990 for Mur-de-Barez, drive 10 km. Turn left off the St-Etienne-de-Carlat road, then drive 500 m on the Caizac road.*

★ 1 ch. 4 pers., 2 ch. 2 pers. et 2 ch. en duplex avec terrasse et salon, toutes avec sanitaires privés. Ouvert toute l'année. Table d'hôtes : pounti, patranque, farinade, flognarde... Ping-pong. Cour, jardin. ★ *Altitude 800 m. Châteaux, églises et monts du Cantal. Equitation, golf 6 km. Piscine, tennis 12 km. Randonnées pédestres, ski de fond 15 km. Super-Lioran 30 km.* ★
En pleine nature, au cœur des monts du Cantal, tout le charme des vieilles pierres dans cette belle demeure auvergnate datant du XIXe siècle. Murs en pierre, poutres apparentes et atmosphère chaleureuse avec un beau mobilier rustique. Pour un séjour authentique en toute convivialité.
★ Accès : 15 km au s.e d'Aurillac D920 dir. Rodez. A Arpajon/Cère D990 dir. Mur-de-Barez sur 10 km. Laissez à gauche rte de St-Etienne de Carlat, puis 500 m rte de Caizac

☆ Prix/Price : 180/ 200 F 1 Pers - 240/ 280 F 2 Pers - 315/ 350 F 3 Pers - 80 F Repas - 190/ 210 F 1/2 pension

LESIGNAC-DURAND
CHATEAU-DE-LA-REDORTIERE

75

Marie-Paule MICHAUD
CHATEAU DE LA REDORTIERE
16310 LESIGNAC-DURAND
Tél. : 05.45.65.07.62 - Fax : 05.45.65.31.79

Carte 3

In the heart of 40-acre grounds, cut by paths, stands this handsome 19th century château which overlooks the Moulde valley. The bedrooms are bright and attractively decorated. In clement weather, take long walks in the park, which will whet your appetite for the table d'hôtes meals prepared with fresh farm produce.
Lavaud lake (fishing, sailing) 5 km. La Guerlie lake (beach, canoeing centre) and golf course 10 km. Gallo-Roman site at Chassenon 15 km.
☆ *How to get there: RN141 Angoulème-Limoges. 45 km east of Angoulème. At La Péruse, turn right for CD52, then Lésignac heading for Massignac. The château is 2 km up, on the right. Michelin map 72, fold 15.*

★ 3 chambres 2 pers. et 2 suites de 3 et 4 pers., toutes avec sanitaires privés. Ouvert du 1er février au 31 décembre. Table d'hôtes : volaille de la ferme, crème glacée, clafoutis... Parc de 17 ha. Ferme à 800 m. ★ *Plan d'eau de Lavaud (pêche, voile) 5 km. Plan d'eau de la Guerlie (plage, base de canoë) et golf 10 km. Site gallo-romain de Chassenon 15 km.* ★

Au cœur d'un parc de 17 ha. traversé par de nombreuses allées, ce beau château XIXe domine la vallée de la Moulde. Les chambres qui vous sont réservées sont lumineuses et joliment décorées. Aux beaux jours, vous pourrez faire de grandes promenades dans le parc et vous restaurer à la table d'hôtes avec les produits de la ferme.

★ Accès : RN141 Angoulême-Limoges. A 45 km à l'est d'Angoulême. A la Péruse, à droite, CD52 puis Lésignac, dir. Massignac. Le château est à 2 km sur la dr. CM72, pli 15.

☆ Prix/Price : 230/ 300 F 1 Pers - 280/ 350 F 2 Pers - 350/ 400 F 3 Pers - 90 F Repas

SAINT-PALAIS-DU-NE

76

Genevieve FEITO
LE BOURG
16300 SAINT-PALAIS DU NE
Tél. : 05.45.78.71.64 - Fax : 05.45.78.71.64

Carte 3

This 17th and 19th century Charente dwelling is set in the heart of the Cognac vineyards. The rooms are appointed in rustic, Saintongeois and Charentais style. The vast garden boasts a swimming pool with spa. Ideal for a relaxing stay.
Cognac 18 km: visits to storehouses and distilleries, cooperage and glassworks. Cruises on the Charente. Tennis court 3 km. Riding 13 km. Golf course 22 km.
☆ *How to get there: From Cognac, take the D731 for Archiac, until you reach Saint-Fort-sur-le-Ne. At the Saint-Fort exit, cross the Ne, take the D38 on the left to Saint-Palais.*

★ 3 chambres doubles avec sanitaires privés. Ouvert toute l'année. Table d'hôtes sur réservation : poulet et lapin au pineau, canard aux pêches, émietté aux pommes, gâteau au chocolat... Billard. Piscine avec spa. Lits enfants à disposition. ★ *Cognac à 18 km : visites de chais, de distilleries, de tonnellerie, de verrerie, croisière sur la Charente. Tennis à 3 km, équitation à 13 km, golf à 22 km.* ★

Ce logis charentais des XVIIe et XIXe siècles est situé au cœur du vignoble de Cognac. Le mobilier rustique est saintongeois et charentais. Dans le vaste jardin, la piscine équipée d'un spa vous accueillera pour un moment de détente.

★ Accès : A Cognac D731, dir. Archiac jusqu'à Saint-Fort sur le Ne. A la sortie de St-Fort, après avoir traversé le Ne, prendre la D.38 à gauche jusqu'à Saint-Palais.

☆ Prix/Price : 320 F 1 Pers - 350 F 2 Pers - 150 F Repas

ANTEZANT-LA-CHAPELLE
LES MOULINS

77

Pierre FALLELOUR
LES MOULINS
10 RUE DE MAURENCON
17400 ANTEZANT LA CHAPELLE
Tél. : 05.46.59.94.52

Carte 3

A warm welcome is guaranteed in this superb Charente residence. Discover the delicious regional specialities served at the table d'hôtes. The house is set in a very pleasant expanse of parkland, which leads down to a river.
Tours of Romanesque churches. Cognac vineyards. Close to the Marais Poitevin (protected park and marshland).
☆ *How to get there: Saint-Jean d'Angély. D127 to Antezant, locality « Les Moulins ».*

★ 1 chambre double et 1 chambre familiale (4 pers.), toutes avec sanitaires privés. Ouvert toute l'année. Table d'hôtes : spécialités charentaises. Bibliothèque, TV. Parc, jardin, rivière. Restaurants à Cognac, Saintes... 420 F/4 pers. ★ *Route des églises romanes. Vignoble de Cognac. Proximité du Marais Poitevin.* ★
Accueil très chaleureux dans cette superbe demeure charentaise où vous pourrez découvrir à la table d'hôtes, les délicieuses spécialités régionales. Elle est entourée d'un vaste parc très agréable qui mène à une rivière.
★ Accès : Saint-jean d'Angély. D127 jusqu'à Antezant, lieu dit « Les Moulins ».

★ Prix/Price : 210 F 1 Pers - 240/ 260 F 2 Pers - 350 F 3 Pers - 70 F P. sup - 90 F Repas

LA CLOTTE
LE GRAND-MOULIN

78

Henriette GABART
LE GRAND MOULIN
17360 LA CLOTTE
Tél. : 05.46.04.02.40

Carte 3

This 17th century water mill lies in an outstanding setting at the crossroads of three départements. Nestled in beautiful wooded countryside, it is surrounded by Bordeaux and Cognac vineyards. Your host, a former wine merchant, will be pleased to introduce you to the world of œnology.
Saint-Emilion and Pomerol: 20-minute drive.
☆ *How to get there: From Libourne, dir. Angoulême and at Frappe dir. St-Denis. 2 km after La Guirande, right and 2nd left before the bridge. From Paris, A10, exit 37 for Montendre. Monguyon for Libourne.*

★ 2 chambres avec sanitaires privés (wc non attenants pour 1 chambre). Ouvert toute l'année. Petit-déjeuner : jus de fruits, œufs, fromage... Parc 6 ha., promenades en barque, vélos à disposition. Restaurants à 800 m. ★ *Saint-Emilion et Pomerol à 20 mn en voiture.* ★
Au carrefour des 3 départements, cet ancien moulin à eau du XVIIe siècle bénéficie d'une situation exceptionnelle. Situé dans une belle campagne boisée, il est entouré par les vignobles du bordelais et de cognac. Le maître des lieux, ancien négociant en vins vous proposera si vous le souhaitez, une initiation à l'œnologie.
★ Accès : Libourne dir.Angoulême puis Frappe dir. St-Denis. Après La Guirande à dr. et 2e à g. avt le pont. De Paris A10 sortie 37 dir.Montendre. Montguyon dir.Libourne.

★ Prix/Price : 300 F 1 Pers - 380 F 2 Pers

LES ESSARDS
LE PINIER

79

Jean-Claude JAMIN
LE PINIER
17250 LES ESSARDS
Tél. : 05.46.93.91.43 - Fax : 05.46.93.93.64

Carte 3

Set in the luxuriant Charente valley, this very peaceful, pretty, local-style property is surrounded by parkland. Cosy, comfortable bedrooms with traditional Charentais style decoration await your arrival.
Saintes: tours of Gallo-Roman sites. Romanesque churches. Charente valley.
☆ *How to get there: From Rochefort: head for Saintes on the RN137. At Saint-Porchaire, turn right onto D237 for Les Essards. After the village, head for Saint-Georges-des-Côteaux.*

★ 4 chambres dont 1 suite, toutes avec sanitaires privés. Ouvert du 1er mai à fin septembre. Table d'hôtes : spécialités charentaises. Salle de jeux, TV. Restaurants à Saintes. ★ *Saintes : visite de sites gallo-romains. Eglises romanes. Val de Charente.* ★
Dans la verdure du Val de Charente, très calme, cette jolie propriété de style charentais est entourée d'un parc. Vous serez accueillis dans des chambres douillettes et confortables, au décor traditionnel charentais.
★ Accès : Rochefort, dir. Saintes par la RN137. A St-Porchaire, prendre à droite D237 vers les Essards. Après le village, dir. St-Georges-des-Côteaux.

☆ Prix/Price : 200 F 1 Pers - 250 F 2 Pers - 320/ 350 F 3 Pers - 50/70 F P. sup - 75 F Repas

JARNAC-CHAMPAGNE
LA FEUILLARDE-DES-TONNEAUX

80

Charles LASSALLE
LA FEUILLARDE DES TONNEAUX
17520 JARNAC CHAMPAGNE
Tél. : 05.46.49.50.99 - Fax : 05.46.49.57.33

Carte 3

Set on a winegrowing estate (Pineau, Cognac), this Charente-style family mansion is surrounded by a large park. A charming staging post for visiting the Romanesque churches of Saintonge, the famous Cognac vineyards and a chance to savour the delicious specialities served at the table d'hôtes.
Romanesque churches. Cognac and distilleries. Spa town of Jonzac.
☆ *How to get there: At Pons: head for Archiac on the D700. After 10 km, turn right and drive until you come to Jarnac-Champagne. In the village, head for Jonzac, then follow signs for Pineau Lassalle.*

★ 3 chambres doubles avec sanitaires privés, TV et réfrigérateur. Ouvert toute l'année. Table d'hôtes : spécialités charentaises. Salon avec TV, bibliothèque. Parc. Jardin. Billard français. VTT. ★ *Eglises romanes. Cognac et ses distilleries. Jonzac, ville thermale.* ★
Située sur une exploitation viticole (Pineau, Cognac), cette maison de maître de style charentais est entourée d'un grand parc. Etape de charme qui vous permettra de découvrir les églises romanes de Saintonge, les célèbres vignobles de Cognac... et les délicieuses spécialités de la table d'hôtes.
★ Accès : A Pons, dir. Archiac par la D700. Après 10 km, tourner à droite jusqu'à Jarnac-Champagne. Dans le village, dir. Jonzac puis fléchage Pineau Lassalle.

☆ Prix/Price : 300/ 350 F 1 Pers - 350/ 400 F 2 Pers - 60 F P. sup - 120 F Repas

LOULAY
LE LOGIS

81

Fabienne BARON
LE LOGIS
6 RUE DU 8 MAI 1945
17330 LOULAY
Tél. : 05.46.33.90.65 - Fax : 05.46.33.90.65

Carte 3

Antique dealers, Mr and Mme Baron have decorated this old Charente residence, set in extensive grounds, with taste. Relax in the library and private lounge where you will discover fine collections of antiques.
Romanesque churches. Boutonne valley. Chizé forest. Marais Poitevin nature reserve, marshland.
☆ *How to get there: A10, exit 24, for St-Jean-d'Angély then Niort. Drive through Loulay, then turn right at village exit and follow signs for « Antiquités/Chambre d'Hôtes » (antiques/B&B).*

★ 3 chambres avec salle d'eau ou salle de bains et wc privés. Ouvert toute l'année. Bibliothèque, salon particulier. Parc de 1 ha. Restaurants à Saint-Jean d'Angely. ★ *Eglises romanes. Vallée de la Boutonne. Forêt de Chizé. Marais Poitevin.* ★

M. et Mme Baron, antiquaires se sont attachés à décorer et à meubler avec goût cette vieille demeure charentaise entourée d'un vaste parc. A votre disposition, une bibliothèque et un salon particulier où vous pourrez découvrir de belles collections d'objets anciens.

★ Accès : A10 sortie n°34, dir. St-Jean d'Angély puis Niort. Traverser Loulay puis tourner à droite à la sortie du village et suivre indications Antiquités/ Chambres d'Hôtes.

☆ Prix/Price : 305 F 1 Pers - 330/ 360 F 2 Pers - 435 F 3 Pers - 25/55 F P. sup - 120 F Repas

Charente Maritime

MIRAMBEAU

82

René VENTOLA
95 AVENUE DE LA REPUBLIQUE
17150 MIRAMBEAU
Tél. : 05.46.49.74.38

Carte 3

Delightful, recently renovated 19th century château. The spacious bedrooms are luxurious and furnished with taste and refinement. All look out onto the extensive wooded grounds surrounding the château, which are ideal for taking a stroll. Rest and relaxation are assured in this hospitable setting full of charm.
Haute-Saintonge Romanesque churches. Cognac and Bordelais vineyards. Gironde estuary. Jonzac thermal spa 14 km. Swimming pool and tennis court locally. Bathing 16 km.
☆ *How to get there: A10 motorway, exit 37 (Mirambeau). 3 km further on, in the village, on the right-hand side.*

★ 3 ch. avec sanitaires privés. Ouvert toute l'année (nov. à mars sur résa.). Table d'hôtes : chartreuse aux 2 saumons, mouclade, volaille à la saintongeaise... Séjour, salon, salon TV, bibliothèque, piano, vidéothèque (ciné-club opéras), discothèque classique. Parc 4 ha. Organisation réceptions. ★ *Eglises romanes de Haute-Saintonge. Vignobles de Cognac et du Bordelais. Estuaire de la Gironde. Station thermale de Jonzac à 14 km. Piscine et tennis sur place. Baignade 16 km.* ★

Ravissant château du XIXe siècle récemment rénové. Les chambres sont spacieuses, de grand confort, aménagées avec goût et raffinement. Elles donnent toutes sur le vaste parc boisé qui entoure le château et qui invite à la promenade. L'accueil et le charme des lieux vous assureront détente et repos.

★ Accès : Autoroute A10 sortie n° 37 (Mirambeau). A 3 km, au centre du bourg, sur la droite.

☆ Prix/Price : 300/ 350 F 1 Pers - 350/ 400 F 2 Pers - 480 F 3 Pers - 150 F Repas

POUILLAC
LA GALEZE

83

Pierre et Denise BILLAT
LA THEBAIDE
LA GALEZE
17210 POUILLAC
Tél. : 05.46.04.65.17 - Fax : 05.46.04.85.38

Carte 3

La Galèze is ideally situated at the meeting point of four départements for excursions to Saintes, Cognac and Saint-Emilion. The residence is full of character and boasts a flower garden. Owners Denise and Pierre Billat extend a very warm welcome to their guests.
Romanesque art relics. Cognac vineyards and distilleries. Hiking. Pretty country landscape with boating lakes.
☆ *How to get there: Take the N10 for Bordeaux. Between Chevanceaux and Pouillac, turn right for La Galèze, or take the A10, Mirambeau exit.*

★ 4 chambres, toutes avec douche et wc. Ouvert toute l'année. Petit déjeuner complet. Table d'hôtes : à base de produits fermiers et du jardin. Restaurants à proximité. ★ *Vestiges d'art roman. Vignoble de Cognac, distilleries. Randonnées pédestres. Jolie campagne avec lacs de plaisance.* ★

La Galèze, située au carrefour de 4 départements, vous permettra de nombreuses escapades vers Saintes, Cognac et Saint-Emilion. Vous serez accueillis chaleureusement par Denise et Pierre Billat dans leur demeure de caractère avec jardin fleuri.

★ Accès : N10 dir. Bordeaux. Entre Chevanceaux et Pouillac, route à droite La Galèze. Autoroute A10 sortie Mirambeau.

☆ Prix/Price : 190 F 1 Pers - 270 F 2 Pers - 330 F 3 Pers - 60 F P. sup - 100 F Repas

Charente Maritime

SAINT-CHRISTOPHE

84

Jean-Pierre MASSIGNAC
6 ROUTE DE LA MAZURIE
17220 SAINT-CHRISTOPHE
Tél. : 05.46.35.51.76

Carte 3

Handsome 18th century residence enhanced by extensive wooded and floral grounds. Your accommodation includes a spacious suite with period furniture, private lounge and TV. A pleasant stay guaranteed close to the radiant Ile de Ré and Ile d'Oléron isles.
La Rochelle 17 km. Ile de Ré. Marais Poitevin nature reserve, marshlands.
☆ *How to get there: From La Rochelle, Périgny then St-Rogatien and La Jarrie on D108. Then D109 to St-Christophe. In village, head for Martinière. The château is 50 m up on the left.*

★ 1 suite avec bains et sanitaires privés, salon, terrasse, TV et téléphone. Ouvert du 1er avril au 31 octobre. Forêt privée, parc et jardin. Nombreux restaurants à la Rochelle. 20% de réduction à partir de la 3e nuit. ★ *La Rochelle 17 km. Ile de Ré. Marais Poitevin.* ★

Belle demeure du XVIIIe siècle agrémentée d'un grand parc arboré et fleuri. Vous disposerez d'une vaste suite avec mobilier d'époque, salon privé et TV. Halte agréable à proximité de la Rochelle et des îles lumineuses de Ré et d'Oléron.

★ Accès : De la Rochelle, Périgny puis St-Rogatien et la Jarrie par D108. Puis D109 jusqu'à St-Christophe. Dans le village dir. Martinière. Château 50 m à gauche.

☆ Prix/Price : 400 F 1 Pers - 500 F 2 Pers

SAINT-JUST LUZAC
CHATEAU DE FEUSSE

85

Nicole MEUNIER
LE CHATEAU DE FEUSSE
17320 SAINT-JUST LUZAC
Tél. : 05.46.85.16.55 ou 01.43.50.52.22

Carte 3

A superb listed 16th and 17th century château, built on a Gallo-Roman site. The owners always extend a warm welcome to guests and will be delighted to tell them all about their château's history. Swimming pool on property. A gîte can also be rented.
Oyster-farming at Marennes. Ile d'Oléron. Château de la Gataudière. Brouage fortifications, La Coubre forest.
☆ *How to get there: Take the D728 for Marennes. Enter Saint-Just village, turn left and continue straight on.*

★ 2 chambres à l'étage avec salle de bains et wc privés. Ouvert de juin à fin septembre. Restaurants à Marennes, Soubise, Bourcefranc. Vélos à disposition. Piscine sur la propriété. Poss. location d'un gîte au même endroit. ★ *Bassin ostréicole de Marennes. Ile d'Oléron. Château de la Gataudière. Fortifications de Brouage, forêt de la Coubre .* ★
Superbe château des XVIe et XVIIe siècles classé monument historique et situé sur un ancien site gallo-romain. Vous serez accueillis chaleureusement par les propriétaires qui auront à cœur de faire découvrir l'histoire de leur lieu de vie.
★ Accès : Prendre la D728 dir. Marennes. Entrer dans le village de Saint-Just, tourner à gauche et rouler toujours tout droit.

★ Prix/Price : 300 F 1 Pers - 350 F 2 Pers - 50 F P. sup

SAINT-SORNIN

86

Anne-Marie PINEL-PESCHARDIERE
10 RUE DU PETIT MOULIN
17600 SAINT-SORNIN
Tél. : 05.46.85.44.62

Carte 3

This magnificently restored 19th century house full of character offers 3 extremely comfortable bedrooms of the highest standard, each with its own individual touch: « Le Marais », « Rose Trémière » and « Tournesol » rooms. Vast pleasure garden with swimming pool. At La Caussolière, relax in the lounge-cum-library, watch TV or play table tennis. Bikes available.
Saint-Sornin is a pretty village near Marennes, the capital of fattened oysters, and Brouage, home of Champlain, fortified by Vauban. Peace and quiet assured. Easy access to Rochefort, Royan and the Ile d'Oléron. Bikes available.
☆ *How to get there: At the Cadeuil crossroads (D728/D733), head for Ile d'Oléron. Drive through St-Nadeau. 1 km on, turn right for St-Sornin. The road is opposite the church.*

★ 3 chambres avec bains, wc privés et accès indépendant. Ouvert toute l'année. Table d'hôtes sur réservation : spécialités de poissons et fruits de mer. Jardin avec terrasse, piscine, vélos. Restaurants à Royan et Marennes. ★ *St-Sornin est un village typique et calme, proche de l'Ile d'Oléron, Royan, Rochefort, Saintes et Marennes. Etape idéale pour découvrir La Rochelle et l'Ile de Ré. Tennis municipal à 200 m.* ★
Belle maison de caractère du XIXe superbement restaurée où sont aménagées 3 chambres de grand confort chaleureusement personnalisées : « Le Marais », « Rose Trémière » et « Tournesol ». Vaste jardin avec piscine. A la Caussolière, pour votre détente, salon avec bibliothèque, TV et p-pong. A disposition, des vélos pour la découverte du marais voisin.
★ Accès : Au carrefour de Cadeuil (D728/D733) direction Oléron. Traverser St. Nadeau puis prendre à droite St. Sornin. La rue est face à la porte de l'église.

★ Prix/Price : 280 F 1 Pers - 350 F 2 Pers - 80 F P. sup - 120 F Repas

Cher — ARDENAIS — *VILOTTE* — 87

Carte 4

Jacques CHAMPENIER
VILOTTE
18170 ARDENAIS
Tél. : 02.48.96.04.96 ou SR : 02.48.67.01.38 -
Fax : 02.48.96.04.96

A warm welcome is guaranteed at this 19th century family mansion. The interior is decorated soberly with First Empire furniture, and the rooms are very comfortable. Weather permitting, you can take a walk in the grounds and the rose garden and relax in this haven of peace and quiet.
Noirlac Cistercian abbey. George Sand's château. Châteaux on the Jacques Cœur route (Charles VII's Superintendant of Finance). Tennis 6 km. Windsurfing 18 km. Golf course 30 km.
☆ How to get there: *Turn right as you leave Châtelet for Saint-Amand, then straight on for 6 km. Michelin map 238, fold 30.*

★ 5 chambres, toutes avec bains et wc. Ouvert toute l'année sauf en janvier. Table d'hôtes sur réservation. Restaurants à 6, 10 et 20 km. Etang et roseraie sur place. ★ *Abbaye cistercienne de Noirlac, château de George Sand, châteaux de la route Jacques Cœur. Tennis à 6 km. Planche à voile à 18 km. Golf à 30 km.* ★
Vous serez accueillis dans une maison de maître du XIXe siècle. La décoration est sobre, le mobilier d'époque 1er Empire et les chambres confortables. Aux beaux jours, le parc et la roseraie vous permettront de vous reposer et de profiter du silence.
★ Accès : Prendre à droite à la sortie du Châtelet en direction de Saint-Amand, puis faire 6 km tout droit. CM 238, pli 30.

★ Prix/Price : 350/ 410 F 2 Pers - 100 F P. sup - 120/ 140 F Repas

Cher — BERRY-BOUY — *L'HERMITAGE* — 88

Carte 4

Géraud et Laurence de la FARGE
L'HERMITAGE
18500 BERRY-BOUY
Tél. : 02.48.26.87.46 ou SR : 02.48.67.01.38 -
Fax : 02.48.26.03.28

This family mansion, full of character, is situated on a large farm (mixed farming and rearing) and surrounded by pleasantly shaded grounds. The elegantly decorated guest rooms are in a separate wing of the residence and on the 1st floor of a converted adjoining mill. Shaded grounds.
Bourges 6 km: sports and cultural activities, sailing and fishing, museums and cathedral. Châteaux on the Jacques Cœur route.
☆ How to get there: *From Bourges, take D60 for Mehun-sur-Yèvre, or N76, D160 and D60 for Bourges. Michelin map 238, fold 18.*

★ 6 chambres avec TV, 4 avec douche et wc privés, 2 avec bains et wc. Ouvert toute l'année. Restaurants à 3 km. Parc. ★ *Bourges (6 km) : tous loisirs, plan d'eau (voile, pêche), musées, cathédrale. Châteaux de la route Jacques Cœur.* ★
Vous serez accueillis dans une maison de maître située sur une exploitation (polyculture et élevage). Vous apprécierez la décoration raffinée des chambres, aménagées dans une aile indépendante de cette demeure de caractère et au 1er étage d'un ancien moulin attenant. Parc ombragé.
★ Accès : A Bourges, D60 dir. Mehun sur Yèvre, ou N76, D160 et D60 dir. Bourges. CM 238, pli 18.

★ Prix/Price : 230/ 250 F 2 Pers - 80 F P. sup

BLANCAFORT
LA RENARDIERE

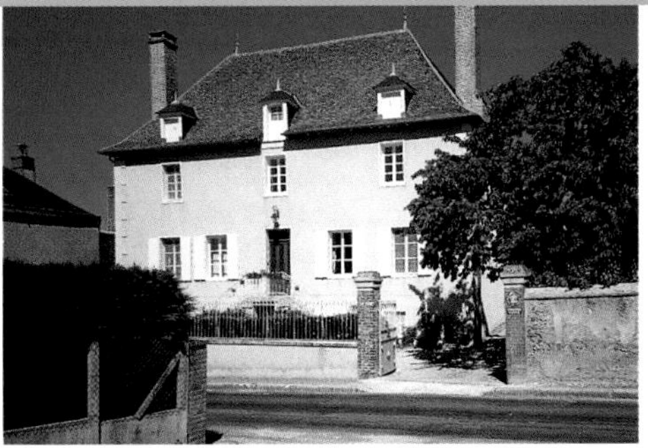

Between Sologne and Sancerrois, opposite the Château de Blancafort, lies the setting for this handsome 18th century residence, whose decor is dedicated to local writers. Owner Marie du Barry offers literary (George Sand, Alain Fournier and Colette) theme or Centre-Loire valley wine discovery weekends and breaks.
Blancafort and Gien châteaux. Witchcraft Museum. Stuart d'Aubigny city. Sauldre canal (fishing) locally. Swimming pool, riding, rail-cycling 7 km. Water sports 15 km.
☆ *How to get there: In the village, opposite the entrance to the château (follow signs).*

Jacques et M-Claude HARDY-CALLOT
LA RENARDIERE
21 RUE PIERRE JUGLAR
18410 BLANCAFORT
Tél. : 02.48.58.40.16 ou SR : 02.48.67.01.38
Fax : 02.48.58.40.16

Carte 4

★ 1 chambre et 1 suite avec TV et sanitaires privés. Ouvert de Pâques à la Toussaint. Table d'hôtes uniquement lors des week-ends à thème. Salle « Claudine à l'Ecole » réservée aux hôtes. Pergola, salons de jardin, grand jardin fleuri et arboré. Parking fermé. Vélos à disposition. Restaurants 7 km. ★ *Châteaux de Blancafort et Gien. Musée de la Sorcellerie. Cité des Stuart d'Aubigny. Canal de Sauldre (pêche) sur place. Piscine, équitation, cyclo-draisine 7 km. Loisirs nautiques 15 km.* ★
Entre Sologne et Sancerrois, face au château de Blancafort, belle demeure du XVIIIe siècle dont la décoration est dédiée aux écrivains régionaux. Marie du Berry (la propriétaire) vous propose des week-ends ou séjours à thème littéraire (G. Sand, A. Fournier, Colette) et de découverte des vins du Centre-Val de Loire.
★ Accès : Dans le bourg, face à l'entreé du château (fléchage).

★ Prix/Price : 340 F 2 Pers - 130/ 150 F Repas

BLET
CHATEAU-DE-BLET

Superb 15th and 16th century château, with large terrace and shaded grounds. The bedrooms (rose, blue and with medallions) are comfortable and they also boast spacious period bathrooms.
Swimming pool and tennis court 15 km. Close to Bourges (cathedral, museums), Noirlac (abbey), Sancerre and Nevers.
☆ *How to get there: In the village centre, on the N76.*

Michel BIBANOW
CHATEAU DE BLET
18350 BLET
Tél. : 02.48.74.76.66 ou SR : 02.48.67.01.38

Carte 4

★ 1 chambre avec bains et wc, 2 suites de 2 chambres avec bains et wc, téléphone dans chaque chambre. Ouvert toute l'année. Restaurants sur place et à 15 km. Parc de 21 hectares. ★ *Piscine et tennis à 15 km. Proximité de Bourges (cathédrale, musées), Noirlac (abbaye), Sancerre, Nevers.* ★
Superbe château des XVe et XVIe siècles, avec grande terrasse et parc ombragé. Que vous choisissiez la chambre aux roses, la bleue ou celle aux médaillons, vous apprécierez leur confort et leur vaste salle de bains d'époque.
★ Accès : Au centre du bourg, sur la N76.

★ Prix/Price : 400 F 2 Pers - 150 F P. sup

LA CHAPELLE-D'ANGILLON
LES AULNAINS

91

Vera KIRCHHOFF
LES AULNAINS
ROUTE DE PRESLY
18380 LA CHAPELLE D'ANGILLON
Tél. : 02.48.73.40.09 ou SR : 02.48.67.01.38
Fax : 02.48.73.44.56

Carte 4

Imposing 18th and 19th century residence set in superb grounds with lake and river. You will receive a warm welcome from the owners and enjoy the comfort of the surroundings. An ideal place for angling enthusiasts to take to their rods, with abundant trout, carp and black bass.
Châteaux along the Jacques Cœur route. Tennis, bathing and golf nearby.
☆ *How to get there: At La Chapelle, head for Presly (D12), then 1st road (tarmac) on the right after village exit.*

★ 2 chambres avec TV et sanitaires privés. Fermé en mars. Table d'hôtes : poissons, foie gras... Salon avec cheminée et TV. Parc, salons de jardin. Etang et rivière. Pêche toute l'année et fumage traditionnel du poisson. Loc. VTT. Accueil de chevaux (prés et boxes). ★ *Châteaux de la route Jacques Cœur. Tennis, baignade et golf à proximité.* ★

Grande demeure bourgeoise des XVIIIe et XIXe entourée d'un superbe parc avec étang et rivière. Vous apprécierez l'accueil chaleureux des propriétaires et l'atmosphère confortable de leur intérieur. Etape idéale pour les amateurs de pêche qui pourront satisfaire leur passion pour les truites, carpes et surtout les black-bass.

★ Accès : A la Chapelle, prendre dir. Presly (D12) puis 1re route (goudronnée) à droite après la sortie du village.

☆ Prix/Price : 325 F 2 Pers - 100 F P. sup - 100/ 150 F Repas

CHARENTON-LAUGERE
LA SERRE

92

Claude et Claude MOREAU
LA SERRE
ROUTE DE DUN
18210 CHARENTON-LAUGERE
Tél. : 02.48.60.75.82

Carte 4

A warm welcome awaits you at this large turn-of-the-century house, which boasts a harmonious blend of Art Deco and contemporary furniture and objects. Discover the residence's novel decoration in the company of the owners, especially Mr Moreau, an artist and antique dealer, who will be delighted to share his love of topiary and French formal gardens with you.
Tennis 3 km. Riding club 4 km. Full range of water sports 6 km. Forest. Châteaux on the Jacques Cœur route. Fishing locally.
☆ *How to get there: At Charenton-Laugère, take the D953 for Dun-sur-Auron. Michelin map 238, fold 31.*

★ 3 chambres, toutes avec bains et wc privés. Ouvert du 1/04 au 30/09 ou sur réservation. Restaurants à 3 km. ★ *Tennis (3 km). Cercle hippique (4 km). Tous loisirs nautiques (6 km). Forêt. Châteaux de la Route Jacques Cœur. Pêche sur place.* ★

Grande maison du début du siècle où vous trouverez un ensemble homogène de l'époque art-déco et contemporain. Vous pourrez découvrir cette décoration originale en compagnie des propriétaires et plus particulièrement de M. Moreau, peintre et antiquaire, qui vous fera également partager sa passion de l'art topiaire et la création de jardin à la française.

★ Accès : A Charenton-Laugère, prendre la D953 direction Dun sur Auron. CM 238, pli 31.

☆ Prix/Price : 350/ 400 F 2 Pers - 100 F P. sup

LE CHATELET
LES ESTIVEAUX

Odette DE FAVERGES
LES ESTIVEAUX
18170 LE CHATELET
Tél. : 02.48.56.22.64

Carte 4

This pretty manor house exudes comfort, quiet and exemplifies the French « art de vivre ». The bedrooms are spacious and tastefully decorated (harmonious use of colours and fabrics). Pleasant grounds.
Village of Nohant. Tennis courts 2 km. Golf course at Les Driades.
☆ *How to get there: A71 to Saint-Amand, then D951 to Châtelet and drive 2 km, left at Châtelet exit for La Châtre. Michelin map 238, fold 30.*

★ 3 chambres avec bains et wc, toutes avec TV. Ouvert toute l'année. Table d'hôtes (à partir de 150 F). Salle de jeux et de remise en forme (rameur, vélo d'appartement). Restaurant à 2 km. Etang et pêche sur place. ★ *Village de Nohant. Tennis à 2 km. Golf aux Driades.* ★
Dans ce joli manoir, vous apprécierez le calme, le confort ainsi qu'un certain art de vivre. Les chambres sont spacieuses et décorées avec goût (harmonie des couleurs et des tissus). Agréable parc.
★ Accès : A71 jusqu'à Saint-Amand puis D951 jusqu'au Châtelet et 2 km à gauche à la sortie du Châtelet en direction de la Châtre. CM 238, pli 30.

★ Prix/Price : 500 F 2 Pers - 100 F P. sup - 150 F Repas

CREZANCY-EN-SANCERRE
MANOIR-DE-VAUVREDON

Simone et Raymond CIROTTE
MANOIR DE VAUVREDON
18300 CREZANCY-EN-SANCERRE
Tél. : 02.48.79.00.29 ou SR : 02.48.67.01.38
Fax : 02.48.79.00.29

CV

Carte 4

This 13th century manor house stands at the gateway to Sancerre. The bedrooms are named after the surrounding vineyards. Regional-style decoration and Berry furniture. The tranquillity and charm of the place are a true delight.
Sancerre and vineyards. Chavignol. The Loire and canal. Swimming pool, tennis court, golf course and canoeing 4 km. Fishing 5 km.
☆ *How to get there: On the D955 for Sancerre, turn left for « Le Briou », and left again (follow signs).*

★ 3 chambres et 1 suite avec TV et sanitaires privés. Ouvert du 1er mars au 5 janvier. Salle de séjour et salon réservés aux hôtes. Terrain, salons de jardin. Location de vélos. Restaurants à 4 km. ★ *Sancerre et son vignoble. Chavignol. La Loire et son canal latéral. Piscine, tennis, golf et canoë à 4 km. Pêche à 5 km.* ★
Aux portes de Sancerre, il est un manoir du XIIIe siècle dont les chambres portent le nom des clos alentours. Décoration régionale et mobilier berrichon. Le charme et le calme des lieux vous enchanteront...
★ Accès : Sur la D955 en direction de Sancerre, prendre à gauche au lieu-dit « Le Briou », puis de nouveau à gauche (fléchage).

★ Prix/Price : 250/ 350 F 2 Pers - 80 F P. sup

FOECY
LE PETIT PRIEURE

Claude et Chantal ALARD
LE PETIT PRIEURE
7, RUE DE L'EGLISE
18500 FOECY
Tél. : 02.48.51.01.76

C V

Carte 4

At the gates of Sologne, this small priory in walled grounds, owned by a sculptor, is ideal for a relaxing stay. The peacefulness of the surroundings, combined with the refined decor, delicious breakfasts and outstanding hospitality, make a perfect blend. Chantal and Claude will welcome you as friends of the family.
Forests, lakes, river, canal. Riding, swimming pool, canoeing and art exhibitions 6 km. Tennis court 200 m. Golf course.
☆ *How to get there: From Bourges, N76 to Mehun-sur-Yèvre, then D60 to Fœcy or N76 for Vierzon. Then D30 to Fœcy. Michelin map 238, fold 18.*

★ 2 chambres avec bains et wc et 1 suite (chambre + salon) avec bains, wc et terrasse. Ouvert toute l'année. Restaurant à 1,5 km. ★ *Forêts, étangs, rivière, canal. Equitation, piscine, canoë-kayak et exposition d'art à 6 km. Tennis à 200 m. Golf.* ★
Aux portes de la Sologne, dans ce petit prieuré clos de murs, propriété d'un sculpteur, le raffinement de la décoration, la chaleur de l'accueil, la douceur des lieux sans oublier le somptueux petit déjeuner vous apporteront détente et repos. Une étape de qualité où il fera bon rester « Inconnu tu arriveras, ami tu repartiras ».
★ Accès : De Bourges, N76 jusqu'à Mehun-sur-Yèvre puis D60 jusqu'à Fœcy ou N76 direction Vierzon puis D30 jusqu'à Foecy. CM 238, pli 18.

★ Prix/Price : 290/ 340 F 2 Pers - 85/ 105 F P. sup

HERRY

Marie-Christine GENOUD
10 PLACE DU CHAMP DE FOIRE
18140 HERRY
Tél. : 02.48.79.59.02 ou SR : 02.48.67.01.38

C V

Carte 4

Enjoy a cosy and colourful stay in this handsome 19th century residence, set in a garden. Your hostess Marie-Christine Genoud's stencil paintings and « home-made » fruit cocktail are a delight for both the eyes and the tastebuds. Discount for stays longer than 3 nights. Painting courses and caterer available on request.
The Loire, fishing in the canal and tennis, canoeing, biking and hiking locally. Full range of activities at La Charité 7 km. Riding 10 km. Golf 18 km. Sancerre 15 km.
☆ *How to get there: On the main village square.*

★ 3 ch. avec sanitaires privés dont 2 avec coin-salon et TV. Ouvert toute l'année. Copieux petit déjeuner avec coktail de fruits maison. Séjour-salon réservé aux hôtes. Jardin, terrasse, salon de jardin. Restaurants 3 et 7 km. Réduct. + 3 nuits. Poss. stage peinture et traîteur sur demande. ★ *La Loire, pêche dans le canal, tennis, canoë, VTT, randonnées sur place. Tous loisirs à la Charité 7 km. Equitation 10 km. Golf 18 km. Sancerre 15 km.* ★
Confort douillet et ambiance colorée dans cette belle demeure du XIXe entourée d'un jardin. Les peintures au pochoir de Marie-Christine Genoud et son coktail de fruits « maison » raviront les yeux et les papilles.
★ Accès : Sur la place centrale du village.

★ Prix/Price : 260/ 290 F 2 Pers - 75 F P. sup

IVOY-LE-PRE
CHATEAU-D'IVOY

97

Enjoy a weekend break or a holiday in this 17th century château on the Berry and Sologne borders, at the gateway to Sancerre. A warm yet discreet welcome is assured at this residence with a fascinating past. Enjoy the family atmosphere. The bedrooms all offer prestigious furnishings and overlook the park.
Châteaux on the Jacques Cœur route. Bourges and cathedral. Earthenware and Hunting Museums at Gien. Sancerre, Menetou and Quincy vineyards. Golf courses 14 and 30 km. Riding, tennis and hunting.
☆ *How to get there:* D940 to La Chapelle-d'Angillon, then D12 to Ivoy-le-Pré. Entry to the château is through the village park.

J-Gérard et M-France GOUEFFON
CHATEAU D'IVOY
18380 IVOY-LE-PRE
Tél. : 02.48.58.85.01 - Fax : 02.48.58.85.02

Carte 4

★ 4 chambres et 1 suite de 2 ch. avec sanitaires privés. Ouvert toute l'année. Table d'hôtes uniquement sur réservation. Parc de 10 ha. avec piscine, rivière, tir à l'arc et chasse à courre. Cartes Visa, Eurocard et Mastercard acceptées. ★ *Châteaux de la route Jacques Cœur. Bourges et sa cathédrale. Musées de la faïencerie et de la chasse à Gien. Vignobles du Sancerre, Menetou et Quincy. Golfs à 14 et 30 km. Equitation, tennis et chasse à courre.* ★
Aux confins du Berry et de la Sologne, aux portes du Sancerrois, ce château du XVIIe vous ouvre ses portes pour un week-end ou un séjour. Il vous fera apprécier le charme d'un accueil convivial et discret dans le cadre confortable d'une demeure au passé riche d'Histoire, et au caractère familial retrouvé. Toutes les chambres au décor prestigieux donnent sur le parc.
★ Accès : Par la D940 jusqu'à La Chapelle-d'Angillon, puis la D12 jusqu'à Ivoy-le-Pré. Entrée du château par le parc communal.

★ Prix/Price : 700/1000 F 2 Pers - 150/ 250 F Repas

LUNERY
LA VERGNE

98

This pretty 17th century property overlooks the Cher valley. The comfortable bedrooms boast rustic country-style furniture and have been decorated with great care.
Tennis court 2 km, full range of water sports and riding activities 10 km.
☆ *How to get there:* From Bourges, N151 to St-Florent-sur-Cher then D27 for Châteauneuf-sur-Cher for 6 km. Michelin map 238, fold 30.

Francis et M.Hélène JACQUIER
LA VERGNE
18400 LUNERY
Tél. : 02.48.68.01.07 ou SR : 02.48.67.01.38

Carte 4

★ 6 chambres avec douche, wc et TV chacune. Ouvert toute l'année. Restaurants à proximité. Location de vélos. ★ *Tennis à 2 km, tous loisirs nautiques et équitation à 10 km.* ★
Cette jolie propriété du XVIIe siècle domine la vallée du Cher. Vous apprécierez le confort des chambres dotées d'un mobilier rustique de style campagnard et décorées avec soin.
★ Accès : De Bourges, N151 jusqu'à Saint-Florent sur Cher puis D27 direction Châteauneuf sur Cher pendant 6 km. CM 238, pli 30.

★ Prix/Price : 170 F 1 Pers - 230/ 250 F 2 Pers - 90 F P. sup

MENETREOL-SUR-SAULDRE
DOMAINE-DE-BELLEVUE

Michel LEVEN
DOMAINE DE BELLEVUE
18700 MENETREOL-SUR-SAULDRE
Tél. : 02.48.81.00.81 ou SR : 02.48.67.01.38
Fax : 02.48.81.00.60

Carte 4

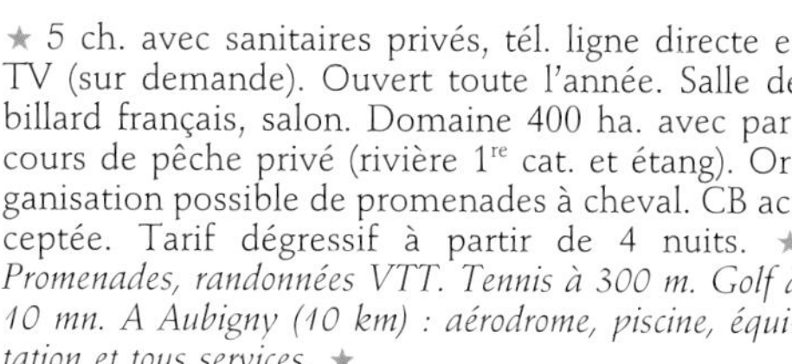

You cannot but be enchanted by this handsome residence nestled in the heart of Sologne. The five cosy, comfortable bedrooms are superbly appointed. Your host Michel, an accomplished chef, offers gourmet meals prepared with local produce or angling enthusiast's catch of the day.
Walks, hiking, mountain biking. Tennis court 300 m. Golf course 10 min. At Aubigny 10 km: aerodrome, swimming pool, riding and full range of services.
☆ *How to get there: As you leave Ménétrol on D79, turn right onto D924 for Salbris-Souesmes. Entrance to the property on the right.*

★ 5 ch. avec sanitaires privés, tél. ligne directe et TV (sur demande). Ouvert toute l'année. Salle de billard français, salon. Domaine 400 ha. avec parcours de pêche privé (rivière 1re cat. et étang). Organisation possible de promenades à cheval. CB acceptée. Tarif dégressif à partir de 4 nuits. ★ *Promenades, randonnées VTT. Tennis à 300 m. Golf à 10 mn. A Aubigny (10 km) : aérodrome, piscine, équitation et tous services.* ★

Vous ne pourrez que tomber sous le charme de cette belle demeure nichée au cœur de la Sologne. Confort douillet pour les 5 chambres superbement aménagées qui vous sont réservées. Chef de cuisine, Michel, vous proposera une cuisine bourgeoise préparée avec les produits du terroir ou ceux de votre pêche...

★ Accès : A la sortie de Ménétrol par la D79, prendre à droite la D924 dir. Salbris-Souesmes. Entrée de la propriété à droite.

★ Prix/Price : 350/ 400 F 2 Pers - 100 F P. sup - 120 F Repas

MONTIGNY
LA RECULEE

Elisabeth GRESSIN
LA RECULEE
18250 MONTIGNY
Tél. : 02.48.69.59.18 ou SR : 02.48.67.01.38
Fax : 02.48.69.52.51

Carte 4

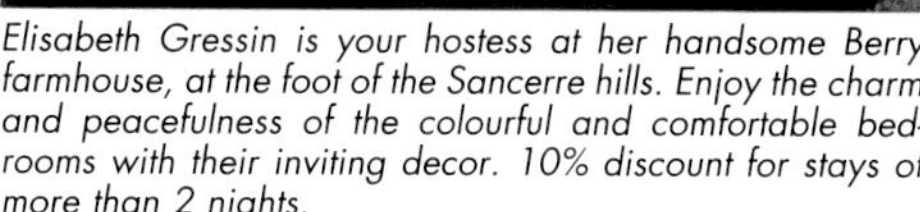

Elisabeth Gressin is your hostess at her handsome Berry farmhouse, at the foot of the Sancerre hills. Enjoy the charm and peacefulness of the colourful and comfortable bedrooms with their inviting decor. 10% discount for stays of more than 2 nights.
Between Bourges and Sancerre. Hiking. Tennis, swimming pool, golf, fishing 15 km. Bikes available.
☆ *How to get there: D955 for Sancerre, then D44. Michelin map 238, folds 19/20.*

★ 5 ch. : 3 avec bains et wc et 2 avec douche et wc. TV. Copieux petit déjeuner : fromage, gâteau maison. Table d'hôtes sauf le dimanche soir. Cour, grand terrain arboré. - 10% pour séjour de plus de 2 nuits. Fermé du 15/11 au 01/05. ★ *Entre Bourges et Sancerre. Randonnées pédestres. Tennis, piscine, golf, pêche à 15 km. Prêt de VTT.* ★

Au pied des collines du Sancerrois, Elisabeth Gressin vous accueille dans sa belle ferme berrichonne. Vous goûterez au charme et à la paix de chambres colorées et confortables, au décor chaleureux.

★ Accès : D955 direction Sancerre, puis D44. CM 238, plis 19/20.

★ Prix/Price : 260 F 2 Pers - 60 F P. sup - 90 F Repas

QUANTILLY
CHATEAU-DE-CHAMPGRAND

This magnificent 19th century property boasts comfortable bedrooms with modern decoration and ceruse wood furniture. You will find peace and quiet in the splendid 44-acre grounds surrounding the château.
Bourges (cathedral, museums). Châteaux on the Jacques Cœur route. Tennis court, golf course. Menetou, Salon and Sancerre wines.
☆ *How to get there:* From Bourges, D940, head for Paris, then D59 or D116, for Quantilly and in the village, D59 for Menetou. Michelin map 239, fold 19.

Alain GAZEAU
CHATEAU DE CHAMPGRAND
18110 QUANTILLY
Tél. : 02.48.64.11.71 ou SR : 02.48.67.01.38 -
Fax : 02.48.64.12.12

Carte 4

★ 4 chambres avec TV, bains et wc privés. Ouvert toute l'année. Kitchenette à disposition. Ping-pong. VTT pour balades. Restaurant à 3 km. Equitation sur demande. Possibilité de séjour organisé sur réservation. ★ *Bourges (cathédrale, musées). Châteaux de la route Jacques Cœur. Tennis, golf. Vins de Menetou-Salon et Sancerre.* ★
Dans cette ravissante propriété du XIXe siècle, vous serez accueillis dans des chambres confortables, dont la décoration est moderne et le mobilier en bois cérusé. Vous y trouverez la tranquillité souhaitée dans le magnifique parc de 18 ha. qui entoure le château.
★ Accès : De Bourges D.940 dir. Paris puis D.59 ou D.116 dir. Quantilly et dans le bourg D.59 dir. Menetou. CM 239, pli 19.

☆ Prix/Price : 300/ 400 F 2 Pers - 100 F P. sup

RIANS
LA CHAUME

102

Yves and Odile Proffit are your hosts at this family mansion located on a farm, at the gateway to Sancerre. Set in verdant and peaceful surroundings, the atmosphere is both restful and comfortable. A living room-cum-dining room with kitchen area is available for guests' use.
Fishing, tennis and swimming pool in the vicinity. Footpaths, golf courses (20 and 30 km). Bourges, Sancerre, châteaux on the Jacques Cœur route.
☆ *How to get there:* From Bourges, N151 for La Charité, then D46 for Les Aix d'Angillon and turn right before Rians fork.

Yves et Odile PROFFIT
LA CHAUME
18220 RIANS
Tél. : 02.48.64.41.58 - Fax : 02.48.64.29.71

CV

Carte 4

★ 2 chambres, chacune avec douche et wc. Ouvert toute l'année. Restaurants à 4 km. Table d'hôtes sur réservation. Prêt de vélos. Réduction à partir de la 3e nuit. ★ *Pêche, tennis et piscine à proximité. Sentiers pédestres, golfs (20 et 30 km). Bourges, Sancerre, châteaux de la route Jacques Cœur.* ★
Aux portes du Sancerrois, dans un cadre de verdure et de calme, M. et Mme Proffit vous recevront dans leur maison de maître située sur une exploitation agricole. L'atmosphère est reposante et confortable. A votre disposition, un séjour/salon ainsi qu'un coin-cuisine.
★ Accès : De Bourges, N151 vers la Charité puis D46 direction les Aix d'Angillon et à droite avant l'embranchement vers Rians.

☆ Prix/Price : 210/ 230 F 2 Pers - 90 F P. sup - 90 F Repas

SAINT-ELOY-DE-GY
LA RONGERE

Philippe et Florence ATGER-ROCHEFORT
LA RONGERE
18110 SAINT-ELOY-DE-GY
Tél. : 02.48.25.41.53 - Fax : 02.48.25.47.31

Carte 4

A warm welcome is guaranteed at this large family residence, the central part of which was once a hunting lodge. Hundred-year old trees and a pleasant atmosphere make this an ideal place to relax.
Bourges 8 km (full range of leisure activities, cathedral, museums, etc.).
☆ *How to get there:* From Bourges, take the N76, then the D160 and D104.

★ 3 chambres et 1 suite de 2 chambres, toutes avec sanitaires privés. Ouvert toute l'année sur réservation. Parc de 20 hectares. 480 F/4 pers. ★ *Bourges à 8 km (tous loisirs, cathédrale, musées,...).* ★
Vous serez accueillis dans une grande maison bourgeoise dont la partie centrale est un ancien pavillon de chasse. Des arbres centenaires et une atmosphère sympathique contribueront à votre détente.
★ Accès : De Bourges, prendre la N76, puis la D160 et la D104.

★ Prix/Price : 280/ 320 F 2 Pers - 90 F P. sup

SUBLIGNY

Agnès SINGER
LA CHENEVIERE
18260 SUBLIGNY
Tél. : 02.48.73.89.93 ou SR : 02.48.67.01.38

Carte 4

A tiny, typical Sancerrois village is the setting for this handsome 15th and 18th century manor, with a tower and gate. Discover hostess Agnès Singer's decorative talents in the 15th century wing of the house.
Sancerre. The Loire and canal. Boucard and Blancafort châteaux. Witchcraft Museum. Tennis, riding 3 km. Lake 8 km. Golf course 15 km.
☆ *How to get there:* In the village, on the main road. 1st house on the left after the road leading up to the church.

★ 1 suite de 2 chambres avec salle d'eau et wc privés. Ouvert du 1er avril au 30 septembre ou sur réservation. Grand jardin arboré, salons de jardin. Parking fermé. Restaurants à 5 km. ★ *Sancerre. La Loire et son canal latéral. Châteaux de Boucard et Blancafort. Musée de la Sorcellerie. Tennis, équitation 3 km. Plan d'eau 8 km. Golf 15 km.* ★
Dans un petit village typique du pays fort Sancerrois, cette belle demeure bourgeoise des XVe et XVIIIe siècles avec sa tour et sa porte ancienne vous charmera. Vous découvrirez dans la partie XVe, tout l'art de la décoration assurée par la maîtresse des lieux.
★ Accès : Dans le bourg, sur la route principale, 1re maison à gauche après avoir passé la rue menant à l'église.

★ Prix/Price : 300 F 2 Pers - 80 F P. sup

Corrèze — BEAULIEU SUR DORDOGNE — 105

Christine HENRIET 
11 RUE DE LA GENDARMERIE
19120 BEAULIEU SUR DORDOGNE
Tél. : 05.55.91.24.97 - Fax : 05.55.91.51.27

Carte 5

Around 1860, a soldier returning from the Napoleonic Wars had a Mexican-style house built here. Its flower-filled patio and terrace garden with swimming pool lead to comfortable bedrooms with a personal touch: « Les Oiseaux » (1930's style), the bridal suite, and the « Chambre Indienne ».
Châteaux, abbeys, caves, village of Collonges-la-Rouge. canoeing, tennis court, fishing and golf course in the vicinity.
☆ *How to get there: N20 to Noailles, then head for Meyssac - Collonges-la-Rouge - Beaulieu.*

★ 5 chambres doubles et 1 chambre en duplex, toutes avec bains et wc privés. Ouvert de début avril à fin septembre. Patio fleuri, jardin, piscine privée. Petit déjeuner copieux. Table d'hôtes sur réservation : salade quercynoise, confit, etc... Nombreux restaurants sur place. Ping-pong. ★ *Châteaux, abbayes, grottes, village de Collonges-la-Rouge. Canoë, tennis, pêche et golf à proximité.* ★
Vers 1860, un militaire rentrant des guerres napoléoniennes s'est fait construire ici une maison mexicaine. C'est donc au détour du patio fleuri et d'un jardin en terrasse avec sa piscine privée que vous découvrirez des chambres confortables et personnalisées : « Les Oiseaux », chambre 1930, la chambre nuptiale ou encore la chambre Indienne.
★ Accès : N20 jusqu'à Noailles puis dir. Meyssac - Collonges-la-Rouge - Beaulieu.

★ Prix/Price : 200/ 240 F 1 Pers - 280/ 350 F 2 Pers - 380/ 400 F 3 Pers - 80 F P. sup - 100 F Repas

Corrèze — MEYSSAC — *BELLERADE* — 106

M. FOUSSAC-LASSALLE
BELLERADE
19500 MEYSSAC
Tél. : 05.55.25.41.42 - Fax : 05.55.84.07.51

Carte 5

Bellerade manor, the former residence of a Colonel of the Empire, stands in a vast 20-acre estate. The very comfortable bedrooms have been decorated with great care and boast period furniture. The rooms afford an attractive view of the flower garden. A warm welcome is guaranteed. Lounge and terrace.
Numerous places of interest. Bathing, riding, swimming pool, tennis court.
☆ *How to get there: On the CD38 (Collonges-la-Rouge and Meyssac). Entrance to property 20 m from « Meyssac » sign, via a 300 m-long driveway. Michelin map 75, fold 9.*

★ 3 ch. avec sanitaires privés, TV et téléphone. Ouvert toute l'année sauf janvier et février. Table d'hôtes sur résa. : confits maison, gâteaux, produits du jardin, produits fermiers, cuisine à l'ancienne. Poss. brunchs, thés, goûters... Salon et terrasse. Nombreux restaurants dans les environs. ★ *Nombreux sites à visiter. Baignade, équitation, piscine, tennis.* ★
Le manoir de Bellerade, ancienne demeure d'un colonel d'Empire est situé sur un vaste domaine de 8 ha. Vous serez accueillis chaleureusement dans des chambres très confortables. La décoration intérieure avec son mobilier d'époque est extrêmement soignée. Très belle vue sur le jardin fleuri.
★ Accès : Sur CD38 (Collonges-la-Rouge - Meyssac), entrée de la propriété à 20 m du panneau « Meyssac », entrée sur une allée privée de 300 m. CM 75, pli 9.

★ Prix/Price : 320 F 1 Pers - 420 F 2 Pers - 520 F 3 Pers - 80 F P. sup - 120 F Repas

SAN-MARTINO-DI-LOTA
CHATEAU-CAGNINACCI

10

Bertrand et Florence CAGNINACCI
CHATEAU CAGNINACCI
20200 SAN-MARTINO-DI-LOTA
Tél. : 04.95.31.69.30 - Fax : 04.95.31.91.15

Carte 6

This handsome, sober and elegant 17th century château, renovated at the turn of the century, was originally a convent, set in 5 acres of grounds. The spacious bedrooms are sunny and look out onto the park. Pretty monumental fireplace in the lounge. An ideal spot for discovering the hidden charms of Northern Corsica.
☆ How to get there: Leave Bastia by « Nord » exit for D80, then take the D131 to the village of San-Martino. Michelin map 90, fold 3.

★ 4 chambres avec bains et wc privés dont 1 avec terrasse. Salon réservé aux hôtes, séjour avec cheminée. Ouvert du 15 mai au 30 septembre. Ping-pong. Parc de 2 ha. avec salons de jardin. ★ ★
Ce beau château, sobre et élégant, rénové au début du siècle est un ancien couvent du XVIIe situé sur une propriété de 2 ha. Les chambres y sont vastes et ensoleillées avec vue sur le parc. Belle cheminée monumentale dans la salle de séjour. Une adresse à retenir pour découvrir le charme secret de la Corse du nord.
★ Accès : Prendre la D80 à la sortie nord de Bastia, puis prendre la D131 jusqu'au village de San-Martino. CM 90, pli 3.

★ Prix/Price : 440 F 2 Pers

AIGNAY-LE-DUC
TARPERON

108

Soisick DE CHAMPSAVIN
TARPERON
21510 AIGNAY LE DUC
Tél. : 03.80.93.83.74

Carte 4

This pretty manor house surrounded by greenery will take you back to the times of old lace and ancestors' portraits. The five bedrooms are very comfortable and tastefully decorated. You will be received like friends of the family and invited to partake of delicious dinners by the fire.
Golf, tennis, riding. Forests and the source of the Seine. Fontenay and Chones valley abbeys. Semur and Flavigny (medieval villages). Alésia, Vix Treasure, relics of the Templars and Dukes of Burgundy.
☆ How to get there: 30 km south of Châtillon-sur-Seine, between Saint-Marc-sur-Seine and Aignay-le-Duc. Michelin map 65, fold 19.

★ 4 ch. et 1 suite, toutes avec bains ou douche et wc privés. Ouvert de Pâques à la Toussaint. Petit déjeuner copieux. Table d'hôtes sur réservation : tarte aux escargots, lapin à la moutarde... Restaurant 12 km. Parcours de pêche à la mouche sur place. ★ *Golf, tennis, équitation, source de la Seine. Abbayes de Fontenay, Val des Crones. Villages de Semur, Flavigny. Alésia, Trésor de Vix, Vestiges des Templiers et Ducs de Bourgogne.* ★
Au cœur de la verdure, ce joli manoir vous accueille au pays d'antan, celui des vieilles dentelles et portraits d'ancêtres. Les chambres sont très confortables et décorées avec beaucoup de goût. Vous y serez reçus comme des amis et une odeur de feu de bois vous invitera à partager un savoureux dîner autour de la table d'hôtes.
★ Accès : A 30 km au sud de Châtillon sur Seine, entre Saint-Marc sur Seine et Aignay le Duc. CM 65, pli 19.

★ Prix/Price : 270 F 1 Pers - 360 F 2 Pers - 480/ 530 F 3 Pers - 120 F P. sup - 150 F Repas

Côte d'Or

BLANCEY
CHATEAU-DE-BLANCEY

Jean-Yves SEVESTRE
CHATEAU-DE-BLANCEY
21320 BLANCEY
Tél. : 03.80.64.66.80 - Fax : 03.80.64.66.80

Carte 4

Château-de-Blancey, dating back to the 15th and 17th centuries has been fully restored. The bedrooms exude character and are appointed with period furniture. Meals are served in the guard room, which boasts a superb arch-ceiling and fireplace.
18-hole golf course 5 km (Château de Chailly). Medieval villages. Hiking. Bourgogne canal (fishing and water sports).
☆ *How to get there: Motorway, Pouilly-en-Auxois exit, then Chailly on the way to Saulieu and Blancey.*

★ 2 suites avec sanitaires privés. Ouvert toute l'année. Petit déjeuner copieux. Table d'hôtes gastronomique : escargots, volailles aux champignons... Restaurant la Côte d'Or (Bernard Loiseau) à 15 km. Parc. VTT sur place. ★ *Golf 18 trous 5 km (château de Chailly). Villages médiévaux. Randonnées pédestres. Canal de Bourgogne (pêche et sports nautiques).* ★
Château des XVe et XVIIe siècles, très bien restauré où vous trouverez des chambres de caractère avec mobilier d'époque. Les repas sont servis dans la salle des gardes, superbe pièce voûtée avec cheminée.
★ Accès : Sortie autoroute à Pouilly-en-Auxois puis Chailly, dir. Saulieu et Blancey.

★ Prix/Price : 400 F 1 Pers - 550/ 800 F 2 Pers - 150 F P. sup - 150/ 230 F Repas

Côte d'Or

CHAMBOEUF
LE RELAIS-DE-CHASSE

110

Michelle GIRARD
LE RELAIS DE CHASSE
21220 CHAMBOEUF
Tél. : 03.80.51.81.60 - Fax : 03.80.34.15.96

Carte 4

This former hunting lodge is set in the heart of Burgundy's finest wine-growing region, just a few miles from Dijon and Beaune. Local furniture and pretty, sweet smelling linen add to the charms of this traditional residence surrounded by grounds and hundred-year old trees. In good weather, breakfast is served outside on the terrace. No smoking.
Beaune, Dijon and numerous Burgundian châteaux. Wine estate tours. Lake and fishing 8 km. Sailing and golf 18 km. Train station 6 km.
☆ *How to get there: From Paris and the North, take the motorway to Pouilly-en-Auxois, then the fast road to Pont de Pany, D35 and D31. Entrance via the outbuildings. Michelin map 65, folds 19/20.*

★ 3 chambres avec salle de bains et wc. Ouvert toute l'année. Petit déjeuner avec fromages, fruits frais, confitures maison, pain d'épice, œufs et gâteau maison le dimanche. Restaurant aux alentours, ferme-auberge, nombreuses tables. Loc. de vélos. ★ *Beaune et Dijon. Nombreux châteaux Bourguignons. Route des vins. Lac et pêche à 8 km. Voile et golf à 18 km.* ★
Proche de Dijon et de Beaune, découvrez cet ancien relais de chasse situé au cœur des grands crus Bourguignons. Dans cette demeure entourée d'un parc aux arbres séculaires, vous retrouverez le charme du mobilier régional et d'une ch. au linge parfumé. A la belle saison, petit déjeuner servi sur la terrasse. Maison non fumeurs.
★ Accès : Depuis Paris et Nord, autoroute jusqu'à Pouilly en Auxois puis route express jusqu'à Pont de Pany D35 et D31. Entrée par les communs. CM 65, pli 19/20.

★ Prix/Price : 400 F 2 Pers - 600 F 3 Pers

CHOREY-LES-BEAUNE
LE CHATEAU

111

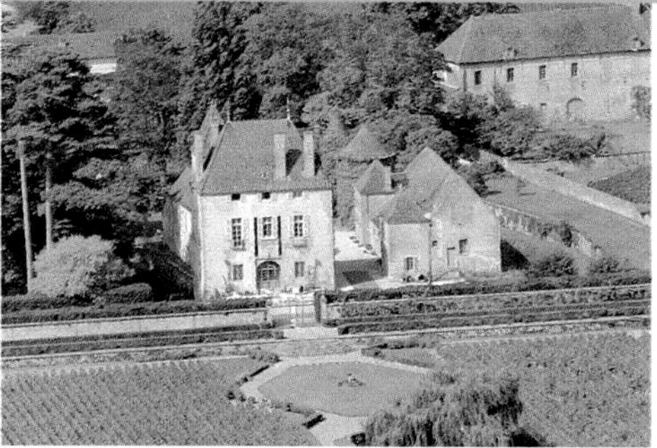

Famille GERMAIN
AU CHATEAU
21200 CHOREY LES BEAUNE
Tél. : 03.80.22.06.05 - *Fax* : *03.80.24.03.93*

Carte
4

Hosts Mr and Mme Germain and their children provide a warm welcome at their 13th and 17th century château, which is also home to a reputed vineyard, near Beaune. Guests will enjoy a visit to the wine cellars (winetasting). The bedrooms are vast and tastefully furnished.
Hôtel-Dieu and the old town of Beaune. Château du Clos de Vougeot and vineyards. Château de la Rochepot.
☆ *How to get there: From Beaune, head for Dijon on N74. 2 km after Beaune, turn right for Chorey. Michelin map 243, fold 15.*

★ 5 chambres et 1 suite, toutes avec bains et wc privés. Ouvert d'avril à fin novembre. Restaurants à proximité. Cartes Visa, Eurocard, Mastercard acceptées. Téléphone. Achat de vin sur place. ★ *Hôtel-Dieu à Beaune et vieille ville. Château du Clos de Vougeot et Côte viticole. Château de la Rochepot.* ★
M. et Mme Germain et leurs enfants vous accueilleront dans leur château des XIIIe et XVIIe siècles, siège d'un domaine viticole réputé, à proximité immédiate de Beaune. Sur place, vous pourrez profiter d'une visite de caves avec dégustation. Les chambres sont vastes et meublées avec goût.
★ Accès : A Beaune, prendre direction Dijon par N74. 2 km après Beaune, tourner à droite direction Chorey. CM 243, pli 15.

★ Prix/Price : 650/ 780 F 1 Pers - 720/ 850 F 2 Pers - 880/1030 F 3 Pers - 170 F P. sup

CORBERON
L'ORMERAIE

112

Alain et Chantal BALMELLE
L'ORMERAIE
RUE DES ORMES
21250 CORBERON
Tél. : 03.80.26.53.19 - *Fax* : *03.80.26.54.01*

Carte
4

Pleasant 18th century residence full of character near Beaune, set in 5 acres of parkland. Bedrooms are spacious and attractively decorated. Superb views over the surrounding countryside. On fine days, a generous breakfast is served in the garden. A charming spot to enjoy the treasures of Burgundy.
Beaune: Hôtel Dieu. Pommard. Meursault. Nuits Saint-Georges. Nearby: golf course. Ballooning. Bikes. Walks. Swimming pool.
☆ *How to get there: A6, Beaune exit. Head for Dole, Seurre then Corberon 10 km. A36 exit. Head for Beaune. Corberon 10 km.*

★ 4 chambres avec sanitaires privés. Ouvert toute l'année. Petit-déjeuner : viennoiseries, pain, confitures maison, fruits du jardin selon les saisons... Cour, terrain arboré de 2 ha. Restaurants dans le village ou à Beaune. ★ *Hôtel Dieu de Beaune. Pommard. Meursault. Nuits Saint-Georges. A proximité : golf, montgolfière, vélos, promenades et piscine.* ★
Près de Beaune, agréable demeure de caractère du XVIIIe siècle entourée d'un terrain arboré de 2 ha. Les chambres sont spacieuses et joliment décorées. Belle vue sur la campagne environnante. Aux beaux jours, vous prendrez le copieux petit-déjeuner dans le jardin. Etape bourguignonne pleine de charme.
★ Accès : Sortie A6 Beaune. Suivre Dole et Seurre. 10 km Corberon. Sortie A36 Seurre. Suivre Beaune. 10 km Corberon.

★ Prix/Price : 370 F 2 Pers - 490 F 3 Pers - 110 F P. sup

ECUTIGNY

In the heart of the Auxois region, a few kilometres from wine country, this château built in the 12th and 17th centuries, was once a fortress defending the border between France and Burgundy. Now fully restored, the residence boasts extremely comfortable bedrooms as well as a handsome lounge and library.
Wine cellars. Ouche valley. Châteauneuf-en-Auxois: medieval village. Beaune and hospices, son et lumière displays in the summer months. Château du Clos de Vougeot. Ballooning and bicyles on the premises.
☆ *How to get there:* At Arnay-le-Duc, head for Beaune. At Bligny-sur-Ouche, turn right for Ecutigny. The château is at the exit from the village. Michelin map 243, fold 2.

Patrick et Francoise ROCHET
21360 ECUTIGNY
Tél. : 03.80.20.19.14 - Fax : 03.80.20.19.15

Carte 4

★ 6 ch. 2/3 pers., dont 1 suite, toutes avec TV, tél. et sanitaires privés. 1 ch./salon de musique dans Tour du XIIe, 2 autres dans le donjon. Ouvert toute l'année. Petit déjeuner copieux. Restaurants 4 km. Salle de séminaire. Tennis sur place. Ecuries. Montgolfières. Vélos. ★ *Visite de caves. Vallée de l'Ouche. Chateauneuf en Auxois : village médiéval. Beaune et ses Hospices, son son et lumière en été. Château du Clos de Vougeot.* ★

Au cœur de l'Auxois, région située à quelques kilomètres de la route des vins, ce château (XIIe-XVIIe siècles) était autrefois un château fort défendant la frontière entre la France et la Bourgogne. Entièrement restauré, vous êtes assurés d'y trouver des chambres de grand confort ainsi qu'un beau salon et une bibliothèque.

★ Accès : A Arnay-le-Duc, direction Beaune. A Bligny-sur-Ouche, tourner à droite vers Ecutigny. Château à la sortie du village. CM 243, pli 2.

★ Prix/Price : 500/ 700 F 1 Pers - 500/ 700 F 2 Pers - 600/ 900 F 3 Pers - 100 F P. sup - 230 F Repas - 700 F 1/2 pension

Côte d'Or

FOISSY
LA CURE

114

This 18th century former presbytery has been tastefully and finely appointed. You will find three prettily decorated bedrooms with handsome period furniture, all with attractive bathrooms. Relax in the priest's garden and terrace, which exude restfulness. A delightful base from which to explore wine country.
Wine estates, châteaux, churches, museums. Morvan natural park. Bathing, fishing, hiking trails, golf, tennis, riding.
☆ *How to get there:* On the D17 between Arnay-le-Duc 7 km and Beaune 25 km. Michelin map 243, fold 14.

Claude RENY
LA CURE
21230 FOISSY (PAR ARNAY-LE-DUC)
Tél. : 03.80.84.22.92 - Fax : 03.84.84.22.92

Carte 4

★ 3 chambres avec bains et wc privés. Ouvert du 1er mai au 15 octobre. Copieux petit déjeuner : confitures maison, fruits, fromage... Salon avec TV. Vélos à disposition. Cour, jardin. Restaurants a Arnay et à Bligny. ★ *Route des vins, châteaux, églises, musées. Parc Naturel du Morvan. Baignade, pêche, sentiers de grandes randonnées, golf, tennis, équitation.* ★

Cet ancien presbytère du XVIIIe siècle est aménagé avec goût et raffinement. 3 chambres joliment décorées, avec de beaux meubles anciens, et dotées de belles salles de bains vous sont réservées. Pour votre détente, le jardin de curé et sa terrasse qui invitent au repos. Une étape de charme sur la route des vins.

★ Accès : Sur la D17 entre Arnay-le-Duc (7 km) et Beaune (25 km). CM 243, pli 14.

★ Prix/Price : 320 F 1 Pers - 380 F 2 Pers - 120 F P. sup

LA MOTTE-TERNANT

115

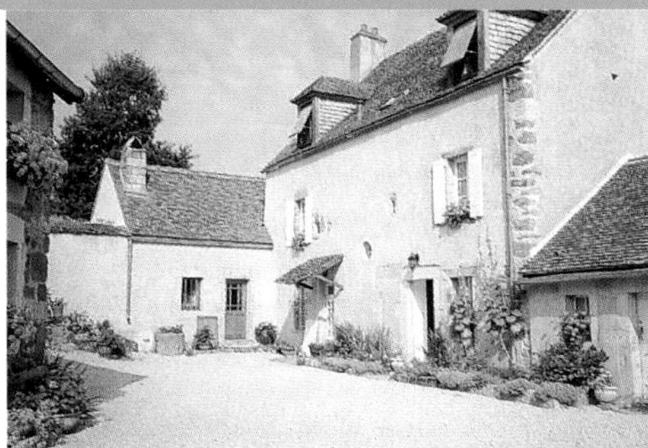

Marjorie et Brian AYLETT
LE PRESBYTERE
LA MOTTE TERNANT
21210 SAULIEU
Tél. : 03.80.84.34.85 - Fax : 03.80.84.35.32

Carte 4

Marjorie and Brian are your hosts at this 15th century presbytery, a pleasant and restful setting for a break near the Morvan and Auxois. The table d'hôtes is an ideal way to discover your hosts' vision of Burgundy, the one which won them over and made them decide to move here 8 years ago. The cosy, comfortable bedrooms all have a personal touch. No smoking.
Vineyards, Romanesque churches. Morvan Park.
☆ *How to get there: 10 km from Saulieu on the D26, next to the church in the village. Michelin map 243, fold 13.*

★ 3 ch. (non fumeur), toutes avec douche ou bains et wc. Ouvert toute l'année. Copieux petit déjeuner : confitures maison, jus de fruits, yaourts, fruits frais. Table d'hôtes : gigot boulangère, jambon à la crème, porc dijonnaise, coq au vin. Restaurants à Saulieu. Parc avec de magnifiques arbres. ★ *Vignobles, églises romanes. Parc du Morvan.* ★

Dans un ancien presbytère du XVe siècle, Marjorie et Brian vous reçoivent dans un cadre reposant, aux portes du Morvan et de l'Auxois. A leur table d'hôtes, vous découvrirez « leur » Bourgogne, celle qui les a conquis il y a 8 ans et les a décidés à s'y installer. Les chambres, très cosy, sont confortables et personnalisées.

★ Accès : A 10 km de Saulieu par la D26, et à côté de l'église dans le village. CM 243, pli 13.

☆ Prix/Price : 340/ 360 F 1 Pers - 370/ 390 F 2 Pers - 120 F Repas

NAN-SOUS-THIL
CHATEAU-DE-BEAUREGARD

116

Nicole et Bernard BONORON
CHATEAU DE BEAUREGARD
21390 NAN SOUS THIL
Tél. : 03.80.64.41.08 - Fax : 03.80.64.47.28

Carte 4

Set in a 25-acre park overlooking the valley landscape of the Auxois, the Château de Beauregard (a listed 13th and 17th century building) boasts the splendour of comfortable, luxurious bedrooms. Relax in the large reception lounge on the ground floor, or go for a stroll in the grounds.
Fontenay abbey, Thil hills, Buffon forges, Semur-en-Auxois (12th century medieval market town), Burgundy canal. Saulieu, for gourmet cuisine. Golf courses at Le Brouillard and Chailly.
☆ *How to get there: 10 min. from A6, Bierre-les-Semur exit, 30 min. from Montbard station (TGV high-speed train). 40 min. from Dijon, Beaune and Vézelay. 2 hrs. from Paris.*

★ 3 chambres doubles et 1 suite avec bains et wc. Ouvert de Pâques à novembre. Restaurants à 2, 4 et 15 km. Salle de séminaire (avec tél., TV, fax, photocopieur). Parc. 1190 F/4 pers. ★ *Abbaye de Fontenay, colline de Thil, forges de Buffon, Semur-en-Auxois (bourg médévial du XIIe), canal de Bourgogne, Saulieu étape gastronomique, golfs du Brouillard/de Chailly.* ★

Situé dans un parc de 10 ha. qui domine les paysages vallonnés de l'Auxois, le château de Beauregard (I.S.M.H. XIIIe et XVIIe) vous offre le confort de ses ravissantes et luxueuses chambres. Vous pourrez vous détendre agréablement dans la grande salle de réception du rez-de-chaussée ou vous promener dans le parc.

★ Accès : A 10 mn de la sortie A6 Bierre-les-Semur, 30 mn du TGV de Montbard, 40 mn de Dijon, Beaune et Vezelay, à 2 h de Paris.

☆ Prix/Price : 620/ 920 F 2 Pers

NUITS-SAINT-GEORGES
DOMAINE-CTESSE-MICHEL-DE-LOISY

Christine DE LOISY
DOMAINE CTESSE MICHEL DE LOISY
21700 NUITS SAINT-GEORGES
Tél. : 03.80.61.02.72 - Fax : 03.80.61.36.14

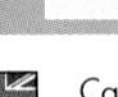

Carte 4

You will adore the warmth of this old family home built over the last three centuries, and appreciate the charm of its floral courtyard and winter garden. The mistress of the house is an accredited wine expert and guide who will be happy to explain everything there is to know about Burgundy, its history and wines.
Swimming pool and tennis court 300 m. Visits to Burgundy, Dijon, and Beaune vineyards.
☆ *How to get there: On A31, Nuits-St-Georges exit, for Beaune and town centre. Left at 1st lights, after 2nd lights, drive 120 m (for Beaune), stop at no. 28 (tall dark green gates). Dijon 30 min. Beaune 20 min.*

★ 4 ch., toutes avec sanitaires privés. Ouvert du 20 mars au 22 novembre sur réservation. Restaurants à moins de 300 m. CB acceptées. Visites de caves. Vente de vin du Domaine. Visite et dégustation commentées (environ 2 à 3 heures) : 450 F/ 2 pers.Piscine et tennis à 300 m. Visite du vignoble de Beaune et de Dijon. ★
Vous aimerez l'atmosphère chaleureuse de cette vieille maison de famille construite au cours des 3 derniers siècles et apprécierez le charme de sa cour fleurie et de son jardin d'hiver. La maîtresse de maison, œnologue diplomée et guide agréée, vous expliquera ce que vous avez toujours voulu savoir sur la Bourgogne.
★ Accès : A31 sortie Nuits-St-Georges dir. Beaune et centre ville. Au 1er feu à gauche au 2e feu à dr. Dir. Beaune s'arrêter au n°28 à droite (grand portail vert sombre).

★ Prix/Price : 600/ 800 F 2 Pers - 150 F P. sup

NUITS-SAINT-GEORGES
ANTILLY-ARGILLY

Jean-Francois BUGNET
ANTILLY-ARGILLY
21700 NUITS-SAINT-GEORGES
Tél. : 03.80.62.53.98 - Fax : 03.80.62.54.85

Carte 4

This 18th century former hunting lodge offers 3 charming bedrooms. The period furniture blends harmoniously with the refined modern comfort. The countryside is peaceful and you will enjoy a stroll in the flower-filled park resplendent with hundred-year old trees. Savour the delicious old-fashioned breakfasts.
Clos Vougeot 10 km. Hospices de Beaune 17 km. Numerous winetasting cellars in the vicinity. Cîteaux abbey 18 km. Dijon and museums.
☆ *How to get there: At Nuits-St-Georges, make for Seurre. After 3 km, turn right. At Quincey, drive through village and head for Argilly (D35). The hamlet of Antilly is 4 km on. Michelin map 243, fold 16.*

★ 3 ch. avec s.d.b. et wc privés. Ouvert toute l'année. Parc de 7000 m^2. Vélos, p-pong. Parking clos. Réduct. séjour car la situation de cette maison permet de belles journées découverte (doc. sur demande). Restaurants alentours. Cottage dans dépendances avec jardin privé : 600 F/2pers. ★ *Clos Vougeot à 10 km. Hospices de Beaune à 17 km. Nombreux caveaux de dégustation à proximité. Abbaye de Citeaux à 18 km. Dijon et ses musées.* ★
Dans ce relais de chasse du XVIIIe, 3 chambres pleines de charme vous attendent. Le mobilier ancien s'allie à une décoration raffinée dans un confort contemporain. La campagne y est paisible et vous aimerez flaner dans le parc fleuri aux arbres centenaires. Les copieux petits déjeuners ont la saveur d'antan.
★ Accès : A Nuits-St-Georges dir. Seurre. A 3 km prendre à droite. A Quincey, traverser le village, suivre Argilly (D35). Le hameau d'Antilly est à 4 km. CM 243, pli 16.

★ Prix/Price : 410 F 1 Pers - 450 F 2 Pers - 550 F 3 Pers

SAINT-ANDEUX
CHATEAU-DE-SAINT-ANDEUX

119

Francoise et Francis JACQUES
CHATEAU DE SAINT-ANDEUX
21530 SAINT-ANDEUX
Tél. : 03.80.64.71.54 - *Fax : 03.80.64.71.54*

Carte 4

The owners of this 16th and 17th century château offer spacious, comfortable and tastefully decorated bedrooms. Morvan natural park (lakes, sailing, fishing, walks in the forest). Châteaux and gastronomy.
☆ *How to get there: 20 km from Avallon and Saulieu (on the N6), and 30 km from Vézelay. Michelin map 243, fold 13.*

★ 2 chambres et 2 suites avec sanitaires privés. Ouvert toute l'année. Copieux petit déjeuner. Possibilité de plateau repas (120 F). Nombreux restaurants à proximité. Cartes Visa et Mastercard acceptées. Parc. ★ *Parc Naturel du Morvan (plans d'eau, voile, pêche, promenades en forêt). Châteaux et gastronomie.* ★

Dans ce château des XVIe et XVIIe siècles, les propriétaires offrent des chambres vastes et confortables, décorées avec goût.

★ Accès : A 20 km d'Avallon et Saulieu (par la N6) et 30 km de Vézelay. CM 243, pli 13.

☆ Prix/Price : 400 F 1 Pers - 500 F 2 Pers - 650 F 3 Pers

SANTENAY-EN-BOURGOGNE
LE CHATEAU-DE-LA-CREE

120

Yves-Eric et Rolande REMY-THEVENIN
LE CHATEAU DE LA CREE
21590 SANTENAY-EN-BOURGOGNE
Tél. : 03.80.20.62.66 ou 03.80.20.66.13 - *Fax : 03.80.20.66.50*

Carte 4

This attractive, fully restored 18th century manor house is set on a famous family-owned winegrowing estate, which you will get to know in the company of the owners at a welcoming cocktail. The rooms are sumptuous, boasting fourposter beds and period furniture. Conferences, dinners, exhibitions and receptions can be arranged.
Casino des Sources. Tours of wine cellars, winetasting. Swimming pool, riding, hikes, hunting and fishing close by. 18-hole golf course 18 km. Churches and châteaux. Cities: Beaune, Dijon, Cluny.
☆ *How to get there: A6 (Beaune and Châlon-Nord exits), N74 for Chagny, then Santenay. Follow signposts for « Château de la Crée », 2 km up from village centre. Michelin map 243, fold 26/27.*

★ 2 ch. communicantes avec bains et wc privés, et 2 ch. avec bains et wc privés. Tél. et TV dans les ch. Ouvert toute l'année (janvier et février sur résa.). Table d'hôtes sur résa. : escargots, jambon persillé, coq au vin. CB acceptées. Billard, bibliothèque, putting-golf et tennis privés. ★ *Casino des sources. Visites de caves et dégustation. Piscine, équitation, randonnées, chasse et pêche. Golf 18 trous 18 km. Châteaux et églises romanes. Beaune, Dijon, Cluny,...* ★

Très beau manoir du XVIIIe entièrement rénové, siège d'un domaine vinicole familial de renom, que vous découvrirez en compagnie des propriétaires autour d'un coktail de bienvenue. Les belles chambres disposent de lits à baldaquin et de mobilier d'époque. Poss. séminaires, conventions, expositions, dîners et réceptions.

★ Accès : De l'A6 (sorties Beaune et Châlon-nord), N74 dir. Chagny, puis Santenay. Fléchage « Château de la Crée » 2 km en amont du centre du village. CM 243, pli 26/27.

☆ Prix/Price : 600/ 800 F 1 Pers - 650/ 850 F 2 Pers - 940/1400 F 3 Pers - 200/ 250 F P. sup - 300/ 650 F Repas - 650/ 975 F 1/2 pension

VANDENESSE-EN-AUXOIS
PENICHE « LADY A »

A complete change of scenery awaits you on this luxuriously-appointed barge moored along the Burgundy canal, by the medieval city of Chateauneuf-en-Auxois. Three attractively-furbished bedrooms await your arrival. Relax in a comfortable chair on the sundeck and enjoy a delicious dinner by starlight. An original way to explore Burgundy.
Medieval village of Chateauneuf 2.5 km. Beaune, Dijon and vineyards 40 km. Lake 2 km. Riding 5 km. Mountain bike rental 7 km.
☆ *How to get there:* A6 motorway, Pouilly-en-Auxois exit, then D18 via Créancey and Vandenesse. Michelin map 243, fold 14.

☆ Prix/Price : 230 F 1 Pers - 280 F 2 Pers - 90 F Repas

Lisa JANSEN-BOURNE
PENICHE « LADY A »
PORT DU CANAL - CIDEX 45
21320 VANDENESSE-EN-AUXOIS
Tél. : 03.80.49.26.96 - Fax : 03.80.49.27.00

Carte 4

★ 3 chambres avec sanitaires privés. Ouvert de février à novembre. Table d'hôtes : spécialités de Bourgogne. Salon avec bar et TV. Pont de soleil. Restaurant à 50 m. ★ *Village médiéval de Chateauneuf à 2,5 km. Beaune, Dijon et les vignobles à 40 km. Lac à 2 km. Equitation 5 km. Location VTT à 7 km.* ★
Dépaysement total sur cette péniche de grand confort amarrée sur la canal de Bourgogne, au pied de la cité médiévale de Chateauneuf-en-Auxois. 3 chambres agréablement aménagées sont à votre disposition. Vous apprécierez le pont de soleil avec ses confortables fauteuils et les dîners sous les étoiles. Une étape originale pour découvrir la Bourgogne.
★ Accès : Autoroute A6, sortie Pouilly-en-Auxois, puis D18 via Créancey et Vandenesse. CM 243, pli 14.

VOSNE-ROMANEE
LA CLOSERIE-DES-ORMES

122

A charming and elegant residence covered in ivy and Virginia creeper, right in the heart of the famous Vosne-Romanée vineyard. The Grimms provide three bedrooms, each with its own individual touch, and furnished with taste and refinement. A delightful staging post for discovering the region's prestigious vintages.
Château du Clos Vougeot 800 m. Tours of wine cellars and winetasting. Hospices of Beaune and Dijon 19 km. Fishing, bathing and windsurfing nearby. Golf course 19 km.
☆ *How to get there:* 2.5 km from Nuits-St-Georges exit (A37), on the way to Dijon. On D74, take the last road before Vosne-Romanée exit.

☆ Prix/Price : 450/ 500 F 2 Pers

Claude et Jean-Paul GRIMM
LA CLOSERIE DES ORMES
21 GRAND'VELLE
21700 VOSNE-ROMANEE
Tél. : 03.80.62.35.19 - Fax : 03.80.62.35.19

Carte 4

★ 3 chambres dont 2 en annexe, toutes avec bains ou douche et wc privés. Ouvert d'avril à novembre. Copieux petit déjeuner. Restaurants à 800 m et 2,5 km. Vélos sur place. ★ *Château du Clos Vougeot 800 m. Visite de caves et dégustation de vins. Hospices de Beaune et Dijon 19 km. Pêche, baignade et planche à voile à proximité. Golf 19 km.* ★
Charmante et élégante demeure couverte de vigne vierge située au cœur du célèbre vignoble de Vosne-Romanée. Les Grimm y proposent des chambres personnalisées, meublées avec goût et raffinement. Une délicieuse étape pour aller à la découverte des crus prestigieux de la région.
★ Accès : A 2,5 km de la sortie Nuits-Saint-Georges (A37), en dir. de Dijon. Par la N74, dernière rue à gauche avant la sortie de Vosne-Romanée.

ERQUY
LES BRUYERES

123

Aline DUTEMPLE
LES RUAUX
LES BRUYERES
22430 ERQUY
Tél. : 02.96.72.31.59 - Fax : 02.96.72.04.68

Carte
2

This recent country house, built in local pink sandstone, is right by the sea and surrounded by footpaths, making it ideal for walkers and hikers. Guests will enjoy the peace and quiet of their comfortable rooms located in a separate building. Enjoy a copious breakfast served by the fire, before setting off for the day. Car park.
Tennis 1.5 km. Swimming pool 10 km. Cap d'Erquy 3 km, Cap Fréhel 15 km. Dinan 45 km. Saint Malo 50 km. Numerous footpaths and walks by the sea. Beaches, sailing and diving 1.5 km. 18-hole golf course and riding 10 km.
☆ *How to get there: From the centre of Erquy, follow signs for Les Hôpitaux. 1.2 km from town centre, turn left. Follow signs for Chambres d'Hôtes « Les Bruyères ».*

★ 3 ch. dont 1 avec terrasse et balcon, 2 ch. doubles indépendantes avec chacune 1 ch. parents et 1 ch. enfants. Salle d'eau, wc privés pour chacune. Tél. direct. Ouvert toute l'année. Petit déjeuner copieux. Restaurants à 5 mn en voiture. Ping-pong et vélos sur place. ★ *Tennis 1,5 km. Piscine 10 km. Cap d'Erquy 3 km. Cap Fréhel 15 km. Dinan 45 km. St-Malo 50 km. Sentiers en bord de mer. Plages, voile, plongée 1,5 km. Golf 18 trous et équitation 10 km.* ★
Maison récente en grès rose d'Erquy, située à proximité des sentiers piétonniers. Vous apprécierez le calme et le confort des chambres (situées dans un bâtiment indépendant) après une belle randonnée en bord de mer. Le matin, un copieux petit-déjeuner vous sera servi au coin du feu avant d'entamer un nouveau périple. Parking.
★ Accès : Dans le centre ville d'Erquy, direction les Hôpitaux, à 1,2 km du centre ville, prendre à gauche. Suivre le fléchage chambres d'hôtes « Les Bruyères ».

☆ Prix/Price : 200/ 230 F 1 Pers - 260/ 320 F 2 Pers - 320/ 400 F 3 Pers - 100 F P. sup

LOUANNEC
LE COLOMBIER-DE-COAT-GOURHANT

124

M. et Mme FAJOLLES
LE COLOMBIER DE COAT GOURHANT
22700 LOUANNEC
Tél. : 02.96.23.29.30

Carte
2

This pretty, renovated farmhouse lies on the granite coast, between the sea and the countryside. Four bedrooms with sloping ceilings, in a separate wing, await your arrival. The lounge is a harmonious blend of woodwork and stone, with small tables at which delicious breakfasts are served.
Swimming pool, tennis court 2 km. Sea, fishing 2.5 km. canoeing 5 km. Riding 6 km. Perros-Guirec 3 km.
☆ *How to get there: At Lannion, D788 for Perros-Guirec. At the entrance to Perros-Guirec, at the large roundabout, take the D6 for Louannec, drive 20 m then turn right. Signposting for 2.5 km.*

★ 4 chambres 2 pers. avec sanitaires privés. Ouvert toute l'année. Bibliothèque avec documentation sur la Bretagne. Parking, jardin, salons de jardin. Possibilité de pique-niquer. ★ *Piscine, tennis 2 km. Mer, pêche 2,5 km. Canoë 5 km. Equitation 6 km. Perros-Guirec 3 km.* ★
Sur la côte de granit rose, entre mer et campagne, jolie ferme rénovée. 4 chambres mansardées ont été aménagées pour vous recevoir. Gaies et lumineuses, elles sont situées dans une aile indépendante. Dans la salle de séjour où se mêlent harmonieusement la pierre et le bois, petites tables pour savourer le petit déjeuner.
★ Accès : A Lannion, D788 vers Perros-Guirec. A l'entrée de Perros-Guirec, au grand rd point, prendre la D6 vers Louannec sur 20 m et à droite. Fléchage sur 2,5 km.

☆ Prix/Price : 220/ 280 F 2 Pers

MERDRIGNAC
MANOIR-DE-LA-PEIGNIE

A warm atmosphere awaits you at this fully-restored 13th and 17th century manor house. Breakfast is served in the dining room which boasts original beams and a vast fireplace. A haven of tranquillity in the heart of central Brittany. Outdoor activities centre, miniature golf and tennis 500 m. Hiking trails, lake and forest nearby. 40 min. from Rennes and beaches. Dinan, Moncontour and Brocéliande forest.
☆ *How to get there:* From Rennes-St-Brieuc, Quimper-Loudéac exit. From Mur-de-Bretagne, N164, Rennes-Loudéac. Merdrignac-St-Vrain exit (farming college). In village, near water tower/stadium, at the end of a treelined drive.

F-Regis et Michèle MARIE
MANOIR DE LA PEIGNIE
22330 MERDRIGNAC
Tél. : 02.96.28.42.86 - Fax : 02.96.67.41.19

Carte 2

★ 5 chambres avec sanitaires privés. Coin-cuisine. Ouvert toute l'année. Copieux petit déjeuner à base de jus de fruits, viennoiseries, far aux pruneaux, crèpes... Nombreux livres à disposition. Parc. Animaux sous réserve. TV et téléphone sur demande. 5 restaurants à proximité. ★ *Base de loisirs, mini-golf et tennis 500 m. Circuits de randonnée, étang et forêt à proximité. A 40 mn de Rennes et des plages. Dinan, Moncontour et forêt de Brocéliande.* ★

Chaleureuse atmosphère dans un manoir des XIIIe et XVIIe siècles, entièrement restauré. Le petit déjeuner est servi dans la salle à manger médiévale avec son authentique poutre et son immense cheminée. Un havre de tranquillité au cœur de la Bretagne centrale.

★ Accès : De Rennes-St-Brieuc, sortie Quimper-Loudéac. De Mur-de-Bretagne N164 dir. Rennes-Loudéac. Sortie Merdrignac-St-Vrain (lycée agricole). Au bourg, près du château d'eau/du stade, fond de l'allée boisée.

☆ Prix/Price : 200/ 220 F 1 Pers - 250/ 280 F 2 Pers - 100 F P. sup - 75 F Repas

PLELO
AU-CHAR-A-BANCS

126

Attractive 19th century farmhouse built around a square courtyard, facing a small valley dotted with apple trees. Pleasant slope-ceilinged bedrooms with poetic names (« La Couturière », « Les Musiciens », « Les Oiseaux », « La Chapelière »). The suite has a fourposter bed and a bed with canopy.
Chatelaudren, a small town of considerable character with lake 1.5 km. Goëlo coast (beach, fishing) 13 km. Locally: « De nos Aïeux » farm (museum), pedal boat rides on the Leff and pony rides for children. Arts and crafts.
☆ *How to get there:* Situated between Saint-Brieuc and Guingamp, 4 km from the northbound dual carriageway (N12). Plelo exit.

Jeanne LAMOUR
AU CHAR A BANCS
22170 PLELO
Tél. : 02.96.74.13.63 - Fax : 02.96.74.13.03

Carte 2

★ 4 chambres et 1 suite avec sanitaires privés. Ouvert toute l'année. Copieux petit déjeuner à base de crêpes, confitures maison, jus de fruit. Ferme-auberge à 400 m : potée bretonne, galettes, crêpes. Carte bleue, Eurocard, Mastercard acceptées. 640 F/ 4 pers. ★ *Chatelaudren, cité de caractère avec étang 1,5 km. Côte du Goëlo (plage) 13 km. Sur place, ferme « de nos Aïeux » (musée), pédalos sur le Leff et à poney pour enfants. Artisanat.* ★

Jolie ferme du XIXe siècle en cour carrée restaurée, située face à une petite vallée garnie de pommiers. Les chambres mansardées sont agréables et accueillantes (« La Couturière », « Les Musiciens », « Les Oiseaux », « La Chapelière »), la suite dispose d'un lit clos et d'un lit avec ciel de lit.

★ Accès : Situé entre Saint-Brieuc et Guingamp, à 4 km de la double voies (N12).

☆ Prix/Price : 250 F 1 Pers - 350 F 2 Pers - 460 F 3 Pers - 100 F P. sup - 90/ 150 F Repas

PLOUER-SUR-RANCE
LA RENARDAIS - LE REPOS

127

Carte 2

Jean et Suzanne ROBINSON
LA RENARDAIS
LE REPOS
22490 PLOUER-SUR-RANCE
Tél. : 02.96.86.89.81 - *Fax* : 02.96.86.99.22

This recently restored, time-honoured stone house stands on the banks of the Rance in a pretty part of Brittany. The attractive fireplace, visible stonework and beams and walls adorned with paintings create a warm atmosphere. On fine days, breakfast is served on the terrace in the delightful garden.
Sea 15 km. Dinard, Saint-Malo, Cap Fréhel and Mont Saint-Michel 45 min. Tennis, fishing, canoeing, riding 1 km. Golf course 15 km.
☆ *How to get there: At Plouer-sur-Rance, take the D12 for La Hisse. La Renardais is 1.5 km from the centre of Plouer on the right.*

★ 1 suite familiale (2 ch.) pour 4 pers., et 3 ch. 2 pers. avec sanitaires privés, au 1er étage. Au 2e étage : 1 ch. 2 pers., salle d'eau et wc attenants. Ouvert toute l'année sauf février. Table d'hôtes le soir uniquement. Jardin, terrasse, parking privé. 480 F/4 pers. ★ *Mer 15 km. Dinard, Saint-Malo, Cap Fréhel et Mont Saint-Michel à 45 mn. Tennis, pêche, canoë, équitation 1 km. Golf 15 km.* ★
Dans un joli coin de Bretagne, au bord de la Rance, cette vieille maison en pierres a été récemment restaurée. La belle cheminée, les pierres et les poutres apparentes, les murs ornés de tableaux, donnent une ambiance chaleureuse à cette demeure. Dans le joli jardin, aux beaux jours, petit-déjeuner sur la terrasse.
★ Accès : A Plouer-sur-Rance, prendre la D12 vers La Hisse. La Renardais se trouve à 1,5 km du centre de Plouer sur la droite.

☆ Prix/Price : 250 F 1 Pers - 260/ 300 F 2 Pers - 400 F 3 Pers - 90 F Repas - 240/ 340 F 1/2 pension

PRAT
MANOIR-DE-COADELAN

128

Carte 2

Jeanne RIOU
MANOIR DE COADELAN
22140 PRAT
Tél. : 02.96.47.00.60

An exceptional setting, close to the 16th century manor house, offering 6 spacious and comfortable bedrooms in a fully restored building. The property stands in 25 acres of woodland. Quiet and relaxing.
Pink Granite Coast. Tréguier. Paimpol. Ile de Bréhat (isle). Riding, golf course.
☆ *How to get there: Head for Guingamp-Lannion, 5 km from Bégard. Make for Prat. Michelin map 59.*

★ 6 chambres avec sanitaires privés : 2 avec bains et 4 avec salle d'eau. Ouvert du 1er avril au 15 octobre. Petit déjeuner : croissants, pain, jus d'orange, cakes, confitures maison... Parc, étangs, bois. Visite du manoir. Crêperie à 500 m. ★ *Côte de granit rose. Tréguier. Paimpol. Ile de Bréhat. Equitation, golf.* ★
Dans un cadre exceptionnel, à proximité du manoir (XVIe siècle), 6 chambres spacieuses et confortables ont été aménagées dans un bâtiment entièrement restauré. Un grand parc de 10 ha. et des bois entourent la propriété. Calme et détente.
★ Accès : Dir. Guingamp - Lannion, à 5 km de Bégard, dir. Prat. CM 59.

☆ Prix/Price : 250 F 1 Pers - 280 F 2 Pers - 350 F 3 Pers - 70 F P. sup

QUINTIN
LE CLOS-DU-PRINCE

129

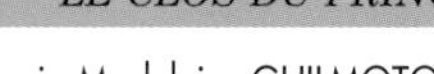

Marie-Madeleine GUILMOTO
LE CLOS DU PRINCE
10 RUE DES CROIX JARROTS
22800 QUINTIN
Tél. : 02.96.74.93.03 - Fax : 02.96.74.93.03

Carte 2

This delightful residence, built in local stone, stands in flowery parkland. You will appreciate the peacefulness of the setting by the fireplace in the lounge, and enjoy the delicious copious breakfasts prepared by your hostess.
Architectural heritage. Château. Museum. Lake. Tennis court (free) 100 m. Riding 8 km. Sea 15 km. Golf course 25 km.
☆ *How to get there: RN12 Rennes-Saint-Brieuc. At Saint-Brieuc, head for Quintin and Rostrenen (D790).*

★ 1 chambre avec TV et 1 suite avec sanitaires privés. Ouvert toute l'année. Table d'hôtes sur réservation : spécialités régionales. Parc. ★ *Patrimoine architectural. Château. Musée. Plan d'eau. Tennis gratuit à 100 m. Equitation à 8 km. Mer à 15 km. Golfs à 25 km.* ★
Ravissante demeure en pierre du pays, très fleurie et entourée d'un parc boisé. Vous apprécierez la quiétude des lieux, dans le salon auprès de la cheminée et savourerez les délicieux et copieux petits déjeuners que vous préparera la maîtresse de maison.
★ Accès : RN12 Rennes - Saint-Brieuc. A Saint-Brieuc, prendre la dir. Quintin, Rostrenen (D790).

★ Prix/Price : 270 F 1 Pers - 320/ 350 F 2 Pers - 150 F P. sup - 100 F Repas

TONQUEDEC
LE QUEFFIOU

130

Odette SADOC
LE QUEFFIOU
22140 TONQUEDEC
Tél. : 02.96.35.84.50

Carte 2

Madame Sadoc is your hostess at this large comfortable turn-of-the-century local granite house, less than a kilometre away from the ruins of the feudal Château de Tonquedec. Relax in the attractive landscaped garden with furniture.
River, fishing 800 m. Riding and tennis 2 km. Sea, beach, sailing 20 km. Lannion Airport 10 km.
☆ *How to get there: Leave N12 at Guingamp for Lannion, then D767. At Cavan, turn left for Tonquedec. In the village, drive 500 m to château.*

★ 4 chambres 2 pers. avec sanitaires privés. Ouvert d'avril à fin septembre. Salon avec TV à disposition. Jardin paysager avec pelouse. Parking. ★ *Rivière, pêche 800 m. Equitation et tennis 2 km. Mer, plage, voile 20 km. Aéroport de Lannion 10 km.* ★
Madame Sadoc vous recevra dans une grande maison bourgeoise du début du siècle en granit du pays, située à moins d'un kilomètre des ruines féodales du château de Tonquedec. Beau jardin paysager avec salons de jardin pour la détente.
★ Accès : A Guingamp quitter la N12 dir. Lannion puis D767. A Cavan prendre à gauche dir. Tonquedec. Dans le village, en dir. du château, à 500 m.

★ Prix/Price : 300 F 1 Pers - 350 F 2 Pers - 120 F P. sup

BETETE
CHATEAU-DE-MOISSE

131

Ignace et Simone DEBOUTTE
CHATEAU DE MOISSE
23270 BETETE
Tél. : 05.55.80.84.25 - Fax : 05.55.80.84.25

Carte 4

The bucolic Creuse countryside opens out in front of this handsome 19th century château built on a hill. A spiral staircase leads to spacious bedrooms with a pleasant view over the valley. Retired architect Mr Deboutte and his wife provide a warm welcome in this quiet and peaceful setting.
20 km radius: Prébenoit abbey 500 m. Moulin de Freteix mill 5 km. Château de Boussac 15 km. Toulx-Ste-Croix, Pierres Jaumâtres, Lavaufranche commander's residence 20 km. Fishing 500 m. Tennis 3.5 km. Bathing 5 km. Riding 12 km. Golf 15 km.
☆ *How to get there:* From La Châtre in the north or Guéret in the south, take the D940 to Genouillac. Then take the D15 for Bétête, which leads to the château 3.5 km on. Michelin map 68, fold 19.

★ 4 chambres avec sanitaires privés. Ouvert du 1er juin au 30 septembre et sur réservation. Restaurants à 3,5 km. Promenades dans le parc arboré de 25 ha. ★ *Abbaye de Prébenoit 500 m. Moulin de Freteix 5 km. Château de Boussac 15 km. Toulx-Ste-Croix, Pierres Jaumâtres, Commanderie de Lavaufranche 20 km. Tennis 3,5 km. Baignade 5 km. Equitation 12 km. Golf 15 km.* ★
Devant ce beau château XIXe, bâti sur une colline, se déroule le paysage bucolique de la Creuse. Un escalier à vis mène les hôtes à des chambres spacieuses, bénéficiant d'une agréable vue sur la vallée. C'est dans ce cadre calme et reposant que Monsieur Deboutte, architecte retraité, et son épouse vous recevront chaleureusement.
★ Accès : De la Châtre au nord ou de Guéret au sud, D940 jusqu'à Genouillac. Puis D15 dir. Bétête, qui vous conduira au château situé à 3,5 km. CM 68, pli 19.

☆ Prix/Price : 370 F 1 Pers - 400 F 2 Pers - 500 F 3 Pers

LA CHAPELLE-SAINT-MARTIAL

132

Alain COUTURIER
LE BOURG
23250 LA CHAPELLE-SAINT-MARTIAL
Tél. : 05.55.64.54.12

Carte 4

This house of considerable character, on the tapestry and porcelain route, stands in leafy surroundings, and offers three bedrooms decorated with refinement. Two are in the main house, the third is self-contained and overlooks the garden and swimming pool. Breakfast is served in the dining room or on the terrace.
Fishing, tennis 4 km. Bathing, sailing, riding 10 km. Golf 30 km. Vassivière-en-Limousin approx. 40 km. Aubusson, tapestry capital, 25 km.
☆ *How to get there:* From Guéret, D941 for Bourganeuf-Tulle. After 22 km, at entrance to Pontarion, 1st left for La Chapelle Saint-Martial. Michelin map 72, fold 10.

★ 3 chambres : 1 avec baignoire et 2 avec douche, wc et TV couleur pour chacune. Ouvert toute l'année. Restaurant à 6 km. Piscine sur place. ★ *Pêche, tennis à 4 km. Baignade, voile, équitation à 10 km. Golf à 30 km. Vassivière en Limousin à 40 km environ. Aubusson, capitale de la tapisserie, à 25 km.* ★
Sur la route de la Tapisserie et de la Porcelaine, dans un village plein de charme au milieu de la verdure, cette maison de caractère vous offrira 3 chambres au décor raffiné : 2 dans l'habitation principale, la 3e indépendante donne sur le jardin et la piscine. Petit-déjeuner dans la salle à manger ou sur la terrasse.
★ Accès : De Guéret, D941 direction Bourganeuf-Tulle. A 22 km, à l'entrée de Pontarion, 1re à gauche, direction La Chapelle Saint-Martial. CM 72, pli 10.

☆ Prix/Price : 220/ 260 F 1 Pers - 280/ 320 F 2 Pers - 240/ 280 F 3 Pers

FRESSELINES
CONFOLENT

133

Danièle DEMACHY-DANTIN
CONFOLENT
23450 FRESSELINES
Tél. : 05.55.89.70.83

Carte 4

Journalist and artist, Danièle Demachy-Martin provides a warm, unassuming welcome at this 17th and 18th century former farmhouse. Discover your hostess's culinary talents with typical Creusois dishes at the table d'hôtes.
Bathing and fishing locally. Riding and sailing 10 km.
☆ How to get there: From the underpass (souterraine), take the D951 for Dun-le-Palestel, then Maison Feyne and Fresselines. Confolent is 500 m from the village.

★ 3 chambres avec sanitaires privés. Ouvert toute l'année. Table d'hôtes : spécialités de civets et confits de viande. Salon avec TV. Activités proposées : peinture (huiles et aquarelles). Site et environnement privilégiés. ★ *Baignade et pêche sur place. Equitation et voile 10 km.* ★
Dans l'ancienne ferme du domaine des XVIIe et XVIIIe siècles, Danièle Demachy-Dantin, journaliste et artiste peintre, accueille ses hôtes avec chaleur et simplicité. A la table d'hôtes, elle vous fera découvrir des plats typiquement creusois qu'elle confectionne avec beaucoup de talent.
★ Accès : De la Souterraine, rejoindre Dun le Palestel par la D951, puis Maison Feyne et Fresselines. Confolent se trouve à 500 m du bourg.

☆ Prix/Price : 300/ 350 F 1 Pers - 350/ 420 F 2 Pers - 400/ 550 F 3 Pers - 85/ 135 F Repas

GENTIOUX
PALLIER

134

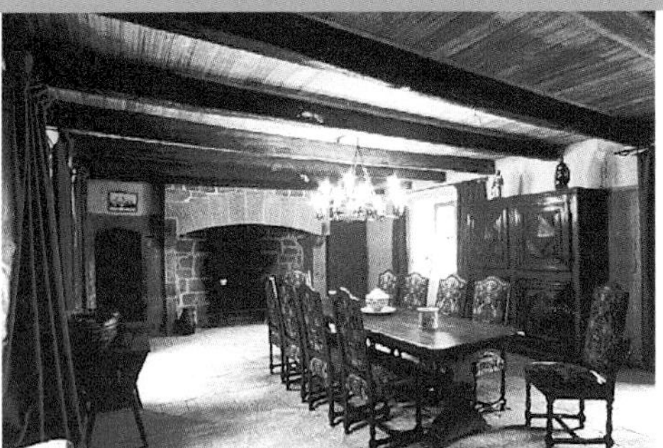

Yves et Yolande GOMICHON
LA COMMANDERIE
PALLIER
23340 GENTIOUX
Tél. : 05.55.67.91.73 - Fax : 05.55.67.91.73

CV

Carte 4

This attractive, listed building on the Millevaches plain, built on the foundations of a commander's residence (Templars, then a hospital), was the home of royal notaries in the 18th century. The façade, staircase and fireplaces attest to the craftsmanship of the famous Gentioux stone cutters. The 4 bedrooms all have their own style and boast period furniture.
In Pallier: listed 12th century chapel. Maison des Chevaliers, former knights' residence with medieval garden, pond (fishing and fishery for children). Vassivière lake 13 km (fishing, bathing, sailing, golf).
☆ How to get there: At Gentioux, take the D8 for Pigerolles-Feniers. Some 2 km on, turn left for Pallier.

★ 4 ch. avec s.d.b. et wc privés. Ouvert du 1/03 au 31/12. Table d'hôtes (boissons non comprises) : pâté aux pommes de terre, magret au coulis de myrtilles, flognarde, omelette aux cèpes, dîner médiéval les jeudis. Cour, jardin, étang. TV. Four à pain et décoration sur porcelaine de Limoges. ★ *A Pallier : chapelle du XII siècle, maison des chevaliers, jardin médiéval, étang (pêche) et pêcherie pour les enfants. Lac de Vassivière à 13 km (pêche, baignade, voile, golf...).* ★
Sur le plateau de Millevaches, cette belle demeure (monument historique) fondée sur les bases d'une commanderie est devenue au XVIIIe siècle la maison de notaires royaux. La façade, l'escalier, les cheminées restent un modèle de l'art des célèbres tailleurs de pierre de Gentioux. Chaque chambre est personnalisée et meublée d'époque.
★ Accès : A Gentioux, prendre la D8 direction Pigerolles-Feniers. A 2 km, tourner à gauche direction Pallier.

☆ Prix/Price : 245 F 1 Pers - 290 F 2 Pers - 345 F 3 Pers - 55 F P. sup - 95 F Repas

LUSSAT
PUY-HAUT

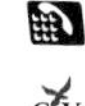

Claude et Nadine RIBBE
PUY HAUT
23170 LUSSAT
Tél. : 05.55.82.13.07

Carte 4

14th century Château de Puy-Haut was originally part of the royal estates. Its high roof with dormer windows and flat tiles is characteristic of the Bourbonnais area. Nadine and Claude guarantee a warm welcome and offer four spacious bedrooms at the top of a magnificent polished wooden staircase.

4 km from Landes lake (natural site), extends over 250 acres. Many species of migratory birds. Fishing, tennis 4 km. Riding, golf 7 km. Bathing 15 km. Cinema 10 km.

☆ How to get there: RN145. Turn off at Gouzon for Lussat (D915). Take 2nd road on left to Puy-Haut. The residence is the last house in the village.

★ 4 chambres avec sanitaires privés. Ouvert du 1er avril au 31 octobre. Table d'hôtes : lapin au cidre, gigot à l'ail, volailles fermières, terrine maison... Salon avec TV et bibliothèque régionale. Jardin, parking, jeux d'enfants, VTT. Salle de jeux (ping-pong, jeux de société). ★ *A 4 km de l'étang des Landes (site lacustre naturel) accueille sur plus de 100 ha., de nombreux oiseaux migrateurs. Pêche, tennis 4 km. Equitation, golf 7 km. Baignade 15 km. Cinéma 10 km.* ★

Le château de Puy-Haut, ancien site seigneurial (XIVe siècle), appartenant au domaine royal. Sa haute toiture à lucarnes et tuiles plates est caractéristique du Bourbonnais. Nadine et Claude vous accueillent avec chaleur et vous proposent 4 vastes chambres auxquelles on accède par un magnifique escalier en bois ciré.

★ Accès : RN145. Sortir à Gouzon, dir. Lussat (D915). Prendre la 2e route à gauche qui mène à Puy-Haut. La demeure est la dernière maison du village.

☆ Prix/Price : 250 F 1 Pers - 290/ 320 F 2 Pers - 400 F 3 Pers - 95 F Repas

SAINT-BARD
CHATEAU-DE-CHAZEPAUD

Patrick et Madeleine ALBRIGHT
CHATEAU DE CHAZEPAUD
23260 SAINT-BARD
Tél. : 05.55.67.33.03

Carte 4

This turn-of-the-century, Neo-Renaissance « folly » stands in a vast park with century-old trees. The handsome and unusual residence, with Baroque lounges, Italian-style mosaics, Renaissance wainscoting and bedrooms boasting eclectic decoration, is a feast for the eyes. A must.

Châteaux, Romanesque churches, Tapestry and Vintage Car Museums. Folk festivals, concerts and shows. Bathing, fishing, cycling, riding, swimming and hiking.

☆ How to get there: N141 Clermont-Ferrand/Limoges. 19 km before Aubusson, at « Chazepaud ».

★ 2 chambres avec coin-salon et sanitaires privés et 1 suite avec bains et wc privés. Ouvert d'avril à octobre. Table d'hôtes : courgettes farcies, pommes de terre au Creusois, flognarde... TV, chaîne hi-fi et piano à disposition. Parc, vélos, tennis de table, badminton. ★ *Châteaux, églises romanes, musées de la Tapisserie, des voitures de Prestige. Festivals folkloriques, concerts, spectacles... Baignade, pêche, vélos, tennis, équitation, piscine, randonnée.* ★

« Folie » néo-renaissance (début du siècle) entourée d'un vaste parc aux arbres séculiers. Cette belle demeure insolite, avec ses salons baroques, sa mosaïque à l'italienne, ses lambris Renaissance et ses chambres au décor éclectique est à voir absolument. Une étape originale à ne pas manquer.

★ Accès : N141 Clermont-Ferrand-Limoges. 19 km avant Aubusson, au lieu-dit « Chazepaud ».

☆ Prix/Price : 300/ 400 F 1 Pers - 350/ 450 F 2 Pers - 450/ 550 F 3 Pers - 100 F P. sup - 100 F Repas

SAINT-HILAIRE-LE-CHATEAU
LA CHASSAGNE

137

Carte 4

Gérard et Marie-Christine FANTON
LA CHASSAGNE
23250 SAINT-HILAIRE-LE-CHATEAU
Tél. : 05.55.64.50.12 ou 05.55.64.55.75 -
Fax : 05.55.64.90.92

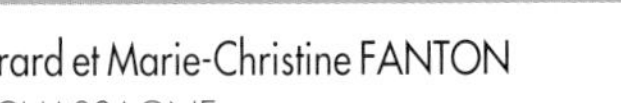

Magnificent 15th and 17th century château overlooking the Thaurion valley, set in 12 acres of wooded grounds, by a trout-filled river. A winding, stone staircase leads to 3 beautiful rooms and a suite which exude charm and boast a breathtaking view of the area. The little guardhouse in the grounds has been converted into a suite for 2 to 4 people. Walks. Fishing locally. Riding 3 km. Vassivière lake (fishing, bathing, sailing, etc.) 27 km. Aubusson (tapestry capital) 24 km.
☆ How to get there: At St-Hilaire-le-Château, take the N241 for Aubusson, and 1st right (D10) for Chavanat, then 1st right for « La Chassagne ».

★ 3 chambres et 2 suites avec sanitaires privés, TV et tél. Ouvert toute l'année. Petit déjeuner : viennoiseries, confitures maison, miel de pays, fruits... Parc de 5 ha., rivière à truites (le Thaurion). Restaurant gastronomique à St-Hilaire-le-Château 3 km. ★ *Promenades. Pêche sur place. Equitation 3 km. Lac de Vassivière (pêche, baignade, voile...) 27 km. Aubusson (capitale de la Tapisserie) 24 km.* ★
Magnifique château (XVe/XVIIe) surplombant la vallée du Thaurion, entouré d'un parc boisé de 5 ha. et bordé d'une rivière à truites. Un escalier à vis en pierre mène à 3 belles chambres et 2 suites, pleine de charme et à la vue imprenable. Dans le parc, la petite maison de garde a été aménagée en suite pour recevoir 2 à 4 pers.
★ Accès : A St-Hilaire-le-Château prendre la N241 dir. Aubusson, puis 1re à droite (D10) dir. Chavanat, puis 1re à droite dir. « La Chassagne ».

☆ Prix/Price : 450/ 550 F 1 Pers - 500/ 600 F 2 Pers - 600/ 700 F 3 Pers

LE BUISSON-PALEYRAC
DOMAINE-DES-FARGUETTES

138

Carte 5

GITES DE FRANCE – SR
25, RUE WILSON
24009 PERIGUEUX CEDEX
Tél. : 05.53.35.50.24 ou 05.53.35.50.01 -
Fax : 05.53.35.50.41

Françoise and Claude de Torrente are your hosts at the Manoir des Farguettes, which stands right in the heart of a 37-acre landscaped park. The property affords a superb panoramic view of the surrounding area. Its location is ideal for discovering the prestigious sites of Périgord Noir and Bergerac.
Lascaux II, Les Eyzies de Tayac. Sarlat. Beynac. La Roque Gageac. Walled town of Domme. Cadouin cloisters. Walled town of Monpazier. Fortifications. Wine and tobacco estate tours.
☆ How to get there: By train to Buisson de Cadouin. By plane: daily flights from Paris and Lyon to Bergerac. Michelin map 75, fold 16.

★ 1 chambre 2 pers., 1 suite de 2 ch. pour 3 pers. et 1 suite de 2 ch. pour 4/5 pers., toutes avec sanitaires privés. Ouvert toute l'année (hors-saison sur réservation). Bibliothèque, salon avec TV, piano. Piscine. Restaurants : le Buisson et Lalinde. ★ *Lascaux II. Les Eyzies de Tayac. Sarlat. Beynac. La Roque Gageac. Bastide de Domme, cloître de Cadouin, bastide de Monpazier. Circuit des bastides. Route des vins et du tabac.* ★
Françoise et Claude de Torrente vous reçoivent au manoir des Farguettes qui se dresse au cœur d'un parc paysager de 15 ha. et qui offre, de par sa position dominante un panorama exceptionnel. Sa situation vous permettra de découvrir tous les sites prestigieux du Périgord Noir et du Bergeracois.
★ Accès : Par train : SNCF gare du Buisson de Cadouin. Par avion : tous les jours Paris-Bergerac et Lyon-Bergerac. CM 75, pli 16.

☆ Prix/Price : 300 F 1 Pers - 350 F 2 Pers - 530 F 3 Pers - 110 F P. sup - 130 F Repas - 305/ 430 F 1/2 pension

ALIXAN
L'EYGALIERE

Facing the Vercors, this authentic Drôme farmhouse, set away from the village, has been tastefully restored and still boasts its original red-tile roofing. The bedrooms are luxuriously appointed with handsome period furniture and look out onto the patio and extensive flower garden.
Vienne, Saint-Donat, Saou and Crest festivals. Discover the Vercors and Ardèche regions. Romans: historical places of interest (Shoe Museum, etc.). Tennis court, 18-hole golf course.
☆ How to get there: 8 km south of Alixan (D538). In Alixan, head for Besayes (D101), 500 m after leaving the village.

Jacques et Renne CRAMMER
L'EYGALIERE
QUARTIER COUSSAUD
26300 ALIXAN
Tél. : 04.75.47.11.13

Carte 6

★ 2 chambres avec mini-bar et sanitaires privés. Ouvert toute l'année. Table d'hôtes : daubes, civets, terrines, gigot de 7 heures (sur commande). TV, téléphone, jeux de société. Cour, jardin, piscine privée, vélos. Tarif 1/2 pension : 560 F/2 pers. ★ *Festivals : Vienne, Saint-Donat, Saou, Crest... Découverte du Vercors et de l'Ardèche. Site historique de Romans (musée de la Chaussure). Tennis, golf 18 trous.* ★
A l'écart du village, face au Vercors, cette authentique ferme drômoise, restaurée avec goût a conservé sa belle toiture de tuiles rouges. Les chambres luxueusement décorées avec de beaux meubles d'époque ouvrent sur le patio et le grand jardin fleuri.
★ Accès : 8 km au sud d'Alixan (D538). Dans Alixan, prendre dir. Besayes (D101). 500 m après la sortie du village.

☆ Prix/Price : 260 F 1 Pers - 320 F 2 Pers - 120 F Repas - 380 F 1/2 pension

LA BAUME-DE-TRANSIT
DOMAINE-DE-SAINT-LUC

Ludovic and Eliane welcome their guests like old friends in their 18th century farmhouse, now fully restored and very comfortable. Hearty breakfasts are served either in a room brimming with antique furniture or in the flower garden. The cuisine is Provençal style, fresh, tasty and served with wines from the property's vineyards.
Places of interest, monuments: Château de Grignan, Suze-la-Rousse, Wine University, Vaison-la-Romaine, Orange, Avignon. Ardèche gorges. On site: tours of the estate's vineyards and wine cellars.
☆ How to get there: Motorway, Bollène exit, D994 Suze-La-Rousse, then D117 for Grignan. Turn left 1 km before La Baume de Transit: Domaine de Saint-Luc.

Ludovic et Eliane CORNILLON
DOMAINE DE SAINT-LUC
26790 LA BAUME DE TRANSIT
Tél. : 04.75.98.11.51 - Fax : 04.75.98.19.22

Carte 6

★ 5 chambres, toutes avec bains et wc privés. Ouvert toute l'année. Table d'hôtes : soupe au pistou, pintadeau à la purée d'ail, filets de rascasse au basilic, charlottes aux fruits... Piscine au milieu des chênes, jardin de roses anciennes. ★ *Visite du domaine viticole et des caves. Sites et monuments : château de Grignan, Suze-la-Rousse, Université du vin, Vaison la Romaine, Orange, Avignon ; Gorges de l'Ardèche.* ★
Ludovic et Eliane vous recevront en amis dans leur ferme du XVIIIe siècle, confortablement restaurée. Un copieux petit-déjeuner vous sera servi dans le salon décoré de meubles anciens ou au milieu des fleurs du jardin. La cuisine, à la mode provençale, est fraiche, savoureuse et accompagnée des vins de la propriété.
★ Accès : Autoroute sortie Bollène, D994 Suze la Rousse, puis D117 dir. Grignan. A 1 km avant La Baume de Transit, à gauche vers Domaine de Saint-Luc.

☆ Prix/Price : 300 F 1 Pers - 360 F 2 Pers - 420 F 3 Pers - 315/ 435 F 1/2 pension

CHANTEMERLE-LES-GRIGNAN
LE PARFUM-BLEU

Guido et Lucie LAMBERTS
LE PARFUM BLEU
26230 CHANTEMERLE-LES-GRIGNAN
Tél. : 04.75.98.54.21

Carte 6

In the heart of the Drôme Provençale, in Grignan country, Belgian-born Guido and Lucie Lamberts have tastefully and lovingly restored this handsome stone residence set amid trees. Your hosts provide a warm welcome and will be delighted to help you get to know this beautiful region of Provence. Private pool for guests' use.
Vineyards. Lavender growing. Grignan (the Marquise de Sévigné's château). Local gastronomy: truffles, asparagus, etc.
☆ *How to get there: A7 motorway, Montélimar-Sud exit. N7 for Grignan-Nyons. D133 for St-Paul-Trois-Châteaux, D549.*

★ 5 chambres avec sanitaires privés. Ouvert toute l'année. Table d'hôtes : recettes familiales à base de produits régionaux. Cour, terrain, piscine. Téléphone du propriétaire à disposition. Jeux de boules. Restaurants à Grignan 7 km et St-Paul-Trois-Châteaux 10 km. ★ *Vignobles. Culture de la lavande. Grignan (château de la marquise de Sévigné). Gastronomie locale : truffes, asperges...* ★
Au cœur de la Drôme provençale, dans le pays de Grignan, Guido et Lucie Lamberts (d'origine belge) ont restauré avec goût et passion cette belle demeure en pierres entourée d'arbres. Ils vous recevront avec convivialité et vous aideront à découvrir cette belle région de Provence. Piscine privée à disposition.
★ Accès : Autoroute A7, sortie Montélimar-sud. N7 dir. Grignan-Nyons. D133 dir. St-Paul-Trois-Châteaux, D549.

☆ Prix/Price : 440/ 500 F 1 Pers - 490/ 550 F 2 Pers - 640/ 700 F 3 Pers - 150 F P. sup - 395/ 425 F 1/2 pension

COMPS
LE CHATEAU

142

Marie-Lou TERROT
LE CHATEAU
26220 COMPS
Tél. : 04.75.46.30.00 - Fax : 04.75.46.30.00

Carte 6

Marie-Lou has opened a wing of her château in the heart of the Dieulefit region in the Drôme Provençale. The four comfortable bedrooms and living room have been tastefully furnished.
A region of foothills on the edge of Provence. Potteries at Dieulefit, aromatic plants and olive orchards at Nyons. Numerous places of interest and villages to visit.
☆ *How to get there: A7 Montélimar Nord or Sud, then the D540 for Dieulefit, Vallée de Jabron, D191 to the Château in Comps.*

★ 4 chambres, 1 avec bains et wc, 3 avec salle d'eau et wc. Ouvert toute l'année. Petit déjeuner copieux. Restaurants à 6 km. Salon de jardin, parking. En hors-saison, tarifs dégressifs. ★ *Région de demi-montagne aux confins de la Provence. Poterie à Dieulefit, olives et plantes aromatiques à Nyons. Nombreux sites et villages touristiques.* ★
Au cœur de la région de Dieulefit, en Drôme provençale, Marie-Lou vous accueillera dans une aile du château, aménagée avec goût en quatre chambres confortables et salon de détente.
★ Accès : A 7 Montélimar nord ou sud, puis D540, Dieulefit, vallée de Jabron, D191 vers château de Comps.

☆ Prix/Price : 230/ 280 F 1 Pers - 280/ 300 F 2 Pers - 300 F 3 Pers

BOURGTHEROULDE
CHATEAU-DE-BOSCHERVILLE

143

Bernadette DU PLOUY
CHATEAU DE BOSCHERVILLE
27520 BOURGTHEROULDE
Tél. : 02.35.87.61.41 ou 02.35.87.62.12 -
Fax : 02.35.87.62.12

C V

Carte 2

★ 3 ch. (1 ch. 3 pers. et 2 ch. 2 pers.) avec sanitaires privés. Ouvert toute l'année. Petit-déjeuner à la française. Télécopie et téléphone à disposition. Salon à la disposition des hôtes. Parc 9 ha. Vente de produits fermiers. ★ *A prox. : parc de Brotonne, abbaye Bec Hellouin, château du Champ de Bataille, arboretum... Golf 18 trous à 18 km. Club hippique 3 km. Rouen 25 km. Honfleur 50 km.* ★

Château du XVIIIe en briques et pierres, de construction typiquement régionale. Belle décoration intérieure avec meubles d'époque... Les chambres sont vastes et ensoleillées avec une jolie vue sur la propriété. Agréables promenades dans le parc, actuellement en cours de rénovation. Accueil chaleureux.

★ Accès : A13 sortie Maison Brulée puis N138 vers Bourgtheroulde. A 8 km déviation de Bourgtheroulde. Au rond-point, D80 dir. Amfreville-la-Campagne et suivre fléchage.

This 18th century brick and stone château is typical of the region. Attractive interior decor with period furniture. The spacious, sunblessed bedrooms afford a pretty view of the vast grounds which are currently being renovated. Warm welcome assured.
Nearby, Brotonne park, Le Bec Hellouin abbey, Champ de Bataille château, Canappeville and Harcourt arboretum. 18-hole golf course 18 km. Riding club 3 km. Rouen 25 km. Honfleur 50 km.
☆ *How to get there: A13, Maison Brûlée exit, then N138 for Bourgtheroulde. 8 km, diversion at Bourgtheroulde. At roundabout, D80 for Amfreville-la-Campagne and follow signs.*

★ Prix/Price : 200 F 1 Pers - 250 F 2 Pers - 300 F 3 Pers

LA CROIX-SAINT-LEUFROY
LA BOISSIERE

144

Gérard et Clotilde SENECAL
LA BOISSIERE
HAMEAU « LA BOISSAYE »
27490 LA CROIX SAINT-LEUFROY
Tél. : 02.32.67.70.85 - Fax : 02.32.67.03.18

Carte 2

★ 5 chambres, toutes avec sanitaires privés. Grand salon avec cheminée. Ouvert toute l'année. Table d'hôtes cidre de la ferme compris : cuisine au cidre, tartes, crêpes normandes... Restaurants à 3 km. Lit suppl. : 70 F. ★ *Château Gaillard. Gaillon (golf, piscine) 9 km. Château de Bizy. Musée américain, musée Monet à Giverny 25 km. Rouen 40 km, Paris et Honfleur 100 km. Base de loisirs à Léry-Poses. Bois privatif à proximité.* ★

Manoir de la Boissière est le nom de cette ferme classée du XVe siècle, qui fut autrefois un prieuré. En franchissant le porche de pierres, vous découvrirez un plan d'eau avec de nombreux oiseaux, un jardin aux essences variées. Clotilde et Gérard ont aménagé les chambres dans le respect de l'authentique.

★ Accès : A13 sortie Chaufour. Pacy-sur-Eure, faire 20 km sur D836. A13 sortie Gaillon et D316 dir. Autheuil. Hameau la Boissaye sur D10 entre Gaillon et Croix-St-Leufroy.

Formerly a priory, Manoir de la Boissière is a listed 15th century farmouse. As you pass under the stone porchway, you will discover an ornamental lake, a fragrance garden and colourful birds. Clotilde and Gérard have decorated the large lounge, with fireplace, and the bedrooms in keeping with the original style.
Château Gaillard (Les Andelys), Gaillon (Renaissance), Château de Bizy at Vernon. American Museum, Monet Museum at Giverny 20 km. Rouen 40 km, Paris, Honfleur 100 km. Private woods nearby.
☆ *How to get there: Via Eure Valley: A13, Chaufour exit. Pacy-sur-Eure, then drive 20 km on D836. Or A13, Gaillon exit, then D316 for Autheuil. Hameau « La Boissaye » is on D10 between Gaillon and La Croix-Saint-Leufroy.*

★ Prix/Price : 200 F 1 Pers - 250 F 2 Pers - 90 F Repas

GIVERNY
LA RESERVE

145

Didier et M-Lorraine BRUNET
LA RESERVE - 27620 GIVERNY
Tél. : 02.31.21.99.09 ou 06.11.25.37.44
Fax : 02.32.21.98.99

Carte 2

This vast, handsome family residence, perched on the Giverny heights, overlooks the surrounding woods and orchards. The bedrooms, decorated with exquisite taste by Madame Brunet, are both delightful and luxurious. The owners offer a hospitable welcome in this peaceful, quiet spot where you can relax by the fire or in the superb garden. Giverny, the cradle of Impressionism 2 km (Claude Monet and American Museums). Château de Bizy 5 km, Château-Gaillard aux Andelys 20 km. Hiking trails locally. Water sports centre 5 km. Golf course 15 km.
☆ How to get there: From Paris: A13, exit 14 for Vernon-Giverny. At Giverny, turn into Rue Claude Monet. After church, left into rue B. Moshedé. 1.2 km on, turn left and follow white signposts. Michelin map 55, fold 18.

★ 5 ch. avec sanit. privés (dont 1 au r.d.c. accessible aux pers. handicapées). Ouvert du 1/4 au 1/11 et l'hiver sur réserv. Petit déj. copieux et raffiné. Billard, mat. de dessin et de peinture à dispo. Jardin, vélos. Restaur. à Giverny 2 km. ★ *Giverny, berceau de l'Impressionnisme à 2 km (musées Claude Monet et Américain). Château de Bizy (5 km) et Château-Gaillard aux Andelys (20 km). Sentiers de randonnée sur place. Base nautique 5 km. Golf 15 km.* ★
Sur les hauteurs de Giverny, cette vaste et belle demeure familiale domine les bois et vergers environnants. Les chambres décorées avec beaucoup de goût par Mme Brunet sont ravissantes et très confortables. Une étape paisible et sereine où vous serez acueillis chaleureusement par les propriétaires qui vous recevront au coin du feu ou dans leur superbe jardin.
★ Accès : De Paris : A13 sortie 14 dir. Vernon-Giverny. A Giverny, prendre la rue C. Monet. Après l'église, à gauche (rue B. Moshedé). A 1,2 km prendre à gauche puis suivre le fléchage blanc. CM 55, pli 18.

★ Prix/Price : 350/ 550 F 1 Pers - 450/ 650 F 2 Pers

HEUDREVILLE-SUR-EURE

146

Janine BOURGEOIS
4 RUE DE L'ANCIENNE POSTE
27400 HEUDREVILLE SUR EURE
Tél. : 02.32.50.20.69

Carte 2

Madame Bourgeois has tastefully decorated this former farmhouse on the banks of the Eure. The rooms are bright and radiant, creating a warm, welcoming atmosphere. You will enjoy the peace and quiet of the countryside around this pretty Norman village.
Claude Monet's house and garden at Giverny and American Museum. Nearby Rouen, a city steeped in art and history. Renaissance château at Gaillon.
☆ How to get there: A13, Louviers exit, then motorway for Evreux and exit at Acquigny. D71 for Evreux.

★ 1 chambre double et 1 chambre familiale, chacune avec bains et wc. Ouvert toute l'année. Copieux petit-déjeuner. Restaurants sur place et à 6 km. Vélos et ping-pong. 390 F/4 pers. - 470 F/ 5 pers. ★ *Jardin Claude Monet à Giverny et musée américain. Rouen, ville d'art et d'histoire. Château Renaissance à Gaillon.* ★
Madame Bourgeois a aménagé cette ancienne ferme située en bordure de l'Eure avec goût. Les chambres sont gaies et lumineuses et l'ambiance chaleureuse. Vous pourrez savourer le calme de la campagne dans ce joli village normand.
★ Accès : A 13, sortie Louviers, puis voie rapide en direction d'Evreux et sortie Acquigny, puis D71 direction Evreux.

★ Prix/Price : 220/ 230 F 1 Pers - 240/ 270 F 2 Pers - 320 F 3 Pers

MANTHELON
LE NUISEMENT

147

Daniel et Annick GARNIER
LE NUISEMENT
27240 MANTHELON
Tél. : 02.32.30.96.90

Carte 2

The Garnier family invites you to share the joys of country life in their Normandy mansion home, set amidst greenery and flowers. Farming is their livelihood, but they are also keen on converting and decorating houses. The interior boasts local period furniture, sculptures crafted by Daniel and flowers dried by Annick.
Medieval towns and cities (Conches, Verneuil and Rouen). Châteaux, riding club and river 3 km. 18-hole golf course 20 km.
☆ How to get there: At the D55 (Evreux-Breteuil) and D140 (Conches-Damville) crossroads. Michelin map 55, fold 16.

★ 4 ch., 2 avec salle de bains et wc, bains balnéo, 2 avec salle d'eau et wc, douche massante. Ouvert toute l'année. 10 restaurants entre 6 et 8 km. Salle de jeux avec billard, cuisine à disposition. Vélos. Salle de gym. Animaux admis sous conditions. Vente de foie gras à la ferme. ★ *Villes médiévales (Conches, Verneuil, Rouen), châteaux, club hippique et rivière à 3 km, golf 18 trous à 20 km.* ★
Dans leur gentilhommière normande, entourée de fleurs, Annick, Daniel et leurs enfants vous invitent à partager leur vie à la campagne. Agriculteurs, leur passion est l'aménagement et la décoration de maisons. Leur intérieur comporte des meubles régionaux anciens. Sculptures créées par Daniel et fleurs séchées par Annick.
★ Accès : Au carrefour de la D55 (Evreux-Breteuil) et de la D140 (Conches-Damville). CM 55, pli 16.

☆ Prix/Price : 230/ 250 F 1 Pers - 260/ 280 F 2 Pers - 310/ 330 F 3 Pers

LES PREAUX
PRIEURE-DES-FONTAINES

148

Jacques et M.Hélène DECARSIN
ROUTE DE LISIEUX
PRIEURE DES FONTAINES
27500 LES PREAUX
Tél. : 02.32.56.07.78 - Fax : 02.32.42.88.23

Carte 2

This restored and extended, time-honoured residence, dating back to the former Préaux abbey, offers five comfortable bedrooms (one on the ground floor), in a peaceful, flowery and leafy setting.
Lake, tennis and riding 5 km. Le Bec-Hellouin abbey 20 km, Honfleur 23 km. Brotonne regional natural park. Lisieux 25 km.
☆ How to get there: From Pont-Audemer to Les Préaux, for Lisieux, past railway station, carry on along D139 to Les Préaux. The house is at the exit from the village, on the left (on the rise). Michelin map 55, fold 4.

★ 5 chambres avec sanitaires privés et téléphone. Ouvert toute l'année. Copieux petit déjeuner. Table d'hôtes (vins compris). Restaurants à 5 km. Piscine et vélos sur place. Parc (5 ha.). 530/600 F/4 pers. ★ *Plan d'eau, tennis et équitation à 5 km. Abbaye du Bec-Hellouin à 20 km. Honfleur à 23 km. Parc Naturel Régional de Brotonne. Lisieux 25 km.* ★
Dans une grande demeure restaurée et agrandie dont les origines remonteraient à l'abbaye des Préaux, 5 chambres (dont 1 au rez-de-chaussée) confortables et situées dans un cadre verdoyant, calme et fleuri.
★ Accès : De Pont-Audemer aux Préaux dir. Lisieux, devant la gare, puis D139 jusqu'aux Préaux. Située à la sortie du village, sur la gauche (en hauteur). CM 55, pli 4.

☆ Prix/Price : 250/ 270 F 1 Pers - 280/ 330 F 2 Pers - 400 F 3 Pers - 120 F Repas

REUILLY
CLAIR-MATIN

149

J-Pierre et Amaia TREVISANI
19, RUE DE L'EGLISE
27930 REUILLY
Tél. : 02.32.34.71.47 - Fax : 02.32.34.97.64

Carte 2

★ 2 chambres dont 1 familiale avec mezzanine et 1 suite 2 pers. avec salon privé, bains et wc privés pour chacune. Ouvert toute l'année. Auberges à proximité. Téléphone sans fil disponible et fax. Parking privé. 350 F/4 pers. ★ *Tennis 300 m. Equitation 3 km. Canoë-kayak 5 km. Jardin de Claude Monet à Giverny. Château-Gaillard, Rouen, châteaux et abbayes.* ★

Dans un cadre verdoyant, à l'intérieur d'une propriété arborée, 3 chambres d'hôtes rustiques situées dans une aile indépendante du manoir. Les petits déjeuners sont servis dans une grande salle avec cheminée. Accueil chaleureux des propriétaires.

★ Accès : A13 sortie 17 Gaillon dir. Evreux, Reuilly 12 km. D'Evreux sortir à Gravigny dir. Rouen. Face au centre commercial Caer/Norman-ville prendre la D316 vers Gaillon, Reuilly à 5 km.

This verdant setting, on a tree-filled property, offers three rustic-style bedrooms in a separate wing of the manor. Breakfast is served in a large dining room with fireplace. A warm welcome is guaranteed by the owners.
Tennis 300 m. Riding 3 km. canoeing 5 km. Claude Monet Museum (artist's house and garden) at Giverny. Château-Gaillard, Rouen, châteaux and abbeys.
☆ *How to get there: On the A13, exit 17 Gaillon, head for Evreux. Reuilly is 12 km on. Or from Evreux, turn off at Gravigny dir. Rouen. Opposite Caer/Normanville shopping centre, D316 to Gaillon. Reuilly is 5 km on.*

★ Prix/Price : 200 F 1 Pers - 250/ 280 F 2 Pers - 300 F 3 Pers

SAINT-CLAIR-D'ARCEY
DOMAINE-DU-PLESSIS

150

M. GOUFFIER ET M. RODRIGUEZ
DOMAINE DU PLESSIS
27300 SAINT-CLAIR-D'ARCEY
Tél. : 02.32.46.60.00

Carte 2

★ 2 ch. 3 pers. et 1 ch. 2 pers. avec sanitaires privés. Ouvert toute l'année. Copieux petit-déjeuner : tartes, yaourts, fromages, fruits, viennoiseries... Salon à disposition. Etang, parc de 5 ha. Restaurants à 4 km et à Bernay (7 km). ★ *Equitation 4 km. Piscine, tennis 7 km. Mer à Deauville 60 km. Château de Beaumesnil 15 km. Bernay 7 km. Arboretum, château de Harcourt 25 km. Abbaye du Bec Hellouin 30 km.* ★

Cette gentilhommière avec dépendances du XVIIIe est située dans un parc de 5 ha. aux arbres centenaires. Bel aménagement intérieur avec mobilier d'époque, tapisserie et tissus coordonnés. Les chambres à l'étage, ont une belle vue sur la propriété. Vous ferez en ce lieu retiré, un séjour en toute quiétude et vous initierez à la sculpture avec M. Rodriguez.

★ Accès : A proximité de la D140 Bernay-Conches. Prendre 4 km après Bernay, à gauche dir. St-Clair-d'Arcey, puis St-Aubin-le-Guichard et suivre les panneaux.

This 18th manor house with outbuildings is set in 12.5-acre grounds, lined with hundred-year old trees. Well appointed with period furniture, matching tapestries and fabrics. The upstairs bedrooms afford a magnificent view of the property. A quiet restful stay is guaranteed in this secluded residence. Learn the art of sculpture with Mr Rodriguez.
Riding 4 km. Swimming pool, tennis court 7 km. Sea at Deauville 60 km. Château de Beaumesnil 15 km. Bernay 7 km. Arboretum, Château de Harcourt 25 km. Le Bec Hellouin abbey 30 km.
☆ *How to get there: Close to the D140 Bernay-Conches. 4 km after Bernay, left for St-Clair-d'Arcey, then St-Aubin-le-Guichard and follow signs.*

★ Prix/Price : 250/ 290 F 1 Pers - 280/ 320 F 2 Pers - 340/ 380 F 3 Pers - 90 F Repas

SAINT-ELOI-DE-FOURQUES
MANOIR-D'HERMOS

This stunning 16th century manor house, set in vast grounds with a lake, was once Henri IV's hunting lodge. Handsome period furniture. The bedrooms are decorated with warmth and harmony. Enjoy walks in the park where the air is filled with a wealth of essences, or along forest paths. Discover your hostess's specialities at the table d'hôtes.
Locally: Le Bec Hellouin abbey, Champ de Bataille, Château d'Harcourt arboretum, 18-hole golf course, riding clubs, swimming pools, outdoor sports centre (windsurfing, etc.).
☆ How to get there: From Paris, A13 Maison-Brûlée exit, head for Bourgtheroulde-Brionne. 8 km after Bourgtheroulde, turn left onto D83 dir. Le Gros Theil. At cemetery D92, on right. Follow signs for 2 km.

Beatrice NOEL-WINDSOR
MANOIR D'HERMOS
27800 SAINT-ELOI-DE-FOURQUES
Tél. : 02.32.35.51.32 - Fax : 02.32.35.51.32

Carte 2

★ 2 chambres (3 et 4 pers.) avec bains et wc privés. Ouvert toute l'année. Table d'hôtes occasionnelle : gougère, tarte aux poireaux, canard aux olives, tarte Tatin... Billard. Jardin, parc, plan d'eau avec possibilité de pêche, vélos, salon de jardin, jeux enfants. Poss. accueil cavaliers l'été. ★ *A proximité : abbaye du Bec Hellouin, château du champ de Bataille, arboretum du château d'Harcourt, golf 18 trous, clubs hippiques, piscines, base de loisirs (planche à voile...).* ★ ***Ravissant manoir du XVIe (ancien pavillon de chasse d'Henri IV) entouré d'un vaste parc avec plan d'eau. Beau mobilier ancien. Les chambres qui vous reçoivent sont chaleureusement et harmonieusement décorées. Belles promenades dans le parc aux essences variées et dans les allées forestières. A la table, vous pourrez découvrir les spécialités de la maîtresse de maison.***
★ Accès : A13 sortie Maison-Brulée, dir. Bourgtheroulde prendre à gauche la D83 dir. Le Gros Theil. Au cimetière, prendre la D92, à droite. Suivre les pancartes sur 2 km.

★ Prix/Price : 220/ 270 F 1 Pers - 250/ 300 F 2 Pers - 330/ 380 F 3 Pers - 80 F P. sup - 90 F Repas

SAINT-PHILBERT-SUR-RISLE

152

This large half-timbered residence overlooking the Risle valley is set in tree-filled grounds. The three bedrooms are on the first floor. The refined decoration, ambient calm and warm welcome will make your stay most agreeable.
Le Bec Hellouin abbey 7 km. Honfleur 35 km.
☆ How to get there: From Brionne, head for Monfort-sur-Risle. At the entrance to Monfort, turn left for Glos-sur-Risle. At the garage, make a right. The property is at the end of the road.

M. NAEDER et Mme de FROBERVILLE
LA BARONNIE
27290 SAINT-PHILBERT SUR RISLE
Tél. : 02.32.57.08.49

Carte 2

★ 3 chambres avec sanitaires privés : 1 chambre pour 2 pers. et 2 chambres pour 2 ou 3 pers. Kitchenette et salon privé avec TV à la disposition des hôtes. Parc. Restaurants au Bec-Hellouin 7 km. Ouvert de mars à décembre. Tarifs pour longs séjours. ★ *Abbaye du Bec Hellouin à 7 km. Honfleur à 35 km.* ★
Cette grande demeure à colombages qui domine la vallée de la Risle est située dans un parc arboré. Les 3 chambres sont à l'étage. Le raffinement de la décoration, le calme environnant et la chaleur de l'accueil feront de votre séjour un moment privilégié.
★ Accès : De Brionne dir. Monfort-sur-Risle. A l'entrée de Monfort, à gauche, dir. Glos-sur-Risle. Au garage prendre à droite. La propriété est au bout de cette route.

★ Prix/Price : 210/ 260 F 1 Pers - 260/ 310 F 2 Pers - 360 F 3 Pers

CHERISY

153

Jacques SARRUT
6 ROUTE DE PARIS
28500 CHERISY
Tél. : 02.37.43.81.67 ou 06.08.34.44.20
- Fax : 02.37.62.03.03

Carte 2

This delightful residence stands on a 7.5-acre property surrounded by a lake. The guest bedroom is enchanting. In fine weather, enjoy a stroll in the grounds or a boat trip on the lake (fishing allowed). A haven of peace and greenery with undeniable charm.
Eure valley, near Dreux, 2 km (Royal Chapel). Anet château and forest 15 km. Chartres cathedral 30 km. Maintenon 20 km.
☆ *How to get there: RN12, 2 km from Dreux. Michelin map 60, fold 17.*

★ 1 chambre avec sanitaires privés (possibilité d'associer une 2e chambre). Ouvert toute l'année. Copieux petit déjeuner. TV, téléphone, mini-bar et billard à la disposition des hôtes. Parc de 3 ha. avec étang, barque et pêche. Restaurants à 300 m. ★ *Vallée de l'Eure à proximité de Dreux, 2 km (Chapelle Royale). Anet (château et forêt) 15 km. Chartres (cathédrale) 30 km. Maintenon 20 km.* ★

Ravissante demeure située sur une propriété de 3 ha. entourée d'un lac. Une chambre décorée avec infiniment de charme vous est réservée. A la belle saison, vous pourrez flaner dans le parc ou faire des promenades en barque sur le lac (possibilité de pêche). Vous ferez dans ce havre de paix et de verdure une étape pleine de charme.

★ Accès : RN12, à 2 km de Dreux. CM 60, pli 17.

☆ Prix/Price : 300 F 1 Pers - 350 F 2 Pers - 550 F 3 Pers

LA FERTE-VIDAME
MANOIR-DE-LA-MOTTE

154

Jean-Pierre et Anne JALLOT
LA MOTTE
28340 LA FERTE VIDAME
Tél. : 02.37.37.51.69 - Fax : 02.37.37.51.56

Carte 2

19th century La Motte manor is set in 7.5 acres of parkland with hundred-year old trees, on the borders of Normandy and Le Perche. Your hosts Anne and Jean-Pierre provide a warm welcome at their handsome residence. You will enjoy the charm of a bygone age in the bedrooms with canopied beds, period furniture and finely embroidered linen.
Historic city of La Ferté Vidame. Conservation area: forests and lakes. Riding. Fishing and hunting. Tennis. 2 golf courses 10 km. Water sports centre.
☆ *How to get there: From Chartres, head for Senonches, then for La Ferté Vidame. La Motte manor is 1.5 km on, heading for Verneuil-sur-Avre.*

★ 2 ch. ou suite avec sanitaires privés. Ouvert toute l'année. Petits déjeuners gourmands. Jardin d'hiver avec TV et biblio. Golf : 3 trous d'entrainement, parcours jogging, loc. vélos et équitation sur place. Gratuit enfants - 10 ans. 760 F/4 pers. Tarif séjour dès la 2e nuit. ★ *Cité historique de la Ferté Vidame. Environnement protégé : forêts et étangs. Equitation. Pêche et chasse. Tennis. 2 golfs à 10 km. Centre aquatique.* ★

Entouré d'un parc de 3 ha. orné d'arbres centenaires, aux confins de la Normandie et du Perche, le manoir de la Motte est une belle demeure du XIXe siècle où les propriétaires vous réservent un accueil chaleureux. Vous apprécierez le charme suranné des chambres avec ciel de lit et mobilier d'époque et la beauté du linge brodé.

★ Accès : De Chartres prendre dir. Senonches, puis dir. La Ferté Vidame. Le manoir de la Motte est à 1,5 km en dir. de Verneuil-sur-Avre.

☆ Prix/Price : 340/ 440 F 1 Pers - 380/ 480 F 2 Pers

LA MANCELIERE-MONTMUREAU
LA MUSARDIERE

155

Renée SCHAFFNER-ORVOEN
LA MUSARDIERE
28270 LA MANCELIERE-MONTMUREAU
Tél. : 02.37.48.39.09

Carte 2

On the Normandy and Le Perche borders, you will find this pleasant residence set in a beautiful flower garden with a stream running through it. The bedrooms are each named after a flower and offer superb decoration: handsome period wardrobes, carpets and engravings. The delightful bathroom in the « Passerose » bedroom is especially worthy of note. Full of charm.
Historical sites. Forests. Lakes and ponds. Hiking. Golf. Riding. Fishing and hunting. Heated indoor pool on the premises.
☆ *How to get there: From Chartres, head for Verneuil-sur-Avre. In Brezolles, turn left at La Fontaine, then make for La Ferté Vidame.*

★ 3 chambres avec sanitaires privés. Ouvert de Pâques à la Toussaint. Copieux petit-déjeuner : yaourts, viennoiseries, crêpes... Salon avec cheminée, TV, et cuisine à disposition. Parc de 1 ha., ruisseau, balançoire, ping-pong. Piscine couverte et chauffée. ★ *Sites historiques. Forêts. Etangs. Randonnées. Golf. Equitation. Pêche et chasse.* ★
Aux confins de la Normandie et du Perche, agréable demeure entourée d'un beau jardin fleuri où serpente un ruisseau. Les chambres qui portent chacune un nom de fleur sont superbement décorées : belles armoires anciennes, tapis, gravures. A noter la ravissante salle de bains de la chambre « Passerose ». Atmosphère pleine de charme.
★ Accès : De Chartres, prendre la dir. de Verneuil-sur-Avre. A Brezolles, tourner à gauche à La Fontaine dir. La Ferté Vidame.

★ Prix/Price : 300 F 1 Pers - 360 F 2 Pers - 80 F P. sup

ARZANO
CHATEAU-DE-KERLAREC

156

Michel BELLIN
CHATEAU DE KERLAREC
29300 ARZANO
Tél. : 02.98.71.75.06 - Fax : 02.98.71.74.55

Carte 2

Château de Kerlarec has a rich past, and beckons you to discover the refined atmosphere in which the flavour of things past still holds dominion. An elegant residence nestled in a verdant park, just a stone's throw from the ocean. A memorable stay is assured in the lofty bedrooms, which all have their own individual style. Gourmet breakfasts.
Painters' way. Morbihan Gulf. Concarneau. Pont-Aven. Pointe du Raz. Carnac. Quiberon. Le Faou. Scorff valley. Nearby: golf course, beach and horse-riding.
☆ *How to get there: At Quimperlé, take the D22 for Arzano. Château de Kerlarec is on the left before Arzano.*

★ 6 chambres dont 4 suites avec sanitaires privés. Ouvert toute l'année. Dégustation (sur réservation) de produits bretons et de la mer. Salon avec TV, cheminée, biblio., salon de détente. Expositions. Parc 2 ha. avec pièce d'eau et tennis. Restaurants à proximité. Cartes bancaires acceptées. ★ *Route des peintres. Golfe du Morbihan. Concarneau. Pont-Aven. Pointe du Raz. Carnac. Quiberon. Le Faou. Vallée du Scorff. A proximité : golf, plage, équitation.* ★
Le château de Kerlarec est un lieu chargé d'histoire. Il vous invite à découvrir son atmosphère raffinée, celle où règne encore la saveur du temps oublié. Un lieu élégant niché dans un parc de verdure, à quelques pas de l'océan, où des chambres vastes et personnalisées vous offriront des moments privilégiés. Petits déjeuners gourmands.
★ Accès : A Quimperlé, prendre la D22, direction Arzano. Le château de Kerlarec est à gauche avant Arzano.

★ Prix/Price : 330 F 1 Pers - 380/ 450 F 2 Pers - 450 F 3 Pers

CARANTEC
KERVEZEC

157

Carte 2

Famille BOHIC
KERVEZEC
29660 CARANTEC
Tél. : 02.98.67.00.26

★ 5 ch. avec sanitaires privés : 4 ch. 2 pers., 1 ch. familiale avec salon ou lits enfants. Ouvert toute l'année. Salon, bibliothèque, téléphone. Terrasse plein sud. Restaurants et crêperies à Carantec (1 km). Animaux admis sous conditions. Parking privé. 460 F/4 pers. ★ *Tumulus de Bardenez, parc régional d'Armorique 20 km. Enclos paroissiaux 15 km. Tennis, voile, équitation, plongée, pêche, golf. Ile Callot à Carantec 1 km (15 plages).* ★

En entrant dans ce manoir breton dominant la campagne et la mer, près de Carantec, vous serez accueillis par la famille Bohic. Ils sauront vous servir de guide pour découvrir la région : bord de mer, cités de caractère, enclos paroissiaux, parc d'Armorique. Chambres très agréables meublées dans le style régional.

★ Accès : A Morlaix dir. Saint-Pol de Léon (D58), tourner à droite dir. Carantec. Puis tourner à gauche, 300 m avant le supermarché Stoc. CM 58, pli 6.

In this Breton manor overlooking the countryside and the sea, close to the seaside resort of Carantec, the Bohic family are your hosts. They will be only too pleased to advise you on excursions: coastline, historic towns, parish enclosures, Armorique regional nature park. Southfacing terrace, book-filled drawing room. Very comfortable rooms with period furniture.

Bardenez tumulus 20 km. Armorique regional park 20 km. Parish enclosures 15 km. Tennis, sailing, riding, diving, fishing. Golf course. Ile Callot seaside resort at Carantec (15 beaches) 1 km.

☆ How to get there: At Morlaix, head for Saint-Pol-de-Léon on D58, turn right for Carantec. Then turn left 300 m before the Stoc supermarket.

☆ Prix/Price : 200/ 300 F 1 Pers - 250/ 350 F 2 Pers - 390 F 3 Pers

CARHAIX
MANOIR-DE-PREVASY

158

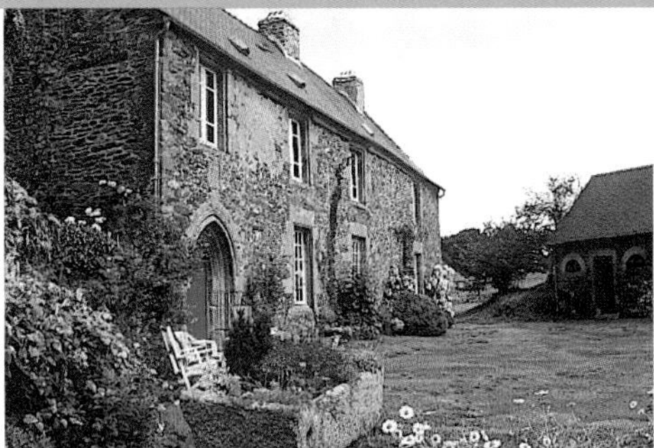

Carte 2

Peter NOVAK
MANOIR DE PREVASY
29270 CARHAIX
Tél. : 02.98.93.24.36

★ 4 chambres 2 pers. et 1 ch. familiale pour 4 pers., toutes avec bains et wc privés. Salon avec TV. Ouvert de Pâques à la Toussaint. TV sur demande. Jardin, cour. Vélos. Restaurants à proximité (centre ville à 5 mn). 410 F/4 pers. ★ *Parc d'Armorique. Tennis, piscine, canal, pêche, canoë-kayak et centre équestre à proximité.* ★

Dans une cour d'honneur avec dépendance, vieille chapelle et ruines romantiques, cette ferme-manoir, restaurée à l'ancienne est entourée de grands espaces boisés. Beaux meubles anciens dans des chambres confortables où vous trouverez calme et tranquillité.

★ Accès : Sur rocade sud de Carhaix (N164). Tourner vers le sud au carrefour (feux et magasin « Cycles le Cam »). Passer la caserne, vers le T au bout de la route. A droite et immédiatement à gauche, faire 300 m.

This farmhouse manor, around a main courtyard with an old chapel, outbuildings and romantic ruins is set in woodland. The property has been restored to pristine splendour. Handsome period furniture in comfortable bedrooms for a peaceful and quiet stay.

Armorique natural park. Tennis, swimming pool, canal, fishing, canoeing and riding centre in the vicinity.

☆ How to get there: Bypass south of Carhaix (N164). Southbound at crossroads (lights and « Cycles le Cam » shop). Drive past barracks, to T-junction at the end of the road. Turn right and left straight away, drive 300 m.

☆ Prix/Price : 230/ 240 F 1 Pers - 260/ 295 F 2 Pers - 360 F 3 Pers

Finistère

CAST
MANOIR DE TREOURET

159

Madeleine GOUEROU
MANOIR DE TREOURET
29150 CAST
Tél. : 02.98.73.54.38

Carte 2

★ 1 suite de 3 pers. avec sanitaires privés et 1 chambre 2 pers. avec coin-salon, salle d'eau et wc privés. Ouvert toute l'année. Petit déjeuner : jus de fruits, pains, crêpes maison, gâteaux bretons, confitures... Salon. Tennis de table. Jardin. Restaurants à 2 et 7 km. ★ *Randonnées pédestres. Location de vélos à 2 km. Voile, pêche, piscine, équitation à 7 km. Mer et plage à 12 km.* ★

Dans un cadre reposant, Madeleine et Jean-Louis vous accueillent dans leur manoir, non loin des collines de Locronan, au cœur de la plaine du Porzay, proche de la presqu'île de Crozon. Une suite spacieuse avec coin-cuisine vous sera réservée.

★ Accès : A partir de Cast, prendre dir. gare de Quemeneven sur 2 km. Calvaire à droite et tourner à gauche. CM 58, pli 15.

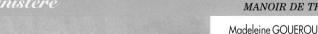

Madeleine and Jean-Louis are your hosts at their manor house which stands in restful surroundings close to the Locronan hills. The property enjoys a prime location in the heart of the Porzay plain, close to the Crozon peninsula. A spacious suite with kitchen area awaits your arrival.
Hiking. Bike rental 2 km. Sailing, fishing, swimming pool, riding 7 km. Sea, beach 12 km.
☆ *How to get there: From Cast, drive 2 km for Quemeneven (railway station). Cross on right, then turn left. Michelin map 58, fold 15.*

★ Prix/Price : 210/ 220 F 1 Pers - 250/ 260 F 2 Pers - 330 F 3 Pers

Finistère

DOUARNENEZ
MANOIR-DE-KERVENT

160

Marie-Paule LEFLOCH
MANOIR DE KERVENT
29100 DOUARNENEZ
Tél. : 02.98.92.04.90 - Fax : 02.98.92.04.90

Carte 2

★ 3 chambres (1 ch. 2 pers., 1 ch. 3 pers. et 1 ch. familiale 4 pers.), salle d'eau et wc privés pour chaque chambre. Ouvert toute l'année. Salon avec cheminée. Portique et promenades dans la propriété. Restaurants à 3 km. 420 F/4 pers. ★ *Port de plaisance et tennis à 2 km. Plage, piscine et thalassothérapie à 3 km.* ★

En pleine campagne, à proximité de Douarnenez, Marie-Paule Lefloch et ses enfants vous reçoivent dans un chaleureux manoir couvert de lierre. Le petit déjeuner, copieux, vous sera servi dans la vaste salle à manger, pleine de lumière d'où vous pourrez admirer le parc très fleuri.

★ Accès : De Douarnenez, prendre dir. Audierne (D765). 500 m après les 1ers feux, prendre la 1re route à droite puis suivre le fléchage sur 1 km. CM 58, pli 14.

Right in the heart of the countryside, close to Douarnenez, is where you are guaranteed a warm welcome by Marie-Paule Lefloch and her children in their ivy-covered manor house. Filling breakfasts are served in a vast, bright dining room which affords a view of the flower-filled grounds.
Sailing harbour and tennis courts 2 km. Beach, swimming pool, seawater therapy centre 3 km.
☆ *How to get there: From Douarnenez, head for Audierne (D765). 500 m after the first traffic lights, take first road on right, then follow signs for 1 km. Michelin map 58, fold 14.*

★ Prix/Price : 190 F 1 Pers - 250 F 2 Pers - 320/ 400 F 3 Pers

GUIPAVAS
LA CHATAIGNERAIE

Nestled in wooded parkland, on the Stang Alar heights, 5 minutes from Brest, « La Châtaignerie » is an ideal setting for peace and quiet. You will enjoy the comfortable spacious surroundings and superb view of the natural harbour and port. In the high season, relax in the heated pool with solarium.
Brest botanic conservatory and Stang Alar valley nearby. Océanopolis marine centre, Moulin Blanc beach, yachting harbour and water sports 2 km. Brest 5 km (arsenal, museum, etc.).
☆ *How to get there:* Bypass (rocade) south of Carhaix (N164). South at crossroads (traffic lights and « Cycles le Cam » shop). Pass barracks, T-junction at end of road. Right and 1st left for 300 m. Michelin map 58, fold 17.

Michele MORVAN
LA CHATAIGNERAIE
KERAVELOC
29490 GUIPAVAS
Tél. : 02.98.41.52.68

Carte 2

★ 3 chambres avec TV, bains et wc privés. Ouvert toute l'année. Mezzanine avec salon-bibliothèque, cuisine équipée à disposition, salle de jeux (ping-pong...). Vaste terrasse. Piscine chauffée avec solarium en haute-saison. Parc (1 ha.). Nombreux restaurants et crêperies à proximité. 400 F/4 pers. ★ *Conservatoire botanique de Brest et vallon du Stang Alar sur place. Océanopolis, plage du Moulin Blanc, port de plaisance et sports nautiques 2 km. Brest 5 km (arsenal, musée...).* ★
Nichée dans un parc boisé, sur les hauteurs du Stang Alar et à 5 mn de Brest, la Châtaigneraie offre calme et repos. Vous y apprécierez le confort, l'espace et la superbe vue sur la rade et le port de plaisance. Pour vous détendre, une piscine chauffée avec solarium en haute-saison.
★ Accès : De Guipavas, D712 vers Brest. A gauche, au feu de Caoataudon, suivre Keraveloc. De Quimper, après pont de l'Elorn, N265 puis D712 comme ci-dessus. CM 58, pli 4.

☆ Prix/Price : 180/ 220 F 1 Pers - 200/ 250 F 2 Pers - 300/ 350 F 3 Pers

ILE-DE-BATZ

162

Marie-Pierre and Jean are your hosts at their vegetable farm on the Ile de Batz. The four bedrooms are warmly decorated and afford a superb view of the sea and the little port. Relax in the lounge which boasts beautiful period furniture and a fireplace.
Beaches around the isle, exotic garden. Sailing school. Horse farm.
☆ *How to get there:* At Roscoff, take the boat for Ile de Batz (15-minute crossing, hourly departures). The house is next to the church, 5 min. from the landing stage. Michelin map 58, fold 6.

Jean et Marie-Pierre PRIGENT
29253 ILE DE BATZ
Tél. : 02.98.61.76.91

Carte 2

★ 4 chambres dont 1 familiale, toutes avec sanitaires privés. Petit déjeuner très copieux : jus de fruits, café, thé, viennoiseries, gâteau breton... Jardin. Restaurants et crêperies à proximité. 420 F/4 pers. ★ *Plages autour de l'île, jardin exotique, école de voile. Ferme-équestre.* ★
Sur l'Ile de Batz, Marie-Pierre et Jean vous accueillent dans leur ferme légumière. Toutes les chambres chaleureusement décorées ont une vue superbe sur la mer et le petit port. Pour vous détendre, un salon avec de beaux meubles anciens et une cheminée.
★ Accès : A Roscoff prendre le bâteau pour l'Ile de Batz (15 mn de traversée, bâteau toutes les heures). La maison est située à côté de l'église, à 5 mn du débarcadère. CM 58, pli 6.

☆ Prix/Price : 220 F 1 Pers - 280 F 2 Pers - 370 F 3 Pers

PLOMEUR
KERALUIC

Luis et Irène GOMEZ-CENTURION
KERALUIC
29120 PLOMEUR
Tél. : 02.98.82.10.22 - Fax : 02.98.82.10.22

Carte 2

You will be made very welcome in this recently restored, traditional Breton farmhouse, in the heart of Bigouden country. The cosy, comfortable bedrooms are located in a delightful self-contained thatched cottage. Irène and Luis will be happy to help you discover the charm of real Brittany. Nearby: tennis, riding, 18-hole golf course. Pointe du Raz. Calvaries, megaliths. Within a 6 km radius: beaches, fishing ports, Audierne Bay (natural site).
☆ *How to get there:* 20 km south of Quimper, take the D785 for Pont l'Abbé, then the rocade (bypass) for Plomeur, Saint-Jean-Trolimon exit. Follow signs. Michelin map 58, fold 14.

★ 5 ch. avec bains ou douche et wc privés. Ouvert toute l'année. Coin-bibliothèque. Jardin, vélos, jeux d'enfants. Salle de réunion. Dépliant sur demande. Camping à proximité (25 emplacements). ★ *A proximité : tennis, équitation, golf 18 trous... Pointe du Raz, calvaires, mégalithes. A 6 km : plages, ports de pêche, baie d'Audierne (site naturel).* ★

Au cœur du pays Bigouden, vous serez accueillis en amis dans cette ancienne ferme typiquement bretonne récemment restaurée. Les chambres chaleureuses et confortables sont situées dans une ravissante chaumière indépendante. Luis et Irène vous feront découvrir tout le charme de la Bretagne authentique.

★ Accès : A 20 km au sud de Quimper, prendre D785 vers Pont l'Abbé puis rocade dir. Plomeur et sortir à Saint-Jean-Trolimon. Fléchage. CM 58, pli 14.

☆ Prix/Price : 275/ 380 F 2 Pers - 350/ 465 F 3 Pers

PLOUESCAT
PENKEAR

Marie-Thérèse LE DUFF
PENKEAR
29430 PLOUESCAT
Tél. : 02.98.69.62.87 - Fax : 02.98.69.67.33

Carte 2

« Penkear », Breton for « village end », is where you will receive a warm welcome from Marie-Thérèse and Raymond in their rustic lounge. Enjoy copious breakfasts in this farmhouse set in green and floral surroundings. The bedrooms are warm, modern and decorated with refinement.
Casino and beaches 2 km. Kerjean château (16th century) 10 km. Tour of parish enclosures. Roscoff (port famous in the past for its privateers; museum, aquarium). Seawater therapy centre.
☆ *How to get there:* From Morlaix, head for Saint-Pol-de-Léon then Plouescat. After signpost (town), turn right and drive for 1 km. Michelin map 58, fold 5.

★ Au rez-de-chaussée, 1 chambre (1 lit 160 x 200), TV, salle d'eau et wc privés. A l'étage : 1 suite de 2 chambres (2 lits 160 x 200 et 2 lits 80 x 200), TV, salle de bains et wc privés. Ouvert toute l'année. Petit déjeuner copieux. Restaurants 1 km. Gîte rural 3 épis sur place. ★ *Casino et plages à 2 km. Château de Kerjean (XVIe siècle) à 10 km. Circuit des enclos paroissiaux. Roscoff (cité corsaire, musée, aquarium). Thalassothérapie.* ★

« Au bout du village » en bon breton « Penkear », vous serez accueillis chaleureusement par Marie-Thérèse et Raymond dans leur séjour rustique. Vous apprécierez le copieux petit déjeuner dans cette ancienne ferme verdoyante et fleurie. Les chambres sont chaudement aménagées, modernes et raffinées.

★ Accès : De Morlaix, dir. Saint-Pol de Léon puis Plouescat. Après le panneau (ville), tourner à droite et continuer sur 1 km. CM 58, pli 5.

☆ Prix/Price : 300 F 1 Pers - 360 F 2 Pers - 460 F 3 Pers

Finistère — PLOUIGNEAU *MANOIR-DE-LANLEYA* — 165

Manoir de Lanleya is an enchanting manor between Morlaix bay and the « Pink Granite Coast ». A 16th century stone spiral staircase leads to the « malouinière » on the first floor. One of the bedrooms boasts a monumental pink granite fireplace and the tower is a fine example of 16th century pegged carpentry. The legend associated with the manor is enthralling.
Morlaix bay, Pink Granite Coast, Arrée mountains (15 min.), parish enclosures and rich architectural heritage. Beaches, sailing, diving, sand yachting, hiking and riding.
☆ *How to get there:* RN12, Paris-Brest. Turn off at Plouigneau and head for Lammeur. Follow signs to « Manoir de Lanleya ».

André MARREC
MANOIR DE LANLEYA
29610 PLOUIGNEAU
Tél. : 02.98.79.94.15

Carte 2

★ 3 chambres avec sanitaires privés et 1 chambre d'appoint. Ouvert toute l'année. Savoureux petit déjeuner : confitures maison, crêpes, cake, tartes... Salon avec TV et cheminée. Cour, jardin et parc. Gîtes ruraux dans les communs du manoir. Restaurants à proximité. Cartes bancaires acceptées. ★ *Baie de Morlaix, Côte de granit rose, monts d'Arrée (1/4 d'heure), enclos paroissiaux et patrimoine architectural important. Plages, voile, plongée, char à voile, randonnées, équitation.* ★

Entre la baie de Morlaix et la Côte de granit rose, le manoir de Lanleya vous surprendra et vous séduira. Au 1er étage vous découvrirez sa malouinière desservie par un escalier à vis en pierres du XVIe, dans l'une des chambres, une cheminée monumentale en granit rose et dans la tourelle, la charpente chevillée, du XVIe. La légende attachée au manoir vous ravira.

★ Accès : RN12, Paris-Brest. Sortir à la hauteur de Plouigneau puis direction Lammeur et suivre le fléchage « Manoir de Lanleya ».

☆ Prix/Price : 270 F 1 Pers - 300/ 320 F 2 Pers - 100 F P. sup

Finistère — PLOURIN-LES-MORLAIX — 166

Yvette and Patrick provide a warm welcome at their very comfortable Breton stone house, on a dairy farm. The wide bay windows in the lounge look out onto the flower-filled garden, which you can admire whilst enjoying the delicious, copious breakfasts prepared by Yvette.
Fishing 500 m. Hiking trails. Famous parish enclosures 10 km. Morlaix bay 10 km. Sea and beach 20 km.
☆ *How to get there:* N12 Paris-Brest, Morlaix Nord-Sud exit, for hospital. At 4th roundabout, take the D769 (Carhaix). About 5 km up on left, head for Plourin and follow signs. Michelin map 58, fold 6.

Patrick et Yvette HELARY
LESTREZEC
29600 PLOURIN LES MORLAIX
Tél. : 02.98.72.53.55

Carte 2

★ 3 chambres avec sanitaires privés : 1 ch. 2 pers. au r.d.c. et 2 ch. 2 pers. à l'étage. Ouvert toute l'année. Copieux petit déjeuner à base de produits maison : yaourts, crêpes, gateaux, far... Restaurants à 6 et 12 km. TV à la disposition des hôtes. Jardin, jeux pour enfants. ★ *Pêche à 500 m. Circuits de randonnées. Célèbres enclos paroissiaux à 10 km. Baie de Morlaix à 10 km. Mer et plage à 20 km.* ★

Yvette et Patrick vous accueillent chaleureusement dans leur maison très confortable en pierre bretonne, située sur une exploitation laitière. Les larges baies du séjour s'ouvrent sur le jardin très fleuri que vous pourrez admirer en savourant les copieux petits déjeuners que prépare Yvette.

★ Accès : N12 Paris-Brest sortie Morlaix nord-sud dir. centre hospitalier. Au 4e rond point D769 (Carhaix). Environ 5 km à gauche dir. Plourin et suivre le fléchage.

☆ Prix/Price : 300 F 2 Pers

Finistère

167 — SAINT-THEGONNEC
AR-PROSPITAL-COZ

Christine et André PRIGENT
AR PROSPITAL COZ
18, RUE LIVIDIC
29410 SAINT-THEGONNEC
Tél. : 02.98.79.45.62 - Fax : 02.98.79.48.47

Carte 2

Through majestic parish enclosures, behind a curtain of cypress trees, you will come across « Ar Prospital Coz », which was the Saint-Thégonnec presbytery for two centuries. Christine and André offer comfortable and spacious accommodation.
Parish enclosures. Armorique Regional Nature Reserve 10 km. Tennis, hiking and competition fishing nearby. Brest, Océanopolis, pink granite cliffs 45 km. Sea and beach (Morlaix bay) 20 km. Pony club 1 km. Train station 10 km. Shops 400 m.
☆ *How to get there: From Morlaix, for Brest (N12 or D712). St-Thégonnec exit then follow « Chambres d'hôtes » signs. Michelin map 58, fold 6.*

★ 6 ch. avec poss. TV : 4 avec bains et wc, 2 avec douche et wc. Ouvert toute l'année. Copieux petit déjeuner. Table d'hôtes sur réservation. Auberge gastronomique à 500 m. Minitel et fax. Parking clos. Loc. vélos. Réduct. pour séjour en hors-saison. L-linge, sèche-linge et m-ondes à disposition. ★ *Enclos paroissiaux. Parc d'Armorique 10 km. Tennis, randonnées, pêche à prox. Brest, Océanopolis, Côtes de Granit rose 45 km. Mer, plage 20 km (baie de Morlaix). Poney-club 1 km.* ★

Sur la route des majestueux enclos paroissiaux, vous découvrirez, derrière un rideau de cyprès, « Ar Prospital Coz » qui fut le presbytère de Saint-Thegonnec pendant deux siècles. Christine et André vous y recevront dans des chambres spacieuses et confortables.

★ Accès : De Morlaix, dir. Brest (N12 ou D712). Sortie Saint-Thégonnec puis fléchage « Chambres d'hôtes ». CM 58, pli 6.

☆ Prix/Price : 200/ 220 F 1 Pers - 240/ 260 F 2 Pers - 300/ 320 F 3 Pers - 85 F Repas

Finistère

168 — SAINT-YVI
KERVREN

Odile LE GALL
KERVREN
29140 SAINT-YVI
Tél. : 02.98.94.70.34

Carte 2

This delightful 19th century Breton farmhouse has been fully restored. The residence is set on a hill in a landscaped park. The 6 bedrooms are comfortable and afford a superb view of the surrounding area. Hearty breakfasts of home-made produce prepared by your hostess are served in the dining room, which is appointed with Breton furniture.
Swimming pool, tennis, riding and bikes 5 min. Sea, beach, sailing and full range of water sports. Golf course 15 min. Concarneau, Pont-Aven, Quimper 15 min. Museums. Earthenware. Fishing.
☆ *How to get there: At Quimper, head for Rosporden on the D765. At the entrance to Saint-Yvi, turn left for Kerven and drive approximately 2.5 km.*

★ 6 chambres dont 1 avec téléphone, toutes avec sanitaires privés, possibilité TV dans chaque chambre. Ouvert toute l'année. Parc paysager. Aire de pétanque, jeu de croquet. Restaurants à 8 km. ★ *Piscine, tennis, équitation et vélos à 5 mn. Mer, plage, voile et tous loisirs nautiques. Golf à 15 mn. Concarneau, Pont Aven, Quimper à 15 mn. Musées. Faiences. Pêche.* ★

Ravissante longère bretonne du XIXe siècle entièrement restaurée, située sur une hauteur et entourée d'un parc paysager. 6 chambres confortables avec une superbe vue vous attendent. Dans la salle à manger aux meubles bretons, vous pourrez savourer les petits déjeuners à base de produits maison que prépare la maîtresse de maison.

★ Accès : A Quimper dir. Rosporden D765. A l'entrée de Saint-Yvi prendre à gauche dir. Kervren et faire 2,5 km environ.

☆ Prix/Price : 200 F 1 Pers - 250 F 2 Pers

LE TREHOU
MESCOUEZ

Elisabeth SOUBIGOU
MESCOUEZ
29450 LE TREHOU
Tél. : 02.98.68.83.39 - Fax : 02.98.68.86.79

Carte 2

This restored family home, set in a walled garden, was built in 1893. A warm welcome is guaranteed, and you will enjoy the hearty breakfasts which combine both sweet and traditional foods. The tennis court and indoor pool are ideal ways to relax.
Parish enclosures. Armorique regional nature park (hiking, mountain bikes). Old town with character: Monts d'Arrée, etc. Fishing, riding, canoeing, golf.
☆ *How to get there: From Sizun, head for Landerneau (D764). 4.1 km on, turn left and follow « Gîte Rural, Chambres d'hôte Mescouez » signs for 1.4 km.*

★ 5 chambres avec salle d'eau et wc privés pour chacune. Ouvert toute l'année. Salon, TV, bibliothèque. Jardin. Tennis et piscine couverte communs aux chambres et aux gîtes. Restaurants à 5 km. ★ *Enclos paroissiaux. Parc Naturel Régional d'Armorique (randonnées, VTT...). Cités de caractère, Monts d'Arrée... Pêche, équitation, canoë, golf.* ★
Entourée d'un jardin clos, cette maison de famille, restaurée a été construite en 1893. Un accueil chaleureux vous sera réservé et vous apprécierez le petit déjeuner copieux, alliant douceurs et tradition. Pour vous détendre, un tennis et une piscine couverte sont à votre disposition.
★ Accès : A partir de Sizun, dir. Landerneau (D764) faire 4,1 km, tourner à gauche et suivre le fléchage « Gîte rural, Chambre d'Hôtes Mescouez » sur 1,4 km.

★ Prix/Price : 200 F 1 Pers - 240 F 2 Pers - 80 F Repas

AIGALIERS
LA BUISSONNIERE

M. HANOTIN
LA BUISSONNIERE
HAMEAU DE FOUSSARGUES
30700 AIGALIERS
Tél. : 04.66.03.01.71 - Fax : 04.66.03.19.21

Carte 6

This superb white stone « mas » (house) with terraces blends in perfectly with its setting in the heart of the countryside. Refined Mediterranean-style interior decor and bright colours. The bedrooms with terraces are spacious and boast magnificent decoration. Outstanding view of the surrounding countryside. Ideal spot for a relaxing stay.
Pont du Gard (bridge), Nîmes, Avignon, Les Baux, Uzès. canoeing, hiking, riding, mountain biking. Arts events, dance and theatre festival.
☆ *How to get there: From Uzès, head for Alès on D981. After Serviers, right for d'Aigaliers, then follow signs for « La Buissonnière ».*

★ 4 ch. et 2 suites avec tél., mini-bar et sanitaires privés (TV sur demande). Ouvert toute l'année (l'hiver sur résa.). Cour jardin, parc (1,5 ha.), piscine privée. Auberge 1 km, restaurants à Uzès 7 km. Cartes Visa et Eurocard acceptées. Prix variable selon la saison. Tarif dégressif à la semaine. ★ *Pont du Gard, Nîmes, Avignon, Les Baux, Uzès. Canoë, randonnées pédestres, à cheval, VTT. Manifestations culturelles, festival...* ★
En pleine nature, remarquablement intégré, superbe mas en pierres blondes avec restanques. Aménagement intérieur raffiné de style méditerranéen et couleurs patinées. Les chambres avec terrasses sont spacieuses et magnifiquement décorées. Vue exceptionnelle sur la campagne environnante. Etape idéale pour se ressourcer.
★ Accès : A Uzès, prendre dir. Alès D981. Après Serviers, prendre sur la droite en dir. d'Aigaliers puis suivre les panneaux « La Buissonnière ».

★ Prix/Price : 380/ 700 F 2 Pers - 150 F P. sup

ALZON
CHATEAU-DU-MAZEL

171

Gabriel RECOLIN
CHATEAU DU MAZEL
ROUTE DU VILLARET
30770 ALZON
Tél. : 04.67.82.06.33 - Fax : 04.67.82.06.37

Carte 6

Château du Mazel is set in the Cévennes, at the gateway to the Aveyron. In former times, this haven of peace and greenery was the residence of the Bishops of Nîmes, built by Monsignor Arnal du Curel, the Bishop of Monaco. Each of the spacious bedrooms is decorated in its own individual style and boasts a harmonious blend of period and modern furniture.
River and tennis in the village, hiking. Cévennes National Park. Cirque de Navacelles (corrie) 15 km. Couvertoirade, fortified village 25 km. Grottes des Demoiselles (caves) 35 km.
☆ *How to get there:* On the D999, between Nîmes and Millau, 15 km from Le Vigan.

★ 5 chambres et 1 suite, avec bains et wc privés. Ouvert de Pâques à mi-novembre. Table d'hôtes : cêpes, écrevisses, saumon, agneau des Causses... 1/2 pension sur demande. Parc de 4 ha. ★ *Rivière et tennis au village, randonnées, Parc National des Cévennes. Cirque de Navacelles à 15 km ; Couvertoirade, village fortifié à 25 km, Grottes des Demoiselles à 35 km.* ★

Dans les Cévennes, aux portes de l'Aveyron, le château du Mazel, havre de paix et de verdure, était l'ancienne résidence d'été des Evèques de Nîmes, construit par Monseigneur Arnal du Curel, évèque à Monaco. Les chambres sont spacieuses, personnalisées, et mèlent harmonieusement ancien et contemporain.

★ Accès : Sur la D999, entre Nîmes et Millau, à 15 km du Vigan.

☆ Prix/Price : 555/ 850 F 2 Pers - 795/1200 F 3 Pers - 115/ 165 F Repas

ARAMON
LE ROCHER-POINTU

172

André et Annie MALEK
LE ROCHER POINTU
PLAN DE DEVE
30390 ARAMON
Tél. : 04.66.57.41.87 - Fax : 04.66.57.01.77

Carte 6

In Provence, 12 km from Avignon, your hosts are Annie and André Malek in their pretty and warmly decorated, converted sheepfold, nestled in the hills. This oasis of tranquillity situated in the heart of this popular and culturally rich region is an ideal spot for a relaxing break by the pool or in the summer kitchen with barbecue.
Trails of Provence, Avignon, Pont du Gard, Uzès, Tarascon, Arles, Orange, les Baux de Provence, Nîmes and wine estate tours. Nearby: horse-riding, 18-hole golf course, fishing, hunting and tennis.
☆ *How to get there:* 12 km west of Avignon, on the D126, between the D2 and N100, 3 km from the village of Aramon.

★ 4 chambres, chacune avec bains ou douche et wc privés. Ouvert du 1er avril au 31 octobre. Petit déjeuner : mini-brunch avec confitures maison, brioche, œufs, fromage... Restaurants au village et à 5/10 mn (Avignon). Ping-pong, piscine privée commune avec le gîte. ★ *Sentiers de Provence, Avignon, Pont du Gard, Uzès, Tarascon, Arles, Orange, les Baux de Provence, Nîmes et route des vins. Equitation, golf 18 trous, pêche, chasse et tennis.* ★

En Provence, à 12 km d'Avignon, Annie et André Malek vous accueilleront dans leur jolie bergerie au décor chaleureux, nichée dans les collines. Vous vous détendrez agréablement dans cette oasis de calme située en plein cœur d'une région touristique et culturelle, autour de la piscine ou de la cuisine d'été avec barbecue.

★ Accès : A 12 km à l'ouest d'Avignon, sur la D126 entre la D2 et la N100, à 3 km du village d'Aramon.

☆ Prix/Price : 360/ 435 F 2 Pers - 100 F P. sup

BARJAC

173

Claudy CIARAMELLA
RUE BASSE
30430 BARJAC
Tél. : 04.66.24.59.63 - Fax : 04.66.24.59.63

Carte 6

This superb 18th century village house has been completely restored, and is set in a shaded garden surrounded by high walls. The swimming pool with covered relaxation area is at the bottom of the garden. You will appreciate the charm of the house with visible stonework and arch-ceilinged lounges. The bedrooms are vast and boast period furniture. Riding 3 km. canoeing and natural golf course at Rieussec 5 km. Ardèche gorges 15 km. Uzès 40 km. Nîmes and Avignon 70 km.

☆ *How to get there: Motorway, Bollène exit, for Barjac.*

★ 4 chambres avec sanitaires privés. Ouvert toute l'année (hiver sur réservation). Piscine. VTT, ping-pong. Randonnées pédestres. Restaurants à proximité. Forfait 7 nuits : 2000 F/2 pers., Forfait 7 nuits : 2800 F/3 pers. ★ *Equitation 3 km. Canoë et golf naturel du Rieussec 5 km. Gorges de l'Ardèche 15 km. Uzès 40 km. Nîmes et Avignon 70 km.* ★

Superbe maison de village (XVIIIe siècle) entièrement restaurée. Elle est entourée d'un jardin très ombragé clos de hauts murs. La piscine avec son coin-repos couvert est au fond du jardin. Vous apprécierez tout le charme de cette maison aux pierres apparentes avec ses salons voûtés, ses vastes chambres et son mobilier ancien.

★ Accès : Sortie autoroute Bollene, dir. Barjac.

☆ Prix/Price : 275 F 1 Pers - 300 F 2 Pers - 425 F 3 Pers

Gard

BARJAC
LA SERENITE

174

Michèle DEVILLE
LA SERENITE
PLACE DE LA MAIRIE
30430 BARJAC
Tél. : 04.66.24.54.63 - Fax : 04.66.24.54.63

Carte 6

Handsome 18th century family mansion set right in the heart of the village, boasting a walled garden and a large terrace graced with flowers. The vast sun-drenched bedrooms exude charm and offer attractive furniture, antiques, engravings, paintings and harmonious colours. The light and shade garden together with the terrace adds to the joys of this superb residence.

Streets of Barjac village. The Cévennes region. Ardèche gorges. Numerous caves and museums. Uzès 20 min. Nîmes and Avignon 1 hr. Riding, potholing, canoeing, rivers, 6-hole golf course, hiking.

☆ *How to get there: 40 km from Bollène. A7 motorway, Bollène exit, then Pont-Saint-Esprit and Barjac or Avignon Sud, then Bagnols and Barjac.*

★ 1 ch. et 2 suites (1 avec salon, mini-bar et TV, et 1 avec 2 ch. attenantes) avec sanitaires privés. Ouvert de mars à fin novembre. Petit déjeuner gourmand : confitures maison, miel du pays, jus de fruits, fruits de saison... Terrasse, jardin, barbecue, p-pong. Restaurants à proximité. ★ *Rues du village de Barjac. Les Cévennes. Gorges de l'Ardèche. Nombreuses grottes et musées. Uzès (20 mn). Nîmes et Avignon (1 h). Equitation, spéléologie, canoë, rivières, golf 6 trous, randonnées.* ★

Cette belle maison de maître du XVIIIe, au cœur du village, avec son jardin clos de murs et sa grande terrasse fleurie vous séduira. Vastes chambres ensoleillées pleine charme, beaux meubles et objets anciens, gravures et tableaux, harmonie des couleurs... Le jardin de soleil et d'ombres et la terrasse contribuent au charme incontestable de cette superbe demeure.

★ Accès : A 40 km de Bollène. Autoroute A7 sortie Bollène puis Pont-Saint-Esprit et Barjac ou Avignon sud puis Bagnols et Barjac.

☆ Prix/Price : 310/ 475 F 2 Pers - 605 F 3 Pers

LAUDUN
CHATEAU-LASCOURS

175

Château de Lascours is surrounded by a freshwater moat and clusters of trees. This rare 12th and 17th century residence boasts fifty-two rooms, which include the « Salle des Etats Généraux » (Estates General), and a number of lounges. The superb bedrooms are extremely comfortable.
Uzès, Pont du Gard (bridge), La Roque-sur-Cèze.
☆ *How to get there:* On the N580 from Bagnols-sur-Cèze or Avignon, or on the N86 from Nîmes or Pont-Saint-Esprit.

☆ Prix/Price : 450/ 500 F 2 Pers - 50 F P. sup

Gisèle et Jean-Louis BASTOUIL
CHATEAU LASCOURS
30290 LAUDUN
Tél. : 04.66.50.39.61 - Fax : 04.66.50.30.08

Carte 6

★ 4 chambres et 1 suite, toutes avec bains privés. Ouvert toute l'année. Restaurants à proximité. Salle de gym, vélos et piscine sur place. Parc. Possibilité séminaires et réceptions. ★ *Uzès, le Pont du Gard, la Roque-sur-Cèze.* ★
Cerné par l'eau vive de ses douves, dans un bouquet d'arbres, le château de Lascours (XIIe et XVIIe siècles) et ses cinquante deux pièces est un lieu rare. Vous y découvrirez la salle des états généraux, divers salons ainsi que de superbes et confortables chambres.
★ Accès : Par la N580 en venant de Bagnols-sur-Cèze ou d'Avignon ou par la N86 en venant de Nîmes ou Pont-Saint-Esprit.

LUSSAN
MAS-DE-JAMES

176

This superb Cévennes Provençal house or mas has been fully restored by its Scottish owner, who has put the skills of local craftsmen to good use in making the painted wood or wrought iron furniture. The brightly coloured decor, the courtyard with fountain and the fragrances of Provence bestow charm and elegance on this handsome residence.
Uzès 22 km. Pont du Gard (bridge) 32 km. Ardèche gorges 46 km. Nîmes 47 km. Anduze steam train 53 km. Walks in the area. Riding 1 km. canoeing, golf 22 km.
☆ *How to get there:* 22 km north of Uzès. D979 to Lussan. At Lussan, turn left at the Château de Fan and take the D37/D147 to Vendras. Michelin map 80, fold 18.

☆ Prix/Price : 355 F 1 Pers - 395 F 2 Pers

James BARR
MAS DE JAMES/VENDRAS
30580 LUSSAN
Tél. : 04.66.72.91.57 - Fax : 04.66.72.91.57

Carte 6

★ 4 chambres avec sanitaires privés. Ouvert d'avril à octobre (hors-saison sur réservation). Petit déjeuner gourmand à base de produits régionaux. Cour, jardin, piscine. Le propriétaire peut organiser si vous le souhaitez des randonnées guidées. Loc. possible de la maison d'amis week-ends hors-sais. ★ *Uzès (22 km). Pont du Gard (32 km). Gorges de l'Ardèche (46 km). Nîmes (47 km). Train à vapeur d'Anduze (53 km). Promenades sur place. Equitation 1 km. Canoë, golf 22 km.* ★

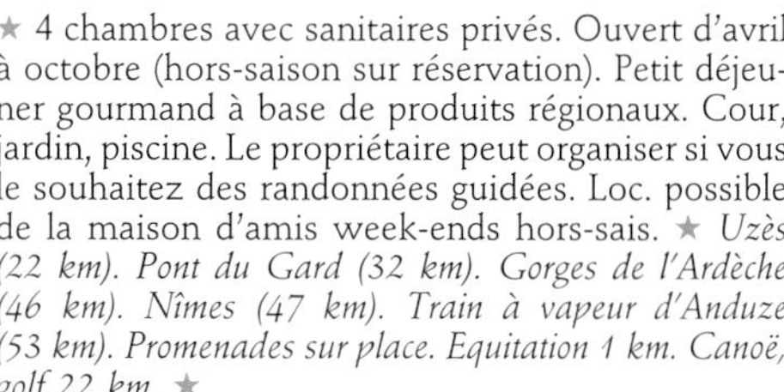

Ce superbe mas cévenol a été entièrement restauré par son propriétaire écossais qui a su utiliser avec bonheur les compétences des artisans de la région pour la réalisation du mobilier, en bois peint ou en fer forgé. La décoration aux couleurs vives, la cour avec sa fontaine et les senteurs de la Provence, confèrent à cette belle demeure charme et élégance.
★ Accès : 22 km au nord d'Uzès. Suivre la D979 juqu'à Lussan. A Lussan, tournez à gauche au château de Fan et suivre la D37/D147 jusqu'à Vendras. CM 80, pli 18.

PONTEILS-ET-BRESIS
CHATEAU-DE-CHAMBONNET

Set in the heart of a Cévennes valley, you will find Château de Chambonnet, which Heini and Jean-Paul have lovingly restored. The upstairs bedroom is both spacious and peaceful, and looks out onto the forest. It is a harmonious, tasteful and bold blend of 18th century ceilings and modern furniture.
Cévennes national park 1 km. Medieval churches and châteaux. Lake, riding, tennis 10 km. Golf course 15 km.
☆ *How to get there:* A7, Privas exit, then head for Villefort. N106, Nîmes, Alès, Génolhac. Map and full information available on request. Michelin map 80, fold 17.

Jean-Paul et Heini DELAFONT
CHATEAU DU CHAMBONNET
30450 GENOLHAC
Tél. : 04.66.61.17.98 - Fax : 04.66.61.24.46

C V
Carte 6

★ 1 chambre avec sanitaires privés. Ouvert toute l'année. Table d'hôtes : agneau de la propriété, blanquette de veau... Galerie de peinture, bibliothèque. Stages initiation au pinceau chinois et au Qi-cong. Jardin. Piscine. ★ *Parc National des Cévennes 1 km. Eglises et châteaux médiévaux. Lac, équitation, tennis 10 km. Golf 15 km.* ★

Situé au cœur d'un vallon cévenol, le château du Chambonnet vous ouvre ses portes. Heini et Jean-Paul l'ont restauré avec passion et ils vous proposent une chambre. Située à l'étage, spacieuse et calme, elle ouvre sur la forêt et harmonise avec goût et audace plafonds du XVIIIe et mobilier moderne. Gîte à la même adresse.

★ Accès : A7 sortie Privas, puis direction Villefort. N106, Nîmes, Alès, Génolhac. Plan et documentation sur demande. CM 80, pli 17.

☆ Prix/Price : 400 F 1 Pers - 450 F 2 Pers - 500 F 3 Pers - 80 F Repas

POTELIERES
LE CHATEAU

178

This superb 15th century château, restored at the end of the 18th century, is set in vast grounds. The bedrooms are decorated with refinement and boast period furniture. Theme weekends are also available (English lessons, drawing, mountain biking, etc.). The surrounding area is ideal for hiking.
Tennis, canoeing, caves, hiking. Nîmes, Uzès, Pont du Gard (bridge), Tarn gorges, Corniche des Cévennes (cornice).
☆ *How to get there:* Motorway: Bollène exit for Saint-Ambroix.

J.-Marie et Frédérique de TCHEREPAKHINE
LE CHATEAU
30500 POTELIERES
Tél. : 04.66.24.80.92 - Fax : 04.66.24.82.43

Carte 6

★ 3 chambres avec sanitaires privés. Ouvert toute l'année sur réservation. Restaurants à proximité. Billard, vélos et piscine sur place. Parc (12 ha.). ★ *Tennis, canoë-kayak, grottes, randonnées. Nîmes, Uzès, le Pont du Gard, les Gorges du Tarn, la Corniche des Cévennes.* ★

Superbe château du XVe siècle, restauré fin XVIIIe, entouré d'un vaste parc. Les chambres raffinées, sont meublées en ancien. Possibilité de week-ends à thème (anglais, dessin, VTT...) et nombreuses randonnées alentours.

★ Accès : Sortie autoroute de Bollène, direction Saint-Ambroix.

☆ Prix/Price : 400 F 2 Pers - 500 F 3 Pers

REVENS TREVES
ERMITAGE SAINT-PIERRE

Madeleine MACQ
ERMITAGE SAINT-PIERRE
30750 REVENS TREVES
Tél. : 05.65.62.27.99

Carte
6

This restored 10th, 11th and 15th century Romanesque priory is situated between Saint-Véran and Cantobre. The wild beauty of the Dourbie valley is a feast for the senses. The five bedrooms are decorated with period and rustic furniture and four have canopied fourposter beds.
Hiking and bathing locally (river and private swimming pool). Nearby: tennis, riding, climbing, canoeing, parapente, potholing, mountain bikes, cross country and Alpine skiing. Railway station 22 km. Shops 10 km.
☆ *How to get there: On the D991, kilometre stone 21 from Nant to Millau.*

★ 5 chambres, toutes avec bains et wc (1 avec kitchenette). Ouvert toute l'année. Table d'hôtes, repas du soir possible en hors-saison, ancien four à pain à disposition pour grillades. Parc de 23 hectares. Pêche réservée sur 1,5 km. ★ *Randonnées, baignade, rivière et piscine privée sur place. A proximité : tennis, équitation, escalade, canoë, deltaplane, parapente, spéléologie, VTT, ski de fond et alpin.* ★
Entre Saint-Véran et Cantobre, dans un prieuré roman restauré (Xe, XIe et XVe siècles), vous apprécierez la beauté sauvage de la vallée de la Dourbie. Les chambres sont meublées en ancien et rustique et quatre disposent de lit à baldaquin.
★ Accès : Par D991, borne 21 de Nant à Millau.

★ Prix/Price : 300 F 1 Pers - 300/ 350 F 2 Pers - 375 F 3 Pers - 50 F P. sup - 100 F Repas

RIBAUTE-LES-TAVERNES
CHATEAU-DE-RIBAUTE

Francoise CHAMSKI-MANDAJORS
CHATEAU DE RIBAUTE
30720 RIBAUTE LES TAVERNES
Tél. : 04.66.83.01.66 - Fax : 04.66.83.86.93

Carte
6

Château de Ribaute is a listed 13th century and 18th century historical monument, situated some 35 km from Nîmes and Uzès, at the foot of the Cévennes. It has been in Françoise Chamski-Mandajors' family for the last 700 years. The bedrooms and lounges still contain their furniture of the period.
Tennis and river 1 km. Riding and golfing in the village.
☆ *How to get there: On the N110 from Montpellier, left 10 km before Alès, heading for Anduze. Ribaute is 1.7 km on. Michelin map 80.*

★ 5 chambres et 1 suite avec bains et wc. Ouvert toute l'année. Restaurants à 2 km. Cartes bancaires acceptées (sauf american express). Piscine privée. ★ *Tennis et rivière à 1 km. Equitation et golf dans le village.* ★
A 35 km de Nîmes et d'Uzès, au pied des Cévennes, vous découvrirez le château de Ribaute (XIIIe et XVIIIe siècles, ISMH) qui appartient à la famille depuis 700 ans. Françoise Chamski-Mandajors vous y recevra dans des chambres et salons qui ont conservé leur mobilier d'époque.
★ Accès : Sur N110, en venant de Montpellier, à gauche 10 km avant Alès, en direction d'Anduze. Ribaute est à 1,7 km. CM 80.

★ Prix/Price : 430/ 720 F 2 Pers

LA ROQUE-SUR-CEZE

181

Pierre RIGAUD
PLACE DES MARRONNIERS
30200 LA ROQUE-SUR-CEZE
Tél. : 04.66.82.79.37

Carte 6

Handsome Cévennes country house in the heart of a typical village, nestled on a rocky peak. The very peaceful bedrooms boast rustic decor and pretty bathrooms. Private swimming pool in a pleasant garden with barbecue and summer kitchen. The Cèze river, famous for its waterfalls known as the « marmites de géants » (potholes), runs through the bottom of the village.
Village (conservation area). La Roque. Bridge (listed building). Chutes du Sautadet (listed falls). Bathing in river 500 m.
☆ *How to get there: From Pont-Saint-Esprit, head for Bagnols N86, after Saint-Nazaire, and turn right for Barjac. Turn left 11 km on. D166 2 km.*

★ 2 chambres avec sanitaires privés. Ouvert de Pâques à novembre. Jardin, piscine privée. Auberges sur place et à 2 km. ★ *Village (site protégé). La Roque. Pont (classé monument historique). Chutes du Sautadet (site classé). Baignade en rivière à 500 m.* ★
Belle bastide cévenole au cœur d'un village typique perché sur un piton rocheux. Les chambres très calmes au décor rustique sont dotées de jolies salles de bains. Piscine privée dans un agréable jardin avec barbecue et cuisine d'été. Au pied du village coule la Cèze, célèbre pour ses cascades appelées « marmites de géants ».
★ Accès : A Pont-Saint-Esprit, prendre direction Bagnols N86 après Saint-Nazaire et tourner à droite direction Barjac. 11 km à gauche. D166 2 km.

☆ Prix/Price : 320 F 2 Pers

SAUVE
MAS-DE-LA-FAUGUIERE

182

Edna PRICE
MAS DE LA FAUGUIERE
ST-NAZAIRE DES GARDIES
30610 SAUVE
Tél. : 04.66.77.38.67 - Fax : 04.66.77.11.64

Carte 6

With her love of old buildings, Edna Price has fully restored this former silk farm, on the silk route. The comfortable, harmoniously appointed bedrooms look out onto the Gardois winegrowing plain. You will be enchanted by the fragrances of the shrubland, and the comfort afforded by the property.
Medieval villages, Romanesque towns. Riding, near the property. Tennis court 500 m. 18-hole golf course 40 km. Hiking.
☆ *How to get there: D999 from Nîmes. At Quissac head for Alès on the D35. Saint-Nazaire-des-Gardies 10 km. Mas de la Fauguière 1 km.*

★ 2 chambres avec sanitaires particuliers. Ouvert toute l'année. Cour, jardin, parc. Piscine, vélos, ping-pong. Restaurants à proximité. Non fumeurs souhaités. ★ *Villages médiévaux, villes romaines... Equitation à proximité de la propriété. Tennis à 500 m. Golf 18 trous à 40 km. Randonnées pédestres.* ★
Passionnée de vieilles pierres, Edna Price a entièrement restauré cette ancienne magnanerie, située sur la route de la soie. Les chambres très confortables harmonieusement décorées dominent la plaine viticole gardoise. Les senteurs de la garrigue et le confort des lieux vous enchanteront.
★ Accès : D999 en venant de Nîmes. A Quissac dir. Alès sur la D35. Saint-Nazaire des Gardies à 10 km. Mas de la Fauguière à 1 km.

☆ Prix/Price : 350 F 1 Pers - 425 F 2 Pers - 525 F 3 Pers

SUMENE
NISSOLE

183

M-Charlotte et Serge BOUTTIER
NISSOLE
30440 SUMENE
Tél. : 04.67.81.32.62

Carte 6

This 18th century former farmhouse has been fully restored in the local style. Serge and Marie-Charlotte offer an attractive, stylish bedroom. Relax in the garden or have a dip in the swimming pool.
Riding, tennis, canoeing nearby. Mont Aigoual.
☆ *How to get there: From the village of Sumène, after 3 km, turn left onto the Saint-Roman road.*

★ 1 chambre avec bains et wc. Ouvert toute l'année. Petit déjeuner copieux. Table d'hôtes : cuisine cévenole. Restaurants à 3,5 km et 10 km. Vélos, piscine et rivière sur place. Parc. ★ *Equitation, tennis, canoë-kayak à proximité. Mont Aigoual.* ★

Ancienne ferme du XVIIIe siècle, entièrement restaurée dans le style du pays. Serge et Marie-Charlotte vous recevront dans une jolie chambre personnalisée. Pour votre détente, le jardin et la piscine.

★ Accès : A partir du village de Sumène, à 3 km à gauche sur la route de Saint-Roman.

☆ Prix/Price : 450 F 1 Pers - 550 F 2 Pers - 650 F 3 Pers - 90 F Repas

AUZAS
DOMAINE-DE-MENAUT

184

Gabrielle JANDER
DOMAINE DE MENAUT
31360 AUZAS
Tél. : 05.61.90.21.51

Carte 5

This typical Commingeois-style residence set in a vast park with a flower garden and lawn (on an enclosed property), is highly recommended for those fond of comfort, nature and seclusion. The setting is enhanced by three private lakes and a stream running through the grounds (bathing, fishing, boating and walks).
Tennis 2 km. Riding centre, swimming pool, museum (prehistory) 6 km.
☆ *How to get there: Leave the N117 at Boussens for Mancioux, then D33 « Auzas/Aurignac » for 5 km. Before D52 (Saint-Martory/Aurignac) turn right and follow enclosure. Michelin map 82, fold 16.*

★ 2 chambres et 1 suite, chacune avec bains et wc privés. Ouvert toute l'année (sur réservation). Table d'hôtes : spécialités régionales. Restaurant à 6 km. Pour la réservation, téléphonez aux heures des repas. 600 F/4 pers. pour 2 chambres avec bain et wc. ★ *Tennis à 2 km, centre équestre, piscine, musée préhistorique à 6 km.* ★

Cette demeure typiquement commingeoise entourée d'un grand parc avec jardin fleuri, pelouse (sur propriété clôturée) est particulièrement recommandée aux amoureux du confort, de la nature et de l'isolement. 3 lacs privés et un cours d'eau traversent la propriété (baignade, pêche, barque et promenades sur place).

★ Accès : Quitter N117 à Boussens dir. Mancioux puis D33 « Auzas/Aurignac », faire 5 km. Avant D52 (Saint-Martory/Aurignac) tourner à droite, suivre la clôture. CM 82, pli 16.

☆ Prix/Price : 300 F 1 Pers - 350 F 2 Pers - 70 F Repas

CALMONT
CHATEAU-DE-TERRAQUEUSE

185

M. de CARAYON TALPAYRAC
CHATEAU DE TERRAQUEUSE
31560 CALMONT
Tél. : 05.61.08.10.04 - Fax : 05.61.08.73.32

Carte 5

Just 3 km from the village of Calmont, listed Château de Terraqueuse boasts a tower, a 7.5-acre main courtyard and 17th century outbuildings. The château is set in 50 acres of enclosed grounds with an array of lakes, on the banks of a river. Guests have the use of a dining room and large lounge (100 m²) with fireplace, TV and billiard table.
Lake, sailing and riding 15 km.
☆ *How to get there:* From Toulouse, N20 for Foix/Auterive to Les Baccarets. Left for the D35, through Cintegabelle. The château is on the left, 3 km from Calmont. Michelin map 82, fold 18.

★ 2 chambres, toutes avec bains et wc privés. Ouvert du 25/6 au 31/8. Restaurant à 15 km. Piscine, tennis, pêche et promenade en barque sur place. Chambre enfants : 250 F. ★ *Plan d'eau, voile et équitation à 15 km.* ★

Situé à 3 km du village de Calmont, le château de Terraqueuse (classé Monument Historique), dont il subsiste une tour, la cour d'honneur de 2500 m² et les communs du XVIIe siècle, est situé dans un parc clôturé de 20 ha., avec de nombreuses pièces d'eau, en bordure d'une rivière. A votre disposition, salle à manger et grand salon avec cheminée, TV, billard.

★ Accès : A Toulouse, N20 dir. Foix/Auterive jusqu'aux Baccarets, puis à gauche la D35, traverser Cintegabelle. Château à gauche, à 3 km de Calmont. CM 82, pli 18.

★ Prix/Price : 500 F 2 Pers

CARAMAN
CHATEAU-DU-CROISILLAT

186

Bernard GUERIN
CHATEAU DU CROISILLAT
31460 CARAMAN
Tél. : 05.61.83.10.09 - Fax : 05.61.83.30.11

Carte 5

This magnificent 14th and 18th century château, surrounded by a pretty flower garden on an enclosed 26-acre park, is set in the heart of the countryside. Château du Croisillat offers prestigious accommodation and a refined decor with handsome period furniture and shimmering coloured fabrics. A memorable stay is assured in this charming setting. Toulouse, Carcassonne, Albi, Castres, Cordes (an hour's drive at the most). Swimming pool, golf, riding and tennis.
☆ *How to get there:* On « Départementale 1 » (B-road). Michelin map 82, fold 19.

★ 4 chambres et 1 suite de 2 ch. avec sanitaires privés. Ouvert du 15 mars au 1er novembre. Salon avec cheminée et TV à la disposition des hôtes. Cour, parc, jardin, salon de jardin, piscine privée. Restaurants à proximité. ★ *Toulouse, Carcassonne, Albi, Castres, Cordes (à 1 h de route maximum). Piscine, golf, équitation, tennis.* ★

Magnifique château des XIVe et XVIIIe siècles, en pleine nature, entouré par un beau jardin fleuri sur un parc clos et ombragé de 11 ha. avec piscine. Aménagement d'un très grand confort et décoration raffinée avec de beaux meubles anciens et des tissus aux couleurs chatoyantes. Une étape à ne pas manquer dans une demeure de charme.

★ Accès : Départementale 1. CM 82, pli 19.

★ Prix/Price : 400 F 1 Pers - 500 F 2 Pers - 600 F 3 Pers - 150 F P. sup

MONTPITOL
STOUPIGNAN

187

Claudette FIEUX
STOUPIGNAN
31380 MONTPITOL
Tél. : 05.61.84.22.02

Carte 5

★ 3 chambres avec sanitaires privés. Ouvert toute l'année. Copieux petit déjeuner : pain grillé, viennoiseries, confitures et patisseries maison... Salon de jardin, parc 2 ha. avec lac de plaisance, planche à voile et voilier. Restaurants à proximité. Poss. de séminaires (10 pers. maximum). ★ *Toulouse 20 km. Tennis 500 m. Piscine 5 km. Golf 7 km. Equitation 18 km.* ★

Dans le pays toulousain, belle maison de maître, de style Louis XIII, entourée d'un très beau parc ombragé et fleuri. Chaque chambre est personnalisée par une couleur dominante avec meubles anciens et de famille. Vous apprécierez la quiétude des lieux, le plaisir du petit déjeuner servi à l'ombre des chênes verts et le charme d'une promenade dans les bois attenants.

★ Accès : 20 km au nord de Toulouse, par N88 (dir. Albi) ou par A68 (sortie 3) jusqu'à Montastruc. 500 m après le feu, D30 dir. Lavaur, puis à droite vers Stoupignan. CM 82, pli 9.

This handsome, Louis-XIII-style family mansion is situated in beautiful shaded and flower-filled parkland, in Toulouse country. Each room is painted in a different dominant colour, and appointed with period and family furniture. Enjoy the tranquillity of the place and the delicious breakfasts served in the shade of holm oaks. Take a refreshing stroll in the woods.
Toulouse 20 km. Tennis court 500 m. Swimming pool 5 km. Golf course 7 km. Riding 18 km.
☆ *How to get there: 20 km north of Toulouse, on N88 (heading for Albi) or on A68 (exit 3) to Montastruc. 500 m after the traffic lights, take the D30 for Lavaur, and turn right for Stoupignan. Michelin map 82, fold 9.*

★ Prix/Price : 300 F 1 Pers - 400 F 2 Pers - 500 F 3 Pers

SAINT-PIERRE
CHATEAU-DE-SAINT-MARTIN

188

Georges et Christiane MAURY
CHATEAU DE SAINT-MARTIN
31590 SAINT-PIERRE
Tél. : 05 61 35 71 57 - Fax : 05.61.74.71.13

Carte 5

★ 3 chambres doubles avec bains et wc. Ouvert du 1er mai au 31 octobre. Restaurants à 3 et 5 km. Piscine privée. Vélos. Parc. ★ *Randonnées sur place. Tennis à 3 km. Golf à 19 km. Toulouse à 20 km et Albi (musée Toulouse-Lautrec) à 50 km.* ★

Saint-Martin est une belle demeure du XVIIIe siècle, offrant une enfilade de pièces de réception aux cheminées à trumeaux et des chambres confortables avec du mobilier de style. Aux beaux jours, vous apprécierez le parc et la piscine.

★ Accès : A68 dir. Albi, 10 km sortie 2 Verfeil. Rd point 8 km, à dr. D112 dir. Toulouse, 500 m à gche St-Pierre, 2 km à dr. D77 St-Pierre, chemin St-Martin 300 m à dr. CM 82, pli 9.

Saint-Martin is an attractive 18th century residence. It offers a series of reception rooms with overmantel fireplaces and comfortable bedrooms boasting stylish furniture. In good weather, you will enjoy the park and swimming pool.
Hiking locally. Tennis court 3 km, golf course 19 km. Toulouse 20 km and Albi (Toulouse-Lautrec Museum) 50 km.
☆ *How to get there: A68 for Albi. 10 km & exit 2 Verfeil, 8 km & right at roundabout for Toulouse. 500 m & left for St-Pierre, 2 km & right onto D77 St-Pierre. St-Martin lane 300 m up on right. Michelin map 82, fold 9.*

★ Prix/Price : 600 F 2 Pers

SAINT-PIERRE-DES-LAGES
LE BOUSQUET

189

M. de LACHADENEDE
LE BOUSQUET
31570 SAINT-PIERRE-DES-LAGES
Tél. : 05.61.83.78.02 - Fax : 05.62.18.98.29

Carte 5

This pretty pink-brick 17th century château, on the « Pastel » route, is set in woods and meadows. The château and its outbuildings form an inner courtyard. The suite is appointed with period furniture and attractive matching fabrics.
Tennis 800 m, 9-hole golf course 1 km. Riding centre and swimming pool 10 km. Toulouse 12 km, Cordes 40 km.
☆ *How to get there: From Toulouse, bypass (Rocade), exit 17 - Fonsegrives/Castres. 4 km after Fonsegrives, right to St-Pierre-de-Lages. At town hall (mairie), left for Vallesvilles, drive 800 m. Michelin map 82, fold 8.*

★ 1 suite de 2 chambres avec bains et wc privés. Ouvert toute l'année. Restaurants à 2 et 3 km. Lac privé à 1 km. Parc (15 ha.). 600 F/4 pers. ★ *Tennis à 800 m, golf 9 trous à 1 km. Centre équestre et piscine à 10 km. Toulouse à 12 km, Cordes à 40 km.* ★ ***Sur la route du Pastel, joli château du XVIIe siècle en briques roses avec communs formant une cour intérieure, situé dans un ensemble de bois et de prairies. La suite est meublée en ancien, avec de jolis tissus coordonnés.***
★ Accès : De Toulouse rocade sortie 17 vers Fonsegrives/Castres. 4 km après Fonsegrives à dr. jusqu'à St-Pierre de Lages (mairie) à gauche vers Vallesvilles faire 800 m. CM 82, pli 8.

☆ Prix/Price : 300 F 1 Pers - 350 F 2 Pers - 100 F P. sup

VILLEFRANCHE-DE-LAURAGAIS
CHATEAU-DE-MAUREMONT

190

Bénédicte et Jean de RIGAUD
CHATEAU DE MAUREMONT
31290 VILLEFRANCHE-DE-LAURAGAIS
Tél. : 05.61.81.64.38 - Fax : 05.61.81.64.38

Carte 5

This attractive 15th century family château, restored in the 18th century, is now a listed building. Enjoy the pleasant shaded park or take a dip in the pool. The bedrooms exude warmth and are appointed with period furniture. Central heating.
Riding 1.5 km, tennis 3 km, lake (bathing, water sports) 15 km. Golf course 20 km. Toulouse 27 km.
☆ *How to get there: 8 km from motorway exit: Villefranche-de-Lauragais. Michelin map 82, fold 19.*

★ 1 chambre et 2 suites, chacune avec salle d'eau et wc privés. Ouvert toute l'année. Plusieurs restaurants à proximité. Accès au téléphone, billard, ping-pong. Piscine, vélos et pêche sur place. Parc (15 ha.). Ch. central. ★ *Equitation à 1,5 km, tennis à 3 km, lac de loisirs à 15 km, golf à 20 km. Toulouse à 27 km.* ★ ***Beau château familial du XVe siècle, restauré au XVIIIe et classé à l'inventaire des monuments historiques. Agréable parc ombragé et piscine. Les chambres, chaleureuses, sont meublées en ancien.***
★ Accès : A 8 km de la sortie de l'autoroute Villefranche-de-Lauragais. CM 82, pli 19.

☆ Prix/Price : 350 F 1 Pers - 400/ 480 F 2 Pers - 700 F 3 Pers - 150 F P. sup

BLAZIERT
LA BAJONNE

191

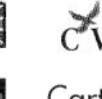

Ingrid d'ALOIA
LA BAJONNE
32100 BLAZIERT
Tél. : 05.62.68.27.09 ou 05.62.28.17.05

Carte 5

This peaceful and comfortable, restored old farmhouse is set in the heart of the countryside. The magnificent view of the Gers hills will add to your enjoyment. Relax by the pool or in the grounds. A chance to discover the works of Gers painters which bedeck the walls, and savour the delicious specialities served at the table d'hôtes.
Tours of fortifications and castles. Santiago de Compostella pilgrimage route, châteaux and medieval churches. Tennis, riding and fishing 12 km.
☆ *How to get there: A62, Agen on D931, for Condom, then D7 for Lectoure. 10 km on, turn right for Blaziert and follow signs.*

★ 3 chambres doubles avec sanitaires privés. Ouvert toute l'année sur réservation. Table d'hôtes : poule au pot, tourin, garbure, magret, foie gras... Parc, piscine, vélos. Restaurants à 12 km. ★ *Circuits des bastides et Castelnaux, chemin de Saint-Jacques, châteaux et églises médiévales. Tennis, équitation et pêche à 12 km.* ★

Calme et confortable, cette ancienne ferme restaurée est située en pleine campagne. Très belle vue sur les côteaux gersois. Parc et piscine. Vous pourrez découvrir les œuvres d'artistes peintres gersois qui ornent les murs et goûter les délicieuses spécialités de la table d'hôtes.

★ Accès : A62. Agen par D931 dir. Condom, puis D7 dir. Lectoure. Après 10 km, prendre à droite dir. Blaziert et suivre les indications.

☆ Prix/Price : 180 F 1 Pers - 300 F 2 Pers - 100 F Repas - 250 F 1/2 pension

CAUSSENS
AU VIEUX-PRESSOIR

192

Christine COURTES et Laurent MARTIN
AU VIEUX PRESSOIR
SAINT-FORT
32100 CAUSSENS
Tél. : 05.62.68.21.32

Carte 5

Handsome 17th century family mansion now fully restored. The bedrooms boast attractive period furniture, creating a warm, comfortable atmosphere. Superb view of the Ténarèze hills. Relax in the swimming pool and jacuzzi.
Tours of local canning factory. Tennis, golf, lake close by.
☆ *How to get there: r32m Caussens, head for Lectoure. Follow signs to Mons château. After château, at 1st crossroads, turn right and follow signs.*

★ 3 chambres avec TV et sanitaires privés. Ouvert toute l'année. Ferme-auberge : foie gras frais aux fruits sauce au floc, soufflé glacé au pousse rapière. Parc, jardin, terrain de pétanque, volley, piscine, jaccuzi, pêche. ★ *Conserverie avec visite sur place. Tennis, golf, lac à proximité.* ★

Belle demeure de maître du XVIIe siècle entièrement restaurée. Les chambres avec un joli mobilier ancien sont chaleureuses et confortables. Superbe vue sur les coteaux de la Ténarèze. Pour vous détendre, une piscine et un jaccuzi sont à votre disposition.

★ Accès : A Caussens dir. Lectoure. Suivre château de Mons. Après le château, au 1er croisement prendre à droite puis suivre les indications.

☆ Prix/Price : 190 F 1 Pers - 290 F 2 Pers - 350 F 3 Pers - 85 F Repas - 230 F 1/2 pension

EAUZE
FERME-DE-MOUNET

193

Monique MOLAS
FERME DE MOUNET
32800 EAUZE
Tél. : 05.62.09.82.85 - Fax : 05.62.09.77.45

Carte 5

Monique and Bernard extend a warm welcome at their manor house which looks out onto a pretty flower garden, set in a shaded park in the heart of Armagnac. Savour the delights of Gascon cuisine at the table d'hôtes.
Tourist complex 3 km: 18-hole golf course, swimming pool, tennis court, horse-riding. Eauze, Archaeology Museum, Armagnac storehouses 5 km.
☆ *How to get there: Signposted from Eauze: Ferme de Mounet, Parleboscq road 4 km. Michelin map 82, fold 3.*

★ 3 ch. doubles avec sanitaires privés. Ouvert de Pâques à la Toussaint. Table d'hôtes : cuisine gasconne (canards, oies, conserves maison...). Week-end foie gras. Jardin, parc. Vélos, ping-pong, pétanque. Cartes bancaires acceptées. ★ *Complexe touristique à 3 km : golf 18 trous, piscine, tennis, équitation. Eauze, musée archéologique, chais d'Armagnac à 5 km.* ★
Au cœur de l'Armagnac, Monique et Bernard vous accueillent chaleureusement dans leur gentilhommière ouvrant sur un joli jardin fleuri et entourée d'un parc ombragé. Vous pourrez découvrir à la table d'hôtes toutes les saveurs de la cuisine gasconne servie avec générosité.
★ Accès : Flèchage de Eauze : ferme de Mounet, route de Parleboscq à 4 km. CM 82, pli 3.

☆ Prix/Price : 210/ 310 F 2 Pers - 120/ 200 F Repas

GAZAUPOUY
DOMAINE-DE-POLIMON

194

Philippe et Catherine BOLAC
DOMAINE DE POLIMON
32480 GAZAUPOUY
Tél. : 05.62.28.82.66 - Fax : 05.62.28.82.88

Carte 5

This imposing 18th century Gascon residence with outbuildings is set in an attractive park with century-old trees, on a promontory facing a small Gers village. The bedrooms have been fully restored by your hosts, decorating and antique-furniture enthusiasts Catherine and Philippe. Enjoy a dip in the pool or a game of tennis on the premises.
Fortified villages and walled towns. Gallo-Roman village of Seviac. Flaran abbey, Condom cathedral. Armagnac Museum. Armagnac châteaux and storehouses. Santiago de Compostela pilgrimage route. Horse-riding.
☆ *How to get there: D931 between Agen (28 km) and Condom (10 km). From Condom, leave the village of Gazaupouy on the right. Main driveway lined with plane trees, 500 m up on the left. Michelin map 79, fold 14.*

★ 2 chambres et 1 suite de 2 chambres avec sanitaires privés. Ouvert toute l'année. Petit déjeuner gourmand à base de confitures et viennoiseries maison. Cour, jardin, parc (1,2 ha.), tennis de table, piscine et tennis privés. Restaurants à proximité. Poss. de louer 1 gîte 6/8 pers. ★ *Villages fortifiés et bastides. Village gallo-romain de Seviac. Abbaye de Flaran, cathédrale de Condom. Musée de l'Armagnac. Châteaux et chais d'Armagnac. Nuits musicales en Armagnac. Sentiers de St-Jacques. Equitation.* ★
Face à un petit village fortifié du Gers et située sur un promontoire, cette grande demeure gasconne du XVIIIe siècle avec dépendances est entourée d'un beau parc aux arbres centenaires. Les chambres ont été entièrement restaurées par Catherine et Philippe passionnés par la décoration et les meubles anciens. Piscine et tennis agrémenteront votre séjour.
★ Accès : D931 entre Agen (28 km) et Condom (10 km). Depuis Condom, laisser le village de Gazaupouy sur la droite. Grande allée de platanes, 500 m après sur la gauche. CM 79, pli 14.

☆ Prix/Price : 235 F 1 Pers - 320 F 2 Pers - 405 F 3 Pers - 50 F P. sup

JUILLAC
AU CHATEAU

195

The heart of the Gers is the setting for this delightful 18th century charterhouse, which stands in extensive flower-filled parkland, overlooking the surrounding countryside. The guest bedrooms have been decorated with taste and refinement in a wing of the fully-restored house. Enjoy the gourmet breakfasts and table d'hôtes meals made with fresh produce in season.
Tours of fortified towns and castelnaux. Hiking. Jazz and Festival Museum. Country music. Nogaro racing track. Tennis, golf, swimming, health and fitness, water sports centre.
☆ *How to get there: At Marciac, head for Juillac (D255). Drive through the village and after the exit sign, take the first road (surfaced) on the left. Michelin map 82, fold 3.*

Yves et Hélène de RESSEGUIER
AU CHATEAU
32230 JUILLAC
Tél. : 05.62.09.37.93

Carte
5

★ 3 ch. avec sanitaires privés (poss. lit d'appoint enfant ou lit bébé). Ouvert toute l'année. Table d'hôtes : produits frais selon les saisons. Coin-cuisine à disposition avec poss. de préparation pique-nique. Parc 1 ha. Espace aménagé en bord de rivière pour pêche et pique-nique. ★ *Route des bastides et des castelnaux. Randonnées. Musée du Jazz et festival. Country-Music. Moto-cross. Nogaro et son circuit. Tennis, golf, piscine, remise en forme, base nautique.* ★
Au cœur du Gers, cette ravissante chartreuse du XVIIIe, entourée d'un grand parc fleuri, domine la campagne alentour. Les chambres qui vous reçoivent ont été aménagées avec goût et raffinement dans une aile de la maison entièrement restaurée. Vous y apprécierez le petit déjeuner gourmand et à la table d'hôtes, les produits frais selon les saisons.
★ Accès : A Marciac, direction Juillac (D255). Traverser le village et après le panneau de sortie, 1re route (goudronnée) à gauche. CM 82, pli 3.

★ Prix/Price : 260 F 1 Pers - 280 F 2 Pers - 90 F Repas - 230 F 1/2 pension

LAUJUZAN
LE VERDIER

196

The Verdier estate stands on a sun-blessed hillside in Gascony's Armagnac country, in the heart of a kiwi plantation. The residence overlooks a harmonious landscape, which exudes relaxation. The bedrooms are handsomely appointed with period furniture. A kitchen area and lounge-cum-dining room, beside the pool, are provided for guests' use. Tennis court, flying club, riding 10 km. 18-hole golf course 25 km. Visits to Armagnac storehouses, fortifications and châteaux, water cures (Barbotan, Eugénie-les-Bains).
☆ *How to get there: From Nogaro, take the D143, then turn left for D244 before the village of Laujuzan. Michelin map 82.*

J.-Pierre et Geneviève SANDRIN
LE VERDIER
32110 LAUJUZAN
Tél. : 05.62.09.06.57

Carte
5

★ 3 chambres doubles avec bains et wc privés (et chambre suppl. formant 1 suite possible). Ouvert du 15 juin au 15 septembre. Petit déjeuner copieux. Piscine privée. Vélos, lac et parc. Animaux admis sous conditions. ★ *Tennis, aéroclub et équitation à 10 km. Golf 18 trous à 25 km. Visite de Chais d'Armagnac, bastide et châteaux, thermalisme (Barbotan, Eugerie-les-Bains).* ★
En Gascogne, sur une colline ensoleillée de l'Armagnac, au cœur d'une plantation de kiwis, le domaine de Verdier domine un paysage harmonieux invitant à la détente. Les chambres sont joliment meublées en ancien. A côté de la piscine, coin-cuisine et salon/salle à manger à la disposition des hôtes.
★ Accès : De Nogaro, prendre la D143, puis à gauche la D244 avant le village de Laujuzan. CM 82.

★ Prix/Price : 240 F 1 Pers - 290 F 2 Pers - 340 F 3 Pers

LAVARDENS
MASCARA

197

Roger et Monique HUGON
MASCARA
32360 LAVARDENS
Tél. : 05.62.64.52.17 - Fax : 05.62.64.58.33

  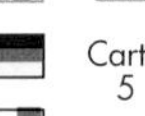

Carte 5

Monique and Roger are your hosts at Mascara, a large Gascon-style house overlooking a vast flower-filled garden with swimming pool, and surrounded by the rolling hills of the Gers countryside. Guests have a choice of either traditional or gourmet cuisine.
Château de Lavardens (16th century). Golf course 12 km. Horse-riding at Pauillac 15 km. Tennis court and outdoor sports centre 14 km (fishing, bathing, windsurfing, pedal boats). Mountain bike club 7 km. Railway station 15 km. Shops 10 km.
☆ *How to get there: From Toulouse and Auch, head for Condom, then take the D103 for Lavardens-Fleurance to Mascara 7 km. Michelin map 82, fold 4/5.*

★ 4 ch., toutes avec douche ou bain et wc privés. Ouvert de février à décembre, sur résa. Table d'hôtes le soir uniquemen : spécialités gasconnes. Auberge 3 km. P-pong, piscine sur place. Week-ends gastronomiques d'octobre à mai. Vente de produits régionaux. ★ *Château de Lavardens (XVIe). Golf 12 km. Equitation 15 km. Tennis et base de loisirs 14 km (pêche, baignade, planche à voile... Club VTT 7 km. Gare 15 km. Commerces 10 km.* ★
Monique et Roger vous accueillent à Mascara dans une grande maison gasconne retirée de la route ouvrant sur un vaste jardin fleuri avec une belle piscine. Elle est entourée de coteaux et située au cœur de la campagne gersoise. Vous pourrez y savourer une cuisine traditionnelle ou gastronomique selon votre souhait.
★ Accès : Venant de Toulouse, depuis Auch, dir. Condom, puis D.103 dir. Lavardens-Fleurance jusqu'à Mascara (7 km). CM 82, pli 4/5.

☆ Prix/Price : 230/ 270 F 1 Pers - 330/ 380 F 2 Pers - 110 F P. sup - 125 F Repas - 275/ 300 F 1/2 pension

LUPIAC
DOMAINE DE HONGRIE

198

Rene et Jacqueline GILLET
DOMAINE DE HONGRIE
32290 LUPIAC
Tél. : 05.62.06.59.58 - Fax : 05.62.64.41.93

Carte 5

Jacqueline and René are your hosts at Domaine de Hongrie, a restored old Gascon house which stands in grounds at the top of a hill, 2.5 km from the village of Lupiac in d'Artagnan country. The bedroom is bright and always filled with flowers. The entrance hall and dining room are half-timbered, with visible stonework.
Tennis, outdoor sports centre (bathing, fishing, sailing and windsurfing) at Lupiac (3 km). Tour of walled towns and castles (castelnaux). Bassoues keep. Termes d'Armagnac (13th century town).
☆ *How to get there: From Lupiac, take the D37 for Vic-Fezensac. Domaine de Hongrie is 2 km up on the left-hand side.*

★ 1 chambre avec bains et wc privés. Ouvert de mars à novembre. Table d'hôtes sur réservation (sans vin) : cuisine aromatisée aux herbes, menu gastronomique. Restaurants et fermes-auberges 2 et 5 km. Cartes bleues acceptées. Billard, bibliothèque, ping-pong, vélos. ★ *Tennis, base de loisirs (baignade, pêche, voile et planche à voile) à Lupiac (3 km). Route des bastides et des Castelnaux, Donjon de Bassoues, Tour de Termes d'Armagnac.* ★
Jacqueline et René vous accueillent au domaine de Hongrie dans une ancienne maison gasconne restaurée, entourée d'un parc et située au sommet d'un côteau, à 2,5 km du village de Lupiac, en pays de d'Artagnan. La chambre est fleurie et lumineuse, le hall d'entrée et la salle à manger sont à colombages avec pierres apparentes.
★ Accès : De Lupiac, D 37 dir. Vic-Fezensac, le Domaine de Hongrie est à 2 km à gauche.

☆ Prix/Price : 250 F 1 Pers - 280 F 2 Pers - 100/ 160 F Repas

MARSOLAN
LE NAUTON

Hildegarde LOTTHE
LE NAUTON - SAINT-JACQUES
32700 MARSOLAN
Tél. : 05.62.68.99.82 - Fax : 05.62.68.99.81

Carte 5

This stately 17th and 18th century residence stands in a vast 7.5-acre park with swimming pool, right in the heart of the countryside. Five extremely comfortable, superbly appointed rooms await your arrival. Refined decor and period furniture. Discover and savour the delicious Gascon specialities made with local produce, served at the table d'hôtes. Lectoure episcopal town, Roman ruins and taurobolium, and fountain of Diana. La Romieu and cloisters. Château de Terraube. Numerous fortified villages. Tennis, horse-riding, golf and 3 Vallées outdoor activities centre.

☆ How to get there: From Lectoure, take the D7 for Condom. Drive approximately 4 km and turn right for Lagarde. Drive 1.5 km and head for « Le Nauton ». Michelin map 82, fold 5.

★ 5 chambres, dont 3 avec bains et 2 avec douche, et wc privés. Ouvert du 1/04 au 31/10. Table d'hôtes : cuisine gasconne à base de produits du terroir. Salon avec grande cheminée et TV à la disposition des hôtes. Cour, jardin, parc, piscine, p-pong, boulodrome et piste VTT. 1/2 pens. pour 2 pers. ★ *Ville épiscopale de Lectoure, ruines romaines et taurobole, fontaine de Diane. La Romieu et son cloître. Château de Terraube. Nombreux villages fortifiés. Tennis, équitation, golf, centre de loisirs des 3 vallées.* ★

En pleine nature, belle demeure des XVIIe et XVIIIe siècles, entourée d'un vaste parc (3 ha.) avec piscine. 5 chambres très confortables et superbement aménagées vous attendent. Décoration raffinée et mobilier d'époque. A la table d'hôtes, vous pourrez découvrir et apprécier les savoureuses spécialités de la cuisine gasconne préparée avec les produits du terroir.

★ Accès : A Lectoure, D7 dir. Condom. Faire 4 km env. et tourner à droite dir. Lagarde. Faire 1,5 km et tourner vers « Nauton ». CM 82, pli 5.

★ Prix/Price : 330 F 1 Pers - 360 F 2 Pers - 120 F Repas - 600 F 1/2 pension

MAUROUX
LE CORNEILLON

LA FERME DES ETOILES
LE CORNEILLON
32380 SAINT-CLAR
Tél. : 05.62.06.09.76 - Fax : 05.62.06.24.99

Carte 5

This vast, fully restored Gascon residence is set in tree-lined, flower-filled grounds, in keeping with its typically regional style. The sunny bedrooms are appointed with both period and modern furniture. This gîte, in an outstanding setting, was chosen by TV channel France 2 for the « La Nuit des Etoiles » programme (to observe falling stars) in 1995 and 1996.
Swimming pool, outdoor leisure centre, riding, golf course, thermal baths, tennis court, fishing.

☆ How to get there: At St-Clar, head for Valence d'Agen. At the crossroads, make for Mauroux, straight run after « Embarthe ». Keep going, and after woods, 1st road on right.

★ 5 chambres avec sanitaires privés. Ouvert du 1/04 au 30/11. TV, tél., bibliothèque, planétarium, labo photo, vidéo, salles de projection, 3 salons. Stages, découverte du ciel. Piscine, coupoles d'observation, téléscope. Randonnées. ★ *Piscine, base de loisirs, équitation, golf, thermes, tennis, pêche.* ★

Cette vaste demeure gasconne entièrement restaurée, entourée d'un parc arboré et fleuri, a su préserver son style typiquement régional. Les chambres ensoleillées sont dotées de meubles anciens et contemporains. Ce site qui bénéficie d'une situation exceptionnelle a été retenu par France 2 pour la Nuit des Etoiles en 95 et 96.

★ Accès : A St-Clar, dir. Valence d'Agen. Au croisement, dir. Mauroux, grande ligne droite après « Embarthe ». Continuer tout droit, et après le bois, 1re route à droite.

★ Prix/Price : 195 F 1 Pers - 260 F 2 Pers - 320 F 3 Pers - 90 F Repas - 220 F 1/2 pension

MIELAN
LA TANNERIE

Barry et Carol BRYSON
LA TANNERIE
32170 MIELAN
Tél. : 05.62.67.62.62

Carte 5

Three very comfortable bedrooms await your arrival in this large, elegant 19th century family home with a view of the Pyrenees. Enjoy the fireplace and antique paintings in the dining room, where breakfast is served. Garden with terrace.
Lac de Mielan (lake), tennis, fishing and riding 1.5 km. Pyrenees 50 km. Walled city circuit.
☆ *How to get there:* At the entrance to the village of Mielan, Chemin de la Fontaine is on the right. 100 m from the RN21 Auch-Tarbes.

★ 3 chambres doubles avec sanitaires privés. Ouvert toute l'année sauf 15 jours en juin et vacances de Noël. Coin-salon avec TV et vidéo. Jardin. Restaurants à 2 et 5 km. ★ *Lac de Mielan, tennis, pêche et équitation à 1,5 km. Chaine des Pyrénées à 50 km. Route des bastides.* ★

Dans une grande maison bourgeoise du XIXe siècle avec vue sur la chaine des Pyrénées, 3 chambres très confortables vous attendent. Peintures anciennes et grande cheminée dans la salle à manger où vous sera servi le petit déjeuner. Jardin, terrasse.

★ Accès : A l'entrée du village de Mielan, chemin de la Fontaine à droite. A 100 m de la RN21 Auch-Tarbes.

☆ Prix/Price : 265/ 285 F 2 Pers - 325/ 360 F 3 Pers

MIRANDE
MOULIN-DE-REGIS

Pierre et Gisèle TREMONT
MOULIN DE REGIS
32300 MIRANDE
Tél. : 05.62.66.66.29 - Fax : 05.62.66.51.06

Carte 5

This handsome stone, brick and half-timbered house, by a lake is a 12th century water mill. It is set in a beautiful shaded flower garden. The vast bedrooms are cosily appointed with attractive period furniture. Enjoy a dip in the heated indoor pool with spa and sauna.
Tennis court and museums in Mirande 500 m. Outdoor leisure centre at Lamazère 9 km. and Miélan 15 km. Riding centre 2 km. Villages and fortifications in the surrounding area. canoeing and horse-riding on site.
☆ *How to get there:* 500 m from centre of Mirande, close to the river Baïse. From Auch, RN21, turn right, after the bridge.

★ 4 ch. avec TV et sanitaires privés (ascenseur). Ouvert toute l'année. Copieux petit déjeuner : jus de fruits, viennoiseries, patisseries, charcuteries maison. Service traîteur sur commande (10 pers. minimum). Parc 2 ha., pêche, jeux enfants, boxes pour chevaux. 2 gîtes sur place. Canoë sur place. ★ *Tennis et musées à Mirande. Base de loisirs à Mirande (500 m) et à Miélan (15 km). Centre équestre (2 km). Villages et bastides fortifiées aux alentours. Poss. balades à cheval sur place.* ★

Cette belle batisse en pierres, briques et colombages, au bord d'un plan d'eau est un ancien moulin à eau du XIIe siècle. Elle est entourée d'un beau jardin ombragé et fleuri. Les chambres sont vastes et chaleureusement aménagées avec de jolis meubles anciens. Pour vous détendre une piscine couverte chauffée, un spa et un sauna.

★ Accès : A 500 m du centre de Mirande, à proximité de la rivière Baïse. Depuis Auch, RN21 après le pont, tourner à droite.

☆ Prix/Price : 420 F 1 Pers - 450 F 2 Pers - 550 F 3 Pers

MONCASSIN
DOMAINE-DE-SAKKARAH

203

Dominique et Jacqueline POULIN
DOMAINE-DE-SAKKARAH
32300 MONCASSIN
Tél. : 05.62.66.87.47 - Fax : 05.62.66.87.48

Carte 5

This handsome 18th century residence with outbuildings and stables is set in the heart of the countryside, in a vast 9-acre park with a private river and lake. Four extremely comfortable bedrooms, a large lounge, a terrace and a sauna await your arrival. Thoroughbred (Egyptian) Arab horses are reared on the estate.
Historical places of interest, concerts, festivals, cellars and wine tasting. Mountains and skiing. Fishing, sailing, horse-riding, tennis, swimming, lake.
☆ How to get there: On the RN21 Auch-Mirande, turn left at the Trouettes crossroads (6 km from Mirande) and drive along the D2 for 2 km after St-Médard. Michelin map 82, fold 14.

★ 4 chambres avec TV, tél. (ligne directe), bains et wc privés. Ouvert toute l'année. Grand salon avec table de jeux. Terrasse. Sauna. Boulodrome. Parc avec rivière et étang privés. Restaurants à proximité. ★ *Sites historiques, concerts, festivals, caves avec dégustation. Montagne et ski. Pêche, voile, équitation, tennis, piscine, lac.* ★
En pleine campagne, cette belle demeure du XVIIIe, avec dépendances et écurie, est entourée d'un vaste parc de 3,5 ha. avec rivière et étang privés. 4 belles chambres, très confortables sont à votre disposition ainsi qu'un grand salon, une terrasse et un sauna. Très bel élevage de pur-sang arabe (pur arabe égyptien) sur la propriété.
★ Accès : Sur la RN21 Auch-Mirande, tourner à gauche au carrefour des Trouettes (6 km de Mirande) et suivre la D2 pendant 2 km après St-Médard. CM 82, pli 14.

★ Prix/Price : 300/ 340 F 1 Pers - 430/ 480 F 2 Pers

ROQUELAURE
EN BOUTAN

204

Jean et Jeanne DAUZERE
EN BOUTAN
32810 ROQUELAURE
Tél. : 05.62.65.54.66 - Fax : 05.62.65.51.22

Carte 5

In the vicinity of Auch, on a vast estate, you will come across this typical Gascon residence set in parkland with three-hundred year old oak trees. You will appreciate your hosts' warm welcome and enjoy the traditional Gascon cuisine made using local produce, served at the table d'hôtes.
Places of interest within a 30 km radius: Auch, Condom, Seviac, etc. Riding centre 2 km. Golf course 12 km. Outdoor sports centres 15 km and 25 km.
☆ How to get there: 1 km from the RN21 Agen-Auch. 8 km from Auch. 60 km from Agen. At Rambert Preignan, head for Roquelaure.

★ 3 chambres avec TV et sanitaires privés. Ouvert de Pâques à la Toussaint. Table d'hôtes : cuisine traditionnelle gasconne. Billard français à disposition. Jardin, cour, parc (3 ha.), lac. Vélos, VTT, pétanque, practice de golf. ★ *Sites dans un rayon de 30 km : Auch, Condom, Seviac... Centre équestre 2 km. Golf 12 km. Bases de loisirs à 15 et 25 km.* ★
A proximité d'Auch, sur un vaste domaine, belle demeure typiquement gasconne entourée d'un parc aux chênes tricentenaires. Vous apprécierez l'accueil chaleureux des maîtres de maison et vous découvrirez à la table d'hôtes, la cuisine traditionnelle gasconne avec les produits du terroir.
★ Accès : A 1 km de la RN21 Agen-Auch. 8 km d'Auch. 60 km d'Agen. Tourner à Rambert Preignan dir. Roquelaure.

★ Prix/Price : 210 F 1 Pers - 280 F 2 Pers - 95 F Repas - 235 F 1/2 pension

SAINT-CLAR

205

J-Francois et Nicole COURNOT
PLACE DE LA HALLE
32380 SAINT-CLAR
Tél. : 05.62.66.47.31 - Fax : 05.62.66.47.70

Carte 5

Set in the heart of the village, this 17th century freestone family mansion with arcades looks out, on one side, onto a 12th century listed covered market and an attractive flower garden, on the other. The vast upstairs bedrooms and guest lounge were renovated recently with comfort and tranquillity in mind.
Châteaux, summer festivals and concerts. Canning factories. Tennis courts 500 m. Outdoor sports centre and sand beach 3 km. Swimming pool and golf course 10 km.
☆ *How to get there: Michelin map 82, fold 5.*

★ 1 chambre et 1 suite avec coin-salon et sanitaires privés. Ouvert toute l'année. Copieux petit déjeuner : jus de fruits, confitures, patisseries maison, pain frais... Table d'hôtes : spécialités régionales et cuisine familiale. Salon avec TV et bibliothèque. Jardin, ping-pong. ★ *Châteaux, festivals et concerts en été. Conserveries. Tennis 500 m. Base de loisirs avec plage de sable 3 km. Piscine et golf 10 km.* ★

Au cœur du village, cette maison de maître à arcades, en pierre de taille du XVIIe donne d'un côté sur une halle classée du XIIe et de l'autre sur un beau jardin fleuri. Situés à l'étage, les vastes chambres et le salon réservés aux hôtes ont été récemment rénovés dans un souci de bien-être et d'harmonie.

★ Accès : CM 82, pli 5.

☆ Prix/Price : 175 F 1 Pers - 250/ 290 F 2 Pers - 380 F 3 Pers - 90 F Repas - 215/ 235 F 1/2 pension

SAINT-PUY
ARMENTIEUX

206

Francoise REICHENECKER
ARMENTIEUX
32310 SAINT-PUY
Tél. : 05.62.28.59.86 - Fax : 05.62.28.59.86

Carte 5

In the heart of the Ténarèse and Armagnac country, you will find this handsome, vast, late 17th century residence. This Gers-stone property has been fully restored. The spacious bedrooms are comfortable and the decoration elegant. In fine weather, enjoy the superb swimming pool and grounds. Tennis court 200 m. Lake and outdoor leisure centre 9 km. Château de Montluc in village. Riding centre 11 km. Numerous typical Gers villages and châteaux to visit nearby.
☆ *How to get there: In the village of Saint-Puy, head for Condom, 200 m from town hall (Mairie).*

★ 3 ch. avec s. d'eau et 1 suite avec s.d.b. et chaîne hi-fi. Ouvert de mars à janvier. Table d'hôtes : terrine de foie gras frais, daube gasconne, confit de canard, magret... TV et chaîne hi-fi dans le salon, table de jeux. Cour, jardin, parc, piscine, vélos, p-pong. 452 F/4 pers. ★ *Tennis 200 m. Lac et base de loisirs 9 km. Château de Monluc dans le village. Centre équestre 11 km. Nombreux châteaux et villages gersois typiques à visiter à proximité.* ★

Au cœur de la Ténarèze et du pays de l'Armagnac, belle et vaste demeure de la fin du XVIIe siècle, entièrement restaurée en pierres du pays gersois. Les chambres sont spacieuses et confortables et la décoration soignée. Mobilier ancien et rustique. Aux beaux jours, vous pourrez profiter de la superbe piscine et du parc.

★ Accès : Dans le village de Saint-Puy, prendre dir. Condom, à 200 m de la mairie.

☆ Prix/Price : 320 F 1 Pers - 320 F 2 Pers - 140 F Repas - 300 F 1/2 pension

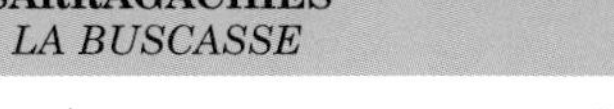

SARRAGACHIES
LA BUSCASSE

This fine 18th century residence overlooking the Pyrenees, stands in extensive, peaceful grounds, where hosts Fabienne and Jean-Michel guarantee their guests a warm welcome. The pretty bedrooms boast refined decor and afford a magnificent view of the farming estate.
Termes d'Armagnac (13th century town) 2 km. Fortified châteaux. Pyrenees, ocean, Lourdes, Pau 1 hr. Nogaro. Jazz at Marciac. Outdoor sports centre 5 km. Madiranais and St-Mont coastline.
☆ How to get there: 1.5 km from Sarragachies, on the way to Termes d'Armagnac, via peaks.

J-Michel et Fabienne ABADIE
LA BUSCASSE
32400 SARRAGACHIES
Tél. : 05.62.69.76.07 - Fax : 05.62.69.79.17

Carte 5

★ 3 ch. avec sanitaires privés (TV sur demande). Ouvert toute l'année. Table d'hôtes : volaille fermière, gratin légumes du jardin, tartes... Petit déjeuner complet. Salon (TV, magnéto., chaîne hi-fi, jeux société). Salle à manger. Terrasse, jardins, parc, vélos, jeux extérieurs... ★ *Tour de Termes d'Armagnac (XIIIe) 2 km. Route des bastides. Pyrénées, océan, Lourdes et Pau 1h. Circuit de Nogaro. Jazz in Marciac. Base loisirs 5 km. Madiranais, côtes de St-Mont.* ★
Sur une crête face aux Pyrénées, dans un grand parc calme, belle demeure du XVIIIe où Fabienne et Jean-Michel vous accueilleront chaleureusement. Jolies chambres au cadre raffiné et superbe vue. Domaine agricole et viticole. Vous pourrez également être accueillis pour fêter reveillons ou anniversaires.
★ Accès : A 1,5 km de Sarragachies, en dir. de Termes d'Armagnac, par la route des crêtes.

☆ Prix/Price : 210 F 1 Pers - 250 F 2 Pers - 100 F P. sup - 90 F Repas - 215 F 1/2 pension

SEMEZIES-CACHAN
SARDAC

208

Chris and Gaynor provide a warm welcome at their fully restored, elegant manor house in an outstanding setting. The very comfortable bedrooms, decorated with attractive matching fabrics are superbly appointed. Magnificent view of the hills and Pyrenees. Relax in the 5-acre grounds with swimming pool.
Outdoor leisure activities centre (lake, bathing, fishing) and tennis court at Saramon. River fishing (Gimone) 3 km. 18-hole golf course at Auch 25 km.
☆ How to get there: At Saramon, drive 4 km on D12 for Simorre, then take D242 for Faget Abbatial and drive 1 km until you come to 2 umbrella pinetrees. Follow signs.

Gaynor LAMBERT-GREEN
SARDAC
SEMEZIES-CACHAN
32450 SARAMON
Tél. : 05.62.65.49.13 - Fax : 05.62.65.49.14

Carte 5

★ 3 ch. dont 2 avec ch. d'enfants et sanitaires privés. Ouvert du 15/04 au 15/11. Petit déjeuner à base de viennoiseries, céréales, confitures maison, fruits... TV, chaîne hi-fi, magnétoscope. Tennis de table. Cour, parc 2 ha., piscine. Restaurants à Saramon (4 km) ou Samatant (18 km). ★ *Base de loisirs (lac, baignade, pêche) et tennis à Saramon. Pêche en rivière (Gimone) à 3 km. Golf 18 trous à Auch 25 km.* ★
Dans un site exceptionnel, Chris et Gaynor vous accueilleront chaleureusement dans leur élégante gentilhommière entièrement restaurée. Les chambres très confortables avec de jolis tissus coordonnés sont superbement aménagées. Vue magnifique sur les coteaux et sur les Pyrénées. Pour votre détente, un parc de 2 ha. avec piscine.
★ Accès : A Saramon, D12 dir. Simorre sur 4 km, puis D242 vers Faget Abbatial sur 1 km jusqu'à 2 pins parasols (suivre fléchage).

☆ Prix/Price : 252/ 280 F 1 Pers - 380/ 420 F 2 Pers - 480/ 520 F 3 Pers - 120 F Repas

BEAUTIRAN
CHATEAU-DE-MARTIGNAS

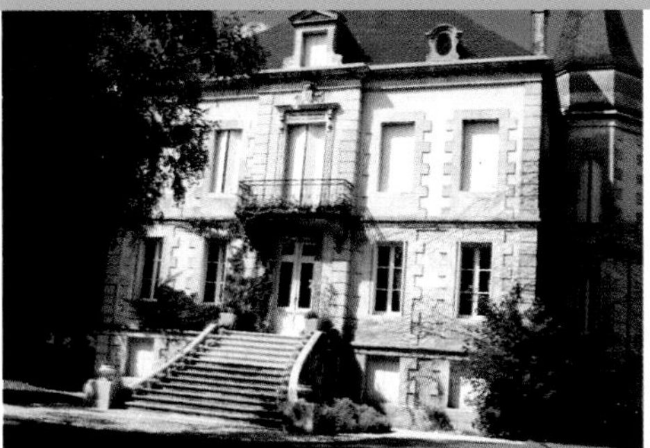

Catherine VICARD-GALEA
CHATEAU DE MARTIGNAS
33640 BEAUTIRAN
Tél. : 05.56.67.52.41

Carte 5

A warm welcome awaits you at this 19th century Graves region château. The property is set in 2.5 acres surrounded by vineyards. The bedrooms are both spacious and comfortable. You may dine with the owners, if you wish, from 9 p.m. onwards or earlier depending on availability.
Tennis and fishing in village. Bathing 20 km. Château de Cadillac, La Brède, Roquetaillade, medieval abbeys and villages. Vineyards (Sauternes, Graves, St-Emilion, Médoc). Landes forest. Hostens lake. Arcachon 50 km.
☆ *How to get there: Bordeaux/Toulouse motorway, La Brède exit, then N133 for 4 km. Left at Caisse d'Epargne bank, for Beautiran centre, then 200 m on right.*

★ 2 ch., chacune avec bains et wc privés. Ouvert toute l'année. Table d'hôtes (dîner exclusivement) : cuisine du marché et du potager, familiale et gourmande, vins sélectionnés. Repas enfants 40 F. Petit déjeuner à la française avec confitures maison. Prix variables suivant la saison et la durée. ★ *Tennis, pêche au village. Baignade 20 km. Château de Cadillac, Roquetaillade, abbayes et villages médiévaux. Vignobles (Graves, Sauternes, St-Emilion...). Forêt des Landes, lac, Arcachon 50 km.* ★

Vous serez accueillis dans un château du XIXe siècle situé dans la région des Graves, dans un parc aménagé d'environ un hectare, entouré de vignes. Les chambres sont spacieuses et confortables. Si vous le souhaitez, vous pourrez partager la table des propriétaires, le soir, à partir de 21 heures ou plus tôt, à la demande et suivant les possibilités.

★ Accès : Autoroute Bordeaux/Toulouse, sortie la Brède, N133 (4 km). A gauche au niveau de la caisse d'épargne, dir. Beautiran centre, 200 m à droite.

☆ Prix/Price : 275/ 330 F 2 Pers - 80 F P. sup - 85 F Repas

BERNOS-BEAULAC
L'OISEAU-BLEU

210

Liliane DUJARDIN
AU DOUSUD
L'OISEAU BLEU
33430 BERNOS-BEAULAC
Tél. : 05.56.25.43.23 - Fax : 05.56.25.42.75

Carte 5

A warm welcome awaits you at this handsome 18th century Landais style farm, on the edge of the Landes and Sauternais regions, which has now been fully restored by its owner. Accomplished painter Liliane Dujardin will be happy to introduce you to the landscape which inspires her works. Delightful property exuding peace and serenity.
Forest walks. River, canoeing and pony club 2 km. Bazas cathedral (13th century). Sauternes vineyards. Graves 10 min. Bordeaux 40 min. Ocean and St-Emilion 1 hr. Horse-riding, fishing, biking locally.
☆ *How to get there: From Bordeaux, A62 exit 3 (Langon), then D932 for Mont-de-Marsan: drive approximately 25 km. Right for Dousud 3 km on.*

★ 4 ch. et 1 suite personnalisées avec sanitaires privés, TV et tél. Ouvert toute l'année. Petits déjeuners : oranges pressées, confitures, clafoutis maison, œufs, charcuteries. Piscine chauffée. Etang poissonneux, vélos, chevaux, poneys sur la propriété. CB acceptées. ★ *Promenades en forêts. Rivière, canoë-kayak et poney-club 2 km. Cathédrale de Bazas (XIIIe). Vignobles de Sauternes. Graves 10 mn. Bordeaux 40 mn. Océan et St-Emilion 1 h. Equitation, pêche, VTT sur place.* ★

A la lisière des Landes et du Sauternais, vous serez accueillis chaleureusement dans une belle ferme landaise du XVIIIe entièrement restaurée par la maîtresse de maison. Peintre réputé, elle vous proposera de découvrir à travers ses toiles le monde qui l'inspire. Belle propriété où tout respire le calme et la sérénité.

★ Accès : De Bordeaux A62 sortie 3 (Langon) puis D932 dir. Mont-de-Marsan sur 25 km env. A droite dir. Dousud (3 km).

☆ Prix/Price : 250 F 1 Pers - 350/ 550 F 2 Pers - 540/ 640 F 3 Pers - 90 F Repas

CAPIAN

CHATEAU-DE-GRAND-BRANET

211

Blanche MAINVIELLE
CHATEAU DE GRAND BRANET
33550 CAPIAN
Tél. : 05.56.72.17.30 - Fax : 05.56.72.17.30

Carte 5

This 17th and 19th century stone house stands in five acres of parkland on a winegrowing estate, in the first cultivated hills of the Garonne. The five bedrooms afford great comfort and are attractively furbished. An ideal base from which to explore the beauty of the area.
Historical places of interest, festivals, wine cellars, winetasting, hiking, canoeing, horse-riding, golf.
☆ *How to get there: Between Bordeaux (30 km) and Cadillac (11 km), on the way to Langoiran. At « Le Pied du Château », head for Capian and drive approximately 4 km to Château de Grand Branet.*

★ 4 chambres et 1 suite (poss. lit bébé) avec sanitaires privés. Ouvert toute l'année. Copieux petit déjeuner : jus de fruits, pains variés, patisseries maison... Salons avec TV à la disposition des hôtes. Point-phone. Parc, étang, ping-pong, vélos. Restaurants à Langoiran 4 km et à Créon 7 km. ★ *Sites historiques, festivals, caves, dégustations, randonnées, canoë-kayak, équitation, golf.* ★
Sur les premiers coteaux de Garonne, en pleine campagne, cette demeure en pierre naturelle, d'époque XVIIe-XIXe, entourée d'un parc de 2 ha. est située sur une propriété viticole. Les 5 chambres qui vous reçoivent, sont confortables et agréablement aménagées. Une étape idéale pour découvrir cette belle région.
★ Accès : Entre Bordeaux (30 km) et Cadillac (11 km), dir. Langoiran. Au lieu-dit « Le Pied du Château », prendre dir. Capian et faire 4 km environ jusqu'au château du Grand Branet.

★ Prix/Price : 200/ 240 F 1 Pers - 270/ 330 F 2 Pers - 80 F P. sup

CASTELNAU-DE-MEDOC

212

M. de BARITAULT
CHATEAU DU FOULON
33480 CASTELNAU DE MEDOC
Tél. : 05.56.58.20.18 - Fax : 05.56.58.23.43

Carte 5

The Vicomte and Vicomtesse de Baritault are your hosts at this pleasant 19th century château bordering the Médoc vineyards. Large, comfortable rooms, in a quiet family atmosphere.
Lacanau and Carcan lake 30 km. Bordeaux. Tours of Médoc châteaux. Tennis and riding 2 km. Sailing, boating, beach 30 km. Golf courses 15 km and 30 km.
☆ *How to get there: 28 km from Bordeaux on the D1.*

★ Une suite de 2 chambres avec bains et wc privés, 3 chambres doubles, 2 avec bains et wc privés, l'autre avec bains privés et wc non attenants. Ouvert toute l'année. Restaurants à 1 km. Parc de 50 ha. ★ *Lacs de Lacanau et Carcan à 30 km. Bordeaux. Circuit des châteaux du Médoc. Tennis et équitation à 2 km. Voile, plage, bateau à 30 km. Golf à 15 et 30 km.* ★
Vous serez reçu par le Vicomte et la Vicomtesse de Baritault dans cet agréable château du XIXe siècle, situé en bordure des vignobles du Médoc. Chambres vastes et confortables où vous trouverez le repos et le calme dans une atmosphère familiale.
★ Accès : A 28 km de Bordeaux par D 1.

★ Prix/Price : 400 F 1 Pers - 450 F 2 Pers - 500 F 3 Pers - 150 F P. sup

SAINT-SEVE
DOMAINE-DE-LA-CHARMAIE

213

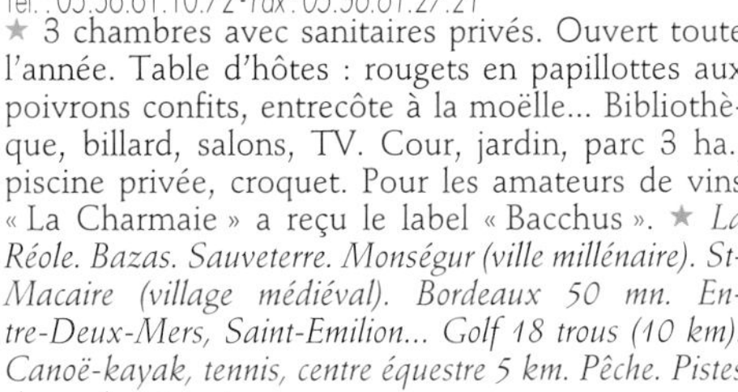

Your hosts, France and Paul, have fully restored this handsome 17th century family mansion. This flawless achievement would not have been possible without the owners' commitment and enthusiasm. A refined atmosphere, in which every piece of furniture and object fits to perfection. The superb bedrooms are located in a separate communicating wing. A delight.

La Réole. Bazas. Sauveterre. Monségur (thousand-year-old village). Saint-Macaire (medieval village). Bordeaux 50 min. Entre-Deux-Mers, St-Emilion. 18-hole golf course (10 km). canoeing, tennis, riding centre 5 km. Fishing. Hiking trails.

☆ How to get there: A62, La Réole exit. Take D668 for Monségur, then at roundabout head for Loubens-St-Sève on D21. At St-Sève, drive through the village and follow signs for « Domaine de la Charmaie » after small bridge.

Paul et France CHAVEROU
DOMAINE DE LA CHARMAIE
33190 SAINT-SEVE
Tél. : 05.56.61.10.72 - Fax : 05.56.61.27.21

Carte 5

★ 3 chambres avec sanitaires privés. Ouvert toute l'année. Table d'hôtes : rougets en papillottes aux poivrons confits, entrecôte à la moëlle... Bibliothèque, billard, salons, TV. Cour, jardin, parc 3 ha., piscine privée, croquet. Pour les amateurs de vins « La Charmaie » a reçu le label « Bacchus ». ★ *La Réole. Bazas. Sauveterre. Monségur (ville millénaire). St-Macaire (village médiéval). Bordeaux 50 mn. Entre-Deux-Mers, Saint-Emilion... Golf 18 trous (10 km). Canoë-kayak, tennis, centre équestre 5 km. Pêche. Pistes de randonnées.* ★

Cette belle demeure de maître du XVIIe a été entièrement restaurée par France et Paul. Une parfaite réussite qui ne peut s'expliquer sans la passion des propriétaires. Atmosphère raffinée où chaque meuble, chaque objet à trouvé sa place. Les chambres toutes superbes, sont aménagées dans une aile indépendante et communiquante. Une étape de charme à ne pas manquer.

★ Accès : A62, sortie La Réole. Prendre D668 dir. Monségur, puis au rd point dir. Loubens-St-Sève sur D21. A St-Sève, traverser le bourg et suivre fléchage « Domaine de la Charmaie » après le petit pont.

★ Prix/Price : 280 F 1 Pers - 320 F 2 Pers - 100 F P. sup - 120 F Repas

Gironde

TABANAC
CHATEAU-SENTOUT

214

Just 20 km from Bordeaux, set in the hills on a 45-acre estate, the Château Sentout overlooks the Garonne valley. The property offers two bedrooms with character and period furniture for a relaxing break. Discount for stays of 3 days or more.

Fishing 2 km, tennis court 3 km, swimming pool 15 km, bathing 30 km. Walks in the forest. Bordeaux. (E-mail address: ch.sentout@wanadoo.fr)

☆ How to get there: 18 km from Bordeaux on D10.

Gerard PELTIER
CHATEAU SENTOUT
33550 TABANAC
Tél. : 05.56.21.85.77 - Fax : 05.56.78.70.95

Carte 5

★ 1 chambre avec bains et wc, 1 chambre avec douche et wc. Ouvert toute l'année. Piscine sur place. Tennis gratuit à 1 km. Chapelle sur la propriété. Réduction pour plus de 3 jours. (e-mail:ch.sentout@wanadoo.fr). ★ *Pêche à 2 km, tennis à 3 km, piscine à 15 km, baignade à 30 km. Promenades équestres en Forêt-Bordeaux.* ★

A 20 km de Bordeaux, sur les collines des premières côtes de Bordeaux, dans un domaine de 18 ha., le château Sentout surplombe la vallée de la Garonne. Vous pourrez y séjourner dans deux chambres de caractère, meublées en ancien.

★ Accès : A 18 km de Bordeaux par la D10.

★ Prix/Price : 380 F 1 Pers - 430 F 2 Pers - 490 F 3 Pers

QUARANTE
CHATEAU-DE-QUARANTE

215

This 18th century château amid Languedoc vineyards in an exceptional sunblessed setting lies midway between the Mediterranean beaches and the Cévennes. You will be enchanted by this tastefully restored mansion which offers modern comfort along with the elegance and charm of genuine antiques. Ideal for exploring the Languedoc-Roussillon and enjoying the local cuisine.
Beaches. Canal du Midi. Pézenas. Etang de Thau (lake). Béziers. Carcassonne. Narbonne. Le Minervois. Montpellier. Cévennes mountains and valleys.
☆ *How to get there:* After Béziers, take the D11 via Capestang and the D184 for Quarante. The château is at the entrance to the village.

Nicolas et Nicole NEUKIRCH
CHATEAU DE QUARANTE
34310 QUARANTE
Tél. : 04.67.89.40.41 - Fax : 04.67.89.40.41

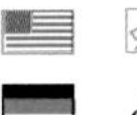

Carte 5

★ 4 chambres et 1 suite avec sanitaires privés. Ouvert d'avril à décembre. Table d'hôtes (boissons non comprises) : cuisine régionale et internationale. Vélos, ping-pong, pétanque. Parc de 2 ha. Salon de jardin. ★ *Plages, canal du Midi. Pézenas. Etang de Thau. Béziers. Carcassonne. Narbonne. Le Minervois. Montpellier. Les Cévennes.* ★

Sous le soleil exactement, entre mer et montagne, dans un coin privilégié du vignoble Languedocien, vous apprécierez le charme de ce château (XVIIIe) rénové avec goût. Au cœur du Bittérois, un point de chute idéal pour rayonner à travers le Languedoc-Roussillon et déguster la vraie cuisine du terroir.

★ Accès : Après Béziers prendre D11 par Capestang et D184 vers Quarante. Château à l'entrée du village.

★ Prix/Price : 425/ 625 F 1 Pers - 425/ 625 F 2 Pers - 150 F P. sup - 150 F Repas

SAINT-ANDRE-DE-BUEGES
BOMBEQUIOLS

216

This medieval country house is set in grounds on a conserved, unspoilt site. Mas de Bombequiols will welcome you beneath its thousand-year old vaults and in its elegantly furnished bedrooms and suites around the inner courtyard. Enjoy the table d'hôtes in the dining room under the terrace arches or by the fireplace, depending on the to season.
Cirque de Navacelles (corrie), Romanesque churches, Grottes des Demoiselles, Bambouseraie d'Anduze, Nîmes, Montpellier, canoeing, hang-gliding, riding, mountain biking 10 km.
☆ *How to get there:* From Montpellier, Ganges rd. to St-Bauzille de Putois, for Brissac. 5 km on St-Jean-de-Buèges road. From Nîmes, head for Le Vigan to Ganges, then Brissac, Vallée de Buèges. Michelin map 83, fold 6.

Anne-Marie BOUEC
BOMBEQUIOLS
34190 SAINT-ANDRE DE BUEGES
Tél. : 04.67.73.72.67 - Fax : 04.67.73.72.67

Carte 5

★ 3 chambres et 3 suites, toutes avec bains et wc privés. Ouvert toute l'année sur réservation. Table d'hôtes : produits du terroir, vin de pays. Piscine, lac collinaire sur place. Parc de 50 ha. ★ *Nombreuses randonnées.* ★ *St-Guilhem-le-Désert, Cirque de Navacelles, la Couvertoirade, églises, grotte des Demoiselles, Bambouseraie d'Anduze, Nîmes, Montpellier. Canoë, équitation, delta-plane, VTT 10 km.* ★

Bastide médiévale au milieu de ses terres, dans un site sauvage et préservé. Le Mas de Bombequiols vous accueillera sous ses voûtes millénaires. Vastes chambres et suites élégament meublées, distribuées autour de la cour intérieure. Salle à manger sous les arches de la terrasse ou devant la cheminée, suivant les saisons.

★ Accès : A Montpellier dir. rte de Ganges puis St-Bauzille dir. Brissac. A 5 km rte de St-Jean-Buèges. A Nîmes dir. Le Vigan jusqu'à Ganges, puis Brissac. CM 83 pli 6.

★ Prix/Price : 350/ 650 F 1 Pers - 400/ 700 F 2 Pers - 750/ 850 F 3 Pers - 150 F P. sup - 150 F Repas

SAINT-CLEMENT-DE-RIVIERE
DOMAINE-DE-SAINT-CLEMENT

217

Bernabé CALISTA
DOMAINE DE SAINT-CLEMENT
34980 SAINT-CLEMENT-DE-RIVIERE
Tél. : 04.67.66.70.89 - Fax : 04.67.84.07.96

Carte 5

This delightful 18th century family mansion is surrounded by a vast shaded park with swimming pool. The three bedrooms and suite are sumptuously decorated and exude warmth. The property, just 7 kilometres from Montpellier, is a true haven of peace.
Montpellier. Close to Languedoc beaches and the mountains. Hiking and bicycle touring facilities.
☆ *How to get there: From Montpellier, take the D986. At Saint-Gély-du-Fesc, head for Saint-Clément-de-Rivière on the D112.*

★ 3 chambres et 1 suite 4 pers., toutes avec sanitaires privés. Ouvert toute l'année. Cour, jardin, parc de 2 ha. avec piscine. Vélos. Nombreux restaurants à proximité. ★ *Montpellier. Proximité des plages languedociennes et de la Montagne. Possibilité de circuits pédestres et cyclotourisme.* ★

Ravissante maison de maître du XVIIIe entourée d'un vaste parc ombragé avec piscine. 3 chambres et 1 suite merveilleusement décorées et chaleureuses vous attendent. Cette propriété située à 7 km de Montpellier est un véritable havre de paix.

★ Accès : De Montpellier prendre la D986. A Saint-Gély-du-Fesc prendre D112 vers Saint-Clément-de-Rivière.

☆ Prix/Price : 450 F 2 Pers

SAUSSAN

218

Ariane GINE
6 RUE DES PENITENTS
34570 SAUSSAN
Tél. : 04.67.47.81.01

Carte 5

Madame Gine is your hostess at this house full of character. Billiard enthusiasts will enjoy a game of billiards in the lounge-mezzanine, while other guests can relax on the terrace or in the large shaded garden.
Tennis court locally. Swimming pool 2 km. Riding 4 km. Sea 10 km. Montpellier 10 km.
☆ *How to get there: Take the A9 motorway and turn off at the Saint-Jean-de-Védas exit. Michelin map 83, fold 7.*

★ 4 chambres, toutes avec sanitaires privés. Ouvert toute l'année. Restaurants à 2 km. ★ *Tennis sur place, piscine à 2 km, équitation à 4 km. Mer à 10 km. Montpellier à 10 km.* ★

Madame Gine vous recevra dans sa jolie maison de caractère. Pour votre détente, un billard dans le salon-mezzanine, une terrasse et un grand jardin ombragé.

★ Accès : Par autoroute A 9, sortie Saint-Jean de Védas. CM 83, pli 7.

☆ Prix/Price : 200 F 1 Pers - 250 F 2 Pers

VILLETELLE
LES BOUGAINVILLIEES

Daniel et Simone BARLAGUET
343 CH. DES COMBES NOIRES
34400 VILLETELLE
Tél. : 04.67.86.87.00 - Fax : 04.67.86.87.00

Carte 5

Mr and Mme Barlaguet are your hosts at this recently built villa of considerable character, situated 1 km from the village. The bedrooms (ground floor) are large and each has its own terrace and garden furniture. Breakfast is served in the winter garden or on the terrace ablaze with bougainvillaea flowers.
Sea 20 km (Grande Motte resort). Camargue, riding. River, fishing, Roman city 2 km. Golf course 20 km.
☆ *How to get there: Between Nimes and Montpellier, N113 for Lunel, or motorway, Lunel exit. Head for Lunel, 2 km from Villetelle turn left: first crossing on left. Michelin map 83, fold 8.*

★ 4 ch. et 1 suite, toutes avec douche ou bains et wc privés, TV sur demande. Ouvert toute l'année sur résa. Petit déjeuner copieux. Restaurants 2 et 5 km. Tennis, piscine, jaccuzi, jeux, p-pong, panneau de basket et parc sur place. Abri pour voiture. Piscine couverte en hors-saison. ★ *Mer à 20 km (Grande Motte). Camargue, promenades à cheval. Rivière, pêche, cité romaine à 2 km. Golf à 20 km.* ★
M. et Mme Barlaguet vous accueilleront dans une belle villa de caractère , située à 1 km du village. Les chambres de plain-pied, sont grandes et disposent chacune d'une terrasse et d'un salon de jardin. Le petit déjeuner est servi dans le jardin d'hiver ou sur la terrasse aux Bougainvilliées.
★ Accès : Entre Nimes/Montpellier, N113, dir. Lunel, ou sortie autoroute Lunel. Dir. Lunel, 2 km Villetelle à gauche : 1er croisement à gauche. CM 83, pli 8.

☆ Prix/Price : 310 F 1 Pers - 330 F 2 Pers - 430 F 3 Pers - 100 F P. sup - 100 F Repas

LA COUYERE
LA TREMBLAIS

Raymond et Claudine GOMIS
LA TREMBLAIS
35320 LA COUYERE
Tél. : 02.99.43.14.39 ou SR : 02.99 78 47 57

Carte 2

Enjoy candlelight dinners in this delightful set of 17th century buildings, or relax in the winter garden, where Claudine will be delighted to share her love of decorating.
La Roche aux Fées (megalithic monument) 10 km. Vitré (château and old town) 25 km. Horse-riding 2 km, fishing 5 km. Swimming pool 15 km. 18-hole golf course 25 km.
☆ *How to get there: Head for the Châteaux of the Loire, between Rennes and Châteaubriand on the D163, then D92. Michelin map 230, fold 41.*

★ 1 suite 3 pers. avec salon, cheminée, en mezzanine avec douche et wc et 1 ch. 3 pers. avec douche et wc. Ouvert toute l'année. Table d'hôtes sur résa. Assiette gourmande de la Tremblais (60 F) avec dessert breton. Formule week-end en amoureux (725 F/ 2 pers. TTC), dîner aux chandelles. ★ *A 10 km, la Roche aux Fées (monument mégalithique), Vitré à 25 km (château et vieille ville). Equitation à 2 km, pêche à 5 km, piscine à 15 km. Golf 18 trous à 25 km.* ★
Dans un ensemble de bâtiments du XVIIe, vous y découvrirez le plaisir intime d'un dîner aux chandelles ou d'un moment de détente dans le jardin d'hiver où Claudine vous fera partager sa passion pour la décoration.
★ Accès : Vers les châteaux de la Loire, entre Rennes et Châteaubriand sur la D.163, prendre ensuite la D.92. CM 230, pli 41.

☆ Prix/Price : 200 F 1 Pers - 260/ 310 F 2 Pers - 300/ 350 F 3 Pers - 50 F P. sup - 100 F Repas

DINARD
MANOIR-DE-LA-DUCHEE

Manoir de la Duchée is a pretty 17th century Breton residence set in a blaze of flowers on the Emerald Coast (numerous footpaths down to the sea). Revolving collections of antique items (dolls, hats) are displayed in the guest lounges. There is a health and fitness centre nearby. Breakfast is served in the winter garden.

2 km: beaches, miniature golf, golf course, tennis, swimming pool, sea water therapy centre. Airport nearby. Dinard, St-Malo, Dinan. Jersey and Guernsey.

☆ How to get there: From St-Malo (for St-Brieuc), head for St-Briac on the D603, then 1st road on left as you enter built-up area and signs. From Dinard (D786), St. Briac exit, for municipal camping site (signs).

Jean-Francois STENOU
MANOIR DE LA DUCHEE
SAINT-BRIAC-SUR-MER
35800 DINARD
Tél. : 02.99.88.00.02 ou 02.96.27.28.96

Carte 2

★ 3 chambres doubles, 1 ch. en duplex 3 ou 4 pers., 1 suite, toutes avec TV, sanitaires privés et sèche-cheveux. Salon à disposition (peintures, sculptures). Ouvert du 01/03 au 31/12. Petit déjeuner complet servi dans le jardin d'hiver. Restaurants à 3 km. VTT et chevaux sur place. Parc. ★ *A 2 km : plages, mini-golf, golf, tennis, piscine, thalasso-thérapie. Aéroport à proximité. Dinard, Saint-Malo, Dinan. Accès aux îles anglo-normandes (Jersey et Guernesey).* ★

Le manoir de la Duchée est une jolie demeure bretonne fleurie datant du XVIIe, située sur la côte d'Emeraude (sentiers pédestres débouchant sur la mer). Dans les salons à votre disposition, vous pourrez profiter des collections anciennes ou envisager une remise en forme à l'extérieur dans le centre de soins.

★ Accès : De St-Malo dir. St-Brieuc, D603 dir. St-Briac. 1re à gauche en entrant dans le village et fléchage. De Dinard D786, sortie St-Briac dir. camping municipal (panneaux).

★ Prix/Price : 300 F 1 Pers - 350/ 500 F 2 Pers - 500 F 3 Pers

Ille et Vilaine

DOL-DE-BRETAGNE
BAGUER-MORVAN

This pretty 17th century traditional St-Malo residence is set in the heart of the countryside, between St-Malo, Mont Saint-Michel and Dinan. Three tastefully restored bedrooms await your arrival. Breakfast is served in the lounge. One of the bedrooms offers princely appointments ideal for a romantic stay.

Mont-Saint-Michel and St-Malo nearby. Channel Islands (Jersey and Guernsey). 2 x 18-hole golf courses 4 km, tennis court 2 km. Horse-riding 6 km, forest 10 km, beaches 15 km.

☆ How to get there: At Dol-de-Bretagne centre, head for Dinan (on the D676). At last roundabout in Dol, left for Baguer-Morvan, then in village, follw signs for « Manoir de Launay Blot ».

Bernard et Genevieve MABILE
MANOIR DE LAUNAY – BLOT
BAGUER MORVAN
35120 DOL DE BRETAGNE
Tél. : 02.99.48.07.48

Carte 2

★ 3 chambres avec bains et wc privés. Ouvert toute l'année. Table d'hôtes sur réservation, sauf le dimanche soir (vin non compris). Téléphone à carte. Restaurants à 8 km. Pêche sur place. Gare à 6 km. ★ *Mont-St-Michel et St-Malo à proximité. Accès aux îles anglo-normandes (Jersey et Guernesey). 2 golfs 18 trous 4 km. Tennis 2 km. Equitation 6 km. Forêt 10 km. Plages 15 km.* ★

Belle malouinière du XVIIe siècle en campagne, située entre Saint-Malo, le Mont-Saint-Michel et Dinan. 3 chambres restaurées avec goût, petit déjeuner servi dans le salon. Une des chambres est princière et idéale pour accueillir les amoureux romantiques.

★ Accès : A Dol-de-Bretagne, dir. Dinan par la D676. Au dernier rond point, à gauche dir. Baguer-Morvan. Suivre le fléchage dans le bourg « Manoir de Launay Blot ».

★ Prix/Price : 250 F 1 Pers - 300/ 360 F 2 Pers - 380/ 440 F 3 Pers - 100 F Repas

PAIMPONT
LA CORNE-DE-CERF

223

Annie et Robert MORVAN
LA CORNE DE CERF
LE CANNEE
35380 PAIMPONT
Tél. : 02.99.07.84.19

Carte 2

In the heart of the legendary Brocéliande forest, Annie and Robert will welcome you as friends of the family to their late 19th century farmhouse with visible stonework. You will discover this artists' house offering a harmonious blend of tapestries, paintings and painted furniture, which contribute to its charm. 2,000 m² landscaped garden.
Legendary sites. Megalithic monuments. Medieval cities. Riding and footpaths, mountain biking. Water-sports (Paimpont lake). Exhibitions: Arthurian centre.
☆ *How to get there: South of Paimpont, at the main roundabout, head for Beignon-Le Cannée, then right, D71 for 1.5 km. Then turn left.*

★ 3 chambres avec sanitaires privés. Ouvert toute l'année. Petit déjeuner gourmand à base de confitures et patisseries maison : crêpes, flan, gâteau et far bretons... Entrée, salon et séjour indépendants. Jardin. Restaurants et crêperies à 2 km. ★ *Sites légendaires. Monuments mégalithiques. Cités médiévales. Circuits pédestres, équestres, VTT. Activités nautiques (lac de Paimpont). Expositions : centre arthurien.* ★
Au cœur de la légendaire forêt de Brocéliande, Annie et Robert vous recevront en amis dans leur longère en pierres apparentes de la fin du XIXe. Vous y découvrirez une maison d'artistes où tapisseries, tableaux et meubles peints s'harmonisent avec bonheur et contribuent au charme des lieux. Jardin paysager de 2000 m².
★ Accès : Au sud de Paimpont, au grand rond point, prendre la direction Beignon-Le Cannée, puis à droite, la D71 sur 1,5 km. Puis, prendre à gauche.

☆ Prix/Price : 250 F 1 Pers - 280/ 300 F 2 Pers - 340/ 360 F 3 Pers

LE RHEU
GOLF-DE-LA-FRESLONNIERE

224

Claude d'ALINCOURT
GOLF DE LA FRESLONNIERE
35650 LE RHEU
Tél. : 02.99.14.84.09 ou SR : 02.99.78.47.57

Carte 2

Superb 17th century château set in the heart of a wooded park, with swimming pool, tennis court and 18-hole golf course. The room and suite provide a high degree of comfort and boast period furniture. This magnificent property full of charm is an ideal place for a relaxing break.
Lake, sailing, horse-riding 3 km. Rennes 7 km. Cancale, St-Malo 70 km.
☆ *How to get there: From Rennes, drive 2 km for Lorient, after the bypass (rocade). Turn right at the traffic lights after the Elf service station.*

★ 1 chambre (avec TV) et 1 suite avec sanitaires privés. Ouvert toute l'année. Piscine, tennis et pêche en étang sur place. Cour, jardin, parc. ★ *Plan d'eau, voile, équitation à 3 km. Rennes à 7 km. Cancale, Saint-Malo à 70 km.* ★
Superbe château du XVIIe siècle au cœur d'un parc boisé avec piscine, tennis et golf 18 trous. 1 chambre et 1 suite de grand confort meublées d'époque vous recevront. Magnifique propriété pleine de charme où détente et repos vous seront assurés.
★ Accès : A partir de Rennes dir. Lorient sur une distance de 2 km, après la rocade. Tourner à droite au feu situé après la station service « Elf ».

☆ Prix/Price : 360/ 460 F 2 Pers - 510 F 3 Pers

ROZ-SUR-COUESNON
LA BERGERIE

Jacky et Jocelyne PIEL
LA BERGERIE
35610 ROZ-SUR-COUESNON
Tél. : 02.99.80.29.68 - *Fax* : 02.99.80.29.68

Carte 2

On the Emerald Coast, between Mont-St-Michel and St-Malo, is where you will come across this vast, fully restored 17th century farmhouse. Each room is decorated in its own style with attractive period regional furniture. You will enjoy the peace and quiet and appreciate Jacky and Jocelyne's hospitality. They will be happy to advise you throughout your stay.
Mont-Saint-Michel Bay 9 km. Places to visit along the Emerald Coast and in Lower Normandy 10 km and 40 km: Dol, St-Malo, Dinard, Dinan, Fougères, Granville, etc.
☆ *How to get there: On the D797 coast road Mt-St-Michel-Pontroson-St-Malo. 9km from Pontorson, head for La Bergerie in the village of La Poultière.*

★ 5 chambres avec sanitaires privés. Ouvert toute l'année. Copieux petit déjeuner : patisseries, œufs, pains... Coin-cuisine, salon, TV, bar, bibliothèque à la disposition des hôtes. Cour, jardin, parc, vélos, terrain de boules, jeux d'enfants. Nombreux restaurants à 1 et 4 km. ★ *Baie du Mont-Saint-Michel 9 km. Sites de la Côte d'Emeraude et de la Basse Normandie 10 et 40 km : Dol, Cancale, St-Malo, Dinard, Dinan, Fougères, Granville...* ★
Sur la côte d'Emeraude, entre le Mt-St-Michel et St-Malo, vaste longère du XVIIe entièrement restaurée. Chaque chambre a une décoration différente avec un joli mobilier régional ancien. Vous apprécierez le calme de cette demeure et la gentillesse de Jacky et Jocelyne qui sauront vous guider tout au long de votre séjour.
★ Accès : Sur la route côtière D797 Mt-St-Michel-Pontorson-St-Malo. A 9 km de Pontorson, prendre direction La Bergerie au village de La Poultière.

★ Prix/Price : 190/ 210 F 1 Pers - 210/ 250 F 2 Pers - 260/ 280 F 3 Pers

Ille et Vilaine

SAINT-PIERRE-DE-PLESGUEN
LE PETIT-MOULIN-DU-ROUVRE

226

Annie MICHEL-QUEBRIAC
LE PETIT MOULIN DU ROUVRE
35720 SAINT-PIERRE DE PLESGUEN
Tél. : 02.99.73.85.84 - *Fax* : 02.99.73.71.06

Carte 2

Le Petit Moulin du Rouvre is a pretty 17th century water mill straddling the Molène, close to Mont-Saint-Michel, St-Malo and Dinan, where a hospitable welcome awaits you. The four bedrooms in this residence with character are tastefully furnished.
Combourg country: romantic Brittany. Mont-Saint-Michel, medieval Dinan, St-Malo, once famous for its privateers. Tennis, swimming pool and horse-riding in the vicinity.
☆ *How to get there: Saint-Pierre-de-Plesguen is halfway between Rennes and Saint-Malo on the N137. Follow signs on the D10 for Lanhelin.*

★ 4 chambres, toutes avec sanitaires privés. Ouvert toute l'année. Restaurants à 3 et 5 km. Etang et pêche sur place. ★ *Pays de Combourg : Bretagne romantique. Mont-Saint-Michel, Dinan médiéval, Saint-Malo ville corsaire. Tennis, piscine et équitation à proximité.* ★
Ancien moulin à eau édifié au XVIIe siècle sur la Molène, proche du Mont-Saint-Michel, de Saint-Malo et de Dinan, où vous serez accueillis en amis. Les chambres de cette demeure de caractère sont meublées avec goût.
★ Accès : Saint-Pierre de Plesguen est situé à mi-chemin entre Rennes et Saint-Malo par la N.137. Suivre le fléchage par D.10, dir. Lanhelin.

★ Prix/Price : 290 F 1 Pers - 350 F 2 Pers - 450 F 3 Pers

Alain JUBARD
« LES CHEZEAUX »
36300 LE BLANC
Tél. : 02.54.37.32.17 ou 02.54.37.40.21

Carte 4

This 17th century family mansion boasts two bedrooms. Annie and Alain Jubard's interests include film, photography, music, painting and the environment. They will be happy to accompany guests on walks. Special rates for stays outside school holiday periods.
Bird sanctuary at Brenne regional park. Fishing, swimming pool, tennis, canoeing, mountain bikes, microlite flying, hang-gliding, parachuting 3 km. Walking paths.
☆ *How to get there:* N151 to roundabout (swimming pool), on the Argenton-sur-Creuse road or on the D27 for Le Blanc-Rosnay, 3 km from Le Blanc.

★ 2 chambres avec bains et wc privés. Ouvert toute l'année. Restaurants à 1,5 et 3 km. Forfait séjour hors-vacances scolaires. ★ *Centre ornithologique (Parc Régional de la Brenne). Pêche, piscine, tennis, canoë, VTT, ULM, vol à voile, parachutisme à 3 km. Sentiers pédestres aux alentours.* ★

2 chambres situées dans une maison de maître du XVIIe siècle. Annie et Alain Jubard s'intéressent au cinéma, à la photo, à la musique, à la peinture ainsi qu'à la protection de l'environnement. Ils pourront éventuellement vous accompagner pour des promenades dans la région.

★ Accès : N151. Au rond point de la piscine, route d'Argenton-sur-Creuse ou par la D27, Le Blanc-Rosnay, à 3 km de Le Blanc.

★ Prix/Price : 240/ 260 F 1 Pers - 260/ 280 F 2 Pers - 60 F P. sup

BOUGES-LE-CHATEAU
PETIT-CHATEAU-DE-STE-COLOMBE

228

Marie-Antoinette DAQUEMBRONNE
PETIT CHATEAU DE STE-COLOMBE
36110 BOUGES-LE-CHATEAU
Tél. : 02.54.35.88.33 - Fax : 02.54.35.15.21

Carte 4

This small 15th century château stands in a park with swimming pool, in a leafy setting. The residence offers two luxurious, superbly decorated suites. Fine Louis XV and Louis XVI furniture. Other facilities include a summer kitchen in the outbuildings and a winter garden.
Château de Bouges 3 km (replica of the Petit Trianon at Versailles). Leather and Parchment Museum at Levroux 6 km.
☆ *How to get there:* From Châteauroux, head for Levroux (D956). At exit, right for Bouges-le-Château and drive 6 km. Turn left for « Beaulieu ». Drive through farmyard, Ste-Colombe is on the right. Michelin map 68, fold 8.

★ 2 suites avec téléphone (service restreint), bains et wc privés. Ouvert du 1/04 au 30/11. Copieux petit déjeuner : fruits frais, fromages de la ferme, viennoiseries... Sur la propriété : piscine privée, barbecue, salon de jardin et chaises longues. Restaurant à 3 km. ★ *Château de Bouges à 3 km (réplique du Petit Trianon). Musée du Cuir et du Parchemin à Levroux (6 km).* ★

Dans un cadre de verdure, ce petit château du XVe siècle entouré d'un parc est agrémenté d'une piscine. 2 suites de grand confort et superbement décorées vous sont réservées. Très beau mobilier d'époque Louis XV et Louis XVI. Une cuisine d'été aménagée dans les dépendances et un jardin d'hiver sont à votre disposition.

★ Accès : De Châteauroux, dir. Levroux (D956). A la sortie, à droite dir. Bouges-le-Château et faire 6 km, puis à gauche vers « Beaulieu ». Traverser la cour de ferme, Ste-Colombe est à droite. CM 68, pli 8.

★ Prix/Price : 230/ 250 F 1 Pers - 250/ 270 F 2 Pers - 100 F P. sup

BUZANCAIS
BOISRENAULT

229

Yves et Sylvie DU MANOIR
CHATEAU DE BOISRENAULT
36500 BUZANCAIS
Tél. : 02.54.84.03.01 - *Fax* : 02.54.84.10.57

Carte 4

Château de Boisrenault stands in extensive grounds with hundred-year old trees. All the bedrooms are elegantly decorated and very comfortable. The spacious reception rooms boast splendid wainscotting. The dining room, lounge, games room and library are all open to guests.
La Brenne and its 1000 lakes. Tours of châteaux. GR46 hiking trail. Tennis 2.5 km. Horse-riding 6 km. 18-hole golf course 10 km. Beekeeping world at Buzançais.
☆ *How to get there: From Buzançais, take the D926 for Vierzon and follow « Chambres d'Hôtes » signs (3 km). Michelin map 68, fold 7.*

★ 4 chambres, toutes avec bains et wc privés, 1 suite avec TV, bains et wc. Ouvert du 1/02 au 23/12. Restaurants à 3 km. Cartes Visa et Amex acceptées. Ping-pong, vélos et piscine sur place. ★ *La Brenne et ses 1000 étangs. Visite des châteaux. Randonnée (GR 46). Monde vivant des abeilles à Buzançais.* ★

Le château de Boisrenault est entouré d'un vaste parc aux arbres centenaires. Toutes les chambres décorées avec raffinement sont conçues pour le confort des hôtes. Les pièces de réception avec de belles boiseries sont spacieuses. Salle à manger, salon, bibliothèque, salle de jeux à la disposition des hôtes.

★ Accès : De Buzançais prendre la D 926 vers Vierzon et suivre le flêchage « Chambres d'hôtes » à 3 km. CM 68, pli 7.

★ Prix/Price : 355/ 470 F 1 Pers - 395/ 510 F 2 Pers - 495/ 585 F 3 Pers - 180 F Repas

CHALAIS
LE GRAND-AJOUX

230

Aude DE LA JONQUIERE-AYME
LE GRAND AJOUX
36370 CHALAIS
Tél. : 02.54.37.72.92 ou 06.80.30.92.74 -
Fax : 02.54.37.72.92

Carte 4

This elegant 17th century manor house is set on a vast 130-acre estate with ponds. The residence boasts extremely comfortable bedrooms. Fine decor and handsome period furniture. Savour the specialities served at the table d'hôtes, which include Berrichon pâté and delicious goat cheeses.
Brenne regional natural park: hiking paths, cynegetic and ornithological interest. Garde-Giron château 20 km. Mechanised Farming Museum at Prissac 10 km. Futuroscope Science Museum in Poitiers 80 km.
☆ *How to get there: Châteauroux (A20), then N151 for Poitiers-Le-Blanc. At Ciron D44 for Bélabre D927. « Le Grand Ajoux » is 5 km before Bélabre.*

★ 2 chambres et 1 suite 4 pers. avec sanitaires privés. Ouvert de Pâques à la Toussaint et sur réservation. Salle à manger, salon avec cheminée, TV (satellite). Parc, prés, bois, 2 étangs, vélos, VTT, ping-pong, pêche (en étangs), chasse, chevaux. Enfant : 60 F. 550 F/suite. ★ *Parc Naturel Régional de la Brenne : circuits de randonnées, intérêt cynégétique et ornithologique. Château de la Garde-Giron 20 km. Musée du Machinisme agricole à Prissac 10 km. Futuroscope de Poitiers 80 km.* ★

Cet élégant manoir du XVIIe est situé sur un vaste domaine (53 ha.) avec étangs. Les chambres qui vous sont réservées sont confortables. Décoration raffinée et beaux meubles anciens. A la table d'hôtes, vous goûterez des spécialités comme le pâté berrichon, sans oublier les célèbres fromages de chèvre.

★ Accès : Chateauroux (A20) puis N151 direction Poitiers-Le Blanc. A Ciron D44 vers Bélabre D927. « Le Grand Ajoux » est situé 5 km avant Bélabre.

★ Prix/Price : 250 F 1 Pers - 280 F 2 Pers - 90 F Repas

FLERE-LA-RIVIERE
LE CLOS-VINCENTS

231

Claude RENOULT
LE CLOS VINCENTS
36700 FLERE-LA-RIVIERE
Tél. : 02.54.39.30.98 - Fax : 02.54.39.30.98

Carte 4

Residence full of character with courtyard, garden and 2.5-acre grounds. Two delightful bedrooms and a first-floor suite with private bathrooms await your arrival. Matching fabrics, canopied beds, stencilled friezes and attractive objects. You will appreciate the peace and quiet and cosiness exuded by the place. Pleasant lounge with fireplace and period furniture.
Brenne regional nature park: hiking, riding, cycling from Mézières-en-Brenne. GR46 posted hiking path nearby. Fishing in lake 2 km, outdoor leisure activities centre.
☆ *How to get there: On N143, Tours-Châteauroux, head for Châteauroux. Get off at Fléré-la-Rivière and take 1st or 2nd road for Cléré-du-Bois, and drive 600 m. Follow signs for « Le Clos Vincents ».*

★ 2 chambres et 1 suite 4 pers. à l'étage, avec sanitaires privés. Ouvert du 15 juin au 15 septembre. Salon avec cheminée et TV. Cour, jardin et parc d'1 ha., terrasse, parking. VTT. Restaurant « Le Restaurant de la Tour » à 4 km. 500/550 F/suite. ★ *Parc Naturel Régional de la Brenne : randonnées pédestres, équestres, cyclistes à partir de Mézières-en-Brenne. GR46 à proximité. Pêche en étang 2 km, base de loisirs.* ★

Demeure de caractère avec cour, jardin et parc d'1 ha. 2 chambres et 1 suite ravissantes vous sont réservées. Tissus coordonnés, ciel de lit, frises au pochoir et jolis objets. Vous apprécierez le charme des lieux et son confort douillet. Agréable salon avec cheminée et mobilier ancien.

★ Accès : Par N143 Tours-Châteauroux, dir. Châteauroux. A la sortie de Fléré-la-Rivière prendre 1re ou 2e route en dir. de Cléré-du-Bois, faire 600 m puis « Le Clos Vincents » est fléché.

★ Prix/Price : 250 F 1 Pers - 300 F 2 Pers - 100 F P. sup

SAINT-AOUT
CHATEAU « LA VILLETTE »

232

Karine VERBURGH
CHATEAU « LA VILLETTE »
36120 SAINT-AOUT
Tél. : 02.54.36.28.46

Carte 4

George Sand country, in the Vallée Noire, is the setting for this handsome 19th century residence which stands on a 20-acre estate with a park and a private lake. The two bedrooms and suite are situated in the old hunting lodge by the lake. Rest and relaxation are guaranteed in this haven of peace.
Vallée Noire region (George Sand country): Nohant 15 km, George Sand's residence. Saint-Chartier International Stringed Instrumentmakers and Master Bell-Ringers festival 10 km.
☆ *How to get there: From Châteauroux, head for Ardentes (N143), then for Saint-Août (D38) and turn left, 4 km before Saint-Août. Michelin map 68, fold 9.*

★ 2 chambres et 1 suite 4 pers. avec TV, radio et sanitaires privés. Ouvert toute l'année. Table d'hôtes : volailles et gibiers. Etang de 7 ha. avec barques, salon de jardin, chaises longues. Vélos. Grande salle de chasse à disposition pour réunions (tarif sur demande). ★ *Région de la Vallée Noire (pays de George Sand) : Nohant 15 km, demeure de George Sand. Festival Internationnal des Luthiers et Maîtres Sonneurs de Saint-Chartier à 10 km.* ★

Au pays de George Sand, dans la Vallée Noire, belle demeure du XIXe siècle située sur une propriété de 8 ha. avec parc et étang privé. Les 2 chambres et la suite ont été aménagées dans l'ancien pavillon de chasse près de l'étang. Détente et calme assurés dans un havre de paix.

★ Accès : De Châteauroux, direction Ardentes (N143) puis direction Saint-Août (D38) et prendre à gauche, 4 km avant Saint-Août. CM 68, pli 9.

★ Prix/Price : 300 F 1 Pers - 350 F 2 Pers - 120 F Repas

VELLES
MANOIR-DE-VILLEDOIN

J-Claude et Pierrette LIMOUSIN
MANOIR DE VILLEDOIN
36330 VELLES
Tél. : 02.54.25.12.06 - Fax : 02.54.24.28.29

Carte 4

This handsome, restful residence stands in a superb setting, surrounded by a park on the banks of a river. In the heart of the Berry region, this delightful manor house is an ideal staging post for discovering the region's charm.
Nohant 20 km (George Sand's house). Argenton-sur-Creuse 13 km (Shirtmaking Museum, archaeological site and excavations at Saint-Marcel). La Brenne region.
☆ *How to get there: From Châteauroux on the N20 to Velles (for Mosnay). From Argenton-sur-Creuse drive to Mosnay on D927 (for Velles). Michelin map 68, fold 18.*

★ 4 ch. avec sanitaires privés. Ouvert toute l'année. TV, jeux de société, vidéothèque, bibliothèque. Tennis terre battue, pêche, p-pong, barque sur place. Parc de 5 ha. Rand. organisées, circuit en méhari. ★ *Nohant 20 km (maison de George Sand). Argenton-sur-Creuse 13 km (musée de la chemiserie, site archéologique et chantier de fouilles à St-Marcel). Région de la Brenne.* ★

Belle demeure reposante située dans un cadre exceptionnel. Elle est entourée d'un parc en bordure de rivière. Au cœur du Berry, ce ravissant manoir est l'étape idéale pour découvrir cette région pleine de charme.

★ Accès : De Châteauroux par la N20 rejoindre Velles (dir. Mosnay). D'Argenton-sur-Creuse rejoindre Mosnay par D927 (dir. Velles). CM 68, pli 18.

★ Prix/Price : 370/ 390 F 1 Pers - 390/ 480 F 2 Pers - 120 F P. sup - 150/ 300 F Repas

ATHEE-SUR-CHER
LE PAVILLON-DE-VALLET

234

Alan FORT
LE PAVILLON DE VALLET
37270 ATHEE-SUR-CHER
Tél. : 02.47.50.67.83 ou SR : 02.47.27.56.10 - Fax : 02.47.50.68.31

Carte 3

Eighteenth century « Le Pavillon de Vallet », the Loire valley's most unusual residence, spans 7.5 acres on the banks of the Cher. Polyglot owner, Alan Fort, has in his time been an antique dealer, restaurateur and owner of a Bed & Breakfast house in the U.S. before returning to France and following in his ancestors' footsteps.
Amboise and Chenonceaux 12 km.
☆ *How to get there: Turn off the N76 before Bléré and head for « Vallet » and the banks of the Cher. 25 km east of Tours.*

★ 4 chambres dont 1 totalement indépendante avec salles de bains ou douches et wc privés. L'ensemble de la maison est meublé d'antiquités américaines et regorge de tableaux et gravures, de dédicasses d'artistes américains. Ouvert toute l'année. Animaux admis sous réserve. ★ *Amboise et Chenonceaux 12 km.* ★

La plus insolite maison d'hôtes du Val de Loire, « Le Pavillon de Vallet » (XVIIIe siècle) s'étend sur un parc de 3 ha. en bord de Cher. Son propriétaire, polyglote, fut, tour à tour, antiquaire, restaurateur et propriétaire d'un Bed & Breakfast aux Etats-Unis avant de revenir en France sur les traces de ses ancêtres.

★ Accès : Quitter la N76 avant Bléré et descendre vers le hameau de « Vallet » et les bords du Cher. 25 km à l'est de Tours.

★ Prix/Price : 250 F 1 Pers - 350/ 450 F 2 Pers - 100 F P. sup

AZAY-LE-RIDEAU
LE CLOS-PHILIPPA

Aline de DREZIGUE
LE CLOS PHILIPPA
37190 AZAY-LE-RIDEAU
Tél. : 02.47.45.26.49 ou SR : 02.47.27.56.10

Carte 3

Situated in the heart of Azay-le-Rideau, Le Clos Philippa is a residence dating from the late 18th century, next to the grounds of the Azay-le-Rideau château. The house's rather austere high walls on the side facing the street belie its charm on the garden side. Madame de Drezigue has furnished the bedrooms tastefully. Dining room and large lounge.
Son et lumière displays at Azay-le-Rideau château (from May to September), Manoir de Saché (Balzac Museum) 6 km. Villandry and Langeais châteaux 11 km, Chinon 21 km.
☆ *How to get there: 26 km west of Tours. N10, St-Avertin exit, then D751 for Chinon. At Azay, Le Clos Philippa is in the same street as the château. Michelin map 64, fold 14.*

★ Au 1er étage, 4 chambres, toutes avec douche et wc privés + 1 suite 4 pers. avec bains et wc privés. Ouvert toute l'année. Restaurants à Azay-le-Rideau. Parking intérieur. Salle à manger et vaste salon. Cartes bancaires. Dégustation, vente de vins régionaux. ★ *Son et lumière au Château d'Azay-le-Rideau (de mai à septembre). Manoir de Saché (musée de Balzac) à 6 km. Châteaux de Villandry et de Langeais à 11 km, Chinon à 21 km.* ★
Situé au cœur d'Azay-le-Rideau, le Clos Philippa est une demeure bourgeoise fin XVIIIe siècle, attenante au parc du château d'Azay-le-Rideau. Les hauts murs un peu sombres, côté rue, ne laissent pas deviner le charme de cette demeure côté jardin. Mme de Drezigue a aménagé les chambres avec goût.
★ Accès : A 26 km à l'ouest de Tours. Sortie St-Avertin, N 10 puis D 751 vers Chinon. Dans Azay, le Clos Philippa est dans la rue du château. CM 64, pli 14.

★ Prix/Price : 280 F 1 Pers - 300/ 450 F 2 Pers - 360/ 550 F 3 Pers - 100 F P. sup

AZAY-SUR-CHER
CHATEAU-DU-COTEAU

M. LEMOINE-TASSI
CHATEAU DU COTEAU
37270 AZAY SUR CHER
Tél. : 02.47.50.47.47 ou SR : 02.47.27.56.10 -
Fax : 02.47.50.49.60

Carte 3

Overlooking the Cher valley in a 42-acre park, the Château du Côteau is an elegant Napoleon III residence, of which Frédéric Chopin was a regular visitor. The bedrooms are located in the clock house which is separate from the château. The setting is romantic and the lounge with its grand piano keeps the tradition alive.
Halfway between Tours and the Château de Chenonceaux 15 km, Montlouis vineyards 5 km. Château d'Amboise 16 km.
☆ *How to get there: 15 km east of Tours. Motorway, St-Avertin exit, then N76, 1 km after Azay on left-hand side. Michelin map 64, fold 15.*

★ 5 ch., toutes avec bains ou douches, wc privés, TV et tél., et 1 suite avec bains, wc, TV, tél., salon et cuisine. Ouvert toute l'année. Restaurants gastronomiques à 6 km. Parc animalier avec étang. Héli-surface, baptême de l'air (montgolfière). Poss. location d'un appartement sur place. ★ *A mi-chemin entre Tours et le château de Chenonceaux 15 km, vignoble de Montlouis à 5 km. Château d'Amboise à 16 km.* ★
Dominant la Vallée du Cher dans un parc de 17 ha, le château du Côteau est une élégante demeure Napoléon III, fréquentée jadis par Frédéric Chopin. Les chambres sont aménagées dans le pavillon de l'horloge indépendant du château. Cadre romantique et salon avec piano à queue pour perpétuer la tradition.
★ Accès : A 15 km à l'est de Tours. Autoroute sortie St-Avertin puis N 76, à 1 km après Azay sur la gauche. CM 64, pli 15.

★ Prix/Price : 385 F 1 Pers - 430/ 580 F 2 Pers - 580/ 730 F 3 Pers - 110/ 150 F P. sup

Danièle PAPOT
LE PRIEURE
37310 AZAY-SUR-INDRE
Tél. : 02.47.92.25.29 ou SR : 02.47.27.56.10

Carte 3

It is rare to find both an excellent cook and inimitable decorator. Yet Danièle Papot, the owner of this romantic property built in 1856 which once belonged to a renowned horticulturist, will surprise you with her individually tailored breakfasts and her taste in decorating the bedrooms. You will often wish that there were more than two bedrooms. Village in Indre and Indrois valleys. Medieval city of Loches 10 km. Montrésor (listed village) 15 km. Le Liget charterhouse, Chenonceaux 25 km. Amboise 35 km.
☆ How to get there: 35 km south of Tours: N143 then the D17 from Courcay, A10 exit at Amboise - D31 via Bléré, then D25 for Azay. « Le Prieuré » is in the village.

★ 1 chambre et 1 suite au 1er étage avec salles de bains et wc privés. Salon mansardé de 80 m^2 avec TV réservé aux hôtes. Parc de 6000 m^2 avec bassin ornemental et serre. Table d'hôtes sur réservation. Ouvert toute l'année. 520 F/4 pers. ★ *Vallée de l'Indre et de l'Indrois dans le village. Cité de Loches à 10 km. Village classé de Montrésor à 15 km. Chartreuse du Liget. Chenonceaux à 25 km. Amboise à 35 km.* ★
Il est rare de trouver à la fois une excellente cuisinière et une décoratrice inimitable, pourtant « au Prieuré », propriété romantique de 1856 qui appartint jadis à un horticulteur de renom, Danièle Papot vous surprendra par ses petits déjeuners personnalisés comme la décoration de ses deux chambres.
★ Accès : 35 km au sud de Tours. N143 puis D17 depuis Courcay. Sortie A10 à Amboise. D31 via Bléré puis D25 vers Azay. Le Prieuré est dans le village.

★ Prix/Price : 330 F 1 Pers - 360 F 2 Pers - 450 F 3 Pers - 130 F Repas

Bruno CLEMENT
CHATEAU DU VAU
37510 BALLAN-MIRE
Tél. : 02.47.67.84.04 ou SR : 02.47.27.56.10
Fax : 02.47.67.55.77

Carte 3

Bruno Clement, heir to this handsome 18th century family residence, has used his youthful energy to bring to life this noble building which overlooks imposing scenery. The parkland and meadows where sheep and horses graze extend over 260 acres. Warm, unassuming hospitality.
Near Tours 12 km. Villandry 5 km. Azay-le-Rideau and Langeais 15 km.
☆ How to get there: Motorway, Joué-les-Tours/Chinon exit, then D751 for Azay and Chinon. At Ballan-Miré exit, turn right and follow signs for « Ferme-Château de Vau ».

★ 2 chambres avec vastes salles de bains. Petit déjeuner raffiné. Petit salon réservé aux hôtes. Parking, grand parc aux arbres séculaires. Produits fermiers (foie gras et canard) à la ferme du château. Salles de réception et séminaires. Accès par le parc au Golf de Touraine (18 trous). ★ *A proximité de Tours (12 km). Villandry (5 km). Azay-le-Rideau et Langeais (15 km).* ★
Héritier de cette belle demeure familiale bâtie au XVIIIe siècle, Bruno Clement a mis toute l'ardeur de sa jeunesse pour faire revivre cette noble batisse qui domine un paysage grandiose. Le parc et les prés où paissent moutons et chevaux s'étendent sur 110 ha. Un accueil sympathique et sans artifice vous sera réservé.
★ Accès : Autoroute sortie Joué-les-Tours/Chinon puis D751 vers Azay et Chinon. A la sortie de Ballan-Miré, à droite et suivre la signalisation Ferme château du Vau.

★ Prix/Price : 400 F 1 Pers - 480 F 2 Pers

BEAUMONT-EN-VERON
GREZILLE

239

Guy-Marie et Micheline BACH
GREZILLE
37420 BEAUMONT-EN-VERON
Tél. : 02.47.58.43.53 ou SR : 02.47.27.56.10

Carte 3

When a former 18th century barn, covered in ivy and limestone, is converted into bed and breakfast accommodation, « space » and « light » spring to mind. Add a dash of decoration and guests have an ideal place for discovering deepest Touraine and Anjou, starting with the famous Chinon vineyards which border Micheline and Guy-Marie Bach's residence.
Tours of wine cellars. Chinon 6 km. Fontevraud abbey 13 km. Listed village of Montsoreau 9 km. Bourgueil abbey and vineyards 10 km.
☆ *How to get there: Between D749 (Chinon-Bourgueil road) and Vienne, 3 km west of Beaumont-en-Véron. From Chinon, turn left either at the Château de Coulaine or at the roundabout at the entrance to Avoine. Follow signs.*

★ 3 chambres avec douches ou salles de bains et wc privés. Ouvert toute l'année. Cuisine équipée et pièce de séjour réservées aux hôtes. Vélos à disposition. ★ *Visite de caves. Chinon à 6 km. Abbaye de Fontevraud à 13 km. Villages classés de Candes-Saint-Martin et Montsoreau à 9 km. Vignoble et abbaye de Bourgueil à 10 km. Saumur à 20 km.* ★
Quand une ancienne grange du XVIIIe siècle, habillée de lierre et de tuffeau, se transforme en chambres d'hôtes, « Espace et Lumière » deviennent, les mots clé de l'architecture. Ajoutons une touche de décoration pour offrir aux hôtes un lieu idéal pour découvrir la Touraine et l'Anjou. Le vignoble de Chinon borde la propriété.
★ Accès : Entre la D749 Chinon-Bourgueil et la Vienne à 3 km de Beaumont-en-Véron. De Chinon à gauche au château de Coulaine ou au rd point à l'entrée d'Avoine. Fléchage.

☆ Prix/Price : 290 F 2 Pers

CHAMBOURG-SUR-INDRE
LE PETIT-MARRAY

240

Jacques et Rose-Marie MESURE
LE PETIT MARRAY
37310 CHAMBOURG SUR INDRE
Tél. : 02.47.92.50.58 ou SR : 02.47.27.56.10 -
Fax : 02.47.92.50.67

Carte 3

If you would like to stay in the heart of the « Garden of France », Petit Marray, set near a vast forest, will win you over. Enjoy the peace, quiet and gentleness created by the garden's trees and flowers. After a pleasant night's rest in comfortable bedrooms, enjoy Rose-Marie and Jacques, delicious breakfasts.
Loches 4 km: swimming pool, tennis court, riding and microlite flying. Montrésor, Montpoupon and Chartreuse du Liget (charterhouse) 15 km. Chenonceaux 25 km. Amboise 35 km. Westbound: Tours 40 km, Azay-le-Rideau, Chinon, Langeais, Villandry.
☆ *How to get there: A10, exit 24 Chateauroux, then N143 for Loches. 1 km after Chambourg-sur-Indre, take the road on the right-hand side (signs).*

★ 2 suites avec salon, bains, wc, 1 ch. avec douche, wc, 1 ch. avec bains, wc, biblio., TV. Ouvert toute l'année. Cuisine à dispo. (l-linge, réfrigérateur). Table d'hôtes sur réservation. Parking, piscine, tennis, équitation à Loches (4 km). 440/470 F pour 4 pers. ★ *Montrésor, Montpoupon, Chartreuse du Liget 15 km. Chenonceaux 25 km. Amboise 30 km. Tours, Azay-le-Rideau, Langeais, Villandry 40 km.* ★
Si vous souhaitez séjouner au cœur du « Jardin de la France », le petit Marray situé près d'une immense forêt, ne pourra que vous séduire. Les arbres et fleurs du jardin vous offriront calme et douceur. Après une nuit agréable dans des chambres confortables, Rose-Marie et Jacques vous étonneront par leurs petits déjeuners.
★ Accès : De l'A10, sortie 24 Chateauroux, puis N143 dir. Loches. 1 km après Chambourg-sur-Indre, prendre la route à droite (fléchage).

☆ Prix/Price : 290/ 360 F 2 Pers - 360/ 430 F 3 Pers - 120 F Repas

CHAMPIGNY-SUR-VEUDE
FERME-DE-LA-PATAUDIERE

This farmhouse, in the shade of the château, is reached by a handsome 16th century porch which looks out onto an enclosed courtyard. A unique spot in the Loire valley for fine, delicately-flavoured cuisine with truffles. The setting is also of cultural interest with the architectural treasures of Richelieu, a model of 17th century town planning just 2 km away. Explore the Loire valley. City of Richelieu, a model of 17th century town planning 2 km.
☆ How to get there: 60 km southwest of Tours and 18 km from Chinon. A10 motorway, Ste-Maure exit, then D760. At Noyant exit, take the D58 to Richelieu. At Richelieu, head for Chinon.

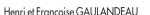

Henri et Francoise GAULANDEAU
FERME DE LA PATAUDIERE
37120 CHAMPIGNY-SUR-VEUDE
Tél. : 02.47.58.12.15 ou SR : 02.47.27.56.10
Fax : 02.47.58.12.15

Carte 3

★ 2 ch. 2 pers. de plain-pied, avec entrées indépendantes, bains et wc séparés privés. Petits déjeuners servis dans une vaisselle de style. Visite de la truffière de décembre à février. Table d'hôtes : dîners à thème proposant une cuisine à base de truffes. Petites terrasses avec salon de jardin. ★ *Découverte du Val de Loire. Richelieu (2 km) : ville et modèle d'urbanisme au XVIIe siècle.* ★

A l'ombre du château, la ferme est accessible par un beau porche du XVIe siècle donnant sur une cour fermée. Vous ferez en ces lieux une étape gourmande, unique en Val de Loire, qui vous fera découvrir une cuisine raffinée, délicatement parfumée à base de truffes. Etape culturelle également, avec le joyau architectural de Richelieu (modèle d'urbanisme au XVIIe) 2 km.

★ Accès : A 60 km au sud-ouest de Tours et 18 km de Chinon. Autoroute A10 sortie Ste-Maure puis D760. A la sortie de Noyant, prendre la D58 vers Richelieu. Dans Richelieu, dir. Chinon.

★ Prix/Price : 300 F 1 Pers - 330 F 2 Pers - 100 F Repas

CHANCAY
FERME-MANOIR-DE-VAUMORIN

Nestled in the trough of the small Brenne valley, in the heart of the Vouvray vineyards, is where you will find Vaumorin. This handsome, listed Renaissance residence is surrounded by the original outbuildings of the farm that are still operational. Viviane and Rolland will introduce you to Tourangeau style hospitality and good life.
Vouvray and vineyards. Amboise 12 km. Tours 17 km. Blois 38 km. Hiking and cycling in local vineyards.
☆ How to get there: Motorway, Tours/Ste-Radegonde exit, then N152 for Vouvray. Take D46 for Vernou and Chancay. At Chancay, right for Amboise and drive for 1 km.

Rolland et Viviane CHAVIGNY
FERME-MANOIR DE VAUMORIN
37210 CHANCAY
Tél. : 02.47.52.92.12 ou SR : 02.47.27.56.10 -
Fax : 02.47.52.27.78

Carte 3

★ 1 chambre 3 pers. et 1 chambre familiale 3/4 pers. avec coin-salon, TV et sanitaires privés. Petit déjeuner servi dans une pièce réservée aux hôtes et comprenant un coin-cuisine à disposition. Parking, jardin. ★ *Vouvray et son vignoble. Amboise 12 km. Tours 17 km. Blois 38 km. Randonnées pédestres et cyclistes dans les vignes aux alentours.* ★

Nichée au creux de la petite vallée de la Brenne et cernée par les vignobles de Vouvray, Vaumorin est une belle demeure Renaissance (ISMH) entourée par ses bâtiments de ferme d'époque et toujours en activité. En vous y accueillant, Viviane et Rolland souhaitent vous faire connaître l'hospitalité et le bien-vivre tourangeau.

★ Accès : Autoroute sortie Tours/Ste-Radegonde puis N152 vers Vouvray. Prendre ensuite D46 vers Vernou et Chancay. A Chancay, à droite vers Amboise sur 1 km.

★ Prix/Price : 320 F 1 Pers - 350 F 2 Pers - 90 F P. sup

CHANCAY
FERME-DE-LAUNAY

243

Jean-Pierre et Bronwen SCHWEIZER
FERME DE LAUNAY
37210 CHANCAY
Tél. : 02.47.52.28.21 ou SR : 02.47.27.56.10 -
Fax : 02.47.52.28.21

Carte 3

Jean-Pierre and Bronwen Schweizer have found a peaceful haven in the heart of the Vouvray vineyards. The table d'hôtes is famous for international cuisine which of course includes French specialities. Full breakfasts are available too. Your hosts are happy to advise you on the châteaux of the Loire valley.
Vouvray vineyards. Château and town of Amboise 15 km. Chenonceaux 25 km. Grange de Meslay 10 km. Museums and city of Tours 15 km. Riding locally (tours of vineyards and villages).
☆ *How to get there:* Between Tours and Amboise on the D46. 1 km before the village of Chancay on the way from Vouvray.

★ 3 ch. au décor chaleureux et confortablement meublées, avec bains ou douche et wc privés. Salon et bibliothèque (livres en anglais). Ouvert toute l'année. Pelouse ombragée, pré avec chevaux sur 1,8 ha. Maison non fumeurs. ★ *Vignoble de Vouvray. Amboise et son château 15 km. Chenonceaux 25 km. Grange de Meslay 10 km. Musées et Tours 15 km. Equitation sur place (visites vignobles et villages).* ★
M. et Mme Schweizer ont trouvé un havre de paix au cœur du vignoble de Vouvray. Table d'hôtes réputée pour sa cuisine internationale mais aussi pour ses spécialités françaises. Petit déjeuner à l'anglaise sur demande. Vos hôtes se feront un plaisir de vous conseiller sur les visites des châteaux de la vallée de la Loire.
★ Accès : Situé entre Tours et Amboise sur la D46. 1 km avant le village de Chancay en venant de Vouvray.

☆ Prix/Price : 350/ 450 F 1 Pers - 400/ 500 F 2 Pers - 115 F Repas

CHAVEIGNES
LA VARENNE

244

Gerard et Joëlle DRU-SAUER
LA VARENNE
37120 CHAVEIGNES
Tél. : 02.47.58.26.31 ou SR : 02.47.27.56.10 -
Fax : 02.47.58.27.47

Carte 3

In the heart of the countryside, just 4 km from Richelieu - a model of 17th century urbanism - you will find La Varenne. This noble residence is surrounded by vast storehouses on an estate producing walnuts and honey. The spacious bedrooms, lounge with piano and fireplace, mirrored swimming pool and gourmet lunches exude the farniente life.
Richelieu 4 km. Chinon 24 km. Steam train between the two towns. Azay-le-Rideau 29 km. Futuroscope 40 km. Tennis 4 km. Riding 3 km. 3 golf courses within a 40-km radius. Forest. Bikes available on site. Walking.
☆ *How to get there:* Midway between Tours and Poitiers (55 km). Motorway A10, Ste-Maure-de-Touraine exit. D760, Noyant exit. D58 for Richelieu, then D20 for Braslou. A detailed map will be supplied on request.

★ 3 chambres, toutes avec bains et wc privés, dont 1 de plain-pied donnant sur le jardin. Ouvert toute l'année. Restaurants à 4 km. Piscine privée sur place. Vélos à disposition. ★ *Richelieu 4 km. Chinon 24 km (train à vapeur). Azay-le-Rideau 29 km. Futuroscope 40 km. Tennis 2 km. Equitation 3 km. 3 golfs dans un rayon de 40 km. Forêt. Randonnées pédestres.* ★
En pleine campagne, à 4 km de Richelieu (modèle d'urbanisme au XVIIe), La Varenne est une demeure de charme encadrée par de vastes chais, sur un domaine consacré à la production de noix et miel. Les chambres spacieuses et calmes, le salon avec son piano et sa cheminée, la piscine-miroir et les petits déjeuners gourmands, vous inviteront à la paresse.
★ Accès : Entre Tours et Poitiers (55 km). A10 sortie Ste-Maure-de-Touraine. D760 jusqu'à la sortie de Noyant. D58 vers Richelieu et D20 vers Braslou. Plan sur demande.

☆ Prix/Price : 450/ 600 F 2 Pers - 160 F P. sup

CHEILLE
LE VAUJOINT

245

Bertrand JOLIT
LE VAUJOINT
37190 CHEILLE
Tél. : 02.47.45.48.89 ou SR : 02.47.27.56.10
Fax : 02.47.58.68.11

Carte 3

Surrounded by orchards and vineyards, amid the châteaux and manor houses of western Touraine, this well-appointed bed and breakfast accommodation at « Le Vaujoint » is set in an outbuilding with great charcter on a 19th century rural, family property. There is a fine lounge with beams, fireplace and bread oven.
Château d'Azay-le-Rideau 4 km, Château d'Ussé and Manoir de Saché 10 km. Medieval city of Chinon and Château de Villandry 20 km. Chinon forest 800 m.
☆ *How to get there: 30 km west of Tours. Motorway St-Avertin exit, then D760 to Azay-le-Rideau and D17. Michelin map 64, fold 14.*

★ 3 chambres, toutes avec douche et wc privés. Ouvert toute l'année. Restaurants gastronomiques à 4 km. ★ *Château d'Azay-le-Rideau 4 km, château d'Ussé et manoir de Saché 10 km. Cité médiévale de Chinon et château de Villandry à 20 km. Forêt de Chinon à 800 m.* ★

Entourées de vergers et de vignobles, à l'épicentre des châteaux et gentilhommières de l'ouest Tourangeau, les chambres d'hôtes du « Vaujoint » ont été soigneusement aménagées dans une dépendance de caractère d'une propriété rurale familiale du XIXe siècle. Très beau salon avec poutres, cheminée et four à pain.

★ Accès : A 30 km à l'ouest de Tours. Autoroute sortie Saint-Avertin puis D760 jusqu'à Azay-le-Rideau et D17. CM 64, pli 14.

☆ Prix/Price : 250 F 1 Pers - 280 F 2 Pers

CIVRAY-DE-TOURAINE
LES CARTES

246

Francoise PINQUET
LES CARTES
37150 CIVRAY-DE-TOURAINE
Tél. : 02.47.57.94.94 ou SR : 02.47.27.56.10 -
Fax : 02.47.57.89.33

Carte 3

In the early 16th century, this property, close to the forest road between Amboise and Chenonceaux, was a hospital for pilgrim monks known as « Les Cartes du Paradis ». Guests will appreciate this haven of peace and quiet set in 4.5 acres of wooded grounds, with lake and indoor pool. Chenonceaux and Amboise 5 km. Cher valley (Montrichard, Saint-Aignan) nearby.
☆ *How to get there: D81 halfway between Chenonceaux and Amboise (5 km). A10 motorway, Amboise exit. Tours 35 km.*

★ 2 chambres totalement indépendantes à chaque extrèmité de la maison, avec agréables salles de bains ou douches et wc privés. TV dans chaque chambre. Piscine couverte chauffée d'avril à octobre. Sauna (35 F). Salon de jardin, parking intérieur. Poss. massage de relaxation. ★ *Chenonceaux et Amboise à 5 km. Vallée du Cher (Montrichard, Saint-Aignan) à proximité.* ★

Au début du XVIe, cette propriété, située à proximité de la route forestière reliant Amboise à Chenonceaux, servait déjà de halte pour les moines-pelerins et s'appelait alors « Les Cartes du Paradis ». Les touristes qui y font étape, apprécient ce havre de quiétude dans un parc boisé de 2 ha. avec pièce d'eau et piscine couverte.

★ Accès : D81 à mi-chemin entre Chenonceaux et Amboise (5 km). Autoroute A10 sortie Amboise. Tours à 35 km.

☆ Prix/Price : 350 F 1 Pers - 380/ 480 F 2 Pers - 100 F P. sup

CONTINVOIR
LA BUTTE-DE-L'EPINE

247

Michel et Claudette BODET
LA BUTTE DE L'EPINE
37340 CONTINVOIR
Tél. : 02.47.96.62.25 ou SR : 02.47.27.56.10
Fax : 02.47.96.62.25

Carte 3

In the heart of Châteaux of the Loire country, just a stone's throw from the Bourgueil vineyards, « La Butte de l'Epine » is a spirited 17th century residence, set in peaceful and attractive wooded countryside. The bedrooms are elegant, graced by magnificent bouquets and the dining room is adorned with Madame Bodet's superb flower arrangements.
Swimming pool, riding 15 km. Tennis 2 km. Sailing and fishing 6 km. Courcelles golf course 16 km. Château de Langeais 18 km, Chinon 33 km, Azay-le-Rideau 28 km, Rigny-Ussé 32 km.
☆ *How to get there: 45 km west of Tours, take the N152 and turn right for St.-Michel-sur-Loire. Take the D125 to Essards, then the D15 to Continvoir and D64. Michelin map 64, fold 13.*

★ 2 chambres, chacune avec douche et wc privés. Restaurants à proximité. Parking fermé. Ouvert toute l'année sauf Noël. Grand jardin fleuri. Randonnées pédestres sur place. ★ *Tennis 2 km. Voile, pêche 6 km. Piscine, équitation 15 km. Golf de Courcelles 16 km. Château de Langeais 18 km. Chinon 33 km. Azay-le-Rideau 28 km. Rigny-Ussé 32 km.* ★
Au cœur des châteaux de la Loire et à deux pas des vignobles de Bourgueil, la butte de l'Epine est une demeure d'esprit XVIIe siècle, située au calme d'une belle campagne boisée. Les chambres sont raffinées et la salle à manger, ornée de superbes bouquets, vous accueillera pour de copieux petits déjeuners.
★ Accès : A 45 km à l'ouest de Tours, prendre N 152 puis tourner à droite dir. St-Michel/Loire. D 125 jusqu'aux Essards puis D 15. Et enfin la D 64. CM 64, pli 13.

☆ Prix/Price : 290 F 1 Pers - 320 F 2 Pers - 100 F P. sup

CORMERY
LE LOGIS-DU-SACRISTE

248

Susanna MCGRATH
LE LOGIS DU SACRISTE
3 RUE ALCUIN
37320 CORMERY
Tél. : 02.47.43.08.23 ou SR : 02.47.27.56.10-
Fax : 02.47.43.05.48

Carte 3

The peaceful refinement of this 15th and 19th century house full of character provides a rich contrast with the Carolingian abbey (11th century) next to it, in the centre of Cormery. The choice of fabrics, furniture and engravings and attention to minute detail reflect the personality of its Scottish owner, Susanna McGrath.
Remains of the Carolingian abbey. Château de Chenonceaux and medieval town of Loches 20 km. Indre Valley. Azay-le-Rideau châteaux 30 km.
☆ *How to get there: Cormery is halfway between Tours and Loches (20 km) on the N143. « Le Logis du Sacriste » is set back in a side street next to the abbey's steeple.*

★ 4 chambres avec salle de bains ou salles d'eau et wc privés. Grand salon avec cheminée. Parking intérieur. Table d'hôtes sur réservation. Cartes bleues acceptées. Loc. vélos. Restaurants à 200 m. ★ *Vestige de l'abbaye carolingienne. Château de Chenonceaux et cité médiévale de Loches à 20 km. Vallée de l'Indre. Azay-le-Rideau 30 km.* ★
Quel contraste de trouver au centre de Cormery, jouxtant les vestiges de l'abbaye carolingienne, une maison de caractère des XVe et XIXe siècles offrant autant de calme et de raffinement. Le choix des étoffes, des meubles, des gravures et des moindres détails de décoration réflète la personnalité de sa propriétaire écossaise.
★ Accès : Cormery est à mi-chemin entre Tours et Loches (20 km) sur la N143. Le Logis du Sacriste est situé à l'écart, dans une ruelle jouxtant le clocher de l'abbaye.

☆ Prix/Price : 260/ 300 F 1 Pers - 290/ 330 F 2 Pers - 430 F 3 Pers - 100 F P. sup - 140 F Repas

CRAVANT-LES-COTEAUX
PALLUS

249

Carte 3

Bernard et Barbara CHAUVEAU
PALLUS
CRAVANT-LES-COTEAUX
37500 CHINON
Tél. : 02.47.93.08.94 ou SR : 02.47.27.56.10 -
Fax : 02.47.98.43.00

Antique dealers Barbara and Bernard Chauveau are your hosts at their beautiful house, full of character. The suite has a small private lounge where delicious breakfasts are served. The house exudes refinement, with magnificent furniture and antiques, superb bathrooms, and a large lounge with fireplace and piano.
Medieval town of Chinon 8 km. Azay-le-Rideau château 20 km. Rigné-Ussé 20 km. Fontevrault royal abbey 20 km. Chinon forest 3 km.
☆ *How to get there: Motorway, Sainte-Maure-de-Touraine exit. D760 to Ile Bouchard (8 km), then D8 via Panzoult. Michelin map 64, fold 14.*

★ 2 chambres et une suite, toutes avec bains et wc. Ouvert toute l'année. Restaurants à proximité. Jardin paysager, parking. Piscine sur place. ★ *Cité médiévale de Chinon (8 km), château d'Azay-le-Rideau (20 km), Rigny-Ussé (20 km), Abbaye royale de Fontevrault (20 km), forêt de Chinon (3 km).* ★
Barbara et Bernard (antiquaires), vous accueillent dans leur belle maison. La suite dispose d'un petit salon particulier où de délicieux petits déjeuners sont servis. Dans cette maison, tout respire le raffinement : les meubles superbes, les objets anciens et les magnifiques salles de bains. Grand salon avec cheminée et piano.
★ Accès : Autoroute sortie Sainte-Maure-de-Touraine. D 760 jusqu'à l'Ile Bouchard (8 km) puis D 8 via Panzoult. CM 64, pli 14.

☆ Prix/Price : 450/ 500 F 2 Pers - 150 F Pers. sup.

EPEIGNE-SUR-DEME
CHATEAU-DE-GIRARDET

250

Carte 3

Jacques et Maryse CHESNEAUX
CHATEAU DE GIRARDET
37370 EPEIGNE-SUR-DEME
Tél. : 02.47.52.36.19 ou SR : 02.47.27.56.10

« Girardet » is just a stone's throw from the Loire valley and the Jasnières vineyards on the way to Tours from Le Mans. The round 15th century tower, 17th century main house and 19th century octagonal tower all attest to the estate's rich history. Maryse and Jacques are your hosts at this relaxing, wooded location where boar and deer run freely.
Loire valley, châteaux and vineyards.
☆ *How to get there: Near D29 between Chenillé-sur-Dême 2 km and La Charte-sur-le-Loir 7 km. 30 km north of Tours. A10, Ch.-Renault exit and D31 for Ch.-Renault. D766 for Beaumont-la-Ronce and D29 for Chenillé.*

★ 5 chambres dont 1 suite avec bains ou douche et wc privés. Table d'hôtes sur réservation. Salon à la disposition des hôtes. Parking. Promenades dans le parc de 5 ha. Ping-pong. ★ *Val de Loire, châteaux et vignobles.* ★
Non loin du Val de Loire et du vignoble de Jasnieres, « Girardet » constitue une étape vers Tours en venant du Mans. Sa tour ronde du XVe, son logis principal du XVIIe et sa tour octogonale du XIXe sont autant de témoignages du riche passé de cette propriété. Maryse et Jacques vous reçoivent dans un site reposant et boisé où passent sangliers, biches et chevreuils.
★ Accès : A prox. de la D29 entre Chemillé-sur-Dême 2 km et la Charte-sur-le-Loir 7 km. 30 km au nord Tours. A10 sortie Ch.-Renault puis D31 dir. Ch.-Renault. D766 dir. Beaumont-la-Ronce et D29 vers Chemillé.

☆ Prix/Price : 260/ 550 F 1 Pers - 290/ 590 F 2 Pers - 120 F P. sup - 95 F Repas

FONDETTES
MANOIR-DU-GRAND-MARTIGNY

251

Henri DESMARAIS
MANOIR DU GRAND MARTIGNY
37230 FONDETTES
Tél. : 02.47.42.29.87 ou SR : 02.47.27.56.10 -
Fax : 02.47.42.24.44

Carte 3

The Manoir du Grand Martigny imposes its sober elegance in 15 acres of peaceful verdant grounds. The manor house is decorated with refinement, proof indeed of hosts Mr and Mme Desmarais' commitment to comfort and style.
Tennis 1 km. Swimming pool 3 km. Riding 8 km and Ardrée golf course 12 km. Château de Langeais 15 km. Château de Villandry and gardens, Azay-le-Rideau, Chenonceaux 15 km.
☆ *How to get there: Motorway exit Tours/Ste-Radegonde, then take the N152 for Langeais. The manor is set back 400 metres from the road which runs along the Loire (600 m on the right after the Fina service station).*

★ 5 chambres doubles, toutes avec bains et wc privés. Nombreux restaurants à proximité et à Tours. Parking. Parc de 6 ha. ★ *Tennis à 1 km. Piscine à 3 km. Equitation à 8 km et golf d'Ardrée à 12 km. Château de Langeais à 15 km. Château et jardins de Villandry, Azay-le-Rideau, Chenonceaux 15 km.* ★
Le Manoir du Grand Martigny impose sa sobre élégance dans un cadre de quiétude et de verdure s'étendant sur un parc de 6 ha. Vous y trouverez le charme d'un intérieur raffiné où Monsieur et Madame Desmarais ont œuvré pour le confort et le standing.
★ Accès : Autoroute sortie Tours/Ste-Radegonde, puis N152 dir. Langeais. Le manoir est situé à 400 m en retrait de la route longeant la Loire (600 m à droite après la station service Fina).

★ Prix/Price : 460/ 700 F 2 Pers - 150 F P. sup

FRANCUEIL
LE MOULIN-NEUF

252

Christiane SANSONETTI
LE MOULIN NEUF
37150 FRANCUEIL
Tél. : 02.47.23.93.44 ou SR : 02.47.27.56.10 -
Fax : 02.47.23.94.67

Carte 3

Dedicated to the goddess Polumnia by its owner, an opera singer herself, 19th century « Moulin Neuf » and its grounds are a haven of tranquility. Breakfast is served on the terrace or in the vast winter garden, which is an extension of the music room.
Châteaux: Chenonceau 2 km, Amboise 15 km. Cher valley vineyards locally. Forest and medieval town of Loches 28 km. Riding, sailing and tennis close by.
☆ *How to get there: 35 km east of Tours. Motorway, Amboise exit, D31 to Bléré then N76 and turn off for Francueil. Michelin map 64, fold 16.*

★ 3 chambres, toutes avec bains et wc, situées au 2e étage. Ouvert toute l'année. Excellents restaurants à proximité. Piscine privée. Parc autour de la rivière sur place. ★ *Châteaux : Chenonceau à 2 km, Amboise à 15 km. Vignoble du Val de Cher sur place. Forêt et cité médiévale de Loches à 28 km. Equitation, voile et tennis à proximité.* ★
Dédiée à la Déesse Polumnia par sa propriétaire, elle-même artiste lyrique, le Moulin Neuf (XIXe siècle), est un havre de quiétude inséparable de son parc. Les petits-déjeuners sont servis en terrasse ou dans le vaste jardin d'hiver prolongeant le salon de musique.
★ Accès : A 35 km de l'est de Tours. Autoroute sortie Amboise, D 31 jusqu'à Blere puis N 76 à quitter vers Francueil. CM 64, pli 16.

★ Prix/Price : 390 F 1 Pers - 450/ 500 F 2 Pers - 560 F 3 Pers

GENILLE
MOULIN-DE-LA-ROCHE

253

Josette MIEVILLE
MOULIN DE LA ROCHE
37460 GENILLE
Tél. : 02.47.59.56.58 ou SR : 02.47.27.56.10 -
Fax : 02.47.59.59.62

Carte
3

In a lush green setting with water running through it, you will discover the charm of the Moulin de la Roche mill, on a reach of the Indrois. Josette Mieville offers three tastefully appointed bedrooms, with attractive coloured fabrics and stencil decoration. A warm, comfortable atmosphere for guests' delight.
Medieval city of Loches 11 km. Montrésor listed village 10 km. Chemillé outdoor leisure centre 8 km. Chenonceau and Cher valley 25 km. Swimming pool and tennis court in Genillé.
☆ *How to get there: A10, Château-Renault/Amboise exit, then D31 to St-Quentin/Indrois. Left onto D10 for Genillé. The mill is 1 km before Genillé.*

★ 2 chambres 2 pers. et 1 chambre 3 pers. avec sanitaires privés. Table d'hôtes sur réservation. 2 salons dont 1 avec cheminée et TV satellite. Bibliothèque. Parking et jardin ombragé donnant sur le bief. Restaurant à Genillé. ★ *Cité médiévale de Loches 11 km. Village classé de Montrésor 10 km. Base de Loisirs à Chemillé 8 km. Chenonceau et vallée du Cher 25 km. Piscine et tennis à Genillé.* ★

Dans un cadre de verdure et d'eau qui fait le charme de tous les moulins, celui de la Roche est situé sur un bief de l'Indrois. Josette Mieville vous propose 3 chambres qu'elle a aménagées avec goût : jolis tissus colorés et décor au pochoir. Atmosphère chaleureuse et confortable. Une adresse qui vous ravira.

★ Accès : A10 sortie Château-Renault/Amboise puis D31 jusqu'à St-Quentin/Indrois. Puis à gauche D10 vers Genillé. Le moulin est à 1 km avant Genillé.

☆ Prix/Price : 280 F 1 Pers - 320 F 2 Pers - 90 F P. sup - 130 F Repas

HOMMES
LE VIEUX-CHATEAU

254

M. HARDY
LE VIEUX CHATEAU
37340 HOMMES
Tél. : 02.47.24.95.13 ou SR : 02.47.27.56.10 -
Fax : 02.47.24.68.67

Carte
3

In the heart of the Gatine Tourangelle, the ruins of the old Hommes château, surrounded by moats, provide a superb backdrop to this old 15th century tithe house. Features include a large lounge with monumental period fireplace and harmoniously decorated bedrooms.
Château de Langeais 13 km, Bourgueil abbey and vineyards 20 km. 18-hole golf course at Courcelles. Rille outdoor sports centre and lake 5 km.
☆ *How to get there: 40 km northwest of Tours. Motorway, Tours Nord exit, then N152 to Langeais and D57 (500 m after Hommes). Michelin map 64, fold 13.*

★ 5 chambres (4 doubles, 1 quadruple) dont 1 ch. accessible aux personnes handicapées au rez-de-chaussée, toutes avec bains, wc privés, TV et tél. Ouvert toute l'année. Restaurant à 5 km. Piscine privée. ★ *Château de Langeais à 13 km, abbaye et vignoble de Bourgueil à 20 km. Golf 18 trous de Courcelles. Base de loisirs et plan d'eau de Rille à 5 km.* ★

Au cœur de la Gatine tourangelle, les ruines du vieux château de Hommes, cernées de douves, offre un superbe décor dans l'ensemble où domine la grange dimière du XVe siècle. Grande salle avec cheminée monumentale d'époque et chambres harmonieusement décorées.

★ Accès : A 40 km au N.O de Tours. Autoroute sortie Tours Nord puis N 152 jusqu'à Langeais et D 57 (500 m après Hommes). CM 64, pli 13.

☆ Prix/Price : 390 F 1 Pers - 450/ 550 F 2 Pers - 120 F P. sup - 150 F Repas

HUISMES
LA CHAUSSEE

« La Chaussée » is a small romantic château crowning 3.75-acre grounds where the paths in the undergrowth lead to a charming stream, just 6 km from the medieval city of Chinon. Painter and sculptor Marie-José and her Dutch-born husband have used their wide experience of holidaying in gîtes throughout France to create « model » bedrooms. Medieval city of Chinon. Vineyards.
☆ *How to get there: A10, Joué-Chinon exit, then D751 for Chinon. At Chinon, bypass the town and head for Saumur and Loudun. Turn right at the 2nd roundabout for Huismes (D16) then right some 3 km on for La Chaussée.*

Marie-José BRINKMAN
LA CHAUSSEE
37420 HUISMES
Tél. : 02.47.95.45.79 ou SR : 02.47.27.56.10 - Fax : 02.47.95.45.79

Carte 3

★ 3 chambres dont 2 twin avec douche et wc privés et 1 grande chambre triple avec bains et wc séparés. Petit salon à la disposition des hôtes. Parking privé. Parc. Piscine privée. ★ *Cité médiévale de Chinon. Vignobles.* ★

A 6 km de la cité médiévale de Chinon, « La Chaussée » est un petit château romantique trônant dans un parc d'1,5 ha. où les allées en sous-bois mènent à un charmant ruisseau. Marie-José, peintre et sculpteur, et son mari d'origine néerlandaise y ont installé des chambres « modèles » après avoir séjourné dans moultes demeures d'hôtes de France et de Navare.

★ Accès : A10 sortie Joué-Chinon puis D751 vers Chinon. A Chinon, contournement de la ville vers Saumur et Loudun. Prendre à dr. au 2e rd.point vers Huismes (D16) puis à dr. après 3 km environ vers La Chaussée.

☆ Prix/Price : 320 F 1 Pers - 350/ 490 F 2 Pers - 120 F P. sup

HUISMES
LA PILLETERIE

256

Halfway between the fortress of Chinon and what is known as « Sleeping Beauty's castle », is La Pilleterie, a restored 19th century farm which has now resumed its activities. The sheep and geese will delight toddlers, while grown-ups will enjoy the charm of the fine interior.
Château and medieval city of Chinon 6 km. Château d'Ussé 8 km. Azay-le-Rideau and Fontevrault l'Abbaye 20 km.
☆ *How to get there: 45 km west of Tours. D751 to Chinon, then D16 for Huismes, La Pilleterie is 2 km before the village.*

Marie-Claire PRUNIER
LA PILLETERIE
37420 HUISMES
Tél. : 02.47.95.58.07 ou SR : 02.47.27.56.10 - Fax : 02.47.95.58.07

Carte 3

★ Dans les dépendances, 2 chambres et 1 suite avec sanitaires privés. Ouvert toute l'année. Copieux petit déjeuner. Restaurants à 6 km. Cuisine équipée réservée aux hôtes. ★ *Château et cité médiévale de Chinon à 6 km. Château d'Ussé à 8 km. Azay-le-Rideau et Fontevrault l'Abbaye à 20 km.* ★

A mi-chemin entre la forteresse de Chinon et le château de la Belle au Bois Dormant, La Pilleterie est une ferme du XIXe siècle restaurée et de nouveau en activité. Les moutons et les oies raviront les plus petits tandis que les plus grands savoureront le charme d'un intérieur raffiné.

★ Accès : 45 km à l'ouest de Tours. D751 jusqu'à Chinon, puis D16 vers Huismes, la Pilleterie est à 2 km avant le bourg.

☆ Prix/Price : 280/ 350 F 2 Pers - 100 F P. sup

INGRANDES-DE-TOURAINE
LE CLOS-SAINT-ANDRE

A large portal marks the entrance to « Le Clos Saint-André », once a small farm, just a stone's throw from the village. The main house dates from the 18th century, whilst the older outbuildings (16th century) recall the residence's previous activity. Michel Pinçon and his wife have kept the tradition alive with their own « Bourgueil » appellation contrôlée wine.
Abbey and town of Bourgueil 10 km. Château de Langeais 13 km. Numerous wine cellars in surrounding areas. Close to « Gatine Tourangelle » forests. Azay-le-Rideau and Chinon 25 km. Courcelles golf course 25 km.
☆ *How to get there:* 38 km west of Tours. Motorway, Tours-Nord exit, then N152 via Langeais (13 km), and lastly the D35. Michelin map 64, fold 13.

Michel et Michèle PINCON
LE CLOS SAINT-ANDRE
INGRANDES-DE-TOURAINE
37140 BOURGUEIL
Tél. : 02.47.96.90.81 ou SR : 02.47.27.56.10

Carte 3

★ 6 chambres, avec bains et wc. Ouvert toute l'année. Table d'hôtes sur réservation (1/2 bouteille de Bourgueil comprise). Jardin, terrasse et parking. Carte bleue acceptée. Séjour gourmand. ★ *Abbaye et ville de Bourgueil 10 km, château de Langeais 13 km. Caves dans les environs. Forêts de la Gatine tourangelle. Azay-le-Rideau et Chinon 25 km. Golf de Courcelles 25 km.* ★

Accessible par un important portail, « le Clos Saint-André » est une ancienne closerie à quelques pas du bourg. La maison de maître date du XVIIIe, tandis que les dépendances du XVIe rappellent la vocation de cette demeure. Vocation encore vivante puisque Michel Pinçon et son épouse, produisent leur vin d'appellation « Bourgueil ».

★ Accès : A 38 km à l'ouest de Tours. Autoroute sortie Tours-Nord puis N 152 Via Langeais (13 km) puis D 35. CM 64, pli 13.

☆ Prix/Price : 250 F 1 Pers - 280/ 330 F 2 Pers - 400 F 3 Pers - 130/ 175 F Repas

LANGENNERIE
CHATEAU-DE-LA-CHESNAYE

Château de la Chesnaye, built in the 18th and 19th centuries, was once the residence of the Archbishop of Tours. The spacious bedrooms all create a different atmosphere: rustic, Louis XV, Napoleon III and Louis-Philippe. Enjoy a stroll in the vast park, lined with century-old trees, a dip in the pool or try your hand at tennis. Ardrée golf course is just 5 km away.
Explore the Touraine region. Tours 20 min.
☆ *How to get there:* A10, Tours-Nord exit and N10 for Monnaie. At Monnaie, D20 for Langennerie. At Langennerie, head for Beaumont-la-Ronce and La Charte-sur-le-Loir. The château is 1 km up, on the left, in the woods.

M. KERGOAT
CHATEAU DE LA CHESNAYE
37390 LANGENNERIE
Tél. : 02.47.55.27.85 ou SR : 02.47.27.56.10
Fax : 02.47.55.27.85

Carte 3

★ 4 chambres dont 2 suites pour 4 pers. avec bains ou douche et wc privés. Table d'hôtes sur réservation. Salon Renaissance avec boiseries « plis de serviettes ». Parking. Parc, piscine, tennis. ★ *Découverte de la Touraine. Tours à 20 mn.* ★

Ancienne demeure de l'Archevêché de Tours, le château de la Chesnaye est une demeure des XVIIIe et XIXe s. Chambres spacieuses aux atmosphères différentes : rustique, Louis XV, Napoléon III et Louis-Philippe. Un vaste parc pour la promenade, orné d'arbres séculaires, une piscine et un tennis constituent les loisirs. Le golf d'Ardrée à 5 km complétera ces activités.

★ Accès : A10 sortie Tours-nord puis N10 vers Monnaie. A Monnaie, D29 vers Langennerie. A Langennerie dir. Beaumont-la-Ronce et La Charte-sur-le-Loir. Le château est à 1 km à mi-côté (à gauche) dans les bois.

☆ Prix/Price : 400/ 550 F 1 Pers - 450/ 600 F 2 Pers - 150 F P. sup - 150 F Repas

MOSNES
LES HAUTS-NOYERS

Simone SALTRON
LES HAUTS NOYERS
37530 MOSNES
Tél. : 02.47.57.19.73 ou SR : 02.47.27.56.10

Carte 3

Built in the 18th century on a vast plain with open fields, vineyards and woods, just 2 km from the royal river, « Les Hauts Noyers » was once a collection of farm buildings. Mr and Mme Saltron have decorated their pleasant home with both taste and imagination.
Châteaux of Amboise, Chaumont-sur-Loire 8 km, and Chenonceaux 17 km. Tennis court 2.5 km. Riding 3 km. Swimming pool 9 km.
☆ *How to get there: 35 km east of Tours. Take the D751 for Mosnes (left bank of the Loire). In the centre of Mosnes, take the D123 for Les Hauts Noyers, approximately 2 km on.*

☆ Prix/Price : 260 F 1 Pers - 280 F 2 Pers - 100 F P. sup

★ 1 chambre double au rez-de-chaussée, avec bains et wc et 1 suite à l'étage avec salon, bains et wc. Jardin et petits déjeuners primés. Verger ombragé. Vélos à disposition. Jeux de boules. ★ *Châteaux d'Amboise et Chaumont-sur-Loire à 8 km, de Chenonceaux à 17 km. Tennis à 2,5 km. Equitation à 3 km. Piscine à 9 km.* ★

Bâtie au XVIIIe siècle sur un vaste plateau de champs ouverts, vignobles et bois à 2 km seulement du fleuve royal, « Les Hauts Noyers », jadis bâtiments ruraux sont aujourd'hui une demeure agréable que M. et Mme Saltron ont décoré avec goût et imagination.

★ Accès : A 35 km à l'est de Tours. Prendre la D751 vers Mosnes (rive gauche de la Loire). Dans le centre de Mosnes D123 vers les Hauts Noyers sur environ 2 km.

NOIZAY
LES JOURS-VERTS

264

Timmy BOSMA
LES JOURS VERTS
VALLEE DE BEAUMONT
37210 NOIZAY
Tél. : 02.47.52.12.90 ou SR : 02.47.27.56.10

Carte 3

On a little road crossing the villages of the Vouvray vineyards is where you will find this 18th century farmhouse, which has since been renovated. Your Dutch hosts, Timmy and Kees, have decorated the interior with a blend of period furniture and contemporary objects to create a harmonious atmosphere.
Tours (historical centre and museums) 18 km. Châteaux: Amboise 9 km, and Chaumont 25 km. Vouvray vineyards. Posted hiking, walking and bicycle touring paths on site. Château de Chenonceaux 20 km.
☆ *How to get there: East of Tours, north bank of the Loire. Take the N152 for Blois, then the D1 via Vouvray and Vernou.*

☆ Prix/Price : 250/ 320 F 2 Pers - 400 F 3 Pers

★ 3 chambres au 1er étage : 1 petite double et 1 triple avec douche et wc privés, et 1 triple avec bains, douche et wc privés. Ouvert toute l'année. Copieux petit déjeuner. Restaurants à 800 m. ★ *Tours (musées...) 18 km. Châteaux d'Amboise 9 km et Chaumont 25 km. Vignobles du Vouvray. Randonnées pédestres et cyclotourisme balisées sur place. Château de Chenonceaux 20 km.* ★

Sur la petite route qui traverse les villages du vignoble de Vouvray, vous trouverez une fermette bâtie au XVIIIe siècle et rénovée depuis. Timmy et Kees, d'origine hollandaise, ont harmonieusement décoré leur intérieur en mélangeant meubles anciens et objets contemporains.

★ Accès : A l'est de Tours, rive nord de la Loire. Prendre la N152 vers Blois, puis la D1 via Vouvray et Vernou.

PANZOULT
BEAUSEJOUR

265

M.Claude CHAUVEAU
BEAUSEJOUR
37500 PANZOULT
Tél. : 02.47.58.64.64 ou SR : 02.47.27.56.10 -
Fax : 02.47.95.27.13

Carte 3

South-facing on a hillside with a magnificent view of the Vienne valley, between Chinon and the Ile-Bouchard, the « Beauséjour » property is one of the most reputed wine-growing estates in the Chinon area. The bedrooms afford splendid views of either the vineyards or the swimming pool. Hiking locally, fishing 1 km. Tennis 2 km. Sailing 7 km. Medieval city of Chinon 12 km. Azay-le-Rideau château 20 km. Fortress town of Richelieu 20 km. Rigny-Ussé 24 km.
☆ How to get there: 50 km south of Tours. Motorway, Sainte-Maure-de-Touraine exit, then the D760 to Ile-Bouchard - D8 and D21. Michelin map 64, fold 14.

★ 1 chambre double dans une tourelle et 1 suite 3 pers. dans le logis principal, toutes deux avec sanitaires privés. Piscine privée. Garage. Nombreux restaurants à proximité. ★ *Randonnée sur place, pêche 1 km, tennis 2 km, voile 7 km. Cité médiévale de Chinon 12 km, château d'Azay-le-Rideau 20 km, ville fortifiée de Richelieu 20 km, Rigny-Ussé 24 km.* ★
Merveilleusement exposé au sud, sur le côteau embrassant tout le val de Vienne, entre Chinon et l'Ile-Bouchard, le Domaine de Beauséjour est en fait un domaine viticole des plus réputés dans le Chinonais. Les chambres jouissent d'une très belle vue, tantôt sur le vignoble, tantôt sur la piscine.
★ Accès : A 50 km au sud de Tours. Autoroute, sortie Sainte-Maure de Touraine puis D760 jusqu'à l'Ile-Bouchard - D8 et D21. CM 64, pli 14.

★ Prix/Price : 450/ 500 F 2 Pers - 580 F 3 Pers

RAZINES
CHATEAU-DE-CHARGE

266

Claude et M-Louise D'ASFELD
CHATEAU DE CHARGE
37120 RAZINES
Tél. : 02.47.95.60.57 ou SR : 02.47.27.56.10
- Fax : 02.47.95.67.25

Carte 3

Château de Chargé is quite extraordinary, with a history dating back to 1070. Alterations were made in the 14th and 17th centuries. However, the soberness and authenticity of its imposing architecture are its most salient features. The owners have made every effort to restore it to pristine splendour and offer a hospitable, courteous welcome. Highly memorable.
Loire valley, châteaux, vineyards. City of Richelieu: a fine example of 17th century architecture and town planning. Futuroscope Science Museum (Vienne) 35 min.
☆ How to get there: 60 km southwest of Tours, 28 km east of Chinon and 18 km east of Châtellerault. A10, Châtellerault exit and D749 for Richelieu. As you leave Jaulnay, turn right and follow signs.

★ 4 chambres au 1er étage, avec bains ou douche et wc privés. Salon à la disposition des hôtes. Cour d'honneur. Parking intérieur. Parc avec piscine privée. Chapelle classée (ISMH). Réduction au-delà de 3 nuits. ★ *Val de Loire, châteaux, vignobles. Ensemble architectural de Richelieu. Futuroscope (Vienne) à 35 mn.* ★
Chargé est un lieu extraordinaire : par son histoire, puisqu'il fut édifié en 1070 puis modifié aux XIVe et XVIIe s., mais surtout par son architecture imposante de sobriété et d'authenticité. Ses propriétaires n'ont cessé de le restaurer et en ont fait par leur accueil chaleureux et courtois, un lieu de séjour raffiné qui restera une étape inoubliable pour ses hôtes.
★ Accès : 60 km s.o de Tours, 28 km est de Chinon et 18 km est de Châtellerault. A10 sortie Châtellerault puis D749 vers Richelieu. A la sortie de Jaulnay, tourner à droite et suivre le fléchage.

★ Prix/Price : 400/ 600 F 1 Pers - 450/ 650 F 2 Pers - 750 F 3 Pers - 100 F P. sup

Madame Leplatre's property comprises a private mansion and a number of outbuildings surrounded by small French-style gardens. A charming hostess offering guests traditional stays in comfortable, attractively furnished rooms. The hearty breakfasts are original and served on beautiful crockery.
Sainte-Chapelle de Champigny-sur-Veude (chapel) 5 km. Medieval city of Chinon 19 km. Rohe-du-Maine château 12 km. Richelieu-Chinon steam train. Futuroscope 45 km. Swimming pool, fishing, tennis, forest 500 m.
☆ *How to get there:* Motorway, Sainte-Maure exit (60 km southwest of Tours). D760 to Noyant, then D757. At the corner of Place des Religieuses (square) and Rue Jarry. Michelin map 68, fold 3.

☆ Prix/Price : 240 F 1 Pers - 340 F 2 Pers - 450 F 3 Pers

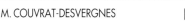

Marie-Joseph LEPLATRE
1 RUE JARRY
ANGLE PLACE DES RELIGIEUSES
37120 RICHELIEU
Tél. : 02.47.58.10.42 ou SR : 02.47.27.56.10
Fax : 02.47.58.19.23

Carte 3

★ 4 chambres, toutes avec bains ou douche et wc, une est située dans une dépendance. Ouvert toute l'année. Restaurants dans la ville. Jardin d'hiver réservé aux hôtes. ★ *Ste-Chapelle de Champigny-sur-Veude 5 km, Chinon 19 km, château de la Rohe-du-Maine 12 km. Train à vapeur Richelieu-Chinon. Futuroscope 45 km. Piscine, pêche, tennis, forêt 500 m.* ★

La propriété de Mme Leplatre se compose d'un hôtel particulier et de dépendances, délimités par plusieurs petits jardins dessinés à la française. Hôtesse charmante, elle propose à ses hôtes un séjour de tradition dans des chambres joliment meublées. Le petit déjeuner copieux et original est servi dans une belle vaisselle.

★ Accès : Autoroute sortie Sainte-Maure (60 km sud-ouest de Tours). D 760 jusqu'à Noyant puis D 757. A l'angle place des Religieuses et rue Jarry. CM 68, pli 3.

In the architectural treasure chest of the town of Richelieu (17th century), this early 19th century Directoire residence is a jewel, which contrasts with the town's austerity. It boasts Richelieu's largest indoor garden. Madame Couvrat-Desvergnes has recreated the sumptuous decor to achieve the peak of refinement.
Close to Châtellerault and Futuroscope (Poitiers). Château de Chinon 20 km. Saumur and Azay-le-Rideau.
☆ *How to get there:* 55 km southwest of Tours. A10 motorway, Sainte-Maure-de-Touraine exit, then N760 and D58 for Richelieu.

☆ Prix/Price : 450 F 1 Pers - 500 F 2 Pers - 100 F P. sup

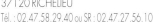

M. COUVRAT-DESVERGNES
6 RUE HENRI PROUST
37120 RICHELIEU
Tél. : 02.47.58.29.40 ou SR : 02.47.27.56.10

Carte 3

★ 4 ch. à l'étage avec vastes et luxueuses salles de bains et wc privés : 2 ch. twin + 2 ch. doubles avec grand lit (160 x 200). Possibilité lit suppl. Grand salon avec tél. et TV pour les hôtes. Parking intérieur + garage. Grand jardin clos avec mobilier de jardin. ★ *A proximité de Châtellerault et du Futuroscope de Poitiers. Château de Chinon à 20 km. Saumur et Azay-le-Rideau.* ★

Dans son écrin architectural que constitue la ville de Richelieu, bâtie au XVIIe siècle, cette demeure directoire (début XIXe) est un joyau qui contraste avec l'austérité de la ville, elle possède le plus grand jardin intérieur de Richelieu. Mme Couvrat-Desvergnes a recréé un somptueux décor qui révèle un raffinement extrême.

★ Accès : 55 km au sud-ouest de Tours. Autoroute A10 sortie Sainte-Maure-de-Touraine puis N760 et D58 vers Richelieu.

RIGNY-USSE
LE PIN

269

« Le Pin » comprises a set of lovingly restored buildings which look out onto a vast swimming pool. A peaceful spot where owner Jany Brousset offers her guests both sporting and leisure holidays in a family environment. Above the lounge, complete with fireplace and bar, guests can relax in the sauna or play billiards on the mezzanine.
Châteaux of Rigny-Ussé 3 km, Langeais and Azay-le-Rideau 16 km. Medieval city of Chinon 15 km. Bourgueil abbey (19 km) and Fontevrault 26 km.
☆ How to get there: 38 km west of Tours. A10 motorway, St-Avertin exit, then the D751 for Chinon. At Azay-le-Rideau, take D17 fork to Rigny-Ussé. Michelin map 64.

Jany BROUSSET
LE PIN
37420 RIGNY-USSE
Tél. : 02.47.95.52.99 ou SR : 02.47.27.56.10-
Fax : 02.47.95.43.21

Carte 3

★ 1 chambre avec douche, wc, coin salon et kitchenette dans dépendance, 3 chambres avec bains et wc privés. Ouvert toute l'année. Sauna, billard et ping-pong sur place. Parc et barnum en bord de piscine. Parking. 500 F/4 pers. ★ *Châteaux de Rigny-Ussé (3 km), Langeais et Azay-le-Rideau (16 km), cité médiévale de Chinon (15 km), Abbaye de Bourgueil (19 km) et Fontevrault (26 km).* ★
« Le Pin » constitue un ensemble de bâtiments soigneusement restaurés ouvrant sur une vaste piscine. Dans ce lieu de quiétude, Jany Brousset, propose à ses hôtes un séjour à la fois sportif et décontracté, dans une ambiance familiale. Au dessus du salon avec cheminée et bar, un sauna et un billard en mezzanine sont à disposition.
★ Accès : 38 km à l'ouest de Tours. Autoroute A 10 sortie St-Avertin, puis D 751 vers Chinon. A Azay le Rideau, bifurcation par D 17 vers Rigny Ussé. CM 64.

★ Prix/Price : 250 F 1 Pers - 250/ 390 F 2 Pers - 350/ 490 F 3 Pers

ROCHECORBON
CHATEAU-DE-MONTGOUVERNE

270

The Château de Montgouverne is a magical place where you wish time would stand still. Christine and Jacques Desvignes will be delighted to welcome you to this sumptuous 18th century residence, set in listed parkland. You will appreciate this timeless setting right in the heart of the châteaux of the Loire.
Vouvray vineyards. City of Tours and museums 6 km. Grange de Meslay (13th century) 8 km. Château d'Amboise 20 km. Villandry 25 km. Chenonceaux 30 km.
☆ How to get there: North bank of the Loire, 7 km east of Tours. Leave A10 at Tours/St-Radegonde, then N152 for Vouvray. At « Saint-George », turn left and follow signs.

Jacques et Christine DESVIGNES
CHATEAU DE MONTGOUVERNE
37210 ROCHECORBON
Tél. : 02.47.52.84.59 ou SR : 02.47.27.56.10-
Fax : 02.47.52.84.61

Carte 3

★ 2 suites et 4 chambres avec TV, téléphone, salle de bains et wc privés. Ouvert du 5/1 au 20/12. Table d'hôtes sur réservation. Parc classé avec piscine chauffée. Location VTT. Cartes Visa et Amex acceptées. ★ *Vignoble de Vouvray. Ville et musées de Tours à 6 km. Grange de Meslay (XIIIe siècle) à 8 km. Château d'Amboise à 20 km. Villandry à 25 km. Chenonceaux à 30 km.* ★
Le château de Montgouverne est un lieu magique où l'on voudrait que le temps s'arrête. Dans cette somptueuse demeure du XVIIIe, au milieu d'un parc classé Christine et Jacques Desvignes célèbrent le plaisir de recevoir. Au cœur des châteaux de la Loire, vous apprécierez cette halte où le temps vous semblera marquer une pause...
★ Accès : Rive nord de la Loire (7 km est de Tours). Quitter la A10 à Tours/St-Radegonde, N152 vers Vouvray. Lieu-dit « St-Georges » tourner à gauche et suivre fléchage.

★ Prix/Price : 590/1050 F 2 Pers - 160 F P. sup - 225 F Repas

SACHE
MANOIR-DE-BECHERON

« Bêcheron » was once the home of American sculptor Jo Davidson, whose work adorns the grounds. This manor house has always been one of the most sought-after in the Indres valley, upstream of Azay-le-Rideau, one of Balzac's favourite areas. The 15th and 17th century residence's interior has been fully restored by Annick and her husband. Refined and charming.
Loire valley and châteaux. Vineyards.
☆ How to get there: 24 km west of Tours and 25 km east of Chinon. A10, Joué-Chinon exit and D751 for Azay-le-Rideau. In Azay, D86 for Artannes and Monts. Bêcheron is on the left as you enter La Sablonnière.

Annick SAMUZEAU
MANOIR DE BECHERON
LA SABLONNIERE
37190 SACHE
Tél. : 02.47.73.21.80 ou SR : 02.47.27.56.10 -
Fax : 02.47.65.75.46

Carte 3

★ 2 chambres au rez-de-chaussée, dont 1 suite pour 3 pers., avec bains et wc privés. Copieux petit déjeuner servi dans la salle à manger ou dans le jardin d'hiver. Salon à la disposition des hôtes. Parking intérieur. Parc avec piscine privée. Réduction de 50 F en hors-saison. ★ *Châteaux du Val de Loire. Vignobles.* ★

Ancienne résidence du sculpteur américain, Jo Davidson qui orna le parc de ses œuvres, « Bêcheron » a toujours été l'un des manoirs les plus convoités du Val d'Indre, en amont d'Azay-le-Rideau, région chère à Balzac. A l'intérieur de cette demeure des XVe et XVIIe siècles, Annick et son mari ont entrepris une complète restauration dont le raffinement vous séduira.

★ Accès : 24 km ouest de Tours et 25 km est de Chinon. A10 sortie Joué-Chinon puis D751 dir. Azay-le-Rideau. Dans Azay, D86 vers Artannes et Monts. Bêcheron est à gauche en entrant dans La Sablonnière.

☆ Prix/Price : 450/ 500 F 2 Pers - 100 F P. sup

SACHE
LES TILLEULS

272

Immersed in Balzac's world of the luxuriant Indre valley, « Les Tilleuls » is a discreet-looking residence dating back to the 19th century. It actually conceals a subtly landscaped garden. Michelle Piller has done her utmost to vary the colours and styles. Outstanding comfort and refinement.
Azay-le-Rideau château 6 km. Villandry 12 km. Langeais 16 km.
☆ How to get there: From Tours, D751 then D84 (north bank of the Indre), or N10 to Montbazon then D7. Cross the Indre at Saché, turn left onto D84 for Azay-le-Rideau.

Michelle PILLER
LES TILLEULS
LA SABLONNIERE
37190 SACHE
Tél. : 02.47.26.81.45 ou SR : 02.47.27.56.10 -
Fax : 02.47.26.84.00

Carte 3

★ 4 chambres d'hôtes dont 2 triples totalement indépendantes, 1 double et 1 suite 3/4 pers., toutes avec salles d'eau et wc privés. Ameublement de caractère. ★ *Château d'Azay-le-Rideau 6 km. Villandry 12 km. Langeais 16 km.* ★

Immergé dans l'univers Balzacien de la verdoyante vallée de l'Indre, « Les Tilleuls » est une demeure d'apparence discrète (XIXe siècle). Elle dissimule en fait un jardin subtilement paysager. Dans les chambres, Michelle Piller s'est attachée à varier les couleurs et les styles. Confort extrême et raffinement.

★ Accès : De Tours, D751 puis D84 (rive nord de l'Indre), ou N1O jusqu'à Montbazon puis D17. Traverser l'Indre à Saché, tourner à gauche sur D84 vers Azay-le-Rideau.

☆ Prix/Price : 300 F 1 Pers - 350/ 380 F 2 Pers - 480 F 3 Pers - 100 F P. sup

SAINT-BAUD
LE MOULIN-DU-COUDRAY

273

Carte 3

MME PERIA
LE MOULIN DU COUDRAY
37310 SAINT-BAUD
Tél. : 02.47.92.82.64 ou SR : 02.47.27.56.10

Moulin du Coudray is a long building covered in time-honoured tiling, nestled in extensive grounds in the heart of a small valley. The mill boasts an exceptionally attractive exterior with lake, vast terrace and lofty willows. Discreet, attentive hospitality. Ideal for weekend breaks.
Halfway between Tours and Loches 25 km. Chenonceau and Cher valley 20 km. Azay-le-Rideau 45 km.
☆ *How to get there: A10, Tours-Sud/Châteauroux exit, then N143 for Loches. At Cormeray exit, turn right for Tauxigny (D82), then St-Baud. The millhouse is at the entrance to St-Baud.*

★ 3 chambres avec bains et wc privés dont 2 avec bains et douche. Salon réservé aux hôtes. Salle de gymnastique. Parking, parc de 3 ha. avec pièces d'eau. ★ *A mi-chemin antre Tours et Loches (25 km). Chenonceau et val de Cher à 20 km. Azay-le-Rideau à 45 km.* ★

Le Moulin du Coudray est une longue batisse couverte de tuiles anciennes, nichée dans un vallon que seul un vaste parc pouvait abriter. Le cadre extérieur constitue un attrait exceptionnel avec le plan d'eau, l'immense terrasse et les saules altiers. Accueil discret et attentionné. Une adresse à ne pas manquer pour vos week-ends.

★ Accès : A10 sortie Tours-sud/Chateauroux puis N143 vers Loches. A la sortie de Cormeray, à droite jusqu'à Tauxigny (D82) puis St-Baud. Le moulin est juste à l'entrée.

★ Prix/Price : 280 F 1 Pers - 310 F 2 Pers - 80 F P. sup - 110 F Repas

Indre et Loire

SAINT-BRANCHS/CORMERY
LA PASQUERAIE

274

Carte 3

M. et MME BINET
LA PASQUERAIE
37230 SAINT-BRANCHS/CORMERY
Tél. : 02.47.26.31.51 ou SR : 02.47.27.56.10-
Fax : 02.47.26.39.15

Handsome contemporary residence with old-fashioned tiling, completely covered in ivy. The premises exude considerable charm due to Monique Binet's refined decoration. Cookery specialist Monique and her husband share the same passion for Touraine haute cuisine. An ideal spot for gourmet cooking enthusiasts.
Some 20 km south of Tours on the way to Loches 20 km. Ideal for getting to know the châteaux of the west: Azay, Chinon, Villandry or the east: Amboise and Chenonceaux.
☆ *How to get there: A10, Châteauroux exit, then N143 for Loches. As you leave Cormery, turn right for St-Branchs (D32). La Pasqueraie is 4 km up on the left at the PR3 marker.*

★ 4 chambres avec sanitaires privés. Salon réservé aux hôtes. Terrasse couverte avec grill. Grand parc ombragé et fleuri avec piscine privée. Parking ou garage. ★ *A une vingtaine de km au sud de Tours en direction de Loches 20 km. Idéal pour découvrir les châteaux de l'ouest : Azay, Chinon, Villandry ou ceux de l'est : Amboise, Chenonceaux.* ★

Belle demeure contemporaine aux tuiles anciennes, entièrement recouverte de lierre. Beaucoup de charme grâce à une décoration raffinée signée Monique Binet. Spécialiste des arts de la table, elle partage en outre avec son époux une connaissance certaine de la haute gastronomie tourangelle. Une bonne adresse pour les gourmets.

★ Accès : A10 sortie Chateauroux puis N143 vers Loches. A la sortie de Cormery, à droite vers St-Branchs (D32). La Pasqueraie est à 4 km après sur la gauche à la borne PR3.

★ Prix/Price : 320 F 1 Pers - 350 F 2 Pers - 130 F Repas

SAINT-EPAIN
CHATEAU-DE-MONTGOGER

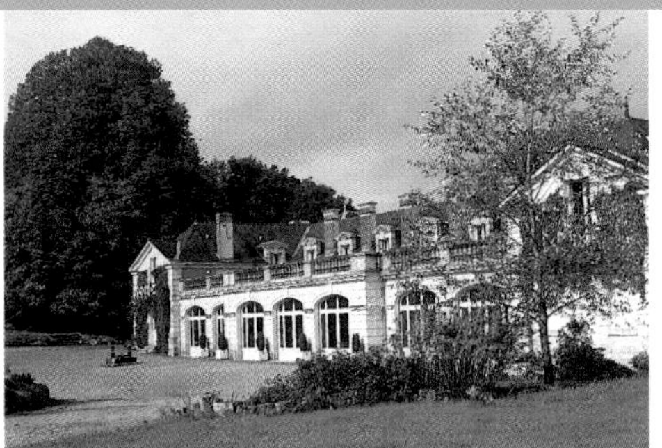

The Montgoger estate is an exceptional place, exuding both charm and tranquillity. The grounds and site provided the Duc de Choiseul with the setting for turning Montgoger into the Kingdom's second Court after Amboise. The bedrooms are situated in the 18th century Orangery and are decorated with refinement.
Indre and Vienne valleys. Main historical and cultural attractions of the Loire valley. Futuroscope 40 min. Listed village of Grissay (16th century). Variety of sports activities: 2 to 20 km radius.
☆ *How to get there:* Tours 40 km. A10, exit 25 Ste-Maure, for Noyant-de-Touraine (D760), then St-Epain on D21. In village, head for Villeperdue and follow signs for « Montgoger ».

M. PAUL O. THILGES-PORTE
CHATEAU DE MONTGOGER
37800 SAINT-EPAIN
Tél. : 02.47.65.54.22 ou SR : 02.47.27.56.10 -
Fax : 02.47.65.85.43

Carte 3

★ 3 chambres (1 single, 2 doubles) et 1 suite, toutes avec TV, bains et wc privés et vue sur le parc. Copieux petits déjeuners. Téléphone et fax. Parc de 17 ha. Ouvert du 1er avril au 31 octobre, hors-saison sur demande. Nombreux restaurants à proximité. ★ *Val d'Indre et Val de Vienne, principales curiosités historiques et culturelles du Val de Loire. Futuroscope 40 mn. Village classé de Grissay XVIe. Divers sports entre 2 et 20 km.* ★
Le domaine de Montgoger est un endroit exceptionnel de charme et de tranquillité. Le parc et le site servirent de cadre au Duc de Choiseul pour faire de Montgoger la deuxième Cour du Royaume après Amboise. L'ancienne orangerie du XVIIIe siècle abrite les chambres d'hôtes décorées avec raffinement.
★ Accès : Tours 40 km. A10 sortie 25 Ste-Maure, dir. Noyant-de-Touraine (D760) puis St-Epain sur D21. Dans village, dir. Villeperdue et suivre panneaux « Montgoger ».

★ Prix/Price : 400 F 1 Pers - 450/ 600 F 2 Pers - 150 F P. sup

SAINT-MICHEL-SUR-LOIRE
CHATEAU-DE-MONTBRUN

The château and its flowery century-old park afford a breathtaking view of the Loire, with the Forest of Chinon as the horizon. The interior decoration, which boasts antiques and tapestries, is the work of the owner, an interior designer. Rita and Jacques will greet you with a glass of wine in their cosy lounge (fireplace, music and library) or in the garden. Château de Langeais 4 km. Château d'Azay-le-Rideau. Vineyards, Bourgueil abbey and Saint-Nicolas-de-Bourgueil. 18-hole golf course at Courcelles 23 km. Rigny-Ussé and Villandry 15 km. Fontevraud abbey 30 km.
☆ *How to get there:* A10, Tours-Ste Radegonde exit. Take N152 (right bank of the Loire) for Langeais and Saumur. 3 km after Langeais, turn right for Saint-Michel. Drive through the village and follow signs.

Jacques et Rita THIEBAUT-VAN-ROYEN
CHATEAU DE MONTBRUN
37130 SAINT-MICHEL SUR LOIRE
Tél. : 02.47.96.57.13 ou SR : 02.47.27.56.10
Fax : 02.47.96.01.28

Carte 3

★ 5 ch. et 1 suite, avec bains/douche, wc, TV/radio. Copieux petit déjeuner. Table d'hôtes sur réservation. Piscine/solarium. Pétanque, bicyclettes. Ouvert toute l'année. Réduction de 20% en hors-saison. (e-mail jacques.thiebaut@wanadoo.fr). ★ *Château de Langeais 4 km. Azay, Villandry et Ussé. Abbayes de Bourgueil et Fontevraud. Route des vignobles de Touraine - Val de Loire. Randonnées pédestres.* ★
Le château avec son parc centenaire et fleuri dispose d'une vue imprenable sur la Loire, et embrasse l'horizon jusqu'à la forêt de Chinon. Décoré avec antiquités et tapisseries par la propriétaire, architecte d'intérieur, Rita et Jacques vous offriront un vin d'accueil dans le salon (cheminée, musique et bibliothèque) ou dans le jardin.
★ Accès : A10 sortie Tours-Ste Radegonde, puis suivre la N152 (rive droite de la Loire) vers Langeais/ Saumur. 3 km après Langeais, tourner à droite vers St-Michel. Traverser le village et suivre les panneaux.

★ Prix/Price : 550 F 1 Pers - 630/ 730 F 2 Pers - 160 F P. sup - 250 F Repas

SAVONNIERES
LE PRIEURE-DES-GRANGES

Eric SALMON
LE PRIEURE DES GRANGES
37510 SAVONNIERES
Tél. : 02.47.50.09.67 ou SR : 02.47.27.56.10 -
Fax : 02.47.50.06.43

Carte 3

On the heights overlooking the village of Savonnières on the banks of the Cher, the « Prieuré des Granges » is a 17th and 19th century residence hidden by beautiful age-old trees. Antique dealer Philippe Dufresne has worked painstakingly on furnishing and decorating the five bedrooms (3 Louis XIII and Louis XIV style and 2 more Romantic in style). Châteaux: Villandry 3 km, Azay-le-Rideau and Langeais 15 km. Tours 14 km. Touraine golf course 2 km. Tennis and riding nearby.

☆ *How to get there: 14 km west of Tours. Motorway, Joué-les-Tours exit heading for Villandry, then D7 to Savonnières.*

★ 6 chambres, toutes avec bains et douche, wc et tél. dont 1 suite 4 pers. Ouvert toute l'année. Copieux petit déjeuner. Restaurants dans le village et aux alentours. Piscine sur place. Parc de 7 ha. 1000 F/ suite 4 pers. ★ *Châteaux de Villandry à 3 km, d'Azay le Rideau et de Langeais à 15 km. Tours à 14 km. Golf de Touraine à 2 km. Tennis et équitation à proximité.* ★ ***Dominant le village de Savonnières au bord du Cher, le Prieuré des Granges est une demeure des XVIIe et XIXe siècles cachée derrière de beaux arbres séculaires. Beau mobilier ancien. Une adresse de charme.***

★ Accès : 14 km à l'ouest de Tours. Autoroute sortie Joué-les-Tours dir. Villandry jusqu'à Savonnières.

★ Prix/Price : 550 F 1 Pers - 580/ 700 F 2 Pers - 700/ 850 F 3 Pers - 120 F P. sup

278

SEPMES
LA FERME-DES-BERTHIERS

Anne-Marie VERGNAUD
LA FERME DES BERTHIERS
37800 SEPMES
Tél. : 02.47.65.50.61 ou SR : 02.47.27.56.10

Carte 3

This handsome family residence dating back to 1856 is still a farm which Joseph and Anne-Marie have enhanced and embellished. A warm welcome is guaranteed. The six bedrooms, located in the main house and outbuildings all have their own individual styles, either rustic or Art Deco. Dinner is a further delight.
Loches châteaux 30 km. Chinon and Richelieu 40 km. Poitiers: Futuroscope 45 min.

☆ *How to get there: 40 km south of Tours. A10 motorway, Ste-Maure-de-Touraine exit (9 km), then N760 for Loches and D59 for Ligueil. At exit from village.*

★ 6 ch. avec salles d'eau et wc privés : 1 suite et 1 double au r.d.c. et 2 ch. triples, 1 double avec bain et 1 ch. familiale 4 pers. à l'étage. Jardin ombragé et parking intérieur dans la vaste cour de la ferme. ★ *Châteaux de Loches 30 km. Chinon et Richelieu 40 km. Futuroscope de Poitiers 45 mn.* ★ ***Cette belle maison de maître de 1856 demeure une exploitation agricole active que Joseph et Anne-Marie ont su embellir et valoriser par l'accueil. Les 6 chambres réparties dans la maison ou dans les dépendances, sont toutes personnalisées, tantôt rustique, tantôt art-déco. Le dîner constitue, ici, un réel attrait supplémentaire.***

★ Accès : 40 km au sud de Tours. Autoroute A10 sortie Ste-Maure-de-Touraine (9 km) puis N760 vers Loches et D59 vers Ligueil. A la sortie du bourg.

★ Prix/Price : 200 F 1 Pers - 240/ 270 F 2 Pers - 300/ 350 F 3 Pers - 60 F P. sup - 100 F Repas

VERNOU-SUR-BRENNE
LA FERME-DES-LANDES

279

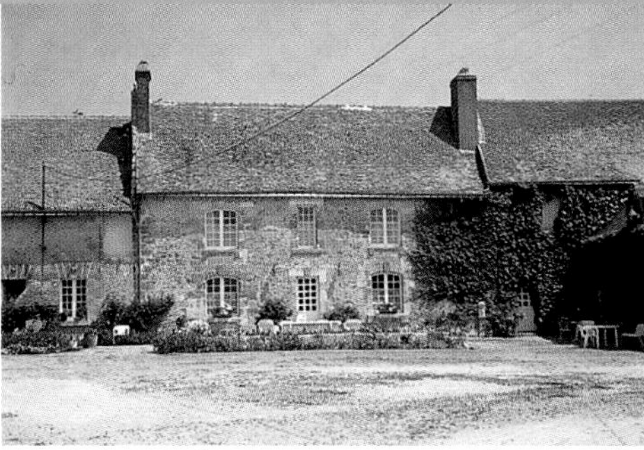

Geneviève BELLANGER
LA FERME DES LANDES
VALLEE DE COUSSE
37210 VERNOU SUR BRENNE
Tél. : 02.47.52.10.93 ou SR : 02.47.27.56.10-
Fax : 02.47.52.08.88

Carte 3

Netty Bellanger offers a warm welcome to all visitors of this 15th century farmhouse situated on the edge of the Vouvray vineyards. After several years spent in the southwest of France this native of Touraine has acquired a charming regional accent.
Château d'Amboise 16 km, Chenonceaux 32 km. Vouvray vineyards nearby. Grange de Meslay 10 km. Swimming pool and tennis courts 7 km.
☆ *How to get there: 15 km northeast of Tours. Take the N152 to Vouvray, then the D46 to Vernou, heading for Vallée de Cousse.*

★ 6 chambres, toutes avec bains et wc privés, situées dans une dépendance (rez-de-chaussée et 1er étage). Parking. 400 F/4 pers. ★ *Château d'Amboise (16 km). Chenonceaux (32 km). Vignoble de Vouvray à proximité. Grange de Meslay (10 km). Piscine et tennis à 7 km.* ★
Dans une ferme ancienne du XVe siècle, aux abords du vignoble de Vouvray, « un accueil chaleureux » est le maître mot pour caractériser la demeure de Netty Bellanger. Quelques années dans le sud-ouest ont laissé à cette tourangelle, un charmant accent régional.
★ Accès : A 15 km au nord-est de Tours. N 152 jusqu'à Vouvray puis D 46 jusqu'à Vernou, direction Vallée de Cousse.

★ Prix/Price : 250 F 1 Pers - 300 F 2 Pers - 350 F 3 Pers

VOUVRAY
DOMAINE-DES-BIDAUDIERES

280

Pascal et Sylvie SUZANNE
DOMAINE DES BIDAUDIERES
RUE DU PEU MORIER
37210 VOUVRAY
Tél. : 02.47.52.66.85 ou SR : 02.47.27.56.10
- Fax : 02.47.52.62.17

Carte 3

Set in 30 acres of terraced parkland, on a hillside, you will find elegant, 18th century Château des Bidaudières. Young owners Sylvie and Pascal have carried out extensive restoration work, bestowing prestige on a place that is unrivalled in the Touraine. Vast swimming pool and landscaped terraces. A magical setting.
Ideally situated 12 km from Tours and 15 km from Amboise. Chenonceaux and Cher valley 25 km.
☆ *How to get there: A10, Tours-Ste-Radegonde exit, then N152 for Vouvray. Head for Vouvray-Centre, then Vernou-sur-Brenne on D46. The property is approximately 2 km up on the left.*

★ 5 chambres au 2e étage (ascenseur) avec bains, wc privés, air conditionné, tél. Salon troglodytes à disposition. Grandes salles pour mariages et réceptions. Parc avec pièce d'eau. Grandes terrasses avec piscine et salon de jardin. Parking intérieur. ★ *Situation idéale à 12 km de Tours et 15 km d'Amboise. Chenonceaux, vallée du Cher 25 km.* ★
Dans un parc de 12 ha. suspendus en terrasses, sur un coteau, le château des Bidaudières est une élégante batisse du XVIIIe. Sylvie et Pascal, ses jeunes propriétaires y ont effectué une restauration de titan qui confère à ce lieu un prestige inégalé en Touraine : vaste piscine, ordonnancement des terrasses... Cadre magique.
★ Accès : A10 sortie Tours-Ste Radegonde, puis N152 vers Vouvray. Prendre Vouvray-centre puis Vernou-sur-Brenne par D46. La propriété est à 2 km environ sur la gauche.

★ Prix/Price : 600 F 1 Pers - 650/ 750 F 2 Pers - 100 F P. sup

LES ABRETS
LA BRUYERE

This renovated Dauphiné farmhouse is surrounded by flower-filled, tree-lined parkland, providing the ideal setting for a peaceful and relaxing stay. The contemporary-style bedrooms are comfortable and decorated with refinement. Savour the delights of Claude's gourmet meals at the table d'hôtes.
Tennis court 2 km. Bathing at Paladru 10 km.
☆ *How to get there: On the D592 between Les Abrets and A43 interchange. N6 Lyon/Chambéry and N175 Grenoble/Bourg-en-Bresse. Michelin map 74, fold 14.*

Christian et Claude CHAVALLE-REVENU
LA BRUYERE
38490 LES ABRETS
Tél. : 04.76.32.01.66 - Fax : 04.76.32.06.66

Carte 4

★ 4 chambres et 2 suites, toutes avec bains et wc + tél. Salle à manger/salon. Ouvert toute l'année. Copieux petit déjeuner. Table d'hôtes : foie gras, magret, bouillabaisse, choucroute de poisson... Cartes bancaires acceptées. Piscine. ★ *Tennis à 2 km. Baignade à Paladru à 10 km.* ★

Maison fermière dauphinoise rénovée entourée d'un parc fleuri et arboré où vous pourrez vous détendre dans une ambiance sympathique. Les chambres sont confortables et raffinées, de style contemporain. Vous pourrez savourer la table gourmande de Claude dont la cuisine gastronomique vous séduira.

★ Accès : Par la D592 entre les Abrets et l'échangeur de l'A43. N6 Lyon-Chambéry et N175 Grenoble-Bourg-en-Bresse. CM 74, pli 14.

★ Prix/Price : 330/ 430 F 1 Pers - 370/ 470 F 2 Pers - 80 F P. sup - 185 F Repas

CHASSE-SUR-RHONE
HAMEAU-DE-TREMBAS

282

« Gorneton », an imposing 17th century fortified house, provides a warm welcome, boasts gardens, a pond, fountains and an inner courtyard. The property also offers a swimming pool, table tennis, petanque and lawn tennis facilities, in addition to the comfortable bedrooms. A pleasant stay is guaranteed. You will delight in host Jean's culinary talents. Vienne 5 minutes, Lyon 15 minutes. Gallo-Roman town at the foot of Pilat regional park and Côtes Rôties vineyards.
☆ *How to get there: Motorway A7, Chasse-sur-Rhône/Saint-Etienne exit. Michelin map 74, fold 11.*

Jacqueline et Jean FLEITOU
DOMAINE DE GORNETON
HAMEAU DE TREMBAS
38670 CHASSE-SUR-RHONE
Tél. : 04.72.24.19.15 - Fax : 04.72.24.19.15

Carte 4

★ 2 ch. 2 pers. (1 lit 2 pers. et 2 lits 1 pers.), 1 ch./duplex (2 lits 2 pers.), toutes avec bains et wc privés, accès indép. Ouvert toute l'année. Table d'hôtes : caille sur canapé, truite aux amandes, œufs à la neige... Parking privé. Piscine, p-pong, pétanque, tennis. ★ *Vienne à 5 minutes, Lyon à 15 minutes. Ville gallo-romaine au pied du parc régional du Pilat et du vignoble des Côtes Rôties.* ★

Gorneton, maison forte du XVIIe vous accueillera avec ses cheminées, ses jardins, son étang, ses fontaines et sa cour intérieure. Sur place, piscine, ping-pong, pétanque et tennis s'ajouteront au confort de votre chambre pour vous offrir un agréable séjour ou une étape idéale. Vous vous régalerez de la cuisine gourmande de Jean.

★ Accès : Autoroute A7, sortie Chasse-sur-Rhône/Saint-Etienne. CM 74, pli 11.

★ Prix/Price : 350 F 1 Pers - 480 F 2 Pers - 550 F 3 Pers - 160 F Repas

SAINT-MARTIN-DE-LA-CLUZE
CHATEAU-DE-PAQUIER

Jacques et Hélène ROSSI
CHATEAU DE PAQUIER
38650 SAINT-MARTIN-DE-LA-CLUZE
Tél. : 04.76.72.77.33 - Fax : 04.76.72.77.33

Carte 4

Jacques and Hélène Rossi are your hosts at this 17th century château, which they have tastefully restored. The three attractive bedrooms offer comfort and refinement. Delicious breakfasts and dinners are served in the vast lounge, whose mullioned windows look out onto the Matheysin plateau. Flowery, shaded grounds with watchtower. An extremely comfortable spot.
Hiking. Small sightseeing railway. Cruises on Monteynard lake. Tours of listed monuments. Horse farm 6 km. Lake 8 km. Tennis court, swimming pool 10 km. Skiing 20 km.
☆ *How to get there: From Grenoble, A480 then N75 for Sisteron. 7 km after Vif, level crossing then left onto D110 for St-Martin-de-la-Cluze. Drive through village for « La Salle ». Follow signs. 600 m down the lane.*

★ 3 chambres avec bains et wc privés. Ouvert toute l'année. Table d'hôtes : gigot et canard à la broche, gratin dauphinois, tarte aux noix et produits du jardin. Parc. VTT, jeux pour enfants, p-pong, tir à l'arc. Poney. L-linge, sèche-linge et nécessaire bébé. Cartes Mastercard et Visa acceptées. ★ *Randonnées. Petit train touristique. Bateau croisière sur le lac de Monteynard. Circuit des monuments classés. Ferme-équestre 6 km. Lac 8 km. Tennis, piscine 10 km. Ski 20 km.* ★

Jacques et Hélène Rossi vous reçoivent dans leur château du XVIIe qu'ils ont restauré avec goût. 3 belles chambres au confort raffiné vous sont réservées. Le savoureux petit déjeuner et le dîner sont servis dans le vaste séjour dont les fenêtres à meneaux ouvrent sur le plateau Matheysin. Parc fleuri et ombragé avec tour de guêt. Une étape de grand confort.

★ Accès : De Grenoble A480 puis N75 dir. Sisteron. 7 km après Vif, pass. à niveau puis à gauche D110 dir. St-Martin-de-la-Cluze. Trav. le village et dir. « La Salle ». Suivre la signalisation. Chemin sur 600 m.

★ Prix/Price : 230 F 1 Pers - 290 F 2 Pers - 370 F 3 Pers - 80 F P. sup - 85 F Repas

SAINT-PRIM
LE PRE-MARGOT

Maurice et Martine BRIOT
LE PRE MARGOT
LES ROCHES DE CONDRIEU
38370 SAINT-PRIM
Tél. : 04.74.56.44.27 - Fax : 04.74.56.30.93

Carte 4

Contemporary residence overlooking the Roches de Condrieu lake and yachting harbour, which hosts Martine and Maurice Briot have decorated with both rustic and modern furniture. Breakfast is served on a vast verandah with fireplace.
Vienne: jazz festival and villa (archaeological site) 10 km. View of Mont Pilat and Côtes Rôties vineyards.
☆ *How to get there: 40 km south of Lyon. Vienne exit (A7).*

★ 5 ch. avec salle d'eau et wc privés, TV et climatisation. Fermé pour les vacances de la Toussaint et de Noël. Table d'hôtes sur réservation : gâteau de foie de volailles, gratin dauphinois... Parking fermé. Restaurants à 400 m. Billard, table de jeux de socité et flipper. ★ *Vienne (festival de jazz et villa archéologique) à 10 km. Vue sur le Mont Pilat et le vignoble de Côtes Rôties.* ★

Demeure contemporaine surplombant le plan d'eau des Roches de Condrieu et son port de plaisance, que les Briot ont décoré avec des meubles rustiques et modernes. Les petits déjeuners sont servis dans une vaste véranda avec cheminée.

★ Accès : A 40 km au sud de Lyon. Sortie Vienne (A7).

★ Prix/Price : 220 F 1 Pers - 250 F 2 Pers - 350 F 3 Pers - 85 F Repas

LE TOUVET
LE PRE-CARRE

Jacqueline FONTRIER
LE PRE CARRE
RUE DE LA CHARRIERE
38660 LE TOUVET
Tél. : 04.76.08.42.30 - Fax : 04.76.08.56.43

Carte 4

This attractive 18th century farmhouse in the village of Le Touvet stands in a pretty, shaded flower garden. The residence has considerable charm and boasts period furniture in a warm atmosphere. Vast lounge with fireplace and covered patio. Breakfast is served in the garden.
Station of Saint-Hilaire 10 km. La Terrasse lake 5 km. Walks from Le Touvet.
☆ *How to get there: A41 motorway, Le Touvet exit.*

★ 3 chambres avec bains et wc privés. Ouvert toute l'année sur réservation. Copieux petits déjeuners : patisserie et confitures maison, fruits frais... Jardin, cour, parking privé clos et garage. Terrasse ombragée. Restaurants au Touvet, Lumbin. ★ *Station de Saint-Hilaire à 10 km. Lac de la Terrasse à 5 km. Randonnées pédestres à partir du Touvet.* ★
Belle maison fermière du XVIIIe située dans le village et entourée d'un joli jardin fleuri et ombragé. Beaucoup de charme dans cette demeure aux beaux meubles anciens et à l'atmosphère chaleureuse. Vaste salon avec cheminée et patio couvert. Petits déjeuners servis dans la jardinerie.
★ Accès : Autoroute A41 sortie le Touvet.

★ Prix/Price : 270 F 1 Pers - 320 F 2 Pers - 420 F 3 Pers - 85 F Repas

VILLARD-BONNOT
DOMAINE-DU-BERLIOZ

286

Robert et Martine ESSA
DOMAINE DU BERLIOZ
38190 VILLARD-BONNOT
Tél. : 04.76.71.40.00 ou 04.76.27.12.36 -
Fax : 04.76.13.05.98

CV

Carte 4

This handsome 12th century manor house is surrounded by 3.75 acres of relaxing wooded parkland, at the foot of the Belledonne mountain range. The atmosphere is rustic and congenial. The attractive dining hall is adorned with a large fireplace. Period and contemporary furniture. Gourmet table d'hôtes with specialities baked in the bread oven. A spot full of charm.
15 min. from Grenoble. Ideal starting point for discovering the Belledonne massif and the Chartreuse regional nature park. Horse-riding 4 km.
☆ *How to get there: A41, Brignoud exit and D523 for Grenoble. 1st road on right after football stadium (follow signs). Manor house is at the end of the road, on right-hand side (green gates). Michelin map 77, fold 5.*

★ 4 chambres dont 2 doubles avec douche et wc privés. Ouvert du 15/4 au 30/10. Table d'hôtes : cochon de lait et agneau rôtis. Salon avec cheminée, TV, vidéothèque, bibliothèque. L-linge et sèche-linge à disposition. A partir de 3 nuits, - 25% en b-saison. Mastercard, Eurocard et Visa acceptées. ★ *A 15 mn de Grenoble. Point idéal de départ pour découvrir le massif de Belledonne et le Parc Naturel Régional de Chartreuse. Equitation 4 km.* ★
Au pied de la chaîne de Belledonne, près de Grenoble, ce beau manoir du XIIe siècle est entouré d'un parc boisé d'1,5 ha., propice à la détente. L'atmosphère y est campagnarde et chaleureuse. Belle salle à manger ornée d'une vaste cheminée. Mobilier ancien et contemporain. Table d'hôtes gourmande avec ses spécialités rôties dans le four à pain. Une adresse de charme.
★ Accès : A41 sortie Brignoud puis D523 dir. Grenoble. 1re route à droite après le stade de football (suivre la signalisation). Le manoir est au bout de la route, à droite (portail vert). CM 77, pli 5.

★ Prix/Price : 380 F 1 Pers - 480 F 2 Pers - 620 F 3 Pers - 140 F P. sup - 150 F Repas

ANDELOT-LES-ST-AMOUR
CHATEAU-ANDELOT

287

SARL - CHATEAU ANDELOT
RUE DE L'EGLISE
39320 ANDELOT-LES-ST-AMOUR
Tél. : 03.84.85.41.49 - Fax : 03.84.85.46.74

Carte 4

Overlooking the Suran valley and village, this magnificent 12th and 14th century residence built by the illustrious Coligny family. Three bedrooms are in the old keep, and three more are located between the Gothic room and the keeper's lodge. The entire château and its outbuildings can be hired with staff.
Forests, wild valleys, high cliffs and castles, ancient dungeons, Romanesque churches. In the vicinity: posted hiking trails, riding, archery, mountain bikes and balloon trips.
☆ How to get there: At Lons-le-Saunier, take the N83 for Lyon. At Saint-Amour, head for St-Julien (D3). Drive 12 km to Andelot.

★ 5 ch. et 1 suite avec sanitaires privés. Ouvert toute l'année. Copieux petit déjeuner, avec pâtisseries, fromage, charcuterie. Table d'hôtes sur réservation. Panier pique-nique. Tennis privé. Parc de 10 ha. 1 appartement luxueux à louer jusqu'à 4 pers. : 1200 F/jour. ★ *Forêts, vallées sauvages, hautes falaises, châteaux forts, antiques donjons, églises romanes. Sentiers balisés, poss. randos équestres, tir à l'arc, VTT et montgolfière sur place.* ★
Magnifique demeure (XIIe et XIVe siècles) construite par l'illustre famille de Coligny dominant le village et la vallée du Suran. 3 chambres sont dans l'ancien donjon, les 3 autres entre la salle gothique et la porterie. Il est possible de louer la totalité du château avec ses dépendances, personnel à disposition.
★ Accès : A Lons le Saunier prendre la N83, dir. Lyon. A Saint-Amour, prendre la dir. Saint-Julien (D3). Faire 12 km avant d'arriver à Andelot.

★ Prix/Price : 500/ 800 F 1 Pers - 500/ 800 F 2 Pers - 600/ 900 F 3 Pers - 175/ 250 F Repas

ROTALIER

288

Pierre et Bénédicte de BOISSIEU
CHATEAU GREA
39190 ROTALIER
Tél. : 03.84.25.05.07 ou 03.84.25.14.24

Carte 4

Chateau Gréa is an elegant residence dating back to the late 18th century, set in the heart of the Southern Revermont vineyards. Extensive grounds with terraces, tall cedars and hundred-year-old trees. Magnificent views of Bresse and Burgundy.
Vineyards of the Jura. Bresse (Jura-Burgundy). Pony riding lessons for children and hiking trips for adults can be arranged.
☆ How to get there: Take RN83 for Lons-le-Saunier, Lyon (10 km south of Lons-le-Saunier).

★ 2 ch. dont 1 familiale donnant sur le parc, avec bains et wc privés. Cuisine au r.d.c. réservée aux hôtes. Petit déjeuner copieux et varié. Table d'hôtes sur demande. Ouvert toute l'année. Restaurants 2 km. Terrasses ombragées, salons de jardin, parc 3 ha. Enfants bienvenus. ★ *Vignoble du Jura. Bresse jurassienne et bourguignonne. Possibilité de stage poney pour les enfants et de randonnées pour les adultes par groupe de 5 pers.* ★
Château Gréa est une ancienne et belle demeure de la fin du XVIIIe siècle située au milieu des vignes du Sud Revermont. Vaste parc avec terrasse, grands cèdres et arbres centenaires. Très belle vue sur la Bresse et la Bourgogne.
★ Accès : RN83. Lons le Saunier-Lyon (à 10 km au sud de Lons le Saunier).

★ Prix/Price : 300 F 1 Pers - 350/ 400 F 2 Pers - 500 F 3 Pers - 100 F P. sup - 100 F Repas

SALANS

289

Claus et Béatrice OPPELT
CHATEAU DE SALANS
39700 SALANS
Tél. : 03.84.71.16.55

Carte 4

Charm and quiet are the two outstanding features of this delightful 18th century residence nestling in a Directoire-style settings. The spacious bedrooms overlook the grounds. The bedrooms and lounges are adorned with elegant Directoire, Louis XVI and First Empire decoration and furnishings. Forest of Chaux (50,000 acres) nearby. Royal spa at Arc et Senans (listed by UNESCO). Doubs and La Loue valleys.
☆ How to get there: Motorway A36, Besançon Ouest exit. At Saint-Vit, head for Salans (3 km).

★ 3 chambres avec bains et wc privés et 1 suite avec bains, wc et salon privé. Ouvert toute l'année. Restaurants à 4 km. ★ *Forêt de Chaux (20000 ha) sur place. Saline Royale à Arc et Senans (classée Patrimoine Mondial). Vallée du Doubs et de la Loue.* ★
Charme et tranquillité caractérisent cette ravissante demeure du XVIIIe siècle et son parc Directoire. Toutes les chambres sont vastes et donnent sur le parc. La décoration et l'ameublement sont Louis XVI, Directoire et 1er Empire, chambres et salons décorés et meublés avec raffinement.
★ Accès : Autoroute A36, sortie Besançon ouest. A Saint-Vit, prendre la direction Salans (3 km).

★ Prix/Price : 400 F 1 Pers - 500 F 2 Pers - 600 F 3 Pers

MIMBASTE
CAPCAZAL-DE-PACHIOU

290

Colette ALBERCA-DUFOURCET
CAPCAZAL DE PACHIOU
40350 MIMBASTE
Tél. : 05.58.55.30.54 - Fax : 05.58.55.30.54

Carte 5

This pretty 17th century Capcazal house, set in a flowery, wooded park enhanced by an ornamental lake, has been in the family for 14 generations. This rare, genuine edifice offers extremely attractive bedrooms with fireplaces, canopied fourposter beds and Louis XIII furniture. Hospitable welcome, gourmet dinners and copious breakfasts. A must. Ocean 35 min. Mountains 1 hr. Spain 1 hr. Thermal spa 12 km. Hunting. Fishing. Horse-riding.
☆ How to get there: From Dax, take the RD947. After 12 km, take the CD16 and follow signs.

★ 2 chambres avec sanitaires privés. Ouvert toute l'année. Petit déjeuner : yaourts, confitures maison, viennoiseries... Table d'hôtes : foie gras, confits, gastronomie landaise. Bibliothèque régionaliste. Salle de jeux. Cour, parc de 2 ha., lac privé à 1 km, pêche. Dax 12 km. Michel Guérard 50 km. ★ *Océan 35 mn. Montagne 1 h. Espagne 1 h. Station thermale 12 km. Chasse. Pêche. Equitation.* ★
Dans un parc arboré et fleuri, agrémenté d'une pièce d'eau, cette belle maison capcazalière du XVIIe siècle, patrimoine familial depuis 14 générations, est un rare témoin d'authenticité. Très belles chambres avec cheminée, lits à baldaquin et mobilier Louis XIII. Accueil chaleureux, dîners gastronomiques et petits déjeuners très copieux. Une étape incontournable.
★ Accès : De Dax, prendre la RD947. A 12 km, prendre CD16 selon fléchage.

★ Prix/Price : 230/ 250 F 1 Pers - 250/ 280 F 2 Pers - 100 F P. sup - 80 F Repas

SAINT-MARTIN-DE-HINX
MOULIN-DE-LARRIBAOU

J-Pierre et A-Marie SEMELIN
MOULIN DE LARRIBAOU
40390 SAINT-MARTIN-DE-HINX
Tél. : 05.59.56.37.97

Carte 5

★ 2 chambres avec sanitaires privés. Ouvert toute l'année. Petit déjeuner gourmand : viennoiseries, patisseries et yaourts maison, fruits, céréales... Table d'hôtes : confits et foie gras de canard. Bibliothèque et TV. Piscine couverte intégrée à la maison. Barbecue. Parc, étangs, ruisseaux, pêche. ★ *A mi-chemin entre Bayonne et Dax. Culture, traditions, fêtes, gastronomie, sites basques et landais. Mer à 15 km (Capbreton, Hossegor). Tennis et fronton au village (2 km). Golf à 15 km.* ★

Le Moulin de Larribaou avec ses ruisseaux, ses étangs et ses bois, vous propose 8 ha. de calme et de verdure. Cette ravissante demeure des XVIe et XVIIe siècles vous propose 2 chambres au confort douillet, séparées par un petit salon-bibliothèque qui ouvre sur la superbe piscine couverte. Une étape à ne pas manquer pour les amoureux d'espace et de nature.

★ Accès : RN10, sortie St-Géours, ou RN117, tourner à Biarrotte. A St-Martin-de-Hinx, suivre le fléchage à partir du tennis.

Moulin de Larribaou is surrounded by streams, lakes and woods in 20 acres of quiet greenery. This delightful 16th and 17th century residence offers 2 cosy bedrooms, separated by a small lounge-cum-library, which looks out onto a superb indoor swimming pool. The setting will delight nature enthusiasts and lovers of wide open spaces.
Halfway between Bayonne and Dax. Arts, traditions, festivals, gastronomy, places of interest in the Basque country and the Landes. Sea 15 km (Capbreton, Hossegor). Tennis court and wall for Basque pelota in the village (2 km). Golf 15 km.
☆ *How to get there: RN10, St-Géours exit, or RN117 and turn off at Biarrotte. At St-Martin-de-Hinx, follow signs from the tennis court.*

★ Prix/Price : 300 F 2 Pers - 80 F Repas - 460 F 1/2 pension

BLOIS
LE VIEUX-COGNET

Francoise COSSON
LE VIEUX COGNET
4 LEVEE DES GROUETS
41000 BLOIS
Tél. : 02.54.56.05.34 - Fax : 02.54.74.80.82

Carte 2

★ 4 chambres (dont 3 au rez-de-chaussée), toutes avec sanitaires privés. Ouvert 1/4 au 30/09 ou sur réservation. Restaurants à 1,5 et 2 km. Propriété proche d'une voie ferrée et de la route Blois-Tours. ★ *Blois à 4 km. Tous les châteaux de la région. Pêche sur place avec permis.* ★

En bordure de Loire, dans un quartier résidentiel, Françoise Cosson vous recevra dans un ancien relais de halage. Toutes les chambres donnent directement sur la Loire, canards, mouettes et hérons seront vos plus proches voisins. Au petit déjeuner, vous apprécierez les confitures et pâtisseries de la maîtresse de maison.

★ Accès : Accès de Blois par N 152, direction Tours, à 4 km du centre ville.

Françoise Cosson is your hostess at this former post house, in a residential area on the banks of the Loire. All the bedrooms overlook the river, where ducks, seagulls and herons are your nearest neighbours. At breakfast time, savour the home-made jams and pastries prepared by your hostess. The property is close to the Blois-Tours road and the railway. Blois 4 km. Châteaux throughout the region. Fishing (permit required).
☆ *How to get there: From Blois on N152, head for Tours. The house is 4 km from the town centre.*

★ Prix/Price : 250/ 300 F 1 Pers - 400/ 450 F 2 Pers - 500/ 550 F 3 Pers - 100 F P. sup

BOURRE
MANOIR-DE-LA-SALLE

This 13th century manor house overlooks the Cher valley. The atmosphere is warm, and the flower-filled bedrooms boast fireplaces and visible beams. Breakfast is served by the woodfire. English-style park with hundred-year-old trees. Rose garden.
Cher valley: river, troglodyte dwellings, archaeological sites, châteaux and manor houses. Fishing and hiking on site. Swimming pool, bikes 3 km. Riding 5 km.
☆ How to get there: On the D116 (scenic route) 3 km from Montrichard. A10 motorway, Blois exit.

Patricia BOUSSARD
MANOIR DE LA SALLE
41400 BOURRE
Tél. : 02.54.32.73.54 - Fax : 02.54.32.47.09

Carte 2

★ 3 chambres dont 1 suite avec sanitaires privés. Ouvert toute l'année. Restaurant à Pouillé 5 km. Téléphone dans 3 chambres, TV dans 1 chambre. Parc, tennis privé. Carte bleue acceptée. Prix variable selon la chambre. ★ *Vallée du Cher : rivière, maisons troglodytes, sites archéologiques, châteaux, manoirs... Pêche et randonnées sur place. Piscine, vélos à 3 km. Equitation à 5 km.* ★
Manoir du XIIIe siècle dominant la vallée du Cher. Atmosphère chaleureuse. Les chambres sont fleuries, avec poutres apparentes et cheminée. Les petits déjeuners sont servis près d'un feu de bois. Grand parc à l'anglaise avec arbres centenaires. Roseraie.
★ Accès : Sur la D116 (route touristique) à 3 km de Montrichard. Autoroute A10, sortie Blois.

★ Prix/Price : 400 F 1 Pers - 450/ 700 F 2 Pers

CHAUMONT-SUR-THARONNE
LA FARGE

Pretty 16th century Sologne farmhouse. Tea can be served in the lounge by the the fire. The suite has a kitchenette with facilities for preparing evening meals.
Châteaux of the Loire. Golf. Tennis 5 km. Footpaths. Fishing in local pond. Bike hire 4 km.
☆ How to get there: From Chaumont-sur-Tharonne, take C2 for Vouzon. Drive 4 km, Domaine de la Farge is signposted on the right-hand side. Michelin map 64, fold 9.

M. de GRANGENEUVE-LANSIER
LA FARGE
CHAUMONT SUR THARONNE
41600 LA MOTTE BEUVRON
Tél. : 02.54.88.52.06 ou 02.54.88.50.22 -
Fax : 02.54.88.97.30

Carte 2

★ 1 ch., 1 suite de 2 ch. avec bains, douche et wc privés pour chacune et 1 studio/chambre avec salle de bains, wc privés, living, cheminée, TV, cuisine. TV sur demande. Ouvert toute l'année. Restaurants à roximité. Piscine et équitation sur place. Parc de 35 ha. Réductions pour séjours. ★ *Châteaux de la Loire. Golf. Tennis à 5 km. Sentiers pédestres. Pêche en étang communal. Location de vélos à 4 km.* ★
Jolie ferme solognote du XVIe siècle. Possibilité de prendre le thé dans le salon avec cheminée. La suite dispose d'une kitchenette où un repas du soir pourra être cuisiné.
★ Accès : De Chaumont-sur-Tharonne, prendre C2, dir. Vouzon. Faire 4 km, le domaine de la Farge est fléché à droite. CM 64, pli 9.

★ Prix/Price : 350/ 450 F 2 Pers - 450/ 500 F 3 Pers - 60 F P. sup

CHEVERNY
LE CLOS-BIGOT

Colette et Roland BRAVO-MERET
LE CLOS BIGOT
ROUTE LE BUCHET
41700 CHEVERNY
Tél. : 02.54.44.21.28 ou 02.54.79.26.38

Carte 2

On the edge of the Cheverny forest, this half-timbered 18th century Sologne press house will win you over by the charm of its decor and peacefulness. Enjoy art exhibitions on the premises during your stay. Architecture enthusiast Roland Bravo will be happy to advise you on visits to the châteaux. Châteaux of the Loire. Vineyards. Sologne forests and 18-hole golf course 5 min.
☆ How to get there: 17 km south of Blois. D765. In Cheverny, take the Buchet road.

★ 1 suite de 2 ch. avec sanitaires privés et coin-lecture. Copieux petits déjeuners. Ouvert toute l'année, l'hiver sur résa. Jardin fleuri d'1 ha. Piscine sur place. Nombreux restaurants à prox. Réduct. pour séjour. ★ *Châteaux de la Loire. Vignobles. Forêts de Sologne et golf 18 trous à 5 mn.* ★

En bordure de la forêt de Cheverny, cet ancien pressoir solognot du XVIIIe à colombages, vous séduira par le charme de sa décoration. Des expositions de peintures et dessins vous seront proposées lors de votre séjour. Passionné d'architecture, Roland Bravo vous conseillera sur les visites des châteaux.

★ Accès : A 17 km au sud de Blois. D765. Dans Cheverny prendre la route du Buchet.

☆ Prix/Price : 300 F 1 Pers - 340/ 380 F 2 Pers

CONTRES
LA RABOUILLERE

296

Martine THIMONNIER
LA RABOUILLERE
CHEMIN DE MARCON
41700 CONTRES
Tél. : 02.54.79.05.14 - Fax : 02.54.79.59.39

Carte 2

In the heart of the Châteaux of the Loire region, 6 km from Cheverny, this attractive Sologne residence combines half-timbering and old tiling in a pretty setting, brimming with flowers. Quiet surroundings and comfortable rooms. Châteaux of the Loire. Walks and golf course.
☆ How to get there: 19 km south of Blois on the D765, then at Cheverny, head for Contres on the D102. After 6 km, follow « Chambre d'Hôtes » signs. Michelin map 64, fold 17.

★ 4 ch. doubles, 1 suite 2/3 pers. et dans une petite maison annexe, 1 suite de 2 ch. avec salon, cheminée et cuisine équipée, toutes avec salle de bains et wc, TV sur demande. Ouvert toute l'année. Copieux petit déjeuner. Restaurants à 3 et 6 km. Parc de 7 ha. Point-phone. 800 F/4 pers. ★ *Châteaux de la Loire, promenades pédestres, golf.* ★

Au cœur des Châteaux de la Loire, à 6 km de Cheverny, vous serez accueillis dans cette jolie demeure solognote où s'allient colombages et vieilles tuiles, dans un cadre particulièrement bien fleuri. Le site est calme et les chambres confortables.

★ Accès : A 19 km au sud de Blois par la D 765, puis à Cheverny, prendre la D 102 dir. Contres, faire 6 km et suivre le fléchage « Chambres d'hôtes ». CM 64, pli 17.

☆ Prix/Price : 300 F 1 Pers - 360/ 550 F 2 Pers - 650 F 3 Pers

COUR-CHEVERNY
LE BEGUINAGE

Mme DELOISON
LE BEGUINAGE
41700 COUR-CHEVERNY
Tél. : 02.54.79.29.92 - Fax : 02.54.79.94.59

Carte 2

This handsome residence with character, close to the Château de Cheverny, is set in an extensive landscaped garden, by a river where fishing is permitted. Six comfortable bedrooms await your arrival. An ideal staging post for getting to know the Sologne and its abundant lakes, and visit the magnificent Loire valley.
Sologne and lakes. Chambord national park. Châteaux of the Loire valley: Cheverny, Beauregard, Blois, Chaumont-sur-Loire. Seasonal theatre, music and arts events.
☆ *How to get there: 15 km from Blois on the D765. Michelin map 64, fold 17.*

★ 6 chambres avec sanitaires privés. Ouvert toute l'année. Salon avec cheminée. Table d'hôtes (vins compris). Grand jardin paysager et parking privé. Rivière en limite du jardin avec possibilité de pêche.
★ *La Sologne et ses étangs. Parc National de Chambord. Châteaux du Val de Loire : Cheverny, Beauregard, Blois, Chaumont-sur-Loire. Spectacles culturels et musicaux en saison.* ★

A proximité du château de Cheverny, belle demeure de caractère entourée d'un grand jardin paysager et bordée par une rivière avec possibilité de pêche. 6 chambres chaleureuses vous sont réservées. Etape idéale pour découvrir la Sologne et ses étangs et visiter cette magnifique région du Val de Loire.

★ Accès : A 15 km de Blois, par la D765. CM 64, pli 17.

★ Prix/Price : 270/ 300 F 1 Pers - 290/ 360 F 2 Pers - 360/ 410 F 3 Pers - 80 F P. sup - 100 F Repas

DANZE
LA BORDE

Michel KAMETTE
LA BORDE
41160 DANZE
Tél. : 02.54.80.68.42

Carte 2

La Borde is a pretty manor house, rebuilt during the 19th century and set in the heart of 25 acres of parkland. The bedrooms are all decorated and furnished in a different style. Guests have the use of a large lounge with fireplace and television.
Town of Vendôme (art and history). Loir valley: Romanesque frescoes, troglodyte dwellings. The past of Ronsard, Balzac and Rochambeau. Tennis, riding, microlite aviation, swimming pools and golf course.
☆ *How to get there: 15 km north of Vendôme on the D36 to Danzé, then D24 for Ville aux Clercs. Michelin map 64, fold 6.*

★ 3 chambres et 2 suites, toutes avec sanitaires privés. Ouvert toute l'année. Petit déjeuner avec pains variés, brioche, céréales... Carte American Express acceptée. Pêche, ping-pong, piscine couverte. Tarif dégressif à partir de la 2e nuit. 430/480 F pour 4 pers.
★ *Vendôme, ville d'art et d'histoire. Vallée du Loir : fresques romanes, troglodytes, souvenirs de Ronsard, Balzac, Rochambeau... Tennis, équitation, ULM, piscines, golf.* ★

Le joli manoir de la Borde, rebâti au XIXe siècle est au milieu d'un parc de 10 ha. Toutes les chambres ont une décoration et un mobilier différents. Un grand salon avec cheminée et TV est réservé aux hôtes.

★ Accès : A 15 km au nord de Vendôme par D.36 jusqu'à Danzé puis D.24 vers la Ville aux Clercs. CM 64, pli 6.

★ Prix/Price : 190/ 250 F 1 Pers - 240/ 300 F 2 Pers - 390/ 440 F 3 Pers - 60 F P. sup

FEINGS
LE PETIT-BOIS-MARTIN

299

Denise et Régis PAPINEAU
LE PETIT BOIS MARTIN
41120 FEINGS
Tél. : 02.54.20.27.31 - Fax : 02.54.33.20.98

Carte 2

Denise and Régis provide a warm welcome at their handsome 18th century residence, set in grounds with hundred year-old trees. Lake with fishing on the property. You will enjoy the copious breakfasts with homemade jams served by the fire. A quiet, restful stay is guaranteed.
Tennis 3 km. Swimming pool, golf course 7 km. Bathing 10 km. Riding, sailing, canoeing 15 km. Loire valley: châteaux, abbeys, museums. Arts events in the summer months (concerts, etc.).
☆ *How to get there: At Blois, head for Châteauroux. Drive through Cormeray village. Turn right for Fougères-sur-Bièvre.*

★ 2 suites 4 pers. et 1 chambre 2 pers. avec sanitaires privés. TV dans chaque chambre. Salle de jeux et coin-cuisine à disposition. Ouvert toute l'année. Copieux petits déjeuners à base de confitures maison. Parc, étang et pêche sur place. Restaurants à 5 km. ★ *Tennis 3 km. Piscine, golf 7 km. Baignade 10 km. Equitation, voile, canoë 15 km. Blois 10 km. Val de Loire : châteaux, abbayes, musées. Animations culturelles en été (concerts...).* ★

Denise et Régis vous accueillent chaleureusement dans leur belle demeure du XVIIIe entourée d'un parc aux arbres séculaires. Etang avec pêche sur la propriété. Vous apprécierez les copieux petits déjeuners avec confitures maison servis auprès de la cheminée. Calme et repos assurés.

★ Accès : A Blois, prendre dir. Châteauroux. Traverser le village de Cormeray. Prendre à droite dir. Fougères-sur-Bièvre.

★ Prix/Price : 250 F 1 Pers - 260/ 300 F 2 Pers - 300/ 400 F 3 Pers

Loir et Cher

MER

300

Claude et Joëlle MORMICHE
LE CLOS
9 RUE DUTEMS
41500 MER
Tél. : 02.54.81.17.36 - Fax : 02.54.81.70.19

Carte 2

This superb 16th century family house, on the Chambord border, exudes considerable charm with the decoration, furnishings and comfort of its bedrooms. Art lovers Claude and Joëlle arrange exhibitions for your enjoyment during your stay.
Hiking, swimming pool, tennis court in the village. Chambord 7 km. Bathing, canoeing 5 km. Riding, golf course 12 km. Sailing 15 km. Cycling, fishing locally.
☆ *How to get there: RN152 between Blois and Beaugency. Follow signs for town centre and bed and breakfast accommodation (Chambres d'hôtes). Rue Dutems is partly pedestrian.*

★ 5 chambres avec sanitaires privés. Ouvert toute l'année. Restaurants à Mer. Jardin, parking. Location de vélos. Jeux de boules. Cartes bancaires acceptées. 400/550 F pour 4 pers. ★ *Randonnées, piscine, tennis dans la commune. Chambord 7 km. Baignade, canoë 5 km. Equitation, golf 12 km. Voile 15 km. Vélo, pêche sur place.* ★

Aux portes de Chambord, cette superbe maison bourgeoise du XVIe siècle vous séduira par le charme de sa décoration, son mobilier et le confort de ses chambres. Passionnés de peinture, Claude et Joëlle organisent des expositions que vous pourrez admirer durant votre séjour.

★ Accès : RN152 entre Blois et Beaugency. Suivre centre ville et fléchage chambre d'hôtes. La rue Dutems est une rue semi-piétonnière.

★ Prix/Price : 250 F 1 Pers - 280/ 350 F 2 Pers - 340/ 500 F 3 Pers - 80 F P. sup

Loir et Cher

MONT-PRES-CHAMBORD
MANOIR-DE-CLENORD

Christiane RENAULD
MANOIR DE CLENORD
ROUTE DE CLENORD
41250 MONT PRES CHAMBORD
Tél. : 02.54.70.41.62 - Fax : 02.54.70.33.99

Carte 2

Eighteenth century Manoir de Clénord, set on a wooded property in the very heart of the Loire valley, is very enticing and charming. The bedrooms are quite spacious and tastefully decorated. Telephone available in rooms on request. Châteaux of the Loire (Chambord, Blois, Cheverny, Amboise, etc.). Son et lumière displays. 18-hole golf course at Cheverny. Sologne region (hunting, fishing, gourmet restaurants).

☆ *How to get there:* At Blois, head for Cheverny and Romorantin. Then after 10 km, at « Clénord », turn left for Mont-près-Chambord, and drive 200 m to the estate. Michelin map 64, fold 7.

★ 3 chambres et 2 suites (390 à 1100 F pour 2/4 pers.), toutes avec bains et wc privés. Ouvert toute l'année. Table d'hôtes sur réservation. Restaurants à proximité. Carte bleue acceptée. Piscine, tennis, vélos, rivière sur place. ★ *Châteaux de la Loire (Chambord, Blois, Cheverny, Amboise...). Sons et lumières. Golf de Cheverny (18 trous). La Sologne (chasse, pêche, restaurants gastronomiques).* ★

Au cœur de la vallée de la Loire, le Manoir de Clénord, situé dans une propriété boisée, vous invite à partager le charme d'une vieille demeure du XVIIIe siècle. Les chambres sont spacieuses et décorées avec goût (téléphone sur demande).

★ Accès : A Blois, route dir. Cheverny, Romorantin, puis à 10 km, au lieu dit Clénord, à gauche dir. Mont-près-Chambord. Le domaine est à 200 m. CM 64, pli 7.

☆ Prix/Price : 390 F 1 Pers - 390/1100 F 2 Pers - 840/ 940 F 3 Pers - 140/ 190 F Repas

Loir et Cher

MUIDES-SUR-LOIRE
CHATEAU-DES-COLLIERS

Christian et M.France DE GELIS
CHATEAU DES COLLIERS
41500 MUIDES-SUR-LOIRE
Tél. : 02.54.87.50.75 - Fax : 02.54.87.03.64

Carte 2

This 18th century château boasts five guest rooms overlooking the Loire. Each room is appointed with a different style of period furniture and named accordingly. In the evening you may choose to dine in the dining room, painted with frescoes of the period (booking required).
Châteaux of the Loire, wine cellars. Tennis 800 m. 18-hole golf course 12 km.

☆ *How to get there:* From Orléans, exit at Muides-sur-Loire, or before Muides if coming from Blois, on D951. Michelin map 64, fold 8.

★ 5 chambres toutes avec bains, wc privés. 4 disposent d'une cheminée. Ouvert toute l'année. Table d'hôtes sur réservation : volailles, saumon, mousse au chocolat. Restaurants moins d'un kilomètre. L'été, pêche et piscine sur place. ★ *Châteaux de la Loire, caves viticoles. Tennis à 800 m, golf 18 trous à 12 km.* ★

Dans ce château du XVIIIe siècle, 5 chambres, toutes avec vue sur la Loire. Chacune est meublée avec du mobilier ancien et porte un nom qui correspond à la caractéristique de la chambre. Le soir, vous pourrez dîner à la table d'hôtes dans une salle à manger peinte de fresques d'époque.

★ Accès : A la Sortie de Muides-sur-Loire en venant d'Orléans, ou avant Muides en venant de Blois, sur la D 951. CM 64, pli 8.

☆ Prix/Price : 500 F 1 Pers - 550/ 700 F 2 Pers - 800/ 850 F 3 Pers - 250 F Repas

ONZAIN

303

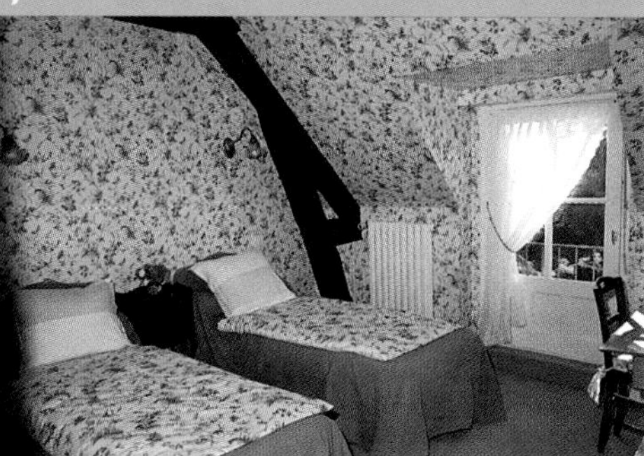

Attractive 19th century house full of character, set in a large garden. The rooms are comfortable and decorated with fabric hangings. A small lounge is used as a reception area and for playing bridge. The main room features a log fire. Guests can relax in the shade of the trees in the beautifully kept garden.
Châteaux of the Loire, vineyards. 9-hole golf course 7 km and 18-hole golf course 30 km.
☆ *How to get there:* From Blois or Amboise, take the N152. From Onzain, D58. Monteaux road. Michelin map 64, fold 16.

Martine LANGLAIS
46, RUE DE MEUVES
41150 ONZAIN
Tél. : 02.54.20.78.82 ou 06.07.69.74.78 -
Fax : 02.54.20.78.82

Carte 2

★ 5 chambres, 2 avec bains et wc privés, 3 avec douches et wc privés. Ouvert du 1er mars au 31 décembre. Petit déjeuner copieux. Restaurants de 3 à 12 km. Téléphone et fax à la disposition des hôtes. Pêche et rivière au fond de la propriété. ★ *Châteaux de la Loire, vignobles. Golf 9 trous à 7 km et golf 18 trous à 30 km.* ★
Belle maison de caractère du XIXe siècle, dans un grand jardin. Les chambres sont confortables et tendues de tissu. Un petit salon est prévu pour l'accueil et les bridgeurs, et dans la pièce principale vous pourrez vous réchauffer autour d'un bon feu de bois. Un très joli jardin vous permettra de vous reposer sous les ombrages.
★ Accès : De Blois ou d'Amboise, N152. D'Onzain, D58, route de Monteaux. CM 64, pli 16.

☆ Prix/Price : 300 F 1 Pers - 340 F 2 Pers

SAINT-AIGNAN-SUR-CHER

304

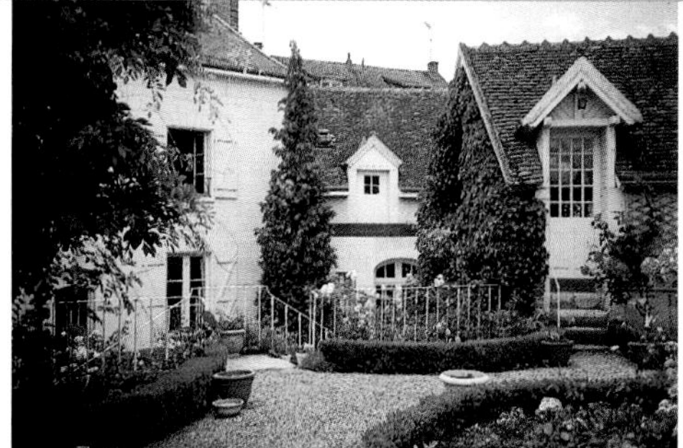

This elegant early 19th century white stone family mansion covered with flowers offers a panoramic view of the château. The residence is set amid a pretty French-style garden. The bedrooms are attractively decorated with a fine selection of period furniture.
In the heart of château country, medieval city on the banks of the Cher. River cruises. Shows at Cheverny, Chambord, Blois. Bathing, swimming pool, fishing, tennis, sailing, canoeing, hiking circuits on site.
☆ *How to get there:* 35 km south of Blois, in town centre.

Geneviève BESSON
66, RUE MAURICE BERTEAUX
41110 SAINT-AIGNAN SUR CHER
Tél. : 02.54.75.24.35

Carte 2

★ 2 chambres et 1 suite, toutes avec sanitaires privés. Ouvert toute l'année. Petit déjeuner très copieux avec confitures maison, fruits de saison, œufs... Nombreux restaurants à proximité. Bibliothèque, téléphone et TV à disposition. ★ *Au cœur des châteaux, cité médiévale au bord du Cher. Croisières fluviales. Spectacles à Cheverny, Chambord, Blois. Baignade, piscine, pêche, tennis, voile, canoë et sentiers.* ★
Grande demeure bourgeoise en pierres blanches du début du XIXe siècle, couverte de fleurs avec une vue panoramique sur le château. Elle est entourée d'un beau jardin à la Française. Les chambres sont joliment décorées avec un mobilier ancien de style.
★ Accès : Au sud de Blois, à 35 km en centre ville.

☆ Prix/Price : 230 F 1 Pers - 260/ 310 F 2 Pers - 340 F 3 Pers - 80 F P. sup

SAINT-DENIS-SUR-LOIRE
MACE

305

Carte 2

M. CABIN-SAINT-MARCEL
LA VILLA MEDICIS
MACE
41000 SAINT-DENIS-SUR-LOIRE
Tél. : 02.54.74.46.38 - Fax : 02.54.78.20.27

The Villa Médicis, next to Blois, owes its name to Queen Marie de Médicis who would come here with her court for the spa waters in the grounds. This grand residence is the ideal place to enjoy the peace and quiet of the Loire valley. Breakfast is served in the park in the summer months. Châteaux of the Loire. Historical sightseeing tours. Son et lumière displays at Blois and Chambord. In the vicinity: tennis, horse-riding, golf, ornamental lake. Hiking and cycling. Bike hire.
☆ How to get there: From Blois, head for Orléans on the RN152 (motorway A10, Blois exit).

★ 6 chambres avec bains ou douche et wc privés. Ouvert toute l'année (l'hiver sur réservation). Nombreux restaurants à Blois et alentours. Table d'hôtes sur réservation. ★ *Châteaux de la Loire. Visites historiques. Son et lumière (Blois et Chambord). A proximité : tennis, équitation, golf, plan d'eau aménagé. Rand. pédestres ou cyclo. Loc. de vélos.* ★

A la porte de Blois, la Villa Médicis doit son nom à la reine Marie-de-Médicis qui venait avec sa cour prendre ses eaux aux sources du parc. Cette grande demeure saura vous faire apprécier le calme et la douceur du Val de Loire. Petits déjeuners servis dans le parc l'été.

★ Accès : A partir de Blois, direction Orléans par RN152 (autoroute A10, sortie Blois).

☆ Prix/Price : 350 F 1 Pers - 400 F 2 Pers - 450 F 3 Pers - 200 F Repas

SAINT-GEORGES-SUR-CHER
LA CHAISE

306

Carte 2

Danièle DURET-THERIZOLS
LA CHAISE
8 RUE DU PRIEURE
41400 SAINT-GEORGES-SUR-CHER
Tél. : 02.54.32.59.77 - Fax : 02.54.32.59.77

La Chaise is a 16th century priory with a 12th century chapel and wooded park, close to the châteaux of the Loire. Peace and quiet are guaranteed on this winegrowing estate, where connoisseurs will enjoy discovering the wine produced and bottled on the property. An ideal spot for exploring this delightful region.
Châteaux: Chenonceaux, Montpoupon 5 km, Amboise 15 km, Chaumont 20 km. Fishing 2 km. Horse-riding 3 km.
☆ How to get there: On the N76, St-Georges-sur-Cher, between Bourré and Montrichard. In the village, head for La Chaise. In the centre: 8, Rue du Prieuré.

★ 1 chambre avec sanitaires privés et 1 suite de 3 ch. avec sanitaires communs aux 3 ch. Petit déjeuner : pain frais, viennoiseries, confitures maison, fruits de saison... Billard. Parc. Bicyclettes. Dégustation de vins sur place. Restaurants à Montrichard ou Chenonceaux (5 km). ★ *Châteaux : Chenonceaux, Montpoupon (5 km), Amboise (15 km), Chaumont (20 km). Pêche 2 km. Equitation 3 km.* ★

A proximité des chateaux de la Loire, le prieuré de La Chaise (XVIe siècle) avec sa chapelle du XIIe siècle et son parc arboré, vous offre calme et tranquillité. Situé sur un authentique domaine viticole, les amateurs pourront découvrir et déguster les vins de la propriété. Une étape idéale pour découvrir cette belle région.

★ Accès : Sur N76, St-Georges-sur-Cher, est situé entre Bourré et Montrichard. Au centre du bourg, prendre direction La Chaise. Dans le centre : 8 rue du Prieuré.

☆ Prix/Price : 300 F 1 Pers - 380 F 2 Pers - 620 F 3 Pers

SUEVRES
LE MOULIN-DE-CHOISEAUX

307

M-Françoise et André SEGUIN
LE MOULIN DE CHOISEAUX
41500 SUEVRES
Tél. : 02.54.87.85.01 - *Fax* : 02.54.87.86.44

Carte 2

This delightful 18th century residence, originally a water-mill, is set in gardens and parkland. Elegant setting and period furniture. Spacious, comfortable bedrooms. You will appreciate the warm welcome provided by the owners, and the copious breakfasts. An ideal staging post in the heart of the Loire valley.
Châteaux of the Loire valley. Close to Chambord National Park 10 km: cultural events during the summer months (son & lumière shows, classical music concerts, etc.). Blois 12 km.
☆ *How to get there: A10, Mer exit, then right for Diziers. 3 km after Mer.*

★ 4 chambres et 1 suite avec sanitaires privés. Ouvert toute l'année. Petit déjeuner à base de produits du terroir. Jardin, parc d'1,2 ha. Cours d'eau et pièces d'eau. Vélos. Piscine privée sur place. Restaurants à 1 km. ★ *Châteaux du Val de Loire. Proximité du Parc National de Chambord (10 km) : spectacles culturels estivals (Son et Lumière, musique classique...). Blois 12 km.* ★

Cette ravissante demeure est un ancien moulin à eau du XVIIIe siècle avec jardin et parc. Cadre raffiné et beau mobilier ancien. Chambres vastes et confortablement aménagées. Vous apprécierez l'accueil chaleureux des maîtres des lieux et les petits déjeuners servis généreusement. Etape idéale au cœur du Val de Loire.

★ Accès : A10 sortie Mer, puis prendre à droite, direction Diziers, 3 km après Mer.

★ Prix/Price : 250 F 1 Pers - 280/ 420 F 2 Pers - 400/ 520 F 3 Pers - 100 F P. sup

Loir et Cher

VILLENY
CHATEAU-DE-LA-GIRAUDIERE

308

Anne ORSINI
CHATEAU DE LA GIRAUDIERE
41220 VILLENY
Tél. : 02.54.83.72.38 ou 02.54.78.55.50

Carte 2

The beautiful region of Loire valley châteaux, in the heart of Sologne, is the setting for this pretty 17th and 18th century château. Built in Sologne brick, the property nestles in grounds ablaze with flowers. A quiet and restful stay awaits you in comfortable, elegantly decorated bedrooms.
Forest of Sologne. Hiking and riding. Mountain bikes. Golf course. Swimming pool.
☆ *How to get there: On the D925 between La Ferté-Saint-Cyr and La Marolle-en-Sologne.*

★ Au 1er étage : 2 chambres avec chacune bains et wc privés et 1 chambre avec salle de bains privée. Au 2e étage : 2 chambres avec salle de bains privée. Ouvert du 01/3 au 11/11. Collation sur demande ou restaurants à proximité. Tennis sur place. ★ *Forêts de Sologne. Randonnées pédestres et équestres. VTT, golf, piscine.* ★

Dans cette belle région des châteaux du Val de Loire, au cœur de la Sologne, ce joli château des XVIIe et XVIIIe siècles en briques de Sologne est situé au milieu d'un magnifique parc très fleuri. Séjour calme et reposant dans des chambres confortables et décorées avec élégance.

★ Accès : Sur la D925 entre la Ferté-Saint-Cyr et la Marolle en Sologne.

★ Prix/Price : 300/ 360 F 1 Pers - 300/ 360 F 2 Pers

LA PACAUDIERE
DOMAINE-DU-GROS-BUISSON

309

Michel LE GROS
DOMAINE DU GROS BUISSON
42310 LA PACAUDIERE
Tél. : 04.77.64.10.29 - Fax : 04.77.64.10.29

CV

Carte 4

★ 4 chambres avec TV, téléphone et sanitaires privés. Ouvert toute l'année. Petit déjeuner copieux : confitures maison, œufs frais... Table d'hôtes : cuisine du terroir (terrine de poissons...). Jardin, piscine privée. Propriété agricole de 140 ha. avec 7 étangs. Pêche sur place (gîte de pêche). ★ *Abbayes, villages médiévaux, musées, concerts, caves, gastronomie (restaurant Trois Gros). Forêts. Tennis 800 m. Equitation 10 km. Golf 12 km.* ★

En vous accueillant au Gros Buisson, au milieu des prairies et des étangs. Michel saura vous recevoir et aura à cœur de vous faire découvrir les richesses naturelles et culturelles de sa région. Vous apprécierez le calme et la tranquillité de sa demeure, les chambres confortables et le charme d'une flambée dans la cheminée dans un décor rustique.

★ Accès : RN7. A La Pacaudière, suivre fléchage « Chambres d'Hôtes ». Vichy 50 km. CM 73, pli 7.

Domaine du Gros Buisson is set amid meadows and lakes. Your host Michel provides a hospitable welcome and will be happy to help you explore the region's natural and cultural treasures. You will enjoy the peace and quiet which his residence exudes, the comfortable bedrooms and the charm of a real fire in a rustic setting.
Abbeys, medieval villages, museums, concerts, wine cellars, gastronomy (Trois Gros restaurant). Forests. Tennis 800 m. Horse-riding 10 km. Golf course 12 km.
☆ How to get there: RN7. At La Pacaudière, follow « Chambre d'Hôtes » (B&B) signs. Vichy 50 km. Michelin map 73, fold 7.

★ Prix/Price : 260 F 1 Pers - 280 F 2 Pers - 310 F 3 Pers - 75 F Repas

SAINT-MEDARD-EN-FOREZ

310

Jean et Michèle GOUILLON
PLACE DE L'EGLISE
42330 SAINT-MEDARD EN FOREZ
Tél. : 04.77.94.04.44

Carte 4

★ 5 chambres avec sanitaires privés. Ouvert toute l'année. Table d'hôtes : spécialités foreziennes et produits du terroir. Restaurant à 6 km. ★ *Pêche, plan d'eau, équitation, VTT, randonnées à proximité.* ★

Agréable maison du XVIIIe, entièrement restaurée, située au cœur d'un charmant village fleuri. Michèle et Jean vous accueilleront avec gentillesse dans de belles chambres confortables et calmes. Ils vous serviront un agréable petit déjeuner et pourront vous faire déguster les spécialités du Forez à la table d'hôtes.

★ Accès : Nord : A72 sortie Montrond-les-Bains, à 12 km par D6, dir. Saint-Galmier. Sud : A72 sortie Andrezieux-Bouthéon dir. Saint-Galmier. CM 73, pli 18.

Attractive 18th century house, now fully restored, set in the heart of a charming flower-filled village. Michèle and Jean guarantee a warm welcome, and provide handsome, comfortable, quiet bedrooms. Enjoy the breakfasts and savour Forez specialities at the table d'hôtes. An ideal spot for a romantic weekend or family holiday.
Fishing, lakes and riding. Mountain bikes. Walks in the surrounding countryside.
☆ How to get there: North: A72, Montrond-les-Bains exit, 12 km on D6 for Saint-Galmier. South: A72 Andrézieux-Bouthéon exit for Saint Galmier. Michelin map 73, fold 18.

★ Prix/Price : 200 F 1 Pers - 240 F 2 Pers - 90 F P. sup - 75 F Repas

SAINT-PIERRE-LA-NOAILLE
DOMAINE-CHATEAU-DE-MARCHANGY

M-Colette et Patrick RUFENER
DOMAINE CHATEAU DE MARCHANGY
42190 SAINT-PIERRE-LA-NOAILLE
Tél. : 04.77.69.96.76 - Fax : 04.77.60.70.37

Carte 4

This splendid 18th century property in the heart of the « Romanesque Brionnais » area is a haven of peace and tranquillity, offering a superb view of the Loire. The tastefully appointed bedrooms are comfortable and boast regional-style furniture. An ideal destination for gourmets and nature lovers. Warm welcome assured.
Brionnais: Romanesque churches. Charlieu, medieval town 4.5 km. Saint-Christophe-en-Brionnais and famous cattle market 24 km. Trois Gros restaurant 15 km. Loire and water sports 4 km. Posted hiking trails.
☆ *How to get there: From Roanne, head for Autun on the D482. From Charlieu, head for Fleury-la-Montagne. From Digoin, head for Roanne along the D982.*

★ 2 ch. et 1 suite, avec tél., TV, mini-bar, bains et wc privés. Ouvert toute l'année. Copieux petit déjeuner : viennoiseries, brioche aux pralines, œufs... Brunch (+ 30 F). Table d'hôtes : pièce de Charolais, légumes du jardin, terrine... Vélos, piscine, p-pong et baby-foot sur place. Parc. ★ *Eglises romanes du Brionnais. Charlieu, ville médiévale 4,5 km. St-Christophe-en-Brionnais et son marché aux bestiaux 24 km. Troisgros 15 km. Loire et activités nautiques 4 km. Sentiers balisés.* ★

Au cœur du Brionnais Roman, très belle propriété du XVIIIe siècle, bénéficiant d'un calme absolu et d'une vue magnifique sur la Loire. Les chambres sont très confortables et meublées avec goût. Accueil très chaleureux. Une adresse qui ravira les amateurs de nature, de marche et de gastronomie.

★ Accès : De Roanne, prendre dir. Autun par D482. De Charlieu, prendre dir. Fleury-la-Montagne. De Digoin, prendre dir. Roanne par la D982.

★ Prix/Price : 430/ 530 F 1 Pers - 480/ 580 F 2 Pers - 130 F P. sup - 70/ 150 F Repas

CRAPONNE-SUR-ARZON
PAULAGNAC

Eliane et François CHAMPEL
PAULAGNAC
43500 CRAPONNE SUR ARZON
Tél. : 04.71.03.26.37 - Fax : 04.71.03.26.37

Carte 5

Eliane and François Champel are your hosts at this attractive stone house, set in a vast flower-filled, tree-lined garden (4,000 m²). Five spacious, tastefully decorated bedrooms await your arrival.
Livradois-Forez regional nature park. Prestigious La Chaise-Dieu music festival. Abbey (tapestries). Forests. Lava flow.
☆ *How to get there: At Puy-en-Velay, take N102 for Clermont-Ferrand, then D906 to Bellevue-la-Montagne. D1, Paulagnac is 3 km after Craponne (1st house as you enter village), for Saint-Etienne. Michelin map 76, fold 7.*

★ 5 chambres avec sanitaires privés. Petit déjeuner : jus de fruits, croissants, brioches, confitures maison... Restaurants à Craponne-sur-Arzon ou Pontempeyrat (3 km). Tarifs dégressifs à partir de 3 nuits. ★ *Parc Naturel Régional du Livradois-Forez. Prestigieux festival de musique de la Chaise-Dieu. Abbaye (tapisseries). Forêts. Coulée de lave.* ★

Eliane et François Champel vous recoivent dans leur belle maison en pierre. Elle est entourée d'un vaste jardin fleuri et arboré de 4000 m². 5 chambres spacieuses et aménagées avec goût, vous attendent.

★ Accès : Au Puy-en-Velay N102 dir. Clermont-Ferrand puis D906 jusqu'à Bellevue-la-Montagne. Puis D1, Paulagnac est à 3 km après Craponne (1re maison en arrivant), en dir. de St-Etienne. CM 76, pli 7.

★ Prix/Price : 245 F 1 Pers - 295 F 2 Pers

Michèle et Louis MEJEAN
43500 JULLIANGES
Tél. : 04.71.03.23.35

Carte 5

This 19th century granite-built family mansion lies at the crossroads of Forez, the Auvergne, Velay and Valette. The setting is enchanting and offers 2.5 acres of flower-filled grounds. The comfortable bedrooms are appointed with period furniture and the lounge boasts a stately fireplace.
La Chaise-Dieu (abbey, 16th century tapestries, music festival). Listed churches. Château de Rochelambert. Le Puy-en-Velay.
☆ *How to get there: From Le Puy-en-Velay, take the N102 then the D906 to Chomelix. Turn left onto the D35. Michelin map 76, fold 6.*

★ 2 chambres et 2 suites. Bibliothèque. Petit salon. Cuisine à la disposition des hôtes. Ouvert toute l'année. Restaurants à 5 et 8 km. Traîteur sur place. Parc. Abri voiture. ★ *La Chaise-Dieu (abbaye, tapisseries XVIe, festival de musique). Eglises classées. Château de Rochelambert. Le Puy-en-Velay.* ★
A l'intersection du Forez, de l'Auvergne et du Velay, la Valette, demeure de maître du XIXe siècle, ourlée de granit, vous propose un cadre enchanteur dans un parc fleuri d'1 ha. Les chambres, confortables, sont agrémentées d'un mobilier d'époque et le salon d'une grande cheminée seigneuriale.
★ Accès : Du Puy-en-Velay, N102 puis D906 jusqu'à Chomelix. Prendre la D35 à gauche. CM 76, pli 6.

★ Prix/Price : 280 F 1 Pers - 380 F 2 Pers - 550 F 3 Pers

SAINT-FRONT
LES BASTIDES-DU-MEZENC

Paul et Nadège COFFY
LES BASTIDES DU MEZENC
43550 SAINT-FRONT
Tél. : 04.71.59.51.57 - Fax : 04.71.59.51.57

Carte 5

This typical mountain farm with its pretty, tiled roof is set in a little hamlet on a 136-acre estate. Nadège and Paul Coffy will welcome you as friends of the family. They offer both tourist and sports activities. Hiking and barouche rides in summer and « Nordic adventures » in winter: sleigh rides, skiing trips and snow biking.
International « Nordic complex » (winter sports) at Mezenc. Saint-Front lake. Mountain bikes. Ski hire. Horse-riding centre. Fishing.
☆ *How to get there: From Le Puy, head for Valence. At Les Pandreaux, follow signs to Laussonne, then take the D500 for Fay and follow signs. Michelin map 76, fold 18.*

★ 2 chambres et 2 suites, chacune avec douche et wc privés. Ouvert toute l'année. Petit déjeuner à base de confiture maison, fromage frais et yaourt. Table d'hôtes le soir : produits du jardin. Restaurant à 8 km. Billard français. Promenades en calèche avec percheron et fjords. ★ *Domaine nordique international du Mezenc. Lac de Saint-Front. Locations skis, VTT. Centre équestre. Pêche.* ★
Ferme typique de montagne à toit de lauze, située dans un hameau au milieu d'un domaine de 55 ha. Nadège et Paul Coffy vous y recevront en amis. Ils vous proposeront un séjour touristique et sportif : randonnée pédestre et calèches en été, « aventure nordique » en hiver (chiens de traineau, raquette, moto-neige, raid à ski...).
★ Accès : Le Puy, direction Valence. Aux Pandreaux, direction Laussonne puis D.500 direction Fay et fléchage. CM 76, pli 18.

★ Prix/Price : 240 F 1 Pers - 400 F 2 Pers - 150 F Repas

Loire Atlantique — BOUVRON *MANORY-DE-GAVALAIS* 315

Evelyne HERBURT
MANORY DE GAVALAIS
44130 BOUVRON
Tél. : 02.40.56.22.32 ou SR : 02.51.72.95.65

Carte 2

This small 17th century manor house offers extremely comfortable bedrooms with Louis XV furniture and canopied four-poster beds. One bedroom in the tower and one suite for 5 with lounge and fireplace await your arrival. The « Cathedral » lounge, for guests' use, communicates with the dining room on the ground floor.
Nantes-Brest canal. Blain (Museum of Arts and Traditions, château). Gâvre forest. 18-hole golf course, swimming pool, fishing and restaurants at Savenay 4 km.
☆ *How to get there: Nantes-Vannes motorway (N165), Bouvron exit, 3 km and left for « Gavalais ». From Blain, N171. Drive 7 km, through Bouvron, on the way to Savenay. Then turn right for « Gavalais ».*

★ 2 ch. à l'étage dont 1 dans la tour, chacune avec bains et wc privés. Possibilité lit supplémentaire. Entrée indépendante. Ouvert toute l'année. Petit déjeuner copieux. Jardin clôturé et arboré. Restaurants 4 km. ★ *Canal de Nantes à Brest. Blain (musée des arts et traditions, château). Forêt du Gâvre. Golf 18 trous, piscine, tennis, pêche et restaurants à Savenay (4 km).* ★

Dans ce petit manoir du XVIIe siècle, vous trouverez des chambres de grand confort, meublées Louis XV, avec lits à baldaquin. Salon cathédrale à la disposition des hôtes communiquant avec la salle à manger au rez-de-chaussée.

★ Accès : Voie rapide Nantes/Vannes (N165), sortie Bouvron, sur 3 km, à gauche « Gavalais ». De Blain, N171 traverser Bouvron dir. Savenay sur 7 km, puis à droite « Gavalais ».

☆ Prix/Price : 370/ 500 F 2 Pers - 470 F 3 Pers - 50/ 100 F P. sup

Loire Atlantique — HERBIGNAC *CHATEAU-DE-COETCARET* 316

Cécile de la MONNERAYE
CHATEAU DE COETCARET
44410 HERBIGNAC
Tél. : 02.40.91.41.20 ou SR : 02.51.72.95.65 -
Fax : 02.40.91.37.46

Carte 2

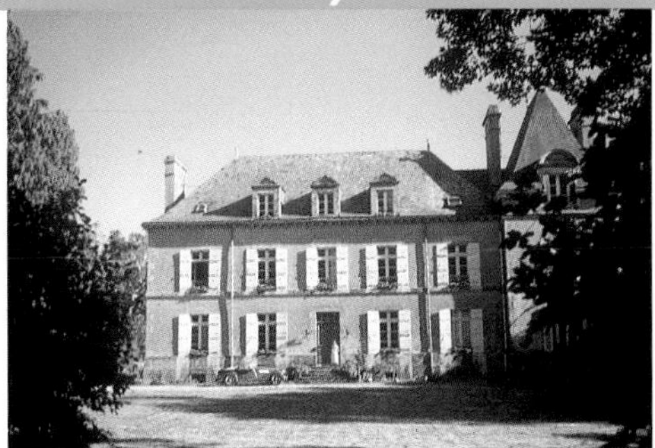

On the edge of Grande Brière, this pretty 19th century château offers 3 quiet and very comfortable bedrooms. The property is set on a vast 500-acre estate amid floral parkland. Enjoy strolls in the grounds and savour Madame de la Monneraye's delicious regional specialities (booking required). Discover Grande Brière regional nature park, with barge trips. Fortified town and Guérande saltmarshes. Gulf of Morbihan. La Baule beach. 2 18-hole golf courses 14 km. Flora and fauna discovery trail on the property.
☆ *How to get there: At Herbignac, take D47 for Saint-Nazaire for 4 km. On right after second signpost. At bottom of driveway.*

★ 3 ch., 1 avec douche et wc privés, 2 avec bains et wc privés (poss. lit enfant). Ouvert toute l'année. Table d'hôtes sur réservation : crêpes fourrées aux fruits de mer, gâteau nantais. Restaurants 6 km. P-pong et forêt sur place. Salon de jardin. Billard français. ★ *Parc naturel régional de Grande Brière, avec promenade en chaland. Ville fortifiée et marais salants de Guérande. Golfe du Morbihan, la Baule. 2 golfs 18 trous 14 km.* ★

Au bord de la Grande Brière, dans ce joli château du XIXe siècle, 3 chambres calmes et confortables vous accueilleront. Situé sur un domaine de 200 ha., vous pourrez flaner en toute quiétude dans le parc fleuri. Vous apprécierez à la table d'hôtes de Mme de La Monneraye les délicieuses spécialités de la région (sur réservation).

★ Accès : A Herbignac prendre la D47 vers Saint-Nazaire. A 4 km sur la droite, au 2e fléchage, au fond de l'allée.

☆ Prix/Price : 450/ 500 F 2 Pers - 600 F 3 Pers - 100 F P. sup - 220 F Repas

LEGE
LA MOZARDIERE

317

Gérard et Christine DESBROSSES
RICHEBONNE
LA MOZARDIERE
44650 LEGE
Tél. : 02.40.04.98.51 ou SR : 02.51.72.95.65 -
Fax : 02.40.26.31.61

Carte 3

★ 2 ch. avec bains et wc privés dont 1 avec 1 ch. attenante. Ouvert toute l'année. Table d'hôtes sur réservation. Atelier-poterie. Bibliothèque et cheminée. Jeux de société. Ping-pong. Parc 1 ha. avec terrasse et salon de jardin, plan d'eau. Restaurant à proximité. Maison non fumeur. ★ *Base de loisirs, étangs, piscine, tennis et pêche à 1 km. Equitation à 7 km. Noirmoutier, Nantes à 39 km. Vignobles et randonnées à proximité.* ★

Confort et charme dans cette demeure du XVIIIe siècle, entièrement restaurée, située aux portes de la Vendée. Christine, artiste peintre a apporté beaucoup de soins à la décoration intérieure. Elle vous accueillera chaleureusement dans ce havre de paix et vous ouvrira avec gentillesse les portes de son atelier poterie.

★ Accès : Au centre ville, devant l'église dir. Touvois. 20 m avant la sortie de la ville, à gauche la petite route « Richebonne ». Aller jusqu'au bout à 300 m.

This fully restored 18th century residence on the Vendée border, exudes comfort and charm. Your hostess Christine is an artist and she has taken great care with the interior decoration. A warm welcome is guaranteed in this haven of peace, where Christine will be happy to open up her pottery workshop for you.

Outdoor sports centre, lakes, swimming pool, tennis and fishing 1 km. Riding 7 km. Noirmoutier, Nantes 39 km. Vineyards and hiking nearby.

☆ How to get there: In town centre, in front of the church, on the way to Touvois. 20 m before the town exit, turn left into « Richebonne » (side street). Drive to the end, 300 m. Michelin map 67, fold 13.

☆ Prix/Price : 250 F 1 Pers - 270 F 2 Pers - 280 F 3 Pers - 80 F P. sup - 95 F Repas

Loire Atlantique

MONNIERES
CHATEAU-PLESSIS-BREZOT

318

Annick et Didier CALONNE
CHATEAU PLESSIS BREZOT
44690 MONNIERES
Tél. : 02.40.54.63.24 - Fax : 02.40.54.66.07

Carte 2

★ 5 chambres avec sanitaires privés. Ouvert toute l'année. Parc, piscine. Production de Muscadet sur la propriété avec visite des caves et dégustation. Possibilité de week-end avec cheval. Restaurants à proximité. ★ *Nombreuses promenades, visites dans le terroir et la région de Clisson (5 km). Pêche 300 m. Tennis, équitation 8 km. Golf 25 km.* ★

Au cœur du vignoble nantais, élégante demeure du XVIIe siècle entourée d'un parc. 5 chambres entièrement rénovées avec mobilier d'époque vous seront réservées. Pour les amateurs, production de Muscadet Sèvre et Maine-sur-Lie sur la propriété avec visite des caves et dégustation. Une étape de charme en toute quiétude.

★ Accès : A Monnières, passer devant la mairie et suivre la D76. Le château est sur la gauche à 800 m environ.

This elegant 17th residence is set in the heart of the Nantais vineyards, in parkland. The five fully restored bedrooms boast period furniture. A wine buffs for winelovers, as Muscadet Sèvre and Maine-sur-Lie are produced on the estate. Tours of cellars and winetasting. A charming setting for a peaceful break.

Wide variety of walks, tours of the Clisson countryside and region 5 km. Fishing 300 m. Tennis, riding 8 km. Golf course 25 km.

☆ How to get there: In Monnières, drive past the town hall (mairie) and head along D76. The château is on the left, approximately 800 m on.

☆ Prix/Price : 460/ 660 F 2 Pers - 100 F P. sup

LE PALLET
LA COUR-DE-LA-GRANGE

319

Mireille CLEMOT
LA COUR DE LA GRANGE
2 RUE DES TEMPLIERS
44330 LE PALLET
Tél. : 02.40.80.46.79

Carte 2

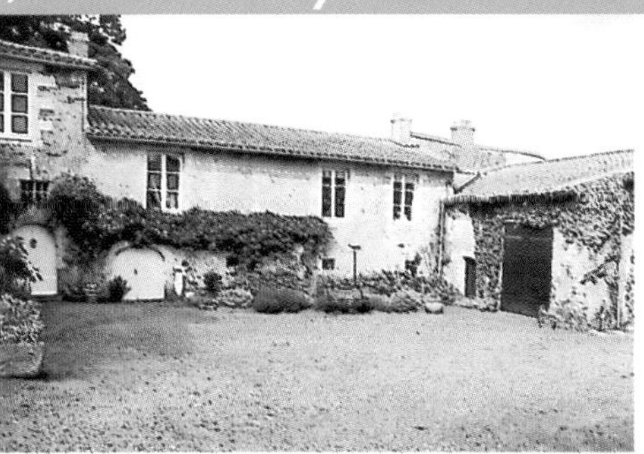

Mireille and Alain guarantee a warm welcome at this former templars' inn. They will be pleased to help you discover this ancient residence, which they have lovingly and tastefully restored. A pleasant park with a river running through it add a romantic touch to this charming setting.
Clisson, Italian-style town 6 km. Tours of the Nantais vineyards. The city of Nantes and its many museums.
☆ *How to get there:* 20 km southeast of Nantes, RN249 Le Pallet exit. Drive through Le Pallet, 2nd road on left after the main church.

★ 2 ch. avec (ou sans) salon privé pour 2 ou 4 pers. avec sanitaires privés. Ouvert toute l'année. Copieux petit déjeuner : viennoiseries, confiture, laitage. TV. Cour, jardin, parc (2 ha.) avec rivière et plan d'eau. Promenades en barque. Restaurants au Pallet et à Clisson 6 km. ★ *Clisson, ville de style italien à 6 km. Circuit touristique du vignoble nantais. Nantes, ville de musées.* ★

Dans cet ancien relais templier, Mireille et Alain vous accueilleront très chaleureusement et vous feront découvrir leur demeure très ancienne qu'ils ont restaurée avec goût et passion. Un agréable parc traversé par une rivière apporte une note romantique à ce cadre plein de charme.

★ Accès : A 20 km au sud-est de Nantes, RN249 sortie Le Pallet. Traverser Le Pallet, 2ᵉ rue à gauche après l'église principale.

★ Prix/Price : 350 F 2 Pers - 450 F 3 Pers - 100 F P. sup

Loire Atlantique

PONT-SAINT-MARTIN
CHATEAU-DU-PLESSIS

320

Josiane BELORDE
CHATEAU DU PLESSIS
44860 PONT SAINT-MARTIN
Tél. : 02.40.26.81.72 ou SR : 02 51 72 95 65 -
Fax : 02.40.32.76.67

Carte 2

Château du Plessis will win you over with its comfortable bedrooms, period furniture, luxuriously appointed bathrooms and exquisite meals. The property provides a superb view of the flower and rose gardens in peace and quiet. Breton pride and the gentle Loire have both shaped the character of this listed building.
Grand Lieu lake with wildlife reserve and promontory with view of the lake. 9th century abbey-church: Saint-Philbert de Grand Lieu. Nantais vineyards. River and fishing 1 km. Tennis 2 km. Riding 4 km.
☆ *How to get there:* From Nantes, head for La Roche-sur-Yon, Viais & Pont-Saint-Martin. From Vannes, head for airport, Saint-Aignan and Pont-Saint-Martin. Follow signs. Michelin map 67, fold 3.

★ 3 chambres, toutes avec sanitaires privés luxueux. Ouvert toute l'année. Table d'hôtes (apéritif et vin compris) : fruits de mer, filet de saumon au beurre blanc... Restaurant à 800 m. Cartes Amex et Visa acceptées. Vélos sur place. Tarifs dégressifs. ★ *Lac de Gd Lieu (réserve d'animaux et promontoir avec vue). Abbatiale St-Philbert de Gd Lieu (IXe). Vignoble nantais. Pêche 1 km. Tennis 2 km. Equitation 4 km. Mer 30 km.* ★

Le Plessis (classé monument historique) saura vous conquérir par ses chambres confortables aux meubles d'époque, ses salles de bains luxueuses et sa cuisine exquise. Superbe vue sur les jardins et les roseraies. Situé au calme, il tire son caractère de la fière Bretagne et son charme de la douce Loire.

★ Accès : A Nantes dir. La Roche-sur-Yon, Viais et Pont St-Martin. De Vannes dir. aéroport St-Aignan et Pont St-Martin, ensuite fléchage. CM 67, pli 3.

★ Prix/Price : 450/ 550 F 1 Pers - 600/ 800 F 2 Pers - 800/1000 F 3 Pers - 150/ 200 F P. sup - 250/ 350 F Repas - 500/ 550 F 1/2 pension

SAINT-MARS-DU-DESERT
LONGRAIS

321

Dominique MORISSEAU
LONGRAIS
44850 SAINT-MARS-DU-DESERT
Tél. : 02.40.77.48.25 ou 02.40.12.91.91

Carte 2

Just 15 km from Nantes, you will find this handsome 18th century residence full of charm surrounded by a floral, tree-lined garden. The spacious bedrooms exude warmth and are appointed with fine rustic furniture in perfect harmony with the decor.
Hiking 1 km. Water sports 8 km. Golf course 9 km. Nantes (city and museums) 17 km. Walks along the Erdre river (fishing permitted) and the Loire.
☆ How to get there: At Carquefou, head for Chateaubriant (D178). Approximately 2 km on, turn right (D9). Longrais is 4 km on. Turn right (D89), 4th house on the left.

★ 2 ch. avec sanitaires privés : 1 ch. 3 pers. au r.d.c., 1 ch. 2 pers. à l'étage. Ouvert toute l'année. Copieux petits déjeuners. Prise TV, satellite. Barbecue couvert, salon de jardin, parking privé clos. Poss. lit suppl. Conditions pour séjour et hors-saison. Restaurants 4 à 8 km. ★ *Randonnée 1 km. Activités nautiques 8 km. Golf 9 km. Nantes (ville de musées) 17 km. Promenades sur l'Erdre (rivière classée) et sur la Loire.* ★
A 15 km de Nantes, dans le calme de la campagne à 10 mn de la Beaujoire, une demeure de caractère du XVIIIe entourée d'un grand jardin fleuri et arboré. Les chambres qui vous sont réservées sont vastes, chaleureuses et dotées d'un beau mobilier rustique agréablement mis en valeur.
★ Accès : A Carquefou, dir. Chateaubriant (D178). A 2 km environ, tourner à droite (D9). Longrais est à 4 km. Tourner à droite (D89), 4e maison à gauche.

☆ Prix/Price : 200/ 240 F 1 Pers - 240/ 280 F 2 Pers - 350 F 3 Pers - 70 F P. sup

SAINT-MOLF
KERVENEL

322

Jeannine BRASSELET
KERVENEL
44350 SAINT-MOLF
Tél. : 02.40.42.50.38 ou SR : 02.51.72.95.65

Carte 2

The « Kervenel » locality has been inhabited since time immemorial. During the Middle Ages, the land belonged to the Lords of Kervenel en Saint-Molf. The main farm building has been renovated and converted, and is now owned by Jeannine and Yvon Brasselet. Warm welcome in attractive bedrooms, each with its own decor and private entrance. Vast grounds.
Guérande 5 km: medieval city. La Turballe 6 km: fishing port, beach. La Baule 10 km: exhibitions, traditional festivals, theatre, sea water therapy. Brière natural park 12 km, golf, tennis, riding.
☆ How to get there: D252 (Guérande-Mesquer) 5.5 km Kervenel. D33 (Saint-Molf-La Turballe) 3 km, Kervenel on left. Michelin map 63, fold 14.

★ 3 ch. à l'étage avec sanitaires privés. Entrées indépendantes. Ouvert du 1er avril au 30 septembre. Salon avec TV, bibliothèque. Jardin avec salon, parking privé. Vaste parc. Restaurants à Guérande, la Turballe ou la Baule. Lit supplémentaire enfant. ★ *Guérande 5 km, cité médiévale. La Turballe 5 km : port de pêche, plage. La Baule 10 km : expositions, théâtre, thalasso... Parc Naturel de Brière 12 km, golf, tennis, équitation.* ★
Kervenel est habité depuis des temps très anciens. Au moyen âge, les terres appartenaient aux seigneurs de Kervenel en Saint-Molf. Le bâtiment principal du corps de ferme, rénové est aujourd'hui la propriété de Jeannine et Yvon Brasselet. Ils vous reçoivent dans de belles chambres au décor personnalisé avec entrée indépendante.
★ Accès : D252 (Guérande - Mesquer) 5,5 km Kervenel. D33 (Saint-Molf - La Turballe) 3 km à gauche Kervenel. CM 63, pli 14.

☆ Prix/Price : 270 F 1 Pers - 300 F 2 Pers - 380/ 450 F 3 Pers - 80 F P. sup

SUCE-SUR-ERDRE

323

Bernard COURANT
179 RUE DE LA GAMONTRIE
44240 SUCE-SUR-ERDRE
Tél. : 02.40.77.99.61

Carte 2

On the banks of the Erdre, said to be France's most beautiful river, nestled in a bosky bower, you will find La Gamontrie. This pleasant, comfortable, handsome residence boasts ceilings with mouldings and is decorated with charm. In fine weather, enjoy the garden or take a dip in the heated pool. Sports activities and walks. Bathing 2 km. Riding 6 km. Tennis court 7 km. Golf course 12 km. Nantes 20 km.
☆ *How to get there: Between Sucé and Nort-sur-Erdre, D69 for 5 km, then turn right. Drive right down to the riverbank (Erdre) and turn left.*

★ 2 chambres avec sanitaires privés (possibilité de lit suppl.). Ouvert toute l'année. Terrasse avec salon de jardin. Piscine chauffée. Parking privé. ★ *Activités sportives et promenades. Baignade 2 km. Equitation 6 km. Tennis 7 km. Golf 12 km. Nantes 20 km.* ★
Sur le bord de l'Erdre que l'on dit la plus belle rivière de France, vous découvrirez la Gamontrie, nichée dans un écrin de verdure. Agréable et confortable cette belle demeure avec plafonds à moulures est décorée avec charme. Aux beaux jours, vous pourrez profiter du jardin et de la piscine chauffée.
★ Accès : Entre Sucé et Nort-sur-Erdre, D69, à 5 km tourner à droite. Aller jusqu'au bord de l'Erdre et tourner à gauche.

☆ Prix/Price : 255/ 380 F 2 Pers

LA TURBALLE
KER-KAYENNE

324

Colette et Louis POMMEREUIL
744 BOULEVARD DE LAUVERGNAC
KER KAYENNE
44420 LA TURBALLE
Tél. : 02.40.62.84.30 ou SR : 02.51.72.95.65 -
Fax : 02.40.62.83.38

Carte 2

A warm welcome is guaranteed by your hosts Colette and Louis at this handsome stone house full of character, 7 km from Guérande, which boasts an attractive swimming pool. Fishing port, salterns. Brière park. Fortress town of Guérande. La Baule. Gulf of Morbihan. Seawater therapy centre. Sea, beach, sailing, fishing, tennis, bike hire 2 km.
☆ *How to get there: At Guérande, head for La Turballe. After « Clis », head for Piriac on the D333. After the water tower and the « 4 Routes » crossroads, 500 m on right. Michelin map 63, fold 14.*

★ 6 ch. avec entrée indép., salle d'eau et wc privés (4 dans la maison, 2 dans dépendances). Ouvert du 15/3 au 15/11. Restaurants à proximité. Piscine chauffée privée (de mai à sept.). Coin-cuisine. Pelouse, salon de jardin, parking ombragé. Tarifs différents l'hiver. ★ *Port de pêche, marais salants. Parc de Brière. Ville fortifiée de Guérande. La Baule. Golfe du Morbihan. Centre de thalasso. Mer, plage, voile, pêche, tennis, loc. de vélos 2 km.* ★
Colette et Louis vous accueillent dans leur maison de caractère en pierres dotée d'une agréable piscine, située à 7 km de Guérande.
★ Accès : A Guérande, prendre dir. la Turballe. Après « Clis » dir. Piriac par D333. Passer le château d'eau, puis à 500 m à dte, après les 4 Routes. CM 63, pli 14.

☆ Prix/Price : 210 F 1 Pers - 300 F 2 Pers - 400 F 3 Pers - 80 F P. sup

LA TURBALLE
LES ROCHASSES

325

Close to La Turballe, in Southern Britanny, Colette and Michel Elain guarantee you a warm, homely welcome at their large regional-style home. The attractive swimming pool, set in expansive parkland, is a convenient way to relax. An ideal staging post for discovering this beautiful region. Fishing and sailing harbour. Guérande saltmarshes (medieval city). Brière regional park. La Baule. Le Croisic. Sea, beach, sailing, fishing, tennis, bike hire 1 km.
☆ *How to get there:* At Guérande, head for La Turballe. After Clis, head for Piriac along the coast. Boulevard de l'Europe, 3rd crossroads on the right. Rue de Bellevue, « Les Rochasses ». Michelin map 63, fold 14.

Colette ELAIN
LES ROCHASSES
58 RUE DE BELLEVUE
44420 LA TURBALLE
Tél. : 02.40.23.31.29 ou SR : 02.51.72.95.65 -
Fax : 02.40.11.86.49

Carte 2

★ 5 ch. dont 1 en duplex, avec sanitaires privés. Entrées indépendantes. TV pour certaines. Ouvert toute l'année. Piscine, salons de jardin, barbecue, parking, p-pong. Coin-cuisine, réfrigérateur. Restaurants à prox. Taxe de séjour. ★ *Port de pêche et de plaisance. Marais salants de Guérande. Parc Régional de Brière. La Baule, Le Croisic. Mer, plage, voile, pêche, tennis, loc. de vélos 1 km.* ★

A proximité de la Turballe, au sud de la Bretagne, Colette et Michel Elain vous reçoivent simplement et chaleureusement dans leur grande maison d'architecture régionale. Pour vous détendre, une belle piscine située dans un parc de 8500 m². Etape idéale pour découvrir cette belle région (Guérande, La Baule, Le Croisic).

★ Accès : A Guérande, dir. La Turballe. Après Clis, dir. Piriac par la côte, bd de l'Europe, 3e carrefour à droite. Rue de Bellevue « Les Rochasses ». CM 63, pli 14.

★ Prix/Price : 230/ 260 F 1 Pers - 300 F 2 Pers - 390 F 3 Pers - 90 F P. sup

BRIARE
DOMAINE-DE-LA-THIAU

326

On the banks of the Loire, between Gien and Briare, this 18th century, Mansart-style house offers three bedrooms. The accommodation is near the main property, set in 8.5-acre grounds with hundred-year old trees, 300 m from the Loire. Access is by a private driveway. The cosy guest rooms boast period furniture and refined decoration. Terrace amid flowers and birdsong.
Gien 4 km: Earthenware Museum and factory. Hunting Museum, swimming pool, horse-riding, tennis. Briare 4 km: Pont Canal (bridge canal), Enamel Museum, Navy Museum, trips along the canals. Châteaux close by. Fishing on site.
☆ *How to get there:* Between Gien and Briare, on the D952 by the nurseries. Michelin map 65, fold 2.

Bénédicte FRANÇOIS-DUCLUZEAU
DOMAINE DE LA THIAU
45250 BRIARE
Tél. : 02.38.38.20.92 ou 02.38.37.04.17 -
Fax : 02.38.67.40.50

Carte 4

★ 1 suite avec coin-cuisine, bains et wc privés, 3 ch. avec bains et wc privés. Salon (TV, tél. lecture, jeux). L-linge commun. Entrées indépendantes. Cheminée. Ping-pong, jeux enfants. Loc. 2 VTT. Suppl. animal : 20 F/jour. Restaurants à proximité. 10% de réduction à partir de 3 nuits. ★ *Gien 4 km : faïencerie et musée. Musée de la chasse, piscine, équitation, tennis. Briare 4 km : pont canal, musée des émaux, musée des 2 marines, balades nautiques sur les canaux... Châteaux à proximité. Pêche sur place.* ★

Entre Gien et Briare, 3 ch. et 1 suite dans une maison du XVIIIe de style Mansart. Proche des propriétaires, elle est située dans un parc de 3 ha. aux arbres centenaires, à 300 m de la Loire, accessible par une allée privée. Le mobilier ancien et la décoration raffinée donnent toute leur chaleur à ces chambres d'amis. Terrasse parmi les fleurs et le chant des oiseaux.

★ Accès : Entre Gien et Briare, sur la D952 à côté des pépinières. CM 65, pli 2.

★ Prix/Price : 230 F 1 Pers - 250/ 320 F 2 Pers - 320/ 400 F 3 Pers - 70 F P. sup

CHECY

This vast 19th century family mansion with restored outbuildings lies in the heart of the village, overlooking the Orléans canal and the Loire valley. Handsome « Art Deco » lounge adorned with a fireplace. The bedrooms are attractively decorated with period furniture and objects, paintings and pastels. Pretty landscaped garden with south-facing terraces. Cooperage Museum and church in the village. Sully-sur-Loire festival in June. Walks along the banks of the Loire and Orléans canal. Cycle trails. St-Benoît-sur-Loire abbey, Sully and Chamerolles châteaux. canoeing. Mountain bikes. Tennis.
☆ *How to get there:* 10 km from Orléans on N60. Chécy exit.

Annie MEUNIER
14 PLACE JEANNE D'ARC
45430 CHECY
Tél. : 02.38.91.32.02 - Fax : 02.38.91.42.08

Carte
4

★ 3 chambres avec sanitaires privés. Ouvert toute l'année sauf 2 semaines en janvier. Petit déjeuner gourmand : patisseries, toasts, pain frais, confitures maison (6 variétés), céréales, jus de fruits frais... Jardin, terrasses. Restaurants à 100 m et à 2 km. Orléans 12 km. ★ *Musée de la Tonnellerie, église dans le village. Festival de Sully-sur-Loire (juin). Promenades bord de Loire et canal d'Orléans. Circuits VTT. Abbaye de St-Benoit-sur-Loire, château de Sully et Chamerolles. Canoë-kayak. VTT. Tennis.* ★

Au cœur du village, dominant le canal d'Orléans et la vallée de La Loire, vaste demeure bourgeoise du XIXe dont les dépendances ont été restaurées. Belle salle de séjour style « art déco » agrémentée d'une cheminée. Les chambres sont toutes joliment décorées avec objets et mobilier anciens, tableaux et pastels. Beau jardin paysager et terrasses orientées plein sud.

★ Accès : A 10 km d'Orléans par N60, sortie Chécy.

☆ Prix/Price : 220 F 1 Pers - 300 F 2 Pers - 390 F 3 Pers - 90 F P. sup

LA FERTE-SAINT-AUBIN
CHATEAU-DE-LA-FERTE

You will be enchanted by late 17th century Château de la Ferté, one of Central France's most elegant examples. The interior is currently being renovated and some rooms are already on show in full splendour. The spacious, comfortable bedroom and suite overlooking the moat have retained their original character. Pleasant, youthful welcome.
30 min. from the châteaux of the Loire (Chambord). Balnéades (seawater therapy centre) 10 min.
☆ *How to get there:* 18 km south of Orléans, along the N20 as you enter the town.

Catherine GUYOT
CHATEAU DE LA FERTE
45240 LA FERTE-SAINT-AUBIN
Tél. : 02.38.76.52.72 - Fax : 02.38.64.67.43

Carte
4

★ 1 ch. et 1 suite avec de belles salles de bains comme autrefois. Ouvert du 1/5 au 30/9. Excellents petits déjeuners servis dans la chambre ou dans un salon réservé aux hôtes. Château privé ouvert à la visite : cuisines du XVIIe, écuries historiques, petite ferme. Restaurants à la Ferté-St-Aubin. ★ *A 1/2 heure des châteaux de la Loire (Chambord). Balnéades à 10 mn (centre de balnéothérapie).* ★

Vous serez séduit par ce château fin XVIIe, l'un des plus élegants du Centre de la France. Intérieur en cours de rénovation mais déjà splendide (certaines pièces ouvertes à la visite). Surplombant les douves, la chambre et la suite ont gardé leur caractère, elles peuvent être immenses mais savent aussi se faire confortables. L'accueil est jeune, très agréable.

★ Accès : A 18 km au sud d'Orléans, en bordure de la N20 à l'entrée de la ville.

☆ Prix/Price : 1000/1100 F 2 Pers - 1500 F 3 Pers

MENESTREAU-EN-VILLETTE
FERME-DES-FOUCAULT

Rosemary BEAU
FERME DES FOUCAULT
45240 MENESTREAU-EN-VILLETTE
Tél. : 02.38.76.94.41

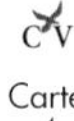

Carte 4

In the heart of the Sologne forest, this time-honoured brick farmhouse is typical of the region. The blend of late 19th century French and American furniture warms this charming residence. An ideal staging post in a peaceful setting for getting to know the splendours of Sologne.
Châteaux of the Loire. Golf, hiking, riding and biking.
☆ How to get there: 6 km, after Marcilly-en-Villette on D64 (on the way to Sennely) on the right.

★ 1 chambre et 1 suite avec bains et wc privés. Ouvert toute l'année. TV à la disposition des hôtes. Cour, jardin et parc de 2 ha. Restaurants à Marcilly-en-Villette, Souvigny-en-Sologne, Menestreau-en-Villette et la Ferté-Saint-Aubin. ★ *Châteaux de la Loire. Golf, randonnées, cheval, VTT.* ★
Au cœur de la forêt solognote, cet ancien corps de ferme en briques est typique de la région. Le mélange des meubles français et américains de la fin du XIXe donne un ton chaleureux à cette demeure pleine de charme. Une étape idéale au calme de la nature pour découvrir les splendeurs de la Sologne.
★ Accès : A 6 km, après Marcilly-en-Villette sur la D64 (direction Sennely) sur la droite.

★ Prix/Price : 220 F 1 Pers - 280 F 2 Pers - 350 F 3 Pers

NEVOY
SAINTE-BARBE

330

Annie LE LAY
SAINTE-BARBE
45500 NEVOY
Tél. : 02.38.67.59.53 - Fax : 02.38.67.28.96

Carte 4

Pleasant 19th century rural property looking out onto a garden. Handsome period furniture and a refined decor await you in the bedroom. Private sitting room with lounge suite, fireplace and television. Swimming pool and tennis court are also available on site.
In Gien (2 km): Earthenware Museum and factory.
☆ How to get there: When you get to Gien, head for Gien Nord and Lorris. « Sainte Barbe » is the 2nd road on the left.

★ 2 chambres 2 pers. avec bains et wc privés et 1 chambre 1 pers. avec douche et wc privés. Ouvert toute l'année sur réservation. Jardin, parc. Tennis et piscine sur place. Restaurants à Gien (2 km). ★ *A Gien (2 km) : faiencerie et musée. Musée de la chasse.* ★
Agréable propriété rurale du XIXe siècle donnant sur le jardin. Beau mobilier ancien et décoration raffinée dans les chambres qui vous sont réservées. Salon d'accueil privé avec salon, cheminée et télévision.
★ Accès : En arrivant à Gien, prendre Gien nord et suivre la dir. de Lorris. Le lieu-dit de Sainte-Barbe se situe 2e route à gauche.

★ Prix/Price : 250/ 270 F 1 Pers - 320/ 350 F 2 Pers - 370 F 3 Pers - 100 F Repas

SAINT-MARTIN-D'ABBAT
LA POLONERIE

331

Françoise VANALDER
LA POLONERIE
45110 SAINT-MARTIN-D'ABBAT
Tél. : 02.38.58.21.51

CV
Carte 4

A warm welcome is guaranteed at this turn-of-the-century farmhouse between Sully and Châteauneuf-sur-Loire, on the edge of the sumptuous Orléans forest. A charming atmosphere and rustic decor with attractive fabrics and very comfortable bedrooms. Savour the delicious table d'hôtes specialities prepared by your hostess.
Orléans forest. Banks of the Loire. Châteauneuf-sur-Loire. Germigny. Saint-Benoît-sur-Loire. Sully-sur-Loire. Hiking. Biking.
☆ *How to get there: D952 for Gien. 2 km after Saint-Martin-d'Abbat, turn left for « Les Places », then take the 2nd road on the left.*

★ 2 chambres avec douche et wc privés. Ouvert toute l'année sauf du 17/08 au 3/09. Table d'hôtes : lapin à la moutarde, tarte au chèvre, tarte au citron... Cour et parc. Nombreux restaurants à proximité. ★ *Forêt d'Orléans. Bords de Loire. Châteauneuf-sur-Loire. Germigny. Saint-Benoit-sur-Loire. Sully-sur-Loire. Randonnées. Bicyclette.* ★
Entre Sully et Châteauneuf-sur-Loire, et à la lisière de la somptueuse forêt d'Orléans, vous serez accueillis avec chaleur dans cette ancienne ferme du début du siècle. Atmosphère de charme et décor rustique avec un choix de beaux tissus et chambres très confortables. A la table d'hôtes, vous goûterez les délicieuses spécialités de la maîtresse de maison.
★ Accès : D952 direction Gien. 2 km après Saint-Martin-d'Abbat, tourner à gauche « Les Places », puis 2e route à gauche.

★ Prix/Price : 200 F 1 Pers - 250 F 2 Pers - 300 F 3 Pers - 50 F P. sup - 100 F Repas

SANDILLON
CHATEAU-DE-CHAMPVALLINS

332

Eliane GLACET
CHATEAU DE CHAMPVALLINS
1079 RUE DE CHAMPVALLINS
45640 SANDILLON
Tél. : 02.38.41.17.20 - Fax : 02.38.41.17.20

CV
Carte 4

Château de Champvallins is a magical place where time stands still. This delightful, perfectly proportioned 18th century château is set in 25-acre grounds. The vast rooms are comfortable and decorated with great harmony. The bedrooms all look out onto the grounds, full of charm.
Flying trips over the châteaux of the Loire with the owner. Variety of hiking paths. Golf course 10 km. Riding club 2 km. Fishing 3 km. Swimming pool 7 km.
☆ *How to get there: From Orléans, head for Sandillon, Jargeau on D951, after signpost, 1st right. N20 motorway, Orléans-La Source exit, then D326 for St-Cyr-en-Val.*

★ 2 ch. et 1 suite avec bains et wc privés. Ouvert toute l'année. Copieux petit déjeuner : fromages, brioche, terrine de lapin maison... Pour votre détente, un salon-bar avec cheminée, bibliothèque, salle de jeux avec billard à votre disposition. Cour, jardin, parc. Restaurants à prox. ★ *Promenade en avion avec le propriétaire et survol des châteaux de la Loire. Sentiers de randonnée. Golf 10 km. Club hippique 2 km. Pêche 3 km. Piscine 7 km.* ★
Le château de Champvallins est un lieu magique, hors du temps. Ce ravissant château du XVIIIe siècle aux belles proportions est situé sur un parc de 10 ha. Les pièces sont vastes, confortables et harmonieusement décorées. Toutes les chambres s'ouvrent sur le parc qui invite à la flanerie. Etape pleine de charme.
★ Accès : A Orléans, dir. Sandillon, Jargeau D951, après le panneau, 1re à droite. Autoroute sortie Orléans-La Source N20, puis D326 dir. St-Cyr-en-Val.

★ Prix/Price : 390 F 1 Pers - 450 F 2 Pers - 550 F 3 Pers - 100 F P. sup - 190 F Repas

VANNES-SUR-COSSON
SAINTE-HELENE

A warm welcome awaits you in this traditional Sologne-style residence, set in 25 acres of parkland in a haven of peace and greenery. The bedrooms are comfortable and appointed with fabric hangings and period furniture. On-site leisure facilities include a heated swimming pool, table tennis, horse-riding and an indoor school. Several golf courses in the vicinity.
Châteaux and museums in the area. Numerous places of interest (Orléans, Blois, Chambord, La Verrerie) and tours. 6 golf courses less than 1 hour away. Fishing, tennis 1 km. Golf course 7 km. Sailing 13 km.
☆ *How to get there: In Vannes-sur-Cosson, head for Isdes. 1.2 km on, turn right for Sainte-Hélène.*

Agnès CELERIER-NOULHIANE
SAINTE-HELENE
ROUTE D'ISDES
45510 VANNES-SUR-COSSON
Tél. : 02.38.58.04.55

Carte 4

★ 1 chambre avec douche et wc privés et 1 suite avec salon, TV (satellite international), bains et wc privés. Ouvert toute l'année sauf du 23/12 au 5/01. Table d'hôtes : spécialités de gibier (faisan, sanglier, chevreuil...) et tarte Tatin. Parc de 10 ha. Barbecue. 2 très bons restaurants à 1 km. ★ *Châteaux et musées à proximité. Nombreux sites (Orléans, Blois, Chambord, La Verrerie) et circuits touristiques. 6 golfs à moins d'1 h. Pêche, tennis 1 km. Golf 7 km. Voile 13 km.* ★ ***Dans un havre de paix et de verdure, sur un parc de 10 ha. vous serez accueillis chaleureusement dans cette demeure typiquement solognote. Chambres confortables tendues de tissus et meubles d'époque. Pour vos loisirs sur place, piscine chauffée, ping-pong, randonnées équestres avec manège couvert et à proximité, plusieurs golfs.***
★ Accès : Dans Vannes-sur-Cosson, prendre la direction de Isdes et à 1,2 km sur la droite, Sainte-Hélène.

★ Prix/Price : 230/ 260 F 1 Pers - 250/ 350 F 2 Pers - 70 F P. sup - 100 F Repas

BELAYE
MARLIAC

334

This typical farmhouse, in the heart of the countryside, has been fully restored in keeping with Quercy architectural traditions. The bedrooms are warm and comfortable. The expansive 12.5-acre estate is the ideal place for peaceful walks. Fans of strip cartoons will enjoy browsing through the 500 titles in the library.
Lot valley and Cahors vineyards. Boat trips, fishing, riding centre, tennis. Château de Bonaguil, fortifications, numerous little villages typical of the region.
☆ *How to get there: Follow signposts from Anglars Juillac.*

Véronique STROOBANT
MARLIAC
46140 BELAYE
Tél. : 05.65.36.95.50

Carte 5

★ 3 chambres et 2 chambres en duplex avec salle d'eau et wc privés. Ouvert toute l'année (hors-saison sur réservation). Table d'hôtes : épaule d'agneau aux légumes du jardin... 1/2 pens. : 275 F (chambre 2 pers.). Piscine, ping-pong, jeux pour enfants. ★ *Vallée du Lot et vignoble de Cahors. Promenades en bateau, pêche, centre équestre, tennis. Château de Bonaguil, bastides, nombreux petits villages typiques.* ★ ***En pleine campagne, cette ferme typique a été entièrement restaurée dans le respect des traditions architecturales quercynoises. Les chambres sont chaleureuses. Le domaine très étendu (5 ha.) vous permettra de belles promenades en toute tranquillité... et pour les amateurs une bibliothèque avec plus de 500 bandes dessinées.***
★ Accès : Suivre le fléchage à partir d'Anglars Juillac.

★ Prix/Price : 270 F 1 Pers - 330 F 2 Pers - 480 F 3 Pers - 110 F Repas

GINDOU
LE MELY

335

Chantal GRASSO
LE MELY
46250 GINDOU
Tél. : 05.65.22.87.38

Carte
5

This handsome, 17th century stone-built family mansion with tower is set right in the heart of the countryside. The tastefully decorated bedrooms are in a fully restored outbuilding. In fine weather, take a stroll in the grounds or relax by the swimming pool.
Tennis court 3 km. Fishing in lakes 9 km. Riding 12 km. Cahors 25 km. Sarlat 45 km. Rocamadour 60 km.
☆ *How to get there: RN20. Gourdon. Cazals. Gindou, then after 3 km: Maussac. RN20 Cahors, for Villeneuve. Catus. Mongesty, 3 km on: Maussac.*

★ 4 chambres avec sanitaires privés. Ouvert toute l'année. Table d'hôtes : gigot d'agneau, pommes de terre à l'ail, truite... Salon avec TV, vidéo et bar, à l'usage exclusif des hôtes. Salle à manger voûtée. Piscine privée, barbecue, ping-pong. Parc d'1 ha. ★ *Tennis à 3 km. Pêche dans lacs à 9 km. Equitation à 12 km. Cahors à 25 km. Sarlat à 45 km. Rocamadour à 60 km.* ★

En pleine campagne, cette belle demeure en pierre naturelle est une maison de maître avec tour datant du XVIIe. Les chambres décorées avec goût sont aménagées dans une dépendance entièrement restaurée. Aux beaux jours, flaneries dans le parc et détente auprès de la piscine.

★ Accès : RN20. Gourdon. Cazals. Gindou, puis 3 km : Maussac. RN20 Cahors dir. Villeneuve. Catus. Mongesty puis 3 km : Maussac.

☆ Prix/Price : 230 F 1 Pers - 280 F 2 Pers - 360 F 3 Pers - 95 F Repas

GRAMAT
MOULIN-DE-FRESQUET

336

Gérard et Claude RAMELOT
MOULIN DE FRESQUET
46500 GRAMAT
Tél. : 05.65.38.70.60 ou 06.08.85.09.21
Fax : 05.65.38.70.60

Carte
5

This 17th century Quercy water mill is the setting for a comfortable residence, where water and greenery combine in the quiet of 8 acres of grounds. Visible beams and hewnstone add to the warmth of this charming residence. Enjoy the table d'hôtes meals with hosts Claude and Gérard.
Rocamadour and Padirac chasm 9 km. Lot and Dordogne valleys. Places of interest and châteaux of Quercy and Périgord. Swimming pool, tennis, cycling, riding 800 m, hiking along the GR6 path, canoeing.
☆ *How to get there: At Gramat take the N140 for Figeac, then after 500 m turn left: a small lane (300 m) leads to the mill.*

★ 5 chambres, toutes avec douches et wc privés, (TV disponible sur demande). Ouvert du 15/3 au 01/11. Table d'hôtes : aiguillettes de canard flambées, magret grillé, truite farcie... Restaurants à 800 m. Cours d'eau privé, barque, pêche sur place. ★ *Rocamadour, gouffre de Padirac 9 km. Vallées du Lot et de la Dordogne. Sites et châteaux du Quercy et Périgord. Piscine, tennis, VTT, équitation 800 m. Randonnées GR6, canoë-kayak.* ★

Ce moulin à eau quercynois du XVIIe siècle prête son caractère à une confortable demeure, où l'eau et la verdure se mêlent dans le calme d'un parc de 3 ha. C'est dans cette atmosphère chaleureuse (poutres, pierres taillées apparentes) que Claude et Gérard vous inviteront à partager leur table d'hôtes.

★ Accès : A Gramat prendre la N 140 direction Figeac, puis à 500 m, à gauche : un petit chemin de 300 m qui se termine au moulin.

☆ Prix/Price : 250 F 1 Pers - 270/ 390 F 2 Pers - 340/ 470 F 3 Pers - 110 F Repas

GREZELS
CHATEAU-DE-LA-COSTE

337

The 13th century castle - remodelled during the Renaissance - stands in a 22-acre vineyard, overlooking the Lot valley. Superb interior decoration in the private lounges and reception rooms. The bedrooms with canopied beds exude charm and refinement. Main courtyard and vast park.
Lot valley. Cahors « appellation contrôlée » vineyards. Lot river 1 km. Swimming pool, tennis and riding 4 km. Bonaguil château 15 km.
☆ *How to get there:* D911 (Cahors-Fumel). At Castelfranc, take the D45 for Belaye/Grezels. The château is at the entrance to the village.

Gervais COPPE
CHATEAU DE LA COSTE
46700 GREZELS
Tél. : 05.65.21.34.18 - Fax : 05.65.21.38.28

Carte
5

★ 4 chambres et 1 suite avec sanitaires privés. Ouvert toute l'année. Table d'hôtes : daube, civet, marinades de poissons, gratins de légumes... et dégustation de vins de Cahors. Parc de 1,5 ha., cour de 900 m² et vignobles de 9 ha. Musée du Vin, château et randonnées pédestres. ★ *Vallée du Lot. Vignobles de Cahors A.O.C. Rivière le Lot 1 km. Piscine, tennis et équitation à 4 km. Château de Bonaguil à 15 km.* ★
Sur un vignoble de 9 ha. cet ancien château fort du XIIIe siècle remanié à la Renaissance, domine la vallée du Lot. Superbe décoration intérieure dans les salons privés et dans la salle d'accueil. Les chambres, avec ciel de lit, sont raffinées et pleines de charme. Vaste parc et cour d'honneur.
★ Accès : D911 (Cahors-Fumel). A Castelfranc, prendre la D45 dir. Belaye/Grezels. Le château se trouve à l'entrée du village.

★ Prix/Price : 400/ 680 F 2 Pers - 140 F Repas

MERCUES
LE MAS-AZEMAR

338

This 18th century family mansion with outbuildings stands in parkland. The refined setting aglow with Tuscan colours, the period furniture and warm welcome will make your stay unforgettable. Admire the permanent exhibitions of paintings, sculptures and ceramics. Private swimming pool.
Mercues château. Cahors vineyards. Boating on the Lot. Prehistoric sites (Pech-Merle, Lascaux). Saint-Cirq-Lapopie. Rocamadour. Walled towns.
☆ *How to get there:* At Mercues (D911 Cahors-Puy L'Evêque), head for Caillac (D145), then right as you leave the village.

Claude PATROLIN
LE MAS AZEMAR
46090 MERCUES
Tél. : 05.65.30.96.85 - Fax : 05.65.30.96.85

Carte
5

★ 6 chambres avec bains ou salle d'eau et wc privés. Ouvert toute l'année sur réservation. Table d'hôtes (à partir de 130 F) : spécialités du terroir. Parc. Piscine privée. Restaurants à Mercues et Cahors. ★ *Château de Mercues. Vignobles de Cahors. Navigation sur le Lot. Sites préhistoriques (Pech-Merle, Lascaux). Saint-Cirq-Lapopie. Rocamadour. Bastides.* ★
Maison de maître du XVIIIe siècle avec parc et dépendances. Le cadre raffiné aux couleurs de la Toscane, le mobilier ancien et l'accueil très chaleureux feront de votre séjour un moment inoubliable. Vous pourrez y admirer des expositions permanentes de peintures, céramiques et sculptures.
★ Accès : A Mercues (D911 Cahors-Puy l'Evèque), dir. Caillac (D145) puis à droite à la sortie du village.

★ Prix/Price : 360/ 430 F 2 Pers - 520 F 3 Pers - 90 F P. sup - 130 F Repas

MONTBRUN
LA BASTIDE-DE-CAILLAC

339

M. et Mme Jean-Claude JUGHON
LA BASTIDE DE CAILLAC
46160 MONTBRUN
Tél. : 05.65.40.65.29 - Fax : 05.65.40.69.61

Carte 5

Enjoy the peace, comfort and sunshine of this old family mansion and farm, set in the heart of a loop of the Lot river. Both have been fully renovated in the Provençal style and are embellished with paintings.
Fishing in the Lot, waterskiing, tennis and riding.
☆ *How to get there: 9 km from Cajarc on the Figeac road via the Lot Valley (D662). Turn left at the crossroads, the house is 300 m up on the left. Michelin map 79, fold 9.*

★ 2 chambres et 1 suite, chacune avec TV, mini-bar et sanitaires privés. Téléphone direct Téléséjour. Ouvert toute l'année (sur réservation). Restaurant à 100 m. Piscine chauffée de juin à septembre et vélos sur place. Parc et garage. ★ *Pêche dans le Lot, ski nautique, tennis et équitation.* ★
Au cœur d'une boucle du Lot, soleil, calme et confort vous attendent dans une ancienne maison de maître et sa ferme, entièrement rénovées. Décoration provençale, agrémentée de tableaux.
★ Accès : A 9 km de Cajarc, sur la route de Figeac par la vallée du Lot (D662). Au carrefour (croix), tourner à gauche, la Bastide est à 300 m sur la gauche. CM 79, pli 9.

★ Prix/Price : 530 F 2 Pers - 630 F 3 Pers - 120 F Repas

SAINT-CHAMARAND
LES CEDRES-DE-LESCAILLE

340

André et Mina CHAMPEAU
LES CEDRES DE LESCAILLE
46310 SAINT-CHAMARAND
Tél. : 05.65.24.50.02 - Fax : 05.65.24.50.78

Carte 5

This handsome early 18th century stone residence is set in the heart of La Bouriane, in a restful, serene setting. The spacious bedrooms are attractively decorated, each in a different style. Relax in the pretty landscaped garden or go for a refreshing swim in the pool. An ideal spot offering hospitality and congeniality.
Châteaux, archaeological sites, landscapes. Tennis, fishing and hiking.
☆ *How to get there: N20. Cross the Pont de Rhodes (bridge) for Gourdin and first lane on the right and 2nd on the left.*

★ 5 chambres (TV possible) avec sanitaires privés. Ouvert toute l'année (hors-saison sur réservation). Petit déjeuner gourmand et copieux. Table d'hôtes : menu gastronomique : foie gras, confits... Cour, jardin, parc de 1 ha., piscine privée, ping-pong, terrain de boules, volley. ★ *Châteaux, sites archéologiques, paysages... Tennis, pêche, randonnées.* ★
Au cœur de la Bouriane, belle demeure en pierres début XVIIIe dans un cadre reposant empreint de sérénité. Les chambres spacieuses, sont agréablement décorées et toutes personnalisées. Le beau jardin paysager et la piscine vous apporteront détente et bien-être. Vous ferez en ces lieux, où vous serez accueillis très chaleureusement, une étape en toute convivialité.
★ Accès : N20. Prendre pont de Rhodes direction Gourdon puis 1er chemin à gauche et 2e à droite.

★ Prix/Price : 180 F 1 Pers - 220/ 250 F 2 Pers - 270/ 300 F 3 Pers - 50 F P. sup - 80/ 150 F Repas

THEDIRAC
LE MANOIR-DE-SURGES

341

Manoir de Surgès is a 17th century stone manor house complete with tower. This fully-renovated residence is set on a vast 90-acre estate overlooking the valley and affords an exceptional view of the countryside. The spacious bedrooms are tastefully appointed with period furniture. A special, restful setting with swimming pool and hiking paths. A timeless spot.
Tennis, lakes, fishing, fitness and discovery trail.
☆ *How to get there:* From the north: N20 Brive-Souillac, then the D673 for Gourdon and D6 for Degageac. From the south: N20 for Cahors, then D911 for Espere and D6 for Catus.

Joëlle DELILLE
LE MANOIR DE SURGES
46150 THEDIRAC
Tél. : 05.65.21.22.45

CV

Carte 5

★ 1 ch. et 1 suite avec sanitaires privés. Ouvert toute l'année. Table d'hôtes : confits, volailles maison, agneaux... Cour, jardin, parc. Piscine privée. Propriété boisée 36 ha. : sentiers pédestres, équestres et VTT, dolmen, gariotte, animaux (âne pour enfant)... 1/2 pens. sur la base de 2 pers. ★ *Tennis, lacs, pêche, parcours de santé et de découverte.* ★
Sur un vaste domaine boisé de 36 ha., le manoir de Surgès (XVIIe), rénové, en pierres naturelles avec tour, domine les vallées et bénéficie d'un point de vue exceptionnel. Les chambres avec mobilier ancien, sont spacieuses et décorées avec goût. Dans un cadre privilégié et reposant, avec piscine et sentiers pour la randonnée, vous ferez une halte hors du temps.
★ Accès : Du nord : N20 Brive-Souillac puis D673 vers Gourdon et D6 vers Degageac. Du sud : N20 Cahors puis D911 vers Espere et D6 vers Catus.

☆ Prix/Price : 250 F 1 Pers - 270 F 2 Pers - 350 F 3 Pers - 70 F P. sup - 100 F Repas - 470 F 1/2 pension

UZECH-LES-OULES
LE CHATEAU

342

The castle enclosure offers four comfortable bedrooms in the sheepfold, former barn, a 14th century tower and a small turret. Pleasant interior decoration. In fine weather, you will enjoy the superb swimming pool, garden and vast grounds surrounding this handsome residence. Ideal staging post for discovering this attractive region.
Wide choice of summer festivals: St-Céré, Cahors, Bonaguil, etc. Tours of Cahors wine estates. Tennis court in Gigouzac 3 km. Golf course in Roucous (Castelnau Montratier). Medieval villages and castles.
☆ *How to get there:* N20. St-Germain-du-Bel-Air. Via Cahors, Villeneuve-sur-Lot road. Mercues. Calamane. Gourdon.

André BRUN
LE CHATEAU
46310 UZECH-LES-OULES
Tél. : 05.65.22.75.80 - Fax : 05.65.22.75.80

Carte 5

★ 4 chambres avec sanitaires privés. Ouvert toute l'année sauf du 1/12 jusqu'au vacances d'hiver. Table d'hôtes (apéritif, vin et café compris) : spécialités quercinoises avec foie gras maison. TV sur demande, mini-bar. Terrasse, jardin, parc, piscine, barbecue, ping-pong, boules. ★ *Nombreux festivals en été : St-Céré, Cahors, Bonaguil... Route des vins de Cahors. Tennis à Gigouzac 3 km. Golf à Roucous (Castelnau Montratier). Châteaux et villages médiévaux.* ★
Dans l'enceinte d'un château, 4 chambres confortables ont été aménagées dans la bergerie, une ancienne grange, une tour du XIVe et une petite tour. Agréable décoration intérieure. Aux beaux jours vous pourrez profiter de la superbe piscine, du jardin et du vaste parc qui entoure cette belle demeure. Etape idéale pour découvrir cette belle région
★ Accès : N20. St-Germain du Bel Air. Par Cahors, route de Villeneuve-sur-Lot. Mercues. Calamane. Gourdon.

☆ Prix/Price : 300 F 1 Pers - 500 F 2 Pers - 600 F 3 Pers - 120 F Repas

MONTBRUN
LA BASTIDE-DE-CAILLAC

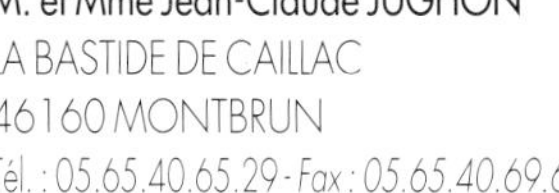

M. et Mme Jean-Claude JUGHON
LA BASTIDE DE CAILLAC
46160 MONTBRUN
Tél. : 05.65.40.65.29 - *Fax : 05.65.40.69.61*

Carte 5

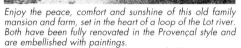

Enjoy the peace, comfort and sunshine of this old family mansion and farm, set in the heart of a loop of the Lot river. Both have been fully renovated in the Provençal style and are embellished with paintings.
Fishing in the Lot, waterskiing, tennis and riding.
☆ *How to get there: 9 km from Cajarc on the Figeac road via the Lot Valley (D662). Turn left at the crossroads, the house is 300 m up on the left. Michelin map 79, fold 9.*

★ 2 chambres et 1 suite, chacune avec TV, mini-bar et sanitaires privés. Téléphone direct Téléséjour. Ouvert toute l'année (sur réservation). Restaurant à 100 m. Piscine chauffée de juin à septembre et vélos sur place. Parc et garage. ★ *Pêche dans le Lot, ski nautique, tennis et équitation.* ★
Au cœur d'une boucle du Lot, soleil, calme et confort vous attendent dans une ancienne maison de maître et sa ferme, entièrement rénovées. Décoration provençale, agrémentée de tableaux.
★ Accès : A 9 km de Cajarc, sur la route de Figeac par la vallée du Lot (D662). Au carrefour (croix), tourner à gauche, la Bastide est à 300 m sur la gauche. CM 79, pli 9.

★ Prix/Price : 530 F 2 Pers - 630 F 3 Pers - 120 F Repas

SAINT-CHAMARAND
LES CEDRES-DE-LESCAILLE

André et Mina CHAMPEAU
LES CEDRES DE LESCAILLE
46310 SAINT-CHAMARAND
Tél. : 05.65.24.50.02 - *Fax : 05.65.24.50.78*

Carte 5

This handsome early 18th century stone residence is set in the heart of La Bouriane, in a restful, serene setting. The spacious bedrooms are attractively decorated, each in a different style. Relax in the pretty landscaped garden or go for a refreshing swim in the pool. An ideal spot offering hospitality and congeniality.
Châteaux, archaeological sites, landscapes. Tennis, fishing and hiking.
☆ *How to get there: N20. Cross the Pont de Rhodes (bridge) for Gourdin and first lane on the right and 2nd on the left.*

★ 5 chambres (TV possible) avec sanitaires privés. Ouvert toute l'année (hors-saison sur réservation). Petit déjeuner gourmand et copieux. Table d'hôtes : menu gastronomique : foie gras, confits... Cour, jardin, parc de 1 ha., piscine privée, ping-pong, terrain de boules, volley. ★ *Châteaux, sites archéologiques, paysages... Tennis, pêche, randonnées.* ★
Au cœur de la Bouriane, belle demeure en pierres début XVIIIe dans un cadre reposant empreint de sérénité. Les chambres spacieuses, sont agréablement décorées et toutes personnalisées. Le beau jardin paysager et la piscine vous apporteront détente et bien-être. Vous ferez en ces lieux, où vous serez accueillis très chaleureusement, une étape en toute convivialité.
★ Accès : N20. Prendre pont de Rhodes direction Gourdon puis 1er chemin à gauche et 2e à droite.

★ Prix/Price : 180 F 1 Pers - 220/ 250 F 2 Pers - 270/ 300 F 3 Pers - 50 F P. sup - 80/ 150 F Repas

THEDIRAC
LE MANOIR-DE-SURGES

341

Manoir de Surgès is a 17th century stone manor house complete with tower. This fully-renovated residence is set on a vast 90-acre estate overlooking the valley and affords an exceptional view of the countryside. The spacious bedrooms are tastefully appointed with period furniture. A special, restful setting with swimming pool and hiking paths. A timeless spot.
Tennis, lakes, fishing, fitness and discovery trail.
☆ *How to get there:* From the north: N20 Brive-Souillac, then the D673 for Gourdon and D6 for Degageac. From the south: N20 for Cahors, then D911 for Espere and D6 for Catus.

Joëlle DELILLE
LE MANOIR DE SURGES
46150 THEDIRAC
Tél. : 05.65.21.22.45

CV

Carte 5

★ 1 ch. et 1 suite avec sanitaires privés. Ouvert toute l'année. Table d'hôtes : confits, volailles maison, agneaux... Cour, jardin, parc. Piscine privée. Propriété boisée 36 ha. : sentiers pédestres, équestres et VTT, dolmen, gariotte, animaux (âne pour enfant)... 1/2 pens. sur la base de 2 pers. ★ *Tennis, lacs, pêche, parcours de santé et de découverte.* ★
Sur un vaste domaine boisé de 36 ha., le manoir de Surgès (XVIIe), rénové, en pierres naturelles avec tour, domine les vallées et bénéficie d'un point de vue exceptionnel. Les chambres avec mobilier ancien, sont spacieuses et décorées avec goût. Dans un cadre privilégié et reposant, avec piscine et sentiers pour la randonnée, vous ferez une halte hors du temps.
★ Accès : Du nord : N20 Brive-Souillac puis D673 vers Gourdon et D6 vers Degageac. Du sud : N20 Cahors puis D911 vers Espere et D6 vers Catus.

☆ Prix/Price : 250 F 1 Pers - 270 F 2 Pers - 350 F 3 Pers - 70 F P. sup - 100 F Repas - 470 F 1/2 pension

UZECH-LES-OULES
LE CHATEAU

342

The castle enclosure offers four comfortable bedrooms in the sheepfold, former barn, a 14th century tower and a small turret. Pleasant interior decoration. In fine weather, you will enjoy the superb swimming pool, garden and vast grounds surrounding this handsome residence. Ideal staging post for discovering this attractive region.
Wide choice of summer festivals: St-Céré, Cahors, Bonaguil, etc. Tours of Cahors wine estates. Tennis court in Gigouzac 3 km. Golf course in Roucous (Castelnau Montratier). Medieval villages and castles.
☆ *How to get there:* N20. St-Germain-du-Bel-Air. Via Cahors, Villeneuve-sur-Lot road. Mercues. Calamane. Gourdon.

André BRUN
LE CHATEAU
46310 UZECH-LES-OULES
Tél. : 05.65.22.75.80 - *Fax : 05.65.22.75.80*

Carte 5

★ 4 chambres avec sanitaires privés. Ouvert toute l'année sauf du 1/12 jusqu'au vacances d'hiver. Table d'hôtes (apéritif, vin et café compris) : spécialités quercinoises avec foie gras maison. TV sur demande, mini-bar. Terrasse, jardin, parc, piscine, barbecue, ping-pong, boules. ★ *Nombreux festivals en été : St-Céré, Cahors, Bonaguil... Route des vins de Cahors. Tennis à Gigouzac 3 km. Golf à Roucous (Castelnau Montratier). Châteaux et villages médiévaux.* ★
Dans l'enceinte d'un château, 4 chambres confortables ont été aménagées dans la bergerie, une ancienne grange, une tour du XIVe et une petite tour. Agréable décoration intérieure. Aux beaux jours vous pourrez profiter de la superbe piscine, du jardin et du vaste parc qui entoure cette belle demeure. Etape idéale pour découvrir cette belle région
★ Accès : N20. St-Germain du Bel Air. Par Cahors, route de Villeneuve-sur-Lot. Mercues. Calamane. Gourdon.

☆ Prix/Price : 300 F 1 Pers - 500 F 2 Pers - 600 F 3 Pers - 120 F Repas

LE VIGAN
MANOIR-LA-BARRIERE

Christiane et Michel AUFFRET
MANOIR LA BARRIERE
46300 LE VIGAN
Tél. : 05.65.41.40.73 - Fax : 05.65.41.40.20

Carte 5

Thirteenth century manor with listed roof and façade. The residence is set in 2.5-acre grounds and boasts a river, private lake and swimming pool. The bedrooms are individually decorated and have their own separate entrances. Lake and walks in the area (GR46 posted hiking trail). Tennis 200 m (2 courts). Riding 3 km. Between Rocamadour and Sarlat.

☆ *How to get there: 5 km from the N20 between Brive and Cahors. D673 leaving or entering the village of Le Vigan.*

★ 5 chambres avec salon et 1 sans salon, avec sanitaires privés, TV et téléphone à disposition. Ouvert de Pâques à la Toussaint. Table d'hôtes : aiguillettes de canard au miel d'accacia, escalope de foie gras aux pommes... Parc, étang privé, piscine, vélos. Lit suppl. : 100 F/pers. ★ *Plan d'eau et randonées pédestres sur place (GR64). Tennis à 200 m (2 courts). Equitation à 3 km. Entre Rocamadour et Sarlat.* ★

Manoir du XIIIe siècle dont la toiture et la façade sont inscrites à l'inventaire des bâtiments de France. Il est situé dans un parc d'1 ha. avec rivière, étang privé et piscine. Les chambres qui vous reçoivent ont toutes un décor différent et un accès privé.

★ Accès : A 5 km de la N20 entre Brive et Cahors. D673 à l'entrée ou à la sortie du village de Le Vigan.

☆ Prix/Price : 350/ 400 F 2 Pers - 100 F P. sup - 150 F Repas

BOUGLON
DOMAINE-DE-MONTFLEURI

Dominique BARRON
DOMAINE DE MONTFLEURI
47250 BOUGLON
Tél. : 05.53.20.61.30

Carte 5

Domaine de Montfleuri is a handsome 18th century residence standing on a sunny hillside, and surrounded by an orchard and fragrant flower garden. This haven of peace affords superb views of the area. In the summer you can relax in the swimming pool, in the lounge in the winter months, and in the orchard in bloom during spring. Fortifications, châteaux, churches and mills. Historic towns of Nérac, Duras, Bazas. Landes pine forests. Fishing rivers. Boat trips. Clarens lake. Nearby: tennis courts, golf course, riding, cycling. Microlite aviation.

☆ *How to get there: D933 between Marmande and Casteljaloux. At Le Clavier, turn for Bouglon. Montfleuri is 1.5 km from Bouglon, heading for Guérin. Michelin map 79, fold 3.*

★ 1 ch. avec douche et wc, 2 ch. et une suite, douche privée pour chacune. Ouvert toute l'année. Petit déjeuner à base de pain complet ou biologique, confitures du verger... Table d'hôtes : cuisine végétarienne. Restaurants à Bouglon. Piscine privée. Vélos. 470 F/suite de 2 ch. pour 4 pers. ★ *Bastides, châteaux, églises... Villes de Nérac, Duras, Bazas. Forêt des Landes, rivières à pêche, promenades en bateau. Lac de Clarens. Tennis, golf, équitation, ULM...* ★

Sur sa colline ensoleillée, entouré de jardins parfumés, le Domaine de Montfleuri, belle demeure du XVIIIe siècle, domine une vue panoramique dont l'harmonie inspire tranquillité et détente. Vous apprécierez la piscine l'été, les salons chaleureux l'hiver et le verger en fleurs au printemps.

★ Accès : D933 entre Marmande et Casteljaloux. Au Clavier, tourner en dir. de Bouglon. Montfleuri est à 1,5 km de Bouglon vers Guérin. CM 79, pli 3.

☆ Prix/Price : 250/ 290 F 1 Pers - 280/ 350 F 2 Pers - 380/ 440 F 3 Pers - 100 F Repas

BUZET-SUR-BAISE
CHATEAU-DE-COUSTET

345

Alain et Ann GELIX
CHATEAU DE COUSTET
47160 BUZET-SUR-BAISE
Tél. : 05.53.79.26.60 - Fax : 05.53.79.14.16

CV

Carte 5

★ 4 ch. et 1 suite de 2 ch. avec sanitaires privés. Ouvert de février à décembre. Petit déjeuner copieux et personnalisé (avec suppl.). Table d'hôtes : canard, poissons, volailles... Billard, salle de gym équipée, jeux de société. Jardin, parc, piscine privée paysagère. Promenades. Loc. de salle. ★ *Festival de jazz et de musique classique. Pays d'Albret avec château du roi Henri IV à Nérac. Vignobles de Buzet. Aux portes des Landes, du Gers et de la Gironde. Bastides. Promenades fluviales (Baïse, canal et Lot) et pêche. Randonnées.* ★

Aux portes de la Gascogne, Ann et Alain, amoureux du pays d'Albret, ont restauré avec passion la propriété de Coustet. Cette belle maison noble de 1882 (style Napoléon III) est nichée dans un écrin de verdure. Au gré des saisons, vous goûterez la savoureuse gastronomie du sud-ouest, à l'ombre des arbres séculiers ou contempler le magnifique parc. Une étape de charme.

★ Accès : A62 Bordeaux-Toulouse sortie Aiguillon-Damazan. A Buzet-sur-Baïse, la propriété se situe entre le canal et la Baïse. CM 79, pli 14.

Ann and Alain, Albret-country enthusiasts, have meticulously restored their Château de Coustet property. This handsome noble residence built in 1882 in the Napoleon III style is nestled in a bosky bower at the gateway to Gascony. Enjoy the delicious South-West cuisine in season, served in the shade of century-old trees or go for a stroll in the magnificent park.

Jazz and Classical Music Festival. Albret country and King Henri IV's castle at Nérac. Buzet vineyards. Gateway to the Landes, Gers and Gironde. Walled towns. River trips (Baïse, canal and the Lot) and fishing. Hiking.

☆ *How to get there:* A62, Bordeaux-Toulouse, Aiguillon-Damazan exit. In Buzet-sur-Baïse, the property is situated halfway between the canal and the river Baïse. Michelin map 79, fold 14.

★ Prix/Price : 480/ 750 F 2 Pers - 580/ 850 F 3 Pers - 130 F Repas

CANCON
CHANTECLAIR

346

Francis et Simone LARRIBEAU
CHANTECLAIR
47290 CANCON
Tél. : 05.53.01.63.34 - Fax : 05.53.41.13.44

Carte 5

★ 3 ch. doubles avec douche, wc et TV à la demande, et 1 suite avec bains et wc. Ouvert toute l'année. Table d'hôtes le soir : grillades feu de bois, daube aux pruneaux... Restaurant 500 m. Piscine, billard, p-pong et vélos sur place. Du 15/7 au 30/8, table d'hôtes 2 fois par semaine seulement. ★ *Bastides et vieux villages, vignobles de Buzet, Duras, Bordeaux, Cahors. Tennis, VTT, piscine, pêche au village. Centre équestre et golf à 7 km. Espace forme à 12 km.* ★

A 500 m du village, caché dans un grand parc aux magnifiques arbres séculaires, « Chanteclair » vous attend. La maison du XIXe siècle, de belle facture, propose de grandes chambres confortables, à la décoration et à l'ameublement recherchés. Belle vue sur le vallon. Les animaux de petite race sont tolérés. Il est possible de piqueniquer dans le parc et dans la véranda.

★ Accès : A Cancon, prendre la route de Monbahus puis à gauche à 300 m. CM 79, pli 5.

« Chanteclair » lies practically hidden from view in a vast park with centuries-old trees. Half a kilometre from the village, this attractive 19th century residence has spacious, comfortable guest rooms decorated with taste. Superb view over the valley. Small pets are allowed.

Fortifications and old villages. Buzet, Duras, Bordeaux, Cahors vineyards. Tennis, mountain bikes, swimming pool, fishing in the village. Riding centre and golf course 7 km. Fitness centre 12 km.

☆ *How to get there:* At Cancon, take the Monbahus road and turn left after 300 m. Michelin map 79, fold 5.

★ Prix/Price : 280/ 310 F 1 Pers - 360/ 390 F 2 Pers - 440 F 3 Pers - 95 F Repas

CANCON
MANOIR-DE-ROQUEGAUTIER

347

Brigitte VRECH
MANOIR DE ROQUEGAUTIER
47290 CANCON
Tél. : 05.53.01.60.75 - Fax : 05.53.01.60.75

Carte 5

Pretty 18th century manor house set in vast grounds (10 acres) overlooking the Lot valley. The bedrooms are very comfortable and boast period furniture and visible beams. Relax in the superb swimming pool with a magnificent view of the valley.
9 and 18-hole golf course. Riding centre, tennis, lake, microlite aviation. Cycling paths. Châteaux, fortifications.
☆ *How to get there: RN21, 2 km south of Cancon. Michelin map 79, fold 5.*

★ 3 chambres et 3 suites avec sanitaires privés. Ouvert du 1er avril au 30 septembre. Table d'hôtes : cuisine régionale. Piano, salle de lecture et TV, salle de jeux pour enfants. Piscine, vélos, jeux pour enfants. Panier piscine : 45 F. ★ *Golfs 9 trous et 18 trous. Centre équestre, tennis, lac, ULM, circuits VTT. Châteaux, bastides.* ★

Dominant la vallée du Lot, ce joli manoir du XVIIIe siècle est situé dans un vaste parc de 4 ha. Chambres très confortables, avec mobilier ancien et poutres apparentes. Pour vous détendre : une superbe piscine qui bénéficie d'une vue magnifique sur la vallée.

★ Accès : RN21 à 2 km, au sud de Cancon. CM 79, pli 5.

★ Prix/Price : 360 F 1 Pers - 380 F 2 Pers - 605 F 3 Pers - 98 F Repas

CLAIRAC
CAUSSINAT

348

Aimé et Gisèle MASSIAS
CAUSSINAT
47320 CLAIRAC
Tél. : 05.53.84.22.11

Carte 5

17th century Château de Caussinat, 2 km from the village of Clairac, stands on a high plateau of the Lot valley. Aimé and Gisèle Massias provide a warm welcome and invite you to dine with them at the family table d'hôtes, where you will savour abundant meals made with farm produce and served in a vast dining room with period furniture. Private swimming pool.
Fortifications, old villages, river, boat hire, canoeing, tennis court 2 km. Swimming pool, bowling. Microlite aerodrome 7 km. 9-hole golf course 20 km.
☆ *How to get there: From Clairac take the D911 for 2 km, heading for Granges-sur-Lot. Michelin map 79, fold 14.*

★ 3 chambres avec sanitaires privés. Ouvert du 1er mars au 31 octobre. Table d'hôtes : lapin farci, blanquettes, tourtières aux fruits. Restaurants à 2 km. Ping-pong et prêt de vélos sur place. Parc ombragé et fleuri. Piscine sur place. ★ *Bastides, vieux villages ; rivière, location de bateaux, canoë, tennis à 2 km. Piscine sur place. Bowling, base ULM à 7 km. Golf 9 trous à 20 km.* ★

A 2 km du village de Clairac, sur la haute plaine de la vallée du Lot, le château de Caussinat (XVIIe siècle), ouvre ses portes. Aimé et Gisèle vous inviteront avec chaleur et simplicité à vous restaurer autour de la table familiale où les produits de la ferme sont servis, dans une immense salle à manger avec meubles anciens.

★ Accès : Depuis Clairac prendre la D 911 pendant 2 km et suivre la direction de Granges sur Lot. CM 79, pli 14.

★ Prix/Price : 230 F 1 Pers - 250 F 2 Pers - 340 F 3 Pers - 85 F Repas

GREZET-CAVAGNAN
CHATEAU-DE-MALVIRADE

Joël et Francoise CUVILLIER
CHATEAU DE MALVIRADE
GREZET CAVAGNAN
47250 BOUGLON
Tél. : 05.53.20.61.31 - Fax : 05.53.89.25.61

Carte 5

This early medieval château, set on a vast 57-acre estate, was restored in the 15th and 17th century. Your hosts Françoise and Joël Cuvillier, will bring to life some of the great moments of history and offer guidance throughout your stay. A charming stop where time seems to stand still.
Châteaux: Duras, Cazeneuve, Roquetaillade. Landes forest. Picturesque fortifications. Fortified mills. Dovecotes and pigeon lofts typical of the region.
☆ *How to get there: Motorway A62 Bordeaux, Marmande exit, and follow signs. Michelin map 79, fold 14.*

★ 4 chambres et 1 suite avec sanitaires privés., téléphone dans toutes les chambres. Ouvert du 1/04 au 15/10. Table d'hôtes (à partir de 180 F) : produits de la région. Salon détente avec TV. Piscine, VTT, practice de golf, volley. Petit étang, poss. pêche enfants. 800/1100 F/4 pers. ★ *Châteaux de Duras, Cazeneuve, Roquetaillade. Forêt des Landes. Bastides pittoresques. Moulins fortifiés. Pigeonniers, palombiers typiques de la région.* ★

Sur un vaste domaine de 23 ha., vous serez accueillis dans un château du Haut Moyen Age, restauré aux XVe et XVIIe siècles. Françoise et Joël Cuvillier y feront revivre pour vous quelques uns de ces grands moments d'histoire et vous guideront durant votre séjour. Une étape de charme... hors du temps.

★ Accès : Autoroute A62 Bordeaux, sortie Marmande puis fléchage. CM 79, pli 14.

☆ Prix/Price : 400 F 1 Pers - 550/ 650 F 2 Pers - 700/ 900 F 3 Pers

LE LAUSSOU
MANOIR-DE-BARRAYRE

MME CHARLES
MANOIR DE BARRAYRE
47150 LE LAUSSOU
Tél. : 05.53.36.46.66 - Fax : 05.53.36.55.26

Carte 5

This handsome 15th century château in fortifications and winegrowing country is built on the foundations of a 12th century priory. Nestled in a small valley, the Manoir de Barrayre exudes peace and quiet. The tastefully decorated bedrooms boast period furniture, canopied beds and paintings. Full of charm.
Fortifications country. Châteaux: Biron 10 km, Bonaguil 20 km. Vineyards: Monbazillac 20 km. Bergerac and Cahors 40 km. Wide variety of walks and vantage points.
☆ *How to get there: From Paris: D676 then 2nd road on left and follow signs for Manoir de Barrayre. From Villeneuve-sur-Lot: D676, then D272 after Le Laurès and 1st road on left. Follow signs. Michelin map 79, fold 5.*

★ 2 ch. et 1 suite avec sanitaires privés. Ouvert toute l'année. Billard 3 jeux. Livres d'histoire et revues sur les demeures anciennes. Piscine privée. Portique, balançoires, jeux de boules. Cour, jardin, parc d'1,5 ha. (magnifique allée ombragée). Restaurant à prox. 625 F/suite pour 4 pers. ★ *Pays des bastides : château de Biron (10 km), Bonaguil (20 km). Vignobles : Monbazillac (20 km), Bergerac et Cahors (40 km). Nombreuses promenades et points de vue.* ★

Sur les fondations d'un prieuré du XIIe siècle, ce beau château du XVe est situé dans le pays des bastides et des vignobles. Niché dans un vallon, le manoir de Barrayre vous offrira calme et tranquillité. Les chambres décorées avec goût sont dotées de meubles anciens, lits à baldaquin, tableaux... Une adresse de charme.

★ Accès : De Paris : D676 puis 2e route à gauche et fléchage Manoir de Barrayre. De Villeneuve/Lot : D676 puis D272 après Le Laurès et 1re rte à gauche puis fléchage. CM 79, pli 5.

☆ Prix/Price : 320 F 1 Pers - 350 F 2 Pers - 405 F 3 Pers

LE LAUSSOU
MANOIR-DE-SOUBEYRAC

Claude ROCCA
LE SOUBEYRAC
47150 LE LAUSSOU
Tél. : 05.53.36.51.34 ou 05.53.36.35.20

Carte 5

Le Soubeyrac manor lies in a picturesque setting on a vast estate. This superb 16th century residence, with its inner courtyard, porches and dovecote has been restored using authentic materials. The decoration and appointments are particularly refined, with period furniture and antique engravings. There is a swimming pool (and jet stream) in the grounds.
Châteaux and fortifications. Tennis, fishing, horse-riding, health and fitness centre 4 km. 18-hole golf course 18 km. Water sports centre. Hiking trails.
☆ *How to get there: From Monflanquin, head for Montpazier (D272). After 2 km, left for Envals. C3. 3.8 km and Soubeyrac. From Villeréal, D676 and left for Envals. Michelin map 79, fold 6.*

★ 4 ch. et 1 suite avec sanitaires privés, balnéo, jacuzzi, douche hydromassage, et tél. Ouvert toute l'année. Table d'hôtes : saumon Rossini aux cèpes, terrine de brochet aux morilles, magret aux 15 épices... Salon, bibliothèque. Piscine, loc. vélos, tennis de table. Jardin, parc. ★ *Châteaux et bastides. Tennis, pêche, équitation, centre de remise en forme à 4 km. Golf 18 trous à 18 km. Centre nautique. Sentiers de randonnée.* ★

Dans un site pittoresque, sur une vaste propriété, le manoir de Soubeyrac vous ouvre ses portes. Cette belle demeure du XVIe siècle avec cour intérieure, porches et pigeonnier a été restaurée avec des matériaux anciens. La décoration des chambres est particulièrement raffinée. Dans le parc, piscine à débordement avec jet-stream.

★ Accès : De Monflanquin prendre dir. Montpazier (D272), après 2 km prendre à gauche dir. Envals. C3. 3,8 km et Soubeyrac. De Villeréal D676 et à gauche Envals. CM 79, pli 6.

★ Prix/Price : 350 F 1 Pers - 400/ 550 F 2 Pers - 650 F 3 Pers - 130 F Repas

MONCAUT
DOMAINE-DE-POUZERGUES

Christiane DOUBESKY
DOMAINE DE POUZERGUES
47310 MONCAUT
Tél. : 05.53.97.53.97 - Fax : 05.53.97.15.25

Carte 5

Domaine de Pouzergues is a manor house built at the end of the 18th century and set in 12.5-acre grounds with hundred-year old trees and rare essences. A warm welcome is guaranteed by your hosts, Mr and Mme Doubesky, in this refined setting. The bedrooms are spacious and well appointed. Brandy and liqueur tasting (made on the estate).
In the vicinity: lakes, golf, park, fishing, boat rides on the Canal du Midi and the Baise. Fortifications, old villages, châteaux.
☆ *How to get there: On the Nérac road, 10 km from Agen (airport, motorway, railway station).*

★ 4 chambres dont 2 avec terrasse et 1 suite, toutes avec tél. et sanitaires privés. Ouvert du 10 janvier au 30 décembre. Salon de lecture, salon. Jardin d'hiver. Piscine chauffée. Baby-foot, ping-pong. ★ *A proximité : lacs, golf, parc, pêche, promenades en bateau sur le Canal du Midi et sur la Baise. Bastides, villages anciens, châteaux.* ★

Le Domaine de Pouzergues est un manoir fin XVIIIe doté d'un parc de 5 ha. avec arbres centenaires et essences rares. M. et Mme Doubesky vous y reçevront dans une ambiance chaleureuse et raffinée. Les chambres sont spacieuses et décorées avec soin. Dégustation d'eaux de vie et liqueurs fabriquées sur le domaine.

★ Accès : Sur la route de Nérac, à 10 km d'Agen (aéroport, autoroute, gare SNCF).

★ Prix/Price : 396 F 1 Pers - 432 F 2 Pers - 550 F 3 Pers

MONCLAR-D'AGENAIS
LA SEIGLAL

353

Christian et Henriette DECOURTY
LA SEIGLAL
47380 MONCLAR D'AGENAIS
Tél. : 05.53.41.81.30 ou 05.53.41.85.10

Carte 5

Hosts Henriette and Christian guarantee a warm welcome at this small 19th century château, set in extensive grounds. Savour the delicious specialities prepared by your hostess at the table d'hôtes. After dinner, why not take a stroll in the grounds, in the shade of magnificent hundred-year old cedars, weather permitting, or relax in front of the fire.
Châteaux, fortifications, vineyards. Mechanical Figure, Plum and Bee Museums. Golf, water sports and microlite aerodrome 12 km.
☆ *How to get there: From Miramont or Sainte-Livrade, D667, 25 kilometre-marker or motorway, Damazan Aiguillon exit. Michelin map 79, fold 5.*

★ 3 chambres avec salle de bains et wc privés. Ouvert toute l'année. Table d'hôtes : magret, confit, légumes du jardin, pâtisseries maison... Salon avec cheminée. Baby-foot, ping-pong. Piscine, lac, pêche, vélos. ★ *Châteaux, bastides, vignobles. Musée des automates, du Pruneau, des Abeilles... A 12 km : golf, base nautique, base ULM.* ★

Dans un petit château du XIXe siècle entouré d'un vaste parc, Henriette et Christian vous accueillent chaleureusement. Vous pourrez goûter à la table d'hôtes les spécialités de la maîtresse de maison et après le dîner, flaner dans le parc à l'ombre des magnifiques cèdres centenaires ou vous détendre devant un feu de cheminée.

★ Accès : A partir de Miramont ou Sainte-Livrade. D667, borne kilométrique 25 ou sortie autoroute Damazan Aiguillon. CM 79, pli 5.

★ Prix/Price : 289 F 1 Pers - 313 F 2 Pers - 95 F P. sup - 95 F Repas

MONFLANQUIN
DOMAINE-DE-ROQUEFERE

354

Francis SEMELIER
DOMAINE DE ROQUEFERE
47150 MONFLANQUIN
Tél. : 05.53.36.43.74

Carte 5

Just 10 km from Dordogne, the Domaine de Roquefère is an ideal spot for holidays in a warm, family environment. The bedrooms are brightly decorated and all open out onto a large terrace. Two overlook the swimming pool and the other two the hamlet and countryside.
Châteaux of Roquefère, Biron, Bonaguil. Monflanquin fortifications. Medieval villages (Penne d'Agenais, Pujols, Gavaudun, Saint-Avit, Villeréal, Montpazier).
☆ *How to get there: 40 km from Bergerac, 60 km north of Agen, between Monflanquin and Villeréal. Michelin map 79, fold 5.*

★ 5 chambres dont 1 à l'étage, toutes avec bains. Ouvert de mai à septembre. Ferme-auberge à proximité. Piscine et pêche sur place. ★ *Châteaux de Roquefère, Biron, Bonaguil. Bastide de Monflanquin. Villages médiévaux (Penne d'Agenais, Pujols, Gavaudun, Saint-Avit, Villeréal, Montpazier).* ★

A 10 km de la Dordogne, le domaine de Roquefère vous attend pour des vacances dans une ambiance familiale et chaleureuse. Les chambres sont gaiement décorées et ouvrent toutes sur une large terrasse. Deux donnent sur la piscine et les autres sur le hameau et la campagne.

★ Accès : A 40 km de Bergerac, 60 km au nord d'Agen, entre Monflanquin et Villeréal. CM 79, pli 5.

★ Prix/Price : 300 F 1 Pers - 350 F 2 Pers - 405 F 3 Pers

Lot et Garonne

PAULHIAC
L'ORMERAIE

355

Michel de L'ORMERAIE
L'ORMERAIE
PAULHIAC
47150 MONFLANQUIN
Tél. : 05.53.36.45.96 - Fax : 05.53.36.45.96

Carte 5

This 17th century manor house is set in very attractive grounds. The comfortable guest rooms look out onto the park and pine forest, whose fragrance fills the summer evenings. Each room has its own distinct style, appointed with Louis XIII, Louis XIV and Louis XVI furnishings. The library has a selection of some 3,000 books.
Old villages, châteaux, walled towns, Bordeaux, Duras, Cahors and Buzet vineyards. Forest paths. Riding, tennis, lake, health and fitness centre 9 km. 18-hole golf course 25 km. Picturesque farmers' markets. Fairs and secondhand markets.
☆ *How to get there: Follow signs from Monflanquin. Full details supplied on request. Michelin map 79, fold 5.*

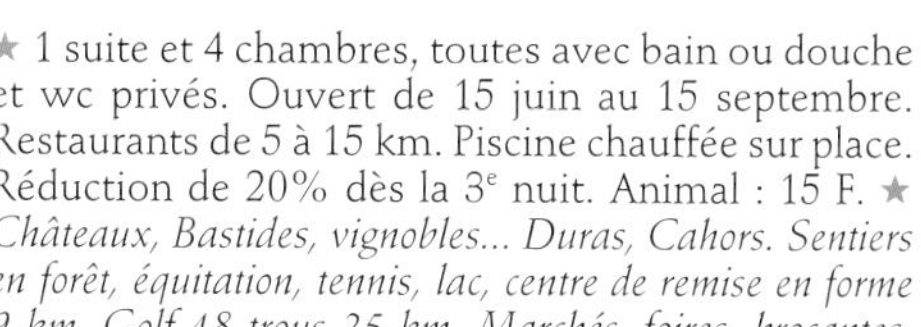

★ 1 suite et 4 chambres, toutes avec bain ou douche et wc privés. Ouvert de 15 juin au 15 septembre. Restaurants de 5 à 15 km. Piscine chauffée sur place. Réduction de 20% dès la 3e nuit. Animal : 15 F. ★ *Châteaux, Bastides, vignobles... Duras, Cahors. Sentiers en forêt, équitation, tennis, lac, centre de remise en forme 9 km. Golf 18 trous 25 km. Marchés, foires, brocantes.* ★

Ce manoir du XVIIe siècle est situé dans un parc agréable. Chaque chambre est personnalisée, confortable et donne sur le parc et la pinède où la résine embaume les soirs de grande chaleur. L'ameublement est d'époque Louis XIII, Louis XIV, Louis XVI, et la bibliothèque compte plus de 3000 livres.

★ Accès : Accès fléché depuis Monflanquin. Plan et documentation détaillée sur demande. CM 79, pli 5.

☆ Prix/Price : 391 F 1 Pers - 400/ 725 F 2 Pers - 875 F 3 Pers

Lot et Garonne

SAINT-EUTROPE-DE-BORN
MOULIN-DE-LABIQUE

356

Hélène BOULET
MOULIN DE LABIQUE
47210 SAINT-EUTROPE-DE-BORN
Tél. : 05.53.01.63.90 - Fax : 05.53.01.73.17

Carte 5

This splendid 18th century property with ponds and streams is surrounded by shaded, flower-filled parkland. Each bedroom has its own style, boasting period furniture and paintings: all open out onto a terrace. Riding enthusiasts will appreciate the ponies and appaloosas reared here, while others will enjoy a dip in the pool, fishing and the 61 acres of grounds.
Fortifications and châteaux, summer music festivals. Hiking and tennis court nearby. 9 and 18-hole golf course 10 km. Riding and bikes on site.
☆ *How to get there: From Bergerac: D14, at Villeréal take D676 for Monflanquin. Head for Born, Cancon on D153, then straight on for Saint-Vivien. Moulin de Labique is 1 km before, on the left. Michelin map 79, fold 5.*

★ 2 suites et 3 ch. avec sanitaires privés. Ouvert toute l'année sur réservation. Table d'hôtes : steak de canard aux morilles, matelote d'anguilles, gratin de poires, cassoulet aux fèves, poulet fermier au verjus... Cartes Visa et Mastercard acceptées. Parc (25 ha). ★ *Bastides et châteaux, festivals de musique l'été. Randonnées et tennis à proximité. Golf 9 et 18 trous 10 km. Equitation et vélos sur place.* ★

Belle propriété du XVIIIe siècle, avec étangs et cours d'eau, entourée d'un agréable parc. Les chambres sont meublées en ancien, agrémentées de tableaux et gravures, et ouvrent sur une terrasse. Les amateurs d'équitation apprécieront l'élevage de chevaux appaloosa, de poneys français de selle. Piscine, pêche et parc de 25 ha.

★ Accès : De Bergerac D14 puis à Villeréal D676 dir. Monflanquin. Prendre dir. Born, Cancon par D153, puis tout droit vers Saint-Vivien, c'est 1 km avant sur la gauche. CM 79, pli 5.

☆ Prix/Price : 290 F 1 Pers - 460 F 2 Pers - 580/ 620 F 3 Pers - 120 F Repas

SAINT-PIERRE-SUR-DROPT
MANOIR-DE-LEVIGNAC

357

Philippe et Andrée HOUTRELLE-DEVOS
MANOIR DE LEVIGNAC
47120 SAINT-PIERRE-SUR-DROPT
Tél. : 05.53.83.68.11 - Fax : 05.53.93.98.63

Carte 5

★ 3 suites avec salon, bains et wc privés. Ouvert toute l'année. Petit déjeuner gourmand : jus de fruits frais, yaourts, céréales, jambon, fromage, confitures maison... Table d'hôtes : gastronomie régionale. TV, téléphone. Salle de gym. Parc. Piscine chauffée. VTT. Initiation au golf. ★ *Circuits des bastides et châteaux du pays de Guyenne. Vignobles des Côtes de Duras. Lac de Castelgaillard et St-Cernin-de-Duras. Tennis, randonnées équestres, golf, pêche, balades en VTT.* ★

Ce manoir des XVIe et XVIIe siècles, entouré d'un parc de 4 ha. est un lieu privilégié où vous apprécierez la quiétude de la campagne, l'accueil chaleureux et la savoureuse gastronomie du pays de Guyenne. Dans les suites au décor rustique dotées de meubles d'époque, vous pourrez jouir du charme des demeures anciennes, témoins du passé. Une étape incontournable.

★ Accès : A Duras, prendre la D708 en direction de Marmande. Après 5 km, prendre la C1 puis St-Pierre-sur-Dropt. CM 79, pli 3.

This 16th and 17th century manor house, set in 10 acres of parkland, is an ideal spot for enjoying the peace and quiet of the countryside and the delicious cuisine of Guyenne country. Enjoy the charms of time-honoured residences from a bygone age in the suites appointed with rustic decor and period furniture. Not to be missed.

Tours of the fortifications and châteaux in Guyenne country. Côtes de Duras vineyards. Castelgaillard lake and St-Cernin-de-Duras. Tennis, horse-riding, golf, fishing, mountain biking.

☆ *How to get there: At Duras, take the D708 for Marmande. After 5 km, take the C1 and head for St-Pierre-sur-Dropt. Michelin map 79, fold 3.*

☆ Prix/Price : 550 F 1 Pers - 600 F 2 Pers - 800 F 3 Pers - 200 F Repas

SAINT-SALVY-SUR-PRAYSSAS
LA GRANGETTE

358

Caroline JANKOVSKY
LA GRANGETTE
47360 SAINT-SALVY-SUR-PRAYSSAS
Tél. : 05.53.87.28.06 - Fax : 05.53.87.22.98

Carte 5

★ 5 ch. dont 1 suite avec sanitaires privés. Ouvert toute l'année sur résa. Copieux petit déjeuner chaque jour avec une surprise !. Table de bridge, baby-foot. Jardin, piscine (sans chlore), p-pong, vélos, balançoires. Exposition peintures de Beb. Visa/Mastercard acceptées pour étrangers uniquement. ★ *A proximité bastides et vieux villages. Vignobles de Buzet et de Chasselas.* ★

Caroline et Beb vous accueillent chaleureusement dans leur gentilhommière du XVIIe entourée de 2 ha. de prés et de bois. Les 5 chambres qui vous sont réservées sont personnalisées et certaines ont un espace enfant séparé. A la table d'hôtes gourmande, vous goûterez les produits de la ferme : foie gras, confits et patisseries.

★ Accès : RN113 Agen-Bordeaux, puis vers Prayssas, D107 jusqu'à Saint-Salvy (D118 et D251).

Caroline and Beb provide a hospitable welcome at their 17th century manor house, set in 5 acres of meadows and woods. The five bedrooms all have their own individual touch and some have a separate children's area. Savour the farm produce served at the table d'hôtes: foie gras, conserves and pastries.

Close to fortifications and old villages. Buzet and Chasselas vineyards.

☆ *How to get there: RN113 Agen-Bordeaux, then make for Prayssas, D107 to Saint-Salvy (D118 and D251).*

☆ Prix/Price : 275 F 1 Pers - 300 F 2 Pers - 95 F Repas

SAMAZAN
CHATEAU-DE-CANTET

359

Jean-Bernard de la RAITRIE
CHATEAU DE CANTET
47250 SAMAZAN
Tél. : 05.53.20.60.60 - Fax : 05.53.89.63.53

Carte 5

Mr and Mme de la Raitrie guarantee a warm welcome at their 18th century family residence, set in extensive grounds. The bedrooms are attractive and boast period furniture. The owners will be delighted to help you discover their region's treasures.
Fortifications, medieval villages. Marmande 10 km: 9-hole golf course, tennis court. Casteljaloux 14 km: Clarens lake, 18-hole golf course, tennis court and riding club.
☆ How to get there: Full details will be sent on request at time of booking. Michelin map 79, fold 3.

★ 2 ch. et 1 suite avec sanitaires privés. Ouvert toute l'année. Table d'hôtes : cuisine familiale. Salles de TV et de jeux pour enfants. Piscine, vélos, pétanque, croquet. Billard français. Badminton. Box pour chevaux. Jardin, parc 3 ha. Restaurants 5 et 15 km. 100 F/lit suppl. ★ *Bastides, villages médiévaux. Marmande à 10 km : golf 9 trous et tennis. Casteljaloux à 14 km : lac de Clarens, golf 18 trous, tennis et club hippique.* ★

M. et Mme de la Raitrie vous accueilleront chaleureusement dans leur demeure familiale du XVIIIe siècle, située dans un vaste parc. De belles chambres aux meubles anciens vous attendent. Les propriétaires se feront une joie de vous aider à découvrir les richesses de leur région.

★ Accès : Un plan d'accès vous sera communiqué sur demande lors de la réservation. CM 79, pli 3.

★ Prix/Price : 260/ 320 F 1 Pers - 300/ 360 F 2 Pers - 400 F 3 Pers - 100 F P. sup - 95 F Repas

VILLENEUVE-SUR-LOT
LES HUGUETS

360

Edward et Gerda POPPE-NOTTEBOOM
LES HUGUETS
47300 VILLENEUVE SUR LOT
Tél. : 05.53.70.49.34 - Fax : 05.53.70.49.34

Carte 5

« Les Huguets » is a restored 19th century farmhouse in a rural setting and an ideal starting point for a variety of excursions. Why not take advantage of the activities available on-site or relax by the pool. Healthfood dishes catered for at the table d'hôtes on request.
Medieval villages, folk evenings. canoeing on the Lot, fishing. Hiking. Farmers' markets. Golf course 15 km.
☆ How to get there: N21, Villeneuve exit for Agen. First road on left and follow signs. Michelin map 79, fold 5.

★ 5 ch. avec bains et wc. Ouvert toute l'année. Petit-déj. « Santé ». Table d'hôtes : grillades au feu de bois, fruits, légumes du jardin bio. Restaurants à Villeneuve/Lot. Sauna, piscine, tennis, rand. équestres sur place. Balnéothérapie. ★ *Villages médiévaux, soirées folkloriques. Canoë sur le Lot, pêche. Randonnées pédestres. Marchés fermiers. Golf à 15 km.* ★

Les « Huguets », ancienne ferme restaurée du XIXe siècle, vous offrent un cadre rustique et champêtre, point de départ idéal de nombreuses excursions. Vous pourrez aussi profiter de toutes les activités mises à disposition et vous détendre au bord de la piscine. Repas diététique à la table d'hôtes sur demande.

★ Accès : N21 sortie Villeneuve vers Agen. 1re route à gauche et suivre le fléchage. CM 79, pli 5.

★ Prix/Price : 230/ 245 F 1 Pers - 330/ 380 F 2 Pers - 415/ 465 F 3 Pers - 110 F Repas

VILLEREAL
CHATEAU-DE-RICARD

361

This elegant 19th century residence by a river and set in a hundred-year old park, has preserved the charm of the family home. The individual, refined decor is a delightful blend of period furniture and the comfort of contemporary appointments. Relax in the pool or enjoy a game of tennis on the court.
Tours of fortifications and vineyards. Périgord and Agenais châteaux. Riding centre, golf course.
☆ *How to get there:* From Bergerac: N21, then D14 to Villeréal. Take D23 for 1 km. From Agen, N21 for Villeneuve-sur-Lot, then D676 to Villeréal and D23 for 1 km.

Sylvia de GUILHEM
CHATEAU DE RICARD
47210 VILLEREAL
Tél. : 05.53.36.61.02 - Fax : 05.53.36.61.65

Carte 5

★ 3 chambres et 2 suites avec sanitaires privés. Ouvert du 15/04 au 31/10. Table d'hôtes : foie gras, confits, magrets, volailles à la broche et au feu de bois. Bibliothèque, billard, salons de jeux, TV, tél. Parc de 7 ha., lac, rivière, piscine et tennis privés. ★ *Circuits des bastides et des vignobles. Châteaux du Périgord et de l'Agenais. Centre équestre, golf.* ★
Dans un parc centenaire bordé par une rivière, cette élégante demeure du XIXe a su conserver le charme des maisons de famille. La décoration personnalisée et raffinée allie avec bonheur l'authenticité de meubles anciens et le confort d'un mobilier contemporain. Pour votre détente, une piscine et un tennis.
★ Accès : De Bergerac N21, puis D14 jusqu'à Villeréal. Prendre la D23 sur 1 km. D'Agen, N21 Villeneuve/Lot puis D676 jusqu'à Villeréal puis D23 sur 1 km.

★ Prix/Price : 450 F 1 Pers - 550/ 800 F 2 Pers - 750/ 900 F 3 Pers - 170 F Repas

LA MALENE
LES MONTS

362

This 18th century country house is an ideal spot for those in search of peace and nature. The residence stands in an exceptional setting and the sumptuously decorated bedrooms and suites with terrace and garden are a delight. A magical location exuding serenity.
Boat trips down the Tarn gorges. Aven Armand caves. Golf course and tennis court 20 km. Horse-riding.
☆ *How to get there:* A75 northbound 20 km. La Canourge exit for Gorges du Tarn-La Malène. A75 (southbound) Sud Montpellier-Béziers for Millau. Gorges du Tarn-La Malène. Michelin map 80, fold 5.

Claudine LABOUREUR
RELAIS DES MONTS
48210 LA MALENE
Tél. : 04.66.48.54.34 ou 04.66.48.53.27 -
Fax : 04.66.48.59.25

Carte 5

★ 3 ch. et 2 suites avec s.d.b. luxueuses. Ouvert de Pâques à la Toussaint (hors-sais. sur résa.). Petit déjeuner/brunch sur commande : charcuteries, œufs, laitage... TV, tél., mini-bar, billard, coffre-fort, biblio. P-pong, croquet, pétanque. Parc naturel 217 ha., sentiers sauvages. Visa/Eurocard. ★ *Descente des gorges du Tarn en barque. Grottes Aven Armand. Golf et tennis 20 km. Randonnées équestres.* ★
Pour ceux qui cherchent calme et authenticité, pour les amoureux de la nature, cette bastide est une étape à ne pas manquer. Vous aimerez cette ancienne demeure religieuse du XVIIIe siècle, la décoration somptueuse de ses chambres et suites avec terrasse et jardin. C'est un lieu magique empreint de sérénité...
★ Accès : A75 Nord à 20 km. Sortie La Canourge, dir. Gorges du Tarn-La Malène. A75 Sud Montpellier-Béziers vers Millau. Gorges du Tarn-La Malène. CM 80, pli 5.

★ Prix/Price : 850/1100 F 2 Pers

MARVEJOLS
CHATEAU-DE-CARRIERE

Jacques et Maryse MIALANES
21 AVENUE DE LA GARE
48100 MARVEJOLS
Tél. : 04.66.32.02.27 ou 04.66.32.28.14
Fax : 04.66.32.49.60

Carte 5

The central part of this attractive château dates back to the 17th century and the towers to the 19th century. The rooms are comfortable and tastefully decorated. Lounge with TV. There is also a swimming pool for your enjoyment and a picnic area with barbecue on the river bank.
Hiking, rivers, fishing and hunting close by. Tennis 1 km. Riding centre 4 km. Le Gévaudan wolf park 10 km, Aubrac 20 km, Tarn gorges 30 km. canoeing 8 km. Golf course 28 km.
☆ *How to get there: N9/A75 to Marvejols. Head for « Bouldoire/Goudard ». The château is at the exit from Marvejols.*

★ 6 chambres avec sanitaires privés. Ouvert de la Pentecôte à septembre. Petit déjeuner copieux. Restaurants à 1 km. Piscine et parc sur place. Location d'un gîte 4 pers. sur place (au fond du parc). Suite : 520 F. ★ *Randonnées, rivières, pêche et chasse à proximité. Tennis 1 km. Centre équestre 4 km. Parcs à loups du Gévaudan 10 km, Aubrac 20 km, Gorges du Tarn 30 km. Canoë 8 km. Golf 28 km.* ★

Joli château dont la partie centrale date du XVIIe et les tours du XIXe siècle. Vous y trouverez des chambres confortables, décorées avec goût, un salon avec TV, une aire de pique-nique avec barbecue en bord de rivière et une agréable piscine.

★ Accès : N9/A75 jusqu'à Marvejols. Prendre direction « Bouldoire/Goudard ». A la sortie de Marvejols.

★ Prix/Price : 320/ 420 F 2 Pers - 100 F P. sup

SAINT-MARTIN-DE-LANSUSCLE
CHATEAU-DE-CAUVEL

364

Anne-Sylvie PFISTER
CHATEAU DE CAUVEL
48110 SAINT-MARTIN-DE-LANSUSCLE
Tél. : 04.66.45.92.75 - Fax : 04.66.45.94.76

Carte 5

This late 17th century château is a small Cévennes lord's domain of great architectural beauty, in an exceptional setting in the centre of Cévennes national park. The main building offers a fully restored bedroom with wall hangings and deliciously refined English decor.
Numerous places of interest in a historically rich region. Cévennes national park. Bathing in the river, tennis, horseriding, mountain bikes, canoeing.
☆ *How to get there: On the D13, 2 km from Plan d'Eau de Fontmort heading for St-Germain-de-Calberte. Michelin map 80, fold 6.*

★ 1 chambre (non fumeur) avec TV, bains et wc privés. Ouvert tte l'année le w.e et du 1/4 au 11/11 en semaine. Petit déjeuner : pain et confitures maison... Table d'hôtes : cuisine du terroir. Tél., TV, bibliothèque (2000 volumes) et atelier de poterie. Cour, jardin, parc, vélos, ping-pong, jeux. ★ *Nombreux sites à visiter dans une région chargée d'histoire. Parc National des Cévennes. Baignade en rivière, tennis, équitation, VTT, canoë...* ★

Ce château de la fin du XVIIe siècle, de belle architecture est une petite seigneurerie cévenole, situé dans un environnement exceptionnel, dans la partie centrale du Parc National des Cévennes. Dans le corps de bâtiment principal, une chambre entièrement restaurée avec ses murs tendus de tissu, offre un décor raffiné délicieusement anglais.

★ Accès : Sur la D13 à 2 km du plan d'eau de Fontmort, e, direction de St-Germain-de-Calberte. CM 80, pli 6.

★ Prix/Price : 230 F 1 Pers - 460 F 2 Pers - 80 F Repas - 250 F 1/2 pension

ALLONNES
MANOIR-DE-BEAUSEJOUR

365

Claude et Colette THIMOLEON
MANOIR DE BEAUSEJOUR
49650 ALLONNES
Tél. : 02.41.52.86.68 - Fax : 02.41.38.85.58

Carte 3

Between Saumur and Bourgueil, drive along the D10 to discover the charm of this old 17th century residence. The romanticism of the « Azalée » room and the rustic charm of « Myosotis » evoke reverie and poetry. Colette and Claude will be happy to welcome you with a glass of wine. Savour the copious breakfasts with homemade jams served at « Beauséjour ».
Châteaux, abbeys. National riding school. Cadre Noir, Carrousel. Festivals, troglodytes, Fouaces, cellars. canoeing, flying club, gliding, riding, etc. Tennis 2 km, golf course 8 km. Saumur 6 km.
☆ *How to get there: 50 km from Angers and 6 km from Saumur. Michelin map 64, fold 12.*

★ 2 chambres, poss. d'une suite. Salle de bains luxueuses et raffinées, douche multi-jets. Billard, ping-pong, jeux de société, VTT. Piscine privée chauffée, jet thalasso. Parc paysager. Grand choix de restaurants à proximité. 900 F/suite. Pour 3 nuits réservées, 1 nuit offerte. ★ *Châteaux, abbayes, E.N d'équitation, Cadre Noir, Carroussel. Festivals, troglos, Fouaces, caves, canoë, aéroclub, vol à voile, etc... Tennis à 2 km. Golf à 8 km. Saumur à 6 km.* ★
Entre Saumur et Bourgueil, suivez la D10 et venez découvrir le charme d'une vieille demeure du XVIIe siècle. Le romantisme d'Azalée et la charme rustique de Myosotis vous entraineront dans le rêve et la poésie. Colette et Claude seront heureux de vous offrir un vin d'accueil, et de vous proposer un petit déjeuner pantagruélique.
★ Accès : A 50 km d'Angers et 6 km de Saumur. CM 64, pli 12.

☆ Prix/Price : 650/ 750 F 2 Pers - 100 F P. sup

BARACE
CHATEAU-DE-LA-MOTTE

366

Michel et Lucia FRANCOIS
CHATEAU DE LA MOTTE
49430 BARACE
Tél. : 02.41.76.93.75

Carte 3

This fine 19th century château offers three very comfortable bedrooms: « La Chambre Oncle André », « La Chambre du Balcon » and « La Chambre Bleue ». On the ground floor, a dining room with a fireplace and lounge are set aside for guests' use. Reception rooms can be hired at the same time as the bedrooms or separately.
Architectural and cultural Anjou. Fishing in the Loir. Several golf courses within a 30-minute drive. Riding 2 km.
☆ *How to get there: From Paris, take the A11 and exit at Durtal. Head for Daumeray then Huillé and Baracé on the D68. Michelin map 64, fold 2.*

★ 3 chambres, deux avec bains et wc, une avec douche et wc. Ouvert toute l'année. Table d'hôtes : filet au poivre, coq au vin... Nombreux restaurants à proximité. Parc de 130 ha. et 2 étangs sur place. Canotage sur l'étang et vélos. ★ *Visites architecturales et culturelles de l'Anjou. Pêche dans le Loir. Plusieurs terrains de golf à environ 1/2 heure. Equitation à 2 km.* ★
Ce joli château du XIXe siècle vous propose 3 chambres confortables : la chambre de l'Oncle André, la chambre du Balcon et la chambre Bleue. Au rez-de-chaussée, une salle à manger avec cheminée et un salon vous sont réservés. Possibilité de louer des salles de réception en même temps que les chambres ou séparément.
★ Accès : De Paris, sortir de l'autoroute A 11 à Durtal, direction Daumeray puis Huillé, Baracé par la D 68. CM 64, pli 2.

☆ Prix/Price : 375 F 1 Pers - 450/ 550 F 2 Pers - 625 F 3 Pers - 135 F Repas

DURTAL
CHATEAU-DE-GOUIS

367

Monique LINOSSIER
CHATEAU DE GOUIS
49430 DURTAL
Tél. : 02.41.76.03.40 - Fax : 02.41.76.03.40

Carte 3

Madame Linossier guarantees a warm welcome at 19th century Château de Gouis, on the Anjou border. The bedrooms are spacious and look out onto tree-lined, flowery parkland. Footpaths, riding, tennis, fishing, landscaped lake, golf course and swimming pool nearby.
☆ *How to get there: On the A11, Durtal exit and head for La Flèche.*

★ 3 chambres avec sanitaires privés. Ouvert toute l'année. Restaurants à moins de 3 km. Parc. ★ *Sentiers pédestres, équitation, tennis, pêche, lac aménagé, golf et piscine à proximité.* ★
A la porte de l'Anjou, Madame Linossier vous accueillera chaleureusement dans son château du XIXe siècle. Les chambres sont spacieuses et donnent sur un parc arboré et fleuri.
★ Accès : De l'A11, sortie Durtal direction la Flèche.

★ Prix/Price : 300/ 400 F 2 Pers - 100 F P. sup

Maine et Loire

GENNES
LE HAUT-JOREAU

368

J-Baptiste et Annick BOISSET
LE HAUT JOREAU
49350 GENNES
Tél. : 02.41.38.02.58

CV

Carte 3

Annick and Jean-Baptiste are your hosts at their 19th century residence, which stands on a 30-acre estate in an enchanting, calm setting bordered by a 500-acre forest. Guests have a choice between two bedrooms, the Art-Deco style « Durtal » or the more romantic « Montsoreau » room. An ideal base from which to explore this picturesque region's châteaux and vineyards.
Tours of châteaux. Vineyards. Cave dwellings. Cadre Noir Riding School (Saumur). Water sports on the Loire. Tennis 1 km. Golf course 20 km.
☆ *How to get there: On the D69. 30 km from Angers and 15 km from Saumur.*

★ 2 ch. avec TV et sanitaires privés. Ouvert de Pâques à la Toussaint (l'hiver sur réservation). Copieux petit déjeuner : viennoiseries, fruits, confitures maison... Parc de 12 ha. Ping-pong, vélos. Tarifs dégressifs à partir de 3 nuits. Restaurants à Gennes (1 km), Saumur (15 km) ou Angers (30 km). ★ *Visites de châteaux. Vignobles. Troglodytes. Cadre Noir (Saumur). Activités nautiques sur La Loire. Tennis 1 km. Golf 20 km.* ★
Sur une propriété de 12 ha., Annick et Jean Baptiste vous reçoivent dans leur demaure du XIXe siècle, dans un site privilégié et très calme bordé par une forêt de 200 ha. Ils vous proposent 2 chambres, au décor « art-déco » pour la chambre « Durtal » et romantique pour la chambre « Montsoreau ». Etape idéale pour découvrir les châteaux et vignobles de cette belle région.
★ Accès : Par la D69. A 30 km d'Angers et 15 km de Saumur.

★ Prix/Price : 260 F 1 Pers - 320 F 2 Pers - 320 F 3 Pers - 70 F P. sup

GREZ-NEUVILLE
LA CROIX-D'ETAIN

369

This pretty 19th century manor house is set on the banks of the Mayenne. The bedrooms are spacious and comfortable. In good weather, the landscaped floral grounds are a pleasant way to relax and the ideal spot for breakfast.
Bathing in river, on site. In the surrounding area: swimming pool, waterskiing, tennis, golf and horse-riding. Visits to the châteaux of Anjou and the Loire.
☆ How to get there: 2 km from trunk road RN162 (between Angers and Laval). 4 km from the Lion d'Angers. In village centre between the church and the river. Michelin map 63, fold 20.

Auguste et Jacqueline BAHUAUD
LA CROIX D'ETAIN
2, RUE DE L'ECLUSE
49220 GREZ NEUVILLE
Tél. : 02.41.95.68.49 - Fax : 02.41.95.68.49

Carte 3

★ 3 chambres, toutes avec bains et wc. Ouvert toute l'année. Restaurant « Le Cheval Blanc » à Grez Neuville et crêperie à 50 m. Salon avec TV et téléphone réservé aux hôtes. ★ *Baignade sur place en rivière. Aux alentours : tennis, piscine, ski nautique, golf, équitation. Circuit des châteaux d'Anjou et de la Loire.* ★

Joli manoir du XIXe siècle, situé au bord de la Mayenne. Les chambres sont spacieuses et confortables. Aux beaux jours, vous profiterez d'un agréable parc paysager et fleuri, où est servi le petit déjeuner.

★ Accès : A 2 km de RN162 (entre Angers et Laval). A 4 km du Lion d'Angers. Au centre du village, entre l'église et la rivière. CM 63, pli 20.

☆ Prix/Price : 280 F 1 Pers - 360/ 400 F 2 Pers - 420/ 450 F 3 Pers - 60 F P. sup

MARTIGNE-BRIAND
DOMAINE-DE-L'ETANG

370

This typical 19th century residence with slate roof and brick walls is set in 5 acres of parkland. The bedrooms, located in the annexe, are bright and decorated with attractive fabrics. Savour the full breakfasts served in the winter garden. The owners guarantee a warm welcome.
Hiking. Restaurants 3 km.

Gilles et Danielle TENAILLON
DOMAINE DE L'ETANG
49540 MARTIGNE-BRIAND
Tél. : 02.41.59.92.31 - Fax : 02.41.59.92.30

Carte 3

★ 4 chambres avec sanitaires privés. Ouvert toute l'année. Salon de détente, jardin d'hiver. Baby-foot. Parc de 2 ha., tennis, possibilité de laisser son cheval dans le pré (20 F). Nombreuses randonnées. Restaurant à Martigné-Briand 3 km. ★ ★

Sur un parc de 2 ha., demeure typique du XIXe avec toit d'ardoise et mur en brique. Aménagées dans une annexe, les chambres sont gaies, lumineuses et décorées avec de jolis tissus. Vous apprécierez le copieux petit déjeuner servi dans le jardin d'hiver et l'accueil chaleureux des propriétaires.

☆ Prix/Price : 270 F 1 Pers - 320 F 2 Pers - 370 F 3 Pers

MONTREUIL-SUR-LOIR
CHATEAU-DE-MONTREUIL

371

This pretty troubadour-style château is set in extensive wooded grounds, by a river on which you can go canoeing. The rooms are appointed with period furniture, bestowing a discreet charm on the place. In fine weather, relax on the terrace overlooking the Loir.
Loir valley. 5 golf courses within a 30 km radius.
☆ *How to get there:* A11 (L'Océane), Seiches-sur-le-Loir exit, 5 km from Seiches on D74.

Jacques et Marie BAILLIOU
CHATEAU DE MONTREUIL
49140 MONTREUIL-SUR-LOIR
Tél. : 02.41.76.21.03

C V

Carte 3

★ 3 chambres avec sanitaires privés. Ouvert du 15/3 au 15/11. Table d'hôtes : terrine de volailles, pintade, poules à l'Angevine... Salle à manger, salon. Vue panoramique sur la vallée du Loir et la forêt de Boudré. Grand parc boisé le long de la rivière. Canotage sur place. ★ *Vallée du Loir. 5 golfs dans un rayon de 30 km.* ★

Ce joli château de style troubadour est entouré d'un grand parc boisé longé par une rivière sur laquelle vous aurez la possibilité de canoter. Les chambres qui vous sont réservées sont dotées d'un mobilier ancien qui leur confère un charme discret. Aux beaux jours, vous pourrez profiter de la terrasse qui surplombe le Loir.

★ Accès : A11 (l'Océane) sortie Seiches-sur-le-Loir, 5 km de Seiches sur D74.

★ Prix/Price : 300 F 1 Pers - 350 F 2 Pers - 100 F P. sup - 120 F Repas

MURS-ERIGNE
LE JAU

372

In the land of châteaux and vineyards, Françoise Terrière invites you to stay at her romantic home on the Angers border, where she will be happy to help you discover the region. The comfortable bedrooms exude peace and quiet, and overlook the grounds, the 17th dovecote and small church.
The Loire and châteaux. Angers (museums, gardens, tapestries) 8 km. Theatre festival in July. Vineyards and winetasting. Swimming pool and golf course nearby.
☆ *How to get there:* At Angers, head for Cholet on the N160, then Les-Ponts-de-Cé, Murs-Erigné (Chalonnes road).

Françoise TERRIERE
LE JAU
49610 MURS ERIGNE
Tél. : 02.41.57.70.13

Carte 3

★ 3 chambres (dont 1 avec poss. de chambre annexe), avec sanitaires privés. Ouvert de Pâques à la Toussaint. Table d'hôtes sur demande. Restaurants à Murs-Erigné. Parc. 500 F/4 pers. (2 chambres contiguës). ★ *La Loire et ses châteaux. Angers (musées, jardins, tapisseries) à 8 km. Festival théatral en juillet. Vignobles et dégustations. Piscine et golf à proximité.* ★

Sur la route des châteaux et des vignobles, aux portes d'Angers, Françoise Terrière vous ouvre sa maison romantique et se propose de vous aider à découvrir sa région. Les chambres sont calmes, confortables et donnent sur le parc, la petite église et le pigeonnier du XVIIe siècle.

★ Accès : A Angers, dir. Cholet par la N160, puis les Ponts de Cé, Murs-Erigné (route de Chalonnes).

★ Prix/Price : 230/ 330 F 1 Pers - 250/ 350 F 2 Pers - 400/ 450 F 3 Pers - 100 F P. sup - 100 F Repas

NEUILLE
CHATEAU-LE-GOUPILLON

373

Your hostess Monique Calot provides a warm welcome at this fully restored 19th century château in the heart of the Loire valley. The comfortable bedrooms have been given a personal touch and boast antique furniture. Enjoy the shaded grounds or take refreshing walks in the forest. A timeless spot ideal for discovering the Saumur vineyards.
Places of interest along the banks of the Loire, and nearby Touraine. Close to famous Bourgueil, Chinon and Champigny vineyards. Hiking paths and forests 500 m. 18-hole golf course 20 km.
☆ How to get there: From Saumur, N147 for Paris. After the « La Ronde » roundabout, D767 for 2 km, then left on D129 for Neuillé. 2 km on Fontaine-Suzon road. Michelin map 64, fold 12.

Monique CALOT
CHATEAU-LE-GOUPILLON
49680 NEUILLE
Tél. : 02.41.52.51.89 - Fax : 02.41.52.51.89

Carte 3

★ 2 chambres et 1 suite, toutes avec sanitaires privés. Ouvert toute l'année (l'hiver sur réservation). Restaurants à Vivy-Saumur. Parc de 4 ha. Une étape hors du temps, idéale pour découvrir le vignoble saumurois et visiter les châteaux de la Loire. ★ *Attraits des bords de Loire et la proche Touraine. Proximité des vins de Bourgueil, Chinon, Champigny. Circuits pédestres et forêt 500 m. Golf 18 trous 20 km. ULM, aviation 10 km.* ★

Au cœur du Val de Loire, vous serez accueillis très chaleureusement par la maîtresse de maison qui a entièrement restauré et décoré ce château début XIXe siècle. Les chambres sont confortables, personnalisées et meublées en ancien. Vous pourrez profiter du parc ombragé ou faire de belles promenades en forêt.

★ Accès : De Saumur N 147 dir. Paris. Après rond-point de la « Ronde » D 767 pendant 2 km, puis à gch. D 129 dir. Neuillé. A 2 km rte de Fontaine-Suzon. CM 64, pli 12.

☆ Prix/Price : 320/ 440 F 2 Pers - 90 F P. sup

LA POSSONNIERE
LA ROUSSELIERE

374

Set in the hills of the Loire in 10 acres of parkland, La Rousselière is a handsome 19th residence which has retained the charm of a bygone age. On this family estate, Jeanne Charpentier will be pleased to cater hot or cold meals, depending on the season, by the pool, on the terrace or in the dining room.
Hiking paths locally. Fishing 2 km, tennis court 3 km, riding 5 km. Golf course 18 km.
☆ How to get there: At Angers, head for Nantes on the N23. At Saint-Georges/Loire, head for Chalonnes/Loire. 3.5 km, before railway; left to La Possonnière, then left 1.5 km on. Michelin map 63, fold 20.

Jeanne CHARPENTIER
LA ROUSSELIERE
49170 LA POSSONNIERE
Tél. : 02.41.39.13.21

Carte 3

★ 5 ch. avec sanitaires privés (2 avec tél., TV et mini-bar, 1 ch. avec TV, terrasse et mini-bar), toutes avec vue sur le parc. Ouvert toute l'année sauf novembre. Table d'hôtes sur réservation. Restaurants gastronomiques à proximité. Billard, ping-pong. Piscine privée. Réduction séjours. ★ *Sentiers pédestres sur place, pêche à 2 km, tennis à 3 km, équitation à 5 km, golf à 18 km.* ★

Située sur les coteaux de la Loire dans un parc de 4 ha, la Rousselière, belle demeure du XVIIIe, a su conserver son charme d'antan. Dans son domaine familial, Jeanne Charpentier vous proposera des repas chauds ou froids, servis selon la saison, au bord de la piscine, sur la terrasse ou dans la salle à manger.

★ Accès : A Angers dir. Nantes N23. A St-Georges/Loire, dir. Chalonnes/Loire. A 3,5 km avant voie ferrée ; à gauche vers la Possonnière, puis à gauche 1,5 km. CM 63 pli 20

☆ Prix/Price : 300/ 400 F 2 Pers - 390/ 490 F 3 Pers - 90 F P. sup - 90/ 150 F Repas

SAINT-GEORGES-SUR-LOIRE
PRIEURE-DE-L'EPINAY

Bernard et Geneviève GAULTIER
PRIEURE DE L'EPINAY
49170 SAINT-GEORGES-SUR-LOIRE
Tél. : 02.41.39.14.44 - Fax : 02.41.39.14.44

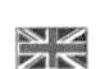  

Carte 3

This 13th century former priory close to the Loire still has its old chapel and dwellings. Your hosts Bernard and Geneviève Gaultier will be delighted to welcome you to their home and do their utmost to help you discover the region and its treasures.
The Loire (500 m) and Angers 15 min. away. Châteaux, wine cellars and gastronomy.
☆ *How to get there: N23: 1 km after Saint-Georges-sur-Loire on the way to Nantes, take the first road on the left.*

★ 3 suites avec sanitaires privés. Ouvert du 1er mars au 30 novembre. Restaurants à 3 km. Piscine et vélos sur place. ★ *La Loire (500 m) et Angers à 15 minutes. Châteaux, caves et gastronomie.* ★
Près de la Loire, cet ancien prieuré du XIIIe siècle possède encore sa vieille chapelle et ses vieilles demeures où Bernard et Geneviéve Gaultier se feront un plaisir de vous recevoir et s'efforceront de vous faire découvrir les richesses de la région.
★ Accès : N23, et à 1 km après Saint-Georges-sur-Loire, dir. Nantes, puis prenez la 1re route à gauche.

☆ Prix/Price : 300 F 1 Pers - 350/ 400 F 2 Pers - 100 F P. sup - 120 F Repas

SAINT-MATHURIN-SUR-LOIRE
VERGER-DE-LA-BOUQUETTERIE

Claudine PINIER
VERGER DE LA BOUQUETTERIE
118 RUE DU ROI RENE
49250 ST-MATHURIN SUR LOIRE
Tél. : 02.41.57.02.00 - Fax : 02.41.57.31.90

Carte 3

Claudine Pinier is your hostess at this 19th century Anjou house full of character (tree-growing estate), set on the banks of the Loire. The bedrooms are spacious and boast period furniture. Claudine's theme weekends in the low season are an excellent way to make interesting discoveries.
The Loire: water sports. Riding 400 m. Swimming pool and tennis court 1 km. Visits to châteaux, vineyards, troglodytes. Golf course 9 km.
☆ *How to get there: D952 (scenic route), 20 km from Angers and 25 km from Saumur. The accommodation is 1 km from the village. Michelin map 64, fold 12.*

★ 4 ch., toutes avec salle d'eau et wc. Ouvert toute l'année. Petit-déjeuner copieux. Table d'hôtes : cuisine familiale et produits du jardin. Restaurants à St-Mathurin et à La Ménitré. Cartes Visa et CB acceptées. Location de vélos. Tarifs dégressifs à partir de 3 nuits. ★ *La Loire, activités nautiques. Equitation à 400 m. Piscine et tennis 1 km. Visite de châteaux, vignobles, troglodytes. Golf 9 km.* ★
En Anjou, au bord de la Loire, Claudine Pinier vous accueille dans une maison de caractère du XIXe (propriété arboricole). Les chambres sont spacieuses et meublées en ancien. Elle propose des week-ends à thème en basse saison : découverte insolite...
★ Accès : D 952 (route touristique), à 20 km d'Angers et 25 km de Saumur. Les chambres sont à 1 km du bourg. CM 64, pli 12.

☆ Prix/Price : 215/ 275 F 1 Pers - 290/ 340 F 2 Pers - 390/ 450 F 3 Pers - 66 F P. sup - 120 F Repas

SAUMUR
CHATEAU-DE-BEAULIEU

Andrea MICHAUT
CHATEAU DE BEAULIEU
ROUTE DE MONTSOREAU
49400 SAUMUR
Tél. : 02.41.67.69.51 - Fax : 02.41.50.42.68

Carte 3

This handsome residence set in parkland is a listed 18th century château. The vast bedrooms offer attractive period furniture and canopied beds. A library and billiard table are available for guests' use. Relax in the heated swimming pool.
Saumur 2 km.
☆ *How to get there: From Saumur, head for Chinon (D947). The château is after the Gratien and Meyer wine cellars.*

★ 4 chambres et 1 suite avec sanitaires privés. Ouvert du 1/02 au 30/11. Copieux petit déjeuner : viennoiseries, fruits, jus de fruits, confitures maison... Billard, bibliothèque. Parc, piscine chauffée. Restaurants à Saumur 2 km. ★ *Saumur 2 km.* ★
Cette belle demeure avec parc est un château classé du XVIIIe. Les chambres sont vastes avec de beaux meubles anciens et des lits à baldaquins. Une bibliothèque et un billard sont à votre disposition et pour vous détendre une belle piscine chauffée.
★ Accès : De Saumur, prendre direction Chinon (D947). Le château se situe après les caves Gratien et Meyer.

★ Prix/Price : 350 F 1 Pers - 400/ 450 F 2 Pers - 500/ 550 F 3 Pers - 100 F P. sup - 120/ 200 F Repas

Manche

CHAMPEAUX
LA HOGUELLE

378

Daniel et Jacqueline FOURREY
LA HOGUELLE
50530 CHAMPEAUX
Tél. : 02.33.61.90.99

Carte 2

A warm welcome is guaranteed at this handsome late 19th century residence, set in a park along a posted hiking trail, in a unique Mont-Saint-Michel Bay setting. The bedrooms are decorated in pastel shades and appointed with rustic and Louis-Philippe style furniture. View over the bay.
Mont-Saint-Michel bay. Bay crossing (« Les Genêts »). Mont-Saint-Michel 35 km. GR22 hiking trail nearby. Champeaux cliffs. Paragliding, hang-gliding 500 m. Tennis court 1 km. Beach 3.5 km. Horse-riding 5 km. Golf course 18 km.
☆ *How to get there: On the « Route de la Baie » road on the D911 and follow signs along D221 for Champeaux village.*

★ 1 ch. et 1 suite de 2 ch. avec douche et wc privés. Ouvert toute l'année. Copieux petit déjeuner : yaourts, pains variés, fromages, fruits, céréales, patisseries... Cour et parc de 6000 m². Ping-pong, VTT. Poss. de sorties VTT ou pédestres accompagnées. Restaurants 200 et 500 m. ★ *Baie du Mont-Saint-Michel. Traversée de la baie (genêts). Mt-St-Michel 35 km. GR223 à proximité (randonnées pédestres). Falaises de Champeaux. Parapente, delta-plane 500 m. Tennis 1 km. Plage 3,5 km. Equitation 5 km. Golf 18 km.* ★
Vous serez les bienvenus dans cette belle demeure de la fin du XIXe siècle, entourée d'un parc, sur le parcours d'un sentier de grande randonnée et dans le cadre unique de la baie du Mont-Saint-Michel. Dans les chambres, décoration dans des tons pastels et mobilier rustique ou de style Louis-Philippe. Vue sur la baie.
★ Accès : Sur la « Route de la Baie » par la D911, suivre le fléchage sur D221 vers le bourg de Champeaux.

★ Prix/Price : 250 F 1 Pers - 290/ 330 F 2 Pers - 370/ 410 F 3 Pers - 80 F P. sup

COIGNY
CHATEAU DE COIGNY

379

Odette IONCKHEERE
CHATEAU DE COIGNY
50250 COIGNY
Tél. : 02.33.42.10.79

Carte 2

This small early 17th century château was the birthplace of the Dukes of Coigny, Marshals of France under Louis XIV and Louis XV. Two comfortable bedrooms (one with four-poster bed, the other Louis XVI). Breakfast is served in a magnificent medieval chamber with Italian Renaissance fireplace (listed monument).
Riding 3 km. Beaches 20 km. Carentan yachting harbour. Second World War landing beaches. Channel Islands. Nature park (Marais du Cotentin).
☆ *How to get there: From Carentan, drive 10.5 km on D903 for Barneville-Carteret. Then right onto D223 for Coigny. The château is the first entrance on the left.*

★ 2 chambres avec bains et wc privés. Ouvert de Pâques à la Toussaint (hors-saison sur demande). Restaurants à Carentan et la Haye du Puits à 12 km. ★ *Equitation à 3 km, plages à 20 km. Port de plaisance de Carentan. Plages du Débarquement. Iles anglo-normandes. Dans le Parc Naturel des Marais du Cotentin.* ★

Petit château du début XVIIe siècle, qui fut le berceau des Ducs de Coigny, Maréchaux de France sous Louis XIV et Louis XV. 2 chambres très confortables (une avec baldaquin, l'autre Louis XVI). Les petits-déjeuners sont servis dans une superbe salle moyennageuse avec cheminée Renaissance Italienne, classée monument historique.

★ Accès : De Carentan, D 903 dir. Barneville-Carteret sur 10,5 km. Puis à droite D 223 vers Coigny, le château est à la 1re entrée à gauche.

☆ Prix/Price : 450 F 1 Pers - 500 F 2 Pers - 600 F 3 Pers

DRAGEY-RONTHON
L'EGLISE

380

Olivier et Florence BRASME
L'EGLISE
50530 DRAGEY RONTHON
Tél. : 02.33.48.93.96 - Fax : 02.33.48.59.75

Carte 2

This 17th century house in Mont-Saint-Michel Bay is surrounded by pastures. The two bedrooms are charming and comfortable. The house's outstanding location will let you appreciate the bay's splendour and nearby activities to the full.
Sea 2 km, riding 3 km. Golf course 20 km. Maison de la Baie and bay crossings 3 km. Mont-Saint-Michel 30 minutes, Granville 20 km, Villedieu-les-Poêles 30 km.
☆ *How to get there: D911 (Avranches/Granville coast road), then head for Eglise de Dragey.*

★ 2 chambres avec bains et wc privés. Ouvert toute l'année. Petit déjeuner copieux. Restaurants à 1 et 4 km. ★ *Mer à 2 km. Equitation à 3 km. Golf à 20 km. Maison de la baie et traversée de la baie (3 km), Mont-Saint-Michel (30 minutes), Granville (20 km), Villedieu-les-Poêles (30 km).* ★

Dans la baie du Mont-Saint-Michel, cette maison du XVIIe siècle entourée d'herbages vous offre deux chambres de charme confortables. La situation exceptionnelle de la maison vous permettra d'apprécier pleinement la beauté de la baie et les activités alentours.

★ Accès : D911 (route côtière Avranches/Granville), puis dir. Eglise de Dragey.

☆ Prix/Price : 280 F 1 Pers - 320 F 2 Pers - 400 F 3 Pers - 80 F P. sup

FRESVILLE
GRAINVILLE

381

Bernard et Rolande BRECY
GRAINVILLE
50310 FRESVILLE
Tél. : 02.33.41.10.49 - *Fax : 02.33.21.07.57*

Carte 2

Bernard and Rolande Brecy are your hosts at this large 18th century residence in Fresville, set in the Marais du Cotentin regional park. The three bedrooms are comfortable and appointed with period furniture.
Sea and golf course 8 km. Second World War landing beaches and museum.
☆ How to get there: *From Sainte-Mère Eglise, head for Valognes on N13. Exit from motorway for D269. Past village of Fresville, then 500 m up on the right. Michelin map 54, fold 2.*

★ 2 chambres avec bains et wc, 1 chambre avec douche et wc. Ouvert toute l'année. Restaurants à 6 km. ★ *Mer et golf à 8 km. Plages et musée du Débarquement.* ★
A Fresville, dans l'environnement du Parc Régional des Marais du Cotentin, vous serez accueillis par Bernard et Rolande Brecy dans une grande demeure du XVIIIe siècle. Les trois chambres sont confortables et meublées d'époque.
★ Accès : De Sainte-Mère Eglise direction Valognes N13. Sortir de la nationale, prendre D269. Passer le village de Fresville puis à 500 m à droite. CM 54, pli 2.

★ Prix/Price : 220 F 1 Pers - 290 F 2 Pers - 370 F 3 Pers

LAMBERVILLE
LE CHATEAU

382

François et Elisabeth de BRUNVILLE
LE CHATEAU
50160 LAMBERVILLE
Tél. : 02.33.56.15.70

Carte 2

Elisabeth and François de Brunville are your hosts at their ancestral home, surrounded by time-honoured trees in the peaceful, verdant setting of a park, between Mont-Saint-Michel and the Second World War landing beaches. The Louis XVI-style bedrooms look out onto the lake. Depending on the season, they will be pleased to accompany you on fishing or hunting trips.
Saint-Lô stud farm, swimming pool 17 km. Cerisy forest 10 km. Bayeux 30 km and Mont-Saint-Michel 1 1/2 hours away.
☆ How to get there: *D122, D34, then D190 for Lamberville. The Château is near the church.*

★ 3 chambres avec salles d'eau ou salle de bains et wc privés. Ouvert du 1er février au 30 novembre. Pêche, étang et canotage sur place, chasse à la journée (forfait de 800 F/ pers. avec repas du midi, pour un groupe de 6/7 pers.). Parc. ★ *Haras de Saint-Lô, piscine à 17 km. Forêt de Cerisy à 10 km. Bayeux à 30 km. Mont-Saint-Michel à 1h30.* ★
Entre le Mt-St-Michel et les plages du Débarquement, dans un cadre calme et verdoyant, sous les arbres séculaires du parc, M. et Mme de Brunville vous accueillent dans la propriété de leurs ancêtres. Les chambres, de style Louis XVI, ont vue sur la pièce d'eau. Au gré des saisons, ils se feront un plaisir de vous entrainer dans des parties de pêche ou de chasse.
★ Accès : D122, D34 puis D190 direction Lamberville, le château est près de l'église.

★ Prix/Price : 260 F 1 Pers - 300 F 2 Pers - 80 F P. sup

Manche

LE MESNIL-ROGUES
LE VERGER

383

Gordon et Dee BENNETT
LE VERGER
HAMEAU DE LA VILLE
50450 LE MESNIL ROGUES
Tél. : 02.33.90.19.20

Carte 2

British couple Gordon and Dee are your hosts at this attractive 18th century house full of character, which has been appointed with taste and refinement. The rooms are spacious and comfortable with English-style furniture. Breakfast is served in a dining room with beams and fireplace.
Riding centre 5 km. Lucerne and Hambye abbeys 8 km. Granville and sea 15 km. Bayeux and Mont-Saint-Michel 60 km. Channel Islands.
☆ *How to get there:* From Gavray, head for La Haye Pesnel (D7). After 7 km, make a left for Le Mesnil Rogues, and follow signs in the village.

★ 3 chambres avec bains et wc privés et 1 chambre avec douche et wc. Ouvert toute l'année. Auberge au Mesnil-Rogues à 2 mn à pied. Parc. ★ *Centre équestre à 5 km. Les Abbayes de la Lucerne et d'Hambye à 8 km. Granville et mer à 15 km. Bayeux et le Mont-Saint-Michel à 60 km. Iles anglo-normandes.* ★
Gordon et Dee, britanniques, vous accueillent dans leur belle maison de caractère du XVIIIe siècle, aménagée avec goût et raffinement. Les chambres sont spacieuses et confortables, le mobilier de style anglais. Les petits déjeuners sont servis dans une salle à manger avec poutres et cheminée.
★ Accès : De Gavray, dir. la Haye Pesnel (D7). A 7 km à gauche vers le Mesnil Rogues et dans le bourg, fléchage.

☆ Prix/Price : 170 F 1 Pers - 240 F 2 Pers - 70 F P. sup

Manche

MONTCHATON
LE QUESNOT

384

André et Fabienne PALLA
LE QUESNOT
50660 MONTCHATON
Tél. : 02.33.45.05.88 - Fax : 02.33.45.52.49

Carte 2

This attractively restored 18th century residence in local stone is halfway between Mont-Saint-Michel and Cap de la Hague, facing the Channel Islands, just a few kilometres from Le Cotentin's western beaches. The cosy, comfortable bedrooms are located in a separate building and boast fireplaces and rustic-style furniture.
Coutances cathedral 6 km, manor houses and abbeys. Travel to the Channel Islands from Granville and Carteret. Beaches and fishing.
☆ *How to get there:* From Pont de la Rocque, D72 for Hyenville. Turn left 200 m before the village of Montchaton.

★ 3 chambres avec salles d'eau et wc privés. Ouvert de Pâques à la Toussaint (fermé en septembre). Restaurants à 4 km. Ping-pong sur place. ★ *Cathédrale de Coutances (6 km), manoirs et abbayes. A partir de Granville et Carteret, les îles anglo-normandes. Plages et pêche.* ★
Entre le Mont-Saint-Michel et le Cap de la Hague, face aux îles anglo-normandes, à proximité des plages du Cotentin, vous serez les bienvenus dans cette demeure en pierre du XVIIIe, joliment restaurée et fleurie. Les chambres, cosy et confortables, sont situées dans un bâtiment indépendant, avec cheminée et meubles rustiques.
★ Accès : A partir du Pont de la Rocque, D72 direction Hyenville. 200 m avant le bourg de Montchaton, tourner à gauche.

☆ Prix/Price : 200 F 1 Pers - 230 F 2 Pers

MONTFARVILLE
LE MANOIR

385

Claudette GABROY
LE MANOIR
50760 MONTFARVILLE
Tél. : 02.33.23.14.21

Carte 2

The past is ever-present at this splendid château, which was ransacked and razed to the ground by fire on several occasions. The residence offers the charm of two spacious and quiet rooms where your dreams may perhaps be nurtured in the prestigious company of William the Conqueror's companions or successors who would break their journey at Montfarville.
Sailing 1 km. Riding 5 km. Yachting harbour 10 km, Ile de Tatihou (isle). Second World War landing beaches. Hague, châteaux, manor houses, museums.
☆ *How to get there: From Barfleur, head for St-Vaast-la-Hougue, 2nd road on right, follow signs for « Chambre d'Hôtes ».*

★ 2 chambres dont 1 avec 1 chambre annexe, avec douche et wc privés. Ouvert toute l'année. Restaurants, auberge normande à 800 m. Restaurants gastronomiques dans un rayon de 10 km. Propriété au bord de la mer. Plage à 300 m. ★ *Voile à 1 km, équitation à 5 km, port de plaisance à 10 km, île de Tatihou. Plages du débarquement, Hague, châteaux, manoirs, musées.* ★

Vestige du passé, ce château fut le temoin de nombreux faits historiques. Cette belle demeure vous offre le charme de 2 chambres spacieuses et calmes, où vos rêves seront peut-être bercés par les hôtes prestigieux, compagnons ou successeurs de Guillaume le Conquérant, qui firent autrefois halte à Montfarville.

★ Accès : De Barfleur, dir. St-Vaast la Hougue, 2e route à droite et suivre le fléchage « chambres d'hôtes ».

☆ Prix/Price : 230 F 1 Pers - 280/ 330 F 2 Pers - 380 F 3 Pers

MONTVIRON
MANOIR-DE-LA-CROIX

386

Patricia WAGNER
MANOIR DE LA CROIX
LE GROS CHENE
50530 MONTVIRON
Tél. : 02.33.60.68.30 - Fax : 02.33.60.69.21

CV

Carte 2

This 19th century manor house with tower enjoys an exceptional setting on Mont-Saint-Michel Bay, and offers an ideal opportunity to discover the joys of the sea and the area's remarkable places of interest. The superb, tastefully decorated suites and romantic bedrooms boast canopied fourposter beds and English, Louis XV and Louis-Philippe furniture.
Mont-Saint-Michel 30 km. Granville (seawater therapy) 15 km. Cité du Cuivre (copper and brassmaking town). Lucerne d'Outremer abbey 10 km. Beaches 8 km.
☆ *How to get there: D973 - D41. Michelin map 59, fold 8.*

★ 2 chambres, 2 suites avec terrasses privées, bains et wc privés. Ouvert toute l'année. Petit déjeuner gourmand : far breton, gâche, yaourts, confitures maison... Salon avec bow-window et séjour réservés aux hôtes. Petite « maison d'enfant » donnant sur le jardin, balançoires. Cour, parc. ★ *Mont-Saint-Michel 30 km. Granville (thalassothérapie) 15 km. Cité du Cuivre 20 km. Abbaye de la Lucerne d'Outremer 10 km. Plages 8 km.* ★

Dans la baie du Mont-Saint-Michel, la situation exceptionnelle de ce manoir du XIXe avec tour, est une étape idéale pour apprécier les plaisirs de la mer et découvrir les sites remarquables de la région. Les superbes suites et les chambres romantiques avec lits à baldaquin, mobilier anglais et de style Louis XV et L-Philippe, ont été décorées avec beaucoup de goût.

★ Accès : D973 - D41. CM 59, pli 8.

☆ Prix/Price : 200/ 250 F 1 Pers - 300/ 400 F 2 Pers - 500 F 3 Pers - 80 F P. sup

LE ROZEL
LE CHATEAU

387

Josiane GRANCHAMP
LE CHATEAU
50340 LE ROZEL
Tél. : 02.33.52.95.08

Carte 2

This château, facing the Channel Islands, originally belonged to Bertrand du Rozel, William the Conqueror's companion. Major extension work was carried out during the 19th century and the building's architectural diversity imparts both austerity and charm. The towers afford a splendid view of the sea and islands.
Sea, bathing, swimming pool 1.5 km. Riding centre 2 km. Tennis, gliding, sand yachting. Botanic gardens and preserves. Les Marais natural park. Channel Islands.
☆ *How to get there: From Carentan, D903 to Barneville-Carteret, then D904 for Les Pieux and D117 for Le Rozel.*

★ 1 suite de 2 ch. avec sanitaires privés. Salon à l'étage inférieur. Ouvert toute l'année. Copieux petit déjeuner : viennoiseries, jus de fruits, yaourts fermiers, confitures maison, œufs coque... Four à pain, pressoir. Jardin, cour, parc. P-pong. Restaurant (fruits de mer) 2 km et auberge 2,5 km. ★ *Mer, baignade, piscine 1,5 km. Centre équestre 2 km. Tennis, vol à voile, char à voile. Jardins et réserves botaniques. Parc Naturel des Marais. Iles anglo-normandes.* ★

Face aux îles anglo-normandes, le château était à l'origine la propriété de Bertrand du Rozel, compagnon de Guillaume le Conquérant. Il a subi une extension importante au XVIIIᵉ siècle et la diversité de son architecture lui confère à la fois austérité et charme. Belle vue sur la mer et les îles à partir des tours.

★ Accès : A partir de Carentan, D903 jusqu'à Barneville-Carteret puis D904 dir. les Pieux et D117 vers le Rozel.

★ Prix/Price : 400 F 1 Pers - 450 F 2 Pers - 650 F 3 Pers

SAINT-GEORGES-DE-LA-RIVIERE
LE MANOIR-DE-CAILLEMONT

388

Eliane COUPECHOUX
LE MANOIR DE CAILLEMONT
50270 SAINT-GEORGES DE LA RIVIERE
Tél. : 02.33.53.81.16 - Fax : 02.33.53.25.66

Carte 2

Fine 18th century manor house set in the heart of the Normandy countryside, close to vast beautiful beaches, ideal for long walks. Peace and quiet are guaranteed. Numerous activities in the area.
Channel Islands (30 minutes). 9-hole golf course. Sailing, speed sailing, tennis (Barneville-Carteret). Microlite flying at Portbail.
☆ *How to get there: From Barneville-Carteret, take D903 for Coutances. At the Saint-Georges-de-la-Rivière crossroads, left for St-Maurice-en-Cotentin, and left again.*

★ 2 suites (avec salon et cheminée), 1 avec bains et wc, l'autre avec douche et wc. Téléphone dans chaque chambre. Ouvert de mai à octobre (sur réservation hors-saison). Restaurants à 2 et 5 km. Piscine chauffée sur place. Ping-pong. Billard. 710 F/4 pers. ★ *Iles anglo-normandes à 1/2 heure. Golf 9 trous, voile, speed-sail, tennis à Barneville Carteret. ULM à Portbail.* ★

Beau manoir du XVIIIᵉ siècle, situé en pleine campagne normande, à proximité de belles et grandes plages qui incitent à la promenade. Vous y séjournerez en toute tranquillité et profiterez des activités alentours.

★ Accès : De Barneville-Carteret, D 903 dir. Coutances. Au carrefour St-Georges de la Rivière, à gauche dir. St-Maurice en Cotentin, puis à gauche.

★ Prix/Price : 465/ 515 F 1 Pers - 510/ 560 F 2 Pers - 610 F 3 Pers - 100 F P. sup

SAINT-GERMAIN-DE-TOURNEBUT
CHATEAU-DE-LA-BRISETTE

389

Gentien de la HAUTIERE
CHATEAU DE LA BRISETTE
50700 SAINT-GERMAIN-DE-TOURNEBUT
Tél. : 02.33.41.11.78 - *Fax* : 02.33.41.22.32

Carte 2

★ 3 ch. toutes avec bains, wc, téléphone et TV par satellite. Ouvert du 1er avril au 31 octobre (ou sur réservation). Restaurants à 7 km (Valognes) et à 9 km (St-Vaast-la-Hougue). Possibillité salle et salon de réception. Gîte 3 épis sur place. ★ *Plages du débarquement, Cap de la Hague. Equitation, tennis, golf 18 trous et mer à 6 km. Piscine à 7 km. Sentiers de randonnée sur place.* ★

Le château de la Brisette est une élégante propriété du XVIIIe siècle appartenant à la même famille depuis plus de 100 ans. Très belle chapelle et communs. Le château, inscrit à l'ISMH et VM, se reflète dans l'étang et est entouré d'un parc boisé. Les trois chambres ont chacune leur style : Empire, Gothique et Louis XVI.

★ Accès : A 7 km de Valognes, direction Quettehou (fléché depuis Valognes). CM 54, pli 2.

Château de la Brisette is an elegant listed 18th century property which has been in the same family for over a hundred years. The grounds are enhanced by a lake and woodlands and a strikingly beautiful chapel and outbuildings. The château is reflected in the lake. The three guest rooms all have their own style: Empire, Gothic and Louis XVI.
Second World War landing beaches. Cap de la Hague. Horse-riding, tennis, 18-hole golf course and sea 6 km. Swimming pool 7 km. Hiking trails locally.
☆ *How to get there: 7 km from Valognes, heading for Quettehou. Follow signs from Valognes. Michelin map 54, fold 2.*

☆ Prix/Price : 400/ 450 F 1 Pers - 450/ 500 F 2 Pers - 100 F P. sup

SAINT-PAIR-SUR-MER

390

Nicole ELIE
152 RUE DE LA HOGUE
50380 SAINT-PAIR-SUR-MER
Tél. : 02.33.50.58.42

Carte 2

★ 2 chambres avec tél. et sanitaires privés, poss. d'une ch. complémentaire. Ouvert de Pâques au 15/11. Copieux petit déjeuner : pains variés, confitures, brioche ou patisseries maison... Véranda. Ping-pong. Terrasse et parc boisé. Restaurants à Kairon (3 km) ou Granville (5 km). ★ *Granville 5 km : port, haute ville, thalassothérapie, et tous loisirs. Baie du Mt-St-Michel à 12 km. Traversée de la baie organisée à partir de Genêts (18 km).* ★

A 300 m de la mer, au cœur de la station, Nicole Elie vous accueille à La Hogue. Cette belle demeure bourgeoise du XIXe est entourée d'un beau parc fleuri et ombragé. Les chambres dont une mansardée, avec un joli mobilier sont pleines de charme. Vous apprécierez les petits déjeuners gourmands servis dans la veranda exotique.

★ Accès : De Saint-Pair-sur-Mer : rue Saint-Michel puis à droite, rue Mallais, enfin à droite, rue de La Hogue.

Nicole Elie is your hostess at La Hogue, just 300 metres from the sea, in the heart of the resort. This handsome 19th century residence is set in beautiful flower-filled, shaded parkland. The bedrooms, one of which has a sloping ceiling, boast attractive furniture and considerable charm. You will especially enjoy the copious breakfasts served on the exotic veranda.
Granville 5 km: port, uptown, seawater therapy, full range of leisure activities. Mont-St-Michel Bay 12 km. Bay crossings arranged from Genêts 18 km.
☆ *How to get there: From Saint-Pair-sur-Mer: rue Saint-Michel, turn right into rue Mallais. Then right again into Rue de la Hogue.*

☆ Prix/Price : 230 F 1 Pers - 280 F 2 Pers - 400 F 3 Pers - 80 F P. sup

SAINTE-GENEVIEVE
LA FEVRERIE

391

Marie-France CAILLET
LA FEVRERIE
50760 SAINTE-GENEVIEVE
Tél. : 02.33.54.33.53

Carte
2

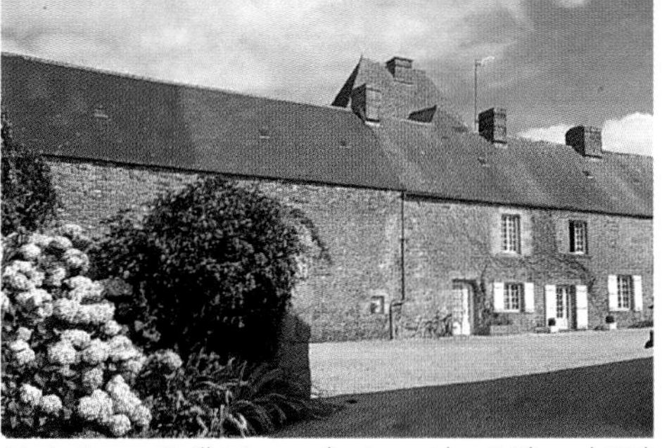

Marie-France Caillet is your hostess at her 16th and 17th century manor farm. A stone staircase leads to the Romantic-style bedrooms. Breakfast is served in a room adorned with a monumental granite fireplace.
Barfleur bridges (2 km) and St-Vaast-la-Hougue (13 km). Ile de Tatihou (isle). Cherbourg 25 km. Valognes and private mansions 30 km.
☆ *How to get there: From Cherbourg: D901 heading for Barfleur. After Tocqueville, turn right (D10) for Sainte-Geneviève, and follow signs.*

★ 1 chambre (2 lits 1 pers.) avec salle de bains et wc privés, 2 ch. (1 lit 2 pers.) avec salle d'eau et wc privés. Ouvert toute l'année. Restaurants à 3 km. ★ *Ponts de Barfleur (2 km) et Saint-Vaast-la-Hougue (13 km). Ile de Tatihou. Cherbourg à 25 km. Valognes et ses hôtels particuliers à 30 km.* ★
Marie-France Caillet vous accueille dans sa ferme-manoir des XVIe et XVIIe siècles. Les chambres, desservies par un escalier de pierre, ont été décorées dans un style romantique. Les petits déjeuners sont servis dans une salle ornée d'une cheminée monumentale en granit.
★ Accès : En venant de Cherbourg, D901 direction Barfleur. Après Tocqueville à droite (D10) vers Sainte-Geneviève puis fléchage.

★ Prix/Price : 280/ 320 F 2 Pers - 80 F P. sup

TAMERVILLE
MANOIR-DE-BELAUNAY

392

Jacques et Christiane ALLIX-DESFAUTEAUX
MANOIR DE BELAUNAY
50700 TAMERVILLE
Tél. : 02.33.40.10.62

Carte
2

The owners guarantee a warm welcome at their attractive 15th and 16th century manor house, built on the vestiges of a monastery ravaged by Edward II's troops who landed close to Saint-Vaast-la-Hougue in 1346. The bedroom with visible beams is appointed with period Norman furniture and looks out onto the grounds.
4 km from Valognes: Normandy's « Little Versailles » and its private mansions. Tennis court and swimming pool 4 km. Sea 10 km. Sainte-Mère-Eglise 20 km and Cherbourg 25 km. Golf course 15 km.
☆ *How to get there: On the D902 heading for Quettehou and Saint-Vaast-la-Hougue.*

★ 2 chambres avec douche et wc privés. Ouvert du 1er avril au 31 octobre (hors-saison sur réservation). Restaurants à 4 et 15 km. VTT à disposition, parc. ★ *A 4 km de Valognes, le « Petit Versailles Normand », avec ses hôtels particuliers. Tennis et piscine à 4 km. Mer à 10 km. Sainte-Mère-Eglise à 20 km et Cherbourg à 25 km. Golf à 15 km.* ★
Les propriétaires vous recevront dans leur joli manoir, édifié entre les XVe et XVIe siècles, sur les vestiges d'un monastère dévasté par les troupes d'Edouard III, débarquant non loin de là à Saint-Vaast-la-Hougue en 1346. La chambre, aux poutres apparentes, est meublée en normand ancien et ouvre sur le parc.
★ Accès : Sur la D902 en direction de Quettehou et Saint-Vaast-la-Hougue.

★ Prix/Price : 200/ 220 F 1 Pers - 250/ 270 F 2 Pers

IGNY-COMBLIZY
CHATEAU-DU-RU-JACQUIER

393

This beautiful 18th century château, decked with flowers, is set right in the heart of Champagne. Hosts Mr and Mme Granger provide comfortable and tastefully furnished bedrooms and a pleasantly refined table d'hôtes in a superb Louis XVI dining room.
18-hole golf course 9 km. Swimming pool 7 km. Tours of champagne cellars. Champagne country. Châteaux: Montmort 14 km, Condé-en-Brie 10 km.
☆ *How to get there: A4, Dormans exit, 7 km from Dormans on the Montmort road D18.*

Robert GRANGER
CHATEAU DU RU JACQUIER
51700 IGNY COMBLIZY
Tél. : 03.26.57.10.84 - *Fax : 03.26.57.11.85*

Carte
1

★ 6 ch., toutes avec bains et wc privés. Ouvert toute l'année. Copieux petit-déjeuner. Table d'hôtes sur réservation (sans boisson) : escalope de saumon, coq au champagne, magret de canard. Restaurants 7 km. Pêche dans étang, vélos, parc animalier sur place. 50 F/repas enfant. ★ *Golf 18 trous à 9 km, piscine à 7 km. Visite de caves de Champagne. Route du Champagne. Château de Montmont à 14 km. Château de Condé-en-Brie à 10 km.* ★
Au cœur de la Champagne, vous découvrirez ce beau château du XVIIIe fleuri. M. et Mme Granger vous y proposeront une chambre confortable et meublée avec goût, et vous inviteront à découvrir le raffinement de leur table d'hôtes dans une superbe salle à manger Louis XVI.
★ Accès : A 4 sortie Dormans, à 7 km de Dormans sur la route de Montmort D 18.

★ Prix/Price : 380/ 430 F 1 Pers - 400/ 450 F 2 Pers - 500/ 550 F 3 Pers - 100 F P. sup - 150 F Repas

MUTIGNY
MANOIR-DE-MONTFLAMBERT

394

This fine 17th century manor house, set in 3.7 acres of land, was originally a hunting lodge for the Dukes of Gantaut-Biron. Breakfast and dinner are served in a vast 19th century dining room. In good weather, the garden and peaceful ornamental lake are extremely pleasant. A blissful paradise. Visits to champagne cellars. Reims cathedral. Faux de Verzy. Marne river cruises. Walks in the forest nearby.
☆ *How to get there: 9 km northeast of Epernay, head for Ay, then Mareuil-sur-Ay and Mutigny (follow signs). Michelin map 56, fold 15.*

Renée RAMPACEK
MANOIR DE MONTFLAMBERT
51160 MUTIGNY
Tél. : 03.26.52.33.21 - *Fax : 03.26.59.71.08*

Carte
1

★ 6 chambres, toutes avec bains et wc privés. Ouvert de Pâques au 15/11. Restaurant à 5 km. Cartes bleues et Visa acceptées. ★ *Visite des caves de champagne. Cathédrale de Reims. Les faux de Verzy. Croisières sur la Marne. Promenades en forêt sur place.* ★
Beau manoir du XVIIe siècle (ancien relais de chasse des Ducs de Gantaut-Biron), situé dans un parc de 1,5 ha. Les petits déjeuners sont servis dans une vaste salle à manger XIXe siècle. Aux beaux jours, vous profiterez du jardin et de sa paisible pièce d'eau. Endroit paradisiaque très calme.
★ Accès : A 9 km au nord-est d'Epernay, prendre Ay puis Mareuil-sur-Ay et Mutigny (suivre le fléchage). CM 56, pli 15.

★ Prix/Price : 420/ 570 F 1 Pers - 450/ 650 F 2 Pers - 750 F 3 Pers

PRUNAY
LA BERTONNERIE

395

Christian et Odile LE BEUF
LA BERTONNERIE
51360 PRUNAY
Tél. : 03.26.49.10.02 - Fax : 02.26.49.17.13

Carte 1

This handsome residence full of character, originally a hunting lodge, is set in 5.5 acre grounds. The spacious, comfortable bedrooms all have separate entrances. A dining room with rest area, TV and fridge are available for guests' use. Pleasant, fully enclosed garden with furniture.
Reims (cathedral, exhibition centre, etc.). Champagne country. Fort de la Pompelle.
☆ *How to get there: 800 m from RN44, 5 min. from Reims on the way to Châlons and motorway exit Reims-Cormontreuil.*

★ 2 ch. 2 pers. et 1 ch. 3 pers. avec sanitaires privés. Ouvert toute l'année. Copieux petit déjeuner : fruits frais et secs, laitage, viennoiseries... Séjour, coin-repos, TV, réfrigérateur, micro-ondes à dispo. Jardin clos, salon de jardin, jeux, portique, p-pong, vélos. Restaurant 800 m. ★ *Reims (cathédrale, parc des expositions...). Route du Champagne. Fort de la Pompelle.* ★

Cette belle demeure de caractère est un ancien relais de chasse entouré d'un parc de 2,5 ha. Les chambres qui sont vastes et confortables ont toutes un accès indépendant. Une salle de séjour avec coin-repos, TV et réfrigérateur sont à votre disposition. Agréable jardin entièrement clos avec salon de jardin.

★ Accès : A 800 m de la RN44, à 5 mn de Reims en direction de Châlons et de la sortie d'autoroute Reims-Cormontreuil.

★ Prix/Price : 260 F 1 Pers - 310 F 2 Pers - 410/ 460 F 3 Pers

LONGEVILLE-SUR-LA-LAINES
BOULANCOURT

396

Philippe et Christine VIEL-CAZAL
BOULANCOURT
LONGEVILLE-SUR-LA-LAINES
52220 MONTIER-EN-DER
Tél. : 03.25.04.60.18

Carte 1

In the immediate vicinity of the great lakes of Champagne-Ardennes, Christine and Philippe Viel-Cazal are pleased to welcome you to their lovely family home full of character where calm prevails. The rooms are bright and comfortable. Payphone.
Visit the churches and vineyards of Champagne. Royal crystalworks at Bayel 35 km. Der Lake, stud farm and abbey-church at Montier-en-Der 10 km. Château: Cirey-sur-Blaise 20 km. Horse-riding 8 km. Tennis 2 km.
☆ *How to get there: At Montier-en-Der, head for Troyes, then take the D174 via Longeville-sur-la-Laines. Drive through the village, then left, first crossroads after the exit.*

★ 5 ch. avec douche ou bains, wc privés. Ouvert toute l'année sur résa. Table d'hôtes sur résa. (boissons comprises) : cuisine familiale, poissons d'étangs de région, sanglier en période de chasse. Restaurant 10 et 20 km. Parc, rivière, pêche, sentier de petite randonnée à pied ou en VTT sur place. ★ *Eglises et vignobles champenois. Cristalleries Royales de Bayel 35 km. Lac du Der, haras et abbatiale de Montier-en-Der 10 km. Château de Cirey 20 km. Equitation 8 km. Tennis 2 km.* ★

A proximité immédiate des grands lacs de Champagne-Ardennes, Christine et Philippe Viel-Cazal vous reçoivent dans leur maison de caractère où règnent le calme et la tranquillité. Les chambres sont gaies et confortables. Point-phone. Vous pourrez découvrir la migration des grues cendrées (mars-novembre).

★ Accès : A Montier-en-Der, direction Troyes, puis D 174 par Longeville-sur-la-laines. Traverser le village, à gauche 1er croisement après la sortie.

★ Prix/Price : 245/ 305 F 1 Pers - 270/ 330 F 2 Pers - 365/ 425 F 3 Pers - 70 F P. sup - 130 F Repas

CHATEAU-GONTIER
CHATEAU-DE-MIRVAULT

397

Brigitte et François d'AMBRIERES
CHATEAU DE MIRVAULT
AZE
53200 CHATEAU-GONTIER
Tél. : 02.43.07.10.82 - Fax : 02.43.07.10.82

Carte
2

This small château along the Mayenne, restored during the 19th century, stands on a vast property which has been in the family since 1573. Handsome 18th and 19th century furniture. The spacious, first floor bedrooms overlook the river. There is a pleasant terrace at the front of the château on the river.
Riding club, tennis court, swimming pool, canoeing. Walking and cycling trails. Tours of châteaux and museums. Barge hire on a daily basis. Château-Gontier 1 km. « Refuge de l'Arche ».
☆ *How to get there:* 1 km from Château-Gontier on the bypass (rocade), exit for Laval N162. At last roundabout, follow signs. The lane is 50 km from the roundabout (Avenue René Cassin).

★ 2 ch. et 1 suite avec sanitaires privés. Ouvert du 01/04 au 01/11, et sur résa. Petits déjeuners : fruits de saison, patisseries maison... Bibliothèque, jeux de société et tél. Cour, jardin, parc 10 ha., rivière, étang, barque, pêche, voile, baignade, vélos, p-pong sur place. ★ *Club hippique, tennis, piscine, canoë-kayak. Circuits pédestres et à vélos. Châteaux et musées. Location de péniche à la journée. Château-Gontier 1 km. Refuge de l'Arche.* ★
Ce petit château en bordure de la Mayenne, restauré au XIXe est situé sur une vaste propriété et appartient à la même famille depuis 1573. Beau mobilier ancien des XVIIIe et XIXe. Les chambres avec vue sur la rivière sont vastes et confortables et situées au 1er étage. Devant le château, agréable terrasse en bordure de rivière.
★ Accès : A 1 km de Château-Gontier par la rocade, sortie dir. Laval N162. Au dernier rd-point, suivre fléchage. Le chemin à 50 m du rd-point (avenue René Cassin).

☆ Prix/Price : 300 F 1 Pers - 350/ 400 F 2 Pers - 450 F 3 Pers - 100 F P. sup

MONTREUIL-POULAY
LE VIEUX-PRESBYTERE

398

Denis et Patricia LEGRAS-WOOD
LE VIEUX PRESBYTERE
53640 MONTREUIL-POULAY
Tél. : 02.43.00.86.32 - Fax : 02.43.00.81.42

Carte
2

« Le Vieux Presbytère » is set in a vast English-style garden with a stream running through it. The two bedrooms with beams are in a separate wing of a restored 17th century presbytery. Gourmets will delight in the copious breakfasts. Inn (auberge) in the village and good-food guide restaurants nearby. (E-mail: 10.1512,245@compuserve.com).
Within a 5-km radius: Lassay and 3 châteaux, large reservoir (water sports), tennis, swimming pool and riding. Golf course, forest, casino, fort, thermal baths and Roman temple 15 km. Boat trips on the river.
☆ *How to get there:* 9 km from the N12, 11 km from Mayenne, access on the D34 heading for Lassay, Bagnoles de l'Orne: on the D160, for Chantrigné. The presbytery is 800 m from the village.

★ 2 ch. avec bains et wc privés. 2 salons avec poutres, cheminée, four à pain, cuisine indépendante avec suppl. Ouvert toute l'année. TV par satellite, vélos sur place. Barbecue, salon de jardin. Chauffage central. Gare 11 km. (e-mail.10.1512,245@compuserve.com). ★ *A 5 km, Lassay et ses châteaux, plan d'eau (sports nautiques), tennis, piscine, randonnées équestres. Golf, forêt, casino, thermes et temple romain 15 km. Promenades fluviales.* ★
En pleine campagne, dans un vaste jardin à l'anglaise parcouru par un ruisseau, 2 chambres avec poutres, dans l'aile indépendante d'un presbytère du XVIIe restauré (grange aux dîmes). Copieux petits déjeuners. Auberge dans le bourg, restaurants gastronomiques à proximité..
★ Accès : A 9 km de la N12, 11 km de Mayenne, accès par la D34 vers Lassay, Bagnoles-de-l'Orne ; sur la D160, direction Chantrigné, c'est à 800 m du bourg.

☆ Prix/Price : 270 F 1 Pers - 320 F 2 Pers

SAINT-DENIS-D'ANJOU
LE LOGIS-DU-RAY

399

In one of the six small Mayenne towns full of character, you will be given a warm welcome by hosts Martine and Jacques. Their attractive residence dating back to 1830 boasts period furniture. The breakfasts are excellent. In the summer months, the master of the house will be happy to share his love of horses by taking you on a carriage ride.
Solesmes abbey, Malicorne earthenware. Château: Le Plessis Macé. Golf courses: Sablé, Champigné. 25 km from St. Denis d'Anjou footpaths, tennis court. Theatre and concerts (« Nuits de la Mayenne » season).
☆ *How to get there:* 9 km southwest of Sablé-sur-Sarthe, take the D309, then D27 for Angers. Follow signs in the village. 75 min. from Paris on TGV high-speed train. Michelin map 232, fold 20.

Jacques et Martine LEFEBVRE
LE LOGIS DU RAY
53290 SAINT-DENIS D'ANJOU
Tél. : 02.43.70.64.10

Carte 2

★ 3 ch. avec douche et wc privés. Ouvert toute l'année. Table d'hôtes sur réservation. Restaurants 800 m. Visa et Mastercard acceptées. Loc. de vélos. Sur résa., promenades à thème en attelage, week-end « anti-stress ». ★ *Abbaye de Solesmes, faïencerie de Malicorne, château du Plessis Macé.. Golfs à Sablé et Champigné. Sentiers et tennis à St-Denis d'Anjou. Nuits de la Mayenne : théâtre, concerts...* ★

Dans une des 6 petites cités de caractère de la Mayenne, Martine et Jacques ouvrent les portes de leur belle et vieille demeure, bâtie en 1830. Vous y trouverez de jolis meubles anciens et dégusterez d'excellents petits déjeuners. L'été, Jacques vous fera partager sa passion pour les chevaux, le temps d'une promenade en calèche.

★ Accès : A 9 km au sud-ouest de Sablé-sur-Sarthe, prendre la D309 puis la D27 en dir. d'Angers. Dans le village, fléchage. 1h15 de Paris en TGV. CM 232, pli 20.

★ Prix/Price : 300/ 355 F 1 Pers - 330/ 385 F 2 Pers - 530 F 3 Pers - 150 F P. sup - 150 F Repas

ANCEMONT

400

This attractive 18th century château has been tastefully restored by its current owners. Guests are guaranteed a warm welcome. Fine cuisine prepared by the lady of the house is served in the Louis XVI dining room. Guests also have the use of the Louis XV lounge. Private swimming pool with spa. Flying trips available. (E-mail: rene.eichenauer@wanadoo.fr)
Meuse 500 m. Near Verdun (swimming pool, tennis, riding). Château is 10 min. from WWI battlefields. Walks in the Argonne forest. Tandems on premises. Quality fly fishing 6 km. (Internet: www.eichenauer@france-gites.com /fg0012/index.html)
☆ *How to get there:* From Paris A4 motorway, Verdun exit, for Bar-le-Duc to Lemmes, then left to Senoncourt and Ancemont. Motorway from Strasbourg, Verdun exit, drive for 8 km. At Dieue, head for Ancemont.

René et Marie-José EICHENAUER
CHATEAU DE LA BESSIERE
RUE DU FOUR - ANCEMONT
55320 DIEUE-SUR-MEUSE
Tél. : 03.29.85.70.21 - Fax : 03.29.87.61.60

Carte 1

★ 2 ch. avec s. d'eau, wc privés et TV et 1 suite de 2 ch. avec s.d.b. et wc communs. Ouv. toute l'année. Table d'hôtes (boissons comprises) : magret à la crème de brie/ mousseline, bergamote... Park. int. couv. (cour). Parc ombragé. Piscine privée. 550 F/suite. Tél. à dispo., fax gratuit. ★ *Meuse 500 m. A prox. de Verdun (piscine, tennis, équitation). Château à 10 mn des champs de bataille. Forêt d'Argonne. Tandems sur place. Circuit pêche à la mouche 6 km. (www.france.gites.com/fg0012/index.htlm).* ★

Dans ce joli château du XVIIIe que les propriétaires ont restauré avec goût, vous serez accueillis très chaleureusement et pourrez déguster les spécialités de la maîtresse de maison dans la salle à manger Louis XVI. Salon Louis XV à disposition. Piscine privée avec banc balnéo. Poss. balade en avion 3 pers. sur résa. (e-mail: rene.eichenauer@wanadoo.fr).

★ Accès : De Paris A4 sortie Verdun dir.Bar-le-Duc jusqu'à Lemmes. A gauche vers Senoncourt et Ancemont. Autoroute Strasbourg sortie Verdun + 8 km, à Dieue dir.Ancemont.

★ Prix/Price : 350 F 2 Pers - 400 F 3 Pers - 125 F Repas - 325 F 1/2 pension

THILLOMBOIS
LE CLOS-DU-PAUSA

401

Lise provides a warm welcome at her large half-timbered, stone house in a quiet, restful setting. Great care has been taken with the decoration and each of the 3 spacious bedrooms has its own personal touch (lilac, rose and carnation). All three afford a view of the park. Lise will be delighted to help you discover the Meuse and its region.
Bar-le-Duc and Verdun. Fly fishing (20 km). La Madine lake (golf, sailing and tennis). Footpaths.
☆ How to get there: On the N35 from Bar-le-Duc to Verdun, take the D902 at Chaumont-sur-Aire or the D101 at Neuville. Follow signs for the Château.

Lise TANCHON-DUFOUR
LE CLOS DU PAUSA
55260 THILLOMBOIS
Tél. : 03.29.75.07.85 - Fax : 03.29.75.00.72

CV

Carte 1

★ 2 chambres et 1 suite avec sanitaires privés. Ouvert toute l'année. Table d'hôtes uniquement sur réservation (vin compris et pain maison). Grand parc ombragé. Barbecue dans le lavoir. Animaux admis sur demande (+ 50 F). Restaurants gastronomiques à 15 km. ★ *Bar-le-Duc et Verdun. Parcours de pêche à la mouche (20 km). Lac de la Madine (golf, voile et tennis). Circuits pédestres.* ★

Lise vous recevra chaleureusement dans sa grande maison en pierres et colombages au décor soigné, dans un cadre calme et reposant. 3 chambres spacieuses et personnalisées (Lilas, Rose et Bleuet) vous seront réservées. Elles ont toutes vue sur le parc. Si vous le souhaitez, Lise vous guidera dans la découverte de la Meuse et sa région.

★ Accès : Sur N35 de Bar-le-Duc à Verdun, prendre la D902 à Chaumont-sur-Aire ou la D101 à Neuville. Suivre fléchage château.

☆ Prix/Price : 250 F 1 Pers - 300/ 400 F 2 Pers - 50 F P. sup - 130 F Repas

CARNAC

402

Marie-France and Daniel Balsan provide a warm welcome at this finely restored farmhouse, between the sea and the menhirs. Enjoy a delicious breakfast before going walking or hiking. Other leisure activities are available for getting to know this magnificent region.
Carnac-Plage: seaside resort with fine sand beach (500 m), lively streets during the season, sea water therapy centre, sea water swimming pool, French Sailing School (regattas). Megaliths (1 km).
☆ How to get there: In Carnac-Ville, head for « Les Plages » (beaches), then drive to the end of Avenue des Druides. Turn left into Chemin de Beaumer then 500 m on, follow signs for Impasse de Beaumer.

M. France et Daniel BALSAN
IMPASSE DE BEAUMER
56340 CARNAC-PLAGE
Tél. : 02.97.52.78.11 - Fax : 02.97.52.13.02

Carte 2

★ 5 chambres 2 pers. avec téléphone, TV, salon et sanitaires privés. Ouvert toute l'année. Taxe de séjour. Copieux petits déjeuners : confitures, spécialités de gâteaux, jus d'orange... Jardin clos privatif de 6500 m², terrasse, salon de jardin. Restaurants à la Trinité (2 km). ★ *Carnac-Plage, station balnéaire 500 m, rues animées en saison, centre de thalassothérapie, piscine d'eau de mer, école française de voile (régates). Mégalithes à 1 km.* ★

Entre la mer et les menhirs, dans une longère finement restaurée, Marie-France et Daniel Balsan seront heureux de vous accueillir. Vous apprécierez les délicieux petits déjeuners. Promenades-randonnées, découvertes et autres loisirs vous seront proposés afin de mieux connaître cette belle région.

★ Accès : A Carnac-Ville dir. les plages. Avenue des Druides jusqu'à l'extrémité. A gauche, chemin de Beaumer, et à 500 m, suivre le fléchage vers l'impasse de Beaumer.

☆ Prix/Price : 300/ 320 F 2 Pers - 100 F P. sup

INZINZAC-LOCHRIST
TY-MAT-PENQUESTEN

403

Catherine SPENCE
TY-MAT-PENQUESTEN
56650 INZINZAC-LOCHRIST
Tél. : 02.97.36.89.26 ou 02.97.85.11.81
Fax : 02.97.36.89.26

Carte 2

Catherine Spence provides a warm welcome at her 18th and 19th century manor house, set in the Blavet valley. Superb interior decoration appointed entirely with 18th and 19th century furniture. The residence exudes considerable charm and offers a high standard of comfort. Attractive 7.5-acre grounds.
17th century village at Quistinic. Hennebont, historical town (16th century basilica, ramparts, national stud farms, etc.). Lochrist: watersports centre on the Blavet, river fishing. Beaches 25 min.
☆ *How to get there: On RN165 Vannes-Lorient or RN24 Rennes-Lorient, Inzinhac-Lochrist exit. At Lochrist, drive past the two bridges. At the 2nd bridge, turn right, drive 4 km, then turn left.*

★ 4 chambres avec sanitaires privés. Ouvert toute l'année. Savoureux petit déjeuner : viennoiseries, crêpes, far breton et tartes maison, laitage. Piano, jeux de société, TV. Parc, portique, bac à sable, chemins de randonnées dans les bois de Trémelin. Restaurants de poissons à proximité. ★ *Village du XVIIe à Quistinic. Hennebont, ville historique (basilique XVIe, remparts, haras nationaux...). Lochrist : base nautique sur le Blavet, pêche en rivière. Plages à 25 mn.* ★
Situé dans la vallée du Blavet, Catherine Spence vous accueille dans son manoir des XVIIIe et XIXe siècles. Superbe décoration intérieure avec un mobilier français et anglais, exclusivement ancien, d'époque XVIIIe et XIXe. Vous trouverez à cette demeure un charme particulier et beaucoup de confort. Beau parc de 3 ha.
★ Accès : De la RN165 Vannes-Lorient ou de la RN24 Rennes-Lorient, sortie Inzinzac-Lochrist. A Lochrist, passer les 2 ponts. Au 2e pont, à droite sur 4 km puis à gauche.

★ Prix/Price : 280 F 2 Pers - 360 F 3 Pers - 80 F P. sup

LANGUIDIC
LES CHAUMIERES-LEZORGU

404

Yvonne LE ROUX
LES CHAUMIERES LEZORGU
56440 LANGUIDIC
Tél. : 02.97.65.81.04

Carte 2

Yvonne Le Roux will be delighted to welcome you to her 18th century cottages, set in a peaceful, pretty flower garden. The bedrooms are very comfortable and the interior exudes warmth (Louis Philippe, Voltaire, rustic and English styles). The guest lounge boasts a fireplace, television, hi-fi, library. Table tennis, billiards. Winter weekends with fireside meals available.
Peaceful area with superb landscaped park for relaxing. Tennis 800 m. Riding, trout fishing on the Blavet 2 km.
☆ *How to get there: N24, Rennes-Lorient, Languidic exit. Head for « Place de l'Eglise , and « Kergonan ». 800 m on from the Languidic exit, cross over motorway. First road on the left and follow »Gîtes de France« signs.*

★ A l'étage : 1 suite 2/4 pers. avec 2 ch., s. d'eau et wc privés non communiquants. Ouvert toute l'année. Copieux petits déjeuners bretons servis dans la véranda. Parc aménagé, salons de jardin, tennis de table. Séjour/salon avec cheminée, bibliothèque, TV, hi-fi sont à votre disposition. ★ *La tranquillité du site avec son superbe parc de détente aménagé. Tennis à 800 m. Equitation et pêche à la truite sur le Blavet à 2 km.* ★
Mme Le Roux sera heureuse de vous accueillir dans ses chaumières du XVIIIe, entourées d'un joli jardin. Les chambres sont très confortables, la décoration intérieure chaleureuse (style Louis Philippe, Voltaire, rustique,...). En hiver, possibilité week-end avec repas au coin du feu.
★ Accès : N24 Rennes/Lorient, sortie Languidic dir. place de l'église. Puis dir. « Kergonan ». 800 m après Languidic, dès le passage au dessus de la voie rapide, 1re rte à gauche (panneaux « Gîtes de France).

★ Prix/Price : 280 F 2 Pers - 100 F P. sup

PLOUGOUMELEN
CAHIRE

405

Arsène et Chantal TROCHERY
CAHIRE
56400 PLOUGOUMELEN
Tél. : 02.97.57.91.18

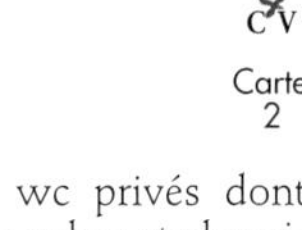

Carte 2

★ 4 chambres avec douches et wc privés dont 2 avec entrées indépendantes, coin-salon et cheminée. Ouvert toute l'année sauf vacances hiver (zone A). Petit déj. copieux et gourmand : pains spéciaux, confitures, œufs, jambon... Parc, jardin, terrasse, salon de jardin. Restaurants à proximité. ★ *Moulins et vieilles bâtisses. Auray (6 km) avec le port de St-Goustan, ville d'art et d'histoire. Vannes 10 km : cathédrales, jardins, remparts, musées, port... Océan, plage 10 km. Tennis, équitation 1 km. Golf 3 km. Piscine 6 km.* ★

Près de la mer, M. et Mme Trochery vous accueillent dans un ensemble de chaumières du XVIIe siècle, situé dans un village classé. Les 4 chambres sont très spacieuses et la décoration, sobre et raffinée, mêle avec bonheur, mobilier contemporain et meubles de style. Pour votre confort, chaque chambre dispose d'un service à thé. Parc d'1 ha. et beau jardin paysager.

★ Accès : N165 Vannes-Lorient, sortie Plougoumelen. En direction de Plougoumelen, à 600 m à gauche, route de Cahire. Cahire est à 1 km. CM 63, pli 2.

Mr and Mme Trochery are your hosts at their cluster of 17th century cottages, in a listed village by the sea. The four very spacious bedrooms and the sober, refined decor blends harmoniously with the contemporary and period furniture. There is a tea set in every bedroom. Attractive landscaped garden and 2.5-acre grounds.

Mills and old buildings. Auray 6 km with port of St-Goustan: rich artistic and historical treasures. Vannes 10 km: cathedrals, gardens, ramparts, museums, port. Ocean, beach 10 km. Tennis, horse-riding 1 km. Golf 3 km. Swimming pool 6 km.

☆ How to get there: N165 Vannes-Lorient, Plougoumelen exit. Head for Plougoumelen, after 600 m up turn left for the Cahire road. Cahire is 1 km further on. Michelin map 63, fold 2.

★ Prix/Price : 270/ 380 F 2 Pers - 50/ 100 F P. sup

SAINT-MARTIN-SUR-OUST
LE CHATEAU-DE-CASTELLAN

406

M. et Mme COSSE
LE CHATEAU DE CASTELLAN
56200 SAINT-MARTIN-SUR-OUST
Tél. : 02.99.91.51.69 - Fax : 02.99.91.57.41

Carte 2

★ 2 ch. 2 pers., 1 ch. 3 pers., 2 ch. 4 pers., toutes avec sanitaires privés. Ouvert toute l'année. Parc. Jardin avec salon de jardin. Téléphone personnel des propriétaires mis à la disposition des hôtes. Possibilité de dîner sur place. ★ *Rochefort-en-Terre, cité de caractère, et la Gacilly, village d'artisans d'art à 10 km. Malestroit, cité médiévale, à 13 km. Josselin, son château et son musée du costume à 30 km.* ★

Beau château du XVIIIe, où M. et Mme Cossé vous réservent un accueil chaleureux. Les chambres sont spacieuses, confortables, et dotées d'un mobilier de style (l'une est d'ailleurs inscrite à l'inventaire des monuments historiques).

★ Accès : De Paris, Rennes, Redon, rejoindre St-Martin/Oust. Sortie D149 sur 1,5 km vers St-Congard. De Vannes, Ploërmel : à Malestroit suivre St-Congard, puis St-Martin.

Hosts Mr and Mme Cossé guarantee a warm welcome at their handsome 18th century château. The spacious, comfortable bedrooms boast period furniture (one of the rooms is listed). Relax in the garden.

Rochefort-en-Terre (town with great character), La Gacilly village, famous for its arts and crafts 10 km. Medieval city of Malestroit 13 km. Josselin: château and Costume Museum 30 km.

☆ How to get there: From Paris, Rennes, Redon, dir. St-Martin/Oust. D149 exit, and drive 1.5 km for St-Congard. From Vannes, Ploërmel: at Malestroit, make for St-Congard and St-Martin.

★ Prix/Price : 400 F 1 Pers - 450/ 600 F 2 Pers - 560/ 710 F 3 Pers - 110 F P. sup

CUVRY
FERME-DE-HAUTE-RIVE

407

You will be given a warm welcome by your hosts Brigitte and Jean-François in their pretty farmhouse, set in the heart of the Metz valley.
Metz: Gothic cathedral, ramparts. Gorze, Moselle valley.
☆ *How to get there:* From Metz, D5 for Marly and Cuvry.

Jean.F et Brigitte MORHAIN
FERME DE HAUTE RIVE
57420 CUVRY
Tél. : 03.87.52.50.08 - Fax : 03.87.52.60.20

Carte 1

★ 4 chambres, avec bains ou douche et wc privés. Ouvert du 1er avril au 1er novembre. Petit déjeuner à base de pâtisseries et confitures maison, fruits,... Restaurants à Metz et au village voisin avec cuisine du terroir et produits frais. ★ *Metz : cathédrale gothique, remparts. Gorze, vallée de la Moselle.* ★
Au cœur du Val de Metz, Brigitte et Jean-François vous recevront chaleureusement dans leur jolie ferme.
★ Accès : Depuis Metz, D 5 en direction de Marly, Cuvry.

☆ Prix/Price : 210 F 1 Pers - 250 F 2 Pers - 300 F 3 Pers

RAHLING

408

This typical Lorraine mill with vane is set in a park and an attractive flower garden. The bedrooms are comfortable and appointed with period style furniture. Savour the hearty breakfasts served by your hosts.
Pays de Bitche region. Fishing, forests, walks locally. Fitness trail. Hiking paths 5 km. Swimming pool 5 km. Tennis court locally. Riding, golf course 20 km.
☆ *How to get there:* From Metz, motorway for Strasbourg, Sarreguemines exit. Head for Sarreguemines on RN61, then for Bitche on N62 to Rohrbach-les-Bitche. At Rohrbach, D35 for Bining, then Rahling.

Annie et Louis BACH
2 RUE DU VIEUX MOULIN
57410 RAHLING
Tél. : 03.87.09.86.85

Carte 1

★ 3 chambres avec TV, douche et wc privés. Ouvert toute l'année. Copieux petit déjeuner : fromages, charcuteries, viennoiseries, confitures maison, jus de fruits... Petite cuisine et salon à disposition. Cour, parc, jardin avec salon de jardin. Vélos. ★ *Pays de Bitche. Pêche, forêts, balades sur place. Parcours de santé. Sentiers de randonnée, piscine 5 km. Tennis sur place. Equitation, golf 20 km.* ★
Cet ancien moulin typiquement lorrain avec sa roue à aube, est entouré d'un parc et d'un joli jardin fleuri. Les chambres qui vous reçoivent sont confortables avec un mobilier de style ancien. Vous apprécierez les copieux petits déjeuners servis généreusement et l'accueil chaleureux des propriétaires.
★ Accès : De Metz, A4 dir. Strasbourg sortie Sarreguemines, puis dir. Sarreguemines (N61) puis dir. Bitche (N62) jusqu'à Rohrbach. A Rohrbach D35 dir Bining puis Rahling.

☆ Prix/Price : 160 F 1 Pers - 220 F 2 Pers - 270 F 3 Pers

ALLUY
BOUTEUILLE

Colette LEJAULT
BOUTEUILLE
58110 ALLUY
Tél. : 03.86.84.06.65 - Fax : 03.86.84.03.41

Carte 4

Madame Lejault is your hostess at this family mansion which dates from the 17th century. The spacious bedrooms are comfortable, and tastefully decorated. A fully equipped kitchen and barbecue are available for guests' use in the dovecote.
Boat trips along the Nivernais canal 5 km, châteaux, bike hire, tennis court, swimming pool, fishing 5 km. Golf course 18 km. Riding 3 km. Sailing 15 km. Bathing 6 km. Footpaths and forest. 350-acre hunting grounds on-site.
☆ *How to get there: Halfway between Nevers and Château-Chinon, 1 km from the D978 and 5 km before Châtillon-en-Bazois, coming from Nevers. Michelin map 69, fold 5.*

★ 3 ch. doubles avec s. d'eau et wc privés, 1 ch. double + 1 ch. enfant attenante avec s.d.b. et wc individuels, toutes avec TV et téléphone à compteur. Salon. Cheminée. Parking. Ouvert toute l'année. Petit-déjeuner copieux. Restaurants 5 km. Circuit VTT sur place. Lit d'appoint : 50 F. ★ *Promenades en bâteaux (canal du Nivernais) 5 km, châteaux, loc. de vélos, tennis, piscine, pêche 5 km. Golf 18 km. Equitation 3 km. Sentiers, forêt et chasse 135 ha. sur place.* ★

Madame Lejault vous accueillera chaleureusement dans cette maison de maître du XVIIe siècle, avec parc. Les chambres sont spacieuses, confortables et meublées avec goût. Une cuisine aménagée est à la disposition des hôtes ainsi qu'un barbecue dans le pigeonnier.

★ Accès : A mi-chemin entre Nevers et Château-Chinon, à 1 km de la D 978 et à 5 km avant Châtillon en Bazois venant de Nevers. CM 69, pli 5.

☆ Prix/Price : 230 F 1 Pers - 270/ 330 F 2 Pers - 320/ 380 F 3 Pers

DONZY
LES JARDINS-DE-BELLE-RIVE

Bernard et Josette JUSTE
LES JARDINS DE BELLE RIVE
BAGNAUX
58220 DONZY
Tél. : 03.86.39.42.18

Carte 4

At the end of a willow-lined path, you will come across « Les Jardins de Belle Rive ». The owners, who live in the main house, have appointed four bedrooms in a house full of character next to the property, with TV, phone, kitchen area, library and fireplace on the ground floor. The decoration exudes warmth and comfort, creating a relaxing atmosphere.
Forests and lakes close by. Famous Sancerre, Pouilly-sur-Loire vineyards. Châteaux. Tennis court 2 km. Fishing locally (class 1 river). Golf course 20 km. Riding, forest, hiking 5 km. Bathing 25 km.
☆ *How to get there: Leave N7 at Cosne-sur-Loire, take D33 to Donzy. In town, head for Bagnaux (lane along the Talvane). The property is 1.2 km from the « du Faubourg de Bouhy » crossroads. Michelin map 65, fold 13.*

★ 4 chambres avec sanitaires privés. Ouvert toute l'année. Petit déjeuner copieux. Table d'hôtes : produits régionaux à découvrir. Restaurants en ville et alentours. Piscine privée sur place. ★ *Forêts, étangs à proximité. Vignobles de Sancerre, Pouilly-sur-Loire. Châteaux. Tennis 2 km. Pêche 1re cat. 200 m. Golf 20 km. Equitation, forêt, randonnées 5 km. Baignade 25 km.* ★

Au bout d'un chemin bordé de saules, les Jardins de Belle Rive vous attendent... Les propriétaires, qui habitent le logis principal, ont aménagé 4 chambres dans une maison de caractère annexe, tél., coin-cuisine, salon, bibliothèque et cheminée au rez-de-chaussée. La décoration est chaleureuse et douce, l'ambiance feutrée.

★ Accès : Quitter N7 à Cosne-sur-Loire, D33 jusqu'à Donzy. En ville dir. Bagnaux (chemin le long de la Talvane). A 1,2 km du carrefour « du Fbg de Bouhy ». CM 65, pli 13.

☆ Prix/Price : 230 F 1 Pers - 250/ 300 F 2 Pers - 360 F 3 Pers - 90 F Repas

ENTRAINS-SUR-NOHAIN
LA MAISON-DES-ADIRONDACKS

411

Noëlle WEISSBERG
PLACE SAINT-SULPICE
LA MAISON DES ADIRONDACKS
58410 ENTRAINS-SUR-NOHAIN
Tél. : 03.86.29.23.23 ou 01.45.67.71.55
Fax : 01.44.18.09.37

Carte 4

In the heart of the village, in the furthermost bounds of the Yonne, you will discover this 16th century former Huguenot place of worship, full of character, celebrating Entrains' twinning with Saranac Lake (New York State). Noëlle Weissberg offers extremely comfortable bedrooms of the highest standard. New England-style period furniture.
Gallo-Roman archaeology Museum in village. Varzy Museum (10 km). Châteaux (Ratilly, Menou, Saint-Fargeau, etc.). Sancerre, Pouilly and Chablis vineyards. Riding 5 km. Tennis, forest, hiking, swimming pool and miniature golf nearby.
☆ *How to get there: Between Saint-Amand-en-Puisaye and Clamecy. From Clamecy, take the D957 to Entrains. The accommodation is opposite the church. Michelin map 65, fold 14.*

★ 4 chambres avec bains. Ouvert d'avril à décembre. Table d'hôtes (boissons non comprises) : spécialités américaines l'été, charcuteries fines, fromages. Jardin intérieur. Restaurants à proximité. Visa acceptée. ★ *Musée archéologique au village. Musée de Varzy 10 km. Châteaux de Ratlliy, Menou, St-Fargeau. Vignobles de Sancerre, Pouilly et Chablis. Tennis, forêt, piscine, m-golf à proximité.* ★

Aux confins de l'Yonne, au cœur du village, ancien prêche Huguenot du XVIe siècle, dans une bâtisse de caractère, dédiée au jumelage d'Entrains avec Saranac-Lake (état de New-York), Noëlle Weissberg vous recevra dans des chambres de grand confort, au mobilier de style Nouvelle Angleterre.

★ Accès : Entre Saint-Amand-en-Puisaye et Clamecy. De Clamecy, prendre la D957 jusqu'à Entrains. Les chambres se trouvent face à l'église. CM 65, pli 14.

☆ Prix/Price : 300 F 1 Pers - 360 F 2 Pers - 480 F 3 Pers - 95 F Repas

GUERIGNY
CHATEAU-DE-VILLEMENANT

412

M. et Mme CHESNAIS
CHATEAU DE VILLEMENANT
58130 GUERIGNY
Tél. : 03.86.90.93.10 - *Fax : 03.86.90.93.19*

Carte 4

Château de Villemenant is a listed 13th century castle set in grounds alongside the Nièvre river. Three luxurious bedrooms await your arrival. Guests have the use of an attractive guardroom, in which breakfast and dinner are served. Refined cuisine is presented on beautiful tableware. You will enjoy the warm and charming atmosphere which the château exudes.
Bertranges and Guérigny forests. Fishing on site. Tennis 1 km. Swimming pool, horse-riding 15 km. Lake, bathing 18 km.
☆ *How to get there: At Nevers, take the D977 for Guérigny, then the D26 for Ourouer. Second right (La Quellerie) for Château de Villemant. Michelin map 69, fold 4.*

★ 3 chambres avec sanitaires privés. Ouvert toute l'année. Petits déjeuners très copieux adaptés selon les origines de la clientèle. Table d'hôtes sur résa. Magnifique bibliothèque dans la salle de l'Ambassadeur. Jeux de société, téléphone et TV. Parking. Parc 3 ha., jeux d'extérieur, barbecue. ★ *Forêts de Bertranges et de Guérigny. Pêche sur place. Tennis 1 km. Piscine, équitation 15 km. Plan d'eau, baignade 18 km.* ★

Entouré d'un parc bordé par la Nièvre, le château de Villemenant, est un ancien château fort du XIIIe, classé (MH). 3 chambres d'un très grand confort y ont été aménagées. Belle salle de garde réservée aux hôtes, dans laquelle vous prendrez petits déjeuners et dîners. Menus raffinés servis dans une très belle vaisselle. Atmosphère chaleureuse pleine de charme.

★ Accès : A Nevers, prendre la D977 en dir. de Guérigny, puis prendre la D26 en dir. d'Ourouer, puis la 2e à gauche (La Quellerie), château de Villemenant. CM 69, pli 4.

☆ Prix/Price : 480 F 1 Pers - 620 F 2 Pers - 720 F 3 Pers - 200 F Repas

GUIPY
CHATEAU-DE-CHANTELOUP

This splendid 17th and 18th century château is set in 38 acres of grounds. Both bedrooms are comfortably appointed, and one has a fourposter bed. Hikes can be organised locally.
Gallo-Roman excavations at Compierre. Romanesque church at Vézelay. Fishing in lakes. Tennis 8 km. Water sports club (sailing boats and surfboards for hire) 9 km. Riding, forest, hiking locally.
☆ *How to get there:* On the Corbigny road, take the D5 to Brinon-sur-Beuvron. Michelin map 65, fold 15.

Pierre MAINGUET
CHATEAU DE CHANTELOUP
GUIPY
58420 BRINON SUR BEUVRON
Tél. : 03.86.29.02.08 ou 03.86.29.67.71 -
Fax : 03.86.29.67.71

Carte 4

★ 2 chambres doubles avec salle d'eau et wc privés. Ouvert toute l'année. Restaurants 4 km. Poss. cuisine, salon, salle de séjour, salle de musique. Parking. Salle de jeux. Barbecue, terrasse. Club hippique sur place. Loc. VTT sur place. Gîtes ruraux à la même adresse. Produits fermiers sur place. ★ *Fouilles gallo-romaines de Compierre. Vézelay : église romane. Etangs de pêche, tennis 8 km, club nautique (loc. voiliers et planches) 9 km. Equitation, forêt, randonnée sur place.* ★

Beau château des XVIIe et XVIIIe siècles, situé dans un vaste parc de 18 ha. Les deux chambres sont confortablement meublées (1 chambre avec lit à baldaquin). Organisation de randonnées sur place.

★ Accès : Sur la route de Corbigny, à Brinon sur Beuvron D 5. CM 65, pli 15.

★ Prix/Price : 260 F 1 Pers - 270 F 2 Pers - 320 F 3 Pers

MAGNY-COURS
DOMAINE-DE-FONSEGRE

This attractive, restored farmhouse is set in the heart of the Nièvre countryside, in peaceful greenery. You will appreciate the tastefully decorated interior and enjoy the on-site leisure activities. You may also choose to discover the surrounding area on horseback, by bicycle or boat.
In the vicinity: lake, fishing, Formula 1 circuit, go-carting, microlite flying school, golf course, tennis and riding 10 km. Hiking 8 km. Forest 12 km.
☆ *How to get there:* At Nevers, head for Imphy, then Chevenon and Magny-Cours race circuit. Domaine de Fonsègre is before Saint-Parèze-le-Châtel. Michelin map 69, fold 4.

Michelle BELLANGER
DOMAINE DE FONSEGRE
58470 MAGNY-COURS
Tél. : 03.86.21.28.04 - Fax : 03.86.21.28.05

Carte 4

★ 5 chambres avec douche et wc privés. Ouvert toute l'année. Copieux petit déjeuner (yaourt, fromage blanc, pain d'épice, œufs,...). Restaurants à proximité. CB acceptées. Billard, séjour, salon, cheminée, bibliothèque, téléphone, salle de conférence. Piscine sur place. ★ *A proximité, lac, pêche, circuit automobile F1, karting, école d'ULM, golf, tennis et équitation. Randonnées 8 km. Forêt 12 km.* ★

Au cœur de la campagne nivernaise, belle ferme restaurée, située dans le calme et la verdure. Vous pourrez profiter d'un intérieur décoré avec goût, des loisirs sur place ou bien aller à la découverte des environs, à cheval, en bâteau ou en vélo.

★ Accès : A Nevers, prendre direction Imphy puis Chevenon et circuit de Magny-Cours. Le Domaine se trouve avant Saint-Parèze-le-Châtel. CM 69, pli 4.

★ Prix/Price : 290 F 1 Pers - 330 F 2 Pers - 450 F 3 Pers

MONT-ET-MARRE
FERME-DE-SEMELIN

415

Paul DELTOUR
FERME-DE-SEMELIN
58110 MONT-ET-MARRE
Tél. : 03.86.84.13.94 - *Fax : 03.86.84.13.94*

CV

Carte 4

Mr and Mme Deltour are your hosts at this imposing 19th century manor, which stands in a restful, verdant setting. The interior decoration is both warm and traditional (library and fireplace in the lounge). The bedrooms are bright and filled with flowers.
Swimming pool and tennis court 4 km. Riding 5 km. Lake: sailing, fishing, bathing 10 km. Golf course 20 km. Forest 10 km. Hiking locally.
☆ *How to get there: At Châtillon en Bazois, head for Corbigny, then 2nd road on left (D259) for Mont et Marré. Michelin map 69, fold 5.*

★ 1 chambre triple avec salle de bains et wc privés, 1 chambre double avec salle d'eau et wc privés et 1 chambre (lits jumeaux) avec salle d'eau privée. Salle de séjour avec cheminée. Jardin, parking. Ouvert toute l'année. Restaurant à 3 km. ★ *Piscine et tennis 4 km. Equitation 5 km. Pêche, baignade, plan d'eau, forêt, voile 10 km. Golf 20 km. Randonnées sur place.* ★
Dans un cadre verdoyant et reposant, grande maison du XIXe où vous serez accueillis très chaleureusement par M. et Mme Deltour. La décoration intérieure est chaude et traditionnelle (bibliothèque et cheminée dans le salon), les chambres lumineuses et fleuries.
★ Accès : A Châtillon en Bazois, dir. Corbigny puis 2e route à gauche (D259) et dir. Mont et Marré. CM 69, pli 5.

☆ Prix/Price : 200/ 240 F 1 Pers - 220/ 260 F 2 Pers - 310 F 3 Pers

Nièvre

OUROUER
NYON

416

Catherine HENRY
NYON
58130 OUROUER
Tél. : 03.86.58.61.12

Carte 4

Delightful 18th residence set in vast landscaped grounds. The bedrooms exude warmth and are superbly decorated. Refined interior with handsome 18th and 19th century furniture. Residence full of charm for a peaceful break. No smoking in the bedrooms.
La Chaussade Forge Museum (former Maritime Museum) 9 km. Art and history of Nevers 15 km. Tennis, swimming pool, riding, sailing, fishing 9 km. Forest, hiking locally. Bathing 11 km.
☆ *How to get there: Michelin map 69, fold 4.*

★ 3 ch. non fumeur (lit double) avec très belles salles de bains et wc privés. Ouvert toute l'année. Copieux petits déjeuners à base de confitures et patisseries maison, viennoiseries, jus de fruits... Salle à manger et salon. Téléphone. Barbecue. Cour et parc de 3 ha. Auberges à Montigny (6 km). ★ *Musée des Forges de la Chaussade (ancien musée de marine) 9 km. Nevers, ville d'art et d'histoire 15 km. Tennis, piscine, équitation, voile, pêche 9 km. Forêt, rand. sur place.* ★
Ravissante demeure du XVIIIe entourée d'un vaste parc paysager. Les chambres qui vous reçoivent sont chaleureuses et superbement décorées. Aménagement intérieur raffiné avec un beau mobilier ancien (XVIIIe et XIXe). Beaucoup de charme dans cette demeure pour un séjour en toute tranquillité.
★ Accès : CM 69, pli 4.

☆ Prix/Price : 250 F 1 Pers - 280 F 2 Pers

RAVEAU
LE BOIS-DIEU

Just 6 km from La Charité-sur-Loire, your hosts Dominique and Jean Mellet-Mandard offer four bedrooms close to their farm, bordering the Bertranges forest (25,000 acres). The decor is late 19th century. The area is ideal for hiking, and will also delight fishing and hunting enthusiasts.
Tennis, riding 2 km. Swimming pool 6 km. La Charité-sur-Loire 6 km (fortified monastic city) on Santiago de Compostella route. Vézelay. Bourges. Places and monuments. Pouilly, Sancerre vineyards. Fishing. Forest, hiking nearby.
☆ How to get there: At La Charité-sur-Loire, head for Auxerre on the N151, then take the D179 for Raveau. At Raveau, D138 for 3 km. Le-Bois-Dieu is 250 m from Peteloup. Michelin map 65, fold 13.

Jean et Dominique MELLET-MANDARD
LE BOIS DIEU
58400 RAVEAU
Tél. : 03.86.69.60.02 - Fax : 03.86.70.23.91

Carte 4

★ 4 chambres doubles avec sanitaires privés. Ouvert toute l'année, sur réservation du 15/11 au 31/3. Copieux petit déjeuner. Table d'hôtes sur réservation : produits de la ferme, vin de pays compris. Etangs, forêt et VTT sur place. Parc. ★ *Tennis, équitation 2 km. Piscine 6 km. La Charité-sur-Loire 6 km, cité monastique fortifiée. Vignobles de Pouilly-sur-Loire et de Sancerre. Nombreux sites et monuments.* ★

A 6 km de la Charité-sur-Loire, Dominique et Jean Mellet-Mandard vous proposent 4 chambres près de leur ferme, en bordure de la forêt des Bertranges (10000 ha.), décoration fin XIXe. Randonnées, pêche et chasse sur place.

★ Accès : A la Charité-sur-Loire, sur la N151 dir. Auxerre, prendre D179 dir. Raveau. A Raveau, suivre D138 sur 3 km. Le Bois Dieu est à 250 m de Peteloup. CM 65, pli 13.

☆ Prix/Price : 260 F 1 Pers - 300 F 2 Pers - 100 F Repas

SAINT-JEAN-AUX-AMOGNES
CHATEAU-DE-SURY

418

In the Amognes region, close to Nevers, you will find this 17th century château set in 25-acre grounds. The bedrooms are prettily decorated and open onto the grounds. You will appreciate the warm welcome provided by the owners and enjoy the delicious meals served at the table d'hôtes.
Sancerre, Pouilly-sur-Loire region. Nevers: old town. Magny-Cours Formula 1 race track. Morvan regional park. Hiking and mountain biking in the forests.
☆ How to get there: From Nevers, D978 for Château-Chinon, then D958 for Bona. After the St-Jean-aux-Amognes crossroads, 2nd road on right. Michelin map 69, fold 4.

Hubert de FAVERGES
CHATEAU DE SURY
58270 SAINT-JEAN-AUX-AMOGNES
Tél. : 03.86.58.60.51 - Fax : 03.86.68.90.28

Carte 4

★ 3 chambres avec sanitaires privés. Ouvert toute l'année. Petit déjeuner gourmand : confitures et patisseries maison, viennoiseries, jus de fruits frais, fromages... Table d'hôtes : pièces de gibier en saison, magrets de canard... TV. Parc de 10 ha. ★ *Région de Sancerre, Pouilly-sur-Loire. Visite de Nevers : vieille ville. Circuit de Magny-Cours (Formule 1). Parc Régional du Morvan. Randonnées pédestres et VTT en forêts.* ★

Dans la région des Amognes, à proximité de Nevers, château du XVIIe sur un domaine de 10 ha. Les chambres qui vous reçoivent sont joliment décorées et s'ouvrent sur le parc. L'accueil chaleureux des propriétaires et la savoureuse table d'hôtes feront de cette étape, un moment privilégié.

★ Accès : De Nevers D978 direction Château-Chinon, puis D958 direction Bona. Après le carrefour de St-Jean-aux-Amognes, 2e route à droite. CM 69, pli 4.

☆ Prix/Price : 250 F 1 Pers - 300 F 2 Pers - 350 F 3 Pers - 150 F Repas

SAINT-PERE
L'OREE-DES-VIGNES

419

Marie-Noëlle KANDIN
L'OREE DES VIGNES
CROQUANT
58200 SAINT-PERE
Tél. : 03.86.28.12.50

Carte 4

★ 5 chambres avec sanitaires privés. Ouvert toute l'année. Table d'hôtes : gastronomie nivernaise et vins de Pouilly et des coteaux du Giennois. Point-phone. Jeux de société. Grand terrain attenant et partiellement boisé. Parking. Loc. VTT. Produits fermiers à proximité. 7e nuit offerte. ★ *GR3 à proximité. Piscine, plan d'eau, baignade 2 km. Equitation 3 km. Pêche 5 km. Golf, voile 10 km.* ★

Marie-Noëlle Kandin, jeune propriétaire, dynamique et souriante, vous accueillera chaleureusement dans cette belle demeure familiale, propriété de sa grand-mère. Elle a eu à cœur de lui rendre son charme d'antan et a aménagé avec goût 5 chambres décorées de jolis tissus fleuris. Vaisselle en Gien pour la table d'hôtes et dîners gourmands préparés par Marie-Noëlle.

★ Accès : Au nord de la Nièvre par la N7. A Cosne, prendre la dir. de St-Père par la D14. A St-Père, dir. Croquant et suivre les indications « Chambres d'Hôtes ». CM 65, pli 14.

Marie-Noëlle Kandin, your young and dynamic hostess, offers a friendly welcome with a smile at this family residence which belonged to her grandmother. She has artfully recaptured the charm of a bygone era, and tastefully decorated the five bedrooms with pretty floral fabrics. Marie-Noëlle's gourmet table d'hôtes evening meals are served on Gien tableware.
GR3 posted hiking trail in the vicinity. Swimming pool, lake, bathing 2 km. Horse-riding 3 km. Fishing 5 km. Golf, sailing 10 km.
☆ *How to get there: North of the Nièvre river on the N7. At Cosne, head for St-Père on D14. At St-Père, head for Croquant and follow « Chambre d'Hôtes » (Bed & Breakfast) signs. Michelin map 65, fold 14.*

★ Prix/Price : 200 F 1 Pers - 260 F 2 Pers - 330 F 3 Pers - 100 F Repas

SAINT-REVERIEN
VILLA-DES-PRES

420

Bernadette BURGI
VILLA DES PRES
58420 SAINT-REVERIEN
Tél. : 03.86.29.04.57 - Fax : 03.86.29.65.22

Carte 4

★ 3 ch. doubles avec douche ou bains et wc privés. 2 ch. doubles et 1 ch. simple avec salle d'eau et wc sur le palier. Ouvert toute l'année. Copieux petits déjeuners. Petit restaurant sympa au village. Cheminée. Forêt et randonnées sur place. ★ *Eglise romane XIIe. Site gallo-romain 3 km. Nevers, Vézelay 45 km. Châteaux de Menou 25 km, Villemolin 18 km, Chitry 12 km. Etang de Merle (base de loisirs) 7 km. Pistes VTT.* ★

La Villa des Prés domine la campagne et jouit d'une superbe vue sur le Morvan. Les chambres sont confortables, décorées avec des meubles anciens, de beaux tapis et de nombreux tableaux. Salons, salle à manger avec terrasse surplombant le parc de 2 ha.

★ Accès : Saint-Reverien sur la D977b entre Prémery et Corbigny. Les chambres d'hôtes sont à la sortie du village à droite, en dir. de Corbigny. CM 65, pli 15.

« Villa des Prés » overlooks the countryside and enjoys a superb view of the Morvan. The bedrooms are comfortable, and decorated with period furniture, beautiful carpets and a plethora of paintings. Lounges and dining room with terrace overlooking the five-acre grounds.
12th century Romanesque church. Gallo-Roman site 3 km. La Charité, Nevers. Vézelay 45 km. Châteaux: Menou 25 km, Villemolin 18 km, Chitry 12 km. Etang de Merle outdoor/water sports centre 7 km. Mountain bike trails. Forest, hiking locally.
☆ *How to get there: Saint-Reverien is on the D977b between Prémery and Corbigny. The accommodation is at the exit from the village on the right, heading for Corbigny. Michelin map 65, fold 15.*

★ Prix/Price : 210 F 1 Pers - 250/ 380 F 2 Pers

TINTURY
FLEURY-LA-TOUR

Hosts Michel and Marie-France Gueny extend a warm welcome at this handsome 19th century residence. The bedrooms are extremely spacious and rustic in character. Your hosts are history buffs and will be happy to give you hints on getting to know the region.
Pony club 5 km. Swimming pool 12 km. Forest, private lake on premises (165 acres). Tennis, sailing, fishing, bathing and hiking.
☆ *How to get there:* From Rouy, 5 km from D978. Michelin map 69, fold 5.

Michel et M. France GUENY
FLEURY LA TOUR
58110 TINTURY
Tél. : 03.86.84.12.42

C.V
Carte 4

★ 1 ch. double et 2 ch. triples, avec douche et wc privés, 1 ch. triple avec salle de bains et wc privés. Ouvert toute l'année. Restaurants à 3 et 8 km. Cuisine à la disposition des hôtes. Cheminée. Téléphone. Jeux d'enfants et tennis sur place. ★ *Poney-club 5 km. Forêt, étang privé de 65 ha., tennis, voile, pêche, baignade et randonnées sur place. Piscine 12 km.* ★

Vous serez reçus chaleureusement par M. et Mme Gueny dans cette belle maison bourgeoise du XIXe siècle. Les chambres sont très spacieuses et l'ambiance rustique. Férus d'histoire, vos hôtes sauront vous conseiller efficacement dans la découverte de leur région.

★ Accès : A 5 km de la D 978 à partir de Rouy. CM 69, pli 5.

★ Prix/Price : 180/ 230 F 1 Pers - 200/ 250 F 2 Pers - 280/ 300 F 3 Pers

BAIVES

422

This freestone farmhouse, in the heart of « La Petite Suisse du Nord » (little Switzerland of the North), has been fully renovated by its owners. The time-honoured wooden beams still reign proudly in a contemporary and original setting with mezzanine and futuristic fireplace. An ideal place to stay for riding and regional cuisine enthusiasts.
In the heart of La Fagne country, in southern Avesnes. Sailing, swimming pool, fishing and tennis 8 km. Chimay (Belgium) and Val Joly 8 km. Riding and accommodation for horses.
☆ *How to get there:* From Lille, head for Valenciennes, then Avesnes/Helpe, Sains-du-Nord, Trelon and Baives. From Belgium, Lille, then Mons, Chimay, Mâcon and Brives. Michelin map 53, fold 6.

LES ECURIES DES PRÉS DE LA FAGNE
P. CHAUVEAU / C. POULAIN
2, RUE PRINCIPALE
59132 BAIVES
Tél. : 03.27.57.02.69 ou SR : 03.20.14.93.93
Fax : 03.27.57.02.69

Carte 1

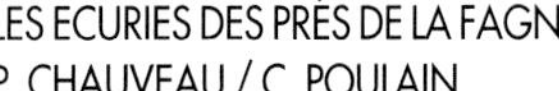

★ 5 ch. indép. avec sanitaires privés. Ouvert toute l'année. Table d'hôtes : tarte au maroille, coq au vin, côtes de porc A'L berdouille, etc... Carte bleue acceptée au SR. Salle commune avec cheminée, salon, jardin d'intérieur. ★ *Au cœur du pays de la Fagne, dans le sud Avesnois. Voile, piscine, pêche et tennis à 8 km. Chimay (Belgique) et Val Joly à 8 km. Equitation et accueil de chevaux.* ★

Au cœur de la Petite Suisse du nord, ferme en pierre de taille que les jeunes propriétaires ont entièrement rénovée, tout en gardant les poutres séculaires. Ils ont réalisé un ensemble contemporain et original, avec mezzanine et cheminée futuriste. Une adresse idéale pour les amateurs d'équitation et de cuisine régionale.

★ Accès : De Lille, dir. Valenciennes, puis Avesnes/ Helpe, Sains-du-Nord, Trelon et Baives. Par la Belgique, Lille puis Mons, Chimay, Macon et Baives. CM 53, pli 6.

★ Prix/Price : 240/ 340 F 1 Pers - 240/ 340 F 2 Pers - 100 F Repas

BANTEUX
FERME-DE-BONAVIS

Michel et Thérèse DELCAMBRE
FERME DE BONAVIS
59266 BANTEUX
Tél. : 03.27.78.55.08 - *Fax : 03.27.78.55.08*

Carte 1

A warm welcome is guaranteed by hosts Mr and Mme Delcambre, whose tasteful choice of decor is a delight to behold. The residence boasts attractive bedrooms. They will be happy to advise you on the best way to get to know the region.
Haut Escaut valley, Vaucelles abbey. Esnes château (archaeological site). Hiking. Boat trips, riding. Aerodrome 8 km. Cambrai 10 km.
☆ *How to get there: 2 km from A26, Masnières exit 9. The farm is at the 1st main crossroads (D917 and N44), between Cambrai and Saint-Quentin, 2 km north of the village. Michelin map 53, fold 13.*

★ 1 chambre double, 1 chambre 3 pers. et 1 chambre familiale 6 pers., toutes avec sanitaires privés. TV privées. Ouvert toute l'année. Copieux petit déjeuner. 3 restaurants à proximité. Parking fermé, garage sur demande. 455 F/4 pers. - 520 F/6 pers. ★ *Vallée du Haut Escaut. Abbaye de Vaucelles. Archéosite château d'Esnes. Randonnées pédestres. Promenades en bâteau, équitation... Aérodrome à 8 km. Cambrai à 10 km.* ★

Vous serez accueillis chaleureusement par Monsieur et Madame Delcambre, qui sauront vous faire partager leur goût pour la décoration et mettront à votre disposition de jolies chambres. Ils pourront en outre conseiller efficament pour la découverte de la région.

★ Accès : A 2 km de la A26 sortie Masnières n°9. La ferme est au 1er carrefour de la D917 et la N44 entre Cambrai et St-Quentin, à 2 km au nord du village. CM 53 pli 13.

★ Prix/Price : 190/ 235 F 1 Pers - 230/ 315 F 2 Pers - 345/ 385 F 3 Pers

BOURBOURG
LE WITHOF

Bernard BATTAIS
LE WITHOF
CHEMIN DU CHATEAU
59630 BOURBOURG
Tél. : 03.28.62.32.50 ou SR : 03.20.14.93.93
Fax : 03.28.62.32.50

Carte 1

The owners of this 16th century fortified farmhouse offer five comfortable bedrooms. The furniture is Louis-Philippe in the bedrooms and Regency in the lounge and dining room. Relax in a large rustic-style room, by a cosy wood fire.
Flanders mountains 30 km. Channel Tunnel 30 km. Dunkirk 18 km, Calais and Saint-Omer 30 km.
☆ *How to get there: From the church and town hall, head for Audruicq, then take first road on right-hand side (Rue du Château), for Monsieur Battais' accommodation. Michelin map 51, fold 3.*

★ 5 chambres avec bains et wc privés. Ouvert toute l'année. Cartes bancaires acceptées. Pêche au blanc sur place. Parc de 3 ha., cour, jardin. 350 F/4 pers. Enfant : 50 F. ★ *Monts des Flandres à 30 km. Tunnel sous la Manche à 30 km. Dunkerque (18 km), Calais et Saint-Omer (30 km).* ★

A l'étage de leur ancienne ferme fortifiée du XVIe siècle, les propriétaires ont aménagé 5 chambres confortables. Mobilier Louis Philippe pour les chambres, Régence pour le salon et la salle à manger. Vous pourrez vous détendre dans une grande salle rustique, autour d'un bon feu de bois.

★ Accès : Place de l'église et de la mairie, prendre dir. Audruicq, puis 1re route à droite (rue du Château) où se trouve les chambres de M. Battais. CM 51, pli 3.

★ Prix/Price : 250 F 1 Pers - 300 F 2 Pers - 350 F 3 Pers - 50 F P. sup - 100 F Repas

JENLAIN
CHATEAU-D'EN-HAUT

Michel et M.-Hélène DEMARCQ
CHATEAU D'EN HAUT
59144 JENLAIN
Tél. : 03.27.49.71.80 - Fax : 03.27.49.71.80

Carte 1

Your hosts at this 18th century château situated in a tiny village near the Belgian border, Michel and Marie-Hélène, have restored their residence to its original splendour over the last ten years. They will be glad to share their enthusiasm for old buildings, decoration and the arts with you. Breakfast is served in one of three dining rooms.
Museums and three châteaux within a 25 km radius. Wide range of cultural tours, a stone's throw away from Lille. Mons, Bruges, Ghent and Brussels. Belgium 12 km. Valenciennes 10 km.
☆ *How to get there: Paris-Brussels motorway, Valenciennes Sud exit; head for Le Quesnoy-Maubeuge. After 4 km, turn off at Le Quesnoy. Michelin map 53, fold 5.*

★ 6 chambres : 2 avec bains et wc, 4 avec douche et wc. Ouvert toute l'année. Salon à disposition. Point-phone. Maison non fumeurs. Restaurants à Jenlain, le Quesnoy et Sebourg. Parc de 2,5 ha. Valenciennes à 10 km. 450 F/4 pers. ★ *Musées. 3 châteaux dans un rayon de 25 km. Nombreuses visites culturelles, à deux pas de Lille. Mons, Bruges, Gand et Bruxelles. Belgique 12 km.* ★

Dans ce petit village à proximité de la frontière belge, Michel et Marie-Hélène vous accueilleront dans ce château du XVIIIe siècle qu'ils ont remis en valeur depuis 1982, et vous feront partager leur passion des vieilles pierres, de la décoration et des arts. Petits-déjeuners servis dans l'une des 3 salles à manger.

★ Accès : Autoroute Paris-Bruxelles, sortie Valenciennes sud ; prendre dir. Le Quesnoy-Maubeuge, à 4 km, sortir à le Quesnoy. CM 53, pli 5.

★ Prix/Price : 240/ 280 F 1 Pers - 280/ 350 F 2 Pers - 390 F 3 Pers

SAINT-PIERRE-BROUCK
CHATEAU-DE-ST-PIERRE-BROUCK

426

Patrick DUVIVIER
CHATEAU DE ST-PIERRE BROUCK
59630 SAINT-PIERRE-BROUCK
Tél. : 03.28.27.50.05 ou SR : 03.20.14.93.93

CV

Carte 1

A handsome residence with character situated in 5 acres of parkland. This refined setting offers 3 bedrooms with antique furniture, and one even boasts a fourposter bed. Relax in the pleasant lounge with fireplace or try the verandah and attractive terrace overlooking the park.
20 km from the Audomarois marshlands and the sea (Malo-les-Bains). Fishing, biking, golf, forests, horse-riding 6 km.
☆ *How to get there: A16 (Calais-Dunkerque-Lille), exit 24 (St-Omer) then exit for Capelle-Brouck and head for St-Pierre-Brouck. Michelin map 51, fold 3.*

★ 2 chambres et 1 suite avec sanitaires privés. Ouvert toute l'année. Petit déjeuner gourmand : viennoiseries, yaourts et patisseries maison, confitures... Table d'hôtes sur réservation : spécialités flamandes (lapin aux pruneaux...). Cour, jardin et parc. Restaurants à Bourbourg 6 km. ★ *A 20 km du Marais Audomarois et de la mer (Malo-les-Bains). Pêche, vélos, golf, forêts, équitation à 6 km.* ★

Belle demeure de caractère, entourée d'un parc de 2 ha. Dans un cadre raffiné, 3 chambres avec mobilier ancien, dont 1 avec lit à baldaquin vous sont réservées. Pour votre confort, une agréable salle de détente avec cheminée, une véranda et une belle terrasse donnant sur le parc.

★ Accès : A16 (Calais-Dunkerque-Lille), sortie n°24 (St-Omer) puis sortie à Capelle-Brouck et direction St-Pierre-Brouck. CM 51, pli 3.

★ Prix/Price : 260 F 1 Pers - 290 F 2 Pers - 390 F 3 Pers - 60 F P. sup - 80 F Repas

Patrick et Pierrette MARIANI
5 GRAND'PLACE
59740 SOLRE LE CHATEAU
Tél. : 03.27.61.65.30 - *Fax : 03.27.61.63.38*

Carte
1

This attractive residence, set in the heart of the village, attests to the owners' love of contemporary art. The spacious, comfortable bedrooms, decorated with pretty matching fabrics, blend both regional and contemporary furniture.
Val Joly, outdoor sports centre. Fourmies-Trelon Regional Heritage Museum (écomusée). Trelon. Hiking and riding. Bicycle touring. Gastronomy. Belgium 3 km.
☆ *How to get there: Close to the N2 Paris-Brussels. Michelin map 53, fold 6/7.*

★ 3 ch., avec sanitaires privés. Ouvert toute l'année. Restaurants à 3 km. Salon avec TV. Vélos à disposition. Expos d'art contemporain régulières. Gîte rural à la même adresse. ★ *Val Joly, base de loisirs. Ecomusée de la région Fourmies- Trelon. Randonnées pédestres et équestres. Cyclotourisme. Gastronomie. Belgique à 3 km.* ★
Belle demeure au centre du bourg, dans laquelle les propriétaires ont pris le parti de valoriser l'art contemporain. Les chambres sont spacieuses et confortables, décorées avec de jolis tissus coordonnés, et mélangent mobilier régional et contemporain.
★ Accès : A proximité de la N2 Paris-Bruxelles. CM 53, pli 6/7.

★ Prix/Price : 210 F 1 Pers - 250/ 280 F 2 Pers - 330/ 360 F 3 Pers - 85 F P. sup

Elisabeth HUBSCH
8, GRANDE RUE
60540 ANSERVILLE
Tél. : 03.44.08.42.13

Carte
1

This 17th century château is a listed historic monument, set in vast grounds with hundred-year old trees and bush-lined avenues. Lovers of 18th century decor will appreciate the charm and comfort of the two refined and welcoming suites, one with a bedroom featuring alcoves, beams, a fireplace and boudoir.
Paris 48 km. Beauvais: cathedral and Tapestry Museum 28 km. Chantilly 36 km. Senlis 26 km. Fishing 4 km, golf course 10 km, swimming pool and tennis court 12 km.
☆ *How to get there: N1 for Beauvais. Head for Anserville and left about 28 km before Beauvais.*

★ 1 suite 2 pers. (+ poss. lit enfant) avec bains, wc, tél. 1 suite 4 pers. avec s. d'eau, wc privés, tél. Table d'hôtes sur demande devant un feu de bois ou sur la terrasse. Restaurants sur place. Restaurant (1 étoile Michelin) à 3 km. 550 F à partir de la 2e nuit. ★ *Paris (48 km). Beauvais, sa cathédrale et son musée de la tapisserie (28 km). Chantilly (36 km). Senlis (26 km). Pêche à 4 km, golf à 10 km, piscine et tennis à 12 km.* ★
Château du XVIIe inscrit à l'inventaire des monuments historiques situé dans un vaste parc (arbres centenaires et allées de buis). Si vous aimez les décors XVIIIe, vous apprécierez le charme et le confort de ces 2 suites raffinées et chaleureuses, dont 1 avec chambre à alcôve, poutres, cheminée et boudoir.
★ Accès : N1 dir. Beauvais. Dir. Anserville à gauche environ 28 km avant Beauvais.

★ Prix/Price : 500 F 1 Pers - 650 F 2 Pers - 220 F Repas

PLAILLY

429

Patrice et Evelyne GUERIN
19 RUE DU DR. DELAPORTE
60128 PLAILLY
Tél. : 03.44.54.72.77 ou 03.44.54.72.82
Fax : 03.44.54.39.75

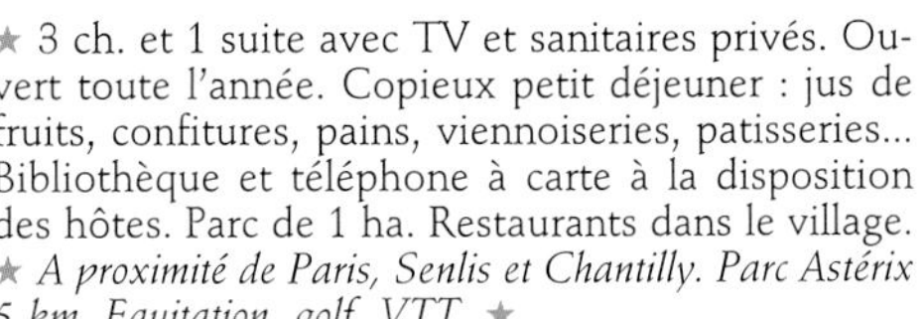

Carte 1

Evelyne and Patrice guarantee a hospitable welcome at their handsome 19th century family mansion. They offer 3 bedrooms and a suite, all of which are superbly appointed. Fine antique and period furniture. You will enjoy the peace and quiet of the place and the charm of the vast tree-filled grounds gracing the residence.
Close to Paris, Senlis and Chantilly. Parc Astérix (amusement park) 5 km. Horse-riding, golf, biking.
☆ *How to get there:* Full details will be supplied at time of booking.

★ 3 ch. et 1 suite avec TV et sanitaires privés. Ouvert toute l'année. Copieux petit déjeuner : jus de fruits, confitures, pains, viennoiseries, patisseries... Bibliothèque et téléphone à carte à la disposition des hôtes. Parc de 1 ha. Restaurants dans le village. ★ *A proximité de Paris, Senlis et Chantilly. Parc Astérix 5 km. Equitation, golf, VTT.* ★
Dans cette belle maison bourgeoise du XIXe siècle, Evelyne et Patrice vous accueilleront très chaleureusement. Ils vous ouvrent les portes de leur demeure, où 4 chambres dont 1 suite superbement aménagées vous sont réservées. Beau mobilier ancien et de style. Vous apprécierez le calme des lieux et le charme du vaste parc boisé qui entoure la demeure.
★ Accès : Un plan d'accès vous sera communiqué lors de la réservation.

★ Prix/Price : 240 F 1 Pers - 280 F 2 Pers - 320 F 3 Pers

PUITS-LA-VALLEE

430

Philippe et Catherine DUMETZ
8 RUE DU CHATEAU
60480 PUITS-LA-VALLEE
Tél. : 03.44.80.70.29

Carte 1

Handsome distinguished residence with grounds and pheasantry. The two spacious, sunblessed bedrooms afford a pretty view of the grounds. A high level of comfort is provided and each room has its own lounge and TV. Savour the table d'hôtes specialities prepared with produce from the pheasantry.
Beauvais: cathedral, Oise Museum, national tapestry gallery. Vendeuil Caply Gallo-Roman site, Hétomesnil Farming and Rural Museum.
☆ *How to get there:* From Beauvais, head for Amiens on RN1. At Froissy, make for Crèvecœur-le-Grand, then turn right and follow signs to Puits-la-Vallée. From Paris: A16 motorway, Hardivillers exit.

★ 2 chambres avec salon, TV sur demande, bains et wc privés. Ouvert toute l'année. Petit déjeuner gourmand à base de patisseries maison. Table d'hôtes à partir de 100 F. Bar et piano à disposition. Parc, portique pour enfants, vélos. Restaurants à Crévecœur-le-Grand 10 km. ★ *Beauvais : cathédrale, musée départemental, galerie nationale de la Tapisserie. Site gallo-romain de Vendeuil Caply, conservatoire de la vie agricole et rurale d'Hétomesnil.* ★
Belle demeure bourgeoise avec parc et faisanderie. 2 chambres vous seront réservées. Elles sont très spacieuses, ensoleillées avec une jolie vue sur le parc. D'un grand confort elles ont chacune, salon et TV. A la table d'hôtes, vous goûterez les spécialités préparées avec les produits de la faisanderie.
★ Accès : De Beauvais, prendre dir. Amiens par la RN1. A Froissy, prendre la dir. de Crévecœur-le-Grand, puis à droite, fléchage Puits-la-Vallée. De Paris, autoroute A16 sortie Hardivillers.

★ Prix/Price : 190 F 1 Pers - 240 F 2 Pers - 290 F 3 Pers - 100 F Repas

REILLY

431

Hilary PEARSON et David GAUTHIER
CHATEAU
60240 REILLY
Tél. : 03.44.49.03.05 - Fax : 03.44.49.03.05

Carte 1

Hilary and David offer a warm welcome at their 17th château, set in 30 acres of tree-lined parkland. The property stands in the heart of a medieval village, which won the « my favourite village » award. The suite and bedroom are spacious and decorated with great refinement.
Listed village in the Vexin Français regional park. 60 km from Paris, 30 km from Giverny and 25 km from Beauvais. Hunting, pike fishing and horse-riding.
☆ *How to get there: Full details will be supplied at time of booking.*

★ 1 chambre et 1 suite 4 pers. avec TV, bains et wc privés. Ouvert toute l'année. Copieux petit déjeuner : viennoiseries, patisseries, confitures... Salon avec TV à la disposition des hôtes. Parc de 12 ha. avec tennis privé. Restaurants à Gisors 5 km. ★ *Village classé dans le Vexin Français. A 60 km de Paris, 30 km de Giverny et 25 km de Beauvais. Chasse, pêche au brochet, équitation.* ★

Au cœur d'un village médiéval, classé « village que j'aime », Hilary et David vous accueilleront chaleureusement dans leur château du XVIIe entouré d'un vaste parc boisé de 12 ha. La suite et la chambre qui vous sont réservées, sont spacieuses et la décoration raffinée.

★ Accès : Un plan d'accès vous sera communiqué lors de la réservation.

★ Prix/Price : 520 F 1 Pers - 590 F 2 Pers - 80 F P. sup - 120 F Repas

SAINT-ARNOULT

432

Nelly ALGLAVE
60220 SAINT-ARNOULT
Tél. : 03.44.46.07.34

Carte 1

This listed 15th century priory is owned by Nelly Alglave, who is pleased to offer a very spacious 1st floor bedroom with canopied fourposter bed, wood panelling and attractive rustic furniture.
Tennis court 2 km. Swimming pool 8 km. Riding 11 km. Gerberoy, medieval city 12 km.
☆ *How to get there: From Beauvais, take the D901 to Marseille-en-Beauvaisis, then the D7 to Feuquière.*

★ 1 chambre avec douche et wc. Ouvert toute l'année. Restaurants à 2 et 8 km. ★ *Tennis à 2 km. Piscine à 8 km. Equitation à 11 km. Gerberoy, cité médiévale à 12 km.* ★

Ancien prieuré du XVe siècle, inscrit aux monuments historiques. Nelly Alglave y propose une chambre très spacieuse au 1er étage, avec lit à baldaquin, charpente apparente et beaux meubles rustiques.

★ Accès : De Beauvais, prendre la D901 jusqu'à Marseille-en-Beauvaisis, puis D7 jusqu'à Feuquière.

★ Prix/Price : 400 F 1 Pers - 430 F 2 Pers

BUBERTRE
LA CHAMPIGNIERE

433

M. et Mme STADELMANN-BONNIAU
LA CHAMPIGNIERE
61190 BUBERTRE
Tél. : 02.33.83.34.77 - Fax : 02.33.83.34.77

Carte 2

Jacques and Geneviève are your hosts at this handsome tithe house built in 1776. They have furbished their residence with great taste and attention to detail. Four comfortable, attractively decorated bedrooms await your arrival. You will enjoy the refined dishes served at the table d'hôtes and savour the delicious breakfasts. The garden is a joy.
Le Perche forest. Grande Trappe abbey. Tourouvre (town from which emigrants set off for Canada). Mortagne: museums and Gothic church 13 km. Hiking, biking, fishing, riding and tennis.
☆ *How to get there: From Paris: N12, for Tourouvre and D32 for Bubertré. After 2 km, follow signs. Michelin map 231, fold 45.*

★ 4 ch. avec sanitaires privés. Ouvert toute l'année. Copieux petit déjeuner : viennoiseries, miel, charcuteries, œufs frais... Table d'hôtes : cuisine du terroir percheron et français. Jardin de 3600 m^2 avec petite pièce d'eau. CB acceptées sauf American Express. 1/2 pens. et pens. pour 2 pers. ★ *Forêt du Perche. Abbaye de la Grande Trappe. Tourouvre (ville de départ des émigrants vers le Canada). Mortagne, cité de caractère à 13 km. Randonnées pédestres et VTT, pêche, équitation, tennis.* ★

Jcaques et Geneviève vous reçoivent dans une belle grange dîmière de 1776. Ils ont aménagé avec goût et passion leur demeure et vous proposent des chambres confortables, joliment décorées avec mobilier de style. Vous apprécierez le raffinement des mets servis à la table d'hôtes, les petits déjeuners gourmands et le charme du jardin qui entoure la maison.

★ Accès : De Paris, N12 puis direction Tourouvre et D32 direction Bubertré, à 2 km suivre le fléchage. CM 231, pli 45.

☆ Prix/Price : 220 F 1 Pers - 250 F 2 Pers - 300 F 3 Pers - 50 F P. sup - 110 F Repas - 430 F 1/2 pension

Orne

CETON
L'AITRE

434

Thérèse PINOCHE
L'AITRE
61260 CETON
Tél. : 02.37.29.78.02

Carte 2

Madame Pinoche is your hostess at this pretty, restored house, in the picturesque Le Perche region, famous for its manors, forests and gastronomy. Discover the delights and secrets of her vegetarian table d'hôtes meals, made with organically-grown produce.
Le Perche region: hiking and fishing nearby, tennis court and swimming pool 1 km. Horse-riding 7 km. Golf course 10 km. Forest 20 km.
☆ *How to get there: N23, from Nogent-le-Rotrou, for La Ferté-Bernard. 6 km, turn left for Ceton. At Ceton, head for Authon. 1st lane on right, as you leave the village. Signposts for « L'Aître ». Michelin map 60, fold 15.*

★ 1 ch. 2 pers. et 1 suite 3 pers. dans les dépendances et 1 suite 3 pers. dans la maison, toutes avec sanitaires privés dont 1 avec salle de bains balnéo. Ouvert toute l'année. Petit déjeuner classique ou biodynamique. Table d'hôtes végétarienne. Parc. ★ *Région du Perche : randonnée et pêche sur place, tennis et piscine à 1 km. Equitation à 7 km. Golf à 10 km. Forêt à 20 km.* ★

Dans la pittoresque région du Perche, célèbre pour ses manoirs, ses forêts et sa gastronomie, Madame Pinoche vous accueille dans sa jolie maison de pays restaurée. Elle vous propose de découvrir les saveurs et les secrets de sa table d'hôtes végétarienne à base de produits biologiques.

★ Accès : N23 de Nogent-le-Rotrou dir. La Ferté-Bernard. 6 km, à gche vers Ceton. A Ceton dir. Authon. 1er chemin à dr. (sortie village). Fléchage l'Aître. CM 60 pli 15.

☆ Prix/Price : 220/ 250 F 1 Pers - 280/ 320 F 2 Pers - 350/ 400 F 3 Pers - 50 F P. sup - 90 F Repas

DOMFRONT
LA DEMEURE-D'OLWENN

Sylvia TAILHANDIER-JACOBSON
LA DEMEURE D'OLWENN
1, RUE DE GODRAS
61700 DOMFRONT
Tél. : 02.33.37.10.03 - *Fax* : 02.33.37.10.03

C.V
Carte 2

★ 3 chambres avec téléphone, salle d'eau et wc privés, et possibilité TV. Ouvert toute l'année. Petit déjeuner : confitures maison, jus de fruits frais, viennoiseries... Grand jardin fleuri. Nombreux restaurants à Domfront. ★ *Domfront, cité médiévale dans le Parc Naturel Régional Normandie-Maine. Pêche, tennis 1 km. Forêt 2,5 km. Circuits de randonnées et de VTT. Casino, golf, équitation, piscine 19 km.* ★

Dans la cité médiévale de Domfront, vous serez accueillis dans une demeure ancienne pleine de charme et de surprises. Belle décoration intérieure avec tableaux et mobilier de style. Passionnée par sa région, la maîtresse de maison saura vous faire découvrir le pays de Lancelot du Lac.

★ Accès : A l'entrée de Domfront, prendre dir. « Centre Ancien ». La maison est à proximité immédiate du tribunal et de la poste. CM 231, pli 41.

In the medieval city of Domfront, you will be welcomed in a period residence full of charm and surprises. Beautifully decorated with paintings and stylish furniture. Your hostess will be happy to share with you her love of Lancelot du Lac country.
Medieval city of Domfront in the Normandy-Maine regional nature park. Fishing, tennis 1 km. Forest 2.5 km. Hiking and biking trails. Casino, golf course, riding, swimming pool 19 km.
☆ *How to get there: At the entrance to Domfront, head for « Centre Ancien ». The house is in the immediate vicinity of the court house and post office. Michelin map 231, fold 41.*

★ Prix/Price : 280 F 1 Pers - 280 F 2 Pers - 340 F 3 Pers - 60 F P. sup

LA FERTE-FRESNEL
LE CHATEAU

SODDECHAFF S.A.R.L.
MME CHAIX
DOMAINE-DU-CHATEAU
61550 LA FERTE FRESNEL
Tél. : 02.33.24.23.23 - *Fax* : 02.33.24.50.19

Carte 2

★ 5 chambres, toutes avec bains, wc, téléphone, TV et kitchenette. Ouvert toute l'année. Restaurant à 1 km. Ping-pong et salle de musculation sur place. Etang privé. Parc. ★ *Ville et marché de l'Aigle à 12 km. Pêche et forêt sur place. Tennis à 15 km. Piscine et équitation à 12 km. Golf à 25 km.* ★

En pays d'Ouche, grand château où Mme Chaix vous accueillera dans des chambres confortables. Vous pourrez profiter de tous les loisirs sur place ou découvrir la région à partir de cette agréable étape.

★ Accès : A l'Aigle, R.12 dir. Vimoutiers. A la Ferté-Frenel, demander le château. CM 231, pli 33 .

This stately château in the Pays d'Ouche offers comfortable rooms and a warm welcome from hostess Madame Chaix. Enjoy the activities available on the premises or discover the joys of the region from this most agreeable base.
Town of Aigle and market 12 km. Fishing and forest on site. Tennis court 15 km. Swimming pool and riding 12 km. Golf course 25 km.
☆ *How to get there: At L'Aigle, R12 for Vimoutiers. At la Ferté-Frenel, ask for « Le Château ». Michelin map 231, fold 33.*

★ Prix/Price : 250 F 1 Pers - 350 F 2 Pers - 420 F 3 Pers - 80 F P. sup

GACE
CASTEL-MORPHEE

André BAYADA
CASTEL-MORPHEE
2, RUE DE LISIEUX
61230 GACE
Tél. : 02.33.35.51.01 - Fax : 02.33.35.20.62

Carte 2

Castel Morphée is a handsome Napoleon III residence with wooded grounds and ornamental lake. Your host, André Bayada, has worked painstakingly to restore the building to pristine splendour. Warm welcome guaranteed. Provision for cycles and horses.
Gacé, famous for being the town of the Lady of the Camellias. Haras du Pin (stud farm) and Montmorel memorial nearby. Tennis, swimming pool 500 m. Riding 5 km. Golf course 12 km. Sea 70 km.
☆ How to get there: On N138. At Gacé, head for Vimoutiers. The property is located at the D979/D13 intersection.

★ 4 chambres et 1 suite avec TV, téléphone et sanitaires privés. Ouvert du 1er avril au 30 octobre. Petit déjeuner buffet. Parc de 1 ha. avec pièce d'eau. Ping-pong, billard, vélos et appareils de musculation. Restaurants à Gacé. Ecuries et 4 boxes (70 F). 540/610 F pour 4 pers. ★ *Gacé, cité réputée pour être la ville de la Dame aux Caméllias. Haras du Pin et mémorial de Montormel à proximité. Tennis, piscine 500 m. Equitation 5 km. Golf 12 km. Mer 70 km.* ★ ***Le Castel Morphée est une belle demeure bourgeoise d'époque Napoléon III avec parc arboré et pièce d'eau. André Bayada s'est attaché à lui redonner tout son éclat. Que vous soyez à pied, à cheval ou en vélo, Il vous y accueille toujours chaleureusement.***
★ Accès : Par la N138. A Gacé, prendre dir. Vimoutiers. La propriété se situe à l'angle de la D979 et de la D13.

☆ Prix/Price : 230/ 300 F 1 Pers - 330/ 420 F 2 Pers - 435/ 505 F 3 Pers

MOULICENT
LA GRANDE-NOE

438

Jacques et Pascale de LONGCAMP
LA GRANDE NOE
61290 MOULICENT
Tél. : 02.33.73.63.30 - Fax : 02.33.83.62.92

Carte 2

Less than two hours from Paris, in the Le Perche region, the charm and comfort of this family château are most appealing. The history of the property's construction spans the 15th, 18th and 19th centuries. Each of the three bedrooms has its own character, with period furniture. The château is set in 30 acres of beautiful parkland.
Le Perche region: manors, forests and culinary traditions. Forest 2 km, fishing and riding 4 km, tennis court 6 km, swimming pool 8 km and golf courses 25 and 40 km. Center Parcs 25 km. Haras du Pin stud farm 55 km. Chartres 65 km.
☆ How to get there: On the N12, at the Sainte-Anne crossroads, between Verneuil and Mortagne, head for Longny-au-Perche, then left for Moulicent. Michelin map 231, fold 45.

★ 3 ch., toutes avec bains et wc. Ouvert de Pâques à fin novembre (poss. réservation l'hiver, sur demande). Table d'hôtes (boissons comprises) : cuisine traditionnelle. Restaurants à 6 et 7 km. Bicyclettes, ping-pong, chevaux et attelage sur place. Promenades en avion sur demande. ★ *Région du Perche (manoirs, forêts et gastronomie). Pêche et équitation 4 km, tennis 6 km, piscine 8 km, golfs 25 et 40 km. Center Parcs 25 km. Chartres 65 km. Forêt 2 km.* ★ ***Dans la région du Perche, à moins de 2 heures de Paris, le charme et le confort d'un château familial des XVe, XVIIIe et XIXe siècles. Chaque chambre a son propre caractère, avec mobilier ancien. Beau parc de 12 hectares.***
★ Accès : Par la N.12, au carrefour de Sainte-Anne, entre Verneuil et Mortagne, prendre dir. Longny-au-Perche, puis à gauche vers Moulicent. CM 231, pli 45.

☆ Prix/Price : 450/ 550 F 1 Pers - 500/ 600 F 2 Pers - 100 F P. sup - 220 F Repas

SAINTE-GAUBURGE/SAINTE-COLOMBE
LA BUSSIERE

439

Antoine LE BRETHON
LA BUSSIERE
61370 STE-GAUBURGE/STE-COLOMBE
Tél. : 02.33.34.05.23 - Fax : 02.33.34.71.47

Carte 2

This large ivy-covered family home is close to Ouche and Le Perche country. A warm welcome is guaranteed by your hosts Mr and Mme Le Brethon, who offer 2 cosy bedrooms with period furniture (attractive matching fabrics, and engravings).
Hiking on site. Tennis 1.5 km. Forest 3 km, lake 8 km. Horse-riding 10 km, bathing 12 km, swimming pool 15 km. Haras National du Pin (stud farm) 22 km.
☆ *How to get there: At l'Aigle, take the N26 for Argentan. The property is on the left, 1 km from Sainte-Gauburge village exit. Michelin map 231, fold 44.*

★ 1 chambre 2 pers. et 1 suite 4 pers. avec bains et wc privés. Ouvert toute l'année. Table d'hôtes sur réservation. Restaurants à 1 km. Boxes pour chevaux. Parc. ★ *Randonnées sur place. Tennis à 1,5 km. Forêt à 3 km. Lac à 8 km. Equitation à 10 km. Baignade à 12 km. Piscine à 15 km. Haras National du Pin à 22 km.* ★

Grande maison familiale couverte de lierre, à proximité du pays d'Ouche et du Perche. Monsieur et Madame Le Brethon vous accueillent dans 2 chambres chaleureuses, meublées à l'ancienne (jolis tissus coordonnés, gravures...).

★ Accès : A l'Aigle, prendre la N26 vers Argentan. La propriété est à gauche. 1 km après la sortie du village de Sainte-Gauburge. CM 231, pli 44.

★ Prix/Price : 230 F 1 Pers - 310 F 2 Pers - 400 F 3 Pers - 145 F Repas

Orne

VALFRAMBERT
HARAS-DE-BOIS-BEULANT

440

Claudia et Massimo SIRI
HARAS DE BOIS BEULANT
61250 VALFRAMBERT
Tél. : 02.33.28.62.33

Carte 2

Just a stone's throw away from the Ecouves forest, Claudia and Massimo Siri have tastefully restored this handsome manor set on a 15-acre estate. Two vast suites await your arrival. The warm welcome given by the owners and the site's beauty make this an ideal place for discovering the Alençon area.
Discover Alençon, « City of the Dukes » (museums). Hiking locally. Riding 300 m, swimming pool 2 km. Tennis, forest 3 km. Golf course 5 km.
☆ *How to get there: From Alençon, take the D26 for Argentan. Drive 2 km through Les Fourneaux (hamlet), the property is 500 m up on the right. Michelin map 231, fold 43.*

★ 1 suite 4 pers. et 2 enfants avec salle d'eau et wc privés et 1 suite 4 pers. avec salle d'eau et wc privés. Ouvert toute l'année. Petit déjeuner : patisseries, fruits, œufs, céréales, jus de fruits frais. Parc de 6 ha. Poss. d'hébergement chevaux. Nombreux restaurants à Alençon 3 km. ★ *Alençon, « Cité des Ducs » à decouvrir (musées). Randonnées sur place. Equitation 300 m. Piscine 2 km. Tennis et forêt 3 km. Golf 5 km.* ★

A deux pas de la forêt d'Ecouves, Claudia et Massimo Siri ont restauré avec goût ce beau manoir normand situé sur une propriété de 6 ha. 2 vastes suites vous seront reservées. L'accueil chaleureux des propriétaires et la beauté du site feront de votre séjour une étape privilégiée dans la région d'Alençon.

★ Accès : Depuis Alençon, prendre la D26 dir. Argentan. Faire 2 km et traverser le hameau des Fourneaux, la propriété se situe à 500 m sur la droite. CM 231, pli 43.

★ Prix/Price : 160/ 230 F 1 Pers - 220/ 260 F 2 Pers - 320/ 360 F 3 Pers - 100 F P. sup

BEUSSENT
LA HAUTE-CHAMBRE

441

Josiane BARSBY
LA HAUTE CHAMBRE
124 ROUTE D'HUCQUELIERS
62170 BEUSSENT
Tél. : 03.21.90.91.92 - Fax : 03.21.86.38.24

Carte 1

Set in a bosky bower, where peace and quiet reign supreme, you will find this recently restored manor house built in 1858. The residence offers five luxuriously appointed double bedrooms. Enjoy the tranquillity of the vast park surrounding the property or visit the owner's wood sculpture studio and gallery, which will delight art lovers.
20 min. from Le Touquet: swimming, golf, tennis, horse-riding, windsurfing, jet-skiing. Riding centre 2 km.
☆ *How to get there: 10 km from Montreuil-sur-Mer. When you reach the church, drive past the restaurant « Lignier » and on for 2 km up the hill. First house on the left.*

★ 5 ch. doubles avec TV, bains et wc privés. Ouvert toute l'année. Petit déjeuner gourmand : salade de fruits frais, yaourts, viennoiseries, confitures maison, œufs... Cour, jardin, parc. Poss. de vélos. Chevaux (cavaliers confirmés), accueil chevaux, box, patures à dispo. Restaurants 1 et 8 km. ★ *A 20 mn du Touquet : natation, golf, tennis, équitation, planche à voile, jet-ski... Centre équestre à 2 km.* ★

Dans son écrin de verdure, et dans un calme absolu, ce manoir de 1858 récemment restauré vous propose 5 chambres doubles d'un très grand confort. Vous pourrez profiter en toute quiétude du vaste parc qui entoure la propriété et pour les amateurs, visite de l'atelier de sculpture sur bois et la galerie du propriétaire.

★ Accès : A 10 km de Montreuil-sur-Mer. A l'église, passer devant le restaurant « Lignier » puis monter la côte sur 2 km et 1re maison à gauche.

✯ Prix/Price : 350/ 400 F 2 Pers

ECHINGHEN

442

Jacqueline BOUSSEMAERE
RUE DE L'EGLISE
62360 ECHINGHEN
Tél. : 03.21.91.14.34 - Fax : 03.21.31.15.05

Carte 1

Close to Boulogne-sur-Mer and 10 km from the Channel Tunnel, this former farmhouse typical of the region is set in the heart of a small village. Your hostess, Jacqueline Boussemaere, offers a warm, hospitable welcome.
Tennis. Mountain bike trail. Boulogne-sur-Mer 4 km. Hardelot and Channel Tunnel 10 km.
☆ *How to get there: A16, Desvres exit, then D341 and D234.*

★ 4 ch. avec TV et sanitaires privés. Ouvert toute l'année. Petit déjeuner copieux : charcuteries, fromages, yaourts, fruits... Salon, séjour et bibliothèque à disposition. Laverie avec sèche-linge. Box pour chevaux, carrière. Jardin, cour. Restaurant 500 m. Lit enfant 50 F. ★ *Tennis. Piste VTT. Boulogne-sur-Mer 4 km. Hardelot et tunnel sous la Manche 10 km.* ★

A proximité de Boulogne et à 10 km du tunnel sous la Manche, cette ancienne ferme rénovée typique de la région est située au cœur d'un petit village. Vous y serez accueillis chaleureusement par la maîtresse de maison qui vous ouvrira avec beaucoup de gentillesse les portes de sa demeure.

★ Accès : A16 sortie Desvres, puis D341 et D234.

✯ Prix/Price : 200 F 1 Pers - 230/ 250 F 2 Pers - 300 F 3 Pers

ESCALLES
LA GRAND'MAISON

443

Marc BOUTROY
LA GRAND'MAISON
HAMEAU DE LA HAUTE ESCALLES
62179 ESCALLES
Tél. : 03.21.85.27.75 - Fax : 03.21.85.27.75

Carte 1

La Grand'Maison is an 18th century farmhouse full of character with a dovecote, in verdant, flowery surroundings. Its location, just one hour from the U.K. and Belgium, make it an ideal place for visiting the surrounding areas.
Walks and hikes (GR hiking trail, by the sea). Windsurfing at Wissant 7 km. Calais 10 min., Boulogne-sur-Mer 20 min., Channel Tunnel 5 min.
☆ *How to get there: On the A16, exit 11 or 10 via Peuplingues on D243. Left at Hameau de la Haute Escalles or D940 along coast, then D243: 1 km from centre.*

★ 1 ch. avec douche et wc, 1 suite avec bains et wc et 4 ch. avec bains et wc. Ouvert toute l'année. Salle de jeux. TV sur demande. Petit déjeuner copieux. Table d'hôtes sur demande sauf samedi et jours de fêtes. Accueil de chevaux. ★ *Promenades et randonnées (GR, bord de mer). Planche à voile à Wissant (7 km). Calais 10 mn, Boulogne-sur-Mer 20 mn, tunnel sous la Manche 5 mn.* ★

Dans un cadre verdoyant et fleuri, la Grand'Maison est une ferme de caractère avec un pigeonnier du XVIIIe. Sa situation, à 1 heure de l'Angleterre et de la Belgique en font un lieu idéal pour rayonner alentour.

★ Accès : De l'A16, sorties 11 ou 10 par Peuplingues sur D243. Au hameau de La Haute Escalles à gauche ou D940 par la côte puis D243, à 1 km du centre.

★ Prix/Price : 190/ 220 F 1 Pers - 220/ 280 F 2 Pers - 300/ 390 F 3 Pers - 80 F P. sup - 90 F Repas

FAUQUEMBERGUES

444

Gilles et Annie MILLAMON
19 RUE JONNART
62560 FAUQUEMBERGUES
Tél. : 03.21.12.12.38

Carte 1

This 19th century family mansion with courtyard, garden and park is set in a tiny village, on the edge of Artois and Audomarois country, in a verdant valley. The three comfortable bedrooms are appointed with late 19th century local furniture. Guests have use of a lounge with Louis XVI furniture and a pleasant winter garden.
Near St-Omer, town with rich cultural traditions and history. 15 km from Azincourt (Agincourt & Hundred-Years' War). Clairmarais & Hesdin forests. La Coupole d'Helfaut, largest World War II Museum. Tennis, fishing, hiking, golf, riding.
☆ *How to get there: On the Saint-Omer-Hesdin road, A26, Therouanne exit.*

★ 3 ch. avec sanitaires privés. Ouvert toute l'année. Copieux petit déjeuner : céréales, fromage blanc, yaourts, viennoiseries, confitures, miel... TV, tél., salon avec cheminée, jeux de société et jardin d'hiver à votre disposition. Cour, jardin et parc. Restaurants dans le village et alentours. ★ *Proche de St-Omer, ville d'histoire et d'art. 15 km du site d'Azincourt (guerre de 100 ans). Forêts de Clairmarais et d'Hesdin. La Coupole d'Helfaut, le plus grand musée sur la 2e guerre mondiale. Tennis, pêche, randonnée, golf, équitation.* ★

Dans un petit village, à la limite du haut pays d'Artois et de l'Audomarois, dans une vallée verdoyante, belle demeure de maître du XIXe siècle avec cour, jardin et parc. 3 chambres confortables, avec de beaux meubles régionaux de la fin du XIXe, vous sont réservées. Un salon avec cheminée, meublé Louis XVI est à votre disposition ainsi qu'un agréable jardin d'hiver.

★ Accès : Sur la route de Saint-Omer-Hesdin, A26, sortie Therouanne.

★ Prix/Price : 230 F 1 Pers - 270 F 2 Pers

GAUCHIN-VERLOINGT

Philippe VION
550, RUE DES MONTIFAUX
62130 GAUCHIN VERLOINGT
Tél. : 03.21.03.05.05

Carte 1

Teachers Mr and Mme Vion offer four pretty bedrooms in the outbuildings of their 19th century manor house. Relax in the lounge which boasts a monumental fireplace or take a stroll in the park. Garden. Garage.
Croix-en-Ternois racing car track 3 km. Golf courses 18 and 35 km. Coast 60 km. Verdant valley steeped in history: Azincourt (Agincourt), Vimy, Arras. 2 hours from London, Paris and Brussels. Swimming pool. Riding. Tennis.
☆ *How to get there: From Saint-Pol-sur-Ternoise, head for Anvin-Fruges (D343). 1 km from Saint-Pol, before the entrance to the village, turn right. Michelin map 236, fold 3.*

★ 4 chambres, toutes avec sanitaires privés et TV. Plusieurs restaurants à proximité. Vélos, baby-foot. Parc. Jardin, garage. Gratuit pour les enfants de moins de 5 ans. ★ *Circuit automobile de Croix-en-Ternois 3 km. Golf 18 et 35 km. Littoral à 60 km. Vallée verdoyante et historique (Azincourt, Vimy, Arras). Londres, Paris et Bruxelles à 2 heures.* ★
Monsieur et Madame Vion, enseignants, ont aménagé 4 jolies chambres dans les dépendances d'un manoir du XIXe siècle. Vous pourrez profiter d'un séjour avec cheminée momunentale ainsi que du parc.
★ Accès : De St-Pol-sur-Ternoise, dir. D343 Anvin-Fruges. A 1 km de Saint-Pol, avant l'entrée du village, tourner à droite. CM 236, pli 3.

☆ Prix/Price : 200 F 1 Pers - 240 F 2 Pers - 320 F 3 Pers

MARCK
LE FORT-VERT

446

Jean HOUZET
LE MANOIR DU MELDICK
2528 AVE DU GENERAL DE GAULLE
62730 MARCK
Tél. : 03.21.85.74.34 - Fax : 03.21.85.74.34

Carte 1

This time-honoured manor house, set in 12.5 acres of parkland, was recently restored. The three comfortable bedrooms have been tastefully furbished and boast period furniture. Guests can relax in a lounge with fireplace. Discover local specialities at the table d'hôtes.
Flying and parachuting 3 km. Horse hire 5 km. Sea, sand-yachting 5 km. Calais 7 km. Gravelines 12 km. Swimming pool, riding, hiking, sea, tennis, sailing.
☆ *How to get there: A16, Marck-Ouest exit (19), access via D119.*

★ 3 ch. avec sanitaires privés. Ouvert toute l'année. Petit déjeuner : viennoiseries, charcuterie, fromages, fruits... Table d'hôtes le soir uniquement et sur résa. : coq à la bière, poulet au porto, grillades. Tél., minitel, fax à dispo. Salon (cheminée, TV). Jardin, parc. Restaurants 7 et 12 km. ★ *Aviation et parachutisme à 3 km. Location d'équidés à 5 km. Mer, char à voile à 5 km. Calais 7 km. Gravelines 12 km. Piscine, équitation, randonnées, mer, tennis, voile.* ★
Manoir de construction ancienne, récemment restauré entouré d'un parc de 5 ha. 3 chambres confortables, avec mobilier ancien, ont été aménagées avec beaucoup de goût. Un salon avec cheminée est à la disposition des hôtes. A la table d'hôtes, vous pourrez découvrir les spécialités régionales.
★ Accès : A16, sortie Marck-ouest (n°19), accès par D119.

☆ Prix/Price : 260 F 1 Pers - 300 F 2 Pers - 100 F Repas

SAULTY

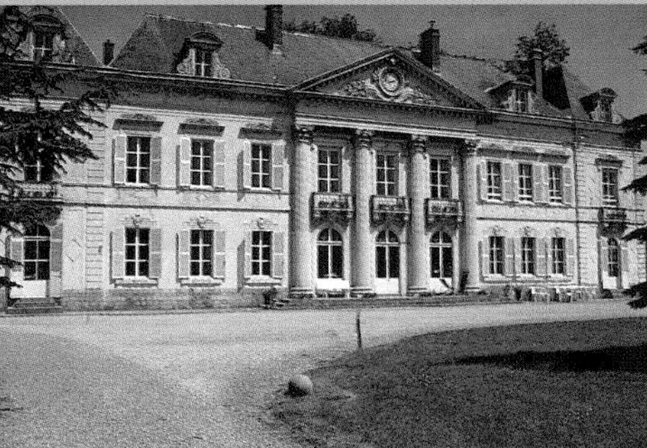

Pierre DALLE
82, RUE DE LA GARE
62158 SAULTY
Tél. : 03.21.48.24.76 - Fax : 03.21.48.18.32

Carte 1

The Château de Saulty stands in 110 acres of grounds, in the middle of orchards. The property was renovated in 1992 and offers 2 bedrooms with period furniture, and 3 with pine furniture. TV room and library for guests' use.
Walks in the forest on site. Fishing 6 km. Golf course 18 km. Arras and Amiens. L'Artois and Ternois châteaux. Close to Vimy, Lorette and Doullens.
☆ *How to get there: 800 m from the N25 (signs), between Arras and Doullens. Michelin map 53, fold 1.*

★ 5 chambres avec bains et wc privés. Ouvert toute l'année sauf en janvier. Choix de 10 restaurants dans un rayon de 10 km. Table de bridge et ping-pong. Verger et parc. Parking. ★ *Balades en forêt sur place. Pêche à 6 km. Golf à 18 km. Villes d'Arras et d'Amiens. Châteaux de l'Artois-Ternois. Proximité de Vimy-Lorette-Doullens.* ★
Le château de Saulty est situé dans un parc de 45 ha., au milieu des vergers. Réaménagé en 1992, vous y trouverez 2 chambres meublées en ancien et 3 avec du mobilier en pin. Salon de TV et bibliothèque à la disposition des hôtes.
★ Accès : A 800 m de la N25 (fléchage), entre Arras et Doullens. CM 53, pli 1.

★ Prix/Price : 190 F 1 Pers - 260 F 2 Pers - 330 F 3 Pers - 70 F P. sup

TARDINGHEN
LE HAMBREUIL

Michel DESEURE
LE HAMBREUIL
421 ROUTE DE CROIX BREZY
62179 TARDINGHEN
Tél. : 03.21.33.87.44 - Fax : 03.21.33.66.37

Carte 1

Stone house full of character, on a 17th century farming estate, with ornamental lake, courtyard, garden and 2.5 acres of parkland. The three comfortable, attractive bedrooms are appointed with period and Louis XV-style furniture. Guests will enjoy the prevailing peace and quiet. The delicious hearty breakfasts will delight even the most demanding gourmets.
Between Cap Blanc Nez and Cap Gris Nez. Sea, windsurfing, riding, biking and hiking.
☆ *How to get there: A16, exit 7 for Wissant, then « Le Colombier ». Turn left, for Le Hambreuil farm.*

★ 3 ch. avec TV et sanitaires privés. Ouvert toute l'année sauf du 15/12 au 31/1. Petit déjeuner : salade de fruits, patisseries, fromages, charcuteries, œufs... Téléphone à disposition dans le salon. Cour, jardin et parc d'1 ha. Poss. location vélos. Restaurants à Wissant 2 km et Escalles 4 km. ★ *Entre le Cap Blanc Nez et le Cap Gris Nez. Mer, planche à voile, équitation, VTT, randonnées pédestres.* ★
Maison de caractère, en pierres, dans un corps de ferme datant du XVIIe siècle, avec plan d'eau, cour, jardin et parc d'1 ha. 3 chambres confortables et chaleureuses avec mobilier provençal et de style Louis XV vous sont réservées. Vous apprécierez la quiétude des lieux et pour les gourmands, le savoureux et copieux petit déjeuner.
★ Accès : A16, sortie n°7, direction Wissant, lieu-dit « Le Colombier ». Tourner à gauche, ferme du Hambreuil.

★ Prix/Price : 260 F 1 Pers - 300 F 2 Pers - 390 F 3 Pers

TIGNY-NOYELLE
LE PRIEURE

449

Roger DELBECQUE
LE PRIEURE
IMPASSE DE L'EGLISE
62180 TIGNY NOYELLE
Tél. : 03.21.86.04.38

Carte 1

This charming priory, tastefully restored by an antique dealer, offers four attractive and comfortable bedrooms in the outbuildings and a handsome suite in the owners' residence, in the heart of the countryside. Stays can be combined with golf lessons or courses.
27-hole golf course 2 km. Sea 12 km. Valloire abbey 6 km and Marquenterre reserve 20 km.
☆ *How to get there: 2 km from the N1 Paris-Calais. 200 km from Paris and 90 km from Calais.*

★ 5 ch. indépendantes dont 1 pour 4 pers., toutes avec bains, wc privés et TV. Poss. lits suppl. Ouvert toute l'année. Table d'hôtes sur résa. 24 h à l'avance (à partir de 100 F) : poissons et fruits de mer. Restaurants à 2 km. Cartes bancaires acceptées. ★ *Golf à 2 km (27 trous). Mer à 12 km. Abbaye de Valloire à 6 km et réserve du Marquenterre à 20 km.* ★
Charmant prieuré, restauré avec goût par un antiquaire. Vous y trouverez 5 jolies et confortables chambres dans les dépendances, dont 1 suite dans la maison du propriétaire, en pleine nature. Pour ceux qui le souhaitent, possibilité de combiner un séjour en chambres d'hôtes avec des cours ou un stage de golf.
★ Accès : A 2 km de la N1 Paris-Calais. A 200 km de Paris et 90 km de Calais.

★ Prix/Price : 250 F 1 Pers - 310 F 2 Pers - 390 F 3 Pers - 80 F P. sup - 100 F Repas

VERTON
LA CHAUMIERE

450

Geneviève et Christian TERRIEN
LA CHAUMIERE
19 RUE DU BIHEN
62180 VERTON
Tél. : 03.21.84.27.10

Carte 1

This charming house with a thatched roof is set in a large flowery, tree-lined garden where peace prevails. Geneviève and Christian have decorated the property with considerable talent, and every bedroom is furbished in a different style (painted furniture, stencil decoration). An ideal setting for enjoying the countryside.
Berck 4 km, vast fine sand beach, full range of water sports. Hiking in the surrounding area. Golf course 15 km. Le Touquet 15 km. Marquenterre park.
☆ *How to get there: N1 to Wailly-Beaucamp, then D142 for Verton or D940 from Rue and D343.*

★ 4 chambres avec sanitaires privés et TV. Ouvert toute l'année. Restaurants à 3 km. Prêt de VTT. ★ *Berck (4 km), immense plage de sable fin, tous sports d'eau. Randonnées pédestres alentours. Golf à 15 km. Le Touquet à 15 km. Parc du Marquenterre.* ★
Charmante maison avec toit de chaume, au milieu d'un grand jardin fleuri et arboré, au calme. Geneviève et Christian l'ont aménagée avec talent et chaque chambre est décorée différemment (meubles peints, décor au pochoir). Une adresse idéale pour se mettre au vert.
★ Accès : De la N1, aller jusqu'à Wailly-Beaucamp, puis D142 dir. Verton ou D940 de Rue et D343.

★ Prix/Price : 230 F 1 Pers - 270 F 2 Pers

Elisabeth BEAUJEARD
CHAPTES
63460 BEAUREGARD-VENDON
Tél. : 04.73.63.35.62

Carte
4

Elisabeth Beaujeard is your hostess in her late 18th century family residence, in a small, quiet hamlet, with volcanoes nearby. You will appreciate the comfortable bedrooms, decorated with care, and boasting period furniture.
Sioule valley, Chatel-Guyon (thermal spa), Volvic, Riom (artistic town); Romanesque churches, châteaux, lakes, volcanoes. Hiking trails, tennis, swimming pool, horse-riding and mountain biking in the vicinity.
☆ *How to get there: 2 km south of Combronde, take the D122. Michelin map 73, fold 4.*

☆ Prix/Price : 300/ 350 F 2 Pers

★ 2 chambres avec douche et wc privés et 1 chambre avec bains et wc privés. Ouvert toute l'année, sur réservation du 1er novembre au 31 mars. Petit déjeuner copieux. Restaurants à 2 km. Parking fermé. ★ *Vallée de la Sioule, Chatel-Guyon (station thermale), Volvic, Riom. Eglises romanes, châteaux, lacs, volcans. Circuits de randonnée, tennis, piscine, équitation et VTT à proximité.* ★
Elisabeth Beaujeard vous recevra dans sa demeure familiale de la fin du XVIIIe, située tout près des premiers volcans, dans un petit hameau tranquille. Vous apprécierez le confort des chambres décorées avec soin et agrémentées de meubles d'époque.
★ Accès : A 2 km au sud de Combronde, prendre la D122. CM 73, pli 4.

CHADELEUF
LA VIGIE

453

Denis et Véronique PINEAU
LA VIGIE
63320 CHADELEUF
Tél. : 04.73.96.90.87

Carte 4

This imposing 19th century family residence, adorned with roses, offers guests a rural, flower-filled atmosphere in keeping with its refined, warm setting. A friendly, family welcome awaits you. Spacious bedrooms and peace and quiet assured.
Tennis court locally at Chadeleuf. Riding at Meilhand 6 km. Mountain biking, canoeing, swimming pools, hang-gliding school at Issoire 11 km. Lake Chambon, bathing 23 km. Cross-country skiing 27 km.
☆ *How to get there: A75 motorway, exit 7 Coudes-Montpeyroux or exit 9 Sauvagnat-Saint-Yvoine.*

★ 2 ch. avec sanitaires privés, dont 1 avec cheminée. Ouvert toute l'année. Petit déjeuner : jus de fruits frais, viennoiseries, charcuterie (sur demande), patisseries et confitures maison... Grande bibliothèque dans le salon, piano. Cour, jardin, p-pong, VTT. ★ *Tennis à Chadeleuf sur place. Equitation à Meilhand 6 km. VTT, canoë, piscine, école de vol libre à Issoire 11 km. Plan d'eau, baignade au Lac de Chambon 23 km. Ski de fond 27 km.* ★

Cette grande maison bourgeoise du XIXe, parée de rose, offre à l'hôte de passage une atmosphère champêtre et fleurie qui sied à son cadre raffiné et chaleureux. Il vous sera réservé un accueil familial et très convivial. Chambres spacieuses et calme assuré.

★ Accès : Autoroute A75, sortie n°7 Coudes-Montpeyroux ou sortie n°9 Sauvagnat-Saint-Yvoine.

★ Prix/Price : 300/ 350 F 2 Pers - 90 F P. sup - 100 F Repas - 275 F 1/2 pension

COLLANGES
CHATEAU-DE-COLLANGES

454

Georges et Michèle HUILLET
CHATEAU DE COLLANGES
63340 COLLANGES
Tél. : 04.73.96.47.30

Carte 4

Georges and Michèle Huillet are your hosts at their 12th and 18th century château, set in the heart of a large wooded park. The bedrooms (with fourposter beds) are spacious and luxurious, and breakfast is served in the Neo-Gothic dining room. They will be pleased to take you for a spin in their vintage car. Adventure playground for children.
Lake, swimming pool, mountain bikes, canoeing, gliding at Issoire 15 km. Romanesque churches: Saint-Nectaire, Notre Dame d'Orcival. Puys mountain range, lakes, châteaux.
☆ *How to get there: A75, exit 15 « Le Broc-Saint-Germain Lembron ». D141. Michelin map 76, fold 4.*

★ 5 ch. dont 1 suite avec sanitaires privés et téléphone. Ouvert toute l'année. Ferme-auberge à St-Gervazy. Billard, table de bridge, piano et biblio. Gratuit enfant - de 3 ans. Aire de jeux enfants. Table d'hôtes sur résa. (boissons comprises). Forfait suite : + 300 F. ★ *Plan d'eau, piscine, VTT, canoë, vol en planeur à Issoire à 15 km. Eglises romanes. Saint-Nectaire. Notre-Dame d'Orcival. Chaîne des Puys, lacs, châteaux.* ★

Dans un grand parc arboré, Georges et Michèle Huillet vous reçoivent dans leur château des XIIe/XVIIIe. Chambres spacieuses et luxueuses avec lit à baldaquin et petit-déjeuner servi dans la salle à manger néogothique. Si vous le souhaitez, Georges et Michèle vous accompagneront pour une promenade en voiture du début du siècle.

★ Accès : A 75, sortie n°15 « Le Broc-Saint Germain Lembron ». D 141. CM 76, pli 4.

★ Prix/Price : 400/ 600 F 2 Pers - 100 F P. sup - 200 F Repas

COMBRONDE

Mr and Mme Chevalier are your hosts at this charming house in the village of Combronde. They will be happy to share their love of painting and antique furniture with you. You will undoubtedly succumb to the gentleness of the setting, the charm of the garden and the delicious gourmet breakfasts.

Romanesque churches. Riom, town with a rich cultural heritage and history. Tours of châteaux in the surrounding area. Tagenat 9 km. Tennis locally. Lake (in extinct volcano), bathing. Hikes from the village.

☆ How to get there: A71 motorway, Grannat or Riom exit. Access on RN144. Michelin map 73, fold 4.

André et Lise CHEVALIER
105 RUE ETIENNE CLEMENTEL
63460 COMBRONDE
Tél. : 04.73.97.16.20 - Fax : 04.73.97.16.20

CV

Carte 4

★ 4 chambres avec douche et wc privés. Ouvert toute l'année. Petit déjeuner : jus de fruits frais, pains variés, patisseries et confitures maison. Cour, jardin, parking privé et fermé. Terrasse couverte, barbecue. Location de VTT sur demande. Restaurant à Combronde (sur place). ★ *Eglises romanes. Riom : ville d'art et d'histoire. Visite de châteaux dans les environs. Tagenat 9 km. Tennis sur place. Lac de cratère, baignade... Randonnées au départ du village.* ★ ***Dans leur charmante maison située dans le village de Combronde, M. et Mme Chevalier vous feront partager leur passion pour la peinture et les meubles anciens. Vous apprécierez la douceur des lieux, le calme du jardin et les petits déjeuners gourmands.***

★ Accès : Autoroute A71, sortie Grannat ou Riom. Accès route nationale 144. CM 73, pli 4.

★ Prix/Price : 200 F 1 Pers - 260 F 2 Pers - 70 F P. sup

CUNLHAT

Genealogy enthusiast Brigitte Laroye offers a warm welcome at her charming late 19th century family residence in the Livradois-Forez natural park. The bedrooms are comfortable, each with its own style and period furniture.

Lake, bathing, windsurfing, fishing, tennis, horse-riding and mountain bikes in Cunlhat. Swimming pool 28 km. Numerous châteaux: Les Martinanches, Vollore, Mauzun, etc.

☆ How to get there: From Clermont-Ferrand, D997. From Thiers, D906. Michelin map 73, folds 15/16.

Brigitte LAROYE
RUE DU 8 MAI
63590 CUNLHAT
Tél. : 04.73.72.20.87

Carte 4

★ 4 chambres avec sanitaires privés, dont 1 avec cheminée et terrasse. Salon avec cheminée, bibliothèque, échiquier. Ouvert toute l'année. Table d'hôtes sur réservation. Nombreux restaurants à proximité. Malle au trésor. ★ *Plan d'eau, baignade, planche à voile, pêche, tennis, équitation et VTT à Cunlhat. Piscine à 28 km. Nombreux châteaux : Les Martinanches, Vollore, Mauzun,...* ★ ***Dans le Parc Naturel du Livradois-Forez, Brigitte Laroye, passionnée de généalogie, vous accueillera chaleureusement dans sa charmante maison bourgeoise de la fin XIXe siècle. Les chambres sont confortables et personnalisées, dotées d'un mobilier d'époque.***

★ Accès : De Clermont-Ferrand : D997. De Thiers : D906. CM 73, pli 15 et 16.

★ Prix/Price : 260/ 330 F 2 Pers - 100 F P. sup - 80 F Repas

LE MONT-DORE
LA CLOSERIE-DE-MANOU

457

Françoise LARCHER
LA CLOSERIE DE MANOU
LE GENESTOUX
63240 LE MONT-DORE
Tél. : 04.73.65.26.81 - Fax : 04.73.81.11.72

Carte 4

The Closerie de Manou blends the charm and refined comfort of yesteryear with the warmth of period furniture. You will appreciate your hostess's hospitality and availability. This 18th century residence's outstanding location makes it an ideal spot for visiting the Auvergne.
At the foot of the Puy du Sancy in the Auvergne volcanic park. Mont-Dore, la Bourboule 3 km. Tennis, mountain bikes, riding, golf, skating rink 3.5 km. Lake Chambon 21 km.
☆ *How to get there: Take the D966 for Murat/La Bourboule.*

★ 5 chambres avec TV, douches et wc privés. Ouvert du 15 février au 31 octobre. Copieux petits déjeuners : jus de fruits, pains variés, patisseries et confitures maison, fromages d'Auvergne, yaourts... Jardin. Auberge à 100 m. Local pour VTT et motos. ★ *Au pied du Puy du Sancy dans le Parc des Volcans d'Auvergne. Le Mont-Dore, la Bourboule (3 km). Tennis, VTT, équitation, golf, patinoire 3,5 km. Lac Chambon 21 km.* ★

A la Closerie de Manou, charme d'antan et confort raffiné se mêlent à la chaleur des meubles anciens. Vous apprécierez l'accueil chaleureux et la disponibilité de la maîtresse de maison. La situation exceptionnelle de cette demeure du XVIIIe en fait un lieu de séjour idéal pour visiter l'Auvergne.

★ Accès : Prendre la D996 dir. Murat/La Bourboule.

★ Prix/Price : 320/ 420 F 2 Pers - 100 F P. sup

MONTAIGUT-LE-BLANC
LE CHASTEL-MONTAIGU

458

Michel et Anita SAUVADET
LE CHASTEL MONTAIGU
63320 MONTAIGUT-LE-BLANC
Tél. : 04.73.96.28.49

CV

Carte

Michel and Anita provide a warm welcome for an overnight stay or longer in the splendour of a magnificent 11th and 15th century feudal château, a testament to the age of medieval lords. A land of volcanoes, immune to the passing of time. The château's lofty location, 100 metres up, affords a 360° panoramic view of the mountains and gorges below. Romanesque heritage: churches and châteaux. Tours of lakes, valleys, Sancy mountain range. Posted hiking trails. Ballooning in neighbouring village. Riding 10 km. Flying club 16 km. Golf course at Mont-Dore.
☆ *How to get there: A75 motorway, exit 6: Besse-Champeix or A75, exit 8: Coudes. Michelin map 73, fold 14.*

★ 2 chambres avec bains et wc privés. Ouvert toute l'année (sur réservation de Toussaint à Pâques). Petit déjeuner : yaourts, crêpes, pains variés, croissants, confitures... Mini-bar dans le grand escalier. Séjour voûté avec cheminée. Jardins en terrasse. Cour, jardin et parc. Restaurants à 4 km. ★ *Patrimoine roman : églises, route des châteaux. Circuits touristiques : lacs, vallées, chaîne du Sancy. Randonnées balisées. Vol en montgolfière sur la commune voisine. Equitation 10 km. Aéroclub 16 km. Golf au Mont-Dore.* ★

Michel et Anita vous accueillent chaleureusement pour une nuit ou un séjour, dans la splendeur d'un magnifique château féodal des XIe et XVe siècles, témoin du temps des seigneurs du Moyen-Age. A la croisée des routes et des volcans, vous ferez une étape hors du temps. Haut perché, le château offre une vue panoramique à 360° sur les monts et gorges, 100 m plus bas.

★ Accès : Autoroute A75 sortie n°6 : Besse-Champeix ou A75 sortie n°8 : Coudes. CM 73, pli 14.

★ Prix/Price : 400/ 550 F 1 Pers - 500/ 650 F 2 Pers - 130 F P. sup

MONTPEYROUX

459

Chris et Marcel ASTRUC
RUE DU DONJON
63114 MONTPEYROUX
Tél. : 04.73.96.69.42 ou 06.08.51.81.82

Carte 4

A warm welcome awaits you in one of France's most beautiful villages, where you will find Chris and Marcel's handsome residence set at the foot of the Montpeyroux tower. The bedrooms are all decorated in a different style and you will have a hard time choosing between the warmth of the fireplace, the bliss of the sunblessed terrace and a relaxing dip in the jacuzzi.
Montpeyroux. Romanesque church at Issoire 14 km. Tennis locally. Swimming pool 5 km. Mountain biking, riding, hang-gliding 14 km. Lake, bathing, windsurfing, sailing at Aydat 24 km.
☆ *How to get there: A75 motorway, exit 7. Coudes, Montpeyroux.*

★ 5 chambres avec salle de bains/wc ou salle d'eau/wc dont 1 chambre voûtée avec cheminée et 1 chambre avec baignoire/jaccuzi. Ouvert toute l'année. Cour, jardin. Restaurants à 2 km. ★ *Montpeyroux. Eglise romane à Issoire (14 km). Tennis sur place. Piscine 5 km. VTT, équitation, vol libre 14 km. Lac, baignade, planche à voile, voile à Aydat (24 km).* ★

Dans l'un des plus beaux villages de France, la belle demeure de Chris et Marcel située au pied de la tour de Montpeyroux, vous ouvre ses portes. Toutes les chambres ont une décoration différente et vous hésiterez entre un chaleureux feu de cheminée, la douceur ensoleillée d'une terrasse ou le plaisir relaxant d'un jaccuzi...
★ Accès : Autoroute A75, sortie n°7. Coudes. Montpeyroux.

★ Prix/Price : 280/ 330 F 2 Pers - 50 F P. sup

MONTPEYROUX
LES PRADETS

460

Claude et Edith GRENOT
LES PRADETS
63114 MONTPEYROUX
Tél. : 04.73.96.63.40

Carte 4

Claude and Edith are your hosts at their pretty house with discreet charm in Montpeyroux, a delightful, fully-restored medieval village. Breakfast is served in an arch-celinged dining room or in the flower garden which affords a superb view of the area. The warmly decorated bedrooms boast period furniture and refinement (embroiered sheets, paintings and rugs).
Châteaux and Romanesque churches in the vicinity. Tennis locally, biking, riding and hang-gliding 14 km. Lake for bathing, windsurfing, sailing and canoeing 24 km.
☆ *How to get there: A75 motorway, exit 7: Coudes-Montpeyroux. Michelin map 73, fold 14.*

★ 3 chambres dont 2 avec bains et 1 avec douche et wc privés. Ouvert toute l'année. Petit déjeuner : pains variés, brioches, croissants, patisseries et confitures maison... Salon avec cheminée et piano. Jardin. Restaurants à 2 km. ★ *Eglises romanes et châteaux à proximité. Tennis sur place. VTT, équitation et vol libre à 14 km. Plan d'eau avec baignade, planche à voile, voile et canoë-kayak à 24 km.* ★

A Montpeyroux, ravissant village médiéval restauré, Claude et Edith vous accueillent dans leur jolie maison au charme discret. Le petit déjeuner est servi dans la salle à manger voûtée ou dans le jardin fleuri qui offre une superbe vue. Les chambres sont chaleureuses avec un beau mobilier d'époque, et raffinées (draps brodés, tableaux, tapis...).
★ Accès : Autoroute A75, sortie n°7 : Coudes-Montpeyroux. CM 73, pli 14.

★ Prix/Price : 270 F 1 Pers - 300/ 320 F 2 Pers - 100 F P. sup

PERRIER

461

Paul et Mireille GEBRILLAT
CHEMIN DE SIORAC
63500 PERRIER
Tél. : 04.73.89.15.02 - Fax : 04.73.55.08.85

Carte 4

Just 3 km from Issoire, Paul and Mireille Gébrillat will welcome you as friends of the family at their handsome 17th century residence set in 2.5-acre grounds. The decor is colonial in inspiration with attractive rattan furniture, and hammocks to relax in. In fine weather, breakfast is served on the flower-filled terrace.
Romanesque churches: Issoire, St-Nestaire, Orcival. Dômes et Dores mountains. Cave dwellings nearby. Lakes (Chambon, Chauvet, etc.). Full range of leisure activities at Issoire. Skiing 26 km.
☆ *How to get there:* *Details will be supplied at time of booking.*

★ 3 chambres avec bains et wc privés. Ouvert toute l'année. Petit déjeuner copieux et raffiné. Salle de jeux avec table de ping-pong. Cuisine réservée aux hôtes et barbecue en bord de rivière, au fond du parc. Restaurants à Perrier et à Issoire. ★ *Eglises romanes : Issoire, St-Nestaire, Orcival. Monts Dômes et Dores. Habitations troglodytiques à proximité. Lacs (Chambon, Chauvet...). Tous loisirs à Issoire. Ski à 26 km.* ★

A 3 km d'Issoire, Paul et Mireille Gébrillat vous recevront comme des amis dans leur belle demeure familiale du XVIIe siècle située dans un parc d'1 ha. La décoration est d'influence coloniale avec de jolis meubles en rotin et des hamacs pour le repos. Par beau temps, le petit déjeuner sera servi sur la terrasse fleurie.

★ Accès : Un plan d'accès vous sera communiqué lors de la réservation.

★ Prix/Price : 250 F 1 Pers - 300 F 2 Pers - 100 F P. sup

Puy de Dôme

ROYAT
CHATEAU-DE-CHARADE

462

Marc et M-Christine GABA
CHATEAU-DE-CHARADE
63130 ROYAT
Tél. : 04.73.35.91.67 - Fax : 04.73.29.92.09

Carte 4

Marie-Christine and Marc are your hosts at their 18th century château near Clermont-Ferrand. The residence is set at the foot of the Auvergne volcanoes, bordering the Charade golf course. The spacious bedrooms all have their own particular style of decor. Pleasant grounds for taking strolls. A charming spot in splendid surroundings.
Next to the Charade golf course and in the immediate vicinity of the Puy-de-Dôme summit. Tennis, mountain biking, riding, hang-gliding 4 km. Swimming pool 6 km. Lake, bathing, sailing, windsurfing 9 km.
☆ *How to get there:* *Michelin map 73, folds 13 and 14.*

★ 6 chambres avec s.d.b. et wc privés dont 2 familiales, s.d.b./s. d'eau/wc pour 2 d'entre elles. Ouvert de Pâques à la Toussaint. Savoureux petit déjeuner à base de toasts, viennoiseries, patisseries et confitures maison... Billard français à disposition. Parc de 6500 m^2. Restaurants à 4 km. ★ *En bordure du golf de Charade et à proximité immédiate du sommet du Puy-de-Dôme. Tennis, VTT, équitation, vol libre 4 km. Piscine 6 km. Lac, baignade, voile, planche à voile 9 km.* ★

A proximité de Clermont-Ferrand, au pied des volcans d'Auvergne et en bordure du golf de Charade, Marie-Christine et Marc vous ouvrent les portes de leur château d'époque XVIIIe. Vous serez reçus dans des chambres spacieuses au décor personnalisé. Agréable parc où il fera bon flaner. Une étape de charme dans un site privilégié.

★ Accès : CM 73, pli 13/14.

★ Prix/Price : 390/ 450 F 2 Pers - 130 F P. sup

SAINT-REMY-DE-CHARGNAT
CHATEAU-DE-PASREDON

Henriette MARCHAND
CHATEAU DE PASREDON
63500 SAINT-REMY DE CHARGNAT
Tél. : 04.73.71.00.67

Carte 4

You will be given a warm welcome by Mr and Mme Marchand at their 17th and 19th century manor house with its spacious, comfortable rooms, enhanced with wood panelling, mirrors and French-style ceilings. Unwind in a beautiful setting and enjoy nature in the 5 acres of woodland.
The Livradois-Forez park, bordering the Parc des Volcans, 8 km from Issoire, offers a swimming pool, tennis, canoeing, fishing, riding, hiking and aerial sports. Romanesque churches, lakes and châteaux.
☆ *How to get there: A75 motorway, exit 13 (Issoire-Parentignat), then head along D999 for Saint-Germain-l'Herm/La Chaise-Dieu. Michelin map 73, fold 15.*

★ 5 chambres dont 1 chambre familiale (de 16 à 30 m²), toutes avec salle de bains et wc privés attenants. Ouvert du 1er avril au 11 novembre. Petit-déjeuner copieux. Restaurants à 2, 4 et 8 km. Tennis sur place. ★ *Parc du Livradois-Forez, en limite du Parc des Volcans, à 8 km d'Issoire (piscine, tennis, canoë, pêche, équitation, sports aériens, sentiers). Eglises Romanes, lacs, châteaux.* ★

Dans leur demeure des XVIIe et XIXe siècles, M. et Mme Marchand vous réservent un accueil chaleureux. Les chambres sont vastes et confortables. Vous pourrez vous détendre dans ce beau cadre ancien (boiseries, glaces, plafonds à la française) et apprécier le calme et la nature dans le parc arboré de 2 ha.

★ Accès : Autoroute A 75, sortie n°13 (Issoire-Parentignat) sur D 999 direction Saint-Germain l'Herm-La Chaise-Dieu. CM 73, pli 15.

★ Prix/Price : 380/ 550 F 2 Pers - 110 F P. sup

VOLLORE-VILLE
CHATEAU-DE-VOLLORE

Michel AUBERT-LAFAYETTE
CHATEAU DE VOLLORE
63120 VOLLORE-VILLE
Tél. : 04.73.53.71.06 - Fax : 04.73.53.72.44

Carte 4

This 12th century château, extended and restored in the 14th and 17th centuries, stands in superb grounds with a private swimming pool and tennis court. This outstanding site offers five luxury bedrooms with an extremely high level of comfort. Handsome period furniture and refined decor. Concerts and exhibitions during the summer months. Château open to the public.
Aubusson-d'Auvergne 4 km: lake, bathing, sailing, windsurfing, mountain biking, riding. Guided tours of the Livradois-Forez Park.
☆ *How to get there: Michelin map 76, fold 16.*

★ 3 chambres avec bains et wc privés et 2 avec salle de bains, salle d'eau et wc privés. Ouvert toute l'année sur réservation. Billard français à disposition. Cour, parc, piscine et tennis privés. Restaurants à 4 km. Site et vue panoramique. ★ *Aubusson-d'Auvergne (4 km) : plan d'eau, baignade, voile, planche à voile, VTT, équitation. Route des métiers du Parc Livradois-Forez.* ★

Château du XIIe, remanié aux XIVe et XVIIe siècles, entouré d'un superbe parc avec piscine et tennis privés. Dans ce site exceptionnel, 5 chambres luxueuses d'un très grand confort vous seront réservées. Beau mobilier ancien et décoration raffinée. Concerts et expositions l'été. Château ouvert au public.

★ Accès : CM 76, pli 16.

★ Prix/Price : 600/1300 F 2 Pers

ARROSES
SAUVEMEA

Sauveméa is an 18th century farmhouse set in the heart of the Madiran vineyards. The guest rooms, set in the outbuildings, are decorated with pretty painted furniture and are very comfortable. Your host José Labat prepares delicious dinners at his farmhouse-inn.
Madiran vineyards. Footpaths. Tours of nearby châteaux. 18-hole golf course at Pau 40 km. Nogaro 30 km.
☆ *How to get there:* Take the D935 for Aire-sur-l'Adour, then the D248 and D48 for Madiran, the D66 to Arroses and finally, the D292.

José LABAT
SAUVEMEA
64350 ARROSES
Tél. : 05.59.68.16.01 ou SR : 05.59.80.19.13
Fax : 05.59.68.16.01

Carte 5

★ Une suite comprenant 2 ch. avec salle de bains commune (baignoire, lavabo, wc), salon. 4 chambres, toutes avec bains et wc privés. Ouvert toute l'année. Poss. d'utiliser un coin-cuisine. Lac et piscine privés. Parc de 4 ha. Equitation sur place. Suite : 450 F. ★ *Visite du vignoble de Madiran. Sentiers pédestres. Visite de châteaux. Golf de Pau (18 trous) à 40 km. Circuit de Nogaro à 30 km.* ★

A Sauveméa, les chambres sont aménagées dans les dépendances d'une ferme du XVIIIe siècle, située au milieu du vignoble de Madiran. Elles disposent d'un joli mobilier en bois cérusé et sont très confortables. Vous apprécierez, lors de vos diners, les savoureux menus de la ferme-auberge.

★ Accès : D.935 direction Aire-sur-l'Adour, D.248 puis D.48 vers Madiran, D.66 jusqu'à Arroses et D.292.

☆ Prix/Price : 230 F 1 Pers - 260 F 2 Pers - 310 F 3 Pers - 70 F Repas

LA BASTIDE-CLAIRENCE
MAISON-MARCHAND

466

Maison Marchand, the last farm in Bastide Clairence village, has been painstakingly restored and offers a handsome 16th century Basque residence. In summer, breakfast is served on a covered terrace. Ideal for the farniente life, boasting a small garden with deckchairs and a swing. The bedrooms feature visible beams that stand out against the white roughcast walls.
La Bastide-Clairence: listed fortified village. Cambo-les-Bains (writer Edmond Rostand's home) 10 km. Basque coast: Biarritz and Saint-Jean-de-Luz 25 min. Close to Spanish border. Swimming and tennis in village. Riding and lake 15 km.
☆ *How to get there:* A64 motorway, exit 4.

Gilbert et Valérie FOIX
MAISON MARCHAND
RUE NOTRE DAME
64240 LA BASTIDE CLAIRENCE
Tél. : 05.59.29.18.27 - Fax : 05.59.29.14.97

CV

Carte 5

★ 5 chambres avec sanitaires privés. Ouvert toute l'année. Petit déjeuner très copieux. Table d'hôtes : daube, confit de canard, velouté de légumes, filet mignon farci... Séjour avec TV. Terrasse abritée et jardin avec barbecue. Cartes Visa acceptées de juillet à septembre. ★ *La Bastide-Clairence : village-bastide classé. Cambo-les-Bains 10 km (maison d'Edmond Rostand). Côte basque (Biarritz et Saint-Jean-de-Luz) à 25 mn. Espagne à proximité. Piscine et tennis au village. Equitation et lac à 15 km.* ★

Dernière ferme du village de la Bastide Clairence, la Maison Marchand, belle demeure basque du XVIe, a été restaurée avec passion. L'été, les petits déjeuners sont servis sur la terrasse couverte et pour le farniente, un agréable petit jardin avec chaises longues et balancelle. Chambres personalisées, habillées de crépi blanc avec poutres apparentes.

★ Accès : Autoroute A64 sortie n°4.

☆ Prix/Price : 205/285 F 1 Pers - 250/ 330 F 2 Pers - 60/70 F P. sup - 80/ 120 F Repas

BOSDARROS-GAN

467

Christianne BORDES
CHEMIN DE LABAU-MAISON TRILLE
ROUTE DE REBENACQ
64290 BOSDARROS-GAN
Tél. : 05.59.21.79.51 ou SR : 05.59.80.19.13 -
Fax : 05.59.21.66.98

Carte 5

« Maison Trille » is a typical 18th century Béarn residence just outside Pau, near the Ossau valley. Christianne Bordes always gives her guests a warm welcome and serves excellent breakfasts.
Billère 18-hole golf course 10 km. Swimming pool, tennis courts, horse-riding nearby. Walks in the mountains.
☆ *How to get there: 10 km south of Pau, on the N134 to Gan, then the D934.*

★ 5 chambres, toutes avec TV, bains ou douche et wc privés, entrée indépendante. Ouvert toute l'année. Petit déjeuner à base de laitages, salade de fruits, œufs, fromage, jambon... Table d'hôtes sur réservation. Près de l'auberge « Le Tucq ». Point-phone. ★ *Golf de Billère (18 trous) à 10 km. A proximité : piscine, tennis, équitation et promenades en montagne.* ★
La « Maison Trille » est une ancienne demeure béarnaise du XVIIIe siècle, située aux portes de Pau et de la vallée d'Ossau. Madame Bordes vous y recevra chaleureusement et vous préparera d'excellents petits déjeuners.
★ Accès : A 10 km au sud de Pau, par N.134 jusqu'à Gan, puis D.934.

★ Prix/Price : 270 F 1 Pers - 340 F 2 Pers - 100 F Repas

Pyrénées Atlantiques

BRUGES
LES BUISSONETS

468

Micheline BOURGHELLE
LES BUISSONETS
64800 BRUGES
Tél. : 05.59.71.08.24

Carte 5

Handsomely restored 18th century residence, set on a hill-side with a panoramic view of the Pyrenees. Relax in the cosy lounge with beams and fireplace or take a stroll in the restful 7.5-acre chestnut grove.
Pyrenean passes 25 km. Lourdes 20 km. Pau 30 km. Riding, rafting, caves and zoo close by.
☆ *How to get there: As you enter Bruges, take the 1st road on the right. The house is on the steep, narrow road.*

★ 5 belles ch. aménagées avec goût possédant des sanitaires privés communiquants (douche, lavabo, wc). Salon avec cheminée et salle à manger conviviale communs au propriétaire. Ouvert toute l'année. Terrasses ensoleillées, barbecue, vue panoramique. Restaurants à Bruges. Parc de 3 ha. ★ *Cols pyrénéens à 25 km. Lourdes à 20 km. Pau à 30 km. Randonnées à cheval, rafting, grottes de Bétharram et zoo à proximité.* ★
Belle demeure du XVIIIe entièrement restaurée, juchée sur un coteau, avec vue panoramique sur les Pyrénées. Vous pourrez vous détendre dans un chaleureux salon avec poutres et cheminée, ou vous promener dans la chataîgneraie de 3 ha. invitant au repos.
★ Accès : A l'entrée de Bruges, prendre la 1re rue à droite (petite rue qui monte).

★ Prix/Price : 250 F 1 Pers - 280 F 2 Pers - 370 F 3 Pers - 80 F Repas

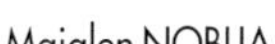

CAMBO-LES-BAINS
DOMAINE-XIXTABERRI

469

Carte 5

Maialen NOBLIA
DOMAINE XIXTABERRI
64250 CAMBO-LES-BAINS
Tél. : 05.59.29.22.66 ou SR 05.59.80.19.13
Fax : 05.59.29.29.43

This old Basque residence with a carved stone lintel stands amid century-old oaks. The house was built in 1847 and has now been fully restored. The four superb bedrooms, designed by the architect P. Mourgue, are decorated with works by Basque painters. This vast terraced estate is planted with bilberry bushes and cherry trees, and boasts a fragrant herb garden.
Cambo-les-Bains (home of writer Edmond Rostand) 5 km. Thermal spa 3 km. Biarritz 20 km. Swimming pool, tennis court 5 km. Riding 6 km. Lake 16 km.
☆ *How to get there: Full details will be supplied at time of booking.*

★ 4 chambres avec TV, téléphone, bains et wc privés. Ouvert toute l'année. Petit déjeuner gourmand : pain frais, viennoiseries, yaourts, confitures, miel, jus de fruits... Parc de 17 ha. Portique, jeux d'équilibre. Restaurant à Cambo-les-Bains 5 km. ★ *Cambo-les-Bains 5 km. Thermes 3 km. Biarritz 20 km. Piscine, tennis 5 km. Equitation 6 km. Lac 16 km.* ★
Entourée de beaux chênes centenaires, cette vieille demeure basque de 1847, au linteau de pierre sculpté a été entièrement restaurée pour vous accueillir. 4 chambres superbes, décorées d'œuvres de peintres basques et aménagées par l'architecte P. Mourgue. Immense propriété plantée en terrasses, de myrtillers et de cerisiers et disposant d'un potager aromatique.
★ Accès : Un plan d'accès vous sera communiqué lors de la réservation.

☆ Prix/Price : 410/ 470 F 2 Pers - 85/ 100 F P. sup

LAY-LAMIDOU

470

Carte 5

Bernard et M.France DESBONNET
64190 LAY LAMIDOU
Tél. : 05.59.66.00.44 ou SR : 05.59.80.19.13

Attractive house with character set in the Gave d'Oloron valley. The bedrooms are comfortable and bright, with pretty period furniture and matching fabrics. Bookbinding and chair repair courses are available.
Hiking and horse-riding in the village. Swimming pool, tennis, paragliding and rafting 5 km. Navarrenx 5 km and Oloron 20 km.
☆ *How to get there: From Navarrenx, turn left into village. Take the first road on the right: second house on the right.*

★ 2 chambres avec bains et wc privés. Ouvert toute l'année. Table d'hôtes (à partir de 90 F) : cuisine régionale. Restaurants à 5 km. Parc. ★ *Randonnées pédestres et équestres au village. Piscine, tennis, parapente et rafting à 5 km. Navarrenx à 5 km et Oloron à 20 km.* ★
Belle maison de caractère située dans la Vallée du Gave d'Oloron. Les chambres sont chaleureuses et gaies, avec des jolis meubles anciens et des tissus coordonnés. Pour ceux qui le souhaitent, possibilité de stage de reliure.
★ Accès : En venant de Navarrenx, tourner à gauche pour entrer dans le village. Prendre la 1re rue à droite, c'est la 2e maison à droite.

☆ Prix/Price : 240 F 1 Pers - 270 F 2 Pers - 80 F P. sup - 90 F Repas

SAINT-PEE-SUR-NIVELLE
BIDACHUNA

471

Isabelle ORMAZABAL
BIDACHUNA
RD 3
64310 SAINT-PEE-SUR-NIVELLE
Tél. : 05.59.54.56.22 - Fax : 05.59.47.34.47

Carte 5

Facing the Pyrenees mountain range, in the heart of a listed forest, this handsome 19th century country house is a real gem. The spacious bedrooms with visible beams are decorated with refinement. You will enjoy this true haven of peace, ideal for getting to know the Basque country.
In the village: 12th century church, 17th and 18th century Labourd-style houses. Basque coast: St-Jean-de-Luz, Bayonne 20 km. Biarritz 15 km. Golf courses in a 5 to 20-km radius. Basque pelota. Spain 15 km.
☆ *How to get there: From St-Pée-sur-Nivelle, drive 6 km for Ustaritz-Arrangues on the D3.*

★ 3 ch. avec TV, tél., bains et wc privés, entrée indép. Ouvert toute l'année sur résa. Petit déjeuner copieux : céréales, fruits secs et de saison, patisseries maison, fromages, yaourts... Séjour, coin-salon réservés aux hôtes. Parc, salon de jardin, croquet. Restaurants à St-Pée-sur-Nivelle 6 km. ★ *Au village : église du XIIe, maisons labourdines des XVIIe et XVIIIe. St-Jean-de-Luz, Bayonne 20 km. Biarritz 15 km. Golfs dans un rayon de 5 à 20 km. Pelote basque. Espagne 15 km.* ★

Face à la chaîne des Pyrénées et au cœur d'une forêt classée, cette belle bastide du XIXe vous accueille dans un site privilégié. Les chambres sont spacieuses avec poutres apparentes et décorées avec raffinement. Véritable havre de paix, vous apprécierez cette halte pour découvrir le pays basque.

★ Accès : De St-Pée-sur-Nivelle, faire 6 km dir. Ustaritz-Arangues par la D3.

★ Prix/Price : 500/ 600 F 1 Pers - 550/ 700 F 2 Pers

Pyrénées Atlantiques

SARE
LAROCHOINCOBORDA

472

Jacques BERTHON
LAROCHOINCOBORDA
64310 SARE
Tél. : 05.59.54.22.32

Carte 5

Genuine 17th century Basque farmhouse with bread oven. Set in the heart of the countryside, this handsome house full of character and ablaze with flowers, affords a superb view of the surrounding area. The two pretty, sunlit (no smoking) bedrooms are extremely comfortable. A peaceful spot close to the sea and Spanish border.
Listed village near the Spanish border 3 km. Sare 2.5 km: swimming pool, tennis court. Sea, golf course at St-Jean-de-Luz 15 km. Biarritz 24 km. Caves, small train at La Rhune.
☆ *How to get there:*

★ 2 chambres 2 pers. et 1 chambre 3 pers. avec bains et wc privés. Ouvert toute l'année sur réservation (2 nuits minimum). Petit déjeuner gourmand : fromages blancs, compotes, pains variés, confitures maison... Repas possible (85 F) sur demande, hors-saison. Cour. Restaurants à Sare 2,5 km. ★ *Village classé à proximité de la frontière espagnole (3 km). Sare (2,5 km) : piscine, tennis. Mer, golf à St-Jean-de-Luz (15 km). Biarritz 24 km. Grottes, petit train de la Rhune.* ★

Authentique ferme basque du XVIIe siècle avec son four à pain. Située en pleine nature, cette belle maison de caractère très fleurie bénéficie d'une vue splendide. 2 jolies chambres (non fumeurs) ensoleillées et confortables vous sont réservées. Une étape en toute quiétude à proximité de la mer et de la frontière espagnole.

★ Accès :

★ Prix/Price : 270 F 1 Pers - 300 F 2 Pers - 400 F 3 Pers

SARE
OLABIDEA

473

Sare, probably one of the most typical of Basque Country villages, is the setting for this beautiful Basque-style house, set in a large garden bordering a river. True to its traditions, the house boasts regional and rustic furniture. Proximity to the ocean (17 km) and the Spanish border (2 km) makes this an ideal spot for a relaxing break.
Prehistoric caves, scenic railway, swimming pool, tennis, folk traditions and Basque pelota in the village. The village is situated on the Spanish border. Ocean 14 km. Riding on the premises.
☆ *How to get there: From Saint-Pée-sur-Nivelle, dir. Sare via the Cherchebruit quarter. At Sainte-Catherine chapel, follow signs on left-hand side for « Olabidéa ».*

Anne-Marie FAGOAGA
OLABIDEA
64310 SARE
Tél. : 05.59.54.21.85 - Fax : 05.59.47.50.41

Carte 5

★ 3 chambres et 1 suite de 2 chambres, toutes avec bains ou douche et wc privés. Salon, salle à manger réservés aux hôtes. Entrée indépendante. Ouvert de mars à novembre. Restaurants au village. Equitation sur place. Suite 3/4 pers. : 500 F. Taxe de séjour : 1 F/pers./jour. ★ *Grottes préhistoriques, train touristique, piscine, tennis, folklore et pelote basque au village. L'Espagne est frontalière au village. Océan à 14 km.* ★ ***Sare est probablement l'un des villages les plus typiques du Pays Basque. Vous y serez accueillis dans une belle maison de style basque entourée d'un grand jardin bordé par une rivière. Mobilier rustique et régional. Un lieu idéal pour ceux souhaitant profiter à la fois de l'océan (14 km) et de l'Espagne (2 km).***
★ Accès : De Saint-Pée-sur-Nivelle, dir. Sare par le quartier Cherchebruit. A la Chapelle Ste-Catherine, suivre le fléchage à gauche « Olabidéa ».

★ Prix/Price : 250 F 1 Pers - 350 F 2 Pers

URRUGNE
MAISON-HAIZEAN

474

Set in the Urrugne countryside, this handsome Basque residence full of character has a terrace and flower garden which afford a superb view over the Rhune. Three sumptuously and tastefully decorated bedrooms await your arrival. A charming spot for a break in the heart of the Basque country.
Basque coast: Hendaye and Saint-Jean-de-Luz 5 min. Biarritz and Spain nearby. Hiking trails and golf course. Tennis and riding 1 km. Swimming pool 4.5 km. Lake 20 km.
☆ *How to get there: At St-Jean-de-Luz, head for Urrugne. At roundabout before village, head for Ibardin. After 1.5 km, turn left (maize-drying shed). Drive up to the crossroads, the house is on the left.*

Murielle NARDOU
MAISON HAIZEAN
CHEMIN RURAL D'ACHARRY-TRIPY
64122 URRUGNE
Tél. : 05.59.47.45.37 - Fax : 05.59.47.45.37

C V

Carte 5

★ 3 ch. avec terrasse et entrée indépendante, dont 1 suite de 2 ch. avec sanitaires privés et wc communs. Ouvert toute l'année. Petit déjeuner : pain frais, céréales, viennoiseries, patisseries, yaourts, miel... Salon d'hiver à dispo. Salon d'été, transats. Jardin, vélos. Restaurants à Urrugne 2 km. ★ *Côte basque : Hendaye et Saint-Jean-de-Luz à 5 mn. Biarritz et Espagne à proximité. Sentiers de randonnée, golf. Tennis et équitation 1 km. Piscine 4,5 km. Lac 20 km.* ★ ***Dans la campagne d'Urrugne, belle demeure basque de caractère avec terrasse et jardin fleuri offrant une superbe vue sur la Rhune. 3 chambres ravissantes décorées avec beaucoup de goût, vous sont réservées. Une étape de charme au cœur du pays basque.***
★ Accès : A St-Jean-de-Luz, dir. Urrugne. Au rond point avant le village dir. Ibardin. A 1,5 km à gauche, séchoir à maïs. Monter jusqu'au carrefour, la maison est à gauche.

★ Prix/Price : 200/ 250 F 1 Pers - 250/ 300 F 2 Pers - 350 F 3 Pers

ARIES-ESPENAN
MOULIN-D'ARIES

475

Set in the heart of the countryside, in complete tranquillity, this vast residence is a fully restored 14th century mill, with a superb view of the Pyrenees. Five comfortable bedrooms with furniture full of character await your arrival. In good weather, enjoy a stroll in the garden or along the banks of the River Gers.
Tennis, horse-riding, swimming pool, flying club 1.5 km. Outdoor leisure centre 12 km. Lac aux Oiseaux nature reserve 10 km. Childrens activities park, golf 20 km. Thermal spa 25 km.
☆ How to get there: D929 Auch-Lannemezan. At Castelnau-Magnoac, take the D632 for Boulogne, after approximately 2 km, turn right for Ariès-Espenan.

☆ Prix/Price : 250 F 1 Pers - 300 F 2 Pers - 350 F 3 Pers

Dorit WEIMER
MOULIN D'ARIES
ARIES-ESPENAN
65230 CASTELNAU-MAGNOAC
Tél. : 05.62.39.81.85 - Fax : 05.62.39.81.85

Carte 5

★ 5 ch. avec sanitaires privés. Ouvert du 15/05 au 15/01 et sur résa. Petit déjeuner : viennoiseries, charcuterie, fromages. Table d'hôtes (100 F) : pintade aux raisins à l'Armagnac, gigot à la lavande. Salon, cheminée, TV satellite, bibliothèque. Terrasse, cour, jardin, pré d'1 ha, vélos. ★ *Tennis, promenades à cheval, piscine, aéro-club 1,5 km. Base de loisirs 12 km. Lac aux Oiseaux (rés. naturelle) 10 km. Parc de loisirs enfants, golf 20 km. Station thermale 25 km.* ★

Située en pleine campagne, dans un calme absolu, cette vaste demeure avec vue sur les Pyrénées, est un moulin du XIVe siècle entièrement restauré. 5 chambres confortables avec mobilier de caractère vous sont réservées. Aux beaux jours, vous pourrez profiter du jardin et flaner au bord du Gers.

★ Accès : D929 Auch-Lannemezan. Prendre à Castelnau-Magnoac D632 dir. Boulogne, après 2 km environ, tourner à droite vers Ariès-Espenan.

CASTELNAU-RIVIERE-BASSE
CHATEAU-DU-TAIL

476

Pleasant château with outbuildings set in 8.5 acres of parkland. The bedrooms are spacious and decorated with refinement. Attractive furnishing fabrics and handsome period furniture. In fine weather, enjoy a dip in the superb swimming pool or take a stroll in the park.
Marciac, jazz festival.
☆ How to get there: Castelnau-Rivière Basse. Village centre. Goux road.

Claudie BOLAC
CHATEAU DU TAIL
65700 CASTELNAU-RIVIERE-BASSE
Tél. : 05.62.31.93.75

Carte 5

★ 3 ch. : 1 avec lit à baldaquin 180, douche/bains/wc privés, 1 avec douche/wc privés, 1 avec lit à baldaquin 160, bains/wc privés. Ouvert toute l'année sur résa. Table d'hôtes sur demande : cuisine régionale et inventive. Billard, bibliothèque. Cour, jardin, parc, piscine, vélos. Restaurants 1 km. ★ *Marciac, festival de jazz.* ★

Agréable château avec dépendances situé dans un parc de 3,5 ha. Les chambres sont spacieuses et décorées avec raffinement. Jolis tissus d'ameublement et beau mobilier ancien. Aux beaux jours vous pourrez profiter de la superbe piscine ou flaner dans le parc.

★ Accès : Castelnau Rivière Basse. Centre village. Route de Goux.

☆ Prix/Price : 280 F 1 Pers - 300 F 2 Pers - 375 F 3 Pers - 100 F Repas

FONTRAILLES
JOUANDASSOU

477

Dominique et Nick COLLINSON
JOUANDASSOU
65220 FONTRAILLES
Tél. : 05.62.35.64.43 - Fax : 05.62.35.66.13

Carte 5

Jouandassou lies in the Baïse valley, in southern Gascony, facing the Pyrenees. This former posthouse, dating from 1767, has been restored to pristine splendour. The delightful, tastefully decorated bedrooms are appointed with period furniture. In the summer months, enjoy a stroll around the swimming pool or in the grounds. (E-mail: nickc@planete.net).
The Pyrenees 1 hr. away: « Pic du Midi », Bétharram caves, Gavarnie, etc. Lourdes 40 min. Puydarrieux lake (bird sanctuary) 3 km. Tennis 500 m. Golf course 20 km. Fishing in the Baïse.
☆ *How to get there:*

★ 4 ch. avec sanitaires privés. Ouvert toute l'année. Table d'hôtes : spécialités régionales et cuisines du monde. Petit déjeuner servi sur la terrasse. Salon. Séjour (biblio., jeux, TV). Cour, parc, piscine privée, p-pong, loc. VTT, terrain de badminton. (e-mail:nickc@planete.net). ★ *Les Pyrénées à 1 h : pic du Midi, grottes de Bétharram, Gavarnie... Lourdes 40 mn. Lac de Puydarrieux (rés. ornithologique) 3 km. Tennis 500 m. Golf 20 km. Pêche dans la Baïse. Email : nickc@planete.net* ★
Au sud de la Gascogne, dans la vallée de la Baïse, face aux Pyrénées, Jouandassou est un ancien relais de poste, daté de 1767, et restauré dans le style d'origine. Les chambres ravissantes, avec de beaux meubles anciens, sont décorées avec beaucoup de goût. L'été, flaneries autour de la piscine ou dans le parc.
★ Accès :

★ Prix/Price : 280 F 1 Pers - 320 F 2 Pers - 60 F P. sup - 100 F Repas

Hautes Pyrénées

GALAN
NAMASTE

478

Jean-Claude FONTAINE
NAMASTE
65330 GALAN
Tél. : 05.62.99.77.81

Carte 5

Namasté is a typical, 19th century farmhouse, situated on the edge of the village. The residence is in a region of low-lying hills, surrounded by meadows and woods. Warmly-decorated bedrooms, with parquet flooring and visible beams, look out onto the garden. In clement weather, copious breakfasts are served outside under the trees.
The Pyrenees. Tennis court in the village. Swimming pool 10 km. Golf course 15 km.
☆ *How to get there:* At Lannemezan, take the D939. Galan is 10 km on.

★ 2 chambres avec sanitaires privés. Ouvert toute l'année. Table d'hôtes : magret aux fruits, fricassée de poulet fermier et les légumes du jardin, patisseries maison... Bibliothèque, TV, piano. Sauna. Cour et grand jardin clos. Restaurants à Lannemezan 10 km. ★ *Les Pyrénées. Tennis au village. Piscine à 10 km. Golf à 15 km.* ★
A la sortie du village, Namasté est une ancienne ferme typique du XIXe siècle. Située dans la région des coteaux, elle est entourée de prairies et de bois. Les chambres chaleureuses, avec parquet et poutres apparentes s'ouvrent sur le jardin. Aux beaux jours, petit déjeuner gourmand sous les arbres qui entourent la maison.
★ Accès : A Lannemezan, prendre D939. Galan est à 10 km.

★ Prix/Price : 200 F 1 Pers - 250 F 2 Pers - 300 F 3 Pers - 100 F Repas

OMEX
LES ROCAILLES

479

This 17th century stone house set in a typical Pyrenean village has been completely renovated. The three comfortable, attractively decorated bedrooms all have air conditioning. Relax by the pool and enjoy the farniente life in the garden or solarium. Welcoming atmosphere. Enjoy the gourmet specialities served at the table d'hôtes.
Walks in the surrounding area. Numerous lakes, mountain hikes, Pic du Midi. Lourdes 3 km. Tennis. Rafting 5 km. Golf 6 km.
☆ *How to get there:* Lourdes exit, head for Bétharram, Vallée de Bastsurguere. Michelin map 85, fold 17.

Murielle FANLOU
LES ROCAILLES
65100 OMEX
Tél. : 05.62.94.46.19 - Fax : 05.62.94.33.35

Carte 5

★ 3 chambres avec TV, téléphone, air conditionné, bains et wc privés. Ouvert de fin janvier à fin octobre. Table d'hôtes : garbure, agneau, confit, gâteau à la broche... Cour, jardin, salon de jardin, solarium, piscine privée. Potager, arbres fruitiers. Restaurants à Lourdes 3 km. ★ *Promenades pédestres à proximité. Nombreux lacs, randonnées en montagne, pic du Midi. Lourdes 3 km. Tennis. Rafting 5 km. Golf 6 km.* ★

Dans un village typique des Pyrénées, cette vieille maison en pierre du XVIIe siècle a été entièrement rénovée. 3 chambres confortables, chacune avec air conditionné, joliment décorées vous sont réservées. Détente auprès de la piscine et farniente dans le jardin ou sur le solarium. Atmosphère chaleureuse et table d'hôtes gourmande avec ses spécialités.

★ Accès : Sortie Lourdes, direction Bétharram, vallée de Bastsurguere. CM 85, pli 17.

★ Prix/Price : 300 F 2 Pers - 370 F 3 Pers - 100 F Repas - 250 F 1/2 pension

PINAS
DOMAINE-DE-JEAN-PIERRE

480

The warm welcome provided by your hostess Marie Colombier is the perfect introduction to the charm and character exuded by this attractive residence. The interior decoration is a delight and the tastefully furnished bedrooms look out onto a shaded park. In fine weather, breakfast is served on the terrace.
Tennis in the village, 18-hole golf course 3 km. The Pyrenees, Saint-Bertrand-de-Comminges 25 km, Lourdes 45 km.
☆ *How to get there:* A64, exit 16, 5 km east of Lannemezan on the N117. At Pinas church, take the D158 for Villeneuve. The house is 800 m up on the right (follow signs). Michelin map 85, fold 19.

Marie COLOMBIER
DOMAINE DE JEAN-PIERRE
20 ROUTE DE VILLENEUVE
65300 PINAS
Tél. : 05.62.98.15.08 - Fax : 05.62.98.15.08

Carte 5

★ 3 chambres avec bains et wc privés. Ouvert toute l'année. Petit déjeuner à base de pain, croissants, gâteaux maison, miel, jus de fruits,... Restaurants entre 2 et 7 km. Hébergement de chevaux possible. ★ *Tennis au village, golf 18 trous à 3 km. Les Pyrénées, Saint-Bertrand-de-Comminges à 25 km, Lourdes à 45 km.* ★

L'accueil chaleureux et raffiné de la maîtresse de maison vous fera apprécier le charme et la décoration intérieure de cette belle demeure de caractère. Les chambres sont calmes, meublées avec goût et donnent sur le parc ombragé. Aux beaux jours, petit déjeuner servi sur la terrasse.

★ Accès : Par A64 sortie 16. A 5 km à l'est de Lannemezan. A 5 km à l'est de Lannemezan par la N117. A l'église de Pinas, D158 dir. Villeneuve, la maison est à droite à 800 m (fléchage). CM 85, pli 19.

★ Prix/Price : 210 F 1 Pers - 250 F 2 Pers - 320 F 3 Pers - 70 F P. sup

Carte 5

Christian PETERS
6 RUE DU BARRY
65270 SAINT-PE-DE-BIGORRE
Tél. : 05.62.41.82.04 - Fax : 05.62.41.85.89

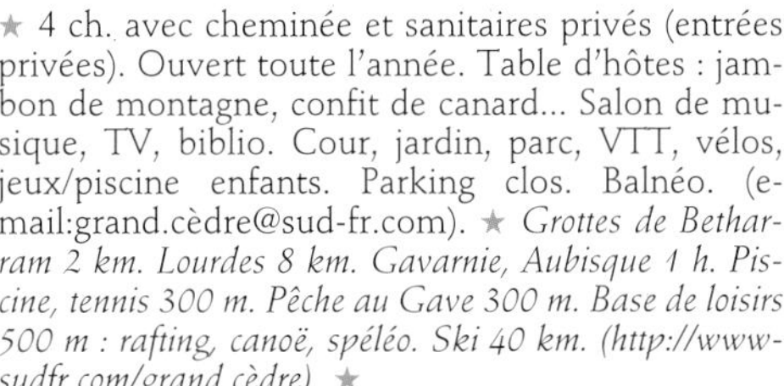

★ 4 ch. avec cheminée et sanitaires privés (entrées privées). Ouvert toute l'année. Table d'hôtes : jambon de montagne, confit de canard... Salon de musique, TV, biblio. Cour, jardin, parc, VTT, vélos, jeux/piscine enfants. Parking clos. Balnéo. (e-mail:grand.cèdre@sud-fr.com). ★ *Grottes de Betharram 2 km. Lourdes 8 km. Gavarnie, Aubisque 1 h. Piscine, tennis 300 m. Pêche au Gave 300 m. Base de loisirs 500 m : rafting, canoë, spéléo. Ski 40 km. (http://www-sudfr.com/grand.cèdre).* ★

Au cœur de St-Pé-de-Bigorre, le Grand Cèdre est une belle maison de maître du XVIIe au passé chargé d'histoire. Superbes chambres avec un joli mobilier d'époque. A la table d'hôtes, vous apprécierez le charme d'un souper aux chandelles servi devant un feu de cheminée. Superbes jardins, parc aux arbres multiséculaires.

★ Accès : A 8 km de Lourdes vers Pau, par la route touristique longeant le Gave. Gare SNCF à St-Pée. Aéroport Tarbes/Lourdes à 20 km.

In the heart of St-Pé-de-Bigorre, Le Grand Cèdre is a handsome 17th century family mansion with a rich history. The bedrooms are magnificent and appointed with attractive period furniture. Enjoy the charm of dinner by candlelight, served at the table d'hôtes, in front of the fire. Superb gardens and park with century-old trees. (E-mail: grand.cèdre@sud-fr.com).
Bétharram caves 2 km. Lourdes 8 km. Gavarnie, Aubisque 1 hr. Swimming pool and tennis 300 m. Fishing in the Gave 300 m. Outdoor sports centre 500 m: rafting, canoeing, potholing. Skiing 40 km. (Internet: http//www-sudfr.com/grand.cèdre)
☆ *How to get there: 8 km from Lourdes, heading for Pau, on the scenic route along the Gave. Railway station at St-Pée. Tarbes/Lourdes airport 20 km.*

★ Prix/Price : 270 F 1 Pers - 320 F 2 Pers - 80 F P. sup - 130 F Repas

Carte 5

M. et Mme L'HARIDON
6 RUE DU BARRY
65270 SAINT-PE-DE-BIGORRE
Tél. : 05.62.41.86.71 - Fax : 05.62.94.60.50

★ 3 chambres : 1 avec salle de bains, 2 avec salles d'eau. Ouvert du 1er mars au 31 octobre. Petit déjeuner à base de croissants, toast, gâteau maison, jus de fruits... Table d'hôtes : quiche aux graisserons, canard aux pêches,... Restaurants à 3 km. Parking. ★ *A 200 m, base de loisirs. Piscine, tennis, spéléologie, kayak, escalade, rafting, hydrospeed, VTT à 200 m.* ★

A proximité de Lourdes et des grottes de Betharram, la « Calèche » est une maison de maître du XVIIe, située dans un cadre de verdure. Vous y disposerez du parc et de la terrasse où des repas pourront vous être servis le soir.

★ Accès : A 10 km de Lourdes, dir. Pau par Betharram. A Saint-Pé-de-Bigorre, sur la place du village, prendre la rue du Barry derrière la mairie.

« La Calèche » is a 17th century family mansion, set in verdant surroundings close to Lourdes and the Bétharram caves. Enjoy the park and terrace where meals can be taken in the evening.
Outdoor sports centre 200 m. Swimming pool, tennis, potholing, canoeing, climbing, rafting, hydrospeed, biking 200 m.
☆ *How to get there: 10 km from Lourdes, head for Pau via Bétharram. In Saint-Pé-de-Bigorre, on village square. The residence is in Rue du Barry behind the town hall.*

★ Prix/Price : 250 F 1 Pers - 250 F 2 Pers - 325 F 3 Pers - 75 F P. sup - 100 F Repas

SOMBRUN
CHATEAU-DE-SOMBRUN

Gilles et Josette BRUNET
CHATEAU DE SOMBRUN
65700 SOMBRUN
Tél. : 05.62.96.49.43 - Fax : 05.62.96.01.89

Carte 5

This handsome, fully-renovated Directoire-style house built in 1816, is situated in the Val d'Adour between Armagnac, Bigorre and Béarn. The residence stands on a vast estate with garden, park and swimming pool. The warm and refined decor of attractive period furniture and pretty, brightly-coloured fabrics bestows great charm on the place. A must. In the heart of the the Madiranais, on the edge of the Hautes Pyrénées, Gers, Pyrénées Atlantiques and Landes. Airports: Tarbes 25 km, Pau 50 km. Marciac jazz festival 15 km. Tennis in the village. Riding, lakes, hiking, sailing 15 km.
☆ *How to get there:* 2 km from Maubourguet, for Pau and Lembeye. Turn for Sombrun, just after the railway. The residence is in the village. Michelin map 85, fold 8.

★ 3 ch. avec bains et wc privés dont 2 suites de 2 ch. avec bains et wc privés. Ouvert toute l'année. Table d'hôtes : garbure, magrets, confits, veau vert, daube de canard au madiran... Salon, billard, téléphone. Parc de 6 ha. avec jardin, étang et piscine. Pétanque, ping-pong, VTT. ★ *Au cœur du Madiranais, à la limite des Htes-Pyrénées, du Gers, des Pyrénées Atlantiques et des Landes. Aéroports de Tarbes 25 km et Pau 50 km. Fest. de jazz à Marciac 15 km. Tennis au village. Equitation, lacs, randonnées, voile 15 km.* ★
Dans ce val d'Adour qui hésite entre Armagnac, Bigorre et Béarn, cette belle demeure rénovée en 1816, de style Directoire, est située sur une vaste propriété avec jardin, parc et piscine. La décoration chaleureuse et raffinée avec de beaux meubles anciens et de jolis tissus aux couleurs vives, confère à cet intérieur beaucoup de charme. Une étape à ne pas manquer.
★ Accès : A 2 km de Maubourguet, direction Pau, Lembeye. Tourner juste après la voie ferrée, direction Sombrun. La demeure est dans le village. CM 85, pli 8.

★ Prix/Price : 300 F 1 Pers - 320 F 2 Pers - 370 F 3 Pers - 100 F Repas

CAMELAS
MAS-FELIX

484

Lucie BOULITROP
MAS FELIX
66300 CAMELAS
Tél. : 04.68.53.46.71 - Fax : 04.68.53.40.54

Carte 6

This pleasant 18th century country house full of character stands in a 118-acre wooded estate on a hillock, surrounded by vineyards. The warm, tastefully decorated bedrooms are appointed with rustic furniture. The surrounding forests are ideal for invigorating hikes to get to know the area. Medieval village of Castelnou 2 km. Swimming pool 5 km. Beaches 26 km. Perpignan 22 km.
☆ *How to get there:* At the exit from Thuir, head for Ille-sur-Têt, then turn left for l'Auxineill and follow signs to Mas Félix. Michelin map 86, fold 19.

★ 2 ch. avec sanitaires privés. Ouvert du 15/3 au 15/11. Copieux petit déjeuner : œufs, charcuteries... et selon vous souhaits. Bibliothèque, cheminée. Forêt méditerranéene de 48 ha., solarium, parking, 2 garages. Randonnées pédestres, ping-pong, pétanque. Restaurants à Thuir (7 km). Gare 15 km. ★ *Village médiéval de Castelnou à 2 km. Piscine à 5 km. Plages 26 km. Perpignan à 22 km.* ★
Entouré de vignobles, sur un domaine boisé de 48 ha. et situé sur un tertre, cet agréable mas de caractère est d'époque XVIIIe. Les chambres chaleureuses, dotées d'un beau mobilier rustique, sont aménagées avec goût. Les forêts qui entourent cette belle demeure vous permettront de belles randonnées à la découverte du domaine.
★ Accès : A la sortie de Thuir, prendre direction Ille-sur-Têt, puis sur la gauche, direction l'Auxineill et fléchage Mas Félix. CM 86, pli 19.

★ Prix/Price : 280 F 1 Pers - 320 F 2 Pers - 390 F 3 Pers - 130 F Repas

CASTELNOU
DOMAINE-DE-QUERUBI

Majestic 12th and 16th century Catalan mas, set on a 500-acre estate. The decor exudes refinement and quality in a warm atmosphere. Enjoy the peace and quiet of the surroundings, or go mountain biking, hiking, hunting, or just relax by the pool.
Fortified medieval village and château (Castelnou) 2.5 km. Byrrh cave at Thuir 7 km. Perpignan, beaches and Cloître d'Elne (cloisters) 20 km.
☆ *How to get there:* Motorway, Perpignan Sud exit. Head for Thuir (D23), then Castelnou. When you reach the château, the property is 2.5 km further on. Michelin map 86, fold 19.

Roland NABET et Françoise CLAVERIE
DOMAINE DE QUERUBI
66300 CASTELNOU
Tél. : 04.68.53.19.08 - Fax : 04.68.53.18.96

Carte 6

★ 4 ch. et 2 suites, toutes avec bains ou douche, wc, TV et tél. Ouvert toute l'année. Table d'hôtes : agneau à la coriandre, poulet aux gambas, crème catalane, tarte au chocolat. CB acceptées. Billard, solarium, piscine, VTT, rand. et chasse sur le domaine. Garrigue et forêt. 590 F/suite. ★ *Village médiéval fortifié et château de Castelnou (2,5 km). Cave Byrrh à Thuir (7 km). Perpignan, les plages et cloître d'Elne à 20 km.* ★

Majestueux mas catalan des XIIe et XVIe siècles, situé sur un domaine de 200 hectares. Décoration soignée, de grande qualité, et atmosphère chaleureuse. Selon vos goûts, vous pourrez profiter du calme des lieux et faire du VTT, des randonnées pédestres, paresser au bord de la piscine ou bien chasser.

★ Accès : Sortie autoroute Perpignan sud. Prendre la dir. de Thuir (D23) puis Castelnou, arriver jusqu'au château, le domaine est à 2,5 km. CM 86, pli 19.

★ Prix/Price : 350 F 1 Pers - 380 F 2 Pers - 460 F 3 Pers - 150 F Repas

THUIR
MAS-PETIT

Just 2 km from Thuir, this superb 11th and 15th century country house has been restored with refinement. Five individually styled, luxuriously appointed bedrooms and one suite await your arrival. Extensive, enclosed grounds with swimming pool, solarium and garden furniture. Art lovers will admire the works on display in the house.
Medieval village of Castelnou 4 km. Beaches 22 km. 17th century former Capucine convent. Maison Byrrh, the world's largest wine cellar.
☆ *How to get there:* As you leave the village of Thuir 2 km, head for Ille-sur-Têt, then turn left for Mas Petit. Michelin map 86, fold 19.

Joëlle FOURMENT
CASA DEL ARTE
MAS PETIT
66300 THUIR
Tél. : 04.68.53.44.78 ou SR : 04.68.66.61.11 -
Fax : 04.68.53.44.78

Carte 6

★ 5 chambres et 1 suite avec TV, téléphone, minibar et sanitaires privés. Ouvert de Pâques à la Toussaint sur réservation. Petit déjeuner raffiné : brioche, pains aux raisins et au chocolat, fruits frais, miel... Parc clos, piscine privée, terrasse, solarium, salon de jardin. 650 F/suite. ★ *Village médiéval de Castelnou (4 km). Plages à 22 km. Ancien couvent des capucins du XVIIe. Maison Byrrh (plus grande cave du monde).* ★

A 2 km de Thuir, superbe mas des XIe et XVe siècles restauré avec raffinement. 5 chambres et 1 suite originales, luxueusement aménagées vous sont réservées. Grand parc clos avec piscine, solarium et salon de jardin. Les amateurs d'art pourront admirer dans cette belle demeure, les œuvres qui y sont exposées.

★ Accès : A la sortie du village de Thuir (2 km), vers Ille-sur-Têt, puis à gauche Mas Petit. CM 86, pli 19.

★ Prix/Price : 380/ 460 F 1 Pers - 420/ 500 F 2 Pers

COSSWILLER-WASSELONNE
« TIRELYRE »

487

Mme BOCHART
2 HAMEAU TIRELYRE
COSSWILLER
67310 WASSELONNE
Tél. : 03.88.87.22.49 - Fax : 03.88.87.29.46

Carte 1

Family mansion set at the foot of the lower Vosges hills, affording a magnificent view of the valley and forest. The residence was once a meeting place for painters. The site's reputation still makes it a favourite spot for inhabitants of Strasbourg on their Sunday walks. Winner of the 1992 « Etoile de l'Initiative Alsace » prize.
Walking, riding. Visits to the châteaux of the Vosges, museums and concerts in Strasbourg. Westhoffen-Traenheim wine estates.
☆ *How to get there:* 28 km from Strasbourg on the RN4. Michelin map 87, fold 14.

★ 4 chambres avec bains et wc privés, TV dans toutes les chambres : 3 ch. 2 pers., 1 ch./suite 4 pers. (2 pièces communicantes). Grand salon et salle à manger privés. Chauffage central. Jardin aménagé et fleuri. Parking. Forêt à 100 m. Ferme-auberge au village. Ouvert du 12/7 au 14/6. ★ *Randonnées pédestres, équitation. Visite des châteaux des Vosges, musées et concerts à Strasbourg. Route des vins Westhoffen-Traenheim.* ★

Maison de maître située en bordure des collines sous-vosgiennes, profitant d'une belle vue sur le vallon et la forêt. Autrefois lieu de rencontre de nombreux peintres. La renommée du site en fait encore le lieu de promenade privilégiée des strasbourgeois le dimanche. « Etoile de l'Initiative Alsace 92 ».

★ Accès : A 28 km de Strasbourg par RN 4. CM 87, pli 14.

★ Prix/Price : 285 F 1 Pers - 350/ 400 F 2 Pers - 550 F 3 Pers

Bas Rhin

DIEFFENBACH-AU-VAL
LA ROMANCE

488

Serge GEIGER
17 RUE DE NEUVE EGLISE
LA ROMANCE
67220 DIEFFENBACH AU VAL
Tél. : 03.88.85.67.09 - Fax : 03.88.57.61.58

Carte 1

La Romance is an attractive Alsatian-style house, well-situated between Colmar and Strasbourg, away from the village on the edge of a forest. Splendid views of the tranquil Vosges countryside and peace and quiet guaranteed. The spacious bedrooms are tastefully and comfortably decorated with attractive colours, lace-trimmed sheets, luxury towels.
Haut-Kœnigsbourg. Montagne des Singes. Eagle reserve. Vineyards. Ricquewihr. Ribauville. Mont Ste-Odile. Obernai.
☆ *How to get there:* From Sélestat: via Châtenois, dir. Villé (D424) to St-Maurice (D697), signs to Dieffenbach on left-hand side. Michelin map 87, fold 7.

★ 4 chambres dont 2 suites (salon privatif dans la tourelle ou duplex), toutes avec salle d'eau et tél. direct. Entrée séparée, salon/salle à manger privés. Micro-ondes et réfrigérateur à disposition. Restaurant à 10 mn à pied. Petits plats privilégiés pour les hôtes. Ouvert toute l'année. ★ *Montagne des Singes. Volerie des Aigles. Route du vin. Mont Saint-Odile. Ribeauville. Riquewihr. Obernai.* ★

Entre Colmar et Strasbourg belle maison alsacienne de caractère, bien située, à l'écart du village, en lisière de forêt et profitant d'une vue agréable sur la campagne vosgienne. Les chambres sont spacieuses, décorées avec goût et confortables (jolies couleurs, draps en dentelle). Très belles vues et calme assuré.

★ Accès : De Sélestat : accès par Châtenois, dir. Villé (D424) jusqu'à St-Maurice (D697). Indication Dieffenbach sur la gauche. CM 87, pli 7.

★ Prix/Price : 280/ 350 F 2 Pers

CHAPONOST

Jean-Claude BRUN
32 RUE FRANCOIS FERROUSSAT
69630 CHAPONOST
Tél. : 04.78.45.42.03

Carte 4

This fully restored 19th century farmhouse is just 10 km from the centre of Lyon. A warm welcome is guaranteed by your host Jean-Claude. The bedrooms are very comfortable and attractively furnished. In good weather, you can take advantage of the property's pleasant terraces, where breakfast is served. Table d'hôtes (booking required).
Gallo-Roman site 7 km. Lyon 10 km. Riding, swimming pool, tennis court and golf course 3 km. Hiking and mountain bike paths 10 km (Monts du Lyonnais).
☆ *How to get there: A6, Lyon/Vaise exit for Francheville. A7, La Mulatière exit for Oullins. At Chaponost, after railway bridge, take the first right and drive straight up.*

★ 3 chambres avec sanitaires privés. Ouvert toute l'année. Salon, TV et bibliothèque à disposition. Table d'hôtes sur réservation. Cour et parc entièrement clos, terrasses avec salon de jardin, barbecue. Restaurants à 2 km. et restaurant gastronomique à 10 km. ★ *Site gallo-romain à 7 km. Lyon 10 km. Equitation, piscine, tennis et golf à 3 km. Circuits pédestres et VTT à 10 km (Monts du Lyonnais).* ★
Cette ancienne ferme du XIXe entièrement rénovée est située à 10 km seulement du centre de Lyon. Jean-Claude vous y accueillera chaleureusement. Les chambres qui vous sont réservées sont très confortables et joliment meublées. Aux beaux jours, vous pourrez profiter d'agréables terrasses où le petit déjeuner vous sera servi.
★ Accès : A6 sortie Lyon/Vaise dir. Francheville. A7 sortie La Mulatière dir. Oullins. A Chaponost après le pont de chemin de fer, 1re à dr. jusqu'en haut.

★ Prix/Price : 250 F 1 Pers - 320 F 2 Pers - 60 F P. sup - 90 F Repas

CHIROUBLES
LA GROSSE-PIERRE

Véronique et Alain PASSOT
LA GROSSE PIERRE
69115 CHIROUBLES
Tél. : 04.74.69.12.17 - Fax : 04.74.69.13.52

Carte 4

Winegrowers Véronique and Alain Passot guarantee a warm welcome at their vast and beautiful Beaujolais residence set in vineyards. Five extremely comfortable bedrooms with separate entrances await your arrival. You will enjoy the peace and quiet of this attractive property and the incomparable view which it affords of the vineyards. Enjoy a dip in the pool.
Wines can be tasted and purchased on the property. Beaujolais vineyards and their celebrated vintages. Wine village at Romanèche.
☆ *How to get there: Between Fleurie and Villié Morgon (D68), head for Chiroubles (D119) and follow signs for « Domaine de Grosse Pierre ».*

★ 5 ch. avec sanitaires privés. Ouvert toute l'année sauf décembre et janvier. Salon réservé aux hôtes et grande salle commune avec cheminée. Terrasse ombragée. Poss. garage fermé. Cour, jardin. Piscine dans la propriété. Eurocard/Mastercard acceptées. Restaurants à Chirouble 1 km et à Fleurie 2 km. ★ *Dégustation et vente de vins sur la propriété. Vignoble du Beaujolais et ses célèbres crus. Hameau du Vin à Romanèche.* ★
Véronique et Alain Passot, viticulteurs, vous recevront chaleureusement dans leur belle et vaste demeure beaujolaise située au milieu des vignes. 5 chambres de grand confort avec entrée indépendante vous sont réservées. Vous apprécierez le calme de cette belle propriété et la vue imprenable sur le vignoble.
★ Accès : Entre Fleurie et Villié Morgon (D68), prendre la dir. de Chiroubles (D119) et suivre les indications privées « Domaine de Grosse Pierre ».

★ Prix/Price : 250 F 1 Pers - 280/ 300 F 2 Pers

JARNIOUX
CHATEAU-DE-BOIS-FRANC

M. DOAT
CHATEAU DE BOIS FRANC
69640 JARNIOUX
Tél. : 04.74.68.20.91 - Fax : 04.74.65.10.03

Carte 4

In the heart of Beaujolais country, set in woodland, this Napoleon III-style château offers 2 suites with considerable character. Wine available on the property.
Tennis 1 km, swimming pool, lake, river 8 km. Riding 4 km. Walking trails 5 km. Mountain bikes 15 km. Golf course 15 km. Discover the Beaujolais and Lyon regions.
☆ *How to get there: Take the D31 from Villefranche-sur-Saône (7 km), motorway A6 exit. Michelin map 73, fold 10.*

★ 2 suites, chacune avec salle de bains et wc privés. Ouvert toute l'année. 2 nuits minimum du 15 novembre au 15 mars. Restaurants de 2 à 5 km. Parc. ★ *Tennis à 1 km, piscine, plan d'eau, rivière à 8 km. Equitation à 4 km. Sentiers pédestres à 5 km. VTT, golf à 15 km. Découverte du Beaujolais et de la région lyonnaise.* ★

En plein cœur du Beaujolais viticole, dans un grand parc arboré, deux suites de caractère aménagées dans un château style Napoléon III. Vin disponible à la propriété.

★ Accès : CM 73, pli 10. D 31 depuis Villefranche sur Saône (7 km) sortie Autoroute A 6.

☆ Prix/Price : 400/ 500 F 2 Pers - 450/ 600 F 3 Pers

LANCIE
LES PASQUIERS

Jacques et Laurence GANDILHON-ADELE
LES PASQUIERS
69220 LANCIE
Tél. : 04.74.69.86.33 - Fax : 04.74.69.86.57

Carte 4

A warm welcome is guaranteed in this family home, a vast Second Empire residence exuding character, set in attractive, extensive grounds full of flowers. Unwind with a game of tennis or take a dip in the pool. An ideal place to stay in the heart of Beaujolais country.
In the heart of Beaujolais country, between Bresse and Burgundy. Wine village, 10 minutes from the motorway. Tennis court and swimming pool on site.
☆ *How to get there: Between Mâcon Sud and Belleville. N6, by Romanèche, Lancié is 2 km on. The house is on the Place des Pasquiers.*

★ 3 ch. confortables dont 1 accessible aux pers. à mobilité réduite avec sanitaires privés. Beaux petits déjeuners. Table d'hôtes : cuisine du marché et vins sélectionnés. Vaste salon avec cheminée, salon de musique, biblio. Terrasse, jardin et pool-house. Ouvert toute l'année. ★ *Au cœur du Beaujolais, entre Bresse et Bourgogne. Hameau du vin à 10 mn de l'autoroute. Tennis et piscine sur place.* ★

Accueil de qualité dans une vraie maison de famille, vaste demeure du Second Empire, située dans un beau parc fleuri avec tennis et piscine, au cœur du Beaujolais.

★ Accès : Entre Mâcon sud et Belleville. De la N6, au niveau de Romanèche, Lancie est à 2 km. La maison est place des Pasquiers.

☆ Prix/Price : 350 F 2 Pers - 50 F P. sup - 120 F Repas

LANTIGNIE
DOMAINE-DES-QUARANTE-ECUS

493

Bernard et M-Claude NESME
DOMAINE DES QUARANTE ECUS
LES VERGERS
69430 LANTIGNIE
Tél. : 04.74.04.85.80 - Fax : 04.74.69.27.79

Carte 4

Bernard and Marie-Claude Nesme are your hosts at this residence full of character, set in the heart of a Beaujolais vineyard and featuring an attractive swimming pool. The bedrooms are comfortable and great care has been taken with the decoration. Wine lovers will enjoy visiting the cellar, where they can taste and purchase the estate's wines. Museums and châteaux. Close to Burgundy, Bresse, Saône and Loire and Lyon. Touroparc (amusement park).
☆ How to get there: A6, Belleville-Purs exit, then D37 to Beaujeu and D26 for 2 km. Take the road on the right and drive 800 m.

★ 5 chambres au 2e étage, toutes avec douche et wc privés. Ouvert toute l'année. Restaurants à 3 km. Piscine et jardin ombragé sur place. ★ *Musées et châteaux. Proximité de la Bourgogne, de la Bresse, de la Saône et Loire et de Lyon. Touroparc.* ★

Dans le Beaujolais viticole, au cœur du vignoble, Monsieur et Madame Nesme vous reçoivent dans une demeure de caractère, dotée d'une agréable piscine. Les chambres sont confortables et décorées avec soin. Les amateurs de vin pourront visiter la cave, déguster et acheter des vins de la propriété.

★ Accès : De l'A6, sortie Belleville-Purs, puis D37 jusqu'à Beaujeu, et D26 sur 2 km. Prendre une route à droite et faire 800 m.

★ Prix/Price : 190 F 1 Pers - 250 F 2 Pers

LE PERREON
LES VOLETS-BLEUS

494

Fabienne DUGNY
LES VOLETS BLEUS
LE BOURG
69460 LE PERREON
Tél. : 04.74.03.27.65 - Fax : 04.74.03.27.65

Carte 4

In the heart of Beaujolais country, near the famous village of Clochemerle, Fabienne and Eric welcome you to their 19th century residence full of character, in the village of Le Perréon. The six bedrooms are tastefully decorated and boast spacious bathrooms. Relaxed atmosphere in a refined setting.
Discover Beaujolais country: wines, gastronomy and the arts. Oenology courses and hikes can be organised.
☆ How to get there: A6, Villefranche-sur-Saône exit, for Arnas, on D43. Blaceret-Purs, then D49 for Le Perréon. The house is in the village.

★ 3 ch. 2/3 pers. et 3 suites de 2 ch. 4/5 pers., toutes avec sanitaires privés. Ouvert toute l'année. Table d'hôtes sur résa. : cuisine régionale. Poss. garage fermé. Restaurants à proximité. Chambres non fumeur. Accueil de 17h à 19h. ★ *Découverte du Beaujolais, de son vin, de sa gastronomie et de sa culture. Organisation de randonnées en quad, stage œnologique.* ★

Au cœur du Beaujolais, Fabienne et Eric vous accueillent dans leurs 6 chambres situées dans une demeure de caractère du XIXe, au bourg de Perréon. Les chambres sont décorées avec goût et équipées de spacieuses salles de bains. Une ambiance décontractée dans un cadre raffiné.

★ Accès : De l'A6, sortie Villefranche-sur-Saône, dir. Arnas, par D43. Blaceret-Purs, puis D49 vers le Perreon, la maison est dans le village.

★ Prix/Price : 200 F 1 Pers - 265 F 2 Pers - 350 F 3 Pers - 80 F Repas

Rhône

QUINCIE-EN-BEAUJOLAIS
DOMAINE-DE-ROMARAND

Annie et Jean BERTHELOT
DOMAINE DE ROMARAND
69430 QUINCIE EN BEAUJOLAIS
Tél. : 04.74.04.34.49 - Fax : 04.74.04.34.49

Annie and Jean are your hosts at their Beaujolais farmhouse situated in the heart of wine country, some 50 km from Lyon. This site has great character and offers an attractive lounge with fireplace. Leisure activities include a swimming pool in the grounds.
Discover Beaujolais country and its vintages. Wine cellars and museums. Mountain bikes 5 km, tennis court 3 km. Hiking, fishing, Sapins lake nearby.
☆ *How to get there: Motorway, Belleville-sur-Saône exit. D37 for Beaujeu, D9 for Quincié, then head for Marchampt. Access to site is signposted.*

★ 3 ch. avec sanitaires privés. Ouvert toute l'année. Petit déjeuner maison. Table d'hôtes sur résa. (vin compris) : cuisine régionale et gourmande (salade lyonnaise, saucisson chaud, volailles fermières) Restaurants 2 km. Parking dans une cour fermée. Piscine privée. Dégustation de vins sur place. ★ *Découverte du Beaujolais et de ses crus. Caveaux et musées. VTT à 5 km, tennis à 3 km. Randonnées, pêche et lac des Sapins à proximité.* ★

A 50 km de Lyon, Annie et Jean vous recevront chaleureusement dans leur ancienne ferme beaujolaise de caractère, située au cœur des vignes. Un agréable salon est à votre disposition (cheminée). Pour vos loisirs, une piscine dans la propriété.

★ Accès : Sortie autoroute Belleville-sur-Saône. D.37 dir. Beaujeu, D.9 vers Quincié puis dir. Marchampt. Accès fléché.

★ Prix/Price : 250 F 1 Pers - 280/ 300 F 2 Pers - 350 F 3 Pers - 100/ 120 F Repas

Haute Saône

PUSY-ET-EPENOUX 496

Germaine GAUTHIER
ROUTE DE SAINT-LOUP - CD10
GENDARMERIE
70000 EPENOUX-PUSY
Tél. : 03.84.75.19.60 - Fax : 03.84.76.45.05

Carte 4

Built in the 18th century in the heart of a tiny, peaceful Franche-Comté village, the Château d'Epenoux stands in 13 acres of flower-filled woodland with a 17th century chapel. The large comfortable bedrooms are tastefully decorated. Savour the delights of the table d'hôtes.
Tennis 500 m, riding 8 km, swimming pool, fishing and windsurfing 4.5 km, golf 17 km. Cross-country skiing in the Vosges in winter (20 minutes drive). Ronchamp Chapel (designed by Le Corbusier).
☆ *How to get there: At Vesoul, take the D10 for Saint-Loup; the château is at the entrance to the village of Epenoux. Michelin map 66, fold 6.*

★ 4 chambres (1 avec douche et wc, 3 avec bains et wc). Ouvert toute l'année. Table d'hôtes uniquement le soir. 1/2 pension sur la base de 2 pers. Carte American Express et Eurochèques acceptés. Parking gratuit au château. ★ *Tennis 500 m, équitation 8 km, piscine, pêche et planche à voile 4,5 km, golf 17 km. Ski de fond dans les Vosges, 20 mn en voiture. Chapelle de Ronchamp, architecture le Corbusier.* ★

Construit au XVIIIe siècle, au cœur d'un petit village comtois, le château d'Epenoux est entouré d'un beau parc fleuri et boisé de 5 hectares, sur lequel se dresse une chapelle du XVIIe siècle. Les chambres grandes, confortables sont décorées avec goût.

★ Accès : A Vesoul, prendre D 10 direction Saint-Loup ; à l'entrée du village d'Epenoux. CM 66, pli 6.

★ Prix/Price : 300 F 1 Pers - 360 F 2 Pers - 100 F P. sup - 220 F Repas - 780 F 1/2 pension

SERVANCE

497

Michèle CHEVILLAT
LE LODGE DU MONTHURY
70440 SERVANCE
Tél. : 03.84.20.48.55

Carte 4

Eighteenth century Vosges Sâonoises farmhouse is set on the Plateau des Mille Etangs (plain of a thousand ponds), in the heart of the countryside. The house affords magnificent views of the surrounding area. Ideal for keen anglers: private facilities on 6 lakes (trout, salmon, black bass).
Fishing and hiking on site: 3 private, posted trails 14, 8 and 15 km. Swimming pool, bathing and tennis 16 km. Horse-riding and sailing 30 km. Downhill and cross-country skiing (20 minutes). Thermal baths at Luxeuil-les-Bains.
☆ *How to get there:* At Lure (on N19 Vesoul/Belfort), take the D486. Drive through Melisey and Servance. At Servance, turn left onto the D263 (Beulotte road).

★ 6 chambres, toutes avec salle d'eau et wc privés, TV. Ouvert toute l'année. Table d'hôtes réputée : poisson d'eau douce, gibier à partir de septembre, grenouilles en mars. Terrasse d'été. Thermalisme à Luxeuil-les-Bains. ★ *Randonnées sur place : 3 parcours balisés (14, 8 et 15 km), parcours d'orientation 5 km. Piscine, baignade, tennis 16 km. Equitation, voile 30 km. Ski piste/fond (20 mn).* ★
Ancienne ferme du XVIIIe des Vosges Saônoises située sur le plateau des Mille Etangs, en pleine nature, vue exceptionnelle. Une adresse idéale pour pratiquer la pêche (en supplément) : parcours de pêche privé sur 6 plans d'eau (truite, saumon de fontaine, perche, brochet...).
★ Accès : A Lure (sur N 19 Vesoul/Belfort), prendre la D 486. Traverser Melisey puis Servance. A Servance, prendre à gauche la D 263 (route de Beulotte).

★ Prix/Price : 205 F 1 Pers - 340 F 2 Pers - 455 F 3 Pers - 110 F Repas

BAUDRIERES

498

Arlette VACHET
LE BOURG
71370 BAUDRIERES
Tél. : 03.85.47.32.18 - Fax : 03.85.47.41.42

Carte 4

This enchanting cottage covered in Virginia creeper and honeysuckle is set in a lush garden with swimming pool. A warm welcome is guaranteed by your dynamic hostess, who has restored her home with loving care. The superbly decorated, romantic bedrooms are appointed with antique furniture. Admire the garden while enjoying a delicious breakfast under the arbour.
Hiking trails and tennis locally. Fishing 1 km. Lake 10 km. Swimming pool, riding 12 km.
☆ *How to get there:* 18 km south-east of Chalon-sur-Saône (Lyon B-road), to Nassey, and D160 to Baudrières. Via Tournus, N6 to Sennecey and D18, Rigny-sur-Saône and Baudrières. Michelin map 70, fold 12.

★ 2 chambres (dont 1 avec lit pour enfants) avec TV, bains ou douche et wc privés. Ouvert toute l'année. Copieux petit déjeuner. Jardin avec piscine privée. Parking. Vélos. ★ *Sentiers de randonnée, tennis sur place. Pêche 1 km. Lac 10 km. Piscine, équitation 12 km.* ★
Cette ravissante chaumière enfouie sous la vigne vierge et le chévrefeuille, est entourée d'un luxuriant jardin avec piscine. Vous serez accueillis chaleureusement par la dynamique hôtesse qui a restauré avec bonheur et passion sa demeure. Chambres romantiques avec meubles anciens superbement décorées. Somptueux petit déjeuner sous la tonnelle en admirant le jardin.
★ Accès : A 18 km au s.e de Chalon-sur-Saône (bis Lyon), jusqu'à Nassey, puis D160 jusqu'à Baudrières. Par Tournus, N6 jusqu'à Sennecey, puis D18, Rigny-sur-Saône et Baudrières. CM 70, pli 12.

★ Prix/Price : 300 F 1 Pers - 340 F 2 Pers - 450 F 3 Pers - 100 F P. sup

BOURGVILAIN
MOULIN-DES-ARBILLONS

499

Charles et Sylviane DUBOIS-FAVRE
MOULIN DES ARBILLONS
71250 BOURGVILAIN
Tél. : 03.85.50.82.83 - Fax : 03.85.50.86.32

Carte 4

Near Cluny, five comfortable bedrooms await you in the outbuildings of an 18th century windmill with shaded park. Breakfast is served in the orangery, built on the ruins of the old mill and the surviving vault. Wine lovers will delight in the regional vintages which grace a cellar adorned with handcrafted objects.
Cluny 8 km. Lake 2.5 km. Swimming pool and tennis court 8 km.
☆ *How to get there: From Mâcon, take the N79 for Cluny-Charolles. At « La Valouze », turn left onto the D22 to Bourgvilain. Michelin map 69, fold 18.*

★ 5 chambres (dont 1 accessible aux personnes handicapées) avec bains ou douche et wc privés. Ouvert du 15/3 au 15/11. Salon avec cheminée, TV et magnétoscope à disposition. Parc ombragé. Auberge à 300 m. ★ *Clunay à 8 km. Lac 2,5 km. Piscine et tennis 8 km.* ★

A proximité de Cluny, dans les dépendances d'un ancien moulin du XVIIIe siècle avec parc ombragé, 5 chambres confortables ont été aménagées. Les petits déjeuners sont servis dans l'orangerie, construite sur le moulin d'autrefois et son ancienne voûte. Pour les amateurs, un caveau avec des vins régionaux et objets d'artisanat.

★ Accès : A partir de Mâcon, prendre la N79, direction Cluny-Charolles. Au lieu-dit « La Valouze », prendre à gauche (D22), jusqu'à Bourgvilain. CM 69, pli 18.

★ Prix/Price : 300/ 450 F 1 Pers - 350/ 450 F 2 Pers - 550 F 3 Pers

Saône et Loire

LA GUICHE
LA ROSERAIE

500

Rosslyn BINNS
LA ROSERAIE
71220 LA GUICHE
Tél. : 03.85.24.67.82 - Fax : 03.85.24.61.03

Carte 4

This large 18th century residence is set in tree-filled parkland at the edge of the village. British-born Mrs. Binns provides a warm welcome in a cosy atmosphere with English-style decoration and local antique furniture. No pets.
Visits to Romanesque churches. Tennis, fishing and horse-riding in the vicinity. 18-hole golf course 25 km.
☆ *How to get there: Exit Châlon Sud. Take D977 for Buxy. At Buxy, take D983 for St-Bonnet-de-Joux and drive 37 km. After Chevagny, right on D303 for La Guiche. Michelin map 69, fold 18.*

★ 6 chambres, toutes avec bains et wc privés. Ouvert toute l'année (sur réservation en hors-saison). Copieux petit déjeuner. Grand jardin. Restaurant à 500 m. ★ *Circuit des églises romanes. Tennis, pêche, équitation à proximité. Golf 18 trous à 25 km.* ★

Ce grand manoir du XVIIIe siècle se situe dans un parc arboré à la sortie du village. Vous y serez accueillis par Mme Binns, britannique, dans une ambiance douillette. La décoration mêle le style anglais à du mobilier régional ancien.

★ Accès : Sortie Chalon sud, prendre D977 dir. Buxy. A Buxy prendre D983 dir. St-Bonnet de Joux sur 37 km. Après Chevagny, à droite D303 « La Guiche ». CM 69, pli 18.

★ Prix/Price : 250 F 1 Pers - 350 F 2 Pers

MARCIGNY
LES RECOLLETS

Although Les Récollets was once a convent, there is nothing austere about it. All the bedrooms and suites, overlooking the countryside, are furnished with taste and refinement. There is a very pretty lounge to relax in and a bright dining room with fireplace and blue hand-decorated cupboards. Saint-Christophe-en-Brionnais market, the Romanesque churches of Southern Burgundy. Tennis and swimming pool 500 m, golf 9 km. Numerous hikes possible. Close to Roanne.

☆ *How to get there:* North of Roanne on the D482 and D982. Michelin map 73, fold 7.

Josette BADIN
LES RECOLLETS
71110 MARCIGNY
Tél. : 03.85.25.05.16 - Fax : 03.85.25.06.91

Carte 4

★ 6 chambres et suites avec bains et wc privatifs. Ouvert de mars à décembre. Petit déjeuner à base de brioches, croissants, gâteaux et confitures maison. Table d'hôtes : cuisine régionale. Carte visa acceptée. VTT sur place. Grand jardin avec salons de jardin. ★ *Marché de St-Christophe en Brionnais, circuit des églises romanes de Bourgogne sud. Tennis et piscine 500 m, golf 9 km. Nombreuses possibilités de randonnées. Proximité de Roanne.* ★

Ancien couvent, Les Récollets n'ont rien d'austère. Toutes les chambres donnent sur la campagne et sont aménagées avec goût et raffinement. Pour vous détendre, vous disposerez d'un très joli salon et surtout d'une salle à manger très gaie avec cheminée et armoires bleues décorées à la main.

★ Accès : Au nord de Roanne par la D 482 et la D 982. CM 73, pli 7.

★ Prix/Price : 320 F 1 Pers - 450 F 2 Pers - 520 F 3 Pers - 70 F P. sup - 200 F Repas

MOROGES
L'ORANGERIE

A warm welcome awaits you at l'Orangerie, a comfortable mid-nineteenth century country house with elegant, restful decor. Secluded garden and swimming pool, set in a peaceful valley of meadows and vineyards. The perfect base from which to explore the scenic, architectural and gastronomic riches of southern Burgundy. Romanesque Cluny and Tournus.

Chalonnais vineyards. Romanesque art and architecture: Autun, Beaune, Cluny and Tournus. Places of interest: Brancion, Cormatin and Germolles. Tennis court 2 km. Fishing 5 km. Lake 10 km. Montchanin golf course 18 km.

☆ *How to get there:* A6, Chalon-Sud exit; N80 for Le Creusot; Moroges exit after 12 km. In village square turn left. L'Orangerie is on your right after 800 m. Michelin map 69, fold 9.

Niels LIERON et David EADES
L'ORANGERIE
VINGELLES
71390 MOROGES
Tél. : 03.85.47.91.94 - Fax : 03.85.47.98.49

CV

Carte 4

★ 5 chambres avec téléphone (TV sur demande), bains ou douche et wc privés. Ouvert de Pâques à la Toussaint. Copieux petit déjeuner. Table d'hôtes sur réservation. Belle pièce de jour réservée aux hôtes. Parc arboré clos avec piscine privée. Nombreux restaurants à proximité. ★ *Visites de caves. Découverte de l'art roman : Autun, Beaune, Cluny, Tournus. Sites de Brancion, Cormatin ou Germolles. Tennis 2 km. Pêche 5 km. Lac 10 km. Golf de Montchanin 18 km.* ★

Vous serez accueillis chaleureusement dans cette belle demeure campagnarde du XIXe siècle, située dans une vallée paisible, au milieu de prés et de vignobles, avec jardin et piscine privés. Décor élégant et cadre reposant. Vous ferez en ces lieux, une étape de charme. Idéal pour découvrir les hauts lieux de l'art roman comme Cluny ou Tournus.

★ Accès : A6, sortie Chalon-sud, puis direction Le Creusot par N80. A 15 km, à droite Moroges. Dans le bourg, prendre direction Vingelles. CM 69, pli 9.

★ Prix/Price : 375/ 500 F 1 Pers - 400/ 550 F 2 Pers - 650 F 3 Pers - 160 F Repas

SALORNAY-SUR-GUYE
LA SALAMANDRE

503

Jean-Pierre FORESTIER
LA SALAMANDRE
LE BOURG
71250 SALORNAY-SUR-GUYE
Tél. : 03.85.59.91.56 - Fax : 03.85.59.91.67

Carte 4

This handsome residence, in Romanesque Burgundy close to Lamartine's birthplace and Château de Cormatin, is a treasure-trove of culture and good living. Music, literature, painting, architecture, gastronomy and wine are just some of your hosts' interests. They provide a warm welcome and will be happy to advise you on exploring Burgundy's rich heritage.
The treasures of Southern Burgundy. Hiking trails, tennis court 500 m. Fishing 2 km. Riding 7 km. Swimming pool 10 km.
☆ *How to get there: 10 km north of Cluny, on the D980. At Salornay-sur-Guye, head for Cormatin (D14). Michelin map 69, folds 18/19.*

★ 5 chambres avec téléphone, bains ou douche et wc privés dont 1 suite avec salon pour 3/4 pers. Ouvert toute l'année. Salon et bibliothèque à disposition. Parc clos, jardin et parking privé. Randonnées vélos. ★ *Découverte de la Bourgogne du sud. Sentiers de randonnée, tennis 500 m. Pêche 2 km. Equitation 7 km. Piscine 10 km.* ★

Cette belle demeure, en Bourgogne romane, proche de la route Lamartine et du château de Cormatin est empreinte de culture et de bien-vivre. Musique, littéraire, peinture, architecture... et arts de la table et du vin sont les passions des maîtres des lieux. Ils vous accueilleront chaleureusement et vous guideront dans la découverte du riche patrimoine de la Bourgogne.

★ Accès : A 10 km au nord de Cluny, par D980. A Salornay-sur-Guye, prendre direction Cormatin (D14). CM 69, pli 18/19.

☆ Prix/Price : 250/ 280 F 1 Pers - 350/ 490 F 2 Pers - 490 F 3 Pers - 95 F P. sup - 120 F Repas

SASSANGY
LE CHATEAU

504

André et Ghyslaine MARCEAU
LE CHATEAU
71390 SASSANGY
Tél. : 03.85.96.12.40 - Fax : 03.85.96.11.44

Carte 4

This 18th century château stands in outstanding countryside and lush greenery. The bedrooms are full of charm and have been tastefully restored. Enjoy the peace and quiet of the library, the arch-ceilinged dining room or a walk in the country. Breakfast is served on the summer terrace.
Chalonnais vineyards, Romanesque châteaux and churches. Towns of Beaune, Cluny, Autun and Tournus. Swimming pool 15 km, 18-hole golf course 18 km. Fishing and mountain bikes in the vicinity.
☆ *How to get there: A6, Chalon Sud exit, take the RN80 for Montceau-les-Mines, Sainte-Hélène/Sassangy exit after 15 km, then follow signs to Sassangy for 3 km. Michelin map 69, fold 9.*

★ 4 ch. doubles et 2 ch. triples, toutes avec bains et wc. Ouvert du 15/3 au 16/11. Restaurants entre 5 et 10 km. Cartes bleue, Visa, Mastercard acceptées. Réduction pour 3 nuits et plus. ★ *Vignobles du Chalonnais, châteaux et églises romanes. Beaune, Cluny, Autun, Tournus. Piscine à 15 km, golf 18 trous à 18 km. Pêche et VTT à proximité.* ★

Ce château du XVIIIe siècle vit au rythme de la campagne dans un cadre exceptionnel. Des chambres pleines de charme, restaurées et décorées avec goût vous attendent. De la bibliothèque à la salle à manger voutée ou dans le parc, vous profiterez de l'ambiance paisible des lieux. Terrasse d'été pour les petits déjeuners.

★ Accès : A6, sortie Chalon sud, prendre RN 80 dir. Montceau-les-Mines ; sortie Ste-Hélène/Sassangy à 15 km puis suivre Sassangy sur 3 km. CM 69, pli 9.

☆ Prix/Price : 450/ 550 F 1 Pers - 550/ 750 F 2 Pers - 700/ 850 F 3 Pers

SENNECEY-LE-GRAND
LE CLOS-DES-TOURELLES

505

Laurence DERUDDER
LE CLOS DES TOURELLES
71240 SENNECEY-LE-GRAND
Tél. : 03.85.44.83.95 - Fax : 03.85.44.90.18

Carte 4

Vast residence which combines 19th century elegance with 12th century rustic charm, in parkland with rare essences, swimming pool and private lakes. Enjoy candlelight dinners in a medieval setting. Family and gourmet cooking with wines bottled on the estate. Delightfully appealing refined bedrooms. An ideal base from which you can explore southern Burgundy.
Tennis court 500 m. Fishing, lake 5 km. Riding 8 km.
☆ How to get there: Sennecey-le-Grand is on the Chalon-sur-Saône/Mâcon trunk road (N6) between the Châlon-Sud exit and Tournus on the A6. Michelin map 69, fold 20.

★ 6 chambres avec téléphone, bains et wc privés (TV sur demande). Ouvert du 01/03 au 15/11. Table d'hôtes sur réservation. Parc de 17 ha. avec piscine et étangs privés. VTT à disposition. ★ *Tennis 500 m. Pêche, lac 5 km. Equitation 8 km.* ★
Vaste demeure alliant l'élégance du XIXe et le charme rustique du XIIe, dans un parc arboré d'essences rares, avec piscine et étangs privés. Dîners aux chandelles dans une atmosphère médiévale. Cuisine familiale et gourmande avec vin de la propriété. Les chambres vous séduiront par leur raffinement. Une étape idéale pour découvrir la Bourgogne du sud.
★ Accès : Sennecey-le-Grand se situe sur l'axe Chalon-sur-Saône/Mâcon (N6) entre la sortie Chalon-sud et Tournus sur l'A6. CM 69, pli 20.

☆ Prix/Price : 390/ 830 F 2 Pers - 580 F 3 Pers - 80 F P. sup - 200 F Repas

TOURNUS
CHATEAU-DE-BEAUFER

506

Sabine ROGGEN
CHATEAU DE BEAUFER
71700 TOURNUS
Tél. : 03.85.51.18.24 - Fax : 03.85.51.25.04

Carte 4

Hosts Mr and Mme Roggen will do their utmost to preserve the peace and quiet of this 16th century château set in parkland. The Bresse-style and « brune » bedrooms look out onto the grounds and pool, while the « jaune » bedroom is next to the main lounge; the most spacious « rouge » and « bleue » bedrooms overlook the grounds. Breakfast is served in the lounge.
Tournus and abbey, Brancion (medieval village), Château de Cormatin, Chalonnais wines. Tennis and fishing 3 km. Horse-riding and golf 18 km.
☆ How to get there: A6 and N6 for Tournus, take the D14 for Brancion then follow the signs (3 km from Tournus). Michelin map 69, fold 20.

★ 5 chambres et 1 suite, toutes avec bains ou douche et wc. Ouvert du 15/3 à la Toussaint. Nombreux restaurants à Tournus (3 km). Cartes bancaires acceptées. Piscine sur place. TV par satellite. ★ *Tournus (son abbaye), Brancion (village médiéval), le château de Cormatin, les vins du Chalonnais. Tennis et pêche à 3 km. Equitation et golf à 18 km.* ★
Dans ce château du XVIe siècle, situé dans un parc, M. et Mme Roggen préservent la tranquillité de leurs hôtes. Les chambres bressane et brune ont vue sur le parc et la piscine, la chambre jaune, près du grand salon, les chambres rouge et bleue, les plus spacieuses, donnent sur le parc. Les petits déjeuners sont pris au salon.
★ Accès : A6 et N6 Tournus, prendre D 14 vers Brancion puis tourner d'après les panneaux à 3 km de Tournus. CM 69, pli 20.

☆ Prix/Price : 670/ 850 F 2 Pers - 800 F 3 Pers - 150 F P. sup

TOURNUS

507

Solange BOURET
33 QUAI DU MIDI
71700 TOURNUS
Tél. : 03.85.51.78.65 - Fax : 03.85.51.78.65

Carte 4

Your hostess Solange Bouret offers spacious, comfortable bedrooms in this 17th and 19th century private mansion, bordering the River Saône. Superb Charles X-style billiard room. In fine weather, breakfast is served on the terrace with a view of the Saône.
Romanesque châteaux and churches of Southern Burgundy. Tournus abbey-church, built over 1,000 years ago. Discover Burgundy's winemaking traditions (some of France's finest wines) and gastronomy. Truchère nature reserve 5 km.
☆ *How to get there:* A6 and N6, head for Tournus town centre, then along Quai de Saône (riverbank). Michelin map 69, fold 20.

★ 2 chambres, 1 suite et 1 appartement avec cuisine, toutes avec sanitaires privés. TV par satellite. Bibliothèque, salle de billard. Terrasse, garage cour close. Restaurants gastronomiques. Animation culturelle sur place. Vélos, pêche. Ouvert toute l'année. ★ *Circuit des châteaux et des églises romanes du sud de la Bourgogne (abbatiale de Tournus). Bourgogne viticole locale (une des plus réputées de France). Réserve de la Truchère 5 km.* ★
Dans un hôtel particulier des XVIIe et XIXe siècles situé en bordure de Saône, Solange Bouret a aménagé avec goût de grandes et confortables chambres. Superbe billard Charles X. Aux beaux jours, le petit déjeuner sera servi sur la terrasse qui offre une jolie vue sur la Saône.
★ Accès : A6 et N6, prendre direction centre ville, puis quai de Saône. CM 69, pli 20.

☆ Prix/Price : 240 F 1 Pers - 280/ 320 F 2 Pers - 420 F 3 Pers

Saône et Loire

LA VINEUSE
LA MAITRESSE

508

Julie SERRES
LA MAITRESSE
LE BOURG
71250 LA VINEUSE
Tél. : 03.85.59.60.98 - Fax : 03.85.59.65.26

C V

Carte 4

You will delight in the warmth and tranquillity which this time-honoured residence exudes, and in the magnificent view it affords of the surroundings. The refined bedrooms are a perfect blend of texture and colour. Savour the full breakfasts and delicious recipes prepared by the lady of the house. An ideal way to get to know this beautiful area of France.
Southern Burgundy and places of interest. Cluny abbey and stud farm. Mâconnais region. Château de Cormatin. Paray-le-Monial. Prehistoric sites: Solutré, Azé, etc. Riding 2 and 7 km. Fishing 5 km. Tennis 7 km. Lake 19 km.
☆ *How to get there:* A6 motorway, Mâcon-Sud exit, N79 for Cluny and D980 for Salornay. Michelin map 69, fold 18.

★ 5 chambres (dont 1 accessible aux personnes handicapées) avec TV, bains ou douche et wc privés. Ouvert toute l'année. Salon réservé aux hôtes. Terrain clos aménagé avec piscine privée. Jeux d'enfants. Ping-pong. Vélos à disposition. ★ *Découverte de la Bourgogne du sud. Cluny (abbaye, haras...). Région du Maconnais. Château de Cormatin. Paray-le-Monial. Sites préhistoriques (Solutré, Azé...). Equitation à 2 et 7 km. Pêche 5 km. Tennis 7 km. Lac 19 km.* ★
Vous aimerez l'atmosphère chaleureuse de cette vieille demeure qui bénéficie d'une superbe vue et la quiétude des lieux. Chambres raffinées, mêlant harmonieusement tissus et couleurs. Vous apprécierez les copieux petits déjeuners et les savoureuses recettes de la maîtresse de maison. Détente au bord de la piscine. Etape idéale pour découvrir cette belle région.
★ Accès : Autoroute A6 sortie Mâcon-sud, puis N79 direction Cluny et D980 direction Salornay. CM 69, pli 18.

☆ Prix/Price : 250 F 1 Pers - 300/ 400 F 2 Pers - 500/ 600 F 3 Pers - 100 F P. sup - 70/ 130 F Repas

ASNIERES-SUR-VEGRE
MANOIR-DES-CLAIES

Jean ANNERON
MANOIR DES CLAIES
72430 ASNIERES-SUR-VEGRE
Tél. : 02.43.92.40.50 - Fax : 02.43.92.65.72

Carte 2

At the edge of Asnières-sur-Vègre, « the most beautiful village in the Maine », you will find the delightful Manoir des Claies, hidden in a bosky bower at the foot of which runs the « Vègre ». This 15th century lord's manor has been restored with great care by its owner, who will be happy to share his love of old buildings in this joyful and peaceful setting.
Village of Asnières-sur-Vègre. Solesmes abbey (Gregorian chant) 10 km. Sablé-sur-Sarthe golf course 12 km.
☆ *How to get there: 10 km from A81 motorway, exit 1. Michelin map 64, fold 2.*

★ 2 ch. 2 pers. et 1 suite 2 ou 4 pers. avec bains et wc privés. Table d'hôtes sur réservation. Parc, promenades en barque, pêche. Ouvert toute l'année sur réservation. ★ *Village d'Asnières-sur-Vègre. Abbaye de Solesmes (chants grégoriens) à 10 km. Golf de Sablé-sur-Sarthe à 12 km.* ★
A l'extrémité d'Asnières-sur-Vègre (plus beau village du Maine) se trouve enchâssé dans son écrin de verdure le Manoir des Claies, au pied duquel coule tranquillement la « Vègre ». Dans une demeure seigneuriale du XVe, restaurée avec passion par son propriétaire, vous viendrez goûter le calme, et l'amour des vieilles pierres.
★ Accès : A 10 km de la sortie n°1 de l'autoroute A81. CM 64, pli 2.

☆ Prix/Price : 385 F 1 Pers - 420 F 2 Pers - 150 F P. sup - 130 F Repas

MONHOUDOU
CHATEAU-DE-MONHOUDOU

510

Michel de MONHOUDOU
CHATEAU DE MONHOUDOU
72260 MONHOUDOU
Tél. : 02.43.97.40.05 - Fax : 02.43.33.11.58

Carte 2

This little 16th and 17th century gem, set in a bosky bower, has been in the family since 1625. The peaceful park and the warm welcome offered by the owner will make time stand still during your stay. Michel and Marie-Christine will be delighted to help you discover the region's many treasures.
Le Mans (old town) 40 km. Vintage Car Museum. Alençon: city of the Dukes 30 km. Châteaux and stud farms of the Orne. Tennis 3 km. Bellême golf course 15 km.
☆ *How to get there: A11 motorway: from Paris, turn off at La Ferté-Bernard for Mamers. From Nantes: turn off at Le Mans Nord for Alençon.*

★ 4 ch. avec sanitaires privés. Ouvert toute l'année. Table d'hôtes : poulet aux morilles, pintade au foie gras, confitures, cake et pain d'épices maison... Salons, salle à manger, piano. Parc à l'anglaise, bicyclettes, promenade à cheval en forêt de Perseigne. ★ *Le Mans à 40 km (vieille ville). Musée de l'automobile. Alençon, cité des ducs (30 km). Châteaux et haras de l'Orne. Tennis à 3 km. Golf de Bellême à 15 km.* ★
Petit joyau des XVIe et XVIIe siècles, dans son écrin de verdure transmis depuis 1625. Le calme de son parc et l'accueil de son propriétaire vous permettront durant votre séjour de suspendre le cours du temps. Michel et Marie vous feront découvrir les richesses de sa région.
★ Accès : Autoroute A11 : de Paris sortie La Ferté-Bernard dir. Mamers. De Nantes : sortie Le Mans nord dir. Alençon.

☆ Prix/Price : 450/ 550 F 2 Pers - 100 F P. sup - 195 F Repas

PONCE-SUR-LE-LOIR
CHATEAU-DE-LA-VOLONIERE

511

This handsome 15th and 19th century, partly troglodyte château stands in 7.5 acres of parkland. The fine bedrooms, with evocative names, such as The Thousand and One Nights, Blue Beard and Romeo and Juliet, are all decorated in a different style. Beautiful period furniture. Breakfast is served in the 15th century chapel.
In Poncé village: arts and crafts centre (17th century Moulin de Paillard mill on the bank of the Loir), glass blowing, painted furniture. Le Mans and Tours 45 km.
☆ *How to get there:* In centre of the arts and crafts village of Poncé.

Brigitte BECQUELIN
CHATEAU DE LA VOLONIERE
72340 PONCE-SUR-LE-LOIR
Tél. : 02.43.79.68.16 - Fax : 02.43.79.68.18

Carte 2

★ 5 ch. avec sanitaires privés (1 avec kitchenette). Fermé du 21/12 au 21/02 (sauf accord particulier). Petit déjeuner : viennoiseries, confitures... Pièce voûtée angevine à dispo. TV et tél. Cour, jardin, parc, vélos, p-pong. Restaurant attenantité. - 10% à partir de la 2ᵉ nuit, 20% pour 1 semaine. ★ *Dans le village de Poncé : centre d'artisanat d'art (site du Moulin de Paillard XVIIᵉ sur les bords du Loir), souffleur de verre, meubles peints. Le Mans et Tours 45 km.* ★

En partie troglodytique, ce beau château des XVᵉ et XIXᵉ est situé sur un parc de 3 ha. Les chambres raffinées, aux noms évocateurs (Mille et une Nuits, Barbe Bleue, Roméo et Juliette...) ont toutes une décoration différente. Beau mobilier d'époque. Les petits déjeuners sont servis dans la chapelle datant du XVᵉ siècle.

★ Accès : Au centre du village artisanal de Poncé.

☆ Prix/Price : 350 F 1 Pers - 400 F 2 Pers - 100 F P. sup

SAINTE-FOY-TARENTAISE
YELLOWSTONE-CHALET

512

In the Haute Tarentaise, on the way to the Val d'Isère and Tignes resort skiing, you will find this vast contemporary chalet, with « lauze » tiled roof, on a rocky peak, overlooking the Isère valley. The terraces and balconies afford a magnificent view over the glacier. Outstanding hospitality in a preserved natural setting.
Bourg-St-Maurice TGV high-speed train station 19 km. Petit-St-Bernard and Iséran passes. Italy 30 km. La Vanoise nature park. Skiing locally (Ste-Foy) and Tignes. Val d'Isère, Les Arcs 15 km.
☆ *How to get there:* A43-A430 to Albertville, then RN90 to Seez and D902. 3 km after Ste-Foy, turn left in the hamlet of La Thuile and follow signs.

Jean-Claude et Nancy TABARDEL
YELLOWSTONE-CHALET
BONCONSEIL
73640 SAINTE-FOY-TARENTAISE
Tél. : 04.79.06.96.06 - Fax : 04.79.06.96.05

Carte 4

★ 4 ch. 2 pers. et 1 suite 4 pers. avec TV et sanitaires privés. Mini-bar commun. Ouvert de décembre à avril et du 15/6 au 15/9. Table d'hôtes : tartiflette, paupiettes savoyardes, apple crisp. Salle de remise en forme, sauna, jacuzzi. Jardin. Visa, Eurocard. Repas enfant : 75 F. ★ *Gare TGV Bourg-St-Maurice 19 km. Cols du Petit-St-Bernard et de l'Iseran. Italie 30 km. Parc nat. de la Vanoise. Ski sur place (Ste-Foy) et à Tignes. Val d'Isère, les Arcs 15 km.* ★

En Tarentaise, sur la route des stations de Val d'Isère et Tignes, ce vaste chalet contemporain, au toit de lauze, superbement aménagé se dresse sur un piton rocheux surplombant la vallée de l'Isère. Face au glacier, terrasses et balcons offrent une vue superbe. Accueil d'exception dans un cadre naturel et préservé.

★ Accès : A43-A430 jusqu'à Albertville, puis RN90 jusqu'à Seez puis D902. 3 km après Ste-Foy, prendre à gauche dans le hameau de la Thuile et suivre fléchage.

☆ Prix/Price : 450/ 650 F 1 Pers - 550/ 750 F 2 Pers - 700/ 900 F 3 Pers - 175 F Repas

AMANCY
LA SOLITUDE

513

Ariane GURZELER
LA SOLITUDE
LA VERNAZ OUEST
74800 AMANCY
Tél. : 04.50.03.00.93 - Fax : 04.50.03.00.93

Carte 4

This handsome 19th century Savoie residence with 2.5-acre grounds and private heated pool lies in a magnificent setting in the heart of the countryside. The three luxurious bedrooms all have attractive shower rooms. Start the day with a scrumptious gourmet breakfast served on the verandah. Warm welcome assured. A charming spot between Geneva and Annecy.
Annecy and Léman (Geneva) lakes 15 min. Chamonix 30 min. La Roche-sur-Foron 5 min. Esery 18-hole golf course 10 min. Horse-riding centre and tennis court 1 km.
☆ *How to get there: From Annecy (A41) or Geneva (A40), La Roche-sur-Foron exit, for Bonneville. At roundabout, head for Annecy, and first road on the right, Rue Follieuse and Rue de la Solitude. Michelin map 89, fold 3.*

★ 3 ch. (non fumeur) avec TV, douche et wc privés. Ouvert de mai à sept. ou sur demande. Petit déjeuner : fromages, laitages, charcuterie... Salon (cheminée), biblio. et véranda. Tél. privé sur demande et fax à dispo. Parc (barbecue et piscine). Practice golf, vélos, jeux raquettes, pétanque... ★ *Lac d'Annecy et lac Léman (Genève) à 15 mn. Chamonix 30 mn. La Roche-sur-Foron 5 mn. Golf 18 trous d'Esery à 10 mn. Centre équestre et tennis 1 km.* ★

Dans un cadre exceptionnel, en pleine nature, belle demeure savoyarde du XIXe avec jardin, parc d'1 ha. et piscine privée et chauffée. 3 ch. de grand confort dotées de ravissantes salles d'eau y ont été aménagées. Vous apprécierez le petit déjeuner gourmand servi dans la véranda, et l'accueil chaleureux des propriétaires. Une étape de charme entre Genève et Annecy.

★ Accès : D'Annecy (A41) ou Genève (A40), sortie la Roche-sur-Foron, dir. Bonneville. Au rond-point, reprendre la dir. d'Annecy, puis 1re route à droite, rue Follieuse, et rue de la Solitude. CM 89, pli 3.

☆ Prix/Price : 320/ 420 F 1 Pers - 320/ 550 F 2 Pers - 70 F P. sup

BOUSSY
CHATEAU-DE-LUPIGNY

514

The Lupigny estate is situated right in the heart of the Albanais region, between two lakes, Annecy and Aix-les-Bains. Béatrice and Bob are your hosts at their 11th and 14th century castle, which they have fully restored. Three comfortable bedrooms await your arrival. « Popular Art », turn-of-the-century, rustic and late-19th century furniture. Peaceful shaded park.
Albanais, Nature and Childhood Art Museums. Montrottier, Clermont and Annecy châteaux. Fier gorges. Lake, outdoor leisure activities centre, swimming, tennis, fishing as well as bathing.
☆ *How to get there: A41 motorway, Rumilly exit, heading for Annecy. Drive through Alby/Chéran, and the D31 for Rumilly. After 5 km you will reach Lupigny.*

Béatrice ROUTEX
CHATEAU DE LUPIGNY
74150 BOUSSY
Tél. : 04.50.01.12.01 ou SR : 04.50.23.96.01
Fax : 04.50.01.12.01

Carte 4

★ 3 ch. avec TV, mini-bar, téléphone, douche et wc privés. Ouvert toute l'année. Petit déjeuner gourmand. Table d'hôtes : tourte forestière aux herbes, fondant chocolat... Grand séjour avec cheminée et piano. Bibliothèque à disposition. Parc, salon de jardin, jeux d'enfants, vélos. Chevaux. ★ *Musées : de l'Albanais, de la Nature, Art de l'Enfance. Châteaux : Montrottier, Clermont, Annecy. Sites des gorges du Fier. Plan d'eau, base de loisirs, piscine, tennis, pêche, baignade.* ★

Entre les lacs d'Annecy et d'Aix-les-Bains, le domaine de Lupigny est situé au cœur de l'Albanais. Béatrice et Bob vous reçoivent dans leur maison forte des XIe et XIVe s., qu'ils ont entièrement restaurée. 3 ch. confortables y ont été aménagées. Mobilier « Art populaire », début du siècle et campagnard, fin XIXe. Calme et détente assurés dans le grand parc ombragé.

★ Accès : Autoroute A41, sortie Rumilly, direction Annecy. Traverser Alby/Chéran puis D31 direction Rumilly sur 5 km, jusqu'à Lupigny.

☆ Prix/Price : 250 F 1 Pers - 300 F 2 Pers - 430 F 3 Pers - 100 F Repas - 280 F 1/2 pension

COPPONEX
LA BECASSIERE

515

This family farmhouse, which Suzanne and André have lovingly restored, is now given over entirely to their guests. They will be delighted to help you discover their region and share their passion for ornithology and mushrooms. Lovers of good wines are very welcome, as André is an experienced wine connoisseur.
Pont de la Caille bridge and Usses valley 5 km. Parc des Dronières (park, Olympic swimming pool) 10 km. Annecy 20 km. Geneva and Lake Léman 25 km. Downhill and cross-country skiing at Le Semmoz 15 km.
☆ *How to get there: A40, Saint-Julien-en-Genevois exit, for Cruseilles (N201). A41 for Cruseilles. Follow signs to Copponex, then turn left at cemetery for « Châtillon ».*

André et Suzanne GAL
LA BECASSIERE
CHATILLON
74350 COPPONEX
Tél. : 04.50.44.08.94

Carte 4

★ 3 ch. avec salle d'eau et wc privés. Ouvert toute l'année. Table d'hôtes : lapin à la polenta, tartiflettes, soufflé au fromage. Salon de lecture avec bibliothèque. Cour, jardin. Ping-pong, vélos. Pas de repas le dimanche soir, bons restaurants à proximité. ★ *Pont de la Caille et Val des Usses 5 km. Parc des Dronières 10 km (piscine olympique). Annecy 20 km. Genève et lac Léman 25 km. Ski de fond et de piste au Semmoz 15 km.* ★

Suzanne et André ont chaleureusement restauré cette ferme familiale entièrement réservée à leurs hôtes. Ils vous feront découvrir leur région et partager leur passion pour l'ornithologie et la mycologie. Les amateurs de bons vins seront les bienvenus car André est un œnophile averti.

★ Accès : A40 sortie Saint-Julien en Genevois dir. Cruseilles (N201). A41 dir. Cruseilles. Suivre Copponex, puis au cimetière à gauche « Chatillon ».

☆ Prix/Price : 200 F 1 Pers - 280 F 2 Pers - 85 F Repas - 215 F 1/2 pension

SAINT-FELIX
LES BRUYERES

516

At the foot of the Alps between Annecy and Aix-les-Bains, Denyse and Bernard invite you to share the charm and tranquillity of their fully restored 19th century Savoyard farmhouse. This pretty residence is surrounded by a landscaped park ablaze with flowers. Enjoy afternoon tea in a romantic setting. No smoking in the bedrooms.
Crosagny lake: birdwatching 1 km. Annecy and lake 21 km. Le Bourget lake, Aix-les-Bains and thermal baths 25 km. Skiing at Le Semmoz 20 km.
☆ *How to get there: A41, Alby-Saint-Chéran exit for Saint-Félix on N201. In the village, turn right, then left after the cemetery. Before the statue, turn right, then left.*

Bernard et Denyse BETTS
LES BRUYERES
MERCY
74540 SAINT-FELIX
Tél. : 04.50.60.96.53 - Fax : 04.50.60.94.65

Carte 4

★ 3 suites chacune avec salon et TV par satellite, 1 avec s.d.b. et wc, les 2 autres avec s. d'eau et wc. Ouvert toute l'année. Petit déjeuner : compotes, confitures maison. Table d'hôtes sur demande. Jardin d'hiver (biblio., musique). Jardin, parc, tennis, croquet. CB acceptées. ★ *Observation d'oiseaux à l'étang de Crosagny à 1 km. Annecy et son lac à 21 km. Lac du Bourget, Aix-les-Bains et ses thermes à 25 km. Ski au Semmoz à 20 km.* ★

Au pied des Alpes entre Annecy et Aix-les-Bains, Denyse et Bernard vous invitent à partager le charme et le calme d'une ancienne ferme savoyarde du XIXe entièrement restaurée. Cette jolie demeure est entourée d'un parc paysager très fleuri. Cadre romantique et thé l'après-midi. (Chambres non fumeur).

★ Accès : A41 sortie Alby-Saint-Chéran dir. Saint-Félix par N201. Dans le village à droite puis à gauche après le cimetière devant la statue à droite puis à gauche.

☆ Prix/Price : 475 F 1 Pers - 575 F 2 Pers - 675 F 3 Pers - 175 F Repas

BLACQUEVILLE
DOMAINE-DE-LA-FAUCONNERIE

517

Riding enthusiasts, Annie and Christophe Mignot and their children are your hosts at this splendid 17th century mansion. The bedrooms boast woodwork by craftsmen of a bygone age. Enjoy local specialities in front of a welcoming wood fire.
Visits to local horse farms. Visits to the region's abbeys. Water sports and outdoor sports centre 15 km.
☆ *How to get there:* From Rouen, take the N15 for Le Havre, then the D22 at Bouville for Fréville. At Blacqueville, follow the Chambres d'Hôtes signs. Michelin map 52, fold 13.

Christophe et Annie MIGNOT
DOMAINE DE LA FAUCONNERIE
76190 BLACQUEVILLE
Tél. : 02.35.92.68.08 ou 02.35.92.19.41

Carte 2

★ 4 chambres doubles et une suite avec sanitaires privés et TV, à l'étage. Table d'hôtes (pas de table le dimanche soir). Restaurant à 4 km. Point-phone. Fermé la 2e quinzaine de septembre et la 1re semaine d'octobre. 420 F/4 pers. ★ *Visite de l'élevage de chevaux sur place. Route des abbayes. Activités nautiques et base de plein air à 15 km.* ★

Dans cette ancienne fauconnerie du XVIIe, René, Annie et leurs enfants vous accueillent, et vous feront partager leur passion des chevaux. Vous pourrez admirer dans votre chambre le travail des compagnons charpentiers d'autrefois. Dans une ambiance chaleureuse, près d'un feu de bois, vous dégusterez les produits du terroir.

★ Accès : A Rouen, prendre la N 15 dir. Le Havre, puis la D 22 à Bouville dir. Freville. A Blacqueville suivre les panneaux « Chambres d'Hôtes ». CM 52, pli 13.

☆ Prix/Price : 220 F 1 Pers - 245 F 2 Pers - 420 F 3 Pers - 70 F P. sup - 90 F Repas - 310 F 1/2 pens. - 380 F pens.

DIEPPE

518

This handsome house, basking in sunlight, is a fine example of contemporary architecture in its use of space and large windows looking out onto the countryside. A unique setting by the sea, on the Dieppe-Pourville golf course. The quiet, spacious bedrooms - 1 with mezzanine - all have a style of their own and give onto a southfacing terrace. Flower and tree garden.
Dieppe-Pourville golf course (100 acres) on site. Dieppe: maritime town, historic interest, Château museum, St-Jacques church. Sea. Varengeville (Ango manor, Moutiers and Princesse de Sturdza parks). Tennis, beach, riding, swimming.
☆ *How to get there:* At Dieppe, head for Veules-les-Roses (D75) and golf course. Turn left for the « Chemin du Golf ».

Danièle NOEL
24 CHEMIN DU GOLF
76200 DIEPPE
Tél. : 02.35.84.40.37 - Fax : 02.35.84.32.51

Carte 2

★ 3 chambres, dont 1 avec mezzanine (3 pers.) avec TV, téléphone et sanitaires privés. Ouvert toute l'année. Petit déjeuner copieux. Jardin communiquant avec le golf. Nombreux restaurants à proximité. ★ *Golf de Dieppe-Pourville (40 ha.) sur place. Dieppe (ville historique, musée du Château, église St-Jacques). Cité de la mer. Varengeville (manoir d'Ango, parcs des Moutiers et de la Princesse Sturdza..). Tennis, plage, équitation, piscine.* ★

A proximité de la mer, dans un environnement privilégié, sur le golf de Dieppe-Pourville, belle maison contemporaine d'architecture (volume et grandes ouvertures sur la nature) baignée de lumière. Les chambres, toutes personnalisées, dont 1 avec mezzanine, sont spacieuses et calmes et ouvrent sur une terrasse orientée plein sud. Agréable jardin fleuri et boisé.

★ Accès : A Dieppe, prendre direction Veules-les-Roses (D75) et au golf, tourner à gauche, chemin du golf.

☆ Prix/Price : 280 F 1 Pers - 350 F 2 Pers - 420 F 3 Pers

EU
MANOIR-DE-BEAUMONT

519

Mr and Mme Demarquet extend a warm welcome at Manoir de Beaumont, an 18th century half-timbered manor house and hunting lodge. The bedrooms are tastefully decorated and very comfortable, with handsome period furniture. The peace and tranquillity of the place, close to Eu forest, make this an ideal spot for a restful break.
Eu forest on site. Château d'Eu. 12th century collegiate church, crypt, 17th century hospital, Jesuit chapel. Glass Museum. Le Tréport 5 km: beaches, fishing port. Tennis, sailing, windsurfing, riding, swimming pool, hiking.
☆ *How to get there:* At Eu, head for Ponts et Marais (D49). As you leave Eu, turn right for route de Beaumont (2 km). Michelin map 52, fold 5.

J-Marie et Catherine DEMARQUET
MANOIR DE BEAUMONT
76260 EU
Tél. : 02.35.50.91.91 ou 06.09.92.64.72

C V

Carte 2

★ 3 ch. et 1 suite de 2 ch. (dont 1 petite ch. d'enfants communiquante). Ouvert toute l'année. Petit déjeuner : jus de fruits, viennoiseries, confitures... Salons à disposition. Parc de 4 ha. Vélos, randonnées et jogging sur place dans la forêt. Nombreux restaurants à proximité. ★ *Forêt d'Eu sur place. Château d'Eu. Collégiale du XIIe, crypte, Hôtel-Dieu du XVIIe, chapelle des Jésuites. Musée du Verre. Le Tréport 5 km (plages, port de pêche). Tennis, voile, planche à voile, équitation, piscine, randonnées.* ★ ★

Surplombant la vallée, dans un vaste parc, manoir à colombages et relais de chasse du XVIIIe, où M. et Mme Demarquet vous réservent un accueil chaleureux. Décorées avec beaucoup de goût, les chambres qui vous reçoivent sont très confortables avec un beau mobilier ancien d'époque. Le calme des lieux, proche de la forêt d'Eu, fera de votre séjour, une étape privilégiée.

★ Accès : A Eu, prendre direction Ponts et Marais (D49). A la sortie de Eu, prendre à droite, route de Beaumont (2 km). CM 52, pli 5.

☆ Prix/Price : 200 F 1 Pers - 250 F 2 Pers - 300 F 3 Pers - 50 F P. sup

LES LANDES-VIEILLES ET NEUVES
CHATEAU-DES-LANDES

520

This pretty brick château, close to Eu forest, stands in 2.5 acres of tree-lined parkland. The bedrooms have been individually decorated in pastel colours and are appointed with family heirlooms. In the spring season, breakfast is served on the verandah.
Paris 135 km. Le Tréport 42 km. Dieppe 52 km. Eu forest 200 m. Riding 3 km. Fishing, tennis 15 km. Golf course at Saint-Saëns. Glass Museum at Blangy. Château de Rambures.
☆ *How to get there:* Full details will be supplied at time of booking.

Jacqueline SIMON-LEMETTRE
CHATEAU DES LANDES
76390 LES LANDES-VIEILLES ET NEUVES
Tél. : 02.35.94.03.79

Carte 2

★ 4 ch. et 1 suite avec sanitaires privés. Ouvert toute l'année. Table d'hôtes : poulet au cidre, pommes normandes à la crème. Bibliothèque, vidéothèque, salons avec cheminée. Billard Nicolas, jeu de grenouille. Jeux, ping-pong. Jardin, parc. 650 F/suite 4 pers. ★ *Paris 135 km. Le Tréport 42 km. Dieppe 52 km. Forêt d'Eu 200 m. Equitation 3 km. Pêche, tennis 15 km. Golf à Saint-Saëns. Musée de la verrerie à Blangy. Château de Rambures.* ★

A proximité de la forêt d'Eu, ce joli château en briques est entouré d'un parc arboré de 1 ha. Les chambres qui vous sont réservées, aux couleurs pastel, sont toutes personnalisées et dotées de meubles de famille. Au printemps, le petit déjeuner vous sera servi sous la véranda.

★ Accès : Un plan d'accès vous sera communiqué lors de la réservation.

☆ Prix/Price : 260/ 300 F 1 Pers - 300/ 350 F 2 Pers - 430 F 3 Pers - 80 F P. sup - 110 F Repas

QUIBERVILLE

521

Handsome residence set in 2.5 acres of parkland, by the sea. The six cosy bedrooms offer a high standard of comfort and are decorated with antique and period furniture. You will enjoy the relaxed atmosphere and your hostess's smiling hospitality. Relax on the beach which is just a short walk away.
Moutiers gardens, Princesse Sturdza park, Ango manor, maritime cemetery at Varengeville. Tours of châteaux. Ivory route and abbeys. Beach, tennis 1 km. Riding 10 km. Golf course 12 km.
☆ *How to get there:* From Dieppe, head for Veules-les-Roses on D75. Full details will be provided at time of booking.

Marie-France AUCLERT
RUE DES VERGERS
76860 QUIBERVILLE
Tél. : 02.35.83.16.10 - Fax : 02.35.83.36.46

Carte 2

★ 6 ch. dont 1 suite avec sanitaires privés. Ouvert toute l'année. Petit déjeuner gourmand : viennoiseries, confitures maison, oranges pressées... Billard à la disposition des hôtes. Parc. Equipement bébé (lit, baignoire, chaise, chauffe-biberon). Gîte à la même adresse. GR21. Carte Visa acceptée. ★ *Jardin des Moutiers, parc de la Princesse Sturdza, manoir d'Ango, cimetière marin à Varengeville. Visite de châteaux. Route des Ivoires, des abbayes. Plage, tennis 1 km. Equitation 10 km. Golf 12 km.* ★

Au bord de la mer, belle demeure bourgeoise entourée d'un beau parc d'1 ha. 6 chambres confortables chaleureusement décorées avec meubles anciens et de style. Vous apprécierrez l'ambiance décontractée et l'accueil souriant et agréable de la maîtresse de maison. Pour votre détente, la plage toute proche, accessible à pied.

★ Accès : De Dieppe, direction Veules-les-Roses par la D75. Un plan d'accès sera communiqué lors de la réservation. CM 989, pli 52.

☆ Prix/Price : 260 F 1 Pers - 320/ 340 F 2 Pers - 400 F 3 Pers

Seine Maritime

VALMONT

522

Authentic 17th and 18th century Norman cottage with brick and half-timbering. Set at the source of « La Valmont » river, the property is surrounded by the Château woods. The bedroom is appointed with period furniture and objects. The sea is just a few minutes away. Savour the charm and peace of the countryside. Restaurants 1 km.
Fécamp 10 km. Etretat 30 km. Concerts, exhibitions. In Valmont: tennis, mountain biking, abbey, river, woods.
☆ *How to get there:* At Valmont, head for Ourville on D150, drive 1.2 km and turn right: « Chemin du Vivier » (no through road). Carry on for 100 m and 4th right (map supplied on request).

Mme CACHERA ET M. GREVERIE
4/6 CHEMIN DU VIVIER
76540 VALMONT
Tél. : 02.35.29.90.95 - Fax : 02.35.27.44.49

Carte 2

★ 1 ch. avec entrée, s.d.b. privée, TV et tél. 1 ch. à l'étage avec s.d.b. privée. Séjour et coin-cuisine réservés aux hôtes. Ouvert toute l'année. Restaurants 1 km. Terrasse et jardin avec salon de jardin. Parking privé. 530 F/suite 3 pers. et 630 F/suite 4 pers. ★ *Fécamp à 10 km. Etretat à 30 km. Concerts, expositions. A Valmont : tennis, VTT, abbaye, rivière, bois, équitation.* ★

Authentique chaumière normande avec briques et colombages des XVIIe et XVIIIe siècles. Située aux sources de la rivière « La Valmont » elle est entourée par les bois du château. Le mobilier des chambres est ancien ainsi que les objets qui la décorent. A quelques minutes de la mer, le calme et le charme de la campagne.

★ Accès : A Valmont dir. Ourville D150 sur 1,2 km et tourner à dr. : chemin du Vivier-voie sans issue. Continuer sur 100 m et à dr. (plan d'accès sur demande).

☆ Prix/Price : 380/ 430 F 2 Pers

Maud LE ROUX
LA MAUDIERE
23 RUE DU DOCTEUR GIRARD
76980 VEULES-LES-ROSES
Tél. : 02.35.97.62.10

Carte 2

★ 2 suites de 2 ch. avec TV et sanitaires privés. Petit déjeuner : brioches et confitures maison. Table d'hôtes sur résa. : crustacés, poissons, gibier, volailles... Vaste salon de musique avec TV à dispo. Parc avec parking privé. Vélos et cabine de plage à la dispo. des hôtes. 600/700 F/4 pers. ★ *Visite et parcours du plus petit fleuve de France. Visites de châteaux. Parc des Moutiers à Varengeville. Cimetière marin. Chapelle de Braque. Mer, tennis 500 m. Equitation 3 km. Lac 12 km. Golf à Dieppe 25 km.* ★

A Veules-les-Roses, village chargé d'Histoire du Pays de Caux, cette belle demeure avec parc boisé est enfouie sous la vigne vierge. Atmosphère de charme et décoration élégante, avec mobilier de style, tapis d'Orient, tableaux et beaux objets. Raffinement du petit déjeuner servi sur nappe en dentelle avec porcelaine et argenterie.

★ Accès : Un plan d'accès vous sera communiqué lors de la réservation.

Veules-les-Roses, a Pays de Caux village with a rich history, is the setting for this handsome residence covered in Virginia creeper in tree-lined grounds. Ambient charm and splendid decor, with elegant furniture, Oriental rugs, paintings and beautiful objects. Refined breakfasts are served on porcelain and silverware, graced with a lace tablecloth.
Trips along the Veules, France's smallest river. Tours of châteaux. Moutiers park at Varengeville. Maritime cemetery. Braque chapel. Sea, tennis court 500 m. Riding 3 km. Lake 12 km. Dieppe golf course 25 km.
☆ *How to get there: Full details will be supplied at time of booking.*

★ Prix/Price : 350/ 450 F 1 Pers - 350/ 450 F 2 Pers

Philippe et Sylvie DINEUR
CLOS THIBAUD DE CHAMPAGNE
77520 CESSOY-EN-MONTOIS
Tél. : 01.60.67.32.10 - Fax : 01.64.01.36.50

Carte 1

★ 2 ch. 2 pers., sanitaires privés, 1 suite, bains, douche et wc privés. Ouvert toute l'année. Table d'hôtes à partir de 100 F (sans le vin). Savoureux petit déj. : fruits frais, patisseries, viennoiseries, miel... Salon, cheminée, TV, tél., billard. Garage, jardin. Soirées thèmes. Accueil en gare. ★ *A 80 km de Paris. Cité médiévale de Provins 15 km. Disneyland-Paris 35 mn. Fontainebleau 30 km. Golf 27 trous 15 mn. Sur demande : VTT, vol libre en montgolfière.* ★

A la lisière d'un petit village du Montois, vous serez accueillis au Clos Thibaud, demeure centenaire, avec chaleur et simplicité. Vous serez séduits par ses vastes chambres d'un grand confort et joliment décorées, et goûterez le plaisir rare d'un dîner aux chandelles. Etape de charme en pleine nature. Cuisine originale et de qualité.

★ Accès : De Paris, A4 ou A6 puis Francilienne (N104) et A5 vers Troyes sortie Chatillon-le-Bonde vers Nangis, puis Rampillon et Meigneux. 3 km à droite après l'étang.

A warm, unassuming welcome awaits you at Clos Thibaud, which lies on the edge of a tiny village in the Montois area. You will be enchanted by the vast, extremely comfortable bedrooms with pretty decor. Delight in the pleasure of a candlelight dinner. A charming spot in the heart of the countryside. Highly original quality cooking.
80 km from Paris. Medieval city of Provins 15 km. Disneyland-Paris 35 min. Fontainebleau 30 km. 27-hole golf course 15 min. On request: mountain bikes, ballooning.
☆ *How to get there: From Paris, A4 or A6 then the Francilienne (N104) and A5 for Troyes, Chatillon-le-Bonde exit for Nangis, then Rampillon and Meigneux. 3 km, and right after the pond.*

★ Prix/Price : 350 F 1 Pers - 385 F 2 Pers - 100 F Repas

NEUFMOUTIERS-EN-BRIE
BELLEVUE

Patrick et Isabelle GALPIN
BELLEVUE
77610 NEUFMOUTIERS EN BRIE
Tél. : 01.64.07.11.05 - Fax : 01.64.07.19.27

Carte 1

This fine 19th century Brie family mansion, just 40 km from Paris and 7 km from Tournan-en-Brie, is located in a peaceful village on the edge of the forest of Crécy. A hospitable welcome is guaranteed by hosts Isabelle and Patrick Galpin. Disneyland-Paris is only 10 minutes away.
Châteaux: Ferrières, Guermantes, Vaux-le-Vicomte, Fontainebleau. Disneyland-Paris. Crécy and Ferrières forests. Tennis court in village, posted hiking trails on site. Golf course 8 km. Outdoor sports centre 15 minutes.
☆ *How to get there: Railway station and high-speed train (TGV). Close to Orly and Roissy airports. By road: A4, N4, N36. Michelin map 61.*

★ 5 ch. avec mezzanine, toutes avec salle d'eau, wc et TV. Ouvert toute l'année. Petit déjeuner : pain, croissants, jus de fruit, céréales... Table d'hôtes (boissons non comprises) : produits du terroir. Loc. vélos, étang, ping-pong sur place. Poss. panier pique-nique. Repas enfant : 60 F. ★ *Châteaux (Ferrières, Guermantes, Vaux-le-Vicomte, Fontainebleau...). Eurodisney. Forêts de Crécy et Ferrières. Tennis au village, GR sur place, golf 8 km. Base de loisirs à 15 mn.* ★

A 40 km de Paris et 7 km de Tournan-en-Brie, belle maison de maître briarde du XIXe siècle située dans un village paisible en bordure de la forêt de Crécy. Isabelle et Patrick Galpin vous y recevront en toute convivialité. Disneyland Paris à 10 minutes.

★ Accès : Gare SNCF et TGV à proximité. Proximité d'Orly et Roissy aéroports. Axes routiers : A4, N4, N36. CM 61.

★ Prix/Price : 214 F 1 Pers - 245 F 2 Pers - 335 F 3 Pers - 95 F Repas

OTHIS
BEAUMARCHAIS

526

Françoise MONTROZIER
BEAUMARCHAIS
12 RUE DES SUISSES
77280 OTHIS
Tél. : 01.60.03.33.98

Carte 1

This delightful residence with flower garden is a true haven of peace, ideal for relaxing. The luxurious bedrooms and sumptuous bathrooms are decorated with exquisite taste. Handsome period furniture graces the welcoming interior. The delicious breakfasts served in the garden are unforgettable. A charming spot.
45 km from Paris and 20 min. from Disneyland-Paris. Close to the châteaux of Chantilly, Ermenonville and Compiègne. Magnificent forests in the surrounding area.
☆ *How to get there: From Paris: A1 for Lille then motorway link for Soissons. Exit at Othis for Ermenonville. As you leave Othis, 1st crossroads on left.*

★ 1 chambre avec salon, dressing, bains et wc privés et 1 suite avec sanitaires privés. Ouvert toute l'année. Table d'hôtes : tartes aux fromages, poularde aux morilles, desserts et glaces maison. TV, téléphone. Abri couvert, jardin, terrasse, salon de jardin. ★ *A 45 km de Paris et 20 mn de Disneyland-Paris. A proximité des châteaux de Chantilly, Ermenonville et Compiègne. Magnifiques forêts alentours.* ★

Cette ravissante demeure avec jardin fleuri est un véritable havre de paix propice à la détente. Les chambres sont luxueuses et décorées avec un goût exquis et les salles de bains de rêve. Beaux meubles anciens et intérieur chaleureux. Le petit déjeuner, exceptionnel, servi dans le jardin vous laissera un souvenir inoubliable. Une adresse pleine de charme.

★ Accès : De Paris A1 vers Lille puis bretelle vers Soissons. Sortie Othis, vers Ermenonville. A la sortie d'Othis, 1er carrefour à gauche.

★ Prix/Price : 590 F 1 Pers - 450/ 670 F 2 Pers - 195 F Repas

POMMEUSE
LE COTTAGE-DU-MARTIN-PECHEUR

527

Jacky et Annie THOMAS
LE COTTAGE DU MARTIN PECHEUR
1 RUE DES IRIS
77515 POMMEUSE
Tél. : 01.64.20.00.98 - Fax : 01.64.20.00.98

Carte 1

Just 50 km from Paris and 18 km from Disneyland-Paris, Annie and Jacky Thomas offer a restful stay in this small Brie village. Their fully restored late 19th century family mansion provides comfortable bedrooms with a personal touch. Enjoy the garden which borders a river, or take advantage of the wide range of cultural and leisure activities in the vicinity.
Disneyland-Paris. Ferrières and Guermantes châteaux. Medieval town of Provins. 18-hole golf course 5 km. Riding 5 km.
☆ *How to get there: From Paris, A4 Crécy-la-Chapelle exit, then N34 for Coulommiers. After Crécy golf course, right for Pommeuse.*

★ 4 chambres, toutes avec douche ou bains, wc et TV. Salle pour petit déjeuner avec cheminée et salon de repos au rez-de-chaussée. Ouvert toute l'année. Plusieurs restaurants à proximité. VTT et pêche. Ping-pong. Jeux de plein air sur place. ★ *Disneyland Paris. Châteaux de Ferrières et de Guermantes. Provins, ville médiévale. Golf 18 trous à 5 km. Equitation à 5 km.* ★

A 50 km de Paris et à 18 km Disneyland Paris, à proximité d'activités de détente culturelle et de loisirs, Annie et Jacky Thomas vous proposent calme et repos dans un petit village briard. Vous serez accueillis dans une maison de maître de la fin du XIXe restaurée. Chambres confortables et personnalisées, grand jardin en bordure de rivière.

★ Accès : De Paris, A4 sortie Crécy-la-Chapelle, puis N34 dir. Coulommiers. Après le golf de Crécy, à droite dir. Pommeuse.

☆ Prix/Price : 214 F 1 Pers - 245 F 2 Pers - 335 F 3 Pers

LES BREVIAIRES
DOMAINE-DE-LA-GRANGE-DU-BOIS

528

Mme CORNELIUS
DOMAINE DE LA GRANGE DU BOIS
78610 LES BREVIAIRES
Tél. : 01.34.86.15.66

Carte 1

This handsome residence is situated on a vast 75-acre racehorse breeding property, which goes back to the 17th century. Luxurious interior and refined decor. A quiet, prestigious setting, on the edge of the Forest of Rambouillet and hunting grounds.
Château de Rambouillet. Hollande lakes. France Miniature (a scale model version of the best of France), Jean Monnet's house, Maurice Ravel Museum, Roman ruins in the vicinity. Cycle paths, riding, fishing, swimming, golf and tennis.
☆ *How to get there: A13-A12 for Rambouillet. Take N10 extension and exit for Le Perray-en-Yvelines. D191 for Les Mesnels. La Grange du Bois is on the right-hand side after the restaurant.*

★ 1 chambre et 1 suite avec entrée privative, TV, téléphone et sanitaires privées. Ouvert toute l'année. Copieux petit déjeuner : viennoiseries, yaourts, fruits, confitures... Parc. Restaurants à proximité. ★ *Château de Rambouillet. Etangs de Hollande. France miniature, maison de Jean Monnet, musée Maurice Ravel, vestiges romains à proximité. Pistes cyclables, équitation, pêche, piscine, golf, tennis.* ★

Dans un cadre exceptionnel, cette belle demeure est située sur une propriété d'élevage de chevaux de courses, dans un vaste domaine de 30 ha., datant du XVIIe siècle. Intérieur de grand confort et décoration raffinée. Ce site très calme, en bordure de la forêt de Rambouillet et des chasses à courre, sera une étape privilégiée.

★ Accès : A13-A12 direction Rambouillet. Suivre la prolongation N10, sortie Le Perray-en-Yvelines, puis D191 direction Les Mesnels. A droite, après le restaurant, La Grange du Bois.

☆ Prix/Price : 520/ 620 F 2 Pers

VALLANS
LE LOGIS-D'ANTAN

Francis GUILLOT
LE LOGIS D'ANTAN
79270 VALLANS
Tél. : 05.49.04.91.50 - Fax : 05.49.04.86.75

Carte 3

This vast, freestone family mansion, in the Marais Poitevin park, was built in 1850. It stands in pleasant floral, tree-lined parkland. The spacious, well-appointed bedrooms all have garden furniture to enjoy the outdoor life. An ideal staging post for getting to know the region.
Marais Poitevin reserve. Piers 10 km. Cycling and footpaths on site. Forest 15 km. Tennis and fishing on site. La Rochelle, Ile de Ré, Futuroscope Science Museum 1 hour away.
☆ *How to get there: Motorway, exit 33 for La Rochelle. Turn left for Vallans after 5 km. Via Niort, for La Rochelle, Epannes exit, and follow signs for Vallans.*

★ 3 ch. et 1 suite avec sanitaires privés. Ouvert de Pâques à la Toussaint sur réservation. TV, téléphone. Salon, biblio. Barbecue. Parc de 1 ha. clos et fleuri. ★ *Marais Poitevin. Embarcadères à 10 km. Sentiers pédestres et cyclistes sur place. Forêt à 15 km. Tennis et pêche sur place. La Rochelle, Ile de Ré, Futuroscope à 1 h.* ★

Dans le parc du Marais Poitevin, vaste maison de maître en pierres taillées datant de 1850. Elle est entourée d'un agréable parc fleuri et arboré. Les chambres sont spacieuses, très bien équipées et ont toutes un salon de jardin. Etape incontournable pour découvrir cette superbe région.

★ Accès : Par autoroute sortie n°33 dir. La Rochelle. A 5 km à gauche Vallans. Par Niort, suivre la Rochelle sortie Epannes puis suivre Vallans.

☆ Prix/Price : 300/ 350 F 1 Pers - 300/ 350 F 2 Pers - 400/ 450 F 3 Pers - 100 F P. sup

CREUSE

530

Monique LEMAITRE
26 RUE PRINCIPALE
80480 CREUSE
Tél. : 03.22.38.91.50

Carte 1

This delightful 18th century cottage is set in a pretty, English-style tree-lined garden, in the village, close to a national forest. The spacious, superbly decorated bedrooms are located in the outbuildings and boast canopied beds, period furniture and rugs. Comfort and tranquillity guaranteed at this peaceful spot.
National forest. Nearby: angling in ponds and river. Riding 4 km. Golf course 7 km.
☆ *How to get there: In the village, 2 km from the RN29 (Amiens-Rouen).*

★ 1 ch. 3 pers. avec bains et wc privés, 1 suite de 2 ch. communicantes avec salle d'eau et wc privés. Ouvert d'avril à fin octobre. Poss. table d'hôtes sur demande. Petit déjeuner gourmand à base de fruits frais de saison, pains variés, brioche. Jardin à l'anglaise, animaux de basse-cour, vélos. ★ *Forêt domaniale à Creuse. A proximité : pêche en étangs et en rivière. Equitation à 4 km. Golf 7 km.* ★

Dans le village, et à proximité de la forêt domaniale, ravissante chaumière du XVIIIe entourée d'un beau jardin à l'anglaise, boisé. Les chambres aménagées dans les dépendances sont vastes et superbement décorées : ciel de lit, meubles anciens, tapis. Calme et grand confort, une étape en toute quiétude.

★ Accès : Dans le village, à 2 km de la RN29 (Amiens-Rouen).

☆ Prix/Price : 250 F 1 Pers - 300/ 350 F 2 Pers - 400 F 3 Pers

Somme

PORT-LE-GRAND
BONANCE

531

Jacques et Myriam MAILLARD
LA MAISON CARREE-BONANCE
PORT-LE-GRAND
80132 ABBEVILLE
Tél. : 03.22.24.11.97 - Fax : 03.22.31.63.77

Carte 1

★ 1 ch. au 1er ét., 1 suite de 2 ch. au 2e ét., avec sanitaires privés et 1 suite de 2 ch. dans les dépendances avec sanitaires privés. Ouvert du 15/2 au 12/11. Restaurants 5 et 10 km. Salle de p-pong. Salon avec TV au 1er étage. Piscine dans le parc. Carte Visa acceptée. Animaux admis sous réserve. ★ *Mer, tennis, voile 10 km. Parc ornithologique du Marquenterre. Golf, équitation, pêche 4 km. Piscine, randonnées sur place. Forêt 6 km.* ★

Dans une maison en brique rose construite à la fin du siècle dernier, entourée d'un jardin fleuri d'inspiration anglaise, vous séjournerez en toute tranquillité. Aux beaux jours, vous apprécierez la piscine après les nombreuses activités qu'offre la région : promenades sur les plages, visites des abbayes et des châteaux, golf...

★ Accès : A28. A Abbeville-baie de Somme, prendre dir. St-Valéry-sur-Somme D40, à l'entrée de Port-le-Grand 8 km, tourner à droite et faire 2 km. CM 236, pli 22. Ouverture de la A16 en juillet 97, accès 4 km.

This pink-brick house full of character, built at the end of the last century and set in an English-style flower garden, is the ideal spot for a peaceful holiday. In fine weather, enjoy a dip in the pool after discovering the range of activities available in the region: walks along the beach, visits to abbeys and châteaux, golf.
Sea, sailing and tennis 12 km. Marquenterre bird sanctuary. Golf course 4 km. Swimming pool and hiking on site. Forest 5 km.
☆ How to get there: A28. At Abbeville-Baie de Somme, head for Saint-Valéry-sur-Somme on D40. At entrance to Port-le-Grand 8 km, turn right and drive 2 km. A16 motorway open in July 97 (4 km). Michelin map 236, fold 22.

★ Prix/Price : 300 F 1 Pers - 380 F 2 Pers - 480 F 3 Pers - 100 F P. sup

Tarn

CAMBOUNET-SUR-LE-SOR
LA SERRE

532

M. et Mme de LIMAIRAC-BERTHOUMIEUX
CHATEAU DE LA SERRE
81580 CAMBOUNET-SUR-LE-SOR
Tél. : 05.63.71.75.73 - Fax : 05.63.71.76.06

Carte 5

★ 1 chambre double (1 lit 2 pers.) avec bains et wc, 1 chambre (2 lits) avec bains et wc et 1 suite avec bains et wc. Table d'hôtes sur demande. Ouvert du 1er mai au 30 octobre. Restaurants à 3 et 8 km. Billard. Piscine privée. Prix dégressifs pour séjours. ★ *Tennis 1 km. Equitation, voile 4 km. Golf 15 km. Randonnées en montagne.* ★

Le château de la Serre est une seigneurie du XVIe siècle restaurée XIXe, situé sur une colline au pied de la Montagne Noire, dans une propriété de 125 ha. Vous y serez accueillis par les propriétaires dont la famille habite le château depuis la Révolution.

★ Accès : De Toulouse, dir. Mazamet-Castres : 60 km. D'Albi, dir. Castres-Toulouse. Entre Soual et Semalens. CM 82, pli 10.

Château de la Serre is a 16th century lord's domain - restored in the 19th century - set on a hill at the foot of the Montagne Noire in 310 acres of grounds. The owners guarantee a warm, hospitable welcome. The château has been in the family since the French Revolution. Table d'hôtes meals are available on request. Private swimming pool.
Tennis 1 km. Riding, sailing 4 km. Golf course 15 km. Mountain hikes.
☆ How to get there: From Toulouse, head for Mazamet-Castres (60 km). From Albi, head for Castres-Toulouse. Between Soual and Semalens. Michelin map 82, fold 10.

★ Prix/Price : 450/ 550 F 1 Pers - 500/ 600 F 2 Pers - 600 F 3 Pers

CORDES-SUR-CIEL
AURIFAT

Dennis et Patricia THORNLEY
AURIFAT
81170 CORDES-SUR-CIEL
Tél. : 05.63.56.07.03

Carte 5

This handsome building with 13th century watchtower, extended in 1693 to include a brick-and-beam pigeon tower overlooks the valley. Two bedrooms are located in the watchtower and there is a two-bedroom suite in the pigeon tower. All have separate entrances with a balcony or flower-filled terrace for delicious, peaceful breakfasts.
Cordes (5 min.): medieval city and sightseeing.
☆ *How to get there:* From the centre of downtown Cordes, head for « Cité ». 500 m on, turn left for « Le Bouysset » and « Aurifat », 200 m after the hairpin bend, entrance to Aurifat on a bend.

★ 2 ch. et 1 suite avec bains et wc privés (poss. lit d'appoint). Fermé de fin novembre à Pâques. Bibliothèque, tél. Parc 1 ha., piscine, terrasse, cuisine d'été, barbecue, salon de jardin. Lave-linge à disposition. Réduct. pour séjours. Restaurants à Cordes 1 km. 480 F/4 pers. ★ *Cordes à 5 mn : cité médiévale et touristique.* ★
Cette belle bâtisse, avec tour de garde du XIIIe prolongée en 1693 par un pigeonnier en briques et colombages, domine la vallée. Chambres aménagées dans la tour de garde et suite de 2 ch. dans le pigeonnier. Elles ont une entrée indépendante avec balcon ou terrasse fleurie pour savourer en toute quiétude le petit déjeuner.
★ Accès : Du centre de la ville basse de Cordes, dir. « Cité ». Après 500 m, à gauche vers le « Bouysset » et « Aurifat ». 200 m après le virage en épingle, entrée d'Aurifat dans un virage.

☆ Prix/Price : 230 F 1 Pers - 260 F 2 Pers - 450 F 3 Pers

GAILLAC

Lucile PINON
8 PLACE SAINT-MICHEL
81600 GAILLAC
Tél. : 05.63.57.61.48 - Fax : 05.63.41.06.56

Carte 5

Madame Pinon offers 5 bedrooms in a 17th century private mansion, with view of the river Tarn and the roofs of the old town. The bedrooms are appointed with handsome period furniture. Breakfast is served on a covered terrace overlooking the abbey-church.
Gaillac, starting point for visits to vineyards, fortifications, the Tarn and its dovecotes.
☆ *How to get there:* Opposite Gaillac abbey-church, on the banks of the Tarn.

★ 6 chambres avec bains, wc et tél. Ouvert toute l'année. 7 restaurants à proximité. ★ *Gaillac, point de départ des circuits de visite des vignobles, des bastides, du Tarn et de ses pigeonniers.* ★
Madame Pinon propose 5 chambres et 1 suite dans un hôtel particulier du XVIIe siècle, avec vue sur le Tarn et les toits de la vieille ville. Les chambres disposent de beaux meubles anciens, et les petits déjeuners sont servis sur une terrasse couverte qui donne sur l'abbatiale.
★ Accès : Face à l'abbatiale de Gaillac, au bord du Tarn.

☆ Prix/Price : 220 F 1 Pers - 240 F 2 Pers

GARREVAQUES
CHATEAU-DE-GANDELS

535

Philippe et Martine DUPRESSOIR
CHATEAU DE GANDELS
81760 GARREVAQUES
Tél. : 05.63.70.27.67 ou 06.07.14.11.55
Fax : 05.63.70.27.67

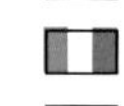

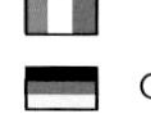

Carte 5

The heart of Lauragais, between Toulouse and Castres, is the setting for this charming Restoration-period château, which stands in 12.5-acre grounds with ponds and fountains designed by Le Nôtre. Superb rare antique furniture, which you may buy if you wish. Refined, inventive cooking at the table d'hôtes. An extraordinary, enchanting spot. A must.
Montagne Noire mountain, Cathar castles. Golf course and private hunting grounds at Les Colverts 10 km. Lakes with beaches, windsurfing, flying club and tennis nearby. Internet address: http:wwwchateaux-france.com/-gandels
☆ *How to get there:* Full details will be supplied at time of booking.

★ 4 ch. avec TV, bains et wc privés. Ouvert toute l'année sur réservation. Petit déjeuner : pain fait maison... Table d'hôtes : cuisine gastronomique. Cour, jardin, parc, pêche. Cheval à disposition pour cavalier confirmé. Organisation de réceptions et séminaires. Restaurant à proximité. ★ *Montagne Noire, châteaux cathares. Golf et chasse privée aux colverts à 10 km. Lacs avec plages, planche à voile, aéro-club, vol à voile et tennis, à proximité. (http:/wwwchateaux-france.com/-gandels).* ★
Au cœur du Lauragais, entre Toulouse et Castres, château de charme, d'époque Restauration, entouré d'un magnifique parc de 5 ha. avec bassins et fontaines dessiné par Le Nôtre. Superbe mobilier ancien et rare qu'il vous sera possible d'acquérir. Cuisine raffinée et inventive à la table d'hôtes. Une étape de charme, insolite, à ne pas manquer.
★ Accès : Un plan d'accès sera communiqué lors de la réservation.

★ Prix/Price : 400 F 1 Pers - 550 F 2 Pers - 150 F Repas - 450 F 1/2 pens. - 500 F pension

LARROQUE
MEILHOURET

536

Christian et Minouche JOUARD
MEILHOURET
81140 LARROQUE
Tél. : 05.63.33.11.18 - Fax : 05.63.33.11.18

Carte 5

At the end of a small lane winding through the forest, this splendid early 19th century residence stands on a hillside overlooking the Vère valley, where a warm welcome awaits you. The bedrooms offer a high standard of comfort and afford a magnificent view of the area. Enjoy the tranquillity and the fragrances of the garden and woods, and the expansive countryside.
La Grésigne national forest (10,000 acres). Fortifications. Son and lumière displays at Penne. Cordes medieval city. Albi (cathedral). Toulouse-Lautrec Museum.
☆ *How to get there:* From Gaillac, D964 for Caussade. 22 km after Gaillac, turn left onto D1 for Monclar, drive 3 km, turn right and follow signs.

★ 1 ch. avec bains/wc, 1 ch. avec douche/wc. Ouvert toute l'année (sur demande d'octobre à avril), 2 nuits min. en juil./août. En été : possibilité de louer une kitchenette. 3 restaurants au village. Piscine 6x12 m, ping-pong, parc, parking couvert. ★ *Forêt domaniale de la « Grésigne » (4000 ha.). Circuit des Bastides, son et lumière de Penne. Cité médiévale de Cordes. Albi (cathédrale). Musée Toulouse-Lautrec.* ★
Au bout d'un petit chemin à travers bois, vous découvrirez une belle demeure début XIXe, en pierre du pays, à flanc de coteau et dominant la vallée de la Vère, où vous serez accueillis chaleureusement. Les chambres de grand confort, bénéficient d'une vue superbe. Vous y savourerez le calme, les odeurs du jardin et des bois, en même temps que l'immensité du paysage.
★ Accès : De Gaillac, D964 vers Caussade. 22 km après Gaillac, à gauche la D1 vers Monclar, faire 3 km, tourner à droite et fléchage.

★ Prix/Price : 250 F 1 Pers - 275 F 2 Pers

LAUTREC
MONTCUQUET

Laurent et Françoise VENE
MONTCUQUET
81440 LAUTREC
Tél. : 05.63.75.90.07

Carte 5

This handsome 16th century château with a 15th century tower nestles in a peaceful verdant setting, close to the charming village of Lautrec. The two bedrooms are vast, comfortable and feature period furniture.
Sightseeing: Sidobre, Albi, Castres, Cordes, Montagne Noire (mountain) and Bancalié lake. Tennis, water sports and leisure centre (swimming pool, toboggans, games, etc.) and riding nearby.
☆ *How to get there: 30 km from Albi, 15 km from Castres and 5 km from Lautrec.*

★ 2 chambres, chacune avec bains et wc. Ouvert toute l'année. Table d'hôtes (sauf le dimanche). Restaurant à 5 km et ferme-auberge à 4 km. Lac et pêche sur place. ★ *Visite de Sidobre, Albi, Castres, Cordes. La Montagne Noire et le Lac de Bancalié. Tennis et équitation alentours. Base nautique et ludique à Lautrec (piscine, toboggan, jeux...).* ★
Beau château du XVIe siècle avec tour du XVe, dans le calme et la verdure, situé à proximité du charmant village de Lautrec. Les deux chambres sont vastes, confortables et meublées en ancien.
★ Accès : A 30 km d'Albi, 15 km de Castres et 5 km de Lautrec.

★ Prix/Price : 300 F 1 Pers - 300 F 2 Pers - 400 F 3 Pers - 100 F P. sup - 80 F Repas - 460 F 1/2 pension

LAVAUR
EN ROQUE

Laurent et Nina d'ESTIENNE-d'ORVES
EN ROQUE
81500 LAVAUR
Tél. : 05.63.58.04.58 - Fax : 05.63.58.04.58

Carte 5

Handsome family mansion built between 1820 and 1830, set in 7.5 acres of parkland with a swimming pool. Your hosts provide a warm welcome for weekend breaks or longer. An ideal spot for history, arts and sports enthusiasts and farniente alike. Full of charm.
In the heart of Cocagne country, Lavaur, cradle of Catharism, between Toulouse, Albi and Castres. Golf, tennis, fishing, riding and microlite aviation.
☆ *How to get there: Between Saint-Sulpice and Lavaur, leave the D630 at Pont de Camaurel (bridge), heading for Saint-Jean-de-Rives (D135).*

★ 1 chambre et 2 suites avec TV, mini-bar, matériel bébé, bains et wc privés. Ouvert toute l'année. Poss. table d'hôtes : cuisine familiale. Cour, jardin, parc, piscine privée, espace jeux enfants (portique, bac à sable), ping-pong, vélo, boxes pour chevaux. Service baby-sitting. 430/490 F/4 pers. ★ *Au cœur du pays de Cocagne, Lavaur, haut lieu du catharisme, entre Toulouse, Albi et Castres. Golf, tennis, pêche, équitation, ULM.* ★
Belle demeure de maître avec dépendances construite entre 1820 et 1830 entourée d'un parc de 3 ha., avec piscine. Vous serez accueillis chaleureusement par les propriétaires des lieux, qui ouvrent les portes de leur maison, pour un week-end ou un séjour, que vous aimiez l'histoire, les arts, le sport ou... le farniente. Une étape de charme.
★ Accès : Entre Saint-Sulpice et Lavaur, quitter la D630 au pont de Camaurel, direction Saint-Jean-de-Rives (D135).

★ Prix/Price : 190/ 250 F 1 Pers - 270/ 330 F 2 Pers - 350/ 410 F 3 Pers - 80 F Repas

LEMPAUT
LA BOUSQUETARIE

539

Monique and Charles Sallier offer a warm welcome at their early 19th century manor house, which stands in extensive parkland. Your hosts will be happy to advise you on the region while dining at the family table d'hôtes. The library and bedrooms afford a splendid view of the Montagne Noire.
Montagne Noire (mountain) 7 km. Saint-Férreol lake (sailing, outdoor sports) 10 km. Riding 4 km. Hiking 8 km. Potholing 10 km. Puylaurens and Revel 10 km. Airport 15 km. 18-hole golf course 22 km.
☆ How to get there: D622 between Soual and Revel. At Lescout, take the D46 for Lempaut. 2 km to La Bousquétarié. From Toulouse: Lempaut via Puylaurens or Revel. At Lempaut, take D46 for Lescaut.

Charles et Monique SALLIER
LA BOUSQUETARIE
81700 LEMPAUT
Tél. : 05.63.75.51.09

Carte 5

★ 2 ch. et 2 suites avec sanitaires privés. Ouvert toute l'année. Table d'hôtes : galantine, volailles, cassoulet... Salons, bibliothèque. Parc de 5 ha. Piscine, tennis, ping-pong, vélos, lac pour la pêche. Forfait pour une semaine et plus. ★ *Montagne Noire 7 km. St-Férreol (voile, base de loisirs) 10 km. Equitation 4 km. Randonnées 8 km. Spéléologie 10 km. Puylaurens et Revel 10 km. Aéroport 15 km. Golf 18 trous 22 km.* ★

Dans ce manoir du début du XIXe siècle entouré d'un grand parc, vous serez accueillis en toute convivialité par Monique et Charles Sallier. Ils sauront vous faire partager leur table familiale et vous conseiller sur la découverte de leur région. De la bibliothèque et des chambres, belle vue sur la Montagne Noire.

★ Accès : D622 entre Soual et Revel. A Lescout, D46 vers Lempaut. A 2 km La Bousquétarié. De Toulouse à Lempaut par Puylaurens ou Revel. Lempaut D46 vers Lescaut.

☆ Prix/Price : 260/ 300 F 1 Pers - 360/ 400 F 2 Pers - 460/ 500 F 3 Pers - 100/ 150 F Repas - 280 F 1/2 pension - 330 F pension

Tarn

LEMPAUT
VILLA-LES-PINS

540

Handsome Italian-style villa built in 1903 in 7.5 acres of grounds. The decor is particularly attractive and harmonious: handsome monumental wooden staircase, period furniture, paintings and folding screens. Breakfast and dinner are served on the terrace with a splendid view of the Montagne Noire.
Montagne Noire (mountain), Cathar castles. Castres, Albi, Toulouse, Carcassonne. Fishing in river on site. Tennis 3 km. Riding, lake 12 km. 18-hole golf course 30 km.
☆ How to get there: From Toulouse, head for Puylaurens N126. After Puylaurens, turn right onto D12 for Lempaut.

Marie-Paule DELBREIL
VILLA « LES PINS »
81700 LEMPAUT
Tél. : 05.63.75.51.01

Carte 5

★ 2 chambres avec bains/douche et wc. Ouvert du 1er mai au 15 octobre. Table d'hôtes (boissons comprises). Parc de 3 ha., chevaux dans prairie. Restaurants à 8 km. ★ *Montagne Noire, châteaux cathares, Castres, Albi, Toulouse, Carcassonne. Pêche en rivière sur place. Tennis à 3 km. Equitation, lac à 12 km. Golf 18 trous à 30 km.* ★

Belle villa de style italien construite en 1903 avec parc de 3 ha. La décoration intérieure est particulièrement réussie et harmonieuse : bel escalier monumental en bois, meubles anciens, peintures, paravents... Le petit déjeuner et le dîner vous seront servis sur la terrasse qui offre une très belle vue sur la Montagne Noire.

★ Accès : De Toulouse dir. Puylaurens N126. Après Puylaurens à droite D12 dir. Lempaut.

☆ Prix/Price : 180/ 230 F 1 Pers - 300/ 400 F 2 Pers - 500 F 3 Pers - 100/ 130 F Repas

MAILHOC
LE REPOSOIR

541

Catherine PICTET
LE REPOSOIR
81130 MAILHOC
Tél. : 05.63.56.83.39 ou 01.45.27.79.54

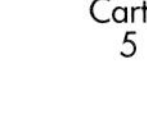

Carte 5

Le Reposoir is a handsome 18th century residence, halfway between Albi and Cordes, in the heart of a region of walled towns. You will be enchanted by the peace and quiet and the magnificent view of the surrounding countryside. The bedrooms are spacious and comfortable. Relax in the attractive indoor-outdoor swimming pool. Enjoy breakfast or brunch.
Walled towns of the Albi region. Museums, places of cultural interest 13 km. Riding 9 km. Golf course, tennis court 13 km. Water sports 15 km.
☆ *How to get there: 13 km from Albi and 15 km from Cordes.*

★ 2 chambres avec TV, bains et wc privés. Ouvert du 01/07 au 31/08. Petit déjeuner copieux ou brunch : produits régionaux, confitures, viennoiseries... Salons avec cheminées à disposition. Cour intérieure, parc, salon de jardin, terrasse, piscine intérieure. Restaurants à Albi et Cordes. ★ *Région des bastides de l'Albigeois. Tourisme culturel 13 km. Equitation 9 km. Golf, tennis 13 km. Sports nautiques 15 km.* ★

Au cœur des bastides de l'Albigeois, le Reposoir, belle demeure de caractère du XVIIIe siècle est à mi-chemin entre Albi et Cordes. Vous serez charmés par la quiétude du site et la superbe vue sur la campagne environnante. Les chambres sont vastes et confortables. Pour vous détendre, une belle piscine intérieure mi-découverte.

★ Accès : A 13 km d'Albi et à 15 km de Cordes.

★ Prix/Price : 400 F 1 Pers - 500 F 2 Pers

PAULINET
DOMAINE-DES-JULIANNES

542

Marc et Claudine CHOUCAVY
DOMAINE DES JULIANNES
PAULINET
81250 ALBAN
Tél. : 05.63.55.94.38 - Fax : 05.63.55.94.38

Carte 5

This renovated 17th century farmhouse in 200 acres of grass and woodland is an exceptional setting for a peaceful and quiet stay. The bedrooms are spacious and comfortable and are appointed with rustic furniture. Riding enthusiasts will be delighted by the horses, ponies and other on-site amenities (riding school, jumping ground and walks).
Toulouse-Lautrec Museum at Albi. Goya and Jean Jaurès Museums at Castres and Cordes. Windsurfing and lake 12 km. canoeing on the Tarn 15 km. 18-hole golf course 35 km.
☆ *How to get there: At the entrance to Alban, coming from Albi on the D999, take the D86 then 2nd road on left. Follow signs. Do not go as far as Paulinet.*

★ 3 ch. doubles, 3 suites, toutes avec bains, wc. Salle à manger, salon (cheminée). Ouvert de mars à décembre. Table d'hôtes (tarif enfant) : cassoulet, gigot... Piscine, p-pong, loc. VTT, centre équestre. Carte Visa acceptée. Eté et vac. scol., séjour à la semaine. ★ *Musée Toulouse-Lautrec à Albi, musées Goya et Jean Jaurès à Castres, Cordes. Planche à voile et lac à 12 km. Canoë sur le Tarn à 15 km, golf 18 trous à 35 km.* ★

Un cadre exceptionnel de 80 ha. de prairies et de bois : vous pourrez vous reposer en toute tranquillité dans cette ferme du XVIIe siècle rénovée. Les chambres sont spacieuses et confortables, avec des meubles rustiques. Avec ses chevaux et ses poneys, ses installations, cette adresse ravira les amateurs d'équitation.

★ Accès : A l'entrée d'Alban en venant d'Albi D 999, prendre la D 86 puis la 2e route à gauche et suivre le fléchage. Ne pas aller à Paulinet.

★ Prix/Price : 280 F 1 Pers - 320/ 390 F 2 Pers - 475/ 560 F 3 Pers - 110 F P. sup - 70/110 F Repas - 1725 F 1/2 pens.

PUYCELSI

543

Christian de BOYER-MONTEGUT
81140 PUYCELSI
Tél. : 05.63.33.13.65 - Fax : 05.63.33.20.99

Carte 5

Mr and Mme de Boyer are your hosts in this typical Albigensian-style residence, overlooking the Grésigne forest in the heart of one of France's most beautiful villages: medieval Puycelsi. The 3 tastefully appointed bedrooms exude warmth and boast period furniture.
Mountain biking, riding, tennis, river, GR46 hiking paths nearby. Lake with windsurfing, pedal boats, miniature golf 6 km. canoeing on the Aveyron 12 km. Walled towns. Tours of Gallacois wine cellars. Albi, Montauban 40 km. Toulouse 70 km.
☆ *How to get there: In the centre of Puycelsi village (on the D964 between Gaillac and Caussade).*

★ 3 chambres avec sanitaires privés. Ouvert toute l'année. Petit jardin clos, barbecue, salon de jardin, balançoire. Restaurants sur place. Animaux admis sous réserve. ★ *VTT, équitation, tennis, rivière, GR46 sur place. Lac, planche à voile...6 km. Canoë-kayak sur l'Aveyron 12 km. Bastides, visite de caves. Albi, Montauban 40 km. Toulouse 70 km.* ★
Au cœur de la cité médiévale de Puycelsi classée parmi les plus beaux villages de France et dominant la forêt de la Grésigne, M. et Mme de Boyer vous recevront dans leur demeure typiquement albigeoise. Aménagées avec beaucoup de goût, 3 chambres chaleureuses aux meubles anciens vous seront réservées.
★ Accès : Au centre du village de Puycelsi (sur la D964 entre Gaillac et Caussade).

★ Prix/Price : 190/ 250 F 1 Pers - 240/ 290 F 2 Pers - 390 F 3 Pers

RABASTENS
LA BONDE

544

Maurice et Bernadette CRETE
LA BONDE
LOUPIAC
81800 RABASTENS
Tél. : 05.63.33.82.83 - Fax : 05.63.57.46.54

Carte 5

Bernadette and Maurice Crété will be delighted to share the charms of their country home. The house is decorated throughout with family heirlooms, period furniture and souvenirs brought back from their time in Africa and Madagascar. The atmosphere is especially refined and welcoming. Typical Lautrec village. Fortifications. Cordes, Albi, Toulouse, Castres (Goya Museum). Montauban (Ingres Museum). Hiking. Golf course nearby.
☆ *How to get there: Toulouse-Albi motorway, exit 7 for Rabastens. Then right for Loupiac 3 km.*

★ 2 chambres avec TV (Canal +) et sanitaires privés. Ouvert toute l'année sauf du 15/12 au 15/1. Table d'hôtes (vin compris), extra sur demande : foie gras, tourtes, pistou, confits... Salon avec TV, bibliothèque. Parc de 2 ha., vélos. ★ *Village typique de Lautrec. Circuit des Bastides. Cordes, Albi, Toulouse, Castres (musée Goya), Montauban (musée Ingres). Randonnées pédestres. Golf à proximité.* ★
Bernadette et Maurice seront heureux de vous faire partager le charme de leur maison de campagne, aménagée et décorée avec des objets de famille, des meubles anciens et des souvenirs rapportés de leur séjour en Afrique et à Madagascar. Leur devise est « un hôte qui arrive est un ami qui repart ». Ambiance raffinée et chaleureuse.
★ Accès : Voie rapide Toulouse/Albi, sortie 7 dir. Rabastens. A droite dir. Loupiac 3 km.

★ Prix/Price : 230 F 1 Pers - 250 F 2 Pers - 95/ 120 F Repas

BEAUMONT-DE-LOMAGNE
L'ARBRE-D'OR

545

Peggy and Tony Ellard are your hosts at this family mansion which they have appointed with great care. The bedrooms are attractively furnished. Relax in the pleasant park behind the house.
13th century fortifications. Riding 7 km. Golf course 10 km. Beaumont de Lomagne: covered market, lake, trotting horse races. Fishing, tennis, swimming pool.
☆ *How to get there:* On the Montauban-Auch road (D928), in the village (opposite the post office).

Tony et Peggy ELLARD
L'ARBRE D'OR
16 RUE DESPEYROUS
82500 BEAUMONT DE LOMAGNE
Tél. : 05.63.65.32.34 - Fax : 05.63.65.29.85

Carte 5

★ R.d.c. : 1 ch. 2 pers., s. d'eau avec wc. A l'ét. : 1 ch. 2 pers., s. d'eau, wc, 1 ch. double et 1 ch. familiale, chacune avec bains et wc. Ouvert toute l'année. Table d'hôtes : lapin aux pruneaux, coq au vin, poulet à l'ail,... Restaurants sur place. Séjour + de 3 jours : - 13%. ★ *Bastide du XIIIe siècle. Equitation à 7 km. Golf à 10 km. Beaumont de Lomagne, sa halle typique, son plan d'eau, ses courses de trotteurs. Pêche, tennis, piscine.* ★

Peggy et Tony Ellard vous recevront dans une grande maison bourgeoise qu'ils ont aménagée avec beaucoup de soin. Les chambres sont agréablement meublées et un beau parc derrière la maison vous invite à la détente.

★ Accès : Sur la route Montauban/Auch (D928), dans le village (face à la poste).

☆ Prix/Price : 210/ 250 F 1 Pers - 260/ 290 F 2 Pers - 420 F 3 Pers - 100 F P. sup - 100 F Repas - 200 F 1/2 pension

GOUDOURVILLE
CHATEAU-DE-GOUDOURVILLE

546

You will discover château life when you stay at Goudourville, a superb 12th century edifice with which Myriam Arnaud fell in love as soon as she set eyes on it. She will be delighted to show you the guardroom, the Clément V main reception room, the chapel and the guest rooms. Savour the delights of the table d'hôtes meals.
Swimming pool, fishing, tennis, hiking, riding 3 km. Golf course 8 km. Sailing, windsurfing 10 km.
☆ *How to get there:* From Valence d'Agen, RN113, head for Goudourville. The château overlooks the village.

Myriam ARNAUD
CHATEAU DE GOUDOURVILLE
82400 GOUDOURVILLE
Tél. : 05.63.29.09.06

Carte 5

★ 6 ch. avec TV, tél. et sanitaires privés. Ouvert toute l'année. Table d'hôtes : grillade de foie gras au potiron épicé, canard confit aux figues, gâteau du marquis des Marches... Billard, piano, biblio., salon TV, boutique produits du terroir. Parc 20 ha. CB acceptée. Réduct. 15% dès la 5e nuit. ★ *Piscine, pêche, tennis, randonnées pédestres, équitation 3 km. Golf 8 km. Voile, planche à voile 10 km.* ★

Vous découvrirez la vie de château quand vous séjournerez à Goudourville où Myriam Arnaud a eu le coup de foudre pour ce superbe édifice du XIIe siècle. Elle vous invitera à découvrir les somptueuses pièces, la salle des gardes, le salon d'honneur Clément V, la chapelle, les chambres qu'elle vous réserve et sa table d'hôtes.

★ Accès : A Valence d'Agen, sur la RN113, prendre la direction de Goudourville. Le château se trouve au dessus du village.

☆ Prix/Price : 400 F 1 Pers - 450 F 2 Pers - 550 F 3 Pers - 100 F P. sup - 120 F Repas - 320/ 345 F 1/2 pens. - 440/465 F pension

GRAMONT
MANOIR-DE-HAVARES

547

Wolfgang et Patricia RUBY
MANOIR DE HAVARES
82120 GRAMONT
Tél. : 05.63.94.11.88 ou 06.09.67.56.89
Fax : 05.63.94.11.88

Carte
5

This noble Gascon manor and its surroundings are repositories of the history of the entire 17th century and seem to have withstood the test of time. Today, your hosts Patricia and Wolfgang invite you to discover the mysteries of the past. Relax in the vast park which boasts an attractive swimming pool. A magical setting for an outstanding holiday. Gramont music festival. Honey Museum. Hiking. Lake and bathing at Saint-Clar 5 km. Riding at Gensac 7 km.
☆ How to get there: From Valence, drive past the turnpike, heading for Gramont. The manor house is in the village on the left, after the post office. Michelin map 82, fold 5.

★ 1 suite avec lit à baldaquin, salon-boudoir avec lit de repos, TV, magnétoscope, bains et wc privés. Ouvert toute l'année. Petit déjeuner gourmand : pain d'épice, brioche, patisseries maison, viennoiseries, crêpes, laitages... Parc, piscine privée. Vélos. Restaurant à proximité. ★ *Festival de musique à Gramont. Musée du Miel. Randonnées pédestres. Plan d'eau avec baignade à Saint-Clar (5 km). Equitation à Gensac (7 km).* ★

Tout le XVIIe siècle et son environnement sont contenus dans ce noble manoir gascon qui semble défier le temps. Aujourd'hui Patricia et Wolfgang sont heureux de vous recevoir et vous invitent à découvrir les mystères du passé. Pour vous détendre, un vaste parc avec sa belle piscine. Vous ferez en ces lieux magiques une étape exceptionnelle.

★ Accès : De Valence, passer devant le péage, direction Gramont. Dans le village, le manoir se trouve à gauche après la poste. CM 82, pli 5.

★ Prix/Price : 850 F 2 Pers

Tarn et Garonne

LAFRANCAISE
LES RIVES

548

Francine HUC
LES RIVES
82130 LAFRANCAISE
Tél. : 05.63.65.87.65

Carte
5

You will enjoy the tranquillity and comfort afforded by this handsome 19th century residence steeped in character. The spacious bedrooms boast attractive rustic furniture and exude warmth. An expansive, shaded park is ideal for taking strolls. The Tarn and Aveyron rivers are close by. Montauban: Ingres Museum, old town. Lake at Lafrançaise. Moissac cloisters.
☆ How to get there: Montauban 12 km. Moissac 17 km. At Lafrançaise, « Les Rives » is after the bridge over the Aveyron (3rd driveway on the left-hand side).

★ 3 ch. dont 1 au r.d.c. avec TV et 1 suite avec sanitaires privés. Ouvert toute l'année. Petit déjeuner : jus de fruits, viennoiseries, confitures et patisseries maison... Salon avec TV. Parc, piscine, portique, toboggan, pêche. Bambouseraie. Ferme-auberge à Lafrançaise. Réduct. 10% dès la 3e nuit. ★ *Montauban : musée Ingres, vieille ville. Plan d'eau à Lafrançaise. Moissac (cloître).* ★

Vous apprécierez la tranquillité de cette belle demeure de caractère du XIXe siècle et son confort douillet. Joli mobilier rustique dans des chambres vastes et chaleureuses et grand parc ombragé propice à la flanerie. Toutes proches, les rivières du Tarn et de l'Aveyron.

★ Accès : Montauban 12 km. Moissac 17 km. A Lafrançaise, « Les Rives » se situe après le pont sur l'Aveyron (3e allée à gauche).

★ Prix/Price : 190/ 210 F 1 Pers - 220/ 260 F 2 Pers - 320/ 340 F 3 Pers

MONTESQUIEU
LA BAYSSE

549

Alain DELENTE
LA BAYSSE
82200 MONTESQUIEU
Tél. : 05.63.04.54.00

Carte 5

« La Baysse » is situated on the Santiago de Compostella pilgrimage route, amidst vineyards and orchards. The atmos-phere is warm and welcoming and the bedrooms comfortable. The table d'hôtes meals are a delight.
Moissac cloisters and abbey-church 8 km. Deux Mers canal 8 km. Saint-Nicolas and lake 16 km. Riding 5 km. Fishing and tennis 8 km. canoeing 15 km.
☆ *How to get there: At Moissac, take the D957 for Cahors. At the Laujol crossroads, take the D16 for Durfort-Lacapellette and follow signs. Michelin map 79, fold 16.*

★ 4 chambres avec douche ou bains et wc privés, plus 2 chambres d'appoint pour enfants. Ouvert toute l'année. Table d'hôtes : légumes du jardin, cassoulet, escalopes de foie gras frais aux raisins, magret, confits... Ping-pong, piscine et parc de 13 ha. Poss. pension et 1/2 pens. ★ *Le cloître de Moissac et l'abbatiale à 8 km. Canal des Deux Mers à 8 km. Plan d'eau et Saint-Nicolas à 16 km. Equitation à 5 km. Pêche et tennis à 8 km. Canoë à 15 km.* ★
La Baysse est située sur le chemin de Saint-Jacques de Compostelle, au milieu des vignes et des vergers. Vous y trouverez une ambiance sympathique et chaleureuse, des chambres confortables et une savoureuse cuisine à la table d'hôtes.
★ Accès : A Moissac, prendre la D957, dir. Cahors. Au carrefour de Laujol, D16 vers Durfort-Lacapellette et fléchage. CM 79, pli 16.

☆ Prix/Price : 220/300 F 1 Pers - 250/330 F 2 Pers - 350/400 F 3 Pers - 100 F P. sup - 110 F Repas - 215/255 F 1/2 pens. - 305/345 F pension

Tarn et Garonne

MONTPEZAT-DE-QUERCY
LE BARRY

550

Francis BANKES et Lothar JAROSS
LE BARRY
FAUBOURG SAINT-ROCH
82270 MONTPEZAT DE QUERCY
Tél. : 05.63.02.05.50 - *Fax : 05.63.02.03.07*

Carte 5

« Le Barry » is a family mansion on the ramparts of the medieval city of Montpezat. The atmosphere exudes charm and the five bedrooms, recently renovated, are attractively decorated. Enjoy the garden (1/10th acre) and terrace with swimming pool and view of the Quercy hillside.
14th century collegiate church on site. Caussade (millinery town) 10 km. Tennis and fishing on site. Lake 13 km.
☆ *How to get there: On the N20: head for Montpezat-de-Quercy, drive to the village.*

★ Rez-de-jardin : 1 ch. (1 lit 2 pers.), r.d.c. : 1 ch. (2 lits 1 pers.), s.d.b., wc pour chacune. 1er ét. : 2 ch. (2 lits 2 pers.), salle d'eau, wc. 2e ét. : 1 ch. (1 lit 2 pers. 1 lit 1 pers.), s.d.b., wc. Ouvert toute l'année sur réservation. Restaurants sur place. Piscine. ★ *Collégiale du XIVe siècle sur place. Caussade, cité du chapeau à 10 km. Tennis et pêche sur place. Plan d'eau à 13 km.* ★
Sur le rempart de la cité médiévale de Montpezat, le Barry est une maison de maître en pierre, où vous trouverez 5 chambres récemment rénovées. Ambiance de charme et chambres joliment décorées. Pour votre détente, terrasse, jardin de 500 m² avec piscine et vue sur les coteaux de Quercy.
★ Accès : De la N20, dir. Montpezat de Quercy et aller jusqu'au village.

☆ Prix/Price : 270/ 285 F 1 Pers - 325/ 350 F 2 Pers - 385/ 400 F 3 Pers - 50 F P. sup - 110 F Repas - 500/ 530 F 1/2 pension

NEGREPELISSE
LES BRUNIS

551

Johnny et Véronique ANTONY
LES BRUNIS
82800 NEGREPELISSE
Tél. : 05.63.67.24.08 - Fax : 05.63.67.24.08

Carte 5

This renovated old farmhouse, close to the Aveyron Gorges, offers a bright, family atmosphere. You will appreciate the quiet and comfort of the bedrooms, and the aroma of grilled dishes prepared by the pool.
Aveyron gorges, Château de Bruniquel (6 km), old village of Montricoux (1 km), Saint-Antonin (28 km). Fishing 1 km, tennis and footpaths 2 km, lake and riding 3 km.
☆ *How to get there: From Montricoux, D115 for Negrepelisse, drive 500 m, right (D958) and follow signs.*

★ 5 chambres avec sanitaires privés et TV, dont 1 avec chambre pour enfants. Ouvert toute l'année. Table d'hôtes : volailles de la ferme, canette farcie, foie gras, confit,... Restaurants sur place et à 1 km. Piscine couverte. ★ *Gorges de l'Aveyron, château de Bruniquel 6 km. Vieux village de Montricoux 1 km. St-Antonin 28 km. Pêche 1 km. Tennis, sentiers pédestres 2 km. Plan d'eau, équitation 3 km.* ★

Aux portes des gorges de l'Aveyron, ancienne ferme rénovée, où règne une atmosphère gaie et familiale. Vous apprécierez les chambres calmes, confortables, ainsi que le parfum des grillades préparées auprès de la piscine.

★ Accès : De Montricoux, D115 dir. Negrepelisse, faire 500 m à droite (D958) et fléchage.

★ Prix/Price : 220/ 240 F 1 Pers - 260/ 310 F 2 Pers - 320/ 370 F 3 Pers - 60 F P. sup - 100 F Repas - 235 F 1/2 pension

BARGEME
LES ROSES TREMIERES

552

Annie NOEL
LES ROSES TREMIERES
83840 BARGEME
Tél. : 04.94.84.20.86

Carte 6

Handsome stone house at the foot of a 12th century feudal castle with attractive Provençal decor, Salernes earthenware and tiling. The house offers five comfortable bedrooms. In the summer months, breakfast and dinner are served on a stylish floral terrace at the foot of the castle towers.
Outdoor sports centre nearby: riding, walks, hang-gliding, paragliding, climbing, swimming pool, etc. Music and theatre evenings. Verdon gorges.
☆ *How to get there: On the motorway, Le Muy exit for Draguignan, then Comps. Bargème is 7 km after Comps on the D21.*

★ 5 chambres avec douche et wc privés. Ouvert de Pâques à octobre. Table d'hôtes le soir (vin et café compris) : cuisine provençale avec produits du terroir. Bibliothèque, TV, téléphone. Jardin, jeu de boules, VTT. ★ *Base de loisirs à proximité : équitation, randonnées pédestres, deltaplane, parapente, escalade, piscine. Soirées musicales et théatrales. Gorges du Verdon.* ★

Belle maison toute en pierre au pied d'un château féodal du XIIe, joli décor provençal, carrelages et faïences de Salernes. 5 chambres vous sont réservées. L'été vous pourrez prendre le petit déjeuner et vos repas sur la jolie terrasse fleurie au pied des tours du château.

★ Accès : Par l'autoroute sortie Le Muy dir. Draguignan puis Comps. Bargème se situe à 7 km après Comps sur la D21.

★ Prix/Price : 250 F 1 Pers - 300 F 2 Pers - 90 F Repas

LE BEAUSSET
LES CANCADES

553

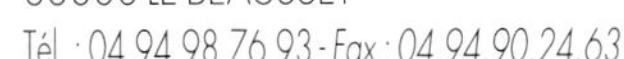

Charlotte ZERBIB
LES CANCADES
83330 LE BEAUSSET
Tél. : 04.94.98.76.93 - Fax : 04.94.90.24.63

Carte 6

Charlotte is your hostess in this Provençal-style house, set in tree-filled grounds. The bedrooms boast regional furniture, and one opens out onto a private garden equipped with garden furniture.
Tennis court 2 km. Golf 6 km. Sea 10 km. Le Castellet race course is nearby. Toulon 17 km. Dance festival at Chateauvallon.
☆ *How to get there: At Le Beausset (N8), opposite the supermarket, take the « Chemin de 5 Sous » and drive for 1.5 km, then turn sharp right, 100 m up on left, and follow signs.*

★ 1 chambre et 1 suite avec bains et wc privés + 2 chambres au 1er étage, une avec salle de bains et wc privés, l'autre avec salle d'eau et wc privés. Ouvert toute l'année. Copieux petit déjeuner. 8 restaurants à 1,5 km. Cuisine d'été à disposition. Piscine, parc. ★ *Tennis à 2 km. Golf à 6 km. Mer à 10 km. Circuit du Castellet à proximité. Toulon à 17 km. Festival de danse à Chateauvallon.* ★
Charlotte vous recevra dans sa maison provençale entourée d'un parc arboré. Les chambres disposent de mobilier régional, et l'une d'elle ouvre sur un jardin indépendant avec salon de jardin.
★ Accès : Au Beausset (N8), en face du supermarché, prendre le chemin de 5 Sous et faire 1,5 km, puis virage à angle droit vers la droite, 100 m à gauche et fléchage.

★ Prix/Price : 350 F 2 Pers - 100 F P. sup

Var

BESSE-SUR-ISSOLE
MAISON-SAINT-LOUIS

554

Henri et Ursula THONI-FURER
38 RUE JEAN AICARD
MAISON SAINT-LOUIS
83890 BESSE-SUR-ISSOLE
Tél. : 04.94.69.82.23 - Fax : 04.94.69.82.06

Carte 6

Seventeenth-century former chapel in the heart of Provence, nestled in greenery in the picturesque village of Maison-St-Louis. An ideal spot for an enchanting holiday. This handsome residence has been fully restored by its architect owners, who have preserved the property's inherent charm. Gastronomic cuisine with Mediterranean specialities and local produce.
Maures massif, beekeeping and charterhouses, beaches, summer music festivals, wine cellars and winetasting. 10-acre lake 200 m. Biking, hiking and riding. Golf course 8 km.
☆ *How to get there: Motorway, Brignoles exit and drive 1 km for Fréjus. Turn right and drive 4 km to Besse. At exit from the village (wash house), follow signs.*

★ 4 ch. avec douche et wc privés. Ouvert de Pâques à la Toussaint. Petit déjeuner : jus d'orange frais, confitures maison, fromages, œufs... Table d'hôtes : produits du terroir et spécialités méditerranéennes. Salon avec cheminée, biblio., piano. Cour fleurie, terrasse, salon de jardin. Loc. VTT. ★ *Massif des Maures, abeilles et chartreuses, plages, festivals de musique l'été, caves avec dégustation. Lac de 4 ha. à 200 m. VTT, randonnées pédestres et équestres. Golf à 8 km.* ★
Au cœur de la Provence, nichée dans le pittoresque village de la Maison St-Louis, cette ancienne chapelle du XVIIe, entourée de verdure, vous ouvre ses portes pour des vacances de charme. Cette belle demeure entièrement restaurée par ses prop. architectes, a su conserver tout son charme. Cuisine gastronomique avec spécialités méditerranéennes et produits du terroir.
★ Accès : Autoroute, sortie Brignoles puis faire 1 km en direction de Fréjus et prendre à droite sur 4 km jusqu'à Besse. A la sortie du village (lavoir), suivre le fléchage.

★ Prix/Price : 280 F 1 Pers - 400 F 2 Pers - 160 F Repas

COTIGNAC
DOMAINE-DE-NESTUBY

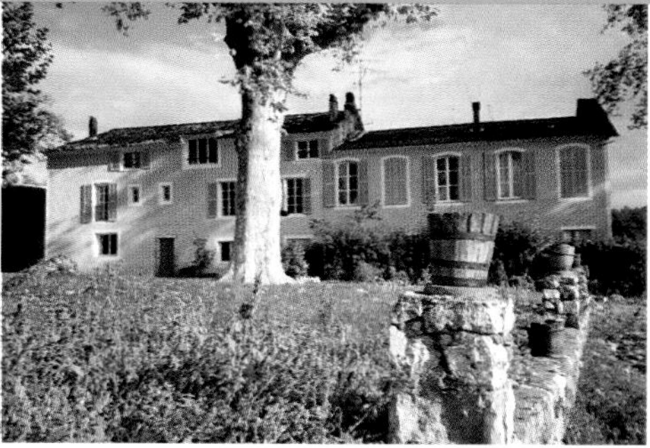

Jean-François et Nathalie ROUBAUD
DOMAINE DE NESTUBY
83570 COTIGNAC
Tél. : 04.94.04.60.02 - Fax : 04.94.04.79.22

Carte 6

Nathalie and Jean-François are your hosts at their handsome, fully restored 19th century country house, set in the heart of the estate's vineyards (110 acres). You will particularly enjoy the warmth exuded by this typical Provençal residence. Attractive regional furniture and bright, colourful fabrics. A charming spot.
Typical village of Cotignac and tuff rock. Carcès lake. Verdon gorges, Sainte-Croix lake (35 min.).
☆ *How to get there: Motorway, Brignoles exit. At 2nd traffic lights, turn left for Le Val, then Montfort-Argens and drive 5 km for Cotignac. The estate is on the left-hand side.*

★ 4 chambres dont 1 très vaste avec sanitaires privés. Petit déjeuner savoureux. Table d'hôtes : tomates au chèvre chaud, sauté d'agneau au rosé de Provence... Salon avec bibliothèque, TV et chaîne hi-fi. Jardin, bassin d'eau de source (baignade), salon de jardin, jeux pour enfants. ★ *Village typique de Cotignac et son rocher de tuff. Lac de Carcès. Gorges du Verdon, lac de Sainte-Croix (35 mn).* ★

Nathalie et Jean-François vous accueillent dans leur belle bastide du XIXe entièrement restaurée, située au cœur du vignoble du domaine (45 ha.). Vous aimerez l'atmosphère chaleureuse de cette demeure typique aux couleurs de la Provence. Beaux meubles régionaux et tissus ensoleillés. Une étape pleine de charme.

★ Accès : Autoroute sortie Brignoles. 2e feu à gauche dir. Le Val puis Montfort-Argens puis faire 5 km en dir. de Cotignac. Le domaine se trouve sur la gauche.

★ Prix/Price : 320 F 2 Pers - 390 F 3 Pers - 110 F Repas

LA FARLEDE
VILLA ARCADIE

Maryse LALLIER
VILLA ARCADIE
1417 RUE DE LA GARE
83210 LA FARLEDE
Tél. : 04.94.33.01.79 - Fax : 04.94.33.01.79

CV

Carte 6

You will be enchanted by this delightful villa with arcades, terraces and swimming pool with elegant lines, set in a landscaped garden in bloom. The three bedrooms are comfortable and decorated in a different style. The Provençal dishes served at the table d'hôtes will delight epicureans. An ideal staging post.
Sainte-Baume massif. Iles d'Or. Calanques de Cassis. Tennis, riding, diving, hiking.
☆ *How to get there: On the Toulon-le Luc-Nice motorway, exit 6 La Farlède-La Crau, head for La Crau and follow « Chambres d'Hôtes » signs.*

★ 4 chambres avec sanitaires privés. Ouvert toute l'année. Table d'hôtes : cuisine provençale. Salon avec TV à la disposition des hôtes. Jardin, piscine privée, ping-pong. ★ *Massif de la Sainte-Baume. Les Iles d'Or. Calanques de Cassis. Tennis, équitation, plongée, randonnées.* ★

Dans un jardin paysager et fleuri, cette belle villa avec ses arcades, ses terrasses et sa piscine aux lignes élégantes saura vous séduire. Les 3 chambres qui vous reçoivent sont confortables et ont toutes un décor personnalisé. A la table d'hôtes, les gourmands pourront découvrir la savoureuse cuisine provençale. Une étape à ne pas manquer.

★ Accès : Par l'autoroute Toulon-Le Luc-Nice, sortie n°6 La Farlède-La Crau, direction La Crau, puis fléchage « Chambres d'Hôtes ».

★ Prix/Price : 230/ 260 F 1 Pers - 260/ 320 F 2 Pers - 350/ 370 F 3 Pers - 86 F Repas

GINASSERVIS
LA ROUGONNE

557

J-Marie et Elisabeth PERRIER
LA ROUGONNE
83560 GINASSERVIS
Tél. : 04.94.80.11.31

Carte 6

This handsome 14th century Provençal farmhouse set in the heart of a superb 198-acre estate, offers 3 extremely comfortable suites with attractive, stylish period furniture. Jean-Marie and Elisabeth will welcome you as friends of the family and be delighted to help you discover Giono country. Verdon gorges. canoeing, rafting, gliding, equestrian sports, tennis. Typical Provence villages (Moustiers, La Verdière, and Aix-en-Provence 30 min. away).
☆ How to get there: On the motorway, Saint-Maximin exit. Head for Barjols, Tavernes, then Ginasservis. The property is 2.5 km from Ginasservis on the D23 heading for Rians.

★ 3 suites avec TV, tél. et sanitaires privés. Ouvert toute l'année sauf en janvier et février. Table d'hôtes (apéritif, vin, café compris) : truffes, volailles, charcuteries maison, gibier en saison. Billard, bibliothèque, cheminées. Jardin, domaine boisé de 80 ha. Chasse. ★ *Gorges du Verdon, canoë, rafting, vol à voile, sports équestres, tennis, villages typiques de la Provence (Moustiers, La Verdière, Aix-en-Provence à 30 mn).* ★
Belle ferme provençale du XIVe siècle, au cœur d'un superbe domaine boisé de 80 ha. 3 suites de grand confort vous seront réservées, beau mobilier ancien et de style. Jean-Marie et Elisabeth vous recevront comme des amis et se feront une joie de vous faire découvrir le pays de Giono.
★ Accès : Par l'autoroute sortie Saint-Maximin, puis dir. Barjols, Tavernes puis Ginasservis, la propriété est à 2,5 km de Ginasservis par la D23 en dir. de Rians.

★ Prix/Price : 300 F 1 Pers - 320 F 2 Pers - 370 F 3 Pers - 100 F Repas

NANS-LES-PINS
CHATEAU-DE-NANS

558

M. ZIGUELMAN
CHATEAU DE NANS
83860 NANS-LES-PINS
Tél. : 04.94.78.92.06

CV

Carte 6

This handsome, fully renovated 18th century château in wooded, flowery grounds is a true haven, on the edge of the Sainte-Baume golf course. Your hostess has lovingly decorated the rooms with great taste. Magnificent Louis XV and Napoleon III furniture. Enjoy delicious Provençal specialities at the table d'hôtes.
« Chemin des Roys ». Saint-Maximin basilica. Sainte-Baume massif. Botanic trail. Wine cellars. Sainte-Baume 18-hole golf course. Riding centre and tennis court in Nans.
☆ How to get there: RN560, Saint-Maximin motorway exit. Straight on for 8 km towards Auriol-Zacharie-Aubagne.

★ 4 ch. et 1 suite de 2 ch. avec jaccuzi, bains et wc privés. Ouvert toute l'année sur résa. Copieux petit déjeuner. Table d'hôtes : confit provençal, beignets de sardine et de fleurs de courgette, gratin de fruits rouges... Billard, cheminée. Biblio. (+ 1000 livres). Parc avec salon de jardin. ★ *« Chemin des Roys ». Basilique de St-Maximin. Massif de la Ste-Baume. Sentier botanique. Caves viticoles. Golf de la Ste-Baume (18 trous). Centre équestre et tennis à Nans.* ★
Au bord du Golf de la Ste-Baume, ce beau château du XVIIIe siècle entièrement rénové avec son parc boisé et fleuri est un véritable paradis. Chaque chambre a été décorée avec goût et passion par la maîtresse de maison. Superbe mobilier d'époque Louis XV et Napoléon III. A la table d'hôtes, savoureuses spécialités de la cuisine provençale.
★ Accès : RN560, sortie autoroute Saint-Maximin, puis faire 8 km, tout droit en direction de Auriol-Zacharie-Aubagne.

★ Prix/Price : 600/ 700 F 2 Pers - 800 F 3 Pers - 230 F Repas

NANS-LES-PINS
LA FAISSINETTE

559

Michel VILLAND
LA FAISSINETTE
ROUTE DES ROUGIERS
83860 NANS-LES-PINS
Tél. : 04.94.78.63.20

Carte 6

Superb 17th century country house set in 10 acres of greenery, with private swimming pool and tennis. You will be enchanted by the charm of this handsome, tastefully decorated residence, which boasts both period and contemporary furniture, paintings and beautiful objects. Six extremely spacious and comfortable bedrooms await your arrival. An absolute must.
Saint-Maximin basilica. Sainté-Beaume massif. Calanques de Cassis (rocky inlets, beaches). Sea 30 min. Golf course 1 km.
☆ *How to get there: Motorway, « Péage d'Auriol » (toll) exit. Then N560 and D1 for Brignoles. Drive 1 km and follow « Chambres d'Hôtes » signs.*

★ 6 chambres avec sanitaires privés. Ouvert toute l'année. Petit déjeuner gourmand : patisseries maison et viennoiseries, confitures maison, petits fromages... TV et bibliothèque à disposition. Parc de 4 ha. avec piscine et tennis privés. Restaurants à proximité. ★ *Basilique de Saint-Maximin. Massif de la Sainte-Baume. Calanques de Cassis. Mer à 30 mn. Golf 1 km.* ★
Superbe mas du XVIIe sur une belle propriété verdoyante de 4 ha. avec piscine et tennis privés. Vous apprécierez le charme de cette belle demeure décorée avec beaucoup de goût : meubles anciens et contemporains, tableaux et beaux objets. 6 chambres très vastes et d'un grand confort vous sont réservées. Une étape incontournable.
★ Accès : Sortie autoroute « péage d'Auriol ». Puis N560 et D1 en direction de Brignoles. Faire 1 km et suivre le fléchage Chambres d'Hôtes.

★ Prix/Price : 450/ 550 F 2 Pers

PONTEVES
DOMAINE-DE-SAINT-FERREOL

560

Guillaume et Armelle de JERPHANION
DOMAINE DE SAINT-FERREOL
83670 PONTEVES
Tél. : 04.94.77.10.42 - Fax : 04.94.77.19.04

Carte 6

Armelle and Guillaume are your hosts on this 250-acre farming estate, built on a hillside, with a small river passing through. The rooms are in a restored wing of the main farmhouse (18th century) and appointed with period rustic-style furniture and pretty Provençal fabrics. Large shared lounge. Villages of Provence, Thoronet abbey. Verdon and Sainte-Croix lake 40 min. away. Hiking, mountain bikes and swimming pool on site. Tennis court 3 km. Fishing and rock climbing 15 min. away.
☆ *How to get there: Motorway, Saint-Maximin exit, then head for Barjols (N560). At Barjols, make for Draguignan (N560). The property is 3 km up on the left.*

★ 2 chambres et 1 suite avec sanitaires privés. Grande salle commune avec coin-cuisine à la disposition des hôtes. Ouvert toute l'année. Restaurants à 1,6 km et 3 km. Rivière et parc. 450 F/suite pour 4 pers. ★ *Villages provençaux, abbaye du Thoronet. Verdon et lac de Sainte-Croix à 40 minutes. Randonnées pédestres, VTT, piscine sur place. Tennis 3 km. Pêche et varappe à 15 minutes.* ★
Armelle et Guillaume vous accueillent au sein d'un domaine agricole d'une centaine d'hectares, adossé à la colline et parcouru par une petite rivière. Les chambres se situent dans une aile restaurée du corps de ferme (XVIIIe siècle) et disposent de mobilier ancien rustique ainsi que de jolis tissus provençaux.
★ Accès : De l'autoroute, sortie Saint-Maximin, puis dir. Barjols (N560). A Barjols, dir. Draguignan (N560), c'est à 3 km sur la gauche.

★ Prix/Price : 280/ 320 F 2 Pers - 90 F P. sup

RAMATUELLE
LEI-SOUCO

Leï Souco is a handsome Provençal country house, set in 25 acres of land with olive, mimosa, eucalyptus and mulberry trees, just 4 km from Ramatuelle. The spacious bedrooms appointed with Provençal furniture are each decorated in shades of a different colour. Mr and Mme Giraud provide a warm welcome and will be happy to introduce you to Provençal rosé.
Saint-Tropez: citadel, museums, La Bravade (May) and fishermen (July) local festivals, jazz festival, Nioulargue regatta. Ramatuelle jazz festival and concerts. Beaches, fishing, water sports, swimming, golf course and riding.
☆ *How to get there:* A7, Le Muy exit, for Saint-Tropez. As you enter Saint-Tropez, take the D93, beach road, for Ramatuelle. 7 km on, behind the petrol station.

Gustave GIRAUD
LEI SOUCO
LE PLAN
83350 RAMATUELLE
Tél. : 04.94.79.80.22 - Fax : 04.94.79.88.27

Carte 6

★ 4 ch. et 1 suite avec terrasses et sanit. privés. Ouv. de Pâques au 30 sept. Petit déj. gourmand : confitures, viennoiseries, toasts, céréales, fruits (melon, figues, raisin...). TV satellite, tél., coffre-fort et réfrigérateur. Tennis privé et terr. de pétanque. Restaurants. à prox. ★ *Saint-Tropez : citadelle, musées, fêtes de la Bravade (mai), des Pêcheurs (juillet), festival de jazz, régate de la Nioulargue... Festival de jazz à Ramatuelle, concerts... Plages, pêche, activités. nautiques, piscine, golf, équitation.* ★

A 4 km de Ramatuelle, près des plages, Leï Souco est une belle bastide provençale de 10 ha. de vignes, plantée d'oliviers, de mimosas, d'eucalyptus et de muriers. Les chambres spacieuses avec un mobilier provençal, ont chacune une couleur dominante déclinée dans la décoration. M. et Mme Giraud vous recevront chaleureusement, vous feront découvrir le rosé de Provence.

★ Accès : A7, sortie Le Muy, direction Saint-Tropez. A l'entrée de Saint-Tropez, prendre la D93, route des plages direction Ramatuelle. Après 7 km, derrière la station service.

★ Prix/Price : 370/ 590 F 2 Pers - 600/ 700 F 3 Pers - 100 F P. sup

LA SEYNE-SUR-MER
LA LEZARDIERE

562

Norma and Allain are your hosts at this pretty 19th century residence built by the founder of the town of Tamaris, Michel Pacha. Magnificent view of the sea and close to beaches. You will appreciate the house's charm and enjoy the peace and quiet which reign in the garden with its hundred-year old eucalyptus and palm trees.
Beaches, numerous picturesque villages, historical monuments, abbeys and charterhouses.
☆ *How to get there:* At the port of Seyne-sur-Mer, head for Fort de Balaguier/Tamaris coast road. Turn right into Avenue Auguste Plane, then right into Allée des Tamaris.

Allain et Norma JOUAN
LA LEZARDIERE
ALLEE DES TAMARIS
83500 LA SEYNE-SUR-MER
Tél. : 04.94.30.08.89

Carte 6

★ 3 chambres avec salle de bains et wc privés (accès indépendant pour chaque chambre). Ouvert toute l'année. Copieux petit déjeuner traditionnel ou à l'anglaise. Bibliothèque, salon de lecture, salon de musique, TV. 2 terrasses, jardin. Nombreux restaurants à proximité. ★ *Plages, nombreux villages pittoresques, monuments historiques, abbayes, chartreuses.* ★

Norma et Allain vous reçoivent dans leur jolie demeure du XIXe siècle construite par Michel Pacha, fondateur de Tamaris. Belle vue sur la mer et proximité des plages. Vous apprécierez le charme de cette maison et le calme du jardin où poussent en toute quiétude eucalyptus et palmiers centenaires.

★ Accès : Sur le port de la Seyne-sur-Mer prendre dir. Fort de Balaguier/corniche de Tamaris. Prendre à droite avenue Auguste Plane puis à droite allée des Tamaris.

★ Prix/Price : 400 F 1 Pers - 450 F 2 Pers

TRANS-EN-PROVENCE
SAINT-AMOUR

563

Marie-Camille WAHL
SAINT-AMOUR
286 CHEMIN DES VIGNARETS
83720 TRANS-EN-PROVENCE
Tél. : 04.94.70.88.92 ou 04.94.70.88.92

Carte 6

Renée and Marie-Camille provide a warm welcome in the peaceful magnificence of this 20,000 m² property, with a lake, a river, a waterfall and swans. You may also choose to play »boules« or try your hand at archery. The luxuriously-appointed ground floor bedrooms all have private terraces with garden furniture.
Verdon gorges 40 km. A8 motorway 6 min. Sainte-Maxime: sea, beach 20 min. Saint-Tropez 40 min. Cannes 35 min.
☆ *How to get there: In Trans, turn right by the church onto D47 for La Motte. 100 m after the village exit sign, another signpost indicates »chute de pierres« (falling rocks) ; the entrance is 40 m along on the right.*

★ 1 chambre (1 lit 2 pers.) aménagée en cabine de bateau, joli mobilier, salle de bains et wc privés. 2 chambres (1 lit 2 pers. chacune), petit salon, salle d'eau en marbre et wc. Salon de jardin. TV couleur. Cuisine d'été. Barbecue. Lave-linge, sèche-linge. Ouvert toute l'année. ★ *Gorges du Verdon 40 km. Autoroute A8 à 6 mn. Ste-Maxime à 20 mn (mer, plage). St-Tropez à 40 mn. Cannes à 35 mn.* ★
Renée et Marie-Camille vous accueillent dans le calme d'une splendide propriété privée de 20000 m², comportant un lac aménagé, rivière, cascade, cygnes, boules, tir à l'arc, etc... Superbes chambres de grand confort, indépendantes et situées en rez-de-jardin avec terrasse privée.
★ Accès : A l'église de Trans, prendre à droite la D47 vers La Motte, 100 m après le panneau de sortie du village, panneau signalant 'chute de pierres« , 40 m à droite.

☆ Prix/Price : 280/ 350 F 2 Pers - 120 F Repas

Vaucluse

AUREL
RICHARNAU

564

Christian et Visnja MICHELLE
RICHARNAU
84390 AUREL
Tél. : 04.90.64.03.62 - Fax : 04.90.64.03.62

Carte 6

Attractive, spacious house full of character, offering a high standard of comfort, set on a vast property surrounded by a lavender field. Pleasant terrace in the shade of a hundred-year old lime tree, affording a superb view of the surrounding countryside.
Numerous festivals: Avignon, Vaison, Orange, Carpentras, Venasque. Excursions and hiking: Mont Ventoux, La Nesque gorges, Provence's Colorado, the Lubéron.
☆ *How to get there: At Sault, take the D942 for Aurel. Drive 4.5 km (approx.). Richarnau is on the left as the village of Aurel comes into view.*

★ 5 chambres dont 2 suites avec sanitaires privés. Ouvert du 15 février au 31 décembre. Salon, séjour, salle à manger, cheminée, bibliothèque et téléphone. Jardin, parking. 500 F/4 pers. ★ *Festivals : Avignon, Vaison, Orange, Carpentras, Venasque. Centre d'excursions et de randonnées pour le Mont Ventoux, Gorges de la Nesque, le Colorado Provençal, le Luberon etc...* ★
Belle maison de caractère spacieuse et confortable, située sur une vaste propriété entourée d'un champ de lavandes. Agréable terrasse ombragée par un tilleul centenaire d'où vous aurez une superbe vue sur la campagne environnante.
★ Accès : A Sault prendre la D942 en dir. d'Aurel, faire environ 4,5 km. Richarnau est à gauche dès que l'on aperçoit le village d'Aurel en face.

☆ Prix/Price : 250 F 1 Pers - 300/ 450 F 2 Pers - 135 F Repas

BEDOIN
LES TOURNILLAYRES

565

Marie-Claire RENAUDON
LES TOURNILLAYRES
84410 BEDOIN
Tél. : 04.90.12.80.94

Carte 6

At the foot of Mont-Ventoux, surrounded by vines, you will find this attractive group of houses steeped in character. The Provençal-style rooms, with fireplaces and visible beams are all appointed with handsome period furniture, and have private entrances and gardens. Savour the culinary delights of your hostess's specialities served at the table d'hôtes. Swimming pool, tennis court, riding, mountain bikes, hiking in the Ventoux.
☆ *How to get there:* Drive through Bedoin. Ventoux road, left for Belezy, drive 2 km until you get to the fork, turn left. Follow signs for « Chambres d'Hôtes aux Tournillayres ».

★ 4 ch. avec TV, coin-cuisine, cheminée, jardin, douche et wc privés. 1 suite de 2 ch. avec séjour, TV, coin-cuisine, jardin, s. d'eau et wc privés. Ouvert du 1/3 au 15/11. Petit déjeuner copieux. Table d'hôtes occasionnelle. Salle commune, bibliothèque. Jardin, parking, terrain de pétanque, p-pong. ★ *Piscine, tennis, équitation, VTT, randonnées dans le Ventoux.* ★

Au pied du Mont-Ventoux, entouré de vignes, bel ensemble de petites maisons de caractère. Les chambres de style provençal, avec cheminée et poutres apparentes ont de beaux meubles anciens et sont toutes indépendantes avec un jardin privé. A la table d'hôtes, les délicieuses spécialités de la maîtresse de maison vous attendent.

★ Accès : Traverser Bedoin. Route du Ventoux, à gauche dir. Belezy, faire 2 km jusqu'à 1 fourche, à gauche. Suivre les panneaux « Chambres d'Hôtes aux Tournillayres ».

★ Prix/Price : 390 F 1 Pers - 450 F 2 Pers - 550 F 3 Pers - 100 F P. sup - 130 F Repas

CADENET
LE COLIMACON

566

Geert et Hilde HOORENS-TRENSON
LE COLIMACON
CHEMIN DE DESPORTIS
84160 CADENET
Tél. : 04.90.08.55.06 - Fax : 04.90.08.54.45

Carte 6

In the Lubéron park, perched on a hillside, 2 km from Cadenet, is where you will find this handsome Provençal country house with private swimming pool and grounds. You will enjoy the peace and quiet and the pretty bedrooms, each tastefully decorated with its own style. In the summer, lunch is served on an attractive terrace with view of the Durance valley.
Lourmarin 5 min. Aix-en-Provence 25 min. Marseille 50 min. Lubéron Park. Baux de Provence. Mont-Ventoux.
☆ *How to get there:* From Cavaillon, D973 (36 km), Mérindol, Lauris, Cadenet.

★ 5 ch. avec sanitaires privés. Ouvert toute l'année. Copieux petit déjeuner. Table d'hôtes : moussaka, cabillaud à la moutarde, darnes de saumon, filet de canard, crème aux pêche. Jardin, parc 7000 m², piscine (12 x 6), boulodrome, barbecue. Eurochèque accepté. Restaurants à Cadenet et Lourmarin. ★ *Lourmarin à 5 mn. Aix-en-Provence à 25 mn. Marseille à 50 mn. Parc du Luberon. Les Baux de Provence. Le Mont-Ventoux.* ★

Dans le parc du Lubéron, perchée sur une colline, à 2 km de Cadenet, belle bastide provençale avec parc et piscine privée. Vous apprécierez la tranquillité des lieux et les jolies chambres personnalisées, décorées avec goût. En été, les déjeuners sont servis sur une belle terrasse ombragée avec vue sur la vallée de la Durance.

★ Accès : A partir de Cavaillon, D973 (36 km), Mérindol, Lauris, Cadenet.

★ Prix/Price : 260 F 1 Pers - 400/ 510 F 2 Pers - 500/ 610 F 3 Pers - 125 F Repas

CARPENTRAS
BASTIDE-SAINTE-AGNES

Jacques APOTHELOZ
BASTIDE SAINTE-AGNES
84200 CARPENTRAS
Tél. : 04.90.60.03.01 - Fax : 04.90.60.02.53

Carte 6

Pleasantly restored Provençal country house between Mont-Ventoux and Carpentras. The garden exudes peace, quiet and serenity. You will particularly appreciate the hospitality provided by your English-speaking hosts, who will leave you free to enjoy their home and do their utmost to ensure that your stay is nothing short of perfection.
Antique dealers, secondhand shops, markets. Riding, fishing, hiking, biking, golf, art of living, winetasting tours, villages nestled in the mountains, gastronomy, canoeing. Orange 30 km. Avignon 20 km. Carpentras 3 km.
☆ *How to get there: From Carpentras, head for Mont-Ventoux-Bedoin on RN974, then head for Caromb on D13. 300 m on, turn left, then after 200 m turn right.*

★ 4 ch. et 1 suite avec sanitaires privés. Ouvert de mars à novembre. Petit déjeuner gourmand. Salon (TV), biblio., salon de lecture (cheminée), jeux de société. Patio (fontaine et treille), jardin, piscine privée, pool-house, vélos, jeux de boules. Poss. pique-nique. Nombreux restaurants alentours. ★ *Antiquaires, brocantes, marchés. Equitation, pêche, randonnées à pied ou en vélo, golf, art de vivre, route du vin, villages perchés, gastronomie, canoë-kayak. Orange 30 km. Avignon 20 km. Carpentras 3 km.* ★

Entre Mt-Ventoux et Carpentras, belle bastide provençale agréablement restaurée. Du jardin se dégage une atmosphère de calme et de sérénité. Vous apprécierez la convivialité de vos hôtes qui mettent leur demeure à disposition. Soucieux de votre bien-être, ils veilleront à ce que votre séjour soit parfait.

★ Accès : De Carpentras, dir. Mt-Ventoux-Bedoin par RN974, puis dir. Caromb par D13. A 300 m, à gauche, puis à 200 m à droite.

★ Prix/Price : 360/ 420 F 1 Pers - 400/ 700 F 2 Pers - 530/ 790 F 3 Pers - 100 F P. sup

CRILLON-LE-BRAVE
MOULIN-D'ANTELON

Bernard et M. Luce RICQUART
MOULIN D'ANTELON
CRILLON-LE-BRAVE
84410 BEDOIN
Tél. : 04.90.62.44.89 - Fax : 04.90.62.44.90

Carte 6

Formerly a lord's domain, Moulin d'Antelon stands high on a hillside by a stream. The mill is surrounded by woodland, and the ornamental lake and lawns add a picturesque note to this classic Provençal landscape. Both period and modern decor in blue and white.
Mont Ventoux. Avignon, and theatre and music festivals. Downhill and cross-country skiing 20 km. 18-hole golf course 20 km.
☆ *How to get there: At Carpentras, take the D974 for 12 km. The mill is on the left-hand side, below.*

★ 5 ch., toutes avec sanitaires particuliers et entrées indépendantes. Ouvert toute l'année. Table d'hôtes sur réservation : cuisine provençale. Nombreux restaurants à proximité. Grande piscine privée (25x12). Pièce d'eau et gîte sur place. ★ *Mont Ventoux et Avignon, festivals théâtre et musique. Ski de piste, de fond à 20 km. Golf 18 trous à 20 km.* ★

Ancienne seigneurie, le moulin d'Antelon dresse son bâtiment à flanc de coteau près d'un ruisseau. Entouré d'un parc arboré, la pièce d'eau et les gazons donnent une note insolite dans un paysage provençal classique. Décoration ancienne et moderne (blanc et bleu).

★ Accès : A Carpentras, prendre D 974, le moulin est à gauche en contrebas après 12 km.

★ Prix/Price : 280/ 330 F 2 Pers - 430 F 3 Pers - 100 F Repas

CRILLON-LE-BRAVE
CLOS-SAINT-VINCENT

Just a stone's throw away from Mont-Ventoux, Clos Saint-Vincent offers the peace, quiet and charm of an old Provençal farmhouse. The bedrooms are bright and comfortable. Françoise serves homemade jams and pastries at the breakfast table. On certain evenings, enjoy a relaxed dinner with your hosts under the elm tree.
Palais des Papes (once the residence of the popes) in Avignon. Roman ruins at Orange, Carpentras and Cavaillon. Hiking on Mont-Ventoux. Cross-country and downhill skiing 20 km.
☆ *How to get there:* At Carpentras, take D974 for Mont-Ventoux for 13 km, then turn left for Crillon-le-Brave and Clos Saint-Vincent.

Francoise VAZQUEZ
CLOS SAINT-VINCENT
84410 CRILLON-LE-BRAVE
Tél. : 04.90.65.93.36 - Fax : 04.90.12.81.46

Carte 6

★ 6 ch., avec douche/wc. 1 suite 4 pers., s. d'eau, wc, coin-cuisine, TV, tél. Ouvert toute l'année (du 15/11 au 15/2 groupe 10 pers. uniquement). Table d'hôtes sur résa. (apéritif/vin compris) : estouffade à la provençale. Restaurants 1 et 4 km. Piscine privée. Salle musculation. 970 F/4 pers. ★ *Palais des Papes à Avignon, ruines romaines d'Orange, Carpentras, Cavaillon. Randonnées dans le Mont-Ventoux, ski de piste et de fond à 20 km.* ★

A 2 pas du Ventoux, le clos St-Vincent vous offre le calme et le charme d'un vieux mas provençal entièrement rénové. Les chambres sont claires et confortables. Françoise vous propose confitures et patisseries maison qui composent le petit déjeuner. Certains soirs, on partage amicalement le repas pris sous le micocoulier.

★ Accès : A Carpentras, D 974 direction Mont-Ventoux, puis à 13 km, prendre à gauche direction Crillon-le-Brave et Clos Saint-Vincent.

★ Prix/Price : 390/ 440 F 1 Pers - 430/ 770 F 2 Pers - 570/ 880 F 3 Pers - 120 F P. sup - 140 F Repas

ENTRAIGUES-SUR-LA-SORGUE
DOMAINE-DU-GRAND-CAUSERAN

Authentic 17th century Provençal country house, set in attractive parkland with hundred-year old trees, fountains and lawns. Five suites with refined decoration await your arrival. Relax by the swimming pool or enjoy the summer kitchen and barbecue. Time seems to stand still in this enchanting setting exuding peace and quiet.
Avignon, Mont-Ventoux, Dentelles de Montmirail, Lubéron, Fontaine de Vaucluse, Camargue. Theatre, dance & music festivals: Avignon, Carpentras, Orange. Côtes du Rhône country. Tennis, riding 1 km. Golf 6 km. Flying, rowing, canoeing 12 km.
☆ *How to get there:* A7, Avignon-Nord exit for Carpentras. D942 (2 km), then head for Vedene-le-Flory on the D53. After the Vedene signpost, turn left into Chemin de Causeran (100 m), and left into Allée Grand Causeran.

Bernard et Claude PAPAPIETRO
DOMAINE DU GRAND CAUSERAN
84320 ENTRAIGUES-SUR-LA-SORGUE
Tél. : 04.90.23.29.08 - Fax : 04.90.23.29.07

Carte 6

★ 2 suites 2 pers., 2 suites 3 pers., 1 suite 4 pers. avec s.d.b., tél., TV, kitchenette privés. Entrée indépendante. Ouvert toute l'année sur résa. Salle de réception. Buanderie. Salon, terrasse, bar, billard. Piscine, barbecue, boulodrome, p-pong, vélos. Tarifs dégressifs selon saison/durée. ★ *Avignon, Mt-Ventoux, Dentelles de Montmirail, Luberon, Fontaine de Vaucluse, Camargue. Festivals (Avignon, Orange...). Route des vins des Côtes du Rhône. Tennis, équitation 1 km. Golf 6 km. Aviation, aviron, canoë 12 km.* ★

Authentique Bastide provençale du XVIIe, entourée d'un beau parc ombragé d'arbres séculaires, avec bassins, fontaines et pelouses. 5 suites au décor raffiné vous recevront. Agréables moments de détente au bord de la piscine avec cuisine d'été et barbecue. Cadre enchanteur où vous ferez un séjour hors du temps empreint de douceur et de calme.

★ Accès : A7 sortie Avignon-nord dir. Carpentras. D942 puis dir. Vedene D53. Après le panneau Vedene à gauche ch. de Causeran (100 m). A gauche allée Grand Causeran.

★ Prix/Price : 390/ 900 F 2 Pers - 130 F Repas

ENTRECHAUX
L'ESCLERIADE

571

Handsome Provençal house with bright, attractively refined bedrooms. During the summer months, breakfast is served by the pool on the terrace facing the Château d'Entrechaux and Mont Ventoux. Shaded park, picnic area and bowls by the river. Car park with entry code.
Vaison-la-Romaine. Winetasting tours. Bicycle touring. Old villages. Riding and walks. Ideally situated for visiting Provence.
☆ *How to get there:* A7, Bollène exit, then Vaison-la-Romaine, Entrechaux, near Pont Romain (bridge).

Vincent GALLO
L'ESCLERIADE
ROUTE DE SAINT-MARCELLIN
84340 ENTRECHAUX
Tél. : 04.90.46.01.32 - Fax : 04.90.46.03.71

Carte 6

★ 4 ch. et 1 suite avec terrasse, TV et tél. : 3 avec bains, wc privés, 2 avec douche, wc privés. Ouvert du 1/3 au 31/10. Table d'hôtes le soir sauf jeudi et dimanche, du 15/3 au 30/9 sur résa. Auberge 800 m, restaurant 1 km. Billard français. Parking fermé. CB acceptées. Réfrigérateur. ★ *Vaison la Romaine. Route des vins. Circuit cyclo-touristique. Vieux villages. Promenades équestres ou pédestres. Situation idéale pour visiter la Provence.* ★

Belle maison provençale où vous apprécierez les chambres gaies, lumineuses et raffinées. Le petit-déjeuner est servi en été au bord de la piscine, en terrasse face au château d'Entrechaux et au Mont Ventoux. Parc ombragé, coin pique-nique, jeux de boules au bord de la rivière.

★ Accès : A 7, sortie Bollene, puis Vaison la Romaine, Entrechaux, à proximité du Pont Romain.

★ Prix/Price : 290/ 330 F 1 Pers - 320/ 360 F 2 Pers - 480 F 3 Pers - 120 F P. sup - 110 F Repas

ISLE-SUR-LA-SORGUE
DOMAINE-DE-LA-FONTAINE

572

Irmy and Dominique are your hosts at this old Provençal « mas » (house), bordering Isle-sur-la-Sorgue. You will enjoy the charm of the spacious, comfortable bedrooms decorated with sparkling colours, the swimming pool and the peace and quiet of this enchanting spot set in 10 acres of Provençal greenery.
Mountain bikes. Golf course 3 km. Riding. Tennis. Footpaths. Fishing Music and theatre festivals.
☆ *How to get there:* Motorway, Avignon-Sud exit, for Cavaillon, then Caumont and Isle-sur-la-Sorgue. When you reach the centre of Isle-sur-la-Sorgue, head for Apt.

Dominique et Irmy SUNDHEIMER
CHEMIN DU BOSQUET
84800 ISLE-SUR-LA-SORGUE
Tél. : 04.90.38.01.44 - Fax : 04.90.38.53.42

Carte 6

★ 3 chambres et 2 suites avec tél., salle d'eau et wc privés. Ouvert toute l'année. Savoureux petit déjeuner. Table d'hôtes : cuisses de canard à la provençale, parfait maison... TV. Cour, jardin, terrasse à l'ombre des platanes centenaires, parc, piscine privée. ★ *VTT. Golf à 3 km. Equitation. Tennis. Sentiers pédestres. Pêche. Festivals de musique et théâtre.* ★

En bordure de l'Isle-sur-la-Sorgue, Irmy et Dominique vous accueilleront chaleureusement dans un vieux mas provençal. Vous apprécierez le charme des chambres spacieuses et confortables aux couleurs chatoyantes, la piscine et la tranquillité de ce lieu enchanteur entouré de 4 ha. de verdure provençale.

★ Accès : Autoroute sortie Avignon-sud, direction Cavaillon, puis Caumont et Isle-sur-la-Sorgue, puis du centre direction Apt.

★ Prix/Price : 410 F 1 Pers - 450/ 490 F 2 Pers - 680 F 3 Pers - 130 F Repas

ISLE-SUR-LA-SORGUE
LA MERIDIENNE

Jérôme TARAYRE
LA MERIDIENNE
CHEMIN DE LA LONE
84800 ISLE-SUR-LA-SORGUE
Tél. : 04.90.38.40.26 - Fax : 04.90.38.58.46

Carte 6

Jérôme Tarayre guarantees a warm welcome at this pretty house. The 4 bedrooms are very tastefully furnished in the Provençal style, each boasting a personal touch.
Tennis 3 km. Riding, fishing, bathing, hiking 2 km. Swimming pool on the premises.
☆ *How to get there: N100 for Apt, 3.5 km from Isle-sur-la-Sorgue centre, turn left. Signs for « La Méridienne » and « Gîtes de France » on the corner of the N100 and the Chemin de la Lône.*

★ 5 chambres avec salle d'eau, wc privés et terrasse (TV sur demande). Ouvert toute l'année. Restaurants à 2 km. Coin-cuisine à la disposition des hôtes. Piscine. Parking couvert et parc. ★ *Tennis à 3 km. Equitation, pêche, baignade, randonnées à 2 km. Piscine sur place.* ★

Jêrome Tarayre vous accueille chaleureusement dans sa jolie maison. Les 5 chambres sont personnalisées et décorées avec beaucoup de goût dans le style provençal.

★ Accès : N100 vers Apt, à 3,5 km du centre de l'Isle-sur-Sorgue, à gauche. Fléchage « La Méridienne » et « Gîtes de France » au coin de la N100 et du chemin de la Lône.

☆ Prix/Price : 250/ 280 F 1 Pers - 280/ 320 F 2 Pers - 370/ 410 F 3 Pers - 60 F P. sup

LACOSTE
RELAIS-DU-PROCUREUR

Antoine COURT DE GEBELIN
RELAIS DU PROCUREUR
RUE BASSE
84710 LACOSTE
Tél. : 04.90.75.82.28 - Fax : 04.90.75.86.94

Carte 6

This splendid 17th century Provençal residence is set in the Lubéron nature park in the very heart of the hillside village of Lacoste, dominated by the Marquis de Sade's château. Owner Antoine Court de Gebelin has faithfully restored the building to its original charm. The guests rooms are very comfortable and luxuriously decorated.
Mountain villages of the Lubéron. Avignon (former residence of the popes). Bike hire, horse-riding in village. Hunting, fishing nearby. Tennis 8 km. 18-hole golf 20 km.
☆ *How to get there: From Avignon or Cavaillon, take N100 for Apt. At Notre-Dame de Lumières, turn right for Lacoste. At Lacoste, on your right, take the low road. Michelin map 81, fold 13.*

★ 6 ch. (3 climatisées), toutes avec bains, wc, TV, mini-bar, téléphone. Ouvert toute l'année. Restaurants au village. Piscine dans la maison. CB acceptées. Enfants en bas âge non acceptés pour le calme des hôtes. Rés. par tél. ou fax uniquement. ★ *Villages perchés du Lubéron, Avignon et Palais des Papes. Loc. de VTT, équitation au village. Chasse, pêche à proximité. Tennis 8 km. Golf 18 trous à 20 km.* ★

En Provence, dans le Parc Naturel du Lubéron, au cœur du village haut perché de Lacoste, dominé par le château du Marquis de Sade, Antoine Court de Gebelin a restauré avec passion une très belle demeure du XVIIe siècle, lui rendant son âme et son charme. Les chambres luxueuses et confortables sont meublées avec raffinement.

★ Accès : D'Avignon ou de Cavaillon, prendre N 100 dir. Apt. A N.D de Lumières, à droite dir. Lacoste. A Lacoste, à votre droite, prendre rue basse. CM 81, pli 13.

☆ Prix/Price : 500/ 700 F 2 Pers

LACOSTE
BONNE-TERRE

575

Roland LAMY
BONNE TERRE
84480 LACOSTE
Tél. : 04.90.75.85.53 - Fax : 04.90.75.85.53

Carte 6

Attractive old house in beautiful surroundings near Lacoste with a panoramic view of Mont Ventoux. The bedrooms have been designed in a fresh, contemporary style (lacquered furniture, wood and wickerwork). There is also a swimming pool for guests' enjoyment.
Highspots of the Lubéron. Roman Provence, music and theatre festivals. Regional Nature Park. Tennis, riding, golf, hiking.
☆ *How to get there: Main entrance by the old church in Lacoste. If you are on foot, walk round behind the church.*

★ 5 chambres avec douche et wc privés et 1 chambre avec bains et wc privés. Ouvert toute l'année sauf décembre. Copieux petit-déjeuner. 2 restaurants au village. Cartes bleues, visa acceptées. Parc. Piscine privée. Parking. ★ *Hauts lieux du Lubéron. Provence romaine, festivals : musique, théatre. Parc Naturel Régional. Tennis, équitation, golf, randonnées pédestres.* ★

Jolie maison ancienne située dans un très beau cadre avec vue panoramique sur le mont Ventoux, à proximité du village. Les chambres sont contemporaines et fraiches (laques, bois, vannerie) et vous pourrez vous détendre agréablement au bord d'une très belle piscine à débordement.

★ Accès : Entrée principale avant la vieille église de Lacoste et sinon à pied derrière la même église.

☆ Prix/Price : 450 F 1 Pers - 550 F 2 Pers - 120 F P. sup

LACOSTE
DOMAINE-LAYAUDE-BASSE

576

Olivier et Lydia MAZEL
DOMAINE LAYAUDE-BASSE
84710 LACOSTE
Tél. : 04.90.75.90.06 - Fax : 04.90.75.99.03

Carte 6

You will be welcomed as friends of the family at this 18th century country house, in the warmth of stunning Provençal landscapes. The famous Lubéron is on one side, the imposing Mont Ventoux opposite, and the villages of Gordes and Roussillon nearby. Meals and breakfast are served on the terrace in summer and in the main dining room the rest of the year.
Riding, forest 5 km. Mountain biking 3 km. Tennis 4 km. canoeing 15 km. Walking, bicycle touring, hunting, fishing 10 km. Golf course 20 km. Climbing 8 km. Fitness trail on the premises.
☆ *How to get there: From Avignon, head for Apt. At Notre-Dame-de-Lumières, turn right for Lacoste. Michelin map 81, fold 13.*

★ 5 ch., toutes avec s. d'eau et wc. Ouvert du 1/3 au 15/11, hors-saison sur demande. Table d'hôtes sur réservation (vin/café compris) : cuisine provençale. Piscine sur place. P-pong, jeux de boules éclairés. Grand parc ombragé. Parking. Vue panoramique de la terrasse. Point-phone. ★ *Equitation, forêt 5 km. VTT 3 km. Tennis 4 km. Kayak 15 km. Promenades pédestres, cyclotourisme, chasse, pêche 10 km. Golf 20 km. Escalade 8 km. Parcours détente sur la propriété.* ★

Dans ce mas du XVIIIe, maison natale de Lydia et Olivier, vous serez reçus comme des amis. Il est entouré de paysages merveilleux, d'un côté le célèbre Luberon et face à vous l'imposant Mt-Ventoux, à vos pieds les villages de Gordes, Roussillon. Repas et petits déjeuners en terrasse l'été et dans la grande salle les autres mois.

★ Accès : D'Avignon, prendre direction Apt. A Notre-Dame-de-Lumières, tourner à droite direction Lacoste. CM 81, pli 13.

☆ Prix/Price : 300/ 400 F 2 Pers - 540 F 3 Pers - 110 F P. sup - 110 F Repas

LAGNES
MAS-DU-GRAND-JONQUIER

577

Francois et Monique GRECK
MAS DU GRAND JONQUIER
84800 LAGNES
Tél. : 04.90.20.90.13 - Fax : 04.90.20.91.18

Carte 6

This restored Provençal farmhouse, set in over 4 acres of orchards, between the Lubéron and Vaucluse mountains, has kept its identity. The ground floor has visible stonework, while the ceilings are in the traditional Provençal style. All the bedrooms are different, bright and comfortable. Refined, gourmet cuisine with delicious and original specialities.
Fontaine de Vaucluse, Isle-sur-la-Sorgue (antiques centre), Gordes, the Lubéron and picturesque villages. Golf, riding, canoeing and tennis 5 minutes. Hiking paths.
☆ *How to get there: Motorway, Avignon Sud exit, for Apt, Sisteron. At Petit-Palais, continue along the D22 for 2 km. Do not go as far as Lagnes.*

★ 6 ch., avec douche et wc privés, TV et tél. Ouvert toute l'année. Table d'hôtes sur résa. (boisson comprise). Solarium. Terrain de boules, ballons. Organisation de cours de cuisine provençale. Restaurants 5 km. Cartes de crédit acceptées. Piscine privée. 1/2 pens. sur la base de 2 pers. ★ *Fontaine de Vaucluse, Isle-sur-la-Sorgue (capitale des antiquaires), Gordes, le Luberon et ses villages pittoresques. Golf, équitation et tennis, canoë à 5 mn. Sentiers pédestres.* ★
Entre Mts du Luberon et de Vaucluse, au milieu de 2 ha. de vergers, vous découvrirez dans une ambiance conviviale un mas restauré qui a su conserver son identité. Rez-de-chaussée en pierres apparentes et plafonds à la provençale. Les chambres sont toutes personnalisées, confortables et gaies. Cuisine raffinée et gourmande avec de délicieuses et originales spécialités.
★ Accès : Sortie autoroute Avignon Sud, dir. Apt-Sisteron, arriver à Petit-Palais continuer toujours sur la D22 pendant 2 km. Ne pas monter à Lagnes.

★ Prix/Price : 450 F 1 Pers - 450 F 2 Pers - 550 F 3 Pers - 100 F P. sup - 130 F Repas - 710 F 1/2 pension

LAGNES
LES GARDIOLLES

578

Robert et Elisabeth NEGREL
LES GARDIOLLES
84800 LAGNES
Tél. : 04.90.20.25.18 - Fax : 04.90.20.21.86

Carte 6

In the heart of Lubéron Regional Park, close to Isle-sur-la-Sorgue, four comfortable, spacious bedrooms await you at this handsome 18th century farmhouse, now fully restored. A haven of greenery with sunshine and tranquillity for a relaxing, farniente break in the shade of a hundred-year-old plane tree.
At the bottom of a Provençal village, in the Lubéron Regional Park. Isle-sur-la-Sorgue: Provence's art and antiques capital. Fontaine de Vaucluse (reappearance of river), Gordes. Tennis, golf, canoeing, riding, hiking, biking.
☆ *How to get there: On the D24, between the N100 and the D99.*

★ 2 ch. et 2 suites avec bains ou douche et wc privés. Ouvert toute l'année. Petit déjeuner : confitures maison, fougasse ou pain typique... Téléphone à disposition. Cuisine d'été réservée aux hôtes. Cour, jardin et parc avec chaises longues. Garage fermé. Nombreux restaurants alentours. ★ *Au pied d'un village provençal, dans le Parc Naturel du Luberon. Isle-sur-Sorgue : capitale provençale de l'art et des antiquités. Fontaine de Vaucluse, Gordes... Tennis, golf, canoë-kayak, équitation, randonnées pédestres, VTT.* ★
Au cœur du Parc Régional du Luberon et à proximité de l'Isle-sur-Sorgue, 4 chambres confortables et spacieuses ont été aménagées dans cette belle ferme du XVIIIe siècle entièrement restaurée. Dans ce havre de verdure, soleil et tranquillité seront au rendez-vous et pour vous détendre, farniente à l'ombre du platane centenaire.
★ Accès : Sur la D24, entre la N100 et la D99.

★ Prix/Price : 250 F 1 Pers - 300 F 2 Pers - 370 F 3 Pers - 70 F P. sup

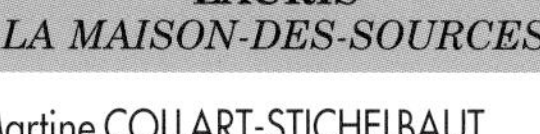

LAURIS
LA MAISON-DES-SOURCES

579

Between Durance and Lubéron, through reeds and fruit trees, you will come across a troglodyte dwelling which backs onto a hillside. This superb 18th century country house, restored to pristine splendour, stands in 7.5 acres of terraced land (« restanques »), with ponds and streams. Tasteful and comfortable. Savour the good life and the peace and quiet.
Nearby: lake, swimming pool, fishing, tennis, riding, mountain biking and golf. Hiking paths. Châteaux tours and wines. Abbeys. Festivals. Ideally situated for exploring Provence.
☆ *How to get there: On the D973 between Cavaillon and Pertuis. From Avignon, head for Cavaillon.*

Martine COLLART-STICHELBAUT
CHEMIN DES FRAISSES
LA MAISON DES SOURCES
84360 LAURIS
Tél. : 04.90.08.22.19 ou 06.08.33.06.40 -
Fax : 04.90.08.22.19

Carte 6

★ 4 ch. dont 2 avec bains et 2 avec douche et wc privés. Ouvert toute l'année. Copieux petit déjeuner : laitages, patisseries, confitures maison, fruits. Table d'hôtes sur résa. (apéritif/vin compris). Très beau terrain en terrasses avec sources et bassins, vue. Végétation luxuriante. 600 F/4 pers. ★ *A proximité : plan d'eau, piscine, pêche, tennis, équitation, VTT, golf. Sentiers de randonnée. Circuits des châteaux et des vins. Abbayes. Festivals. Situation idéale pour découvrir la Provence.* ★

Entre Durance et Luberon, à travers roseaux et arbres fruitiers, adossée à la falaise, superbe bastide du XVIIIe restaurée à l'ancienne, sur un vaste terrain de 3 ha. en restanques avec bassins et sources. Aménagée avec goût et confort, vous y apprécierez sa douceur de vivre, son calme et son atmosphère chaleureuse.

★ Accès : Sur la D973 entre Cavaillon et Pertuis. Avignon dir. Cavaillon.

★ Prix/Price : 340/ 360 F 1 Pers - 390/ 420 F 2 Pers - 480/ 510 F 3 Pers - 90 F P. sup - 120 F Repas

LOURMARIN
VILLA-SAINT-LOUIS

580

Villa Saint-Louis, an 18th century former post house, stands in wooded grounds in one of France's prettiest villages at the foot of the Lubéron massif. The owner, an interior designer, has decorated the luxurious bedrooms with elegance. Antique furniture from different periods, paintings, rugs and wall hangings are just some of the place's fine features. Charming.
Natural park, villages and châteaux of the Lubéron. Summer music, theatre and opera festivals. Numerous art galleries in the village. Tennis, riding, hiking, biking, swimming pool and golf course 20 km.
☆ *How to get there: 50 km east of Avignon on the N7, then D973 for Cavaillon and Cadenet and D943, left for Lourmarin. Michelin map 84, fold 2.*

Michel et Bernadette LASSALLETTE
VILLA SAINT-LOUIS
35 RUE HENRI DE SAVOURNIN
84160 LOURMARIN
Tél. : 04.90.68.39.18 - Fax : 04.90.68.10.07

Carte 6

★ 5 ch. avec téléphone direct, TV (Canal +) : 4 avec douche, 1 avec Bains, et wc privés. Ouvert toute l'année. Salon-bibliothèque réservé aux hôtes. Jardin, parking privé. Mountain-bikes. Restaurants à proximité. Enfant : 50 F. ★ *Parc Naturel, villages et châteaux du Luberon. Festivals en été (musique, théâtre, opéra). Nombreuses galeries d'art dans le village. Tennis, équitation, circuits pédestres, vélo, piscine et golf 20 km.* ★

Au pied du Luberon, dans un des plus beaux villages de France, la Villa Saint-Louis est un ancien relais de poste du XVIIIe siècle, dans un grand parc boisé. Les chambres dotées du plus grand confort, ont été élégament décorées par le propriétaire, architecte d'intérieur. Meubles anciens de différentes époques, tableaux, tapis et tentures. Une étape de charme.

★ Accès : A 50 km à l'est d'Avignon, par la N7, puis D973 direction Cavaillon et Cadenet et D943, à gauche direction Lourmarin. CM 84, pli 2.

★ Prix/Price : 300/ 400 F 1 Pers - 300/ 400 F 2 Pers

LOURMARIN
LA LOMBARDE

581

Gilbert et Eva LEBRE
LA LOMBARDE
B.P 32 - PUYVERT
84160 LOURMARIN
Tél. : 04.90.08.40.60 - *Fax* : 04.90.08.40.64

Carte 6

Situated between Durance and Lubéron, La Lombarde was once an outbuilding of the neigbouring Templars' residence (on a listed site). The rooms are bright, comfortable and quiet. Breakfast is served on a vast table in the arch-ceilinged dining room or in the inner courtyard under the arbour. Guests may also relax in the swimming pool.
Châteaux of the Lubéron. Walking and riding tours. 18-hole golf course 20 km.
☆ *How to get there: Take the D973 from Aix-en-Provence, on the Apt road after Cadenet.*

★ 4 ch., chacune avec entrée indépendante, terrasse, douche, wc, TV et réfrigérateur. Réception/salon avec TV, bibliothèque, jeux de société. Ouvert de mars à fin octobre. 12 restaurants à Lourmarin 2 km, dont 4 gastronomiques. Piscine sur place. Vélos, ping-pong et espace barbecue. Pétanque. ★ *Les châteaux du Lubéron, les circuits pédestres et équestres, golf 18 trous à 20 km.* ★
Entre Durance et Lubéron, La Lombarde est une ancienne dépendance de la Commanderie des Templiers voisine (site classé par les monuments historiques). Les chambres sont claires, confortables et calmes. Les petits déjeuners sont servis sur une immense table dans une salle voûtée ou dans la cour intérieure sous la tonnelle. Pour vous détendre, une très agréable piscine.
★ Accès : D 973 depuis Aix-en-Provence, sur la route d'Apt après Cadenet.

★ Prix/Price : 360/ 380 F 2 Pers - 100 F P. sup

MALAUCENE
LE CHATEAU-CREMESSIERE

582

Elisabeth et Michel DALLAPORTA-BONNEL
LE CHATEAU CREMESSIERE
84340 MALAUCENE
Tél. : 04.90.65.11.13

Carte 6

A handsome 5-acre property set in a flourish of greenery, with trees and meadows, at the foot of Mont Ventoux. This 16th century château offers 5 comfortable bedrooms and boasts handsome 18th and 19th century furniture. Breakfast is served on the terrace under the hundred-year old plane tree.
Hiking and biking on Mont-Ventoux. Dentelles de Montmirail. Toulourenc and Ouvèze rivers. Paty lake. Festivals. Provence markets. Wine estate tours. Wide variety of restaurants within a 400 m radius.
☆ *How to get there: D938, Malaucène Sud exit. 80 m past the church. Take the first gateway on the right and the drive lined with time-honoured lime trees.*

★ 4 ch. avec douche/wc privés dont 2 avec entrée indép. et 1 suite avec bains/wc privés. Ouvert w.e d'avril du 01/5 au 30/9 et à la Toussaint, fermé du 1 au 5/6). Table d'hôtes occasionnelle (apéritif, vin compris). Salon/cheminée, salle à manger. Parc, terrasse ombragée, parking, garage à vélo. ★ *Randonnées pédestres ou cyclistes dans le Mont Ventoux. Dentelles de Montmirail. Rivières de Toulourenc et de l'Ouvèze. Lac du Paty. Festivals. Marchés provencaux. Route du vin.* ★
Dans un cadre de verdure, belle propriété de 2 ha. avec arbres et prairie, au pied du Mt-Ventoux. Dans le château du XVIe siècle, 5 chambres vous sont réservées. Beau mobilier ancien d'époque XVIIIe et XIXe. Petit déjeuner servi sur la terrasse sous un platane centenaire.
★ Accès : D938 sortie sud de Malaucène. 80 m après l'église. 1er portail à droite et allée bordée de vieux tilleuls.

★ Prix/Price : 320 F 1 Pers - 350/ 400 F 2 Pers - 140 F Repas

MALEMORT-DU-COMTAT
CHATEAU-UNANG

583

Marie LEFER
CHATEAU UNANG
84570 MALEMORT DU COMTAT
Tél. : 04.90.69.71.06 - Fax : 04.90.69.92.80

Carte 6

Elegant château set in extensive grounds. A hospitable welcome is guaranteed in a relaxed atmosphere and pleasant surroundings. The spacious bedrooms are appointed with beautiful old furniture.
Gordes and the villages of the Lubéron. Avignon. Vaison-la-Romaine, Mont Ventoux. Tennis 1 km. Bikes and horse-riding 6 km.
☆ *How to get there: Motorway, Avignon Nord exit. At Carpentras, head for Apt-Venasque. 6 km on, head for Malemort. Unang is 3 km after Malemort on the way to Methanis.*

★ 4 chambres, chacune avec téléphone, bains et wc privés. Ouvert toute l'année. Table d'hôtes (vin et café compris). 2 restaurants à Venasque (5 km). Piscine privée. Parc de 75 ha. ★ *Gordes et les villages du Lubéron. Avignon. Vaison la Romaine. Le Mont Ventoux. Tennis à 1 km. Vélos et équitation à 6 km.* ★
Beau château situé dans un vaste parc. Vous y serez accueillis dans une ambiance sympathique et décontractée. Les chambres sont spacieuses et décorées en ancien.
★ Accès : Sortie autoroute Avignon nord. A Carpentras, dir. Apt-Venasque. Puis à 6 km, dir. Mallemort. Unang est à 3 km après Mallemort dir. de Methanis.

★ Prix/Price : 500/ 600 F 1 Pers - 600/ 700 F 2 Pers - 200 F Repas

MENERBES
MAS-DU-MAGNOLIA

584

Monika HAUSCHILD
MAS DU MAGNOLIA
84560 MENERBES
Tél. : 04.90.72.48.00 - Fax : 04.90.72.48.00

Carte 6

This beautiful Provençal stone house, at the foot of the medieval village of Ménerbes, stands in tree and flower-filled parkland, affording a breathtaking view of the surrounding area. The superb terraces around the pool are ideal for relaxing. The bedrooms all have wood panelling in Provençal designs and look out onto the patio ablaze with flowers, and the fountain.
Avignon, Orange and Aix festivals. Medieval villages of the Lubéron. St-Rémy. Les Baux. Antiques market at Isle-sur-la-Sorgue. Hiking, golf, riding, tennis and canoeing 15 mins.
☆ *How to get there: A7, Avignon Sud exit. N100 for Digne-Apt. 4 km after Coustellet, turn right for Ménerbes. The house is 1.5 km up on the left.*

★ 1 ch., 1 studio (avec kitchenette) et 1 suite avec sanitaires privés. Ouvert de février à octobre. Copieux petit déjeuner buffet servi dans le pool house. Salon, biblio., tél./fax, coin-TV. Parc, terrasse, piscine, VTT, jeux boules. Restaurants à Ménerbes et Goult. CB acceptées. 800 F/4 pers. ★ *Festivals d'Avignon, Orange, Aix. Villages médiévaux du Lubéron. St-Rémy. Les Baux. Marché des antiquaires à Isle-sur-la-Sorgue. Randonnées, golf, équitation, tennis, canoë 15 mn.* ★
Ce beau mas provençal, au pied du village médiéval de Ménerbes, est situé dans un parc arboré et fleuri et jouit d'une vue imprenable. De superbes terrasses autour de la piscine invitent à la détente. Toutes les chambres, avec de belles boiseries aux motifs provençaux donnent sur le patio fleuri avec fontaine.
★ Accès : A7 sortie Avignon sud. N100 dir. Digne-Apt. 4 km après le village de Coustellet, tourner à droite dir. Ménerbes. La maison est à 1,5 km à gauche.

★ Prix/Price : 500 F 1 Pers - 600/ 700 F 2 Pers

OPPEDE
LE PETIT-CRUI

Michele GOUDIN
LE PETIT CRUI
84580 OPPEDE
Tél. : 04.90.76.80.89 - Fax : 04.90.76.92.86

Carte 6

This magnificent, fully restored property on a hillside is set in 25 acres of cherry trees, facing the Lubéron mountain and Oppede-le-Vieux. A handsome 18th century residence offering superbly appointed 3 bedrooms and 1 suite. A break full of charm in this beautifully preserved spot.
Golf course 8 km. Trout fishing (Sorgue). Bike hire nearby. Hiking in the Lubéron. canoeing 8 km.
☆ *How to get there:* Motorway, Cavaillon-Robion exit, for Ménerbes-Bonnieux. Drive 2.5 km. Turn right onto D176 for Les Lônes. 300 m up on left-hand side.

★ 3 ch. et 1 suite avec TV, mini-bar et sanitaires privés. Ouvert toute l'année. Copieux petit déjeuner : confitures maison, œufs, fromages... L-linge, point-phone, cuisine extérieure (barbecue, réfrigérateur) à dispo. Parc, piscine privée, boules, p-pong, b-foot, pétanque. Restaurants 2 et 10 km. ★ *Golf 8 km. Pêche à la truite (Sorgue). Location de vélos à proximité. Randonnées pédestres dans le Luberon. Canoë-kayak 8 km.* ★

Face au Luberon et Oppede-le-Vieux, entourée de 10 ha. de cerisiers, magnifique propriété entièrement restaurée. Dans cette belle bastide du XVIIIe, située sur une hauteur, 3 chambres et 1 suite luxueusement aménagées vous sont réservées. En ce lieu superbe et préservé, vous ferez une étape de charme.

★ Accès : Autoroute sortie Cavaillon-Robion, direction Ménerbes-Bonnieux. Faire 2,5 km. A droite D176 Les Lônes. 300 m à gauche.

★ Prix/Price : 330/ 400 F 1 Pers - 380/ 500 F 2 Pers - 480/ 550 F 3 Pers

ORANGE
DOMAINE-DE-LA-VIOLETTE

Olga HERMITE-NGUYEN NGOC LAM
DOMAINE DE LA VIOLETTE
CHEMIN DE LAURIOL
84100 ORANGE
Tél. : 04.90.51.57.09 - Fax : 04.90.34.86.15

Carte 6

Handsome 17th century country house with a courtyard and garden, set in 2.5 acres of enclosed tree-filled parkland. Comfortable bedrooms with rustic decor. Provençal dishes are served at the table d'hôtes. Relax by the pool. An ideal base from which to discover this delightful region.
Mont Ventoux. Vaison-la-Romaine and Avignon 25 km. Hiking. Tennis court and golf course 1.5 km. Lake 6 km. 18-hole golf course 25 km.
☆ *How to get there:* Motorway, exit north of Orange. Head for Lyon-Valence on N7.

★ 5 ch. avec douche et wc privés. Ouvert du 1er mars au 30 octobre. Petit déjeuner gourmand : tartes maison, fruits, confitures maison, fromages... Table d'hôtes : cuisine provençale. Salon avec TV à disposition. Cour, jardin, piscine privée, parking et parc clos. Restaurants à proximité. ★ *Mont Ventoux. Vaison-la-Romaine et Avignon à 25 km. Randonnées. Tennis et golf à 1,5 km. Plan d'eau à 6 km. Golf 18 trous à 25 km.* ★

Belle bastide du XVIIe siècle avec cour et jardin, située dans un agréable parc boisé entièrement clos, d'1 ha. Chambres confortables et décor rustique. Cuisine provençale à la table d'hôtes et détente au bord de la piscine. Une étape idéale pour découvrir cette belle région.

★ Accès : Sortie autoroute au nord d'Orange. Prendre direction nord Lyon-Valence par la N7.

★ Prix/Price : 330 F 1 Pers - 380 F 2 Pers - 50 F P. sup - 95 F Repas

PERNES-LES-FONTAINES
SAINT-BARTHELEMY

587

Jacqueline MANGEARD
SAINT-BARTHELEMY
84210 PERNES LES FONTAINES
Tél. : 04.90.66.47.79 - Fax : 04.90.66.47.79

Carte 6

This superb 18th century Provençal mas or house stands in large shaded grounds, in the heart of Le Comtat Venaissin. The 5 comfortable, welcoming bedrooms are furnished in the Provençal style overlook the park or the courtyard. Music and theatre festivals. Provence markets. Second-hand markets. Swimming pool, tennis 1 km. Golf course 10 km. Hiking.
☆ How to get there: From the tourist office: 2 km on the Mazan road, then right for « Chemin de la Roque », Saint-Barthélemy is 100 m further on.

★ 1 ch. avec salle de bains et wc et 4 ch. avec douche et wc privés. Ouvert toute l'année. Petit déjeuner : jus de fruits, fruits de saison, confitures maison, viennoiseries... Parking fermé, parc ombragé. Vélos, badminton. Restaurants à proximité. Cabine téléphonique. ★ *Festivals de musique et théâtre. Marchés provençaux. Foires à la brocante. Piscine, tennis à 1 km. Golf à 10 km. Randonnées pédestres.* ★
Au cœur du Comtat Venaissin, superbe mas provençal du XVIIIe siècle, entouré d'un grand parc ombragé. Mobilier provençal dans les 5 chambres qui vous sont réservées. Elles sont confortables et chaleureuses et s'ouvrent sur le parc ou sur la cour.
★ Accès : A partir de l'Office du Tourisme : 2 km sur la route de Mazan, à droite chemin de la Roque, à 100 m Saint-Barthélemy.

✯ Prix/Price : 200 F 1 Pers - 260 F 2 Pers - 340 F 3 Pers

Vaucluse

PUYMERAS
LE SAUMALIER

588

Michele et Jean-Luc SAUVAYRE
LE SAUMALIER
84110 PUYMERAS
Tél. : 04.90.46.49.61 - Fax : 04.90.46.49.61

Carte 6

Perched on a hill, facing Mont-Ventoux, this superb stone « mas » (house) is surrounded by olive trees. Your hosts Michèle and Jean-Luc provide a warm welcome. Attractive indoor swimming pool with counter current and spa. A must for visiting Provence.
Vaison-la-Romaine (Roman digs). Le Ventoux. Nyons and its olive groves. Region famous for its baronies. Tennis 2 km. Golf, lake, riding 5 km.
☆ How to get there: D538 between Vaison-la-Romaine and Nyons. At intersection, head for Puyméras. The house (with a tower) overlooks the intersection. Follow signs on trunk road.

★ 2 chambres avec TV et sanitaires privés. Ouvert toute l'année. Piscine intérieure avec nage à contre courant et spa. Jardin arboré d'oliviers et pelouse. Vélos, pétanque, randonnées. ★ *Vaison-la-Romaine (fouilles romaines). Le Ventoux. Nyons et ses olives. Région des Baronnies. Tennis 2 km. Golf, lac, équitation 5 km.* ★
Perché sur une colline, face au Mont Ventoux superbe mas en pierre entouré d'oliviers. Michèle et Jean-Luc vous recevront avec chaleur. Belle piscine intérieure avec nage à contre-courant et spa. Etape incontournable pour visiter la Provence.
★ Accès : D538 entre Vaison-la-Romaine et Nyons. Au croisement, dir. Puyméras. La maison (avec une tour) surplombe l'intersection. Fléchage sur la départementale.

✯ Prix/Price : 300 F 1 Pers - 300/ 350 F 2 Pers - 400/ 450 F 3 Pers - 100 F P. sup

ROBION
DOMAINE-DE-CANFIER

589

Catherine et Michel CHARVET
DOMAINE DE CANFIER
84440 ROBION
Tél. : 04.90.76.51.54 - Fax : 04.90.76.67.99

Carte 6

Catherine and Michel Charvet provide a warm welcome at their time-honoured Provençal house (mas) which they have lovingly restored. The bedrooms are all decorated in a different style with great taste. Handsome 17th, 18th and 19th century Provençal furniture. Relax in the residence's attractive swimming pool.
Lubéron region. Isle-sur-la-Sorgue. Cavaillon. Fontaine de Vaucluse. (reappearance of river). Cordes. (E-mail address: canfier@hol.fr).
☆ *How to get there: At Cavaillon, head for Robion. At traffic lights, take CD31 for Petit Palais/Isle-sur-la-Sorgue. Drive 1 km. Just before the bridge, take the lane on the right-hand side and drive 200 m.*

★ 2 ch. avec douche et 1 suite avec bains, wc privés. Ouvert toute l'année. Petit déjeuner : patisseries et confitures maison, salade de fruits, compote de prunes, miel, flan... Table d'hôtes : cuisine provençale familiale. Piano. Cuisine d'été. Cour, parc, jardin, piscine. 540 F/suite 4 pers. ★ *Région du Lubéron. Isle sur Sorgue. Cavaillon. Fontaine de Vaucluse. Cordes. (e-mail:canfier@hol.fr.).* ★
Catherine et Michel Charvet vous accueilleront chaleureusement dans leur vieux mas qu'ils ont restauré avec passion. Les chambres sont personnalisées et décorées avec goût. Beaux meubles provençaux d'époque XVIIe, XVIIIe et XIXe. Pour vous détendre, une agréable piscine.
★ Accès : A Cavaillon dir. Robion. Aux feux tricolores prendre CD31 dir. Petit Palais/Isle sur Sorgue. Faire 1 km. Juste avant le pont prendre chemin à dr. et faire 20 m.

☆ Prix/Price : 330 F 1 Pers - 380 F 2 Pers - 490 F 3 Pers - 90 F P. sup - 120 F Repas

ROUSSILLON
MAS-D'AZALAIS

590

Christine LACOMBE
MAS D'AZALAIS
HAMEAU DE CLAVAILLAN
84220 ROUSSILLON
Tél. : 04.90.05.70.00 - Fax : 04.90.05.70.00

Carte 6

This superb Provençal « mas » (house), set in wooded garrigue, affords a view of the Lubéron and the ochre-coloured village of Roussillon. The bedrooms, appointed with period furniture and paintings, are decorated with refinement and boast superb bathrooms. All have private terraces. An outstanding spot for a memorable stay.
Roussillon. Gordes. Banon. Simiane. The Provençal « Colorado ». Véroncle gorges. Riding, golf and hiking nearby.
☆ *How to get there: On D2, between Gordes and Saint-Saturnin-les-Apt. After Gordes, some 6-7 km on, turn left for Hameau de Clavaillan.*

★ 1 ch. et 1 suite avec cheminée, TV et mini-bar (équipée pour pers. handicapée) avec tél. (n° personnel) et sanitaires privés. Ouvert toute l'année. Table d'hôtes : caillettes, collier d'agneaux... TV, téléphone, mini-bar, jeux de société, vélo d'appartement. Jardin, piscine privée, jeux de boules. ★ *Roussillon. Gordes. Joucas. Banon. Simiane. Colorado provençal. Gorges de la Véroncle. Equitation, golf et randonnées à proximité.* ★
En pleine garrigue arborée, superbe mas provençal avec vue sur le Luberon et le village ocré de Roussillon. Les chambres avec meubles et tableaux anciens sont décorées avec raffinement et dotées de très belles salles de bains. Elles ont toutes une terrasse privée. Vous ferez en ce lieu d'exception, une étape inoubliable.
★ Accès : Par la D2, entre Gordes et Saint-Saturnin-les-Apt. Après Gordes, à environ 6/7 km, tourner à gauche direction hameau de Clavaillan.

☆ Prix/Price : 600 F 1 Pers - 500/ 650 F 2 Pers - 600/ 750 F 3 Pers - 100 F P. sup - 145 F Repas

RUSTREL
LA FORGE

591

Dominique et Claude CECCALDI-BERGER
LA FORGE
NOTRE DAME DES ANGES
84400 RUSTREL
Tél. : 04.90.04.92.22 - Fax : 04.90.04.95.22

Carte 6

This artists' house, in the Lubéron park, is the home of painter-sculptor Dominique and photographer Claude Ceccaldi-Berger. Their listed 19th century residence was originally a foundry. The glorious interior decor boasts period furniture, paintings and Provençal material. Relax in the superb swimming pool or sunbathe on the patio with arbour.
Walks in the forest. Ochre quarries. Cheminées de Fées. Listed 12th century chapel. Provence's Colorado. Apt 7 km (lake), Bonnieux 19 km, Roussillon 21 km, Avignon 59 km.
☆ *How to get there:* As you leave Apt, head for St-Christol on the D22. 7.5 km on, turn right for the forest and follow signs to « La Forge ».

★ 2 ch. et 1 suite avec sanitaires privés. Fermé du 15/11 au 30/12 et du 6/1 au 28/2. Table d'hôtes : foie gras (sur commande), cuisine à base de produits régionaux. Vaste salle commune avec cheminée à feu ouvert. Biblio. avec TV. Cour, jardin, piscine, grand barbecue, cuisine d'été. 800 F/4 pers. ★ *Promenades en forêt. Carrières d'ocre. Cheminées de fées. Chapelle classée du XIIe. Colorado provençal. Apt 7 km (plan d'eau). Bonnieux 19 km. Roussillon 21 km. Avignon 59 km.* ★
Dans le parc du Lubéron, cette maison d'artistes (Dominique et Claude sont peintre-sculpteur et photographe) est une ancienne fonderie du XIXe, classée monument historique. Superbe aménagement intérieur avec meubles anciens, tissus provençaux, peintures... Pour vous détendre, une superbe piscine avec plage pavée et tonnelle.
★ Accès : A la sortie d'Apt, prendre dir. St-Christol par la D22. A 7,5 km tourner à droite en dir. de la forêt et suivre le fléchage « La Forge ».

★ Prix/Price : 375 F 1 Pers - 500 F 2 Pers - 150 F Repas - 320 F 1/2 pension

Vaucluse

SAINT-MARCELLIN-LES-VAISON
CHATEAU-DE-TAULIGNAN

592

Remy DAILLET
CHATEAU DE TAULIGNAN
SAINT-MARCELLIN-LES-VAISON
84110 VAISON-LA-ROMAINE
Tél. : 04.90.28.71.16 - Fax : 04.90.28.75.04

Carte 6

This 15th century residence with crenellated towers stands in 25 acres of plantations. The grounds are resplendent with hundred-year old trees, plane trees, antique ponds and fountains. Paleo-Roman chapel. Stone staircase, vast entrance hall and Louis XV-style furniture. Breakfast is served on a shaded terrace. A prestigious spot in the heart of the Vaucluse countryside.
Vaison-la-Romaine historical town: summer festivals. Wine-tasting tours. Mont Ventoux 30 km. Golf course 20 km. Skiing and horse-riding in the vicinity.
☆ *How to get there:* A6 motorway, Orange exit, for Vaison-la-Romaine.

★ 1 chambre et 3 suites avec anti-chambre, bains et wc privés. Ouvert toute l'année. Salle de lecture, TV satellite, tél. à carte, piano, projecteur diapo., rétroprojecteur écran. Cour, jardin, parc, terrasse. Poss. de pique-nique. Nombreux restaurants à Vaison-la-Romaine. ★ *Site de Vaison-la-Romaine : festivals en été. Route des vins. Mont Ventoux 30 km. Golf 20 km. Ski et équitation à proximité.* ★
Sur 10 ha. de plantations, demeure du XVe avec tours crénelées. Parc avec arbres centenaires, superbes platanes, fontaines et bassins anciens. Chapelle paléo-romaine. Escalier en pierre, vaste hall et mobilier de style Louis XV. Terrasse ombragée pour le petit déjeuner. Une adresse prestigieuse en pleine nature.
★ Accès : Autoroute A6 sortie Orange, direction Vaison-la-Romaine.

★ Prix/Price : 450 F 1 Pers - 450 F 2 Pers - 500 F 3 Pers

SEGURET
SAINT-JEAN

593

Gisèle AUGIER
SAINT-JEAN
84110 SEGURET
Tél. : 04.90.46.91.76

Carte 6

Gisèle Augier will be delighted to welcome you to her Provençal home. The residence is full of charm, with cool, shaded parkland boasting Romantic-style ponds. The bedrooms are fresh and prettily decorated. Enjoy the pool in the grounds.
Vaison-la-Romaine, Roman and medieval town. Village of Séguret. Walks (Ventoux, Dentelles de Montmirail mountains).
☆ *How to get there: Motorway A7, Orange exit, head for Vaison-la-Romaine on N977, at Séguret crossroads (« Chambres d'Hôtes » signs), right for CD88. Drive 800 metres, « Montvert l'Esclade » lane on left. 2nd house on left.*

★ 1 chambre et 2 suites avec salle d'eau et wc privés, TV, téléphone et réfrigérateur. Ouvert toute l'année. Petits déjeuners copieux, variés et raffinés. Nombreux restaurants à proximité. Piscine. Parc. ★ *Ville romaine et moyennageuse de Vaison-la-Romaine. Village de Séguret. Promenades (Ventoux, Dentelles de Montmirail,...). Piscine et randonnées sur place.* ★
Gisèle Augier se fera un plaisir de vous accueillir dans sa maison provençale pleine de charme, disposant d'un parc frais et ombragé, agrémenté de bassins romantiques. Les chambres sont fraiches et joliment décorées. Dans le parc, une agréable piscine.
★ Accès : A7 sortie Orange dir. Vaison-la-Romaine N977. A Séguret panneaux chambres d'hôtes. A dr. CD88 faire 800 m. A gche chemin « Montvert l'Esclade » 2e maison à gche.

★ Prix/Price : 350/ 400 F 1 Pers - 460/ 550 F 2 Pers - 550/ 650 F 3 Pers - 100 F P. sup

Vaucluse

VAISON-LA-ROMAINE
L'EVECHE

594

Aude VERDIER
RUE DE L'EVECHE
L'EVECHE-VILLE MEDIEVALE
84110 VAISON LA ROMAINE
Tél. : 04.90.36.13.46 ou 04.90.36.38.30 -
Fax : 04.90.36.32.43

Carte 6

Your hostess Mme Verdier provides four pretty bedrooms in part of this residence, originally the bishop of Vaison-la-Romaine's palace. The interior decoration is rustic. Guests can relax in the private lounge. Breakfast is served on the terraces affording a delightful view of the medieval city of Vaison-la-Romaine.
Riding, tennis, miniature golf. Archaeological digs and Roman theatre. Numerous galleries, festival, chorales, swimming pool.
☆ *How to get there: Medieval town of Vaison-la-Romaine. Take the Rue de l'Evêché.*

★ 1 chambre avec bains, wc et téléphone et 3 chambres avec douche, wc et téléphone. Ouvert toute l'année. Plusieurs restaurants à proximité. Ping-pong. Location de VTT sur place. ★ *Equitation, tennis, mini-golf. Fouilles et théatre romain. Nombreuses galeries, festival, choralies, piscine.* ★
Madame Verdier a aménagé 4 jolies chambres dans la cité médiévale de Vaison la Romaine. L'ameublement est rustique et vous disposerez pour vous détendre d'un salon privatif. Le petit-déjeuner est servi sur les terrasses offrant une jolie vue sur Vaison la Romaine.
★ Accès : Ville médiévale de Vaison la Romaine et rue de l'Evêché.

★ Prix/Price : 330/ 380 F 1 Pers - 380/ 420 F 2 Pers

VELLERON

Villa Velleron is a former oil mill which has now been fully restored. A very comfortable stay is guaranteed in the 6 tastefully decorated bedrooms which all have their own individual styles. The walled garden is a haven of peace and quiet where you can relax by the pool. Dinner is served on the terrace in this romantic setting.
Avignon, Gordes, Fontaine de Vaucluse, Isle-sur-la-Sorgue, Les Baux de Provence, Saint-Rémy. Lubéron, Ventoux. Golf, bike hire, riding, canoeing.
☆ How to get there: A7, Avignon-Nord exit. D942 Monteux. D31 Velleron. Place de la Poste (post office).

Simone SANDERS et Wim VISSER
RUE ROQUETTE
84740 VELLERON
Tél. : 04.90.20.12.31 - Fax : 04.90.20.10.34

Carte 6

★ 6 chambres dont 1 avec cheminée avec sanitaires privés. Ouvert de Pâques au 1er novembre. Table d'hôtes : menu différent chaque jour selon les produits frais de la région. Cour, jardin, piscine, jeu de boules. Salon avec TV, tél., bibliothèque et cheminée. ★ *Avignon, Gordes, Fontaine de Vaucluse, Isle-sur-Sorgue, Les Baux de Provence, Saint-Rémy, Luberon, Ventoux. Golf, location de vélos, promenades à cheval, canoë.* ★

La Villa Velleron, ancien moulin à huile, a été entièrement restaurée. 6 chambres décorées avec goût et personnalisées vous accueilleront. Dans le jardin enclos de vieux murs, vous profiterez du calme et d'agréables moments de détente auprès de la piscine. Le dîner sera servi sur la terrasse dans une atmosphère romantique.

★ Accès : A7 sortie Avignon-nord. D942 Monteux. D31 Velleron. Place de la Poste.

★ Prix/Price : 500/ 590 F 2 Pers - 100 F P. sup - 150 F Repas

VENASQUE
LA MAISON-AUX-VOLETS-BLEUS

In a side street in Venasque, a medieval village set astride a hilltop, you will come across a trompe l'œil doorway. It opens onto a four-bedroomed stone house with an unrivalled view of the Vaucluse mountains and Mont Ventoux, in the distance. The rooms are tastefully decorated, and the lounge boasts flower arrangements and antique furniture.
Gordes, Vaison-la-Romaine, Avignon, Orange. Municipal tennis court. Hiking trails. Lake 8 km. Swimming and golf course 10 km.
☆ How to get there: At Carpentras, take the D4 for 10 km. In the village, the house is 20 m to the left of Place de la Fontaine. Michelin map 81, fold 13.

Jérôme et Martine MARET
LA MAISON AUX VOLETS BLEUS
PLACE DES BOUVIERS-LE VILLAGE
84210 VENASQUE
Tél. : 04.90.66.03.04 - Fax : 04.90.66.16.14

Carte 6

★ 4 ch. avec bains et wc. Ouvert du 15 mars au 1er novembre. Table d'hôtes le soir sauf jeudi et dimanche soir : daube provençale, gratin de courgettes à la menthe fraiche, clafoutis... 3 restaurants dans le village. Buanderie accessible aux hôtes. ★ *Gordes, Vaison-la-Romaine, Avignon, Orange. Tennis municipal, sentiers de randonnées, plan d'eau à 8 km. Piscine et golf à 10 km.* ★

Au détour d'une ruelle de Venasque, village médiéval perché au faîte d'une colline, on tombe sur un portail en trompe l'œil. La porte poussée, on découvre une maison toute en pierre qui abrite 4 chambres, décorées avec goût et dont la vue sur les monts du Vaucluse et plus loin le Ventoux est unique.

★ Accès : A Carpentras, D 4 et tout droit pendant 10 km. Dans le village, à 20 m à gauche de la place de La Fontaine. CM 81, pli 13.

★ Prix/Price : 350/ 420 F 2 Pers - 470/ 540 F 3 Pers - 120 F P. sup - 120 F Repas

VILLEDIEU
CHATEAU-LA-BAUDE

597

Gérard et Chantal MONIN
CHATEAU LA BAUDE
84110 VILLEDIEU
Tél. : 04.90.28.95.18 - *Fax : 04.90.28.91.05*

Carte 6

Perched on a hill, this 16th century castle with towers and inner courtyard is surrounded by hundred-year old trees. The bedrooms are decorated in the Provençal style, and are warm and comfortable. Enjoy Provençal dishes at the table d'hôtes. An ideal staging post for visiting this superb region. Archaeological digs and Roman theatre 5 km. Vaison-la-Romaine and Orange festivals. Mont Ventoux. Riding 3 km.
☆ *How to get there: 5 km north of Vaison-la-Romaine.*

★ 4 ch. et 2 suites avec sanitaires privés et TV. Ouvert 15/3 au 15/11, sur résa. hors saison. Table d'hôtes sauf le dimanche et mercredi. Billard, biblio., salon, cheminée. Piscine, vélos, p-pong. Parc 3 ha. Tennis sur place. Duplex 4 pers. : 850 F. ★ *Fouilles et théâtre romain à 5 km. Festivals de Vaison la Romaine et Orange. Mont Ventoux. Equitation à 3 km.* ★
Situé sur une colline, ce château fortifié du XVIe siècle avec tours et cour intérieure est entouré d'arbres centenaires. Les chambres au décor provençal sont chaleureuses et confortables. Cuisine provençale à la table d'hôtes. Etape idéale pour visiter cette superbe région.
★ Accès : A 5 km au nord de Vaison la Romaine.

★ Prix/Price : 450 F 1 Pers - 520 F 2 Pers - 100 F P. sup - 135 F Repas

CEZAIS
CHATEAU-DE-LA-CRESSONNIERE

598

J.Pierre et Françoise DELHOUME
CHATEAU DE LA CRESSONNIERE
85410 CEZAIS
Tél. : 05.49.59.77.14

Carte 3

Château de la Cressonnière, built in the 16th century, has been decorated both tastefully and with refinement: lounge with beams, monumental fireplace, armour, tapestries and period furniture. The two-bedroom suite boasts fourposter beds. Apply for dates in July and August.
Medieval village of Vouvant 3 km. Mervent-Vouvant forest 6 km. Mervent lake 15 km. Tennis, horse-riding, pedal boats on lake 4 km. Foot and riding paths on premises. La Tranche-sur-Mer 60 km. Puy-du-Fou 35 km.
☆ *How to get there: 15 km north of Fontenay-le-Comte (alongside D938). 4 km south of La Châtaigneraie. Michelin map 67, fold 16.*

★ 1 suite avec bains et wc. Ouvert le week-end du 1er mars au 15 novembre. Restaurant gastronomique à 3 km. Téléphone avec carte Pastel. Vélos. Jeux de croquet sur place. ★ *Vouvant (village médiéval) 3 km. Forêts de Mervent 6 km. Plan d'eau 15 km. Tennis, équitation, plan d'eau 4 km. Sentiers pédestres, équestres sur place. La Tranche/Mer 60 km. Le Puy-du-Fou 35 km.* ★
Le château de la Cressonnière (XVIe siècle) a été aménagé avec goût et raffinement : salon avec poutres, cheminée monumentale, armure, tapisseries et meubles anciens. La suite de 2 chambres dispose de lits à baldaquin. Pour juillet/août, se renseigner concernant l'ouverture.
★ Accès : A 15 km au nord de Fontenay le Comte (en bordure de la D 938). A 4 km au sud de la Châtaigneraie. CM 67, pli 16.

★ Prix/Price : 350 F 1 Pers - 350 F 2 Pers - 500 F 3 Pers

LE GUE-DE-VELLUIRE

599

Christiane RIBERT
5 RUE DE LA RIVIERE
85770 LE-GUE-DE-VELLUIRE
Tél. : 02.51.52.59.10

Carte 3

Large elegant residence surrounded by an extensive and pleasant flower garden, on the banks of the river « Vendée » where you have the use of a small boat. Guests have the choice of five sunlit bedrooms with Vendée furniture. An ideal staging post for discovering the Marais Poitevin protected nature reserve.
Marais Poitevin (boat trips). Fishing on site. Hiking and bicycle touring. Maillezais 12 km. La Rochelle 35 km.
☆ How to get there: From Nantes, take the N137 for La Rochelle. At Chaillé-les-Marais, head for Fontenay-le-Comte.

★ 5 chambres avec sanitaires privés. Ouvert de mars à décembre. Table d'hôtes : anguilles, escargots, jambon mojette... Salon et bibliothèque. Jardin, vélos, rivière avec barque. ★ *Marais Poitevin (promenades en barque). Pêche sur place. Randonnées pédestres et cyclotouristiques. Maillezais à 12 km. La Rochelle à 35 km.* ★

Grande demeure bourgeoise entourée d'un agréable et vaste jardin fleuri. Elle est située en bordure de la rivière « Vendée » où une barque est à votre disposition. 5 jolies chambres ensoleillée dotées de meubles vendéens vous attendent. Etape incontournable pour découvrir le Marais Poitevin.

★ Accès : De Nantes prendre la N137 dir. la Rochelle. A Chaillé-les-Marais prendre la dir. de Fontenay-le-Comte.

★ Prix/Price : 200 F 1 Pers - 260 F 2 Pers - 330 F 3 Pers - 70 F P. sup - 90 F Repas

LUCON

600

Elisabeth LUGAND
1 RUE DES CHANOINES
85400 LUCON
Tél. : 02.51.56.34.97

Carte 3

At Luçon, close to the Bishop's palace, stands this handsome 18th century home with 2.5 acres of enclosed tree-lined grounds. The four comfortable, upstairs bedrooms are appointed with rustic furniture. A true oasis of peace and quiet, in the town centre, with charm of a bygone age enhanced by your hosts' hospitality.
Swimming pool 1 km. Lake, bathing and outdoor leisure centre 2 km. La Tranche-sur-Mer (beach) 20 km.
☆ How to get there: In the centre of Luçon, quite near to the Bishop's palace.

★ 3 chambres 2 pers. avec salle d'eau et wc privés et 1 chambre 3 pers. avec bains et wc privés. Ouvert toute l'année. Salon-bibliothèque à disposition. Parc 1 ha. clos, terrasse, salon de jardin. Restaurants à proximité. ★ *Piscine 1 km. Lac, baignade et base de loisirs 2 km. La Tranche-sur-Mer (plage) 20 km.* ★

A Luçon, à proximité de l'Evêché, beau logis du XVIIIe avec parc arboré et clos d'1 ha. A l'étage, 4 chambres confortables, avec un mobilier rustique, vous sont réservées. Véritable oasis de calme, en centre ville, vous apprécierez le charme suranné de cette belle demeure et l'accueil chaleureux de vos hôtes.

★ Accès : Au centre de Luçon, à proximité de l'Evêché.

★ Prix/Price : 200 F 1 Pers - 260/ 300 F 2 Pers - 360 F 3 Pers

MAILLEZAIS

Handsome family mansion built in 1837, set in a park. The bedrooms, some of which look out onto the park, are appointed with local antique furniture. The kitchen with fireplace is a delight, and still has its original stone flooring. Relax in the fully enclosed park, which exudes rare and ancient essences, overlooking the peaceful, discreet Marais Poitevin.
Marais Poitevin protected marshland on site. Maillezais abbey 150 m. Nieul-sur-Autize Romanesque abbey and cloisters 7 km. Futuroscope Science Museum. Riding, boat trips, windsurfing, swimming.
☆ *How to get there:* 10 km from the A83 motorway (Oulmes exit). At Maillezais, follow signs for the « Abbaye ». The house is 150 m from the abbey, no. 69. Michelin map 71, fold 1.

Liliane BONNET
69 RUE DE L'ABBAYE
85420 MAILLEZAIS
Tél. : 02.51.87.23.00 - Fax : 02.51.00.72.44

Carte 3

★ 5 ch. avec sanitaires privés. Ouvert toute l'année. Copieux petit déjeuner : confitures, miel, fromages de chèvre, laitages, brioche... Salon-bibliothèque avec TV, salon-détente, et orangerie avec collection d'outils anciens. Parc, tennis, barques, coin-pêche et parking privés. ★ *Marais Poitevin sur place. Abbaye de Maillezais à 150 m. Cloître et abbaye romane de Nieul-sur-Autize à 7 km. Futuroscope. Equitation, promenades en bateau, planche à voile, piscine.* ★
Belle demeure bourgeoise datant de 1837 entourée d'un parc. Les chambres, dont certaines ouvrent sur le parc, sont dotées d'un mobilier régional ancien. La cuisine, très chaleureuse, avec sa cheminée a conservé son dallage en pierre. Pour votre détente, le beau parc, entièrement clos, recèle des essences rares et anciennes et donne sur le marais silencieux et discret.
★ Accès : A 10 km de l'autoroute A83 (sortie Oulmes). A Maillezais, suivre le fléchage « Abbaye », la maison se situe à 150 m de l'abbaye, n°69. CM 71, pli 1.

☆ Prix/Price : 300 F 1 Pers - 320/ 350 F 2 Pers - 400 F 3 Pers - 50 F P. sup

NIEUL-SUR-L'AUTIZE
LE ROSIER-SAUVAGE

Le Rosier Sauvage, a vast 18th century residence full of character, stands at the gateway to the Marais Poitevin, facing the royal abbey. Four comfortable bedrooms, each with its own style, are decorated in light, welcoming hues. The superbly restored stable has been converted into a dining room. Pleasant tree-filled garden.
Nieul-sur-Autize and Maillezais abbeys. Marais Poitevin. Hiking and cycling. Mervent forest. Vouvant. La Rochelle and Ile de Ré. Tennis, river, lake, bathing 6 km. Riding, swimming pool 11 km. Fishing 15 km. Sea, beach 60 km.
☆ *How to get there:* 18 km northwest of Niort, on the D148 for Fontenay-le-Comte and take the B-road (route départementale) for « Abbaye Royale » in Nieul-sur-Autize. Michelin map 71, fold 11.

Christine CHASTAIN
LE ROSIER SAUVAGE
1 RUE DE L'ABBAYE
85240 NIEUL-SUR-L'AUTIZE
Tél. : 02.51.52.49.39 - Fax : 02.51.52.49.46

Carte 3

★ 4 ch. avec douche et wc privés. Ouv. toute l'année. Table d'hôtes sur réserv. (fermée le dimanche soir en juil./août) : terrines maison, blanquette fermière, désserts maison... Bibliothèque et salon avec TV et cheminée à disposition. Entrée indép. Jardin 1000 m^2. Poss. lit bébé. ★ *Abbayes de Nieul/Autize et Maillezais. Marais Poitevin. Randonnées pédestres et cyclo. Forêt de Mervent. Vouvant. La Rochelle et Ile de Ré. Tennis, rivière, lac, baignade 6 km. Equitation, piscine 11 km. Pêche 15 km. Mer, plage 60 km.* ★
Aux portes du Marais Poitevin, face à l'abbaye royale, le Rosier Sauvage, vaste demeure de caract. du XVIIIe siècle, vous ouvre ses portes. 4 chbres personnalisées, aux tonalités claires, douillettes et confort. y ont été aménagées. L'ancienne écurie, superbement restaurée a été transformée en salle à manger. Agréable jardin boisé.
★ Accès : A 18 km au nord-ouest de Niort, par la N148 direction Fontenay-le-Comte et prendre la départementale, en direction de l'Abbaye Royale de Nieul-sur-Autize. CM 71, pli 11.

☆ Prix/Price : 200/ 220 F 1 Pers - 260/ 280 F 2 Pers - 320/ 340 F 3 Pers - 60 F P. sup - 75 F Repas

SAINT-DENIS-LA-CHEVASSE
CHATEAU-DU-BREUIL

Pierre et Monique MAESTRE
CHATEAU DU BREUIL
85170 SAINT-DENIS-LA-CHEVASSE
Tél. : 02.51.41.40.14 - Fax : 02.51.41.40.14

Carte 3

Château du Breuil was rebuilt in the nineteenth century on the ruins of a medieval manor house. You will be enchanted by the spacious, comfortable bedrooms which are the perfect setting for reverie and relaxation. Elegant Louis XV and Napoleon III period furniture, oak wood panelling and stained glass. The occasional painting exhibition will delight art lovers.
Logis de la Chabotterre. Lucs/Boulogne memorial 10 km. Tiffanges: Gilles de Rais's château 35 km. Puy-du-Fou son-et-lumière show 30 km. Hunting. Tennis 500 m. Fishing 5 km. Hiking 6 km. Riding 10 km. Swimming pool 12 km. Sea, beach 45 km.
☆ *How to get there: On the D763 and Nantes-La Roche-sur-Yon motorway. On the D6 (Cholet B-road). On the A83-EO3, Niort-Bordeaux (Les Essarts exit). Michelin map 67, fold 14.*

★ 2 chambres et 1 suite avec bains et wc privés. Ouvert de Pâques à la Toussaint. Table d'hôtes sur résa. : lotte à l'armoricaine, estouffade de coquilles au Noilly... Salons de lecture, musique, TV. Salle de billard. Parc de 3 ha. avec piscine chauffée, écuries, VTT. Poss. promenades en calèche. ★ *Logis de la Chabotterre. Mémorial Lucs/Boulogne 10 km. Château de Gilles de Raïs (Tiffanges) 35 km. Spectacle du Puy-du-Fou 30 km. Chasse. Tennis 500 m. Pêche 5 km. Randonnées 6 km. Equitation 10 km. Piscine 12 km. Mer, plage 45 km.* ★

Sur les ruines d'un manoir du Moyen Age, le château du Breuil a été reconstruit au XIXe siècle. Vous serez séduits par les chambres, spacieuses et confortables qui invitent à la rêverie et à la détente. Elégant mobilier d'époque Louis XV et Napoléon III, boiseries en chêne et vitraux. Pour les amateurs de peinture, des tableaux sont exposés ponctuellement.

★ Accès : Par la D763 et autoroute Nantes-La Roche-sur-Yon. Par la D6 (Cholet bis). Par la A83-E03, Niort-Bordeaux (sortie les Essarts). CM 67, pli 14.

☆ Prix/Price : 350 F 1 Pers - 400/ 500 F 2 Pers - 550 F 3 Pers - 100 F P. sup - 180/ 250 F Repas

SAINT-MATHURIN
CHATEAU-DE-LA-MILLIERE

Claude et Danielle HUNEAULT
CHATEAU DE LA MILLIERE
85150 SAINT-MATHURIN
Tél. : 02.51.22.73.29 ou 02.51.36.13.08 -
Fax : 02.51.22.73.29

Carte 3

The Atlantic coast and the seaside resort of Les Sables d'Olonne are only 8 km from the Château de la Millière, an elegant 19th century residence boasting a superb swimming pool. Guests can walk for hours along the bridle paths that wend their way through the 45 acres of grounds.
Coastline, beaches and Sables d'Olonne port. Pierre Levée 18-hole golf course 4 km.
☆ *How to get there: On N160, 1 km before Saint-Mathurin village entrance, coming from La Roche-sur-Yon. Michelin map 67, fold 12.*

★ 4 ch. et 1 suite, chacune avec bains et wc privés. Ouvert du 1er mai au 30 septembre. Nombreux restaurants à proximité. Carte bleue acceptée. Mini-bar, billard, bibliothèque. Piscine privée. Etang sur place. Vélos. Barbecue. Pique-nique possible. Réduction hors juillet/août. ★ *Le littoral, les plages et le port des Sables d'Olonne. Le golf (18 trous) de Pierre Levée à 4 km.* ★

A 8 km du littoral atlantique et de la station balnéaire des Sables d'Olonne, le château de la Millière est une vieille et élégante demeure du XIXe siècle dotée d'une très belle piscine. Vous pourrez faire d'agréables promenades dans le parc vallonné de 18 ha., sillonné d'allées cavalières.

★ Accès : Par N 160, 1 km avant l'entrée du bourg de Saint-Mathurin, en venant de La Roche-sur-Yon. CM 67, pli 12.

☆ Prix/Price : 540 F 1 Pers - 580 F 2 Pers - 680 F 3 Pers - 100 F P. sup

CHAUVIGNY
LA VEAUDEPIERRE

605

Jacques et Claude de GIAFFERRI
8 RUE DU BERRY
86300 CHAUVIGNY
Tél. : 05.49.46.30.81 ou 05.49.41.41.76 -
Fax : 05.49.47.64.12

Carte 3

Attractive Directoire-period family residence, with extensive garden. The owners guarantee a hospitable welcome and will be happy to discuss their beautiful region with you. The bedrooms are comfortable and nicely furnished.
Medieval city of Chauvigny (châteaux, churches, museums) at the centre of Roman Poitou. Tennis, amusement park, bathing and fishing in the river, forests, Futuroscope.
☆ *How to get there: 20 km east of Poitiers on the N151. In Chauvigny centre, at the Saint-Savin and Montmorillon crossroads.*

★ 4 ch. et 1 suite, toutes avec sanitaires privés. Ouvert du 01/04 au 01/11, congés scolaires et autres périodes sur réservation. Table d'hôtes : poulet à la poitevine, pain de poisson... Salon avec Hi-fi et TV. Jardin, portique pour enfants. Parking dans la cour. 350/420 F/4 pers. ★ *Cité médiévale de Chauvigny (châteaux, églises, musées) au centre du Poitou Roman. Tennis, parc de loisirs, baignade et pêche en rivière, forêts. Futuroscope.* ★

Belle demeure familiale d'époque Directoire, avec grand jardin. Les propriétaires vous accueilleront chaleureusement et vous parleront avec passion de leur belle région. Les chambres sont confortables et agréablement meublées.

★ Accès : A 20 km à l'est de Poitiers sur la N151. Dans le centre de Chauvigny, au carrefour de Saint-Savin et Montmorillon.

☆ Prix/Price : 180/ 250 F 1 Pers - 230/ 300 F 2 Pers - 290/ 360 F 3 Pers - 80 F Repas

POITIERS
CHATEAU-DE-VAUMORET

606

Odile VAUCAMP
CHATEAU DE VAUMORET
RUE DU BREUIL MINGOT
86000 POITIERS
Tél. : 05.49.61.32.11 - Fax : 05.49.01.04.54

Carte 3

The wing of this listed 17th century château, set in 37 acres of lush greenery, provides three pleasant bedrooms. An ideal location for a quiet stay close to Poitiers (town centre 8 km) and Futuroscope Science Museum (12 km).
Futuroscope geode 10 minutes. Nearby: full range of sports activities, riding, 2 x 27-hole golf courses, lake. Roman Poitou, valleys of the Vienne, Clain and Creuse.
☆ *How to get there: On the N10 or motorway, head for Limoges-Châteauroux on the Rocade Est bypass around Poitiers, then D3 and D18 on the right. Michelin map 68, fold 14.*

★ 3 chambres avec bains et wc privés, tél. avec carte pastel et TV sur demande. Ouvert du 15/2 au 01/11, congés scolaires sur réservation. Restaurants à 3 km. Cuisine à disposition des hôtes. TV, radio FM, livres, salon. Vélos et ping-pong sur place. 560 F/pers. ★ *Futuroscope à 10 minutes. A proximité : toutes activités sportives, équitation, 2 golfs 27 trous, plan d'eau. Poitou roman, vallées de la Vienne, du Clain et de la Creuse.* ★

Trois chambres agréables dans l'aile d'un château du XVIIe siècle (ISMH), situé dans un cadre de verdure de 15 hectares. Vous pourrez y séjourner dans le calme tout en profitant de la proximité de Poitiers (centre ville à 8 km) et du Futuroscope (12 km).

★ Accès : Par N10 ou l'autoroute, prendre la Rocade Est dir. Limoges-Châteauroux autour de Poitiers, puis D3 et D18 à droite. CM 68, pli 14.

☆ Prix/Price : 300/ 350 F 1 Pers - 350/ 400 F 2 Pers - 480 F 3 Pers - 80 F P. sup

BERSAC-SUR-RIVALIER
CHATEAU-DU-CHAMBON

609

Eric et Annie PERRIN des MARAIS
CHATEAU DU CHAMBON
87370 BERSAC-SUR-RIVALIER
Tél. : 05.55.71.47.04 ou 05.55.71.42.90 -
Fax : 05.55.71.51.41

Carte 3

Château de Chambon nestles in gentle hills, where land, fresh water, meadows and woods create a harmonious landscape. The Renaissance staircase leads to four spacious bedrooms and lounges with period furniture in the oldest part of the château, where Henri IV stayed during wolf hunts. You will be enchanted by the discreet beauty of this aristocratic residence.
In the heart of the Ambazac granite mountains, ideal for rambling and hiking. Lake, bathing, tennis 3 km. Limoges 30 km.
☆ *How to get there: A20, exit 24 for Bersac-sur-Rivalier. Drive through Bersac, then head for Laurière and follow signs for « Château de Chambon », on the left after the railway bridge.*

★ 3 chambres avec s. d'eau et wc privés et 1 suite avec bains. Ouvert du 1/04 à la Toussaint et vac. scol. Table d'hôtes : volaille de la propriété, gateau creusois, clafoutis, beurre et fromage fermier. Bibliothèque, TV. Cour, jardin, parc de 1 ha. 650 F/ suite. ★ *Au cœur des Mts d'Ambazac, massif granitique propice aux activités de randonnée. Lac, baignade, tennis à 3 km. Limoges à 30 km.* ★
Enchassé dans de douces collines, le château de Chambon vous accueillera dans sa partie la plus ancienne où Henri IV séjourna pour chasser le loup. L'escalier Renaissance vous conduira aux vastes chambres, les salons avec mobilier d'époque vous feront apprécier la beauté des demeures aristocratiques où le temps ne compte pas
★ Accès : A20 sortie n°24, dir. Bersac-sur-Rivalier. Traverser Bersac puis dir. Laurière et suivre le fléchage « Chateau de Chambon », à gauche après le pont SNCF.

★ Prix/Price : 250/ 300 F 1 Pers - 300/ 400 F 2 Pers - 100 F Repas

CHAMPAGNAC-LA-RIVIERE
CHATEAU-DE-BRIE

610

Comte et Comtesse
DU MANOIR DE JUAYE
CHATEAU DE BRIE
87150 CHAMPAGNAC-LA-RIVIERE
Tél. : 05.55.78.17.52 - Fax : 05.55.78.14.02

Carte 3

This 15th century château stands in flower-filled grounds on the border of Périgord Vert. The 1,000 acres of forest around the château are ideal for ramblers. The bedrooms are beautifully decorated. Your hosts will be happy to give you advice on discovering the « Richard the Lionheart » historical route.
Romanesque churches. Porcelain. Richard the Lionheart route. Woods, forests, lakes. Riding nearby.
☆ *How to get there: From Chalus (N21 Limoges-Périgueux), head for Nontron. As you leave Chalus after the railway bridge, take D42 for Cussac. Michelin map 72, fold 16.*

★ 4 chambres dont une suite, toutes avec bains et wc. Ouvert toute l'année sur réservation. Restaurants à 5 km. Piscine, tennis et vélos dans la propriété. ★ *Eglises romanes, porcelaines, route Richard Cœur de Lion, bois, forêts, lacs. Equitation à proximité.* ★
Situé aux confins du Périgord Vert, ce château du XVe siècle est entouré d'un parc fleuri. Autour du château, un domaine forestier de 400 hectares propice à la randonnée. Les chambres sont joliment décorées, et vos hôtes vous donneront de précieux conseils pour découvrir la route historique « Richard Cœur de Lion ».
★ Accès : De Chalus (N21 Limoges-Périgueux) prendre dir. Nontron. A la sortie de Chalus après le pont de chemin de fer dir. Cussac D42. CM 72, pli 16.

★ Prix/Price : 550/ 600 F 2 Pers

CHATEAUNEUF-LA-FORET
LA CROIX-DU-REH

Elisabeth et Patrick MC LAUGHLIN
LA CROIX DU REH
87130 CHATEAUNEUF LA FORET
Tél. : 05.55.69.75.37 - *Fax* : 05.55.69.75.38

Carte 3

La Croix du Reh is a beautiful residence with an aura of opulence, built in the early 17th century. It has been tastefully restored and is now owned by a Scottish family from whom a warm welcome and delicious fare in good company are guaranteed. The grounds boast hundred-year old trees and superb banks of rose trees and rhododendrons. 300 m: lake with landscaped beach, fishing, tennis, walks in the forest, cinema. Mountain bike hire 500 m.

☆ How to get there: At Limoges, head for Eymoutiers on D979 for 30 km. At Maison Neuve, dir. Châteauneuf on D15. From Limoges: A20 for Brive, Pierre-Buffière exit for St-Hilaire and D12 dir. Linards. 20 km to Châteauneuf.

★ 4 chambres (dont 1 au rez-de-chaussée), toutes avec sanitaires privés. Ouvert toute l'année. Table d'hôtes : cuisine internationale + spécialités écossaises et suisses. 2 restaurants à 500 m. Cartes bleues, Visa, Eurocard acceptées. Billard, ping-pong. ★ *A 300 m, lac avec plage aménagée, pêche, tennis, promenades en forêt, cinéma. Location VTT à 500 m.* ★

La Croix du Reh est une belle demeure cossue du début du XVIIe siècle. Restaurée avec beaucoup de goût, elle est maintenant la propriété d'une famille écossaise qui dispense un accueil chaleureux et une table conviviale. Le parc aux arbres centenaires abrite de superbes massifs de rosiers et de rhododendrons.

★ Accès : A Limoges dir. Eymoutiers sur 30 km. A Maison Neuve dir. Châteauneuf. De Limoges A20 dir. Brive sortie Pierre-Buffière dir. St-Hilaire puis D12 dir. Linards. Châteauneuf 20 km.

★ Prix/Price : 230 F 1 Pers - 300/ 350 F 2 Pers - 380 F 3 Pers - 120 F Repas

EYMOUTIERS
LA ROCHE

Michel et Josette JAUBERT
LA ROCHE
87120 EYMOUTIERS
Tél. : 05.55.69.61.88 - *Fax* : 05.55.69.64.23

Carte 3

Hosts Josette and Michel have restored this former farmhouse, once a coaching inn, in a Limousin mountain hamlet. Painter and sculptor Michel will be happy to share his love of art and vintage cars with you, and you can take beginner's or advanced courses in painting or sculpture. Vassivière lake (2,500 acres) 20 km: sailing, bathing. Tennis, swimming pool, horse-riding at Eymoutiers 8 km. Mountain bike hire on site.

☆ How to get there: At Eymoutiers (45 km southeast of Limoges on the D979), head for Chamberet, then Domps-Uzerche until you get to La Roche (8 km southeast of Eymoutiers on the D30).

★ 3 ch. avec s. d'eau et wc privés. Ouvert toute l'année. Salon avec cheminée dans un corps de bâtiments indépendant réservé aux hôtes. Cour, parc de 1 ha. Restaurants 3 et 8 km. Circuit randonnée pédestre sur 2 ou 3 jours (acheminement des bagages assuré). ★ *Lac de Vassivière (1000 ha.) à 20 km : voile, baignade... Tennis, piscine, équitation à Eymoutiers 8 km. Location VTT sur place.* ★

Dans un hameau de la Montagne Limousine, Josette et Michel ont restauré une ancienne ferme, autrefois relais de diligence. Michel, peintre et sculpteur vous fera partager sa passion pour l'art et les voitures anciennes et vous pourrez participer à des stages d'initiation ou de perfectionnement à la peinture ou à la sculpture.

★ Accès : A Eymoutiers (45 km au sud/est de Limoges par D979) prendre dir. Chamberet puis Domps-Uzerche jusqu'à la Roche (8 km au sud/est d'Eymoutiers par D30).

★ Prix/Price : 220 F 1 Pers - 270 F 2 Pers - 340 F 3 Pers - 85 F Repas

Haute Vienne

ISLE
VERTHAMONT

613

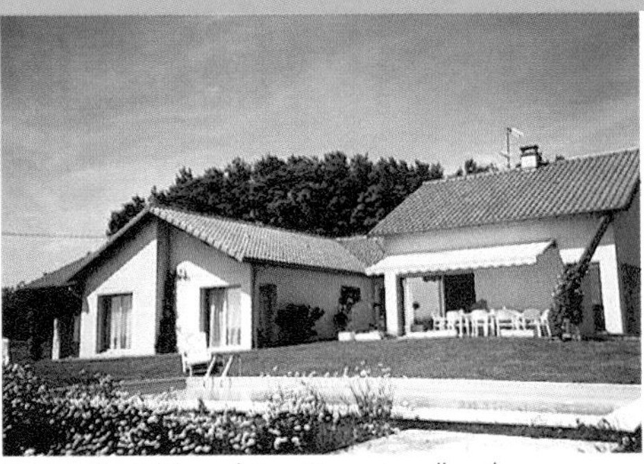

Edith BRUNIER
VERTHAMONT
PIC DE L'AIGUILLE
87170 ISLE
Tél. : 05.55.36.12.89

Carte 3

★ 3 chambres, toutes avec douche, wc, terrasse et entrée indépendante. Ouvert toute l'année. Table d'hôtes à base de produits biologiques du jardin : rôti de veau crème de champignons, tartes et gâteau au chocolat. Repas végétarien possible. Restaurants 4 km. Piscine sur place. ★ *A Limoges à 8 km : musées de la porcelaine, émaux d'art. Golf 18 trous, tennis à 3 km, école de voltige à 8 km, randonnées pédestres sur place.* ★

Dans leur demeure contemporaine avec vue panoramique sur la vallée de la Vienne, au calme, Edith et Jean-François vous recevront en amis. Les chambres sont claires, gaies et confortables. Selon la saison, vous prendrez votre petit déjeuner au bord de la piscine ou devant un feu de bois.

★ Accès : A Limoges, N 21 direction Périgueux. Faire 8 km et après le lieu-dit « Bas-Verthamont », à droite ; la maison est à 600 m.

Your hosts Edith and Jean-François will welcome you as friends at their contemporary residence, which affords a panoramic view of the Vienne valley. Peace and quiet guaranteed. The bedrooms are bright and comfortable. Breakfast is served either by the pool or in front of the fire, depending on the season.

Limoges 8 km: Porcelain and Enamel Museums. 18-hole golf course, tennis court 3 km, acrobat school (8 km), hiking on premises.

☆ *How to get there:* *At Limoges, take N21 for Périgueux for 8 km, then after « Bas-Verthamont », turn right: the house is 600 m on.*

★ Prix/Price : 180 F 1 Pers - 220 F 2 Pers - 260 F 3 Pers - 80 F Repas

Haute Vienne

SAINT-JUNIEN-LES-COMBES
CHATEAU-DE-SANNAT

614

Jacques et Claude de SAINTE CROIX
CHATEAU DE SANNAT
87300 SAINT-JUNIEN-LES-COMBES
Tél. : 05.55.68.13.52 - Fax : 05.55.68.13.52

Carte 3

★ 3 ch. avec sanitaires privés. Ouvert de juillet à sept., autres périodes sur résa. Petit déjeuner gourmand. Table d'hôtes : potages chauds ou froids (légumes du jardin), terrine truites fumées, poulet au citron... Salon Louis XVI et biblio. Parc 5 ha. avec tennis privé, promenades sur le domaine. ★ *Chapelle St-Eutrope, lieu de pèlerinage annuel, le jour de l'Ascension. Mts-de-Blond : nature protégée, 100 km de sentiers pour découvrir pierres à légende et sites mégalithiques.* ★

Le château de Sannat, dans le style Brousseau, est d'époque XVIIIe. Cette belle demeure est réputée pour son site exceptionnel qui offre un large panorama au-delà de son vaste parc avec jardin suspendu à la française. Vous apprécierez la décoration raffinée des vastes chambres qui ouvrent sur le parc.

★ Accès : Autoroute sortie 23, Chateauponsac, puis Rancon et Bellac. Ensuite D72 direction St-Junien-les-Combes. Sannat se trouve à 4 km sur la droite.

Brousseau-style Château de Sannat dates from the 18th century. This handsome residence is renowned for its outstanding setting, which affords a panoramic view over and beyond its vast grounds with French-style hanging garden. The refined decor of the vast bedrooms, which look out onto the grounds, is a feast for the eyes.

St-Eutrope chapel: place of annual Ascension day pilgrimage. Mts-de-Blond mountains: nature conservation area, 100 km of paths for discovering legendary stones and megalithic sites.

☆ *How to get there:* *Motorway, exit 23, Chateauponsac, then Rancon and Bellac. Then D72 for St-Junien-les-Combes. Sannat is 4 km up on the right.*

★ Prix/Price : 550 F 2 Pers - 650 F 3 Pers - 110 F Repas

Haute Vienne

SAINT-PARDOUX
CHATEAU-DE-VAUGUENIGE

615

Alain et Marick CLAUDE
CHATEAU DE VAUGUENIGE
87250 SAINT-PARDOUX
Tél. : 05.55.76.58.55 - Fax : 05.55.76.58.55

Carte 3

A tree-lined driveway leads to the château with its tall chimneys. On the ground floor, vast lounges open out onto the park graced with two-hundred year old cedars and a fountain. There is an indoor swimming pool and steam bath for your enjoyment in addition to a wide range of sports activities. In the evening, savour Marick's delicious dishes at the table d'hôtes.
3 km away: Saint-Pardoux lake (825 acres): bathing, sailing, waterskiing, windsurfing, tennis.
☆ *How to get there: Motorway, exit 24 or 25, then D27 for Saint-Symphorien-sur-Couze, or D44 for Saint-Pardoux.*

★ 5 ch. avec sanitaires privés. Ouvert du 15/4 au 15/11 et vac. Noël. Table d'hôtes : pâté limousin, salade de crevettes tièdes aux fruits rouges, gâteau chocolat... TV, piano, billard, biblio. Piscine couverte, hamam, vélos, p-pong, volley, tir à l'arc, équitation. Parc 7 ha. ★ *A 3 km, lac de Saint-Pardoux (330 ha.) : baignade, voile, ski nautique, planche à voile, tennis.* ★

Une allée bordée de vieux arbres mène au château qui dresse ses hautes cheminées. Au rez-de-chaussée, de vastes salons s'ouvrent sur le parc aux cèdres bicentenaires et la fontaine. Pour vos loisirs, une piscine, un hamam et de multiples activités sportives. Le soir, Marick vous invitera à goûter sa cuisine pleine de saveur.

★ Accès : Autoroute sortie 24 ou 25; puis D27 direction Saint-Symphorien-sur-Couze ou D44 direction Saint-Pardoux.

★ Prix/Price : 260 F 1 Pers - 340 F 2 Pers - 420 F 3 Pers - 90/ 120 F Repas

Vosges

VAUDONCOURT

616

Michèle et Jean BOUDOT
3 RUE BARBAZAN
88140 VAUDONCOURT
Tél. : 03.29.09.11.03 - Fax : 03.29.09.16.62

Carte 1

Vast 19th century residence set in a park with hundred-year old trees. The spacious, renovated bedrooms are pleasant and boast attractive matching fabrics. In fine weather, relax by the pool or take a stroll in the extensive grounds. A very special spot in the heart of natural spring country (Vittel and Contrexéville).
Contrexéville 8 km: lake, swimming pool, fishing. Vittel 12 km.
☆ *How to get there: Michelin map 62, fold 14. 2 km from motorway, Bulgnéville exit.*

★ 1 ch. double, 1 suite avec salon (TV) et 1 ch. 2 pers., toutes avec sanitaires privés. Ouvert toute l'année. Salle à manger, salon, TV, bibliothèque à disposition. Parc, piscine avec balnéo, badminton. Lit bébé à disposition. Restaurant à proximité. ★ *Contrexéville 8 km : lac, piscine, pêche. Vittel 12 km. Pays thermal.* ★

Vaste demeure du XIXe siècle entourée d'un parc aux arbres séculiers. Les chambres rénovées, sont spacieuses et agréables avec de jolis tissus coordonnés. Aux beaux jours, vous pourrez vous détendre auprès de la piscine ou flaner dans le vaste parc. Situation privilégiée au cœur du pays thermal (Vittel et Contrexéville).

★ Accès : CM 62, pli 14. A 2 km de la sortie de l'autoroute Bulgnéville.

★ Prix/Price : 250 F 1 Pers - 340 F 2 Pers - 430 F 3 Pers - 90 F P. sup

CHEVANNES
CHATEAU-DE-RIBOUDIN

617

M.Claude et Claude BRODARD
CHATEAU DE RIBOUDIN
89240 CHEVANNES
Tél. : 03.86.41.23.16 - Fax : 03.86.41.23.16

  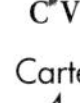

Carte 4

Five comfortable bedrooms await you in the outbuildings of this 16th century château with dovecote, right in the heart of the countryside. All are decorated in a different style and appointed with period furniture. You will be enchanted by the peace and quiet which bless this residence and the delicious breakfasts served by your hosts.
Auxerre. Vineyards. Châteaux. Tennis court 800 m. Swimming pool locally. Riding centres 2 and 7 km. Bowling alley 7 km.
☆ *How to get there: Michelin map 65, fold 5. A6, Auxerre-Nord exit, St-Georges-Chevannes. N6 for St-Georges-Chevannes.*

★ 5 chambres avec sanitaires privés dont 1 accessible aux personnes handicapées. Ouvert toute l'année. Copieux petit déjeuner : viennoiseries, patisseries et confitures maison, miel du pays... Cour, jardin, vélos. Restaurants à 500 m. ★ *Auxerre. Vignobles. Châteaux. Tennis 800 m. Piscine sur place. Centres équestres à 2 et 7 km. Bowling 7 km.* ★
En pleine campagne, dans les dépendances d'un château du XVIe siècle avec pigeonnier, 5 chambres confortables ont été aménagées. Elles sont toutes personnalisées et meublées en ancien. Vous apprécierez le calme de cette demeure et les savoureux petits déjeuners servis généreusement.
★ Accès : CM 65, pli 5. A6 sortie Auxerre nord, dir. St-Georges-Chevannes. N6 dir. St-Georges-Chevannes.

★ Prix/Price : 300/ 350 F 1 Pers - 350/ 400 F 2 Pers - 470 F 3 Pers

ESCOLIVES-SAINTE-CAMILLE

618

Gérard et Régine BORGNAT
89290 ESCOLIVES SAINTE-CAMILLE
Tél. : 03.86.53.35.28 - Fax : 03.86.53.65.00

Carte 4

The 17th century Château d'Escolives is set on a wine-growing estate and boasts a square courtyard and a typically Burgundian staircase. On the premises: wine cellars are spread out over 100 m with casks on two levels. You will enjoy tasting the region's wines.
12th century church with narthex and crypt in the village. Hiking path on site. Gallo-Roman archaeological digs. Wine Museum at Coulanges-la-Vineuse 2 km.
☆ *How to get there: N6 between Champs-sur-Yonne and Vincelles. A6 Auxerre Sud exit (about 10 km). Michelin map 65, fold 5.*

★ 3 chambres avec douche et wc, et 2 chambres avec bains et wc. Ouvert toute l'année. Cartes bleues, Visa, Eurocard, Mastercard acceptées. Piscine privée sur place. Ping-pong. Location VTT. Enfant : 60 F. ★ *Eglise du XIIe siècle avec narthex et crypte au village. Sentier de randonnée sur place. Fouilles archéologiques gallo-romaines. Musée du vin à Coulanges-la-Vineuse 2 km.* ★
L'ancien château d'Escolives (XVIIe siècle) est situé sur une exploitation viticole et dispose d'une cour carrée ainsi que d'un escalier typiquement bourguignon. Sur place : caves de 2 étages de 100 m linéaires avec tonneaux et possibilité de déguster les vins de la région.
★ Accès : N 6 entre Champs sur Yonne et Vincelles. Sortie A 6 Auxerre sud (environ 10 km). CM 65, pli 5.

★ Prix/Price : 230 F 1 Pers - 250/ 280 F 2 Pers - 320 F 3 Pers - 100/ 130 F Repas

LAVAU
LA CHASSEUSERIE

619

This pretty residence in the heart of the countryside deep in the woods, is surrounded by a pleasant flower garden. The bedrooms, appointed with period and rustic-style furniture, are both warm and welcoming. A haven of peace ideal for simply relaxing or discovering Colette's country, where treasures abound.
Château de la Puisaye, potters and ceramists. Wild forests and lakes. Canals and locks. Colette's village. Saint-Fargeau show. Sancerre and Gien wines.
☆ How to get there: A6, Dordives exit, Montargis for Nevers. N7 to Bonny-sur-Loire, then head 10 km on D965 for Auxerre. At Lavau, head for Bleneau on D74 for 3 km.

☆ Prix/Price : 260 F 2 Pers

Anne-Marie MARTY
LA CHASSEUSERIE
89170 LAVAU
Tél. : 03.86.74.16.09

Carte 4

★ 1 chambre et 1 suite de 2 chambres avec sanitaires privés. Ouvert toute l'année. Copieux petit déjeuner : fruits de saison l'été, fromages ou charcuteries l'hiver, pain de seigle... Jardin, piscine. Restaurants à proximité. 450 F/4 pers. Réduction à partir de la 2e nuit. ★ *Châteaux de la Puisaye, potiers et céramistes. Forêts et étangs sauvages. Canaux écluses. Village de Colette. Spectacle de St-Fargeau. Vins du Sancerrois et du Giennois.* ★

En pleine nature, cette jolie demeure au fond des bois est entourée d'un agréable jardin fleuri. Les chambres au mobilier ancien ou rustique sont accueillantes et chaleureuses. Dans ce havre de paix, vous pourrez vous ressourcer et partir à la découverte du pays de Colette qui recelle plus d'un trésor.

★ Accès : A6 sortie Dordives, Montargis dir. Nervers. N7 jusqu'à Bonny-sur-Loire puis D965 dir. Auxerre sur 10 km. A Lavau, dir. Bleneau D74 sur 3 km.

Yonne

NOYERS-SUR-SEREIN
CHATEAU-D'ARCHAMBAULT

620

Elegant 19th century family mansion set in a tree-filled park, near the medieval village of Noyers-sur-Serein. The five bright, spacious bedrooms offer refined appointments. Cosy and serene. A charming stop in Burgundy.
Noyers-sur-Serein: medieval village. Vézelay. Fontenay abbey. Hiking, biking.
☆ How to get there: A6 motorway, Nitry exit. 1.5 km from Noyers-sur-Serein. Michelin map 65, fold 6.

☆ Prix/Price : 320/ 380 F 2 Pers - 75/ 110 F Repas

Claude et Dominique MARIE
CHATEAU D'ARCHAMBAULT - COURS
89310 NOYERS-SUR-SEREIN
Tél. : 03.86.82.67.55 - Fax : 03.86.82.67.87

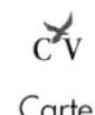

Carte 4

★ 5 chambres avec sanitaires privés. Ouvert toute l'année. Salle pour le petit déjeuner. Salon avec cheminée et TV à la disposition des hôtes. Salon de jardin. Parc de 4 ha. Restaurant à Noyers. ★ *Noyers : village médiéval. Vézelay. Abbaye de Fontenay. Randonnées pédestres, VTT.* ★

Tout proche du village médiéval de Noyers-sur-Serein, élégante demeure de maître du XIXe siècle, entourée d'un parc arboré. 5 chambres, vastes et lumineuses, d'un confort raffiné ont été aménagées. Atmosphère feutrée et sérénité des lieux. Une étape de charme en Bourgogne.

★ Accès : Autoroute A6, sortie Nitry. A 1,5 km de Noyers-sur-Serein. CM 65, pli 6.

PERREUX
LA COUDRE

This charming old farm, now entirely restored, looks out over a pretty valley on the border of the Burgundy and Puisaye regions. You will be enchanted by the attractive furniture in the well appointed guest rooms, which create a warm, refined atmosphere.
Roncenay 18-hole golf course 8 km. Château de Saint-Fargeau 28 km. Walks in the nearby forests. Riding 8 km. Tennis 2 km.
☆ *How to get there:* A6, Joigny exit from Paris, for Montargis, then D3 for Toucy. At Sommecaise take D57 for Perreux. La Coudre is 1 km before the village.

Patrice LUSARDI
LA COUDRE
89120 PERREUX
Tél. : 03.86.91.61.42

Carte 4

★ 3 chambres, toutes avec bains et wc privés. Ouvert toute l'année (sur réservation). Table d'hôtes sur réservation. Restaurants à 8 et 18 km. Cartes bleue et Visa acceptées. Atelier de poterie sur place. Prix enfant : 60 F. ★ *Golf du Roncenay (18 trous) à 8 km. Château de Saint-Fargeau à 28 km. Promenades en forêt alentours. Equitation à 8 km. Tennis à 2 km.* ★
Cette ancienne ferme restaurée donnant vue sur un joli vallon, constitue une halte agréable à la porte de la Bourgogne et de la Puisaye. Vous apprécierez le mobilier de qualité de la maison et l'atmosphère feutrée des chambres, décorées avec raffinement.
★ Accès : A6, sortie Joigny en venant de Paris, dir. Montargis puis D3 vers Toucy. A Sommecaise D57 vers Perreux. La Coudre est à 1 km avant le village.

☆ Prix/Price : 470/ 560 F 2 Pers - 180 F Repas

POILLY-SUR-SEREIN
LE MOULIN

622

This 19th century mill is set in 5 acres of grounds at the edge of the village, in the Serein valley. The five bedrooms with private entrances have been decorated with great taste. Discover the Chablis wine and ceramics made at « Le Moulin ». Hiking trails. Visits to Chablis and Irancy vineyards. Excursions to Coulonges, Tonnerre, Noyers. Tanlay and Ancy-le-Franc châteaux. Fishing, riding 2 km.
☆ *How to get there:* 20 km from Auxerre Sud exit or 15 km from Nitry exit. 10 km from Chablis. 12 km from Noyers on the D45. Large building at entrance to village over the bridge.

Pascal et Hester MOREAU
LE MOULIN
89310 POILLY SUR SEREIN
Tél. : 03.86.75.92.46 - Fax : 03.86.75.95.21

Carte 4

★ 5 chambres avec sanitaires privés. Ouvert du 1er avril au 31 octobre. Bibliothèque, salon. Jardin, parc. Rivière, baignade, canoë, vélos. Expositions de peintures, céramiques. Dégustation de vins de Chablis. ★ *Circuits de randonnées. Visites de vignobles de Chablis et Irancy. Excursions : Coulonges, Tonnerre, Noyers. Châteaux de Tanlay et Ancy le Franc. Pêche et équitation à 2 km.* ★
Dans un parc de 2 ha., le moulin de Poilly-sur-Serein (XIXe siècle) est situé à l'orée du village, dans la vallée du Serein. 5 chambres avec entrée privée ont été aménagées et décorées avec beaucoup de goût. Vous pourrez découvrir les produits du Moulin : le vin de Chablis et les céramiques.
★ Accès : A 20 km sortie Auxerre sud ou 15 km sortie Nitry. 10 km de Chablis. 12 km de Noyers sur la D45. Grand bâtiment à l'entrée du village sur le pont.

☆ Prix/Price : 290 F 1 Pers - 320/ 400 F 2 Pers - 380/ 490 F 3 Pers - 90 F P. sup

SAINTE-MAGNANCE
CHATEAU-JAQUOT

Martine COSTAILLE
CHATEAU JAQUOT
89420 SAINTE-MAGNANCE
Tél. : 03.86.33.00.22

Carte 4

Château Jacquot is a listed fortified residence dating from 1156. Time appears to have stood still inside, where the decor has been preserved in pristine condition. Excellent meals are served at the table d'hôtes in the shared lounge. Handsome medieval fireplaces.
In the heart of Burgundy, ideally situated for enthusiasts of old châteaux, buildings and villages and savouring the local gastronomy.
☆ *How to get there:* *Between Avallon and Saulieu on the N6.*

★ 1 suite avec sanitaires privés. Ouvert toute l'année. Petit déjeuner à base de patisseries et confitures maison (citron vert aux airelles, fleur de pissenlit safrané). Table d'hôtes : cuisine diététique ou médiévale à base de produits issus de cultures biologiques, fabrication du pain. ★ *Au centre de la Bourgogne, découverte d'une multitude de châteaux et de villages pour les amoureux des vieilles pierres. Gastronomie.* ★

Au Château Jaquot, monument historique édifié en 1156, maison forte au décor intact, vous serez accueillis dans une ambiance du temps passé. Vous apprécierez les plats de la table d'hôtes, servis dans la salle commune. Très belles cheminées médiévales.

★ Accès : Entre Avallon et Saulieu par la N6.

☆ Prix/Price : 480 F 1 Pers - 500 F 2 Pers - 650 F 3 Pers - 150/ 360 F Repas

VALLERY
LA MARGOTTIERE

624

Colette et Didier DELIGAND
LA MARGOTTIERE
89150 VALLERY
Tél. : 03.86.97.70.77 - Fax : 03.86.97.53.80

Carte 4

Handsome 17th century residence, now fully restored. The interior decoration is comfortable and the bedrooms are spacious and attractively appointed. Beautiful red, hexagonal floor tiling and fireplace with baker's oven. Savour your hostess's delicious specialities at the table d'hôtes in a warm, friendly atmosphere.
Princes of Condé's château (7.5-acre gardens) 200 m. Sens (museums, cathedral) 15 km. Golf course, tennis court 4 km. Riding 6 km. Microlite training courses for beginners and more seasoned fliers 10 km. Swimming pool 15 km.
☆ *How to get there:* *Michelin map 61, fold 3. A6, Nemours exit or Cheroy or A5 St-Valérien exit.*

★ 6 chambres avec TV, tél., bains et wc privés dont 1 accessible aux personnes handicapées. Ouvert toute l'année. Table d'hôtes : bavarois de saumon, tarte aux poireaux, volaille, tarte à la rhubarbe... Salle de séjour avec cheminée. Cour, jardin, jeux d'enfants, vélos, p-pong. ★ *Château des princes de Condé 200 m et ses 3 ha. de jardin. Sens (musées, cathédrale) 15 km. Golf, tennis 4 km. Equitation 6 km. Stage ou baptème ULM 10 km. Piscine 15 km.* ★

Belle demeure du XVIIe siècle entièrement restaurée. L'aménagement intérieur est confortable et les chambres sont spacieuses et joliment décorées. Belles tommettes anciennes et cheminée avec four à pain. A la table d'hôtes, vous découvrirez dans une atmosphère chaleureuse les délicieuses spécialités de la maîtresse de maison.

★ Accès : CM 61, pli 3. A6 sortie Nemours dir. Cheroy ou A5 sortie Saint-Valerien.

☆ Prix/Price : 300 F 1 Pers - 350 F 2 Pers - 450 F 3 Pers - 80/ 120 F Repas

VENOY
DOMAINE-DE-SAINTE-ANNE

Gilles et Nicole GENEST
DOMAINE DE SAINTE-ANNE
SOLEINES-LE-HAUT
89290 VENOY
Tél. : 03.86.94.10.16 - Fax : 03.86.94.10.12

CV

Carte 4

★ 3 chambres avec téléphone, dont 2 avec bains et 1 avec douche, et wc privés. Ouvert du 01/03 au 15/01. Petit déjeuner : patisseries maison, laitages, confitures, céréales, pains variés... Salon privé avec TV, bibliothèque. Jardin, salon de jardin. Parc de 7 ha. Restaurant à 800 m. ★ *Sites historiques. Musées. Chablis 12 km : visites de caves et dégustation. Spectacles, concerts, promenades sur les quais de l'Yonne. Randonnées. Tennis au village. Piscine. Vélo. Canoë. Pêche.* ★ ★

Dans un parc boisé, ce château du XVIIIe siècle avec maison de maître et ailes attenantes, a été restauré dans le style de l'époque. Les chambres décorées et personnalisées par votre hôtesse bénéficient d'une superbe vue sur la campagne, le parc et le cours d'eau où passent les canards sauvages. Petits déjeuners gourmands. Une étape idyllique en pleine nature.

★ Accès : Autoroute A6, sortie Auxerre-sud, puis direction Chablis et 2e route à gauche (à 5 mn de la sortie autoroute). CM 65, pli 5.

Set in wooded parkland, this 18th century château with family mansion and adjoining wings has been restored in the original style. The bedrooms, decorated with a personal touch by your hostess, afford a magnificent view over the countryside, park and stream which attracts wild ducks. An idyllic setting in the heart of the country.
Places of historical interest. Chablis 12 km: estates and wine tasting. Shows, concerts, walks along the banks of the Yonne. Tennis court in the village. Biking. canoeing. Fishing.
☆ How to get there: A6 motorway, Auxerre-Sud, then head for Chablis and 2nd road on the left (5 min. from motorway exit). Michelin map 65, fold 5.

★ Prix/Price : 300/ 380 F 2 Pers - 460 F 3 Pers - 80 F P. sup

VILLEFARGEAU
LES BRUYERES

626

M. et Mme JOULLIE
LES BRUYERES
5 ALLEE DE CHARBUY
89240 VILLEFARGEAU
Tél. : 03.86.41.32.82 ou 01.40.60.01.01
Fax : 03.86.41.28.57

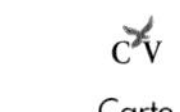

Carte 4

★ 3 ch. avec TV, tél., bains et wc privés, dont 1 suite avec salon, cheminée et coffre-fort. Ouv. tte l'année. Petit déj. français ou anglais, avec choix de thés (22) et cafés. T. d'hôtes (sur résa.) : spécialités bourguignonnes avec vins du terroir et grands vins. S. de repos, biblio. Visa acceptée. ★ *Caveaux : Chablis, Coulanges, Irancy. Château de St-Fargeau. Abbaye de Pontigny. Grottes d'Arcy. Promenades en forêt. Sentier de randonnée. Equitation 3 km. Piscine, tennis 6 km.* ★

En pleine forêt, le petit manoir des Bruyères avec son superbe toit bourguignon en tuiles vernissées est entouré d'un parc boisé et fleuri. Les chambres sont décorées avec raffinement et disposent chacune de salle de bains d'un grand confort. Pour les amateurs de nature, découverte des fleurs et champignons sauvages avec cueillette en saison. Une adresse d'exception.

★ Accès : Autoroute A6, sortie Auxerre-nord, puis direction Perrigny, Saint-Georges et Aillant, puis prendre à gauche vers Lindry. CM 65, pli 4.

Les Bruyères is a small manor with a superb Burgundy-style glazed-tile roof, set in a tree and flower-filled park. The bedrooms are decorated with refinement and all have their own luxurious bathrooms. Nature lovers will enjoy discovering and gathering wild mushrooms and flowers in season. An outstanding spot.
Wine estates: Chablis, Coulanges, Irancy. Château de Saint-Fargeau. Pontigny abbey. Arcy caves. Walks in the forest. Hiking paths. Riding 3 km. Swimming pool, tennis court 5 km.
☆ How to get there: A6 motorway, Auxerre-Nord exit, and head for Perrigny, Saint-Georges and Aillant, and turn left for Lindry. Michelin map 65, fold 4.

★ Prix/Price : 500/ 900 F 2 Pers - 200 F Repas

Essonne

CHALO-SAINT-MARS
4 HAMEAU-DE-BOINVILLE

627

Alain et Christine le MORVAN-CHAPTAL
4 HAMEAU DE BOINVILLE
91780 CHALO-SAINT-MARS
Tél. : 01.64.95.49.76 - Fax : 01.64.95.49.76

Carte 1

★ 1 suite avec salon, cheminée, bains et wc privés. Ouvert toute l'année. Jardin paysager, rivière en bordure de propriété et promenades dans les bois (privés). Restaurant à Etampes (7 km). 460 F/4 pers. ★ *GR111. Forêts. Chalo-Saint-Mars, village de charme, à 3 km. Etampes (10 km) : centre historique et base de loisirs (piscine à vagues). Chartres 45 km. Paris 60 km.* ★

Entre Chartres et Paris, dans la très belle vallée de la Chalouette, M. et Mme Lemorvan-Chaptal vous accueillent dans leur superbe demeure entourée d'un beau jardin paysager. 1 suite très confortable, avec salon et cheminée vous sera réservée. Décorée avec goût et raffinement, elle ouvre ses fenêtres directement sur le magnifique jardin

★ Accès : De Paris, A6 (Lyon) puis A10 (Bordeaux). N20, sortie Etampes (Guinette). N191 dir. Chartres. A 3 km tourner à gauche dir. Chalo-St-Mars, hameau de Boinville.

Between Chartres and Paris, in the splendid Chalouette valley, you will receive a warm welcome from Mr and Mrs Le Morvan-Chaptal at their superb residence with its landscaped garden. A very comfortable suite with lounge and fireplace awaits your arrival. The accommodation is tastefully decorated with refinement and opens out straight onto the magnificent garden.
GR111 hiking path. The charm of Chalo-Saint-Mars village 3 km. Etampes 10 km: historic centre and leisure activities centre (swimming pool with waves). Chartres 45 km. Paris 60 km.
☆ How to get there: From Paris, A6 (Lyon), then A10 (Bordeaux). N20, Etampes exit (Guinette). N191 for Chartres. 3 km on, turn left for Chalo-Saint-Mars, Hameau de Boinville.

★ Prix/Price : 230 F 1 Pers - 300 F 2 Pers - 380 F 3 Pers

Essonne

CHEVANNES
FERME-DE-LA-JOIE

628

Martine POUTEAU
FERME DE LA JOIE
14 RUE SAINT-MARTIN
91750 CHEVANNES
Tél. : 01.64.99.70.70 - Fax : 01.64.99.74.74

Carte 1

★ 2 chambres avec TV, téléphone (téléséjour) et sanitaires privés. Ouvert toute l'année. Petit déjeuner gourmand : viennoiseries, patisseries et confitures maison, fruits de saison... Cour, jardin. Vélos à disposition. Restaurants à proximité. Tarif dégressif à partir de plusieurs nuits. ★ *Châteaux de Fontainebleau, Courances, Ballancourt. Milly-la-Forêt : halle du XVe siècle, chapelle St-Blaise. Fête de l'Aviation (Pentecôte) à la Ferté-Alais. Golf à 600 m. Varappe 1 km. A Mennecy (4 km) : piscine olympique, tennis.* ★

A 40 km de Paris, près de Fontainebleau et de Disneyland, ferme du XVIIIe siècle, typique de l'Ile de France. 2 chambres de charme, indépendantes de la demeure des propriétaires ont été aménagées. Décoration raffinée, mobilier ancien et contemporain et poutres apparentes. Jardin et vélos à disposition. Pour les amateurs, un golf 18 trous est situé dans le village.

★ Accès : De Paris, A6 dir. Lyon, sortie n°11 (Auvernaux). Prendre la D948 dir. Milly-la-Forêt. A Auvernaux : 2e feu à droite et suivre fléchage. 1re ferme à gauche à l'entrée du village. CM 237, pli 42.

This 18th century typical Ile-de-France farm is just 40 km from Paris, close to Fontainebleau and Disneyland. Two charming self-contained bedrooms await your arrival. Refined decor, antique and contemporary furniture and visible beams. Guests can relax in the garden or go cycling (bikes available). The 18-hole golf course in the village will delight golfers.
Châteaux: Fontainebleau, Courances, Ballancourt. Milly-la-Forêt: 15th century covered market, St-Blaise chapel. Whitsun aviation festival at La Ferté-Alais. Golf course 600 m. Rock-climbing 1 km. Mennecy (4 km): Olympic pool, tennis.
☆ How to get there: From Paris, A6 for Lyon, exit 11 (Auvernaux). D948 for Milly-la-Forêt. At Auverneaux: 2nd traffic lights on right and follow signs. 1st farm on left as you enter village. Michelin map 237, fold 42.

★ Prix/Price : 350 F 1 Pers - 400 F 2 Pers - 450 F 3 Pers

MOIGNY-SUR-ECOLE

629

M. LENOIR
9 RUE DU SOUVENIR
91490 MOIGNY-SUR-ECOLE
Tél. : 01.64.98.47.84 - Fax : 01.64.57.22.50

Carte 1

This pretty village, characteristic of the Gatinais region, is the setting for 3 comfortable bedrooms in the outbuilding of an old farmhouse. The rooms boast rustic-style furniture, elegant decor and visible beams. An ideal place for a weekend away not far from Paris, with peace and quiet assured. The bedrooms are self-contained and separate from the owner's house.
GR11 hiking path. Milly-la-Forêt: old covered market, Saint-Blaise chapel decorated by Cocteau. Château de Courances. Fontainebleau forest.
☆ *How to get there:* 48 km from Paris and 3 km from Milly-la-Forêt. A6 (Lyon), Auvernaux exit. D948 for Milly-la-Forêt. In Moigny, follow signs.

★ 3 chambres avec TV et sanitaires privés. Ouvert toute l'année. Table d'hôtes (vin non compris) : légumes et fruits de saison du potager, salade au cresson, gibiers, volailles... Jardin paysager, vélos. ★ *Sentier de randonnée GR11. Milly-la-Forêt : vieille halle, chapelle Saint-Blaise décorée par Cocteau. Château de Courances. Forêt de Fontainebleau.* ★
Dans un joli village typique du Gatinais, 3 chambres confortables ont été aménagées dans la dépendance d'une ancienne fermette. Mobilier rustique, décoration raffinée, poutres apparentes. Idéal pour un week-end près de Paris où le calme et la détente vous sont assurés. (chambres indépendantes de la maison du propriétaire).
★ Accès : A 48 km de Paris et à 3 km de Milly-la-Forêt. A6 (Lyon) sortie Auvernaux. D948 dir. Milly-la-Forêt. Dans Moigny suivre le fléchage.

★ Prix/Price : 210 F 1 Pers - 280/ 320 F 2 Pers - 60 F P. sup - 80 F Repas

SACLAS
FERME-DES-PRES-DE-LA-CURE

630

Françoise et André SOUCHARD
FERME DES PRES DE LA CURE
17 RUE JEAN MOULIN
91690 SACLAS
Tél. : 01.60.80.92.28

Carte 1

This handsome residence set in a pretty flower garden is a former farmhouse dating back to the 15th century. Three finely decorated, self-contained bedrooms await your arrival. A haven of peace and quiet enhanced by your hosts' generous hospitality. An ideal setting for a weekend break or holiday close to Paris.
Walks in the Juine valley. In the village: tennis and landscaped park with lake for fishing. Outdoor sports centre (swimming pool with waves) 10 km.
☆ *How to get there:* 58 km from Paris and 10 km from Etampes. A6. RN20, Guillerval exit. Mondésir, then follow « Chambres d'Hôtes » signs in Saclas.

★ 3 chambres indépendantes avec douche et wc privés. Ouvert toute l'année. Petit déjeuner à base de jus de fruits, viennoiseries, patisseries et confitures maison... Cour, jardin, vélos. Restaurants dans le village. ★ *Promenades dans la vallée de la Juine. Dans le village, tennis et parc paysager avec plan d'eau (pêche). Base de loisirs (piscine à vagues) 10 km.* ★
Cette belle demeure entourée d'un beau jardin fleuri est une ancienne ferme datant du XVe siècle. 3 chambres indépendantes au décor raffiné vous sont réservées. Vous y trouverez calme et tranquillité et apprécierez l'accueil chaleureux des maîtres de maison. Etape idéale pour un week-end ou un séjour à proximité de Paris.
★ Accès : A 58 km de Paris et à 10 km d'Etampes. A6. RN20 sortie Guillerval. Mondésir puis suivre fléchage « Chambres d'Hôtes » Saclas.

★ Prix/Price : 220 F 1 Pers - 260 F 2 Pers - 70 F P. sup

SAINT-CYR-SOUS-DOURDAN
LE LOGIS-D'ARNIERE

631

Claude et Taé DABASSE
LE LOGIS D'ARNIERE
1 RUE DU PONT RUE
91410 SAINT-CYR-SOUS-DOURDAN
Tél. : 01.64.59.14.89 - *Fax : 01.64.59.06.78*

Carte 1

This extremely attractive millstone manor is set in 17 acres of parkland on the banks of a river (listed site). Hosts Taé and Claude provide a warm welcome. The residence features two finely decorated suites appointed with handsome, rustic furniture. Angling enthusiasts will be delighted. Hammocks by the river. Ideal for a relaxing or sporting weekend. Close to Marais and Courson châteaux. Dourdan historic center. GR111 posted hiking path. Tennis court, swimming pool, golf course. Rambouillet 25 km. Chartres 35 km.
☆ *How to get there:* From Paris, A10 for Chartres, Dourdan exit. Then turn right for D149. 200m on, take D27 for St-Cyr and follow signs for Le Logis d'Arnière.

★ 2 suites de 2 chambres avec bains, douche et wc privés. Ouvert toute l'année. Petit déjeuner : viennoiseries, jus d'orange, confitures maison. Cour, jardin, parc 7 ha. avec rivière, pêche, vélos, aire de jeux. Restaurants à 200 m et à 3 km. 620 F/4 pers. (suite).A prox. châteaux du Marais et de Courson. Centre historique de Dourdan. GR111. Tennis, piscine, golf, équitation. Rambouillet 25 km. Chartres 35 km. ★

Dans un parc (7 ha) en bord de rivière (site classé), très beau manoir en pierre meulière. Taé et Claude vous y accueilleront chaleureusement et vous proposeront 2 suites au décor raffiné dotées d'un beau mobilier rustique. Pour les amateurs, pêche et hamacs en bord de rivière. Cadre idéal pour un week-end de détente ou sportif.

★ Accès : De Paris A10 direction Chartres sortie Dourdan. Puis prendre à droite la D149. A 200 m prendre la D27 direction St-Cyr et fléchage Le Logis d'Arnière.

☆ Prix/Price : 360 F 1 Pers - 420 F 2 Pers - 560 F 3 Pers

WY-DIT-JOLI-VILLAGE
CHATEAU-D'HAZEVILLE

632

Guy DENECK
CHATEAU D'HAZEVILLE
95420 WY-DIT-JOLI-VILLAGE
Tél. : 01.34.67.06.17 ou 01.42.88.67.00 -
Fax : 01.34.67.17.82

Carte 1

This listed building boasts a magnificent French-style dovecote, in an enclosed square courtyard, in the heart of Vexin country. The residence has a rich past and offers superbly decorated bedrooms, named after famous figures such as the Duchesse de Villars and Gabrielle d'Estrées. Handsome period furniture and fabrics. Tiling hand-painted by the owner.
Château d'Hazeville: tourist information. Vexin natural park. Villarceaux, Ambleville and La Roche-Guyon châteaux. Tool Museum at Wy-Dit-Joli-Village. Giverny.
☆ *How to get there:* A15, then N14 for Magny-Vexin and Guiry-en-Vexin. At Wy-Dit-Joli-Village, head for hamlet of Enfer, then Hazeville on the D81.

★ 2 chambres avec TV et sanitaires privés. Ouvert toute l'année sur réservation. Salle de documentation, bibliothèque, billard, cheminée, salle de gym. Parc, jardin, piscine, garages fermés. ★ *Château d'Hazeville : point d'information touristique. Parc Naturel du Vexin. Châteaux de Villarceaux, Ambleville, la Roche-Guyon. Musée de l'outil à Wy-Dit-Joli-Village. Giverny.* ★

Dans un lieu classé monument historique, magnifique pigeonnier dans une ferme à cour carrée du Vexin français. Dans cette demeure chargée d'histoire, les chambres superbement décorées répondent aux noms de Duchesse de Villars et Gabrielle d'Estrées. Beaux meubles anciens, tissus et carrelage peint à la main par le propriétaire.

★ Accès : A15 puis N14 dir. Magny-Vexin, puis Guiry-en-Vexin. A Wy-Dit-Joli-Village, prendre la dir. hameau d'Enfer puis Hazeville D81.

☆ Prix/Price : 520 F 1 Pers - 620 F 2 Pers

NOS FORMULES

Gîte Rural

Aménagé dans le respect du style local, le gîte rural est une maison ou un logement indépendant situé à la campagne, à la mer ou à la montagne. On peut le louer pour un week-end, une ou plusieurs semaines, en toutes saisons. A l'arrivée, les propriétaires vous réserveront le meilleur accueil.

Chambre d'Hôtes

La chambre d'hôtes ou le "Bed and Breakfast" à la française : une autre façon de découvrir les mille visages de la France. Vous êtes reçus "en amis" chez des particuliers qui ouvrent leur maison pour une ou plusieurs nuits, à l'occasion d'un déplacement ou d'un séjour.

C'est redécouvrir convivialité, bien-vivre et aussi la cuisine régionale avec la Table d'Hôtes.

Gîte d'Enfants

Pendant les vacances scolaires, vos enfants sont accueillis au sein d'une famille agréée "Gîtes de France" et contrôlée par l'administration compétente. Ils partageront avec d'autres enfants (11 maximum) la vie à la campagne et profiteront de loisirs au grand air.

Camping à la Ferme

Situé généralement près d'une ferme, le terrain où vous installez votre tente ou votre caravane est aménagé pour l'accueil d'une vingtaine de personnes ; vous pourrez y séjourner en profitant de la tranquillité, de l'espace et de la nature.

Gîte d'Etape

Le gîte d'étape est destiné à accueillir des randonneurs (pédestres, équestres, cyclistes...) qui souhaitent faire une courte halte avant de continuer leur itinéraire ; il est souvent situé à proximité d'un sentier de randonnée.

Gîte de Séjour

Gîte rural de grande capacité, le gîte de séjour est prévu pour accueillir des familles ou des groupes (environ 20 personnes) en diverses occasions : week-end, vacances, réception, classe de découvertes, séminaire..

Chalets-Loisirs

Dans un environnement de pleine nature, 3 à 25 chalets-loisirs sont aménagés pour 6 personnes maximum.

Des activités de loisirs (pêche, VTT, pédalo, tir à l'arc...) vous sont proposées sur place.

POUR VOS VACANCES, SUIVEZ LE GUIDE

Parce que vos vacances sont uniques, nous vous proposons 11 guides nationaux et 95 guides départementaux pour vous accompagner partout en France. Pour une nuit, un week-end ou plusieurs semaines, à la montagne, à la mer ou à la campagne , les Gîtes de France ont sélectionné 55.000 adresses hors des sentiers battus. Retrouvez les 11 guides nationaux dans votre librairie ou renvoyez ce coupon réponse.

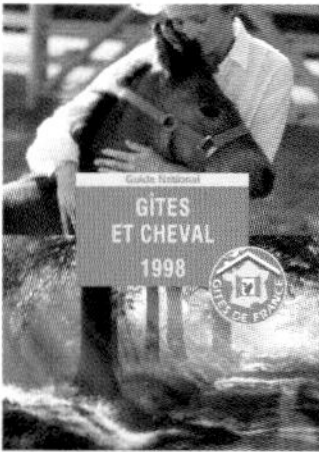

Renvoyez ce bon à découper ou une copie à l'adresse suivante

Frais d'emballage et de port inclus

MAISON DES GÎTES DE FRANCE ET DU TOURISME VERT
59, RUE SAINT-LAZARE - 75439 PARIS CEDEX 09
Tél : 01 49 70 75 75 Fax : 01 42 81 28 53

❑ Gîtes de neige : **70F** ❑ Gîtes Panda : **70F** ❑ Nouveaux gîtes ruraux : **105F** ❑ Gîtes et cheval : **70F**
❑ Chambres et tables d'hôtes : **115F** ❑ Chambres d'hôtes prestige et gites de charme : **140F**
❑ Gîtes accessibles aux personnes handicapées : **60F** ❑ Campings & campings à la ferme : **70F**
❑ Gîtes et Logis de Pêche : **70F** ❑ Gîtes d'étape & de Séjour : **70F** ❑ Gîtes d'Enfants : **70F**

3615 GÎTES DE FRANCE
(1,29F/mn)

Ci-joint mon règlement : ❑ **par chèque bancaire ou par eurochèque en F.F. à l'ordre de Gîtes de France Services.**

❑ **par carte bancaire** : ❑ Carte Bleue ❑ carte Visa ❑ Eurocard ❑ Mastercard

N° de carte Bleue |_|_|_|_|_|_|_|_|_|_|_|_|_|_|_|_| date d'expiration |_|_| |_|_|

GN0998

Nom ....Prénom ....

Adresse : ....

....Pays..Tél :....................

Conformément à la loi " Informatique et Liberté ", vos droits d'accès et de rectifications pourront être exercés à la FNGF et sauf refus express de votre part, ces informations pourront être commercialisées.

PEYZIEUX-SUR-SAONE

This handsomely renovated residence, in a former 13th century chapel, is set in a small Val de Saône village, close to the Mâconnais and Beaujolais wine-growing regions. You will enjoy this radiant, colourful house, where peace and quiet prevail. A charming and comfortable spot for a restful break.
Explore the Beaujolais and Mâconnais wine-growing regions. Horse-riding centre 1 km. Thoissey 2 km: swimming pool, tennis court. On the Saône 3km: lake, windsurfing, sailing, fishing.
☆ *How to get there:* A6, Belleville exit and cross the Saône. Take the D933 for St-Didier, and turn right onto D100 to Peyzieux. The residence stands in front of the church.

SERVICE RESERVATION - GITES DE FRANCE
21 PLACE BERNARD
01000 BOURG-EN-BRESSE
Tél. : 04.74.23.82.66 - Fax : 04.74.22.65.86

Carte 4

★ Gîte 6 pers. : 3 ch. 2 pers., 2 salles d'eau, 1 salle de bains, 2 wc. Séjour/coin-cuisine (l-vaiss.). Salon avec cheminée (TV). Buanderie (l-linge). Terrasse, salon de jardin, abri couvert, barbecue, jeux enfants. Terain clos, parking. Draps et linge de maison fournis. Ménage en option. ★ *Découverte des régions du Beaujolais et du Mâconnais. Centre équestre 1 km. Thoissey 2 km : piscine, tennis. Sur la Saône à 3 km : lac, planche à voile, voile, pêche.* ★
Aménagée dans une ancienne chapelle du XIIIe siècle, cette belle demeure rénovée est située dans un petit village du Val de Saône, à proximité de Mâcon et du Beaujolais. Vous aimerez cette maison lumineuse, pleine de gaité et de couleurs où règnent douceur et tranquillité. Une adresse de grand confort et pleine de charme.
★ Accès : A6, sortie Belleville puis traverser la Saône. Prendre la D933 direction St-Didier, tourner à droite et prendre la D100 jusqu'à Peyzieux, devant l'église.

★ Prix/Price : Vac. scol. Noël : 3500 F - Vac. scol. fév. : 3500 F - Vac. scol. print. : 3500 F - Juill./Août : 3500 F
Juin/Sept. : 2800 F - Hors sais. : 2800 F

LABECEDE-LAURAGAIS

634

Pleasant 19th century château, halfway between Revel and Castelnaudary, set in a fortified village and affording a breathtaking view of the Lauragais plain. The gîte offers a high level of comfort with four bedrooms and 3 bathrooms. Keeper's house, outbuildings and pretty garden. An outstanding spot.
St-Féréol lake (windsurfing, pedal boats). Horse farm. Canal du Midi. Gliding 5 km. Hiking paths.
☆ *How to get there:* From Castelnaudary, take the Revel road via Peyrens. Drive to Labecede-Lauragais, enter village on right and head for the château.

GITES DE FRANCE-SERVICE RESERVATION
112 RUE BARBACANE
11000 CARCASSONNE
Tél. : 04.68.11.40.70 - Fax : 04.68.11.40.72

Carte 5

★ Gîte 8 pers. : 4 ch., 3 s.d.b. Hall d'entrée, salon, séjour avec cheminée, TV et terrasse panoramique. Cuis. (l-linge, l-vaiss.), salle à manger. Cuis. d'été. Chaîne hi-fi, tél. Parc, piscine privée, véranda, esp. jeux, p-pong, garage. Linge de maison fourni, lits faits à l'arrivée. ★ *Lac de St-Féréol (planche à voile, pédalos). Ferme équestre. Canal du Midi. Marchés. Vol à voile 5 km. Sentiers de randonnées pédestres.* ★
Agréable château du XIXe, à mi-chemin entre Revel et Castelnaudary. Il est situé dans un village fortifié avec une vue imprenable sur toute la plaine du Lauragais. Ce gîte de grand confort est équipé de 4 chambres et 3 salles de bains. Maison de gardien, dépendances et joli jardin. Une superbe adresse.
★ Accès : De Castelnaudary prendre route de Revel par Peyrens. Aller sur Labecede-Lauragais, rentrer dans le village à droite, puis tourner dir. le château.

★ Prix/Price : Juin/Sept. : 6230 F - Juillet : 8900 F - Août : 8900 F

Aude

MONTLAUR
CHATEAU-DE-MONTLAUR

635

Situated in the heart of Les Corbières and Cathar country, this detached gîte in an old 18th century bastide is luxuriously appointed with 18th and 19th century mahogany furniture, and paintings. The gîte looks out onto 5 acres of shaded, flower-filled grounds. Bed and breakfast option available (650 F for 2).
Cathar castles, Corbières wine estate tours, walled city of Carcassonne. Lagrasse 15 km. Hiking. Sea 60 km. Tennis, riding, motocross and fishing in the vicinity.
☆ *How to get there:* 23 km from Carcassonne, via Trebes or Capendu (N113). Michelin map 86, fold 8.

M. CAILLERES
CHATEAU DE MONTLAUR
11220 MONTLAUR
Tél. : 01.43.06.17.24 ou 04.68.24.04.84 -
Fax : 01.49.27.92.31

Carte 5

★ Gîte 2 pers. 1 ch. (2 lits + 1 lit enft.) avec salle de bains, wc. Salon avec cheminée et 1 conv. 2 pers., TV et téléphone. Cuisine, lave-linge, lave-vaisselle. Draps et linge de maison fournis. Lits faits à l'arrivée. Possibilité service ménage. Piscine, vélos et ping-pong sur place. ★ *Circuit des châteaux cathares, route des vins des Corbières, cité de Carcassonne. Lagrasse 15 km. Randonnées pédestres. Mer 60 km. Tennis, équitation, randonnée trial, pêche à proximité.* ★
Au cœur des Corbières et du pays cathare, ce gîte indépendant dans une ancienne bastide du XVIIIe siècle a été luxueusement aménagé (meubles acajou des XVIIIe et XIXe siècles, tableaux...). Il donne sur un parc ombragé et fleuri de 2 ha. Possibilité d'être loué en chambre d'hôtes (650 F/ 2 pers.).
★ Accès : A 23 km de Carcassonne, par Trebes ou Capendu (N113). CM 86, pli 8.

★ Prix/Price : Juin/Sept. : 3100 F - Juillet : 4250 F - Août : 4250 F - Hors sais. : 2650 F - Week-end : 1300 F

Aveyron

TAURIAC-DE-NAUCELLE
LE MOULIN-DU-GO

636

Moulin de Go is a luxury gîte in the heart of the Viaduc du Viaur listed site, the railway viaduct built by Eiffel's pupil Bodin. The superb interior is in keeping with the place's history and includes preserved components from the mill. Novel decoration, exuding warmth and refinement (late 19th century "Eiffel" ironwork lounge, Laura Ashley bedrooms, cane furniture).
Le Viaur river locally (fishing): canoeing and small boat hire. Tennis court, swimming pool and riding 12 km. 2 18-hole golf courses 40 km.
☆ *How to get there:* On the Albi/Rodez road (N88), past Tanus and the bridge over the Viaur, drive 500 m and take 1st road on right dir. La Bastide. The gîte is 800 m on, through the viaduct.

SERVICE RESERVATION - GITES DE FRANCE
M.D.T. 6 PLACE JEAN JAURES
BP 831
12008 RODEZ CEDEX
Tél. : 05.65.75.55.55 - Fax : 05.65.75.55.89

Carte 5

★ Gîte 8 pers. (290 m²) : 4 ch. dont 2 avec cheminée, cuisine (mezzanine), séjour (125 m²) avec grande cheminée, s.d.b./wc, s. d'eau, 2 wc indépendants, tél. Téléséjour, TV par satellite, l-linge, l-vaiss. Four à pain du XIXe. Draps fournis. Commerces et gare 12 km. Fermé du 16/8 au 06/9. ★ *Rivière le Viaur sur place (cours d'eau 1re catégorie), location de barque possibilité canotage et kayak. Tennis, piscine et équitation à 12 km. 2 golfs 18 trous à 40 km.* ★
Le Moulin de Go est un gîte luxueux au cœur du site classé du Viaduc du Viaur (viaduc ferroviaire) réalisé par Bodin, élève de Gustave Eiffel. L'aménagement intérieur respecte ce qu'a été la vie de ce lieu : éléments du moulin maintenus et mis en valeur. Décoration originale et raffinée (salon en fer « Eiffel » fin XIXe, chambres Laura Ashley...).
★ Accès : Route Albi/Rodez (N88), passer Tanus, passer le pont sur le Viaur, remonter 500 m puis la 1re route à droite, dir. La Bastide. Gîte à 800 m sous le viaduc.

★ Prix/Price : Hte sais. : 6500 F - Mi-sais. : 4550 F - Bas. sais. : 3250 F

Calvados

BIEVILLE-QUETIEVILLE

637

GITES DE FRANCE-SERVICE RESERVATION
6 PROMENADE MADAME DE SEVIGNE
14050 CAEN CEDEX
Tél. : 02.31.82.71.65 - Fax : 02.31.83.57.64

Carte 2

Set in the heart of the Pays d'Auge, this 18th century presbytery has been converted into an extremely comfortable gîte, which boasts two splendid period fireplaces. Nearby, a little river wends its way through the peaceful, verdant countryside. Restaurants 2 and 7 km.
In the heart of Pays d'Auge country, 2 km from Crèvecœur-en-Auge. Tennis 4 km. Golf 9 km. Swimming pool, riding, canœing 12 km. Sea 25 km.
☆ *How to get there: Full details will be provided at time of booking.*

★ 3 chambres doubles à l'étage, salle de bains, salle d'eau, wc. Salle à manger, salon, cuisine, vestiaire, wc au rez-de-chaussée. Lave-linge, lave-vaisselle, TV, téléphone. Barbecue, ping-pong. Ouvert toute l'année. Ménage proposé. ★ *Au cœur de Pays d'Auge, à 2 km de Crevecœur en Auge. Tennis à 4 km. Practice de golf à 9 km. Piscine, équitation, canoë-kayak à 12 km. Mer à 25 km.* ★

Au cœur du Pays d'Auge, cet ancien presbytère du XVIIIe siècle a été aménagé en un gîte très confortable, où trônent deux belles cheminées d'époque. A proximité, une petite rivière serpente dans un environnement calme et verdoyant. Restaurants à 2 et 7 km.

★ Accès : Le plan d'accès vous sera communiqué lors de votre réservation.

★ Prix/Price : Hte sais. : 2880 F - Mi-sais. : 1980 F - Bas. sais. : 1600 F - Week-end : 1120 F

Calvados

BROCOTTES
LE LIEU-HACHET

638

Daniel ISABEL
RUE DE LA PAIX
14370 MERY-CORBON
Tél. : 02.31.23.65.62 - Fax : 02.31.23.65.62

Carte 2

Situated in the heart of the Pays d'Auge, close to the preserved village of Beuvron-en-Auge, you will discover this charming 18th century thatched cottage with half-timbering, which offers a magnificent view over the valley. The walled garden is a haven of tranquillity. Restaurants 4 km.
Tennis court 7 km. Riding 10 km. Sea, sailing, sailing school, beach club, indoor swimming pool and golf course 15 km.
☆ *How to get there: N13 from Lisieux to Caen, at Saint-Jean crossroads, D16 for Bonnebosq. After 1 km, left (D49) for Beuvron. After 4 km, left onto D78, then left again 4 km on.*

★ Gîte 6 pers. : 3 ch., salle de bains, cabinet de toilette, 2 wc. Cuisine (congélateur, micro-ondes), séjour avec cheminée, salon. L-linge, l-vaisselle, TV, tél. Linge de maison fourni. Lit bébé. Barbecue, jeux enfants, salon de jardin. Ouvert toute l'année. Poss. femme de ménage. ★ *Tennis à 7 km, équitation à 10 km. Mer, voile, école de voile, club de plage, piscine couverte et golf à 15 km.* ★

Au cœur du pays d'Auge, tout proche du village sauvegardé de Beuvron-en-Auge, vous découvrirez cette charmante chaumière à colombages du XVIIIe siècle disposant d'une magnifique vue sur la vallée. L'environnement est calme et le jardin clos. Restaurants 4 km.

★ Accès : N.13 de Lisieux à Caen, au carr. St-Jean, D.16 dir. Bonnebosq. A 1 km, à gauche D.49 vers Beuvron. 4 km, à gauche D.78 puis à gauche à 4 km.

★ Prix/Price : Hte sais. : 3500 F - Mi-sais. : 2500 F - Bas. sais. : 2000 F - Week-end : 1500 F

Calvados

LE THEIL-EN-AUGE
L'ARMANDINE

639

Claude et Monique JARDIN
L'ARMANDINE
14130 SAINT-GATIEN DES BOIS
Tél. : 02.31.98.85.60 - *Fax* : *02.31.98.84.98*

Carte 2

Between Deauville and Honfleur, a warm welcome is assured by your hosts Monique and Claude in this Augeron-style gîte. A fine double fireplace enhances the appeal of this warm, half-timbered house.
Honfleur 5 km (narrow streets, picturesque harbour now a meeting place for artists). Wide variety of walks in the Pays d'Auge. 18-hole golf course 5 km.
☆ *How to get there: Instructions on how to get there will be supplied at time of booking.*

★ Gîte 7 pers : 3 ch., s.d.b. et s. d'eau, 2 wc. Séjour, salon, cheminée centrale, cuisine. L-linge, l-vaisselle, téléphone, TV. Poss. femme de ménage. Equipement pour bébé sur demande. Barbecue, salon de jardin, portique. Ouvert toute l'année. Poss. location de linge. ★ *Honfleur à 5 km (ruelles étroites, vieux bassin pittoresque devenu le rendez-vous des peintres). Nombreux circuits pédestres dans le pays d'Auge. Golf 18 trous à 5 km.* ★

Entre Deauville et Honfleur, Monique et Claude vous accueilleront pour un séjour dans un gîte de caractère augeron. Au cœur de la maison, une belle cheminée à double ouverture donne vie à cette chaleureuse maison à colombages.

★ Accès : Il vous sera communiqué lors de la réservation.

★ Prix/Price : Hte sais. : 3350 F - Mi-sais. : 2500 F - Bas. sais. : 1800 F - Week-end : 1550 F

Cantal

BONNAC
POUZOL

640

GITES DE FRANCE-SERVICE RESERVATION
26 RUE DU 139EME R.I
B.P. 239
15002 AURILLAC CEDEX
Tél. : 04.71.48.64.20 - *Fax* : *04.71.48.64.21*

Carte 5

This vast stone residence full of character is an old farmhouse now fully restored. Set right in the heart of the countryside, the house enjoys a magnificent view of the surrounding landscape. Comfortable accommodation with 7.5-acre grounds, a garden and a swimming pool.
Fishing, hiking, cross-country skiing, riding, squash; Art Museum at Massiac.
☆ *How to get there: Full details will be sent at time of booking.*

★ Gîte 9 pers. : 5 chambres, 2 salles d'eau, 2 wc. Séjour/cuisine. L-vaisselle, l-linge, sèche-linge, TV, tél., cheminée avec insert. Draps et linge de maison fournis, lits faits à l'arrivée. Garage, terrasse, terrain non clos, piscine. Equipement accueil bébé. ★ *Pêche, randonnée, ski de fond, tennis, équitation, squash et musée de peinture à Massiac.* ★

Cette vaste maison de caractère toute en pierre, est une ancienne ferme entièrement restaurée. Située en pleine nature, elle bénéficie d'une vue exceptionnelle sur la campagne environnante. Confortablement aménagée, elle est entourée d'un parc de 3 ha. et d'un jardin avec piscine.

★ Accès : Un plan d'accès vous sera adressé lors de la réservation.

★ Prix/Price : Vac. scol. : 5750 F - Juillet : 6900 F - Août : 6900 F - Autres mois : 4600 F - Juin/Sept. : 5750 F

CHALINARGUES

Yves MERLE
2 RUE DU DIENAT
03100 MONTLUCON
Tél. : 04.70.05.18.18

Carte 5

This elegant, imposing house with Parisian architecture was built in 1925. The residence has been completely restored with its original tiling, fireplaces and furniture. A very comfortable and restful stay is guaranteed in the splendid Auvergne volcanic region. Enclosed pleasure garden and courtyard.

Auvergne volcano park. Super-Lioran ski resort 20 km. Hiking and cross-country skiing locally. Fishing 2 km. Lake 5 km. Swimming pool 10 km. Tennis 6 km. Alpine skiing 20 km. Mountain biking. Hunting.

☆ How to get there: A75, Massiac exit. N122 for Aurillac. After 25 km, at the entrance to Neussargues, turn right onto the D23 for Chalinargues. Michelin map 76, fold 3.

★ Gîte 11/13 pers. sur 3 niveaux : séjour, petit salon, cuisine. 5 ch. (1 lit 2 pers. 8 lits 1 pers. 1 lit 110. 2 lits 80. 1 lit bébé). Salle d'eau, 2 salles de bains, 3 wc. L-linge, l-vaisselle, TV, téléphone Téléséjour. Garage, terrasse. Linge de maison fourni. Caution : 2500 F. ★ *Parc des Volcans d'Auvergne. Station de Super Lioran 20 km. Randonnées et ski de fond sur place. Pêche 2 km. Lac 5 km. Piscine 10 km. Tennis 6 km. Ski alpin 20 km. VTT, chasse.* ★

Grande maison bourgeoise d'architecture parisienne 1925, entièrement restaurée, elle a conservé les carrelages, les cheminées et les meubles qui sont d'époque. Très confortable et reposant au cœur de cette belle région des volcans d'Auvergne. Vous disposerez d'un cour et d'un jardin d'agrément clos.

★ Accès : Par l'A75 sortie Massiac. N122 dir. Aurillac. A 25 km à l'entrée de Neussargues prendre à droite D23 Chalinargues. CM 76, pli 3.

★ Prix/Price : Vac. scol. : 4500 F - Hors Vac. hiv. : 4000 F - Juillet : 5000 F - Août : 5000 F - Autres mois : 3500 F - Juin/Sept. : 4000 F

Cantal

LE FALGOUX
DOMAINE-DES-COUSTOUNES

642

Philippe CHAVAROC
11, RUE ALBERT LECOQ
94170 LE PERREUX-SUR-MARNE
Tél. : 01.48.72.65.02

Carte 5

This former farmhouse in 60 acres of grounds, at the foot of the Puy Mary, overlooking the valley, has been renovated to provide luxury accommodation. The gîte can be divided into two 300 m² units, with a superb private pool and panoramic view of the surroundings. Hiking paths, river (trout) and hunting on site. Linen provided & beds already made on arrival.

Hang gliding, tennis, fishing, hunting, cross-country and downhill skiing. GR400 hiking path on site. Volcanic park. Puy Mary. Cirque du Falgoux (corrie). Salers 13 km.

☆ How to get there: Detailed directions will be provided at time of booking along with a brochure on your accommodation and stay. Michelin map 76, fold 2.

★ 2 unités d'habitation de 8/9 pers. avec chacune 4 ch., 2 salles de bains, 2 wc, salle de séjour avec cuisine et cheminée, salle de jeux et terrasse. Lave-linge, lave-vaisselle, TV couleur, tél., minitel. Bois de chauffage et ménage fin de séjour offerts. Ch. élect. Ouvert toute l'année. ★ *Deltaplane, tennis, pêche, chasse, ski alpin et de fond, GR400. Parc des volcans. Puy-Mary. Cirque du Falgoux. Salers à 13 km.* ★

Au pied du Puy Mary, dans un parc de 24 ha., surplombant la vallée, ancienne maison de ferme rénovée en gîte luxueux de 600 m² habitables, pouvant être scindé en 2 modules de 300 m² chacun. Superbe piscine privée panoramique. Sentiers de randonnée, rivière à truites et chasse sur place. Linge fourni, lits faits à l'arrivée.

★ Accès : Un plan d'accès vous sera communiqué lors de la réservation, ainsi qu'une brochure complète sur votre hébergement et votre séjour. CM 76, pli 2.

★ Prix/Price : Vac. scol. : 4850 F - Juillet : 7500 F - Août : 8500 F - Autres mois : 3600 F - Juin/Sept. : 4250 F

NEUVEGLISE
TAGENAC

Jean-Pierre DIVAL-BARRE
26/28 RUE DU CLOS D'ORLEANS
94120 FONTENAY SOUS BOIS
Tél. : 01.48.73.25.49 ou 01.48.73.64.81

Carte 5

Hosts Mr and Mme Dival provide a warm welcome at their traditional, Cantal-style gîte enhanced by handsome, rustic decor. Creature comforts include a washing machine, dishwasher, TV and telephone.
Cantal is a region of abundant forests, lakes and châteaux. Fishing 2 km. Tennis 3 km. Swimming pool and riding 10 km. Bikes available.
☆ *How to get there: Full details will be provided at time of booking. Michelin map 76, fold 14.*

★ 3 chambres doubles, dont une avec cabinet de toilette, et une chambre simple. Une salle de bains et une salle d'eau. Salon, salle à manger, cheminée. Garage. Tous commerces, médecin et pharmacien à 3 km. Ouvert toute l'année. ★ *Région du Cantal riche en forêts, lacs et châteaux. Pêche à 2 km, tennis à 3 km, piscine et équitation à 10 km. Vélos à disposition.* ★

M. et Mme Dival vous accueillent dans un gîte de caractère typiquement régional dans un beau décor rustique. Vous trouverez sur place : lave-linge et lave-vaisselle, télévision, téléphone Téléséjour.

★ Accès : Un plan d'accès vous sera communiqué lors de la réservation. CM 76, pli 14.

☆ Prix/Price : Vac. scol. : 2800 F - Juillet : 3500 F - Août : 3500 F - Autres mois : 2000 F - Juin/Sept. : 2800 F

Cantal

NEUVEGLISE
TAGENAC

Jean-Pierre DIVAL-BARRE
26/28 RUE DU CLOS D'ORLEANS
94120 FONTENAY SOUS BOIS
Tél. : 01.48.73.25.49 ou 01.48.73.64.81

Carte 5

This handsome 18th century farmhouse full of character has been restored in the local tradition. Attractive rustic-style furniture and decor. Enjoy the luxury which the house affords and the comfortable atmosphere which prevails. A charming spot.
Chaudes-Aigues spa 15 km. Medieval city of Saint-Flour 18 km. Château des Ternes. Granval barrier. Garabit.
☆ *How to get there: From Saint-Flour, take the D921 for Chaudes-Aigues. At Les Ternes, take the D990 and drive 8 km, then turn right onto the D56 for Tagenac. Michelin map 76, fold 13.*

★ Gîte 5 pers. : 3 chambres (1 lit 2 pers. 2 lits 1 pers. 1 lit 80), séjour avec cheminée (bois gratuit), coin-cuisine, salle de bains, salle d'eau, 2 wc indép. Chauffage central. L-linge, l-vaisselle, TV, tél. Téléséjour. Jardin. Draps et linge de maison fournis. ★ *Station thermale de Chaudes-Aigues 15 km. Cité médiévale de Saint-Flour 18 km. Château des Ternes. Barrage de Grandval. Garabit.* ★

Cette belle demeure de caractère restaurée dans le style local est une ancienne ferme du XIXe siècle. Beau mobilier de style campagnard et décoration rustique. Vous apprécierez le grand confort de cette maison et l'atmosphère très chaleureuse qui y règne. Une adresse de charme.

★ Accès : De Saint-Flour prendre la D921 dir. Chaudes-Aigues. Aux Ternes prendre la D990 sur 8 km, puis à droite D56 Tagenac. CM 76, pli 13.

☆ Prix/Price : Vac. scol. : 2300 F - Juillet : 2800 F - Août : 2800 F - Autres mois : 1800 F - Juin/Sept. : 2300 F

POLMINHAC
TOURSAC

Andre et Marie-Noëlle MOULIER
18 RUE DES IRIS
15000 AURILLAC
Tél. : 04.71.63.58.27 - Fax : 04.71.63.58.27

Carte 5

This large family mansion set in the heart of the Cère valley boasts a walled flower garden. Mr and Mme Moulier have decorated their Auvergne-style residence with period furniture, objects and souvenirs of a bygone age. A warm welcome is guaranteed. Shops 1 km.
River, waterfalls, forest. Château de Pesteils. Fishing, tennis, swing golf 1 km. Riding centre 1 km. Swimming pool 5 km. Golf 10 km. "Espace Nordique" (winter sports) 12 km. Auvergne volcanic park. Vic-sur-Cère 5 km. Aurillac 15 km.
☆ *How to get there: A map will be provided at time of booking. Michelin map 76, fold 12.*

★ 4 ch. (2 lits 2 pers. 5 lits 1 pers.), s.d.b., s. d'eau, 2 wc. Salon, salle à manger, cheminée auvergnate. L-linge, l-vaisselle, TV couleur, téléphone Téléséjour. Draps, linge de maison fournis. Buanderie. Garage 2 voitures. Jeux pour enfants. Poss. femme de ménage. Baby-sitter. Micro-ondes. ★ *Cascades, forêt. Château de Pesteils. Pêche, tennis, swin-golf, centre équestre 1 km. Piscine 5 km. Golf 10 km. Espace nordique 12 km. Parc des volcans d'Auvergne. Aurillac 15 km.* ★

Au cœur de la vallée de la Cère, M. et Mme Moulier mettent à votre disposition une grande maison de maître dans un jardin clos et fleuri. Vous apprécierez l'accueil et le confort de son intérieur auvergnat où meubles, objets et souvenirs évoquent la vie d'autrefois. Commerces 1 km.

★ Accès : Un plan d'accès vous sera communiqué lors de votre réservation. CM 76, pli 12.

★ Prix/Price : Vac. scol. : 3400 F - Hors Vac. hiv. : 3100 F - Juillet : 4100 F - Août : 4100 F - Autres mois : 2400 F - Juin/Sept. : 2800 F

SAINT-BONNET-DE-SALERS
LES PLANCHES

Georges ROLLAND
15140 SAINT-BONNET-DE-SALERS
Tél. : 04.71.40.77.03 ou 06.80.22.98.27

Carte 5

This 6-person semi-detached gîte is a restored barn, set in 3 acres of parkland. With swimming pool, tennis court, lake, volley and petanque grounds. In the Auvergne volcanic park, close to the medieval city of Salers. Open all year round. A fishing gîte is also available.
Biking and hiking on site. Climbing 5 km. Riding 10 km. Cross-country skiing 15 km. Paragliding 25 km. Golf course 18 km.
☆ *How to get there: Full details will be sent at time of booking. Michelin map 76, fold 2.*

★ Gîte 6 pers. avec entrée indép. : 3 ch. (1 lit 2 pers. 4 lits 1 pers.), salle de bains. Coin-cuisine, séjour, 1 conv., l-linge et l-vaisselle. TV, téléphone, cheminée. Linge de maison fourni (sauf linge de toilette). Salle de jeux. Bois payant. ★ *VTT et randonnées sur place. Escalade à 5 km. Equitation à 10 km. Ski de fond à 15 km. Parapente à 25 km. Golf à 18 km.* ★

Gîte pour 6 pers. mitoyen à un autre gîte. Il est aménagé dans une ancienne grange restaurée située dans un parc de 20000 m² avec piscine, tennis, étangs, terrains de volley et de pétanque. A proximité de Salers, cité médiévale et dans le Parc des Volcans d'Auvergne. Egalement gîte de pêche.

★ Accès : Un plan d'accès vous sera communiqué lors de la réservation. CM 76, pli 2.

★ Prix/Price : Vac. scol. : 2800 F - Juillet : 4800 F - Août : 5300 F - Autres mois : 2000 F - Juin/Sept. : 3200 F

SAINTE-MARIE
LA FAGE

647

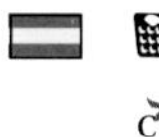

SERVICE RESERVATION - GITES DE FRANCE
26 RUE DU 139E R.I
BP 239
15002 AURILLAC CEDEX
Tél. : 04.71.48.64.20 - Fax : 04.71.48.64.21

Carte 5

This pretty stone farmhouse built in 1835, now fully restored, affords a panoramic view of the Truyère valley and Aubrac mountains. Luxurious decor and rustic furniture. Extensive garden (1,500 m²). Enjoy a refreshing swim in the private indoor pool.
At an altitude of 1,000 metres between Aubrac and the Cantal mountains, facing the Truyère valley. Chaudes-Aigues 12 km. Saint-Flour 30 km. Château d'Alleuze. Garabit viaduct.
☆ How to get there: Full details will be supplied at time of booking. Michelin map 76, fold 13.

★ Gîte 8 pers. : 4 chambres (2 lits 2 pers. 4 lits 1 pers.), séjour, salle de billard, cuisine, salle de bains et salle d'eau, 3 wc dont 2 indép. Chauffage central. L-linge, l-vaiss., TV et tél. Téléséjour. Cheminée avec insert (bois gratuit). Garage, terrasse. Draps et linge de maison sur demande. ★ *A 1000 m d'altitude entre l'Aubrac et les Monts du Cantal face à la vallée de la Truyère. Chaudes-Aigues 12 km. Saint-Flour 30 km. Château d'Alleuze. Viaduc de Garabit.* ★ ***Jolie ferme en pierre de 1835 entièrement rénovée avec vue panoramique sur la vallée de la Truyère et les Monts d'Aubrac. Grand confort et mobilier rustique. Jardin de 1500 m². Pour un séjour de remise en forme avec piscine privée couverte.***
★ Accès : Un plan d'accès sera communiqué lors de la réservation. CM 76, pli 13.

☆ Prix/Price : Vac. scol. : 3200 F - Juillet : 5600 F - Août : 6300 F - Autres mois : 2450 F - Juin/Sept. : 2700 F

Cantal

TALIZAT
FRUGERES

648

Roger et Jeanine ARMAND
FRAISSE HAUT
15300 LAVEISSIERE
Tél. : 04.71.20.00.72

Carte 5

This fully restored, late 19th century stone residence full of character was originally a farmhouse. Auvergne-style furniture and decor. Vast lounge with fireplace and stone walls. Games room in the loft. 1,500 m² grounds with petanque area and climbing frame.
Altitude 1,050 m. Talizat 4 km. St-Flour, medieval city 12 km. Tours of châteaux, churches, La Margeride Regional Heritage Museum (écomusée), Garabit viaduct. Cross-country skiing 10 km.
☆ How to get there: Full details will be sent at time of booking. 8 km from A75 motorway (exit 25).

★ Gîte 6 pers. : 4 ch. dont 1 enfant, s. d'eau, cab. de toilette. Cuisine intégrée, salon/salle de séjour avec cheminée, le tout donnant sur terrasse. Ch. central au fuel. L-linge, l-vaisselle, TV, tél. Téléséjour. Salles de jeux. Garage, jardin. Lits faits à l'arrivée. Charges comprises l'été. ★ *Altitude : 1050 m. Talizat 4 km. St-Flour, cité médiévale 12 km. Circuits touristiques : châteaux, églises, écomusée de la Margeride, viaduc de Garabit. Ski de fond 10 km.* ★ ***Cette demeure de caractère en pierre de la fin du XIXe est une ancienne ferme entièrement restaurée. Mobilier et décoration de style auvergnat. Vaste séjour avec murs en pierre et cheminée. Salle de jeux au grenier. Terrain de 1500 m² avec terrain de pétanque et portique.***
★ Accès : Communiqué lors de la réservation. Autoroute A75 à 8 km (sortie n°25).

☆ Prix/Price : Vac. scol. : 3600 F - Hors Vac. hiv. : 3400 F - Juillet : 4700 F - Août : 4700 F - Autres mois : 2500 F - Juin/Sept. : 3300 F

BONNES
NADELIN

649

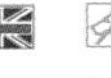

GITES DE FRANCE-LOISIRS ACCUEIL
17 PLACE BOUILLAUD
16021 ANGOULEME CEDEX
Tél. : 05.45.69.79.19 - Fax : 05.45.69.48.60

Carte 3

This residence, with origins going back to the 13th century, looks out over the Dronne river (small boat available). The interior decoration is a harmonious blend of comfortable contemporary furniture and "olde worlde" charm. Handsome wooden staircase in the spacious lounge with visible beams.
Aubeterre (one of France's most beautiful villages) 2 km: underground church, a former Minim convent; Saint-Jacques church, narrow streets. Beach along the Dronne 2.5 km.
☆ *How to get there: From Angoulême, CD674 for Libourne. At Chalais, CD2 for Ribérac to Aubeterre. Turn right onto CD17 and head for Bonnes. The gîte is 2 km down on the left. Michelin map 75, fold 3.*

★ Gîte 6 pers. : 3 chambres, 2 salles de bains, 1 salle d'eau, 3 wc. Séjour/coin-cuisine, salon avec cheminée, mezzanine. Chauffage central. L-linge, l-vaisselle, TV, tél. Téléséjour. Terrasse, jardin, piscine (commune au propriétaire). Draps et linge de maison fournis. ★ *Aubeterre (classé l'un des plus beaux villages de France) 2 km : église monolite, ancien couvent des minimes, église Saint-Jacques, ruelles. Plage sur la Dronne 2,5 km.* ★
Cette demeure dont les orgines remontent au XIIIe siècle, surplombe la rivière de la Dronne (barque à disposition). La décoration intérieure mêle avec harmonie le confort d'un mobilier contemporain et le charme de l'ancien. Bel escalier en bois dans le vaste séjour aux poutres apparentes.
★ Accès : d'Angoulême, CD674 dir. Libourne. A Chalais le CD2 dir. Ribérac jusqu'à Aubeterre. Prendre à droite le CD17 dir. Bonnes. Gîte à 2 km sur la gauche. CM75, pli 3.

★ Prix/Price : Hte sais. : 4950 F - Mi-sais. : 3470 F - Bas. sais. : 3080 F

LESTERPS
LA CROIX-ROUGE

650

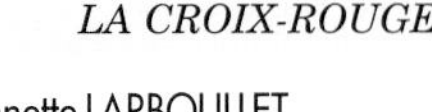

Annette LARBOULLET
LA CROIX ROUGE
16420 LESTERPS
Tél. : 05.45.71.01.93 - Fax : 05.45.71.00.49

Carte 3

Just 9 km from Confolens, this former Limousin farmhouse is set on a fully enclosed 2.5-acre estate. The gîte has been decorated with considerable taste and offers prestigious accomodation. Pleasant decor and contemporary furniture. In fine weather, enjoy the extensive garden surrounding the house.
Confolens 9 km: international folk festival in August, picturesque village, old bridge across the Vienne, etc. Limoges 39 km. Vienne valley sightseeing. 11th century abbey-church 1 km.
☆ *How to get there: From Confolens, CD30 for Lesterps. At the entrance to the village, left for CD82. The gîte is 1.3 km up on the right. Michelin map 72, folds 5/6.*

★ Gîte 6 pers. : 4 ch., s.d.b., s. d'eau, 3 wc. Cuisine/salle à manger, séjour (cheminée), salon lecture et musique donnant sur terrasse, vestiaire. Ch. central. L-linge, l-vaiss., TV satellite, magnétoscope, hi-fi, tél. Jardin, terrasse. Vélos, p-pong. Linge de maison fourni, lits faits. ★ *Confolens 9 km : festival international de folklore en août, village pittoresque, vieux pont sur la Vienne. Limoges 39 km. Circuit de la vallée de la Vienne. Abbatiale du XIe 1 km.* ★
A 9 km de Confolens, ancienne ferme limousine située sur une propriété d'1 ha. entièrement close. Le gîte, aménagé avec beaucoup de soin est très confortable. Agréable décoration intérieure et mobilier contemporain. Aux beaux jours, vous pourrez profiter du vaste jardin qui entoure la maison.
★ Accès : De Confolens, CD30 dir. Lesterps. A l'entrée du village prendre le CD82 à gauche. Le gîte est situé à 1,3 km sur la droite. CM72, pli 5/6.

★ Prix/Price : Hte sais. : 4350 F - Mi-sais. : 3500 F - Bas. sais. : 2800 F - Week-end : 1600 F

Côtes d'Armor

JUGON-LES-LACS
CHATEAU-DE-LORGERIL

The verdant, wooded Château de Lorgeril estate is the setting for this handsome, typical Breton residence. The gîte offers superior accommodation, including a vast 45 m² lounge with a traditional granite fireplace. A private tennis court is available for guests' use. Angling enthusiasts are well catered for with the Jugon lake and ponds barely 100 metres away.
Sea 35 km. Mont-Saint-Michel and Saint-Malo 1 hr. Jugon lake and ponds 100 m (fishing with permit). Saint-Ygneuc 2 km. Jugon water sports centre 4 km. Riding 4 km. Golf course 10 km.
☆ *How to get there: Full details will be provided at time of booking. Michelin map 59, folds 14/15.*

André HEURTAULT
CHATEAU DE LORGERIL
SAINT-YGNEUC
22270 JUGON-LES-LACS
Tél. : 02.96.31.74.16 ou 02.96.31.61.85 -
Fax : 02.96.31.63.76

Carte 2

★ Gîte 7 pers. : 3 ch. dont 1 avec salle d'eau et wc privés, cuisine, séjour avec cheminée, salon, salle de bains avec wc. Lave-linge, lave-vaisselle. Jardin, salon de jardin. Tennis privé. Téléphone service restreint. Draps et linge de maison fournis. ★ *Mer 35 km. Le Mont-Saint-Michel et Saint-Malo 1 h. Plan d'eau et étangs de Jugon à 100 m (pêche avec permis). Saint-Ygneuc 2 km. Base nautique de Jugon 4 km. Equitation 4 km. Golf 10 km.* ★
Sur le domaine du château de Lorgeril, belle demeure typiquement bretonne, dans un cadre vert et boisé. Aménagement de grand confort pour ce gîte équipé d'un vaste séjour de 45 m² avec une cheminée de granit typique. Tennis privé à votre disposition. Pour les amateurs de pêche, plan d'eau et étangs de Jugon à 100 m.
★ Accès : Il vous sera communiqué lors de la réservation. CM 59, pli 14/15.

★ Prix/Price : Mi-sais. : 3000 F - Très hte sais. : 4100 F - Hte sais. : 3900 F - Bas. sais. : 3000 F - Vac. scol. : 3000 F - Autres mois : 4000 F

Eure

EPAIGNES
LE CLOS-SAINT-ANTOINE

This authentic Pays d'Auge manor house, set in a garden bordered by a quickset hedge, has been superbly restored. In this gîte, everything has been done with guests' comfort in mind: refined decor and traditional Norman furniture. Mr and Mme Poulingue are gardening and rural Norman architecture enthusiasts.
Deauville, beach and golf course 30 km. Honfleur 25 km. Pont-Audemer 11 km. Brotonne and Montfort forests 25 km.
☆ *How to get there: Full details will be supplied at time of booking.*

SERVICE RESERVATION - GITES DE FRANCE
9 RUE DE LA PETITE CITE
B.P 882
27008 EVREUX CEDEX
Tél. : 02.32.39.53.38 - Fax : 02.32.33.78.13

Carte 1

★ Gîte 9 pers. (+ 1 bébé) : 5 chambres et 4 sanitaires. Cuisine, salon, TV couleur, lave-linge et lave-vaisselle. Salon de jardin, barbecue. Ouvert toute l'année. Restaurants dans le village. Cartes bancaires acceptées. 1er prix week-end : 1700 F. ★ *Deauville, plage et golf à 30 km. Honfleur à 25 km. Pont-Audemer à 11 km. Forêt de Brotonne et Montfort à 25 km.* ★
Superbe restauration d'un authentique manoir du pays d'Auge dans un jardin entouré d'une haie vive. Dans ce gîte où tout a été pensé pour votre confort, la décoration est raffinée et le mobilier normand traditionnel. M. et Mme Poulingue sont passionnés de jardinage et d'architecture rurale normande.
★ Accès : Un plan d'accès vous sera communiqué lors de votre réservation.

★ Prix/Price : Mai/Juin/Sep./Vac. scol. : 3500 F - Juill./Août : 4100 F - Hors sais. : 2900 F - Week-end : 2000 F

ARAMON
LE ROCHER-POINTU

André et Annie MALEK
LE ROCHER POINTU
PLAN DE DEVE
30390 ARAMON
Tél. : 04.66.57.41.87 - Fax : 04.66.57.01.77

Carte 6

Annie and André Malek provide a warm welcome at their pretty, converted sheepfold, in the heart of Provence, nestling in the hills close to Avignon. Relax by the superb pool (shared with bed & breakfast guests), which affords a panoramic view of the surrounding area. Discover the treasures of this beautiful region of France.
Trails of Provence, Avignon, Pont du Gard (bridge), Uzès, Arles, Orange, Baux de Provence, Nîmes and wine estate tours. Nearby: riding, 18-hole golf course, hunting, fishing and tennis.
☆ How to get there: 12 km west of Avignon, on the D126 (between the D2 and the N100), 3 km from the village of Aramon.

★ Gîte 2/3 pers. : 1 chambre avec salle d'eau et wc. Cuisine, salon, séjour. Buanderie avec lave-linge. Draps et linge de maison fournis et changés 1 fois/semaine. Ménage assuré 1 fois/semaine. Ouvert toute l'année. TV, tél. Piscine, terrasse, salon de jardin, ping-pong. ★ *Sentiers de Provence, Avignon, le Pont du Gard, Uzès, Arles, Orange, les Baux de Provence, Nîmes et la route des vins. A proximité : équitation, golf 18 trous, chasse, pêche et tennis.* ★

Au cœur de la Provence, près d'Avignon, Annie et André Malek vous accueillent dans leur jolie bergerie nichée dans les collines. Dans cet oasis de calme. Vous pourrez vous détendre auprès de la superbe piscine avec vue panoramique (à partager avec les chambres d'hôtes) et découvrir toutes les richesses de cette belle région.

★ Accès : A 12 km à l'ouest d'Avignon, sur la D126 entre la D2 et la N100 à 3 km du village d'Aramon.

☆ Prix/Price : Hte sais. : 5040 F - Bas. sais. : 5040 F - Mi-sais. : 5040 F

PONTEILS-ET-BRESIS
CHATEAU-DU-CHAMBONNET

654

Jean-Paul et Heini DELAFONT
CHATEAU DU CHAMBONNET
30450 GENOLHAC
Tél. : 04.66.61.17.98 - Fax : 04.66.61.24.46

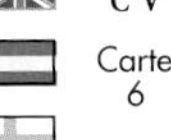

Carte 6

Nestled in the heart of a Cévennes valley, the Château de Chambonnet opens its doors to you. Painter Heini and farmer Jean-Paul offer a vast, comfortable gîte with handsome arch-ceilinged rooms and a granite fireplace. All open out onto the terrace and garden in the shade of a lime tree. Bed and breakfast accommodation at the same address.
Cévennes national park 1 km. Medieval châteaux and churches. Lake, riding, tennis 10 km. Golf course 15 km.
☆ How to get there: A7, Privas exit, for Villefort. N106 Nîmes-Alès-Génolhac (map and information supplied on request). Michelin map 80, fold 17.

★ Gîte 6 pers. : 2 ch. 2 pers. et 1 coin-repos, salle de bains, wc. Séjour, salon, cuisine (l-vaisselle, l-linge). Terrasse, jardin privé, piscine commune aux ch. d'hôtes. Galerie de peinture, accès atelier, TV, bibliothèque. Draps et linge de maison fournis. ★ *Parc National des Cévennes 1 km. Eglises et châteaux médiévaux. Lac, équitation, tennis 10 km. Golf 15 km.* ★

Blotti au cœur d'un vallon cévenol, le château du Chambonnet vous ouvre ses portes. Heini et Jean-Paul, artiste-peintre et agriculteur vous proposent un gîte vaste et confortable aux belles pièces voûtées avec cheminée en granit. Elles ouvrent sur la terrasse et le jardin à l'ombre du tilleul. Ch. d'hôtes à la même adresse.

★ Accès : A7 sortie Privas dir. Villefort. N106 Nîmes-Alès-Génolhac (plan et documentation sur demande). CM 80, pli 17.

☆ Prix/Price : Hte sais. : 4000 F - Bas. sais. : 2300 F - Mi-sais. : 3000 F - Week-end : 1000 F

MINERVE
LES ALIBERTS

655

Mme BOURGOGNE
BASTIDE LES ALIBERTS
34210 MINERVE
Tél. : 04.68.91.81.72 - Fax : 04.68.91.22.95

Carte 5

This superb 17th century country house, facing the Pyrenees, is ideal for a break in a charming setting. The gîtes are decorated and appointed with considerable refinement, boasting both period and modern furniture, paintings, sculptures and a fireplace. Shared lounge, with library and piano. Special events. Conferences can be organised. Outstanding Cathar site. La Cesse and Le Brian canyons. Minervois wine tasting. Dolmens. Romanesque churches. Canal du Midi. Carcassonne.
☆ *How to get there:* 30 km from Narbonne, Carcassonne and Béziers. Full details will be provided at time of booking. Michelin map 83.

★ 5 gîtes : 3 avec 2 ch., 1 avec 3 ch. et 1 avec 4 ch. Pour chaque gîte : salle de bains, cuisine, salon/séjour, l-vaisselle, l-linge. Linge de maison fourni, lits faits à l'arrivée. Ouvert toute l'année. Piscine, jardin, parc. Prix selon capacité, tarifs communiqués : gîte 2 ch. ★ *Haut lieu Cathare. Canyons de la Cesse et du Brian. Dégustation des vins du Minervois. Dolmens. Eglises romanes. Canal du Midi. Carcassonne.* ★

Superbe bastide du XVIIe face aux Pyrénées pour un séjour plein de charme. La décoration et l'aménagement des gîtes sont particulièrement soignés : mobilier ancien et moderne, tableaux, sculptures... et cheminée. Salle commune, bibliothèque, piano. Animations personnalisées. Possibilité organisation séminaires.

★ Accès : A 30 km de Narbonne, Carcassonne ou Béziers. Un plan d'accès vous sera remis lors de la réservation. CM 83.

★ Prix/Price : Juill./Août : 6000 F - Juin/Sept. : 4000 F - Hors sais. : 2500 F - Week-end : 1300 F

Hérault

MONTAUD

656

Bernadette FARE
ROUTE DE FOURGUES
LA PALUNETTE
30800 SAINT-GILLES
Tél. : 04.66.87.17.99 - Fax : 04.66.87.17.99

Carte 5

This imposing residence, on two levels, was originally a farmhouse dating from the 19th century. Extremely comfortable appointments with vast lounge, relaxation area with stone fireplace and fully fitted open plan kitchen. Period and contemporary furniture. Terraces and pleasant shaded, flower-filled garden with private swimming pool.
Pic Saint-Loup (outdoor activities: hiking, climbing, windsurfing). Beaches 30 km (La Grande Motte). Ponds (pink flamingoes). Montpellier 20 km.
☆ *How to get there:* A9 motorway, Nîmes-Ouest exit, for Sommières, then head for Galargues. St-Beauzille, Montaud.

★ Gîte 6/8 pers. : 3 chambres 2 pers. 2 salles de bains, wc. Séjour, salon avec cheminée, cuisine équipée (lave-linge, lave-vaisselle). TV à chaque niveau, téléphone. Terrasses, jardin, piscine privée, ping-pong. Draps et linge de maison fournis, lits faits à l'arrivée. ★ *Pic Saint-Loup (activités de nature : randonnées, escalade, vol à voile). Plages à 30 km (La Grande Motte). Etangs (flamands roses). Montpellier 20 km.* ★

Cette grande demeure, sur 2 niveaux, est une ancienne ferme du XIXe siècle. Aménagement de grand confort avec vaste salle de séjour, coin-détente avec cheminée en pierre et cuisine américaine entièrement équipée. Mobilier ancien et contemporain. Terrasses et agréable jardin ombragé et fleuri avec piscine privée.

★ Accès : Autoroute A9, sortie Nîmes-ouest direction Sommières puis direction Galargues. St-Beauzille. Montaud.

★ Prix/Price : Juill./Août : 9000 F - Juin/Sept. : 6000 F - Hors sais. : 4800 F

ARTANNES-SUR-INDRE
LE CHATEAU-DE-LA-MOTHE

Set in Balzac's Lys valley, Château de la Mothe - once the property of the archbishops of Tours and General Maginot - is a charming 15th century manor with the Indre running through it. Its private fishing reserve with ponds and boats makes this an ideal place for anglers, relaxation or for visiting the surrounding area.
Trips to Touraine châteaux and wine cellars.
☆ *How to get there:* 20 km southwest of Tours. A10 motorway, Tours-Sud exit. N10 to Montbazon, then D17 for Azay-le-Rideau.

GITES DE FRANCE-SERVICE RESERVATION
38 RUE AUGUSTIN FRESNEL
B.P. 139
37171 CHAMBRAY-LES-TOURS CEDEX
Tél. : 02.47.27.56.10 - *Fax* : 02.47.48.13.39

Carte 3

★ Gîte 8 pers. : tél., séjour, salon. Cuisine, TV, l-vaiss., m-ondes. L-linge, congél. Bar (TV). WC. Et. : 1 suite 4 pers., s. d'eau/wc, 1 ch. 2 pers., lavabo/wc, 1 ch. 2 pers., s.d.b./wc. 2 lits bébé. Ch. fuel (200 F/jour). Parc clos 3 ha., salon de jardin, barbecue, p-pong. Loc. draps (40 F/lit). ★ *Visites des châteaux et caves de Touraine.* ★

Dans l'univers Balzacien de la Vallée du Lys, le Château de la Mothe, ancienne propriété des archevèques de Tours et du général Maginot, est un manoir de charme du XVe, traversé par l'Indre. Sa réserve privée de pêche avec à disposition viviers et embarcations en font un endroit rêvé pour pêcher mais aussi se reposer ou visiter.

★ Accès : A 20 km au sud-ouest de Tours. Autoroute A10 sortie Tours-sud. N10 jusqu'à Montbazon puis D17 vers Azay-le-Rideau.

★ Prix/Price : Hte sais. : 5850 F - Mi-sais. : 4700 F - Week-end : 2600 F

BLERE
GIMONT

658

This 16th century country house, set in a vast garden, appears to have defied the march of time. Its owners have restored and furnished it to pristine splendour, conserving the tall stone fireplaces in the spacious rooms. Enthusiasts of old buildings will be in their element.
Hiking locally. Fishing, sailing, swimming pool 2 km. Riding 5 km.
☆ *How to get there:* 15 km south of Amboise. At Bléré, take RN76 bypass (Rocade), then the RD31 slip road for Loches. After 500 m, turn left for Gimont. Bléré 2 km. Michelin map 64, fold 16.

GITES DE FRANCE-SERVICE RESERVATION
38 RUE AUGUSTIN FRESNEL
B.P. 139
37171 CHAMBRAY-LES-TOURS CEDEX
Tél. : 02.47.27.56.10 - *Fax* : 02.47.48.13.39

Carte 3

★ Gîte 4 pers. : 2 ch. dont 1 avec coin-salon et cheminée, salle d'eau, wc. Séjour, cuisine avec coin-salon (TV, tél. service restreint, l-vaisselle). Local annexe avec lave-linge. Mobilier de jardin, barbecue. Chauffage électrique. Draps fournis. Ouvert toute l'année. ★ *Randonnées sur place. Pêche, voile, piscine à 2 km. Equitation à 5 km.* ★

Entourée d'un vaste jardin, cette vieille maison rurale, bâtie au XVIe siècle, semble avoir été épargnée par le temps. Ses propriétaires qui l'ont parfaitement restaurée et meublée, ont conservé ses hautes cheminées de pierre dans des pièces aux dimensions exceptionnelles. Elle ravira les amoureux des vieilles pierres.

★ Accès : A 15 km au sud d'Amboise. A Bléré prendre la Rocade N76 et la bretelle D31, dir. Loches. A 500 m, prendre à gauche dir. Gimont. Bléré 2 km. CM 64, pli 16.

★ Prix/Price : Hte sais. : 2500 F - Mi-sais. : 1980 F - Bas. sais. : 1590 F - Week-end détente : 1100 F

FERRIERE-LARCON
LA VILLA-ROBESPIERRE

Villa Robespierre rises majestically over the surrounding countryside. Françoise Chenoffe and her husband have completed the restoration work on this turn-of-the-century house, which is part of the family heritage. The decor is unaffected, both rustic and contemporary – the owners have sought to create the ideal atmosphere for guests to spend their holidays.
Hiking on site. Fishing and tennis 2 km.
☆ *How to get there: Motorway A10, Sainte-Maure de Touraine exit. Take the D59 for Ligueil. After Ligueil, take the D50 until you get to Ferrière-Larcon. The gite is 2 km from the town. Michelin map 68, fold 5.*

GITES DE FRANCE-SERVICE RESERVATION
38 RUE AUGUSTIN FRESNEL
B.P. 139
37171 CHAMBRAY-LES-TOURS CEDEX
Tél. : 02.47.27.56.10 - Fax : 02.47.48.13.39

Carte 3

★ Gîte 6 pers. : 3 ch., s.d.b., 2 wc. Cuisine (cheminée, l-linge, l-vaiss., réfrigérateur/congél.), salon (TV, tél. service restreint). Ch. élect. Jardin, salon de jardin, piscine clôturée, portique, barbecue. Linge/draps fournis. Ouvert toute l'année. Charges non comprises. Lit et chaise bébé. ★ *Randonnées sur place. Pêche et tennis à 2 km.* ★

En pleine campagne, la villa Robespierre se dresse majestueuse, patinée par le temps. Françoise et son mari ont achevé la restauration de ce patrimoine familial du début du siècle. Dans un décor simple, rustique ou contemporain, ils ont cherché à rendre une atmosphère pour que vos vacances soient un moment privilégié.

★ Accès : A10 sortie Ste-Maure de Touraine. Prendre la D59 dir. Ligueil. Après Ligueil, prendre la D50 jusqu'à Ferrière-Larcon. Gîte à 2 km du bourg. CM 68, pli 5.

★ Prix/Price : Hte sais. : 3700 F - Mi-sais. : 2400 F - Bas. sais. : 1900 F - Week-end détente : 1500 F

FONDETTES
LES PIVOTTIERES

660

"Les Pivottières" enjoys an outstanding setting on a hillside overlooking the Loire, just a quarter of an hour from Tours. The gîte could well be a meeting place for poets. The owners, literature, art and music lovers (the composer G. Migot lived here), have created a cosy nest with everything you need, in an atmosphere that exudes culture and good taste. Châteaux of the Loire, vineyards. Fishing and tennis less than 1 km away. Swimming pool 3 km. Horse-riding 4 km. Ardrée golf course 12 km. Railway station and shops less than 1 km away.
☆ *How to get there: 7 km west of Tours. A10 Tours-Ste-Radegonde exit & N152 for Langeais, Saumur. Do not follow 1st signs for Fondettes: leave N152 at P. Vallières on right (D76) & right (500 m) for Rue des Pivottières.*

GITES DE FRANCE-SERVICE RESERVATION
38 RUE AUGUSTIN FRESNEL
B.P. 139
37171 CHAMBRAY-LES-TOURS CEDEX
Tél. : 02.47.27.56.10 - Fax : 02.47.48.13.39

Carte 3

★ Gîte 3/4 pers. : 1 ch. (1 lit 2 pers. 1 lit 1 pers. 1 lit bébé). Bains, wc. Cuis./séj. (1 conv. 2 pers.) avec cheminée, TV, tél., l-linge, l-vaisselle. Ch. central (25 F/jour). Draps et linge de maison fournis. Cour close. Gîte semi-indép. sur une propriété de 5 ha. ★ *Châteaux de La Loire, vignobles. Pêche et tennis à moins d'1 km. Piscine 3 km. Equitation 4 km. Golf d'Ardrée 12 km. Gare et commerces à moins d'1 km.* ★

Jouissant d'une situation exceptionnelle sur un coteau dominant la Loire, à 1/4 h. de Tours, le gîte des « Pivottières » pourrait être le rendez-vous des poètes. Epris de littérature, de peinture et de musique (le compositeur G. Migot y résida), ses propriétaires en ont fait un nid douillet où rien ne manque et dont l'atmosphère est imprégnée de culture et de bon goût.

★ Accès : Tours 7 km ouest. A10 sortie Tours-Ste Radegonde et N152 dir. Langeais, Saumur. Ne pas suivre la 1re dir. Fondettes, quitter la N152 à P.Vallières à dr. (D76) puis à dr. (500 m) rue des Pivottières.

★ Prix/Price : Hte sais. : 2490 F - Mi-sais. : 1990 F - Bas. sais. : 1690 F - Week-end détente : 990 F

MONNAIE
LES BELLES-RURIES

Built in the 19th century from plans respecting the symmetry of a model farm, the "Belles Ruries" gîte is a splendid classical building, separate from the château and looking out onto a 370-acre forest with ornamental lakes. The harmonious choice of colours and furniture makes this first class gîte an ideal place to stay, just 15 minutes. from the centre of Tours.
Grange de Meslay 4 km. Museum and city of Tours. 12 km. Vouvray vineyards 10 km. Amboise 25 km. Chenonceaux 35 km. Langeais 30 km. Ardrée golf course 12 km.
☆ *How to get there:* Between Château-Renault and Tours. A10 motorway, Tours Nord exit, then N10 for Monnaie. Recommended approach on the D28.

GITES DE FRANCE-SERVICE RESERVATION
38 RUE AUGUSTIN FRESNEL
B.P. 139
37171 CHAMBRAY-LES-TOURS CEDEX
Tél. : 02.47.27.56.10 - Fax : 02.47.48.13.39.

Carte 3

★ Gîte 5 pers. R.d.c. : séjour/cuisine (lave-vaisselle), salon (cheminée, TV, tél.), salle d'eau (lave-linge), wc. A l'étage : 1 ch. (1 lit double, 1 lit 100), 1 ch. (2 lits simples). Ch. élect. Barbecue, salon de jardin. Draps, linge de maison compris dans tarifs. Ménage assuré en fin de séjour. ★ *Grange de Meslay à 4 km. Musée et ville de Tours à 12 km. Vignoble de Vouvray à 10 km. Amboise à 25 km. Chenonceaux à 35 km. Langeais à 30 km. Golf d'Ardrée à 12 km.* ★
Construit au XIXᵉ siècle sur un plan respectant la symétrie d'une ferme modèle, les « Belles Ruries » est une belle construction classique, indépendante du château et donnant sur une forêt de 150 ha. avec pièces d'eau. Le choix harmonieux des couleurs et du mobilier font de ce gîte un lieu idéal, à 15 mn du centre de Tours.
★ Accès : Entre Château-Renault et Tours. Autoroute A10, sortie Tours nord puis N10 vers Monnaie. Entrée conseillée par D28.

☆ Prix/Price : Hte sais. : 2580 F - Mi-sais. : 2080 F - Bas. sais. : 1830 F - Week-end détente : 1200 F

Indre et Loire

ROCHECORBON
LA VALLEE-POELLON

On the north bank of the Loire, on the way to Vouvray, famous for its vineyards, you will find the "Hameau de la Vallée Poëllon". The property is one of the few remaining preserved Touraine hamlets, just 9km from the lively city of Tours. This fully restored gîte combines outstanding comfort with the charm of a bygone age.
☆ *How to get there:* 9 km east of Tours. A10, Tours/Ste-Radegonde exit, N152 for Vouvray. Left in Rochecorbon on D77 for Monnaie. Right at Corona. Hamlet is on the left (1 km).

GITES DE FRANCE-SERVICE RESERVATION
38 RUE AUGUSTIN FRESNEL
B.P. 139
37171 CHAMBRAY-LES-TOURS CEDEX
Tél. : 02.47.27.56.10 - Fax : 02.47.48.13.39

Carte 3

★ Gîte 5 pers. : salon 30 m^2 avec cheminée, tél. en service restreint, TV par satellite et magnétoscope, lit ancien. Cuisine/coin-repas (l-vaisselle). S.d.b. avec wc, l-linge. A l'étage : 2 ch. (1 lit 2 pers. 2 lits 1 pers.). Ch. élect. Salon de jardin, piscine commune aux prop. ★ ★
Sur la rive nord de la Loire, en direction de Vouvray, célèbre pour son vignoble, le « Hameau de la Vallée Poëllon » constitue l'un de ces hameaux encore préservés en Touraine et pourtant si proche de la vivante cité tourangelle (9 km). Ce gîte entièrement restauré combine le top du confort moderne avec le charme d'Antan.
★ Accès : 9 km à l'est de Tours. A10 sortie Tours/Ste-Radegonde, N152 vers Vouvray. A gche dans Rochecorbon sur D77 vers Monnaie. A dr. à Corona. Hameau à gauche (1 km).

☆ Prix/Price : Hte sais. : 2920 F - Mi-sais. : 2430 F - Bas. sais. : 1950 F - Week-end détente : 1220 F

TAUXIGNY
LA NEURAIE

663

SERVICE RESERVATION - GITES DE FRANCE
38 RUE AUGUSTIN FRESNEL
37171 CHAMBRAY-LES-TOURS CEDEX
Tél. : 05.47.27.56.10 - Fax : 05.47.48.13.39

Carte 3

La Neuraie is an 18th century rural property. The restoration work done by the current owners, both people of letters with a passion for old buildings, is an example of architectural mastery. The interior boasts a personal touch blended with beautiful rustic materials. A haven of peace in the heart of Touraine.
☆ *How to get there:* A10, Loches-Chateauroux, then N143 for Loches. At Cormery, turn right for Tauxigny. In the village, head for St-Branchs then at the roadside cross, turn left and drive for 1.5 km.

★ Gîte 6 pers. : 3 ch. 2 pers., s. d'eau, s.d.b., 2 wc. Entrée, grand séjour, salon (cheminée, TV et tél.) avec cuisine intégrée semi-indépendante (l-linge, l-vaiss.), palier aménagé en coin-lecture/détente. Ch. élect. Jardin clos privatif. Abri couvert. Draps fournis. Poss. service ménage. P-pong. ★ ★
La Neuraie est une propriété rurale du XVIIIe siècle. La restauration entreprise par ses propriétaires actuels, gens de lettres amateurs de vieilles pierres est un exemple d'architecture. A l'intérieur, une touche personnelle alliée à de beaux matériaux rustiques. Un havre de paix au cœur de la Touraine.
★ Accès : A10 sortie Loches-Chateauroux puis N143 vers Loches. A Cormery, à droite vers Tauxigny. Dans le village, dir. St-Branchs puis au calvaire, à gauche sur 1,5 km.

☆ Prix/Price : Hte sais. : 2950 F - Mi-sais. : 2400 F - Bas. sais. : 1950 F - Week-end détente : 1200 F

VOUVRAY
LA CLOSERIE

GITES DE FRANCE-SERVICE RESERVATION
38 RUE AUGUSTIN FRESNEL
B.P. 139
37171 CHAMBRAY-LES-TOURS CEDEX
Tél. : 02.47.27.56.10 - Fax : 02.47.48.13.39

Carte 3

Attached to a former winegrowing estate, this pleasant residence has preserved the richness of its past with splendid stone facades, opening out onto a vast southfacing terrace and pretty garden. The interior has preserved its charm with period fireplaces, terra cotta, and a subtle blend of rustic-style furniture and watercolours.
Vouvray vineyards. Châteaux. Hiking locally. Swimming pool and tennis court 300 m. Fishing 700 m. Riding 10 km. 18-hole golf course 12 km.
☆ *How to get there:* North-east of Tours. N152 to Vouvray. Michelin map 64, fold 15.

★ Gîte 4 pers. : 2 chambres, salle d'eau, wc. Séjour/cuisine avec salon, cheminée, TV, tél. en service restreint, lave-linge, lave-vaisselle, micro-ondes. Mobilier de jardin, barbecue, ping-pong, portique. Draps fournis. Chauffage électrique. Ouvert toute l'année. Charges non comprises. ★ *Vignoble de Vouvray. Châteaux. Randonnée sur place. Piscine et tennis à 300 m. Pêche à 700 m. Equitation à 10 km. Golf 18 trous à 12 km.* ★
Rattaché à un ancien domaine viticole, cette agréable demeure conserve de son riche passé de belles façades en pierres de taille. Une vaste terrasse plein sud et un joli jardin. L'intérieur a conservé tout son charme avec ses cheminées anciennes, ses terres cuites et avec un choix subtil de meubles rustiques et d'aquarelles.
★ Accès : Au nord-est de Tours. N152 jusqu'à Vouvray. CM 64, pli 15.

☆ Prix/Price : Hte sais. : 2700 F - Mi-sais. : 2100 F - Bas. sais. : 1700 F

LE LAUSSOU
SOUBEYRAC

Claude ROCCA
SOUBEYRAC
47150 LE LAUSSOU
Tél. : 05.53.36.51.34 - Fax : 05.53.36.35.20

Carte 5

Pretty farmhouse restored in the local style, affording a view of the surrounding countryside. Visible beams and stonework, and handsome rustic furniture. Pleasant garden with swimming pool, deck chairs, Lilos and shower. Ideal for getting to know this beautiful region's châteaux and walled towns at a quiet, leisurely pace.
Fortifications, Bonaguil château. Listed sites and buildings. Tennis, fishing, riding, health and fitness centre 4 km. Golf course 18 km.
☆ *How to get there:* From Monflanquin, head for Monpazier on the D272. 2 km on, turn left for Envals C3. 3.8 km, Soubeyrac. From Villeréal D676, on left. Michelin map 79, fold 6.

★ Gîte 5 pers. : cuisine (l-vaiss., l-linge, congélateur, m-ondes), salon, salle à manger, TV et tél. 2 ch. (1 lit 2 pers. 3 lits 1 pers.). S.d.b. avec douche (hydromassage) et wc. Jardin clos, piscine, salon de jardin, barbecue, p-pong. Draps et linge de maison fournis et lits faits à l'arrivée. ★ *Circuits des bastides, château de Bonaguil. Sites classés. Tennis, pêche, équitation, centre de remise en forme 4 km. Golf 18 km.* ★
Jolie ferme restaurée dans le style de la région avec vue sur la campagne environnante. Pierres et poutres apparentes et beaux meubles rustiques. Agréable jardin avec piscine à débordement, chaises longues, matelas et douche. Pour découvrir en toute quiétude les châteaux et bastides de cette belle région.
★ Accès : De Monflanquin prendre dir. Montpazier D272. Après 2 km prendre à gauche dir. Envals C3. 3,8 km et Soubeyrac. De Villeréal D676 et à gauche. CM 79, pli 6.

★ Prix/Price : Juillet : 6500 F - Août : 7500 F - Juin/Sept. : 3800 F - Autres mois : 2500 F

Lot et Garonne

SAINT-AUBIN
LE VERRIER

666

Pierrette MARTY
LE VERRIER
47150 SAINT-AUBIN
Tél. : 05.53.36.42.38 - Fax : 05.53.36.42.38

Carte 5

On a farm in the Haut Périgord Agenais region, in the heart of fortifications country, is the backdrop for this gîte set in a spacious outbuilding full of character. Relax in the heated swimming pool (1st April to early November). Open all year round.
Tours of fortifications. Places of interest within a 50-km radius: Les Eyzies, Padirac, Rocamadour. Tennis 3 km. Health and fitness centre, riding 8 km.
☆ *How to get there:* D124 Monflanquin - Fumel, at Lacaussade D233 for 2.5 km, head for Villeneuve-sur-Lot. Michelin map 79, fold 5.

★ Gîte 5 pers. : 3 ch., salle d'eau, 2 wc. Cuisine équipée, salon, séjour. Cheminée avec insert (bois gratuit), TV, tél. (carte pastel). Terrasse, salon de jardin, parc. Piscine couvrable, salle de jeux. Draps et linge de maison fournis. Commerces à 2 et 8 km. Ouvert toute l'année. ★ *Circuits des Bastides. Sites touristiques dans un rayon de 50 km (les Eyzies, Padirac, Rocamadour...). Tennis à 3 km. Centre de remise en forme, équitation à 8 km.* ★
Dans un corps de ferme situé en Haut Périgord Agenais et au cœur du pays des bastides, dépendances de caractère aménagées avec grands espaces et piscine chauffée du 1er avril à début novembre (longue utilisation).
★ Accès : D124 Monflanquin - Fumel, à Lacaussade D233 à 2,5 km en dir. de Villeneuve-sur-Lot. CM 79, pli 5.

★ Prix/Price : Juillet : 5500 F - Août : 5500 F - Juin/Sept. : 3300 F - Autres mois : 2500 F

SAINT-AUBIN
CROZEFOND

667

J.Claude et Jeanine GARDES
CROZEFOND
47150 SAINT-AUBIN
Tél. : 05.53.41.66.06 - Fax : 05.53.41.63.71

Carte 5

An attractive farmhouse built in local stone in the Haut Périgord Agenais, with swimming pool, garden, shower and gym. The setting is florid all year round and the terrace affords a view of the lake (fishing). Restaurants within a 5 to 10 km radius. Leisure activities include table tennis and biking. Volleyball and badminton grounds. Solar-heated swimming pool.
Tennis 3 km. Health & Fitness centre 10 km. 9 and 18-hole golf course 18 km. Riding centre and canoeing 10 km. Along the Lot: fortifications tours. Biron and Bonaguil châteaux. Music festival.
☆ How to get there: D124, Monflanquin-Fumel, for Saint-Aubin, then follow signs. Michelin map 79, fold 5.

★ Gîte 6 pers. : 3 ch. doubles dont 1 indép. avec s. d'eau et wc, s.d.b., wc. Cuisine/salle à manger, salon (table de jeux, TV coul., tél.). L-linge, l-vaisselle, m-ondes, cheminée (bois fourni). Linge maison, toilette, draps de bain fournis. Lits faits à l'arrivée. Ouvert toute l'année. ★ *Tennis 3 km. Centre de remise en forme 10 km. Golf 9 et 18 trous 18 km. Centre équestre, canoë 10 km. Sur le Lot circuit bastides. Châteaux : Biron, Bonaguil. Festival de musique.* ★
Dans une ferme située en Haut Périgord Agenais, belle maison en pierre du pays avec jardin et piscine avec douche et salle de gym. Le cadre est fleuri toute l'année et la terrasse a vue sur le lac (pêche). Abri, baby-foot, mobilier de jardin, barbecue. Restaurants à 5 et 10 km. Ping-pong, VTT. Terrain de volley et badminton. Piscine (chauffage solaire).
★ Accès : D124, Monflanquin-Fumel, dir. Saint-Aubin, puis suivre le fléchage. CM 79, pli 5.

★ Prix/Price : Juillet : 6100 F - Août : 6100 F - Juin/Sept. : 3700 F - Autres mois : 2500 F

LA SAUVETAT-SUR-LEDE
AL-BIOU

668

ACTOUR 47/LOISIRS ACCUEIL
4 RUE ANDRE CHENIER
B.P. 304
47008 AGEN CEDEX
Tél. : 05.53.66.14.14 - Fax : 05.53.47.36.54

Carte 5

This typical, old Haut Agenais farmhouse, in fortifications country, has been completely restored. The property offers 2 gîtes, with stone walls and visible beams, affording an unhindered view of the surrounding area. Both are set in grounds with a flower garden and a 12 x 6 m sheltered swimming pool. Children's games, climbing frame, 2 mountain bikes, bikes.
Bonaguil and Biron châteaux. Fortifications. Music festival in Monflanquin, jazz at Villeneuve-sur-Lot. Medieval week. Golf course 2 km. Health and fitness centre 8 km.
☆ How to get there: D676 from Villeneuve-sur-Lot for Monflanquin. At the La Sauvetat-sur-Léde traffic lights (three-coloured), follow green signs (4 km). Michelin map 79, fold 5.

★ Gîte 6 pers. : 3 ch., salle de bains, salle d'eau, wc. Coin-cuisine, séjour. L-vaisselle, l-linge, micro-ondes, TV, cheminée. Salon de jardin, barbecue. Parc, abri voiture. Linge de maison fourni. Tél. Téléséjour. Ch. central gaz. Restaurants à proximité. Ouvert toute l'année. ★ *Château de Bonaguil, Biron. Bastides. Festival de musique à Monflanquin, jazz à Villeneuve-sur-Lot. Semaine médiévale. Golf à 2 km. Centre de remise en forme à 8 km.* ★
Au pays des bastides, en Haut Agenais, cette ancienne ferme typique entièrement restaurée comporte 2 gîtes, sans vis à vis, avec murs en pierres et poutres apparentes. Elle est entourée d'un parc et d'un jardin fleuri avec piscine clôturée (12 x 6). Jeux pour enfants, portique, vélos, 2 VTT.
★ Accès : D676 de Villeneuve-sur-Lot vers Monflanquin. Aux feux tricolores de la Sauvetat-sur-Léde suivre le fléchage vert (4 km). CM 79, pli 5.

★ Prix/Price : Juillet : 4700 F - Août : 5290 F - Juin/Sept. : 2940 F - Autres mois : 1765 F

RIEUTORT-DE-RANDON
LE MAZELET

This self-contained mill dating from the 15th century is set in vast shaded grounds with a stream running through it. The residence, typical of the region, boasts rustic decor with wood panelling and granite walls. The atmosphere is comfortable and welcoming. Supplements for electricity and telephone.
Tennis 2 km. Lake, bathing, mountain bikes 4 km. Fishing, hiking and cross-country skiing 18 km. Mende 18 km.
☆ *How to get there:* RN106 to Rieutort-de-Randon. Head for Baraque de la Grange/Servières/Lachamp. After 1 km, head for "Le Mazelet".

Antoine et Simone BOURCIER
LE MAZELET
48700 RIEUTORT DE RANDON
Tél. : 04.66.47.33.65 - *Fax* : *04.66.47.33.65*

Carte 5

★ Gîte 7 pers. : 3 ch., s. d'eau, s.d.b., 2 wc. Ouvert toute l'année + w.e. Séjour, coin-cuisine. L-linge, sèche-linge, l-vaisselle. Garage, parking, parc. Linge de maison fourni. TV, tél. Ch. élect. Chèques vacances acceptés. Cheminée (bois fourni). Barbecue, salon de jardin. ★ *Tennis à 2 km. Lac, baignade, VTT à 4 km. Pêche, randonnées pédestres et ski de fond à 18 km. Mende 18 km.* ★

Dans un parc ombragé où court un ruisseau, cet ancien moulin indépendant date du XVe siècle. Le décor rustique de cette demeure typiquement régionale avec ses boiseries et ses murs en granit crée une ambiance très chaleureuse et confortable. Charges en supplément (EDF + téléphone).

★ Accès : RN106 jusqu'à Rieutort-de-Randon. Prendre dir. Baraque de la Grange/Servières/Lachamp. A 1 km prendre dir. « Le Mazelet ».

☆ Prix/Price : Juin/sept./Vac. scol. : 2400 F - Juill./Août : 5000 F - Hors sais. : 2000 F

MOUSSY
LE CHARTIL

This southfacing gîte is set in a wing of an 18th century Champagne residence. The accommodation boasts rustic-style furniture, visible beams and a fireplace. In fine weather, you will enjoy the sunblessed terrace. Complimentary breakfasts are served every morning.
3 scenic routes through Champagne country. Wide variety of walks in the forest. 5 km from the banks of the Marne. Reims and Chalons-sur-Marne 28 km.
☆ *How to get there:* 5 km from Epernay, take the D51 for Moussy (A26 and A4 25 km on).

SERVICE RESERVATION - GITES DE FRANCE
CHAMBRE D'AGRICULTURE
ROUTE DE SUIPPES BP.525
51009 CHALONS-SUR-MARNE CEDEX
Tél. : 03.26.68.56.47 - *Fax* : *03.26.67.94.90*

Carte 1

★ Gîte 6 pers. : 3 ch. 2 pers., 2 s.d.b., 2 wc. Salon/salle à manger, cuisine (l-vaiss., l-linge, m-ondes). TV, tél. (03.26.54.37.27), cheminée, jeux de société. Barbecue, salon de jardin, jeux enfants, parking. Linge de maison sur demande. Lits faits à l'arrivée. Chauffage en suppl. ★ *3 circuits de la route touristique du Champagne. Nombreuses promenades en forêt. A 5 km des bords de la Marne. Reims et Chalons-sur-Marne à 28 km.* ★

Gîte aménagé plein sud dans l'aile d'une vieille demeure champenoise du XVIIIe siècle. Mobilier rustique, poutres apparentes et cheminée. Aux beaux jours, vous profiterez de la terrasse très ensoleillée et du petit déjeuner qui vous sera offert tous les matins.

★ Accès : A 5 km d'Epernay prendre la D51 dir. Moussy (A26 et A4 à 25 km).

☆ Prix/Price : Juill./Août : 2800 F - Juin/Sept. : 2800 F - Autres mois : 2000 F - Week-end : 1300 F

CHARNAY
BAYERE

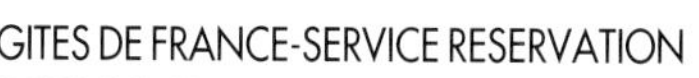

GITES DE FRANCE-SERVICE RESERVATION
1 RUE GENERAL PLESSIER
69002 LYON
Tél. : 04.72.77.17.50 - Fax : 04.78.38.21.15

Carte 4

This handsome residence full of character, now fully restored, is set in Pierres Dorées (golden stones) country. The self-contained house is typical of the Beaujolais area and offers a high standard of comfort. Discover the charm of one of France's most famous winegrowing regions.
Gastronomy: Beaujolais, Dombes and Lyonnais regions. Leisure park and hiking nearby. Museums. Tennis court 2 km. Riding 3 km. Golf course 7 km.
☆ *How to get there: A6, Villefranche exit, for Limas, Lachassagne, Charnay and Bayère. A6, Limonest exit for Lozanne, Belmont, Bayère.*

★ Gîte 6 pers. : cuisine équipée, buanderie avec l-linge, séjour, salons, TV, téléphone. 3 chambres. Vaste salle de bains, 3 douches, 4 wc. Grande cave voûtée. Grand parc clos, cour arborée, jardin, terrasse, salon de jardin, barbecue. Draps et linge de maison fournis et lits faits. ★ *Gastronomie de la région beaujolaise, des Dombes et du Lyonnais. Parc de loisirs et randonnées pédestres à proximité. Musées. Tennis 2 km. Equitation 3 km. Golf 7 km.* ★
Belle demeure de caractère entièrement rénovée située dans le pays des Pierres Dorées. Typiquement beaujolaise et complétement indépendante, cette maison dont l'aménagement intérieur est très confortable vous permettra de découvrir les charmes d'une région empreinte de son vignoble.
★ Accès : A6 sortie Villefranche dir. Limas, Lachassagne, Charnay, Bayère. A6 sortie Limonest dir. Lozanne, Belmont, Bayère.

★ Prix/Price : Vac. scol. : 2800 F - Hors sais. : 2500 F - Juin/Sept. : 2800 F - Juill./Août : 3100 F

EMERINGES
CHATEAU-D'EMERINGES

GITES DE FRANCE-SERVICE RESERVATION
1 RUE GENERAL PLESSIER
69002 LYON
Tél. : 04.72.77.17.50 - Fax : 04.78.38.21.15

Carte 4

A gîte full of character (100 m²) set in a 19th century château in the heart of Beaujolais country, on the edge of the Burgundy region. The grounds are full of trees, some very rare (sequoia, Himalayan cedars), others over a hundred years old. The terrace is the perfect spot to spend long, relaxing summer evenings.
Romanesque abbeys (Cluny, Tournus). Archaeological sites (Solutré, Autun, Vienne, etc.). Tennis 5 km. Water sports 15 km. Horse-riding 11 km. Numerous footpaths. Wine tasting.
☆ *How to get there: From the A6, take the Mâcon Sud or Belleville exit, then the N6 to Pontanevaux and the D95 for Juliénas and Emeringes.*

★ 3 chambres doubles, 2 salles de bains et 2 wc. Cuisine/salon, terrasse. TV, téléphone, lave-linge, cheminée, linge de maison fourni. Ouvert toute l'année. Nombreux restaurants à proximité. Parc de 4 ha. avec lac. ★ *Abbayes romanes (Cluny, Tournus). Sites archéologiques (Solutré, Autun, Vienne...). Tennis 5 km, sports nautiques 15 km, équitation 11 km. Sentiers sur place. Dégustation de vins.* ★
Gîte de caractère (100 m²) situé dans un château du XIXe siècle, aux limites de la Bourgogne, en plein Beaujolais. Dans le parc, vous pourrez admirer la majesté d'arbres plus que centenaires et des essences rares (Sequoïa, cèdres de l'Himalaya). Vous profiterez des longues soirées d'été sur la terrasse.
★ Accès : A6, sortie Mâcon Sud ou Belleville, Puis N6 jusqu'à Pontanevaux, D95 direction Julienas et Emeringes.

★ Prix/Price : Vac. scol. : 2450 F - Hors sais. : 2450 F - Juin/Sept. : 2650 F - Juill./Août : 3150 F

LES BREVIAIRES
LA GRANGE-DU-BOIS

In an ouststanding setting, this handsome residence is set on a racehorse breeding property on a vast 17th century estate. Prestigious appointments and refined decoration. The quietness of the place, on the edge of the Rambouillet forest and hunting grounds, will make your stay a very special one indeed.
Local forest (wide variety of walking routes). Horse-riding nearby. Louis XIV structures and Roman remains nearby. 4 km from the historical village of Montfort l'Amaury.
☆ *How to get there:* A13-A12 for Rambouillet. N10 extension, Le Perray-en-Yvelines exit. D191 for Les Mesnuls. On right, after the "l'Orée du Bois" restaurant, La Grange du Bois.

GITES DE FRANCE-SERVICE RESERVATION
HOTEL DU DEPARTEMENT
2 PLACE ANDRE MIGNOT
78012 VERSAILLES CEDEX
Tél. : 01.30.21.36.73 - Fax : 01.39.07.88.56

Carte 1

★ Gîte 5 pers. : 3 ch. avec tél., 2 s.d.b., 3 wc. Cuisine, lingerie (l-linge, sèche-linge). Salon, salle à manger, séjour, TV, biblio., cheminée. Parc 30 ha. dont 3000 m^2 privatifs. CB acceptées. Draps et linge de maison fournis. Charges comprises. Forêt sur place (nombreuses promenades). ★ *Equitation à proximité. Bornes Louis XIV et vestiges romains à proximité. Montfort-l'Amaury 4 km.* ★

Dans un cadre exceptionnel, cette belle demeure est située sur une propriété d'élevage de chevaux de course dans un vaste domaine datant du XVIIe siècle. Grand confort et décoration raffinée. Ce site très calme, en bordure de la forêt de Rambouillet et des chasses à courre, fera de votre séjour un moment privilégié.

★ Accès : A13-A12 dir. Rambouillet. Prolongation N10 sortie Le Perray-en-Yvelines. D191 dir. Les Mesnuls. A dr. après le restaurant « l'Orée du Bois », la Grange du Bois.

★ Prix/Price : Juill./Août : 3900 F - Vac. scol. : 3400 F - Bas. sais. : 2850 F - Week-end : 1670 F - W.E. détente : 2625 F

MONTIGNY
LA VERARDIERE

This eight-person gîte is set in a very comfortable typical old farmhouse dating back to the Revolution, on the edge of a lake teeming with fish (fishing 20 metres), in bocage landscape with open paths through the fields. Peace and relaxation are the watchwords for your stay here.
Saumur, Angers, Poitiers (Futuroscope), Nantes, Niort, Vendée coast, Châteaux of the Loire (Saumur, Villandry, Azay-le-Rideau, Chinon, Fontevreau) 1 hr. away. Marais Poitevin (nature reserve) and Puy du Fou 30 mins. La Rochelle 75 min.
☆ *How to get there:* Instructions on how to get there will be sent at time of booking. The gîte is 12 km west of Bressuire.

Robert DES DORIDES
LE PLESSIS BASTARD
79380 MONTIGNY
Tél. : 05.49.80.52.53

Carte 3

★ Gîte 8 pers. (+ 1 bébé) : 4 chambres, 2 salles de bains, 2 wc. Cuisine, salle à manger, salon (35 m^2). Lave-linge, lave-vaisselle, TV, téléphone. Draps fournis. Ouvert été/hiver. Restaurants à 4 km. Etang privé (pêche). ★ *Saumur, Angers, Futuroscope, Nantes, Niort, Côte Vendéenne, châteaux de la Loire (Villandry, Azay le Rideau, Chinon) à 1 h. Marais Poitevin, Puy du fou à 1/2 h. La Rochelle à 1h15.* ★

Dans un paysage bocager avec ses chemins creux au milieu des champs, ce gîte confortable est aménagé dans une ancienne ferme typique datant de la Révolution. La maison est située en bordure d'étang poissonneux (pêche à 20 mètres). Quiétude et relaxation seront au rendez-vous de votre séjour.

★ Accès : Un plan d'accès vous sera communiqué lors de la réservation. Le gîte se situe à 12 km à l'ouest de Bressuire.

★ Prix/Price : Juill./Août : 3500 F - Mai/Juin/Sep./Vac. scol. : 2500 F - Hors sais. : 2000 F

SAINT-AUBIN-DU-PLAIN
L'AUDEBAUDIERE

GITES DE FRANCE-SERVICE RESERVATION
15 RUE THIERS
B.P. 8524
79025 NIORT CEDEX 09
Tél. : 05.49.77.15.90 - Fax : 05.49.77.15.94

Carte 3

This handsome residence full of character is a fully restored 17th century farmhouse. It stands on a vast estate cut by valleys, with a private lake. The house offers an extremely high standard of comfort and is appointed with rustic furniture. Nature lovers and fishing enthusiasts will be particularly enchanted by the place.
Local hiking paths. River 300 m. Climbing, bathing, games 7 km. Puy du Fou 40 km. Châteaux of the Loire and Saumur 60 km. Futuroscope moving image world 80 km.
☆ *How to get there: 7 km from Argenton-Château. 10 km from Bressuire. 1 km from Saint-Aubin-du-Plain.*

★ Gîte 6 pers. + 1 bébé (mitoyen à un autre gîte) : cuisine -l-linge, l-vaisselle). Séjour/salon avec cheminée, TV (satellite), tél., mezzanine. 3 chambres, salle de bains, 2 wc. Salon de jardin, garage, balançoires. Commerces 7 km. Caution. Draps et linge de maison fournis, lits faits. ★ *Sentiers de randonnée sur place. Rivière 300 m. Escalade, baignade, jeux 7 km. Le Puy du Fou 40 km. Châteaux de la Loire et Saumur 60 km. Futuroscope 80 km.* ★
Cette belle demeure de caractère est une ancienne ferme du XVIIe entièrement restaurée. Elle est située sur un vaste domaine vallonné avec étang privé. Très confortable, cette demeure meublée rustique, plaira particulièrement aux amoureux de la nature et aux amateurs de pêche.
★ Accès : A 7 km d'Argenton-Château. 10 km de Bressuire. 1 km de Saint-Aubin-du-Plain.

★ Prix/Price : Juill./Août : 2940 F - Mai/Juin/Sep./Vac. scol. : 2240 F - Hors sais. : 2040 F

SANSAIS-LA-GARETTE

GITES DE FRANCE-SERVICE RESERVATION
15 RUE THIERS
B.P. 8524
79025 NIORT CEDEX 09
Tél. : 05.49.77.15.90 - Fax : 05.49.77.15.94

CV

Carte 3

Traditional house in a Marais Poitevin village, renovated in the local style. The house backs onto a river. Luxurious interior and refined decor with handsome antique furniture and attractive fabrics. Welcoming, congenial atmosphere. The owner will be happy to offer advice on exploring local places of interest and sightseeing.
Marais Poitevin conservation area: boat trips, posted walking and biking trails. Bike hire at Coulon 3 km. La Rochelle 48 km. Vendée beaches 75 km. Puy-du-Fou and Futuroscope moving image world 90 km.
☆ *How to get there: A10 motorway, exit 33 and head for La Rochelle, Sansais and La Garette 17 km. From Niort, head for Coulon and La Garette 12 km. Michelin map 71, fold 2.*

★ Gîte 8 pers. : 3 ch. dont 1 pour 3 pers. et 1 mezzanine. Cuisine, séjour, salon, salle de bains, 2 wc. Jardin d'intérieur avec salon (1 lit 120) et s. d'eau. Garage. Jardin clos en espaliers permettant l'accès à la rivière, barque. Terrasse, barbecue. Préau (vivier). L-linge, l-vaisselle. ★ *Marais Poitevin sur place : promenades en barque, circuits pédestres et cyclo. balisés. Loc. de vélos à Coulon 3 km. La Rochelle 48 km. Plages de Vendée 75 km. Puy-du-Fou et Futuroscope 90 km.* ★
Dans un village du marais Poitevin, maison typique, rénovée dans le style du pays (l'arrière de la maison donne sur la rivière). Aménagement intérieur de grand confort et décoration raffinée avec un beau mobilier ancien et de jolis tissus. Accueil convivial et chaleureux. Le propriétaire saura vous conseiller sur toutes les possibilités touristiques de sa région.
★ Accès : Autoroute A10, sortie n°33 et suivre dir. La Rochelle, Sansais, La Garette 17 km. De Niort, suivre Coulon puis La Garette 12 km. CM 71, pli 2.

★ Prix/Price : Juill./Août : 3500 F - Mai/Juin/Sep./Vac. scol. : 3000 F - Hors sais. : 3000 F

CAYRIECH
LE CLOS-DES-CHARMILLES

677

GITES DE FRANCE-SERVICE RESERVATION
2 BD MIDI-PYRENEES
BP 534
82005 MONTAUBAN CEDEX
Tél. : 05.63.66.04.42 - Fax : 05.63.66.80.36

Carte 5

Extremely comfortable gîte surrounded by landscaped, flower-filled grounds (1.2 acres). The setting is rustic and well-restored, the decor refined (antique furniture). Relax in the landscaped swimming pool or heated spa for 4. An ideal spot for visiting the region.
Septfonds and dolmens 6 km. Caussade (millinery town) 7 km. Montpezat de Quercy 15 km. Fishing on site, riding and tennis 4 km.
☆ *How to get there: At Caussade, take the D926 for Villefranche and at Septfonds, take the D9 to Cayriech.*

★ Gîte 6 pers. : 3 ch. dont 1 avec s. d'eau, s.d.b. et wc. Fermé Noël et jour de l'An. Séjour, salon, coin-cuisine intégré, TV couleur, l-linge, l-vaisselle, tél., fax, cheminée. Abri voiture, barbecue, ping-pong, vélos. Petites vacances scolaires : 3000 F. Gîte accessible aux pers. hand. ★ *Dolmens et Septfonds à 6 km. Caussade (cité du chapeau) à 7 km. Montpezat de Quercy à 15 km. Pêche sur place, équitation et tennis à 4 km.* ★

Gîte extrêmement confortable, entouré d'un parc de 5000 m² paysager et fleuri. Le cadre est rustique et très bien restauré, la décoration soignée (mobilier d'antiquaire). Une excellente adresse pour rayonner dans la région, et profiter de la piscine paysagère et du spa chauffé pour 4 pers.

★ Accès : A Caussade, prendre la D926 dir. Villefranche et à Septfonds, la D9 jusqu'à Cayriech.

☆ Prix/Price : Juill./Août : 4300 F - Juin/Sept. : 3500 F - Hors sais. : 2600 F - Week-end détente : 1200 F
Vac. scol. : 3000 F

CAYRIECH
LA CLOSERIE-DE-LA-LERE

678

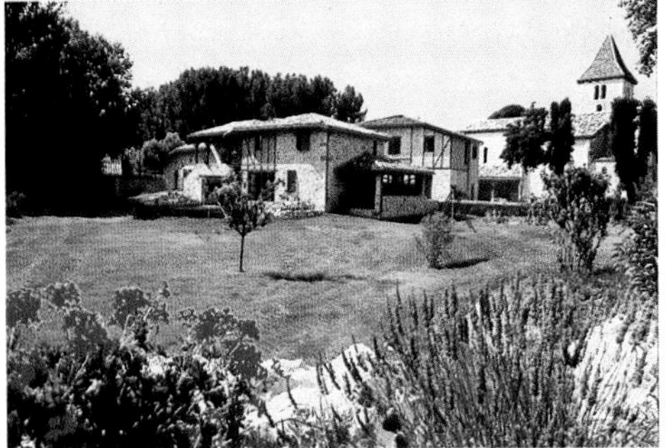

GITES DE FRANCE-SERVICE RESERVATION
2 BD MIDI-PYRENEES
BP 534
82005 MONTAUBAN CEDEX
Tél. : 05.63.66.04.42 - Fax : 05.63.66.80.36

Carte 5

Attractive house full of character set in 3,000 m² of landscaped parkland with a stream. The spacious rooms are decorated with refinement and handsome antique furniture. Luxury interior appointments. Relax in the spa and sauna or go cycling - bikes are available for guests' use. Outstanding. Tennis, riding 4 km. Swimming pool 8 km. Lake and bathing 15 km.
☆ *How to get there: From Caussade, head for Septfonds. In the village, turn left for Cayriech. The gîte is in the village.*

★ Gîte 6 pers. : 3 ch., cuisine entièrement équipée, séjour, salle d'eau et salle de bains, 2 wc. L-linge, l-vaisselle, tél. Téléséjour, fax, TV, magnétoscope, chaîne hi-fi, spa, sauna. Jardin, ruisseau, pêche, vélos, p-pong, VTT, portique. Draps et linge de maison fournis. Electricité en suppl. ★ *Tennis, équitation 4 km. Piscine 8 km. Plan d'eau avec baignade 15 km.* ★

Belle maison de caractère entourée d'un parc paysager de 3000 m² avec ruisseau. Les pièces spacieuses, sont décorées avec raffinement avec un beau mobilier antiquaire. Aménagements intérieurs d'un très grand confort. Pour vous détendre, un spa et un sauna et pour les balades, des vélos sont à votre disposition. Une adresse d'exception.

★ Accès : Depuis Caussade, prendre direction Septfonds. Dans le village, prendre à gauche direction Cayriech. Le gîte est situé dans le village.

☆ Prix/Price : Juill./Août : 5200 F - Juin/Sept. : 4500 F - Hors sais. : 3500 F - W.E. détente : 2000 F - Vac. scol. : 3800 F

LA FLOCELLIERE
CHATEAU-DE-LA-FLOCELLIERE

GITES DE FRANCE-SERVICE RESERVATION
124 BOULEVARD ARISTIDE BRIAND
B.P. 735
85018 LA ROCHE-SUR-YON CEDEX
Tél. : 02.51.37.87.87 - Fax : 02.51.62.15.19

Carte 3

This Louis XIII period residence is close to Château de la Flocellière. The comfortable house with original paving has a distinguishing mark: the small round window opening in the dining room was built in the 17th century for cannons. Peaceful and pleasant garden. Foie gras and wine tasting on the premises. Dinners by candlelight can be arranged at the château.
Puy-du-Fou show and medieval village brought to life. Churches, châteaux, Futuroscope (moving image world) 75 km. Hiking trails locally. Canœing 20 km. La Rochelle, Ile de Ré, Noirmoutier within a 75-10 km radius.
☆ *How to get there: From Paris: Paris-Angers motorway, then Cholet. La Flocellière is 25 km on, on the town hall square (Place de la Mairie).*

★ Gîte 7 pers. : 4 ch., s. d'eau, s.d.b., 2 wc. Salle à manger, cheminée, TV. Cuisine (l-vaisselle, congélateur). Laverie commune (l-linge, sèche-linge). Parc de 15 ha. piscine commune, barbecue. Ecuries chevaux/poneys. Vélos. Lits faits, linge maison/toilette fournis. ★ *Spectacle du Puy-du-Fou et village médiéval animé. Eglises, châteaux, Futuroscope 75 km. Sentiers sur place. Canoë 20 km. La Rochelle, Ile de Ré, Noirmoutier entre 75 et 100 km.* ★
Demeure d'époque Louis XIII à proximité du château de la Flocellière. Confortablement aménagée cette maison au dallage ancien a une particularité, l'ouverture de la fenêtre de la salle à manger appélée boulite et qui sate du XIVe. Jardin agéable. Dégustation de vins et foie gras. Possibilité de dîner aux chandelles au château.
★ Accès : De Paris, autoroute Paris-Angers puis Cholet, La Flocellière se situe à 25 km, place de la mairie.

☆ Prix/Price : Hte sais. : 6500 F - Mi-sais. : 5000 F

SAINT-MARTIN-DES-FONTAINES
GARREAU

GITES DE FRANCE-SERVICE RESERVATION
124 BOULEVARD ARISTIDE BRIAND
B.P. 735
85018 LA ROCHE-SUR-YON CEDEX
Tél. : 02.51.37.87.87 - Fax : 02.51.62.15.19

Carte 3

This southern Vendée farmhouse, built in 1930, has been restored with perfect harmony. The property is located near the Marais Poitevin marshlands conservation area. The interior is refined and the period furniture is set off by the personalised decor. In fine weather, enjoy a dip in the swimming pool in the garden.
Fontenay-le-Comte: Renaissance town 10 km. Mervent forest 15 km. Marais Poitevin conservation area 20 km. Training circuit, tennis court 2 km. Mountain bike trail 3 km. Riding 10 km. La Rochelle, Puy-du-Fou, Futuroscope (moving image world).
☆ *How to get there: At Fontenay-le-Comte, take D938 for Bressuire and at Pissotte, take D23 for l'Hermenault. At l'Hermenault, head for St-Martin-des-Fontaines. Garreau is 2 km up on the right. Michelin map 67, fold 15.*

★ Gîte mitoyen : 2 ch., s. d'eau (sauna), wc. Séjour/coin-cuisine, salon (cheminée). Entrée et terrain clos indép. TV, tél. L-linge, sèche-linge, l-vaiss. Terrasse avec barbecue, salon de jardin. Piscine privée. Abri voiture. Linge maison/toilette fournis, lits faits. Peignoirs fournis. ★ *Fontenay-le-Comte : ville Renaissance 10 km. Massif forestier de Mervent 15 km. Marais Poitevin 20 km. Parcours de gym et tennis 2 km. Circuit VTT 3 km. Promenades équestres 10 km. La Rochelle, le Puy-du-fou, le Futuroscope.* ★
Construite en 1930, cette maison de ferme située en sud-vendéen, à proximité du Marais Poitevin, a été harmonieusement restaurée. L'aménagement intérieur est soigné et le mobilier ancien mis en valeur par une décoration personnalisée. Aux beaux jours, vous pourrez profiter de la piscine, située dans le jardin.
★ Accès : A Fontenay-le-Comte, prendre D938 dir. Bressuire, puis à Pissotte, prendre D23 dir. l'Hermenault. A l'Hermenault, prendre St-Martin-des-Fontaines. Garreau est à 2 km sur la droite. CM 67, pli 15.

☆ Prix/Price : Hte sais. : 5000 F - Mi-sais. : 2500 F - Bas. sais. : 1800 F

NUITS-SUR-ARMANCON

This handsome family mansion offers very comfortable gîte accommodation, and boasts an inner courtyard with outbuildings, a terrace, a garage and an enclosed garden. The three bedrooms are spacious and one has a lounge. Shops and services are just 2 km away, restaurants 2 and 9 km. Châteaux, abbeys, Buffon Forges, Bourgogne canal. Medieval villages.

☆ *How to get there:* Directions will be supplied at time of booking. Michelin map 65, fold 7. Local SNCF railway station. TGV high-speed train station 18 km.

GITES DE FRANCE-SERVICE RESERVATION
1-2, QUAI DE LA REPUBLIQUE
89000 AUXERRE
Tél. : 03.86.72.92.15 - Fax : 03.86.72.92.09

Carte 4

★ Gîte 6 pers. (+ 1 bébé) : 3 ch., chacune avec s.d.b. et wc, 1 lit bébé à disposition. Cuisine. Séjour/salon avec cheminée et mobilier style Louis XIII. TV, téléphone, l-linge, l-vaisselle. Salons de jardin, barbecue, ping-pong, bac à sable, barque. Ouvert du 1er avril au 15 novembre. ★ *Châteaux, abbayes, Forges de Buffon. Canal de Bourgogne. Villages médiévaux.* ★

Belle maison bourgeoise aménagée en gîte de grand confort, disposant d'une cour intérieure avec dépendances, terrasse, garage et jardin clos. Les 3 chambres sont spacieuses (une dispose d'un salon). Tous commerces et services à 2 km. Restaurants à 2 et 9 km.

★ Accès : Un plan d'accès vous sera communiqué lors de la réservation. CM 65, pli 7. Gare SNCF sur place. TGV à 18 km.

★ Prix/Price : Juill./Août : 4400 F - Juin/Sept. : 3800 F - Vac. scol. : 3800 F - Hors sais. : 3800 F

Numéro Chambre	Nom de la Commune « Lieu-dit »	Table d'Hôtes	Ferme Auberge	Numéro Carte
	INDEX DES CHAMBRES D'HÔTES PRESTIGE			
	01 - AIN			
1	Montcet, «Les Vignes»	•		4
2	Saint-André-sur-Vieux-Jonc, «Château de Marmont»			4
3	Saint-Bénigne, «Petites-Varennes»			4
4	Servas, «Le Nid à Bibi»	•		4
5	Talissieu, «Domaine de Château-Froid»	•		4
	02 - AISNE			
6	Épine-aux-Bois (L'), «Les Patrus»	•		1
7	Vic-sur-Aisne, «Domaine des Jeanne»	•		1
8	Villers-Agron, «Ferme du Château»	•		1
	03 - ALLIER			
9	Chamblet, «Château du Plaix»			4
10	Ferté-Hauterive (Le), «Demeure-d'Hauterive»	•		4
11	Saint-Gérand-le-Puy, «Les Payratons»	•		4
12	Saulzet, «Château de Beauverger»			4
13	Servilly, «Laprugne»	•		4
14	Theil (Le), «Château du Max»	•		4
15	Théneuille, «Manoir de Gozinière»	•		4
16	Verneix, «Château de Fragne»	•		4
17	Vicq, «Manoir de la Mothe»	•		4
	04 - ALPES-DE-HAUTE-PROVENCE			
18	Allemagne-en-Provence, «Le Château»			6
19	Esparron-de-Verdon, «Château d'Esparron»			6
20	Montlaux, «Le Moulin d'Anaïs»	•		6
21	Noyers-sur-Jabron, «Le Jas de la Caroline»	•		6
22	Saint-Martin-les-Eaux, «Domaine d'Aurouze»	•		6
	05 - HAUTES-ALPES			
23	Gap, «Le Parlement»	•		6
24	Montmaur, «Château de Montmaur»			6
	06 - ALPES-MARITIMES			
25	Contes, «Domaine du Castellar»			6
26	Nice, «Le Castel Enchanté»			6
27	Saint-Paul-de-Vence, «Le Mas des Serres»			6
	07 - ARDÈCHE			
28	Beaumont, «La Roche»	•		6
29	Bessas, «Le Château»			6
30	Saint-Montan, «La Pacha»			6
31	Saint-Pierreville, «Le Moulinage-Chabriol»			6
32	Vals-les-Bains, «Domaine de Combelle»			6
33	Vernoux-en-Vivarais, «Ferme de Premaure»	•		6
	08 - ARDENNES			
34	Bayonville, «Landreville»			1
	09 - ARIÈGE			
35	Bastide-de-Sérou (La)	•		5
36	Loubens, «Château de Loubens»	•		5

Numéro Chambre	Nom de la Commune « Lieu-dit »	Table d'Hôtes	Ferme Auberge	Numéro Carte
37	Varilhes, «Las Rives»			5
	10 - AUBE			
38	Estissac, «Moulin d'Eguebaude»	•		1
39	Nogent-sur-Seine	•		1
40	Plancy-l'Abbaye			1
	11 - AUDE			
41	Aragon, «Le Château d'Aragon»	•		5
42	Bouisse, «Domaine des Goudis»	•		5
43	Cazilhac-Palaja, «Ferme de la Sauzette»	•		5
44	Pennautier, «Domaine de Liet»	•		5
45	Peyrefitte-du-Razès, «Domaine de Couchet»	•		5
46	Puichéric, «Château de St-Aunay»	•		5
	12 - AVEYRON			
47	Ambeyrac, «Château de Camboulan»			5
48	Asprières, «Le Mas de Clamouze»	•		5
49	Compeyre, «Quiers»		•	5
50	Lacroix-Barrez, «Vilherols»			5
51	Rodelle, «Domaine de la Goudalie»			5
52	Saint-Rémy, «Mas-de-Jouas»			5
	13 - BOUCHES-DU-RHÔNE			
53	Aix-en-Provence, «Saint-Marc Jaumegarde»			6
54	Fontvieille			6
55	Grans, «Château de Couloubriers»			6
56	Grans, «Domaine du Bois Vert»			6
57	Saint-Étienne-du-Grès, «Aux Deux Sœurs»	•		6
58	Saint-Martin-de-Crau, «Château de Vergières»	•		6
59	Saint-Rémy-de-Provence, «Mas de la Tour»			6
60	Ventabren, «Domaine-Val-Lourdes»			6
61	Verquières, «Mas de Castellan»			6
	14 - CALVADOS			
62	Bretteville-sur-Laize, «Château des Riffets»	•		2
63	Bures-sur-Dives, «Manoir des Tourpes»			2
64	Cambremer, «Manoir de Cantepie»			2
65	Caumont-l'Éventé	•		2
66	Crépon			2
67	Crépon, «Le Haras de Crépon»	•		2
68	Géfosse-Fontenay, «L'Hermerel»			2
69	Manvieux, «Les Jardins»			2
70	Monts-en-Bessin, «La Variniere - La Vallée»			2
71	Orbec			2
72	Pertheville-Ners, «Le Chêne Sec»			2
73	Vouilly, «Le Château»			2
	15 - CANTAL			
74	Saint-Étienne-de-Carlat, «Caizac»	•		5
	16 - CHARENTE			
75	Lésignac-Durand, «Château-de-la-Redortière»		•	3
76	Saint-Palais-du-Né	•		3
	17 - CHARENTE-MARITIME			
77	Antezant-la-Chapelle, «Les Moulins»	•		3

Numéro Chambre	Nom de la Commune « Lieu-dit »	Table d'Hôtes	Ferme Auberge	Numéro Carte
78	Clotte (La), «Le Grand Moulin»			3
79	Essards (Les), «Le Pinier»	•		3
80	Jarnac-Champagne, «La Feuillarde des Tonneaux»	•		3
81	Loulay, «Le Logis»	•		3
82	Mirambeau	•		3
83	Pouillac, «La Galèze»	•		3
84	Saint-Christophe			3
85	Saint-Just-Luzac, «Château de Feusse»			3
86	Saint-Sornin	•		3
	18 - CHER			
87	Ardenais, «Vilotte»	•		4
88	Berry-Bouy, «L'Hermitage»			4
89	Blancafort, «La Renardière»	•		4
90	Blet, «Château de Blet»			4
91	Chapelle-d'Angillon (La), «Les Aulnains»	•		4
92	Charenton-Laugère, «La Serre»			4
93	Châtelet (Le), «Les Estiveaux»	•		4
94	Crézancy-en-Sancerre, «Manoir de Vauvredon»			4
95	Foëcy, «Le Petit Prieuré»			4
96	Herry			4
97	Ivoy-le-Pré, «Château d'Ivoy»	•		4
98	Lunery, «La Vergne»			4
99	Ménétréol-sur-Sauldre, «Domaine de Bellevue»	•		4
100	Montigny, «La Reculée»	•		4
101	Quantilly, «Château de Champgrand»			4
102	Rians, «La Chaume»	•		4
103	Saint-Éloy-de-Gy, «La Rongère»			4
104	Subligny			4
	19 - CORRÈZE			
105	Beaulieu-sur-Dordogne	•		5
106	Meyssac, «Bellerade»	•		5
	20 - CORSE			
107	San-Martino-Di-Lota, «Château-Cagninacci»			6
	21 - CÔTE-D'OR			
108	Aignay-le-Duc, «Tarperon»	•		4
109	Blancey, «Château de Blancey»	•		4
110	Chambœuf, «Le Relais de Chasse»			4
111	Chorey-les-Beaune, «Le Château»			4
112	Corberon, «L'Ormeraie»			4
113	Écutigny	•		4
114	Foissy, «La Cure»			4
115	Motte Ternant (La)	•		4
116	Nan-sous-Thil, «Château de Beauregard»			4
117	Nuits-Saint-Georges, «Domaine Ctesse Michel de Loisy»			4
118	Nuits-Saint-Georges, «Antilly-Argilly»			4
119	Saint-Andeux, «Château de Saint-Andeux»			4
120	Santenay-en-Bourgogne, «Le château de la Crée»	•		4
121	Vandenesse-en-Auxois, «Péniche Lady A»	•		4
122	Vosne-Romanée, «La Closerie des Ormes»			4

Numéro Chambre	Nom de la Commune « Lieu-dit »	Table d'Hôtes	Ferme Auberge	Numéro Carte
	22 - CÔTES-D'ARMOR			
123	Erquy, «Les Bruyères»			2
124	Louannec, «Le Colombier de Coat Gourhant»			2
125	Merdrignac, «Manoir de la Peignie»	•		2
126	Plélo, «Au Char à Bancs»		•	2
127	Plouer-sur-Rance, «La Renardais / Le Repos»	•		2
128	Prat, «Manoir de Coadelan»			2
129	Quintin, «Le Clos du Prince»	•		2
130	Tonquédec, «Le Queffiou»			2
	23 - CREUSE			
131	Bétête, «Château de Moisse»			4
132	Chapelle-Saint-Martial (La)			4
133	Fresselines, «Confolent»	•		4
134	Gentioux, «Pallier»	•		4
135	Lussat, «Puy-Haut»	•		4
136	Saint-Bard, «Château de Chazepaud»	•		4
137	Saint-Hilaire-le-Château, «La Chassagne»			4
	24 - DORDOGNE			
138	Buisson-Paleyrac (Le), «Domaine des Farguettes»	•		5
	26 - DRÔME			
139	Alixan, «L'Eygalière»	•		6
140	Baume-de-Transit (La), «Domaine de Saint-Luc»	•		6
141	Chantemerle-les-Grignan, «Le Parfum Bleu»	•		6
142	Comps, «Le Château»			6
	27 - EURE			
143	Bourgthéroulde, «Château de Boscherville»			2
144	Croix-Saint-Leufroy (La), «La Boissière»	•		2
145	Giverny, «La Réserve»			2
146	Heudreville-sur-Eure			2
147	Manthelon, «Le Nuisement»			2
148	Préaux (Les), «Prieuré des Fontaines»	•		2
149	Reuilly, «Clair Matin»			2
150	Saint-Clair-d'Arcey, «Domaine du Plessis»	•		2
151	Saint-Éloi-de-Fourques, «Manoir d'Hermos»	•		2
152	Saint-Philbert-sur-Risle			2
	28 - EURE-ET-LOIR			
153	Cherisy			2
154	Ferté-Vidame (La), «Manoir de la Motte»			2
155	Mancelière-Montmureau (La), «La Musardière»			2
	29 - FINISTÈRE			
156	Arzano, «Château de Kerlarec»			2
157	Carantec, «Kervezec»			2
158	Carhaix, «Manoir de Prevasy»			2
159	Cast, «Manoir de Tréouret»			2
160	Douarnenez, «Manoir de Kervent»			2
161	Guipavas, «La Châtaigneraie»			2
162	Île-de-Batz			2
163	Plomeur, «Keraluic»			2
164	Plouescat, «Penkear»			2

Numéro Chambre	Nom de la Commune « Lieu-dit »	Table d'Hôtes	Ferme Auberge	Numéro Carte
165	Plouigneau, «Manoir de Lanleya»			2
166	Plourin-les-Morlaix			2
167	Saint-Thégonnec, «Ar Prospital Coz»	•		2
168	Saint-Yvi, «Kervren»			2
169	Tréhou (Le), «Mescouez»	•		2
	30 - GARD			
170	Aigaliers, «La Buissonnière»			6
171	Alzon, «Château du Mazel»	•		6
172	Aramon, «Le Rocher Pointu»			6
173	Barjac, «La Sérénité»			6
174	Barjac			6
175	Laudun, «Château Lascours»			6
176	Lussan, «Mas de James»			6
177	Ponteils-et-Brésis, «Château de Chambonnet»	•		6
178	Potelières, «Le Château»			6
179	Revens-Trèves, «Ermitage Saint-Pierre»	•		6
180	Ribaute-les-Tavernes, «Château de Ribaute»			6
181	Roque-sur-Cèze (La)			6
182	Sauve, «Mas de la Fauguière»			6
183	Sumène, «Nissole»	•		6
	31 - HAUTE-GARONNE			
184	Auzas, «Domaine de Menaut»	•		5
185	Calmont, «Château de Terraqueuse»			5
186	Caraman, «Château du Croisillat»			5
187	Montpitol, «Stoupignan»			5
188	Saint-Pierre, «Château de Saint-Martin»			5
189	Saint-Pierre-des-Lages, «Le Bousquet»			5
190	Villefranche-de-Lauragais, «Château de Mauremont»			5
	32 - GERS			
191	Blaziert, «La Bajonne»	•		5
192	Caussens, «Au Vieux Pressoir»		•	5
193	Eauze, «Ferme de Mounet»		•	5
194	Gazaupouy, «Domaine de Polimon»			5
195	Juillac, «Au Château»	•		5
196	Laujuzan, «Le Verdier»			5
197	Lavardens, «Mascara»	•		5
198	Lupiac, «Domaine de Hongrie»	•		5
199	Marsolan, «Le Nauton»	•		5
200	Mauroux, «Le Corneillon»	•		5
201	Miélan, «La Tannerie»			5
202	Mirande, «Moulin de Régis»			5
203	Moncassin, «Domaine de Sakkarah»			5
204	Roquelaure, «En Boutan»	•		5
205	Saint-Clar	•		5
206	Saint-Puy, «Armentieux»	•		5
207	Sarragachies, «La Buscasse»	•		5
208	Sémézies-Cachan «Sardac»	•		5
	33 - GIRONDE			
209	Beautiran, «Château de Martignas»	•		5

Numéro Chambre	Nom de la Commune « Lieu-dit »	Table d'Hôtes	Ferme Auberge	Numéro Carte
210	Bernos-Beaulac, «L'Oiseau Bleu»	•		5
211	Capian, «Château de Grand Branet»			5
212	Castelnau-de-Médoc			5
213	Saint-Sève, «Domaine de la Charmaie»	•		5
214	Tabanac, «Château Sentout»			5
	34 - HÉRAULT			
215	Quarante, «Château de Quarante»	•		5
216	Saint-André-de-Buèges, «Bombequiols»	•		5
217	Saint-Clément-de-Rivière, «Domaine de Saint-Clément»			5
218	Saussan			5
219	Villetelle, «Les Bougainvilliers»	•		5
	35 - ILLE-ET-VILAINE			
220	Couyère (La), «La Tremblais»	•		2
221	Dinard, «Manoir de la Duchée»			2
222	Dol-de-Bretagne, «Baguer-Morvan»	•		2
223	Paimpont, «La Corne de Cerf»			2
224	Rheu (Le), «Golf de la Freslonnière»			2
225	Roz-sur-Couesnon, «La Bergerie»			2
226	Saint-Pierre-de-Plesguen, «Le Petit Moulin du Rouvre»			2
	36 - INDRE			
227	Blanc (Le), «Les Chezeaux»			4
228	Bouges-le-Château, «Petit-Château de Ste-Colombe»			4
229	Buzançais, «Boisrenault»	•		4
230	Chalais, «Le Grand Ajoux»	•		4
231	Fléré-la-Rivière, «Le Clos-Vincents»			4
232	Saint-Août, «Château La Villette»	•		4
233	Velles, «Manoir de Villedoin»	•		4
	37 - INDRE-ET-LOIRE			
234	Athée-sur-Cher, «Le Pavillon de Vallet»			3
235	Azay-le-Rideau, «Le Clos Philippa»			3
236	Azay-sur-Cher, «Château du Coteau»			3
237	Azay-sur-Indre, «Le Prieuré»	•		3
238	Ballan-Miré, «Château de Vau»			3
239	Beaumont-en-Véron, «Grézille»			3
240	Chambourg-sur-Indre, «Le Petit Marray»	•		3
241	Champigny-sur-Veude, «Ferme de la Pataudière»	•		3
242	Chançay, «Ferme-Manoir du Vaumorin»			3
243	Chançay, «Ferme de Launay»	•		3
244	Chaveignes, «La Varenne»			3
245	Cheillé, «Le Vaujoint»			3
246	Civray-de-Touraine, «Les Cartes»			3
247	Continvoir, «La Butte de l'Épine»			3
248	Cormery, «Le Logis du Sacriste»	•		3
249	Cravant-les-Côteaux, «Pallus»			3
250	Épeigné-sur-Dême, «Château de Girardet»	•		3
251	Fondettes, «Manoir du Grand Martigny»			3
252	Francueil, «Le Moulin Neuf»			3
253	Genillé, «Moulin de la Roche»	•		3
254	Hommes, «Le Vieux Château»	•		3

Numéro Chambre	Nom de la Commune « Lieu-dit »	Table d'Hôtes	Ferme Auberge	Numéro Carte
255	Huismes, «La Chaussée»			3
256	Huismes, «La Pilleterie»			3
257	Ingrandes-de-Touraine, «Le Clos-St-André»	•		3
258	Langennerie, «Château de la Chesnaye»	•		3
259	Ligré, «Le Clos de Ligré»	•		3
260	Lussault-sur-Loire, «Château de Pintray»			3
261	Luynes, «Le Moulin Hodoux»			3
262	Montrésor, «Le Moulin»			3
263	Mosnes, «Les Hauts Noyers»			3
264	Noizay, «Les Jours Verts»			3
265	Panzoult, «Beauséjour»			3
266	Razines, «Château-de-Charge»			3
267	Richelieu			3
268	Richelieu			3
269	Rigny-Ussé, «Le Pin»			3
270	Rochecorbon, «Château de Montgouverne»	•		3
271	Saché, «Manoir de Bécheron»			3
272	Saché, «Les Tilleuls»			3
273	Saint-Baud, «Le Moulin du Coudray»	•		3
274	Saint-Branchs/Cormery, «La Pasqueraie»	•		3
275	Saint-Épain, «Château de Montgoger»			3
276	Saint-Michel-sur-Loire, «Château de Montbrun»	•		3
277	Savonnières, «Le Prieuré des Granges»			3
278	Sepmes, «La Ferme des Berthiers»	•		3
279	Vernou-sur-Brenne, «La Ferme des Landes»			3
280	Vouvray, «Domaine des Bidaudières»			3
	38 - ISÈRE			
281	Abrets (Les), «La Bruyère»	•		4
282	Chasse-sur-Rhône, «Hameau de Trembas»	•		4
283	Saint-Martin-de-la-Cluze, «Château de Paquier»	•		6
284	Saint-Prim, «Le Pré Margot»	•		4
285	Touvet (Le), «Le Pré Carré»	•		4
286	Villard-Bonnot, «Domaine du Berlioz»	•		4
	39 - JURA			
287	Andelot-lès-St-Amour, «Château Andelot»	•		4
288	Rotalier	•		4
289	Salans			4
	40 - LANDES			
290	Mimbaste, «Capcazal de Pachiou»	•		5
291	Saint-Martin-de-Hinx, «Moulin de Larribaou»	•		5
	41 - LOIR-ET-CHER			
292	Blois, «Le Vieux Cognet»			2
293	Bourré, «Manoir de la Salle»			2
294	Chaumont-sur-Tharonne, «La Farge»			2
295	Cheverny, «Le Clos Bigot»			2
296	Contres, «La Rabouillère»			2
297	Cour-Cheverny, «Le Béguinage»	•		2
298	Danzé, «La Borde»			2
299	Feings, «Le Petit Bois Martin»			2

Numéro Chambre	Nom de la Commune « Lieu-dit »	Table d'Hôtes	Ferme Auberge	Numéro Carte
300	Mer			2
301	Mont-près-Chambord, «Manoir de Clenord»	•		2
302	Muides-sur-Loire, «Château des Colliers»	•		2
303	Onzain			2
304	Saint-Aignan-sur-Cher			2
305	Saint-Denis-sur-Loire, «Mace»	•		2
306	Saint-Georges-sur-Cher, «La Chaise»			2
307	Suèvres, «Le Moulin de Choizeaux»			2
308	Villeny, «Château de la Giraudière»			2
	42 - LOIRE			
309	Pacaudière (La), «Domaine du Gros Buisson»	•		4
310	Saint-Médard-en-Forez	•		4
311	Saint-Pierre-la-Noaille, «Domaine Château de Marchangy»	•		4
	43 - HAUTE-LOIRE			
312	Craponne-sur-Arzon, «Paulagnac»			5
313	Jullianges			5
314	Saint-Front, «Les Bastides du Mezenc»	•		5
	44 - LOIRE-ATLANTIQUE			
315	Bouvron, «Manory de Gavalais»			2
316	Herbignac, «Château de Coetcaret»	•		2
317	Legé, «La Mozardière»	•		3
318	Monnières, «Château Plessis Brezot»			2
319	Pallet (Le), «La Cour de la Grange»			2
320	Pont-Saint-Martin, «Château du Plessis»	•		2
321	Saint-Mars-du-Désert, «Longrais»			2
322	Saint-Molf, «Kervenel»			2
323	Sucé-sur-Erdre			2
324	Turballe (La), «Ker Kayenne»			2
325	Turballe (La), «Les Rochasses»			2
	45 - LOIRET			
326	Briare, «Domaine de la Thiau»			4
327	Chécy			4
328	Ferté-Saint-Aubin (La), «Château de la Ferté»			4
329	Menestreau-en-Villette, «Ferme des Foucault»			4
330	Nevoy, «Sainte-Barbe»	•		4
331	Saint-Martin-d'Abbat, «La Polonerie»	•		4
332	Sandillon, «Château de Champvallins»	•		4
333	Vannes-sur-Cosson, «Sainte-Hélène»	•		4
	46 - LOT			
334	Bélaye, «Marliac»	•		5
335	Gindou, «Le Mély»	•		5
336	Gramat, «Moulin de Fresquet»	•		5
337	Grézels, «Château de la Coste»	•		5
338	Mercuès, «Le Mas Azemar»	•		5
339	Montbrun, «La Bastide de Caillac»	•		5
340	Saint-Chamarand, «Les Cèdres de Lescaille»	•		5
341	Thédirac, «Le Manoir de Surges»	•		5
342	Uzech-les-Oules, «Le Château»	•		5
343	Vigan (Le), «Manoir la Barrière»	•		5

Numéro Chambre	Nom de la Commune « Lieu-dit »	Table d'Hôtes	Ferme Auberge	Numéro Carte
	47 - LOT-ET-GARONNE			
344	Bouglon, «Domaine de Montfleuri»	•		5
345	Buzet-sur-Baise, «Château de Coustet»	•		5
346	Cancon, «Chanteclair»	•		5
347	Cancon, «Manoir de Roquegautier»	•		5
348	Clairac, «Caussinat»	•		5
349	Grézet-Cavagnan, «Château de Malvirade»	•		5
350	Laussou (Le), «Manoir de Barrayre»			5
351	Laussou (Le), «Manoir de Soubeyrac»	•		5
352	Moncaut, «Domaine de Pouzergues»			5
353	Monclar-d'Agenais, «La Seiglal»	•		5
354	Monflanquin, «Domaine de Roquefère»			5
355	Paulhiac, «l'Ormeraie»			5
356	Saint-Eutrope-de-Born, «Moulin de Labique»		•	5
357	Saint-Pierre-sur-Dropt, «Manoir de Lévignac»	•		5
358	Saint-Salvy-sur-Prayssas, «La Grangette»	•		5
359	Samazan, «Château de Cantet»	•		5
360	Villeneuve-sur-Lot, «Les Huguets»	•		5
361	Villeréal, «Château de Ricard»	•		5
	48 - LOZÈRE			
362	Malène (La), «Les Monts»			5
363	Marvejols, «Château de Carrière»			5
364	Saint-Martin-de-Lansuscle, «Château de Cauvel»	•		5
	49 - MAINE-ET-LOIRE			
365	Allonnes, «Manoir de Beauséjour»			3
366	Baracé, «Château de la Motte»	•		3
367	Durtal, «Château de Gouis»			3
368	Gennes, «Le Haut Joreau»			3
369	Grez-Neuville, «La Croix d'Étain»			3
370	Martigné-Briand, «Domaine de l'Étang»			3
371	Montreuil-sur-Loir, «Château de Montreuil»	•		3
372	Mûrs-Érigné, «Le Jau»	•		3
373	Neuillé, «Château Le Goupillon»			3
374	Possonnière (La), «La Rousselière»	•		3
375	Saint-Georges-sur-Loire, «Prieuré de l'Épinay»	•		3
376	Saint-Mathurin-sur-Loire, «Verger de La Bouquetterie»	•		3
377	Saumur, «Château de Beaulieu»	•		3
	50 - MANCHE			
378	Champeaux, «La Hoguelle»			2
379	Coigny, «Château de Coigny»			2
380	Dragey-Ronthon, «l'Église»			2
381	Fresville, «Grainville»			2
382	Lamberville, «Le Château»			2
383	Mesnil-Rogues (Le), «Le Verger»			2
384	Montchaton, «Le Quesnot»			2
385	Montfarville, «Le Manoir»			2
386	Montviron, «Manoir de la Croix»			2
387	Rozel (Le), «Le Château»			2
388	St-Georges-de la Rivière, «Le Manoir de Caillemont»			2

Numéro Chambre	Nom de la Commune « Lieu-dit »	Table d'Hôtes	Ferme Auberge	Numéro Carte
389	St-Germain-de-Tournebut, «Château de la Brisette»			2
390	Saint-Pair-sur-Mer			2
391	Sainte-Geneviève, «La Fèvrerie			2
392	Tamerville, «Manoir de Belaunay»			2
	51 - MARNE			
393	Igny-Comblizy, «Château du Rû Jacquier»	•		1
394	Mutigny, «Manoir de Montflambert»			1
395	Prunay, «La Bertonnerie»			1
	52 - HAUTE-MARNE			
396	Longeville-sur-la-Laines, «Boulancourt»	•		1
	53 - MAYENNE			
397	Château-Gontier, «Château de Mirvault»			2
398	Montreuil-Poulay, «Le Vieux Presbytère»			2
399	Saint-Denis-d'Anjou, «Le Logis du Ray»	•		2
	55 - MEUSE			
400	Ancemont	•		1
401	Thillombois, «Le Clos du Pausa»	•		1
	56 - MORBIHAN			
402	Carnac			2
403	Inzinzac-Lochrist, «Ty-Mat-Penquesten»			2
404	Languidic, «Les Chaumières-Lezorgu»			2
405	Plougoumelen, «Cahire»			2
406	Saint-Martin-sur-Oust, «Le Château de Castellan»			2
	57 - MOSELLE			
407	Cuvry, «Ferme de Haute Rive»			1
408	Rahling			1
	58 - NIÈVRE			
409	Alluy, «Bouteuille»			4
410	Donzy, «Les Jardins de Belle-Rive»	•		4
411	Entrains-sur-Nohain, «Maison des Adirondacks»	•		4
412	Guérigny, «Château de Villemenant»	•		4
413	Guipy, «Château de Chanteloup»			4
414	Magny-Cours, «Domaine de Fonsegre»			4
415	Mont-et-Marré, «Ferme de Semelin»			4
416	Ourouër, «Nyon»			4
417	Raveau, «Le Bois Dieu»	•		4
418	Saint-Jean-aux-Amognes, «Château de Sury»	•		4
419	Saint-Père, «L'Orée des Vignes»	•		4
420	Saint-Révérien, «Villa des Prés»			4
421	Tintury, «Fleury-la-Tour»			4
	59 - NORD			
422	Baives	•		1
423	Banteux, «Ferme de Bonavis»			1
424	Bourbourg, «Le Withof»	•		1
425	Jenlain, «Château d'en Haut»			1
426	Saint-Pierre-Brouck, «Château de St-Pierre-Brouck»	•		1
427	Solre-le-Château			1
	60 - OISE			
428	Anserville, «Château d'Anserville»	•		1

Numéro Chambre	Nom de la Commune « Lieu-dit »	Table d'Hôtes	Ferme Auberge	Numéro Carte
429	Plailly			1
430	Puits-la-Vallée	•		1
431	Reilly	•		1
432	Saint-Arnoult			1
	61 - ORNE			
433	Bubertre, «La Champignière»	•		2
434	Ceton, «l'Aître»	•		2
435	Domfront, «La Demeure d'Olwenn»			2
436	Ferté-Fresnel (La), «Le Château»			2
437	Gacé, «Castel-Morphée»			2
438	Moulicent, «La Grande Noë»	•		2
439	Sainte-Gauburge/Sainte-Colombe, «La Bussière»	•		2
440	Valframbert, «Haras du Bois Beulant»			2
	62 - PAS-DE-CALAIS			
441	Beussent, «La Haute-Chambre»			1
442	Echinghen			1
443	Escalles, «La Grand'Maison»	•		1
444	Fauquembergues			1
445	Gauchin-Verloingt			1
446	Marck, «Le Fort Vert»	•		1
447	Saulty			1
448	Tardinghen, «Le Hambreuil»			1
449	Tigny-Noyelle, «Le Prieuré»	•		1
450	Verton, «La Chaumière»			1
	63 - PUY-DE-DÔME			
452	Beauregard-Vendon, «Chaptes»			4
453	Chadeleuf, «La Vigie»	•		4
454	Collanges, «Château de Collanges»	•		4
455	Combronde			4
456	Cunlhat	•		4
457	Mont-Dore (Le), «La Closerie de Manou»			4
458	Montaigut-le-Blanc, «Le Chastel-Montaigu»			4
459	Montpeyroux			4
460	Montpeyroux, «Les Pradets»			4
461	Perrier			4
462	Royat, «Château de Charade»			4
463	Saint-Rémy-de-Chargnat, «Château de Pasredon»			4
464	Vollore-Ville, «Château de Vollore»			4
	64 - PYRÉNÉES-ATLANTIQUES			
465	Arrosès, «Sauvemea»		•	5
466	Bastide-Clairence (La), «Maison Marchand»	•		5
467	Bosdarros-Gan	•		5
468	Bruges, «Les Buissonets»	•		5
469	Cambo-les-Bains, «Domaine Xixtaberri»			5
470	Lay-Lamidou	•		5
471	Saint-Pée-sur-Nivelle, «Bidachuna»			5
472	Sare, «Larochoincoborda»			5
473	Sare, «Olabidea»			5
474	Urrugne, «Maison Haizean»			5

Numéro Chambre	Nom de la Commune « Lieu-dit »	Table d'Hôtes	Ferme Auberge	Numéro Carte
	65 - HAUTES-PYRÉNÉES			
475	Aries-Espénan, «Moulin-d'Aries»	•		5
476	Castelnau-Rivière-Basse, «Château du Tail»	•		5
477	Fontrailles, «Jouandassou»	•		5
478	Galan, «Namaste»	•		5
479	Omex, «Les Rocailles»	•		5
480	Pinas, «Domaine de Jean-Pierre»			5
481	Saint-Pé-de-Bigorre	•		5
482	Saint-Pé-de-Bigorre	•		5
483	Sombrun, «Château de Sombrun»	•		5
	66 - PYRÉNÉES-ORIENTALES			
484	Camelas, «Mas Félix»	•		6
485	Castelnou, «Domaine de Querubi»	•		6
486	Thuir, «Mas Petit»			6
	67 - BAS-RHIN			
487	Cosswiller-Wasselonne, «Tirelyre»			1
488	Dieffenbach-au-Val, «La Romance»			1
	69 - RHÔNE			
489	Chaponost	•		4
490	Chiroubles, «La Grosse Pierre»			4
491	Jarnioux, «Château de Bois Franc»			4
492	Lancié, «Les Pasquiers»	•		4
493	Lantignié, «Domaine des Quarante Écus»			4
494	Perréon (Le), «Les Volets Bleus»	•		4
495	Quincié-en-Beaujolais, «Domaine de Romarand»	•		4
	70 - HAUTE-SAÔNE			
496	Pusy-et-Épenoux	•		4
497	Servance	•		4
	71 - SAÔNE-ET-LOIRE			
498	Baudrières			4
499	Bourgvilain, «Moulin des Arbillons»			4
500	Guiche (La), «La Roseraie»			4
501	Marcigny, «Les Récollets»	•		4
502	Moroges, «L'Orangerie»	•		4
503	Salornay-sur-Guye, «La Salamandre»	•		4
504	Sassangy, «Le Château»			4
505	Sennecey-le-Grand, «Le Clos des Tourelles»	•		4
506	Tournus			4
507	Tournus, «Château de Beaufer»			4
508	Vineuse (La), «La Maîtresse»	•		4
	72 - SARTHE			
509	Asnières-sur-Vègre, «Manoir des Claies»	•		2
510	Monhoudou, «Château de Monhoudou»	•		2
511	Poncé-sur-le-Loir, «Château de la Volonière»			2
	73 - SAVOIE			
512	Sainte-Foy-Tarentaise, «Yellowstone-Chalet»	•		4
	74 - HAUTE-SAVOIE			
513	Amancy, «La Solitude»			4
514	Boussy, «Château de Lupigny»	•		4

Numéro Chambre	Nom de la Commune « Lieu-dit »	Table d'Hôtes	Ferme Auberge	Numéro Carte
515	Copponex, «La Bécassière»	•		4
516	Saint-Félix, «Les Bruyères»	•		4
	76 - SEINE-MARITIME			
517	Blacqueville, «Domaine de la Fauconnerie»	•	•	2
518	Dieppe			2
519	Eu, «Manoir de Beaumont»			2
520	Landes-Vieilles-et-Neuves (Les), Château des Landes»	•		2
521	Quiberville			2
522	Valmont			2
523	Veules-les-Roses, «La Maudière»	•		2
	77 - SEINE-ET-MARNE			
524	Cessoy-en-Montois, «Clos Thibaud de Champagne»	•		1
525	Neufmoutiers-en-Brie, «Bellevue»	•		1
526	Othis, «Beaumarchais»	•		1
527	Pommeuse, «Le Cottage du Martin Pêcheur»			1
	78 - YVELINES			
528	Bréviaires (Les), «Domaine de la Grange du Bois»			1
	79 - DEUX-SÈVRES			
529	Vallans, «Le Logis d'Antan»			3
	80 - SOMME			
530	Creuse			1
531	Port-le-Grand, «Bonance»			1
	81 - TARN			
532	Cambounet-sur-le-Sor, «La Serre»			5
533	Cordes-sur-Ciel, «Aurifat»			5
534	Gaillac			5
535	Garrevaques, «Château de Gandels»	•		5
536	Larroque, «Meilhouret»			5
537	Lautrec, «Montcuquet»	•		5
538	Lavaur, «En Roque»	•		5
539	Lempaut, «La Bousquetarie»	•		5
540	Lempaut, «Villa Les Pins»	•		5
541	Mailhoc, «Le Reposoir»			5
542	Paulinet, «Domaine des Juliannes»	•		5
543	Puycelci			5
544	Rabastens, «La Bonde»	•		5
	82 - TARN-ET-GARONNE			
545	Beaumont-de-Lomagne, «L'Arbre d'Or»	•		5
546	Goudourville, «Château de Goudourville»	•		5
547	Gramont, «Manoir de Havares»			5
548	Lafrançaise, «Les Rives»			5
549	Montesquieu, «La Baysse»	•		5
550	Montpezat-de-Quercy, «Le Barry»	•		5
551	Nègrepelisse, «Les Brunis»	•		5
	83 - VAR			
552	Bargème, «Les Roses Trémières»	•		6
553	Beausset (Le), «Les Cancades»			6
554	Besse-sur-Issole, «Maison Saint-Louis»	•		6
555	Cotignac, «Domaine de Nestuby»	•		6

Numéro Chambre	Nom de la Commune « Lieu-dit »	Table d'Hôtes	Ferme Auberge	Numéro Carte
556	Farlède (La), «Villa Arcadie»	•		6
557	Ginasservis, «La Rougonne»	•		6
558	Nans-les-Pins, «Château de Nans»	•		6
559	Nans-les-Pins, «La Faissinette»			6
560	Pontevès, «Domaine de St-Ferréol»			6
561	Ramatuelle, «Lei-Souco»			6
562	Seyne-sur-Mer (La), «La Lézardière»			6
563	Trans-en-Provence, «Saint-Amour»	•		6
	84 - VAUCLUSE			
564	Aurel, «Richarnau»	•		6
565	Bédoin, «Les Tournillayres»	•		6
566	Cadenet, «Le Colimaçon»	•		6
567	Carpentras, «Bastide Sainte-Agnès»			6
568	Crillon-le-Brave, «Clos-Saint-Vincent»	•		6
569	Crillon-le-Brave, «Moulin d'Antelon»	•		6
570	Entraigues-sur-la-Sorgues, «Domaine du Grand Causeran»	•		6
571	Entrechaux, «l'Esclériade»			6
572	Isle-sur-la-Sorgue, «Domaine de la Fontaine»	•		6
573	Isle-sur-la-Sorgue, «La Méridienne»			6
574	Lacoste, «Bonne Terre»			6
575	Lacoste, «Domaine Layaude-Basse»	•		6
576	Lacoste, «Relais du Procureur»			6
577	Lagnes, «Mas du Grand Jonquier»	•		6
578	Lagnes, «Les Gardiolles»			6
579	Lauris, «La Maison des Sources»	•		6
580	Lourmarin, «Villa Saint-Louis»			6
581	Lourmarin, «La Lombarde»			6
582	Malaucène, «Le Château-Crémessière»	•		6
583	Malemort-du-Comtat, «Château d'Unang»	•		6
584	Ménerbes, «Mas du Magnolia»			6
585	Oppède, «Le Petit Crui»			6
586	Orange, «Domaine de la Violette»	•		6
587	Pernes-les-Fontaines, «St-Barthélémy»			6
588	Puyméras, «Le Saumalier»			6
589	Robion, «Domaine de Canfier»	•		6
590	Roussillon, «Mas-d'Azalais»	•		6
591	Rustrel, «La Forge»	•		6
592	Saint-Marcellin-les-Vaison, «Château de Taulignan»			6
593	Séguret, «Saint-Jean»			6
594	Vaison-la-Romaine, «l'Évêché»			6
595	Velleron	•		6
596	Venasque, «La Maison aux Volets Bleus»	•		6
597	Villedieu, «Château La Baude»	•		6
	85 - VENDÉE			
598	Cezais, «Château de la Cressonnière»			3
599	Gué-de-Velluire (Le)	•		3
600	Luçon			3
601	Maillezais			3
602	Nieul-sur-l'Autize, «Le Rosier Sauvage»	•		3

Numéro Chambre	Nom de la Commune « Lieu-dit »	Table d'Hôtes	Ferme Auberge	Numéro Carte
603	Saint-Denis-la-Chevasse, «Château du Breuil»	•		3
604	Saint-Mathurin, «Château de la Millière»			3
	86 - VIENNE			
605	Chauvigny, «La Veaudepierre»	•		3
606	Poitiers, «Château de Vaumoret»			3
	87 - HAUTE-VIENNE			
609	Bersac-sur-Rivalier, «Château du Chambon»	•		3
610	Champagnac-la-Rivière, «Château de Brie»			3
611	Châteauneuf-la-Forêt, «La Croix du Reh»	•		3
612	Eymoutiers, «La Roche»	•		3
613	Isle, «Verthamont»	•		3
614	Saint-Junien-les-Combes, «Château de Sannat»	•		3
615	Saint-Pardoux, «Château de Vauguenige»	•		3
	88 - VOSGES			
616	Vaudoncourt			1
	89 - YONNE			
617	Chevannes, «Château de Ribourdin»			4
618	Escolives-Sainte-Camille	•		4
619	Lavau, «La Chasseuserie»			4
620	Noyers-sur-Serein, «Château d'Archambault»	•		4
621	Perreux, «La Coudre»	•		4
622	Poilly-sur-Serein, «Le Moulin»			4
623	Sainte-Magnance, «Château Jaquot»	•		4
624	Vallery, «La Margottière»	•		4
625	Venoy, «Domaine de Ste-Anne»			4
626	Villefargeau, «Les Bruyères»	•		4
	91 - ESSONNE			
627	Chalo-Saint-Mars, «4 Hameau de Boinville»			1
628	Chevannes, «Ferme de la Joie»			1
629	Moigny-sur-École	•		1
630	Saclas, «Ferme des Prés de la Cure»			1
631	Saint-Cyr-sous-Dourdan, «Le Logis d'Arnière»			1
	95 - VAL-D'OISE			
632	Wy-Dit-Joli-Village, «Château d'Hazeville»			1

Numéro Gîte	Nom de la Commune « Lieu-dit »	Numéro Carte
	INDEX DES GÎTES RURAUX PRESTIGE	
	01 - AIN	
633	Peyzieux-sur-Saône	4
	11 - AUDE	
634	Labécède-Lauragais	5
635	Montlaur, «Château de Montlaur»	5
	12 - AVEYRON	
636	Tauriac-de-Naucelle, «Le Moulin du Go»	5
	14 - CALVADOS	
637	Biéville-Quétiéville	2
638	Brocottes, «Le Lieu hachet»	2
639	Theil-en-Auge (Le), «L'Armandine»	2
	15 - CANTAL	
640	Bonnac, «Pouzol»	5
641	Chalinargues	5
642	Falgoux (Le), «Domaine des Coustounes»	5
643	Neuvéglise, «Tagenac»	5
644	Neuvéglise, «Tagenac»	5
645	Polminhac, «Toursac»	5
646	Saint-Bonnet-de-Salers, «Les Planches»	5
647	Sainte-Marie, «La Fage»	5
648	Talizat, «Frugères»	5
	16 - CHARENTE	
649	Bonnes, «Nadelin»	3
650	Lesterps, «La Croix Rouge»	3
	22 - CÔTES-D'ARMOR	
651	Jugon-les-Lacs, «Château-de-Lorgeril»	2
	27 - EURE	
652	Épaignes, «Le Clos Saint-Antoine»	2
	30 - GARD	
653	Aramon, «Le Rocher Pointu»	6
654	Ponteils-et-Brésis, «Château du Chambonnet»	6
	34 - HÉRAULT	
655	Minerve, «Les Aliberts»	5
656	Montaud	5
	37 - INDRE-ET-LOIRE	
657	Artannes-sur-Indre, «Le Château de la Mothe»	3
658	Bléré, «Gimont»	3
659	Ferrière-Larcon, «La Villa Robespierre»	3
660	Fondettes, «Les Pivottières»	3
661	Monnaie, «Les Belles Ruries»	3
662	Rochecorbon, «La Vallée-Pœllon»	3
663	Tauxigny, «La Neuraie»	3
664	Vouvray, «La Closerie»	3
	47 - LOT-ET-GARONNE	
665	Laussou (Le), «Le Soubeyrac»	5
666	Saint-Aubin, «Le Verrier»	5

Numéro Gîte	Nom de la Commune « Lieu-dit »	Numéro Carte
667	Saint-Aubin, «Crozefonds»	5
668	Sauvetat-sur-Lède (La), «Al Biou»	5
	48 - LOZÈRE	
669	Rieutort-de-Randon, «Le Mazelet»	5
	51 - MARNE	
670	Moussy, «Le Chartil»	1
	69 - RHÔNE	
671	Charnay, «Bayère»	4
672	Émeringes, «Château d'Émeringes»	4
	78 - YVELINES	
673	Bréviaires (Les), «La Grange-du-Bois»	1
	79 - DEUX-SÈVRES	
674	Montigny, «La Verardière»	3
675	Saint-Aubin-du-Plain, «L'Audebaudière»	3
676	Sansais-la-Garette	3
	82 - TARN-ET-GARONNE	
677	Cayriech, «Le Clos des Charmilles»	5
678	Cayriech, «La Closerie de la Lère»	5
	85 - VENDÉE	
679	Flocellière (La), «Château de la Flocellière»	3
680	Saint-Martin-des-Fontaines, «Garreau»	3
	89 - YONNE	
681	Nuits-sur-Armançon	4

LISTE DES RELAIS DÉPARTEMENTAUX

Boutique avec vente de guides nationaux et départementaux

01 - AIN
21, place Bernard - B.P. 198
01005 BOURG-EN-BRESSE CEDEX
Tél. 04 74 23 82 66 - Fax 04 74 22 65 86

02 - AISNE
24/28, avenue Charles de Gaulle - B.P. 116
02005 LAON CEDEX
Tél. 03 23 27 76 80 - Fax 03 23 27 76 88

03 - ALLIER
Résagîtes / Résahôtes
Hôtel de Rochefort
12, cours Anatole-France - B.P 1647
03016 MOULINS CEDEX
Tél. 04 70 46 81 50 - 04 70 46 81 60
Fax 04 70 46 00 22

04 - ALPES-DE-HAUTE PROVENCE
Maison du Tourisme
Rond-Point du 11 Novembre - B.P. 201
04001 DIGNE LES BAINS CEDEX
Tél. 04 92 31 52 39 - Fax 04 92 32 32 63

05 - HAUTES-ALPES
1, place du Champsaur - B.P. 55
05002 GAP CEDEX
Tél. 04 92 52 52 92- Fax 04 92 52 52 90

06 - ALPES-MARITIMES
C.R.T.
55, Promenade des Anglais - B.P. 1602
06011 NICE CEDEX 1
Tél. 04 92 15 21 30 - Fax 04 93 86 01 06
http :// www.crt - riviera.fr /gites 06

07 - ARDECHE
4, Cours du Palais - B.P. 402
07004 PRIVAS CEDEX
Tél. 04 75 64 70 70 - Fax 04 75 64 75 40

08 - ARDENNES
1, av. du Petit-Bois - B.P. 331
08105 CHARLEVILLE-MEZIERES CEDEX
Tél. 03 24 56 89 65 - Fax 03 24 56 89 66

09 - ARIEGE
31 bis, avenue du Général de Gaulle
B.P. 143
09004 FOIX CEDEX
Tél. 05 61 02 30 89 - Fax 05 61 65 17 34

10 - AUBE
Chambre d'Agriculture
2 bis, rue Jeanne-d'Arc - B.P. 4080
10014 TROYES CEDEX
Tél. 03 25 73 00 11 - Fax 03 25 73 94 85

11 - AUDE
78, rue Barbacane
11000 CARCASSONNE
Tél. 04 68 11 40 70 - Fax 04 68 11 40 72

12 - AVEYRON
APATAR - Maison du Tourisme
6, place Jean Jaurès - B.P. 831
12008 RODEZ CEDEX
Tél. : 05 65 75 55 60 - Résa : 05 65 75 55 55
Fax 05 65 75 55 61 - Résa : 05 65 75 55 89

13 - BOUCHES-DU-RHONE
Domaine du Vergon
13370 MALLEMORT
Tél. 04 90 59 49 27 - 04 90 59 49 40
Fax 04 90 59 16 75

14 - CALVADOS
6, promenade Madame-de-Sévigné
14050 CAEN CEDEX
Tél. 02 31 82 71 65 - Fax 02 31 83 57 64

15 - CANTAL
26, rue du 139e R.I. - B.P. 239
15002 AURILLAC CEDEX
Tél. 04 71 48 64 20 - Fax 04 71 48 64 21

16 - CHARENTE
27, Place Bouillaud
16021 ANGOULEME CEDEX
Tél. 05 45 69 79 09 - Fax 05 45 69 48 60

17 - CHARENTE-MARITIME
Résidence Le Platin
1, Perspective de l'Océan - Les Minimes B.P. 32
17002 LA ROCHELLE CEDEX 1
Tél. 05 46 50 63 63 - Fax 05 46 50 54 46

18 - CHER
5, rue de Séraucourt - 18000 BOURGES
Tél. 02 48 67 01 09 - Fax 02 48 67 01 44

19 - CORREZE
Chambre d'Agriculture
Immeuble Consulaire Tulle Est
Puy Pinçon - B.P. 30 -19001 TULLE CEDEX
Tél. 05 55 21 55 61 ou 05 55 21 55 21 (poste 56-79)
Fax 05 55 21 55 88

20 - CORSE
1, rue Général Fiorella
20181 AJACCIO CEDEX 01
Tél. 04 95 51 72 82- Fax 04 95 51 72 89

21 - COTE-D'OR
16, rue Lamonnoye - B.P. 2696
21058 DIJON CEDEX
Tél. 03 80 38 24 44 - Fax 03 80 38 24 30

22 - COTES-D'ARMOR
21-23, rue des Promenades
B.P. 4536 - 22045 SAINT-BRIEUC CEDEX 2
Tél. 02 96 62 21 73 - 02 96 62 21 74
Fax 02 96 61 20 16

23 - CREUSE
Maison de l'Agriculture - 1, rue Martinet
B.P. 89 - 23011 GUERET CEDEX
Tél. 05 55 61 50 15 - Fax 05 55 41 02 73

24 - DORDOGNE
25, rue Wilson
24009 PERIGUEUX CEDEX
Tél. 05 53 35 50 24 - Fax 05 53 09 51 41

25 - DOUBS
4 ter, Faubourg Rivotte
25000 BESANÇON
Tél. 03 81 82 80 48 - Fax 03 81 82 38 72

26 - DROME
95, av. Georges-Brassens
26500 BOURG-LES-VALENCE
Tél : 04 75 83 90 20 Résa : 04 75 83 01 70
Fax 04 75 82 90 57

27 - EURE
9, rue de la Petite-Cité - B.P. 882
27008 EVREUX CEDEX
Tél. 02 32 39 53 38 - Fax 02 32 33 78 13

28 - EURE-ET-LOIR
Maison de l'Agriculture
10, rue Dieudonné-Costes
28024 CHARTRES
Tél. 02 37 24 45 11 - Fax 02 37 24 45 90

29 - FINISTERE
5, allée Sully
29322 QUIMPER CEDEX
Tél. 02 98 52 48 00 - Fax 02 98 52 48 44
E-mail : gites29@eurobretagne.fr

30 - GARD
C.D.T.
3, place des Arènes - B.P. 59
30007 NIMES CEDEX 4
Tél. 04 66 27 94 94 - Fax 04 66 27 94 95

31 - HAUTE-GARONNE
14, rue Bayard - B.P. 845
31015 TOULOUSE CEDEX 06
Tél. 05 61 99 70 60 - Fax 05 61 99 41 22

32 - GERS
Maison de l'Agriculture
Route de Tarbes - 32003 AUCH CEDEX
Tél. 05 62 61 77 67 - Résa : 05 62 61 79 00
Fax 05 62 61 77 07- Résa : 05 62 61 79 09

33 - GIRONDE
Maison du Tourisme
21, cours de l'Intendance
33000 BORDEAUX
Tél. 05 56 81 54 23 - Fax 05 56 51 67 13

34 - HERAULT
Maison du Tourisme
Av. des Moulins - B.P. 3070
34034 MONTPELLIER CEDEX 1
Tél. 04 67 67 62 62 - Résa : 04 67 67 71 66
Fax 04 67 67 71 69

35 - ILLE-ET-VILAINE
8, rue de Coëtquen - B.P. 5093
35061 RENNES CEDEX 3
Tél. 02 99 78 47 57 - Fax 02 99 78 47 53

36 - INDRE
1, rue Saint-Martin - B.P. 141
36003 CHATEAUROUX CEDEX
Tél. 02 54 22 91 20 - Fax 02 54 27 60 00

37 - INDRE-ET-LOIRE
38, rue Augustin-Fresnel
37171 CHAMBRAY-LES-TOURS
Tél. 02 47 48 37 13 - Fax 02 47 48 13 39

38 - ISERE
Maison des Agriculteurs
40, avenue Marcelin-Berthelot
BP 2641
38036 GRENOBLE CEDEX
Tél. 04 76 40 79 40 - Fax 04 76 40 79 99

39 - JURA
8, rue Louis Rousseau
39000 LONS-LE-SAUNIER
Tél. 03 84 87 08 88 - Fax 03 84 24 88 70

40 - LANDES
Chambre d'Agriculture
Cité Galliane- BP 279
40005 MONT-DE-MARSAN CEDEX
Tél. 05 58 85 44 44 - Fax 05 58 85 44 45

41 - LOIR-ET-CHER
Association Vacances Vertes
5, rue de la Voûte-du-Château - BP 249
41001 BLOIS CEDEX
Tél. 02 54 58 81 63 - Résa : 02 54 58 81 64
Fax 02 54 56 04 13

42 - LOIRE
Cité de l'Agriculture
43, av. Albert-Raimond - B.P. 50
42272 SAINT-PRIEST-EN-JAREZ
Tél. 04 77 79 18 49 - Fax 04 77 93 93 66

43 - HAUTE-LOIRE
Relais du Tourisme
12, bd Philippe-Jourde - B.P 332
43012 LE-PUY-EN-VELAY CEDEX
Tél. 04 71 09 91 46 - Fax 04 71 09 91 50
Fax : 04 71 09 54 85

44 - LOIRE ATLANTIQUE
1, allée Baco - B.P. 93218
44032 NANTES CEDEX 1
Tél. 02 51 72 95 65 - Fax 02 40 35 17 05

45 - LOIRET
8, rue d'Escures - 45000 ORLEANS
Tél : 02 38 78 04 00 - Résa : 02 38 62 04 88
Fax : 02 38 77 04 12 - Résa : 02 38 62 98 37

46 - LOT
Maison du Tourisme
Place François Mitterand - B.P. 162
46003 CAHORS CEDEX
Tél. 05 65 53 20 75 - Fax 05 65 53 20 79

47 - LOT-ET-GARONNE
4, rue André Chénier
47000 AGEN
Tél. 05 53 47 80 87 - Fax 05 53 66 88 29

48 - LOZERE
14, bd Henri-Bourillon - B.P. 4
48001 MENDE
Tél. 04 66 65 60 00 - Fax 04 66 49 27 96

49 - MAINE-ET-LOIRE
Maison du Tourisme
Place Kennedy - B.P. 2147
49021 ANGERS CEDEX 02
Tél. 02 41 23 51 23 - 02 41 23 51 42
Fax 02 41 88 36 77

Renseignements, Guides départementaux, Réservations

Réservation par 3615 code "Gîtes de France" 1,29 F/mn

50 - MANCHE
Rond-Point de la Liberté
Maison du Département
50008 SAINT-LO CEDEX
Tél. 02 33 56 28 80 - Fax 02 33 56 07 03

51 - MARNE
Chambre d'Agriculture
Complexe Agricole du Mont-Bernard
Route de Suippes - B.P. 525
51009 CHALONS-SUR-MARNE CEDEX
Tél. 03 26 64 95 05 ou 03 26 64 08 13
Fax 03 26 64 95 06

52 - HAUTE-MARNE
40 bis, avenue Foch
52000 CHAUMONT
Tél. 03 25 30 39 00 - Fax 03 25 30 39 09

53 - MAYENNE
84, avenue Robert Buron - BP 2254
53022 LAVAL CEDEX 9
Tél. 02 43 53 58 78 - Fax 02 43 53 58 79

54 - MEURTHE-ET-MOSELLE
5, rue de la Vologne
Centre Agricole - Chambre d'Agriculture
54524 LAXOU CEDEX
Tél. 03 83 96 44 52 - Fax 03 83 98 50 42

55 - MEUSE
Hôtel du Département
4, rue de la Résistance
55012 BAR-LE-DUC CEDEX
Tél. 03 29 45 78 42 - Fax 03 29 45 78 45

56 - MORBIHAN
2, rue du Château - BP 318
56403 AURAY CEDEX
Tél. 02 97 56 48 12 - Fax 02 97 50 70 07

57 - MOSELLE
1, rue de Coëtlosquet - 57000 METZ
Tél. 03 87 69 04 90- Fax 03 87 01 19 44

58 - NIEVRE
3, rue du Sort
58000 NEVERS
Tél. 03 86 36 42 39 - Fax 03 86 36 36 63

59 - NORD
89, boulevard de la Liberté
59800 LILLE
Tél. 03 20 14 93 93 - 03 20 14 93 94
Fax 03 20 14 93 99

60 - OISE
8 bis, rue Delaherche - B.P. 822
60008 BEAUVAIS CEDEX
Tél. 03 44 06 25 85 - Fax 03 44 06 25 80

61 - ORNE
C.D.T. , 88, rue Saint-Blaise
B.P. 50 - 61002 ALENÇON CEDEX
Tél. 02 33 28 07 00 - Fax 02 33 29 01 01

62 - PAS-DE-CALAIS
24, rue Désille
62200 BOULOGNE-SUR-MER
Tél. 03 21 87 28 91 - Fax 03 21 30 04 81

63 - PUY-DE-DOME
Place de la Bourse
63038 CLERMONT-FERRAND CEDEX 1
Tél. 04 73 90 00 15 - Fax : 04 73 92 83 75

64 - PYRENEES ATLANTIQUES
Maison de l'Agriculture
124, bd Tourasse
64078 PAU CEDEX
Tél. 05 59 80 19 13 - Fax : 05 59 80 04 20

65 - HAUTES-PYRENEES
22, place du Foirail
65000 TARBES
Tél. 05 62 34 31 50 ou 05 62 34 64 37
Fax 05 62 34 37 95

66 - PYRENEES ORIENTALES
30, rue Pierre-Bretonneau
66017 PERPIGNAN CEDEX
Tél. 04 68 55 60 95 ou 04 68 55 60 96
Fax 04 68 55 60 94

67 - BAS-RHIN
7, place des Meuniers
67000 STRASBOURG
Tél. 03 88 75 56 50 - Fax 03 88 23 00 97
E-mail : alsace-gites@adec.fr

68 - HAUT-RHIN
Maison du Tourisme
1, rue Schlumberger - BP 371
68007 COLMAR
Tél. 03 89 20 10 60 - Fax 03 89 23 33 91

69 - RHONE A.D.T.R.
1, rue Général-Plessier - 69002 LYON
Tél. 04 72 77 17 50 - Fax 04 78 38 21 15

69 - RHONE-ALPES
1, rue Général-Plessier - 69002 LYON
Tél. 04 72 77 17 55 - Fax 04 78 38 21 15

70 - HAUTE-SAONE
Maison du Tourisme
6, rue des Bains - B.P. 117
70002 VESOUL CEDEX
Tél. 03 84 97 10 70 - Fax 03 84 97 10 71

71 - SAONE-ET-LOIRE
Chambre d'Agriculture
Esplanade du Breuil - 71010 MACON
Tél. 03 85 29 55 60 - Fax 03 85 38 61 98

72 - SARTHE
40, rue Joinville
72000 LE MANS
Tél : 02 43 40 22 50 - Résa 02 43 40 22 60
Fax : 02 43 40 22 61

73 - SAVOIE
24, bd de la Colonne
73024 CHAMBERY CEDEX
Tél. 04 79 33 22 56 - Fax 04 79 85 71 32

74 - HAUTE-SAVOIE
17,avenue d'Albigny
74000 ANNECY
Tél. 04 50 23 92 74 - Fax 04 50 27 74 22

76 - SEINE-MARITIME
Immeuble de la Chambre d'Agriculture
Chemin de la Bretèque - B.P. 59
76232 BOIS-GUILLAUME CEDEX
Tél. 02 35 60 73 34 - Fax 02 35 61 69 20

77 - SEINE-ET-MARNE
Maison Départementale du Tourisme
9/11, rue Royale
77300 FONTAINEBLEAU
Tél. 01 60 39 60 39 - Fax 01 60 39 60 40

78 - YVELINES
Hôtel du Département
2, place André-Mignot
78012 VERSAILLES CEDEX
Tél. 01 30 21 36 73 - Fax 01 39 01 88 56

79 - DEUX-SEVRES
15, rue Thiers - B.P. 8524
79025 NIORT CEDEX 9
Tél. 05 49 24 00 42 ou 05 49 77 15 90
Fax 05 49 77 15 94

80 - SOMME
21, rue Ernest-Cauvin
80000 AMIENS
Tél. 03 22 71 22 71 - Résa : 03 22 71 22 70
Fax 03 22 71 22 69

81 - TARN
Maison des Agriculteurs La Milliasolle
B.P. 89 - 81003 ALBI CEDEX
Tél. 05 63 48 83 01 - Fax 05 63 48 83 12

82 - TARN-ET-GARONNE
C.D.T. - Place du Maréchal-Foch
Hôtel des Intendants
82000 MONTAUBAN
Tél. 05 63 66 04 42 - Fax 05 63 66 80 36

83 - VAR
Conseil Général
Rond-Point du 4.12.74 - B.P. 215
83006 DRAGUIGNAN CEDEX
Tél. 04 94 50 93 93 ou 04 94 22 65 71
Fax 04 94 50 93 90 ou 04 94 22 65 72

84 - VAUCLUSE
B.P. 164
84008 AVIGNON CEDEX 1
Tél. 04 90 85 45 00 - Fax 04 90 85 88 49

85 - VENDEE
124, bd Aristide-Briand - B.P. 735
85018 LA ROCHE-SUR-YON CEDEX
Tél. 02 51 37 87 87 - Fax 02 51 62 15 19

86 - VIENNE
15, rue Carnot - B.P. 287
86007 POITIERS CEDEX
Tél. 05 49 37 48 54 - Fax 05 49 37 48 61

87 - HAUTE-VIENNE
32, avenue du Général-Leclerc
87065 LIMOGES CEDEX
Tél. 05 55 77 09 57 - Fax 05 55 10 92 29

88 - VOSGES
13, rue Aristide-Briand - B.P. 405
88010 EPINAL CEDEX
Tél. 03 29 35 50 34 - Fax 03 29 35 68 11

89 - YONNE
Chambre d'Agriculture - 14 bis, rue Guynemer
89015 AUXERRE CEDEX
Tél. 03 86 94 22 22 ou 03 86 46 01 39
Fax 03 86 94 22 23
Résa 03 86 72 92 15 - Fax 03 86 72 92 09

90 - TERRITOIRE DE BELFORT
2 bis, rue Clémenceau
90000 BELFORT
Tél. 03 84 21 27 95 - Fax 03 84 55 90 99

91 - ESSONNE
2, cours Monseigneur Roméro
91025 EVRY CEDEX
Tél. 01 64 97 23 81 - Fax 01 64 97 23 70

95 VAL D'OISE
Chateau de la Motte
Rue François de Ganay
95270 LUZARCHES
Tél : 01 34 71 90 00 - Fax : 01 30 29 30 86

97.1 - GUADELOUPE
5, square de la Banque
Place de la victoire - B.P. 759
97171 POINTE-A-PITRE CEDEX
Tél. 00 590 91 64 33 - Fax 00 590 91 45 40

97.2 - MARTINIQUE
9, bd du Général-de-Gaulle
B.P. 1122 - 97248 FORT-DE-FRANCE CEDEX
Tél. 00 596 73 74 74 - Fax 00 596 63 55 92

97.3 - GUYANE
12, rue Lalouette - B.P. 801
97300 CAYENNE
Tél. 00 594 29 65 00 - Fax 00 594 29 65 01

97.4 - ILE-DE-LA-REUNION
10, place Sarda Garriga
97400 SAINT-DENIS
Tél. 00 262 90 78 90 - Fax 00 262 41 84 29

FICHE D'APPRÉCIATION

Soucieux de la qualité de votre séjour, nous serons heureux de recevoir vos impressions par le biais de cette fiche d'appréciation.

Nous serons également attentifs à toute suggestion quant à la présentation et l'utilisation de ce guide.

Cette fiche est à retourner à :

MAISON DES GÎTES DE FRANCE
59, rue Saint-Lazare - 75439 PARIS CEDEX 09

Nom du propriétaire : ....

Commune : .... Département : ....

Type d'hébergement :

❑ Gîte rural ❑ Chambres d'hôtes

Avez-vous été satisfait de votre séjour ?

	Satisfaisant	Moyen	Insuffisant
Accueil	❑	❑	❑
Confort	❑	❑	❑
Literie	❑	❑	❑
Équipement de l'hébergement	❑	❑	❑
Petit déjeuner (le cas échéant)	❑	❑	❑
Table d'hôtes (le cas échéant)	❑	❑	❑
Cadre, environnement, loisirs	❑	❑	❑
Respect des tarifs	❑	❑	❑

Impression générale : ....

....

....

....

Vos coordonnées : ....

....

....

....

FICHE D'APPRÉCIATION

Soucieux de la qualité de votre séjour, nous serons heureux de recevoir vos impressions par le biais de cette fiche d'appréciation.

Nous serons également attentifs à toute suggestion quant à la présentation et l'utilisation de ce guide.

Cette fiche est à retourner à :

MAISON DES GÎTES DE FRANCE
59, rue Saint-Lazare - 75439 PARIS CEDEX 09

Nom du propriétaire : ....

Commune : .... Département : ....

Type d'hébergement :

❑ Gîte rural ❑ Chambres d'hôtes

Avez-vous été satisfait de votre séjour ?

	Satisfaisant	Moyen	Insuffisant
Accueil	❑	❑	❑
Confort	❑	❑	❑
Literie	❑	❑	❑
Équipement de l'hébergement	❑	❑	❑
Petit déjeuner (le cas échéant)	❑	❑	❑
Table d'hôtes (le cas échéant)	❑	❑	❑
Cadre, environnement, loisirs	❑	❑	❑
Respect des tarifs	❑	❑	❑

Impression générale : ....

....

....

....

Vos coordonnées : ....

....

....

....

3615 GÎTES DE FRANCE

Avec les GITES DE FRANCE, ce sont des milliers d'adresses pour vos vacances, à la mer, à la montagne ou à la

campagne, partout en France et dans les départements d'Outre-Mer disponibles sur le 3615 GITES DE FRANCE.

Rapide et pratique, le 3615 GITES DE FRANCE est à votre disposition 24h sur 24, pour :

3615
GÎTES DE FRANCE
(1,29F/mn)

- OBTENIR les adresses utiles et des informations pratiques.
- CONSULTER les descriptifs des hébergements GITES DE FRANCE.
- COMMANDER tous les guides
- RESERVER dans de nombreux départements..

N'HÉSITEZ PLUS !
TAPEZ 3615 GÎTES DE FRANCE
ET PARTEZ EN VACANCES !

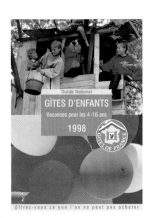

NOTES

NOTES

NOTES

NOTES

NOTES

NOTES

NOTES

NOTES

NOTES

IMPRIMERIE NATIONALE

7 863208 T

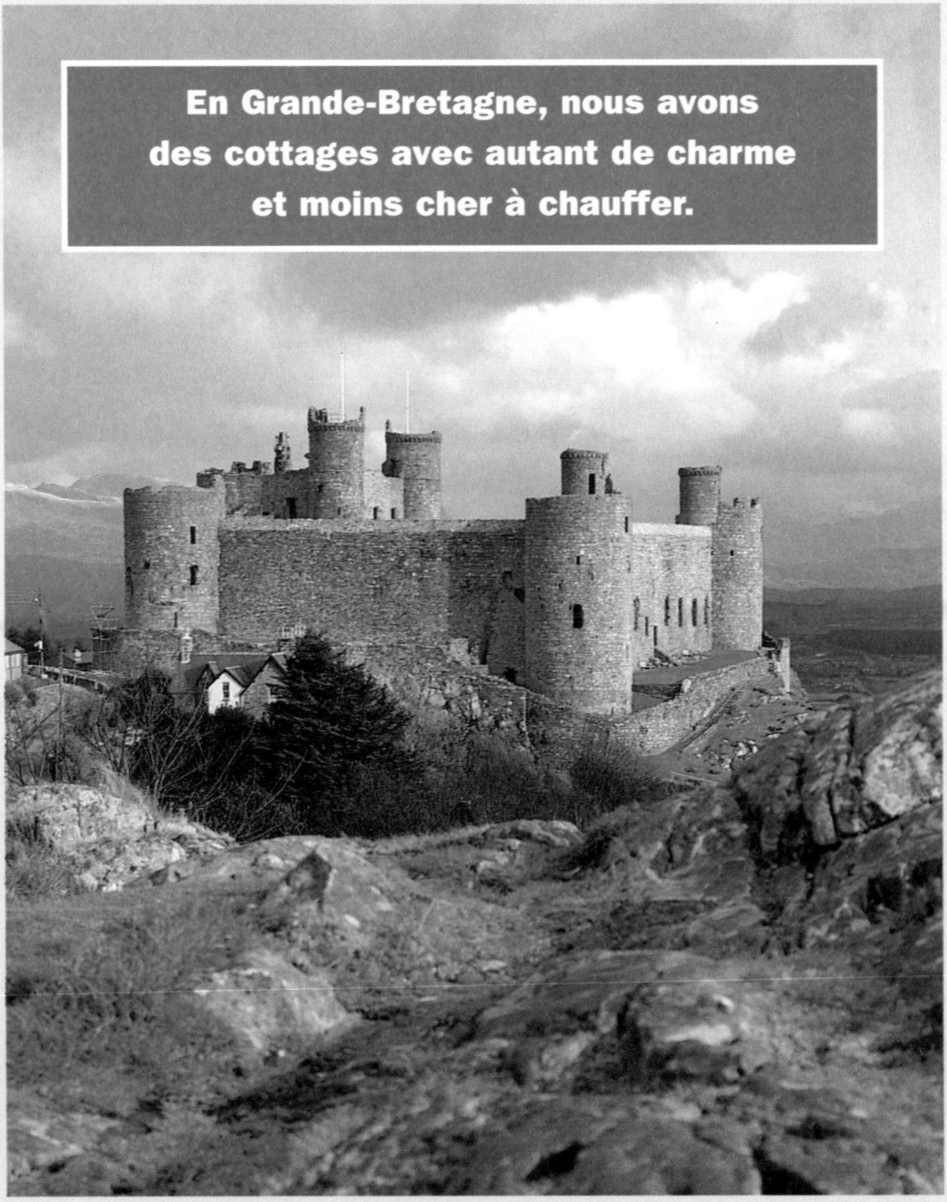

Photo: IMAGE BANK/Colin Molyneux

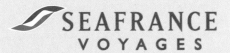